D1919195

PwC-Studien zum Unternehmens- und Internationalen Steuerrecht

Band 6

Herausgegeben von
K.-D. Drüen, München, Deutschland
D. Gosch, Hamburg, Deutschland
J. Lüdicke, Hamburg, Deutschland
A. Schnitger, Berlin, Deutschland

Unternehmenssteuerrecht und Internationales Steuerrecht befinden sich in einem steten Wandel. Neue Probleme und Fragestellungen beschäftigen die Praxis, Rechtsfragen erfordern Entscheidungen der Rechtsprechung. Die vorliegende Reihe hat zum Ziel, einen Beitrag zur (rechts-)wissenschaftlichen Diskussion auf diesem Gebiet zu leisten. In ihr werden von den Herausgebern ausgewählte Dissertationen, Habilitationsschriften und sonstige wissenschaftliche Arbeiten zum Unternehmens- und Internationalen Steuerrecht veröffentlicht.

Herausgegeben von

Prof. Dr. Klaus-Dieter Drüen
Ludwig-Maximilians-Universität
München

Prof. Dr. Dietmar Gosch
Vorsitzender Richter
am Bundesfinanzhof a.D.
Christian-Albrecht-Universität zu Kiel,
Hamburg

Prof. Dr. Jürgen Lüdicke
PricewaterhouseCoopers AG,
Universität Hamburg

Dr. Arne Schnitger
PricewaterhouseCoopers AG
Berlin

Diana Beck

Qualifikationskonflikte im Internationalen Steuerrecht

Ursachenanalyse, Systematisierung und Lösungskonzepte

Springer Gabler

Diana Beck
Halle, Deutschland

Dissertation Martin-Luther-Universität Halle-Wittenberg, 2016

PwC-Studien zum Unternehmens- und Internationalen Steuerrecht
ISBN 978-3-658-17669-3 ISBN 978-3-658-17670-9 (eBook)
DOI 10.1007/978-3-658-17670-9

Die Deutsche Nationalbibliothek verzeichnet diese Publikation in der Deutschen Nationalbibliografie; detaillierte bibliografische Daten sind im Internet über http://dnb.d-nb.de abrufbar.

Springer Gabler
© Springer Fachmedien Wiesbaden GmbH 2017
Das Werk einschließlich aller seiner Teile ist urheberrechtlich geschützt. Jede Verwertung, die nicht ausdrücklich vom Urheberrechtsgesetz zugelassen ist, bedarf der vorherigen Zustimmung des Verlags. Das gilt insbesondere für Vervielfältigungen, Bearbeitungen, Übersetzungen, Mikroverfilmungen und die Einspeicherung und Verarbeitung in elektronischen Systemen.
Die Wiedergabe von Gebrauchsnamen, Handelsnamen, Warenbezeichnungen usw. in diesem Werk berechtigt auch ohne besondere Kennzeichnung nicht zu der Annahme, dass solche Namen im Sinne der Warenzeichen- und Markenschutz-Gesetzgebung als frei zu betrachten wären und daher von jedermann benutzt werden dürften.
Der Verlag, die Autoren und die Herausgeber gehen davon aus, dass die Angaben und Informationen in diesem Werk zum Zeitpunkt der Veröffentlichung vollständig und korrekt sind. Weder der Verlag noch die Autoren oder die Herausgeber übernehmen, ausdrücklich oder implizit, Gewähr für den Inhalt des Werkes, etwaige Fehler oder Äußerungen. Der Verlag bleibt im Hinblick auf geografische Zuordnungen und Gebietsbezeichnungen in veröffentlichten Karten und Institutionsadressen neutral.

Gedruckt auf säurefreiem und chlorfrei gebleichtem Papier

Springer Gabler ist Teil von Springer Nature
Die eingetragene Gesellschaft ist Springer Fachmedien Wiesbaden GmbH
Die Anschrift der Gesellschaft ist: Abraham-Lincoln-Str. 46, 65189 Wiesbaden, Germany

Geleitwort

Die Besteuerung von Unternehmen ist ohne Berücksichtigung der internationalen Bezüge nicht mehr denkbar. Dieser seit einigen Jahren unbestreitbare Befund schlägt sich zunehmend in Verwaltungsanweisungen, Gerichtsurteilen und im steuerlichen Schrifttum nieder. Dennoch erscheinen etliche steuerliche Vorschriften noch immer sehr binnenbezogen und unternehmenssteuerliche Fragestellungen werden im fachlichen Diskurs auch heute noch unter Ausblendung ihrer grenzüberschreitenden Dimensionen erörtert.

Diese Schriftenreihe hat sich zum Ziel gesetzt, die vielfältigen Aspekte der Besteuerung von Unternehmen insbesondere im internationalen Kontext zu beleuchten. Denn die Herausgeber haben die Hoffnung nicht aufgegeben, dass die qualitätsvolle wissenschaftliche Vertiefung steuerlicher Fragen langfristig der Rechtsentwicklung und damit auch der Rechtsstaatlichkeit im Steuerrecht zu Gute kommt. Das Bewusstsein hierfür gerade auch bei der nachwachsenden Generation zu wecken oder zu bestärken, ist angesichts der üblichen Klagen über den (un-)systematischen Zustand des Steuerrechts ein weiteres Anliegen der Schriftenreihe.

In diesem Sinne bietet die Schriftenreihe nicht nur, aber in besonderem Maße jungen Steuerwissenschaftlern die Möglichkeit, ihre wissenschaftlichen Arbeiten einem breiteren Publikum vorzustellen. Sie soll als ein Forum für überdurchschnittliche Dissertationen, Habilitationsschriften und vergleichbare Monografien dienen, welche sich mit dem Unternehmens- und Internationalen Steuerrecht beschäftigen. Daneben bietet die Schriftenreihe zudem Platz für ausgewählte sonstige wissenschaftliche Arbeiten mit dem Fokus auf das Unternehmenssteuerrecht, wie das vorliegende Forschungsprojekt der Universität Heidelberg und der Georg-August-Universität Göttingen.

PwC fühlt sich als Prüfungs- und Beratungsunternehmen den genannten Zielen ebenso wie der Förderung junger Talente auf ihrem praktischen oder wissenschaftlichen Weg in die steuerlichen Berufe verpflichtet. Daher übernimmt PwC die Kosten der Drucklegung und einer angemessenen Verbreitung der Schriften.

Über die Aufnahme von Arbeiten in die Schriftenreihe entscheiden die Herausgeber. Sie erbitten Bewerbungen jeweils bis Ende Mai und November an STEUERSCHRIFTEN@de.pwc.com oder

PricewaterhouseCoopers AG
Wirtschaftsprüfungsgesellschaft
Herrn Dr. Arne Schnitger
Kapelle-Ufer 4
10117 Berlin

Wir hoffen, dass die in der Schriftenreihe erscheinenden Arbeiten Denkanstöße geben und zu einer weiteren Befruchtung der wissenschaftlichen Diskussion im Unternehmens- und Internationalen Steuerrecht beitragen werden.

Berlin, Hamburg und München, 1. Oktober 2016 *Die Herausgeber*

Vorwort

Die vorliegende Arbeit entstand während meiner Tätigkeit als wissenschaftliche Mitarbeiterin am Lehrstuhl für Betriebswirtschaftliche Steuerlehre der Martin-Luther-Universität Halle-Wittenberg von Herrn *Prof. Dr. Gerhard Kraft*. Sie wurde im Sommersemester 2015 von der juristischen und wirtschaftswissenschaftlichen Fakultät der Martin-Luther-Universiät Halle-Wittenberg als Dissertation angenommen. Die Untersuchung berücksichtigt den Gesetzestand, die Rechtsprechung und die Literatur bis einschließlich Juni 2015.

Meinem Dank für die während dieser Zeit erfahrene fachliche und persönliche Unterstützung möchte ich an dieser Stelle Ausdruck verleihen.

Mein erster und ganz besonderer Dank gilt meinem akademischen Lehrer und hochverehrten Doktorvater Herrn *Prof. Dr. Gerhard Kraft*, der die Begeisterung für das Steuerrecht erst geweckt hat und der mir stets ein großes Vorbild war. Für die Möglichkeit der Promotion an seinem Lehrstuhl, das mir entgegengebrachte Vertrauen, die gewährten Freiheiten sowie die inspirierende und lehrreiche Zusammenarbeit bin ich ihm sehr dankbar. Ebenso möchte ich mich bei Herrn *Prof. Dr. Dr. h.c. Ralf Michael Ebeling* für die Übernahme des Korreferats, die wertvollen Anregungen und die jahrelange angenehme Zusammenarbeit im Rahmen der Kooperation mit dem Lehrstuhl für Externes Rechnungswesen und Wirtschaftsprüfung ganz herzlich bedanken.

Ganz besonders danken möchte ich ebenfalls den Herausgebern der Schriftenreihe PwC-Studien zum Unternehmens- und Internationalen Steuerrecht Herrn *Prof. Dr. Klaus-Dieter Drüen*, Herrn *Prof. Dr. Dietmar Gosch*, Herrn *Prof. Dr. Jürgen Lüdicke* und Herrn *Dr. Arne Schnitger*, die mir das Privileg der Veröffentlichung in dieser Reihe zuteil werden ließen. Hervorzuheben ist in diesem Zusammenhang Herr *Dr. Arne Schnitger*, der die Aufnahme in die Schriftenreihe initiiert hat.

Mein großer Dank gebührt meinen ehemaligen und geschätzten Kollegen. Einmal möchte ich mich bei Herrn *Dr. Ronald Gebhardt* bedanken, mit dem ich die ersten Jahre am Lehrstuhl zusammenarbeiten durfte und der den Lehrstuhl menschlich sowie fachlich sehr bereichert hat. Gleichfalls möchte ich Frau *Katja Poley* und Herrn *Prof. Dr. Till Moser* meinen Dank für die Zusammenarbeit, die mir stets in bester Erinnerung bleiben wird, aussprechen. Sie haben mich durch konstruktive Diskussionen, wertvollen Erfahrungsaustausch und motivierende

Worte unterstützt und nicht zuletzt durch den zeitlichen Freiraum in der Endphase zum Gelingen dieser Arbeit beigetragen. Bedanken möchte ich mich bei den derzeitigen Lehrstuhlmitarbeitern Frau *Uta Preil* und Herrn *Sven Hentschel* sowie bei Frau *Adrienne Matthias* und Frau *Elisabeth Schulz,* die mich als wissenschaftliche Hilfskräfte tatkräftig unterstützt haben. Ganz herzlich danken möchte ich ebenfalls Frau *Monika Zetzsche,* die den Lehrstuhl mit ihrem erfrischenden Wesen und organisatorischen Geschick sehr bereichert hat. Sie stand mir unentwegt mit Rat und Tat von unschätzbarem Wert zur Seite.

Meinem geliebten *Henri* gilt mein inniger Dank. Er hat mich in meinem Vorhaben stets bestärkt. Von ihm habe ich während der Promotionszeit trotz vieler zeitlicher Entbehrungen uneingeschränkten Rückhalt erhalten.

Zu großen Dank bin ich meinen lieben Eltern, *Dietlind* und *Volker,* und meiner lieben Schwester, *Anja,* verpflichtet. Sie standen meinem Promotionsvorhaben von Anfang an vorbehaltlos gegenüber und haben mir jegliche denkbare Unterstützung zukommen lassen. Von ihnen wurden mir Werte wie Disziplin und Durchhaltevermögen vermittelt, ohne die ein erfolgreicher Abschluss des Dissertationsprojekts schier undenkbar gewesen wäre. Ihnen möchte ich diese Arbeit widmen.

Halle, im Oktober 2016 *Diana Beck*

Inhaltsverzeichnis

A. Einleitung 1

I. Problemstellung 1

II. Ziel der Untersuchung 3

III. Forschungsbeitrag und Forschungsansatz 4

IV. Gang der Untersuchung 7

B. Doppelbesteuerung und Minderbesteuerung im Lichte des Untersuchungsgegenstands 11

I. Begriffsabgrenzung und Entstehungsursachen 11

II. Notwendigkeit der Beseitigung 15

1. Rechtswissenschaftliche Perspektive 16

a. Verfassungsrechtliche Perspektive 16

b. Völkerrechtliche Perspektive 18

c. Unionsrechtliche Perspektive 19

d. Rechtssystematische Perspektive 20

e. Einfluss der Maßnahmen zur Vermeidung der Doppelbesteuerung und Minderbesteuerung 20

f. Projektion auf den Untersuchungsgegenstand 21

2. Wirtschaftswissenschaftliche Perspektive 22

a. Betriebswirtschaftliche Perspektive 22

b. Volkswirtschaftliche Perspektive 24

c. Einfluss der Maßnahmen zur Vermeidung von Doppelbesteuerung und Minderbesteuerung 26

d. Projektion auf den Untersuchungsgegenstand 30

III. Ergebnis aus diesem Kapitel 31

C. Das Recht der Doppelbesteuerungsabkommen 33

I. Grundlegendes zu den Doppelbesteuerungsabkommen 33

1. Abkommensziele 33

a. Vermeidung der Doppelbesteuerung 33

b. Vermeidung der Doppelnichtbesteuerung 35

c. Zusammenfassende Würdigung 39

2. Rechtsnatur 41

3. Die Bedeutung des Wiener Übereinkommens über das Recht der Verträge 42
4. Die Rolle des OECD-MA und des OECD-MK 44
5. Deutsche Doppelbesteuerungsabkommen und Abkommenspolitik 49
6. Zustandekommensprozess 52
II. Verhältnis der Doppelbesteuerungsabkommen zum innerstaatlichen Recht 55
1. Basistheorien: Monismus und Dualismus 55
a. Darstellung der Basistheorien 55
b. Positionierungstendenzen im Schrifttum und in der Rechtsprechung 56
c. Würdigung für den Fall der Doppelbesteuerungsabkommen 57
2. Anwendbarkeit im innerstaatlichen Recht 58
a. Innerstaatliche Geltung 59
(1) Geltungsanordnung 60
(2) Einwirkungstheorien 62
b. Unmittelbar anwendbares Recht 65
c. Würdigung für den Fall der Doppelbesteuerungsabkommen 67
3. Normenhierarchie innerhalb der innerstaatlichen Rechtsordnung 72
III. Anwendung der Doppelbesteuerungsabkommen 76
1. Grundstruktur und Kernelemente der Doppelbesteuerungsabkommen 76
a. Grundstruktur 76
b. Kernelemente 77
2. Abkommensmechanismus 78
a. Vorüberlegungen 78
b. Funktionsebene 80
c. Mittelebene 83
d. Methodenebene 83
e. Prinzipienebene 86
f. Wirkungsebene 87
g. Zweck- und Metazweckebene 88
h. Zusammenwirken der Ebenen als Mechanismus 89
(1) Ausgestaltung des Mechanismus im Allgemeinen 89
(2) Ausgestaltung des Mechanismus im Konkreten 89
3. Auslegung der Doppelbesteuerungsabkommen 94
a. Subsumtion und Auslegung in der Rechtswissenschaft 94
b. Auslegung der Doppelbesteuerungsabkommen im Speziellen 97
(1) Vorüberlegungen 97
(2) Auslegungsziel 101

(3) Auslegungsmethoden und -regeln ... 109
(4) Auslegungsmaßstäbe ... 163
(5) Die Bedeutung des innerstaatlichen Rechts im Auslegungsprozess 182
(6) Ergänzende Auslegung ... 194
(7) Systemkonforme Auslegung ... 196
IV. Ergebnis aus diesem Kapitel ... 200

D. Konfligierende Abkommensanwendung ... 201
I. Vorüberlegungen ... 201
II. Qualifikationskonflikte als Spezialproblem konfligierender Abkommensanwendung ... 203
1. Begriff der Qualifikation ... 203
a. Allgemeiner Rechtsgebrauch ... 204
b. Herkunft aus dem Internationalen Privatrecht ... 204
c. Übernahme des Qualifikationsbegriffs ins Internationale Steuerrecht ... 208
(1) Übernahme für das Außensteuerrecht ... 208
(2) Übernahme für das Recht der Doppelbesteuerungsabkommen ... 209
d. Differenzierung des Qualifikationsbegriffs im Recht der Doppelbesteuerungsabkommen ... 212
2. Begriff des Qualifikationskonfliktes ... 214
a. Verständnispluralismus ... 214
b. Würdigung des Qualifikationskonfliktebegriffs ... 217
c. Abgrenzung des Zurechnungskonfliktebegriffs ... 219
3. Systematisierung der Qualifikationskonflikte ... 220
a. Systematisierungspluralismus ... 220
b. Systematisierungsansatz ... 227
(1) Vorüberlegungen ... 227
(2) Prozessbasierte Analyse ... 229
(3) Systematisierungsergebnis ... 238
4. Wirkung von Qualifikationskonflikten ... 239
III. Ergebnis aus diesem Kapitel ... 241

E. Lösung der Konflikte de lege lata ... 243
I. Übernahme der Lösungsmethodik aus dem Internationalen Privatrecht ... 243
II. Lösungsmethodik im Internationalen Steuerrecht ... 245
1. Autoritativorientierte Auslegung ... 246
a. Qualifikationsverkettung ... 246
(1) Bindung der Zurechnungswertung ... 246

(2) Allgemeine Qualifikationsbindung 259
(3) Bindung an den Anwendestaat 262
b. Quellenstaatsorientierte Auslegung 271
(1) Argumentationslinie...271
(2) Suffizienz zur Lösung von Qualifikationskonflikten..........................272
2. Rückfall- , Switch-over- , Subject-to-tax und Remittance-base-Klauseln272
a. Wirkungsmechanismus 272
b. Suffizienz zur Lösung von Qualifikationskonflikten......................... 274
3. Diplomatische Streitbeilegungsmechanismen 276
a. Verständigungsverfahren.. 276
(1) Allgemein 276
(2) Suffizienz zur Lösung von Qualifikationskonflikten..........................278
b. Schiedsverfahren... 285
(1) Allgemein 285
(2) Suffizienz zur Lösung von Qualifikationskonflikten..........................287
c. Weitere Streitbeilegungsverfahren.. 289
4. Internationaler Informationsaustausch 290
a. Allgemein 290
b. Suffizienz zur Lösung von Qualifikationskonflikten.......................... 294
5. Weitere Einzelmaßnahmen und ihre Suffizienz zur Lösung von Qualifikationskonflikten 297
III. Ergebnis aus diesem Kapitel.. 299

F. Lösung der Konflikte de lege ferenda 301
I. Referenzmaßstäbe 301
1. Hauptbedingung – kongruente Abkommensanwendung 301
2. Nebenbedingungen... 302
a. Ganzheitlichkeit 302
b. Durchsetzbarkeit.. 302
c. Systemidentität und Systemkonformität 303
II. Lösungsmodell... 304
1. Prozessabstimmung... 305
2. Prozessoptimierung... 305
a. Tatsachenermittlung... 306
b. Sachverhaltseinordnung 307
(1) Vorüberlegungen 307
(2) Vermeidung von Qualifikationskonflikten unterschiedlicher Sachverhaltseinordnung 307
c. Materiellrechtliche Würdigung 308

(1) Vorüberlegungen 308
(2) Identifizierung der maßgeblichen Komponenten 309
(3) Vermeidung von Qualifikationskonflikten unterschiedlicher materiellrechtlicher Würdigung 330
d. Abkommensauslegung 333
(1) Vorüberlegungen 333
(2) Maßnahmen zur Verbesserung einer übereinstimmenden Abkommensauslegung 334
(3) Regulierungs- und Kontrollmechanismus 337
3. Prozessneugestaltung 341
III. Verifikation 343
IV. Reflexion 350
V. Rückschluss 352
VI. Ergebnis aus diesem Kapitel 353

G. Thesenförmige Zusammenfassung der Ergebnisse 355

Literaturverzeichnis....359
Rechtsprechungsverzeichnis....393
Verzeichnis der Verwaltungsanweisungen....399
Verzeichnis der sonstigen Quellen....401

Tabellen und Abbildungen

Tabelle 1: Zuordnung der Ausübungsrechte 89
Tabelle 2: Einteilung Qualifikationskonflikte 224
Tabelle 3: Suffizienz der Lösungen de lege lata 298
Tabelle 4: Zusammenfassung Fall 1 312
Tabelle 5: Zusammenfassung Fall 2 314
Tabelle 6: Zusammenfassung Fall 3 317
Tabelle 7: Zusammenfassung Fall 4 319
Tabelle 8: Zusammenfassung Fall 5 322
Tabelle 9: Zusammenfassung Fall 6 (Gewinne des Unternehmens) 325
Tabelle 10: Zusammenfassung Fall 6 (Auszahlung) 325
Tabelle 11: Zusammenfassung Fall 7 (Gewinne der atypisch stillen Gesellschaft) 328
Tabelle 12: Zusammenfassung Fall 7 (Auszahlung) 328

Abbildung 1: Vorgehensmodell 10
Abbildung 2: Qualifikationspyramide 232
Abbildung 3: Internalisierungseffekt 238
Abbildung 4: Fall 1 Immobilienleasing über die Grenze 310
Abbildung 5: Fall 2 Finanzierungsstrukturen 313
Abbildung 6: Fall 3 Beteiligungsveräußerung 315
Abbildung 7: Fall 4 Lizenzgebühren 318
Abbildung 8: Fall 5 Gesellschafterdarlehen 320
Abbildung 9: Fall 6 Unternehmensgewinne 323
Abbildung 10: Fall 7 Atypisch stille Gesellschaft 326
Abbildung 11: Prozessoptimierungsmodell 339
Abbildung 12: Prozessneugestaltungsmodell 342

Abkürzungsverzeichnis

a.A. .... andere Auffassung
Abl. .... Amtsblatt
Abs. .... Absatz
Abschn. .... Abschnitt
ÄndRL .... Änderungsrichtlinie
AEUV .... Vertrag über die Arbeitsweise der Europäischen Union
All E.R. .... All England Law Reports
AO .... Abgabenordnung
AöR .... Archiv des öffentlichen Rechts (Zeitschrift)
APA .... Advance Pricing Agreement
ARSP .... Archiv für Rechts- und Sozialphilosophie (Zeitschrift)
Art. .... Artikel
AS .... Ansässigkeitsstaat
AStG .... Gesetz über die Besteuerung bei Auslandsbeziehungen
AStR .... Außensteuerrecht
AWD .... Außenwirtschaftsdienst des Betriebs-Beraters (Zeitschrift)
BB .... Betriebs-Berater (Zeitschrift)
Bd. .... Band
BDGV .... Berichte der Deutschen Gesellschaft für Völkerrecht
BeckOK BGB .... Beck'scher Online-Kommentar zum Bürgerlichen Gesetzbuch
Begr. .... Begründer
BEPS .... Base Erosion and Profit Shifting
BerGesVR .... Berichte der Deutschen Gesellschaft für Völkerrecht
BFH .... Bundesfinanzhof
BFH/NV .... (offiziöse) Sammlung der Entscheidungen des Bundesfinanzhofs (Zeitschrift)
BFHE .... (amtliche) Sammlung der Entscheidungen des Bundesfinanzhofs (Zeitschrift)
BGB .... Bürgerliches Gesetzbuch
BGBl .... Bundesgesetzblatt
BGE .... Entscheidungen des Schweizerischen Bundesgerichtes
BGer .... Schweizerisches Bundesgericht
BGH .... Bundesgerichtshof

BGHZ	Sammlung der Entscheidungen des Bundesgerichtshofs in Zivilsachen
BIFD	Bulletin for International Fiscal Documentation (Zeitschrift)
BIT	Bulletin for International Taxation (Zeitschrift)
BK-GG	Bonner Kommentar zum Grundgesetz
BMF	Bundesministerium der Finanzen
BS	Betriebsstätte
Bsp.	Beispiel
bspw.	beispielsweise
BStBl.	Bundessteuerblatt
BT-Drucks	Bundestagsdrucksache
BTR	British Tax Review (Zeitschrift)
BVerfG	Bundesverfassungsgericht
BVerfGE	Sammlung der Entscheidungen des Bundesverfassungsgerichts
bzw.	beziehungsweise
CDFI	Cahiers de Droit Fiscal International
d.h.	das heißt
DB	Der Betrieb (Zeitschrift)
DB	Doppelbesteuerung
DBA	Doppelbesteuerunsgabkommen
ders.	derselbe
dies.	dieselbe(n)
DNB	Doppelnichtbesteuerung
DöV	Die öffentliche Verwaltung (Zeitschrift)
DStJG	Deutsche Steuerjuristische Gesellschaft e.V./Veröffentlichungen der Deutschen Steuerjuristischen Gesellschaft e.V.
DStR	Deutsches Steuerrecht (Zeitschrift)
DStZ	Deutsche Steuer-Zeitung (Zeitschrift)
DTC	Dominion Tax Cases
EAS	Express-Antwort-Service
EC	European Community
EFG	Entscheidungen der Finanzgerichte (Zeitschrift)
EG	Europäische Gemeinschaft
EGAHiG	Gesetz zur Durchführung der EG-Richtlinie über die gegenseitige Amtshilfe im Bereich der direkten Steuern, bestimmter Verbrauchsteuern und der Steuern auf Versicherungsprämien (EG-Amtshilfe-Gesetz)

EGBGB	Einführungsgesetz zum Bürgerlichen Gesetzbuch
EGV	Vertrag zur Gründung der Europäischen Gemeinschaft
Einl.	Einleitung
EStG	Einkommensteuergesetz
ET	European Taxation (Zeitschrift)
et al.	et alii
etc.	et cetera
EU	Europäische Union
EUAHiG	Gesetz über die Durchführung der gegenseitigen Amtshilfe in Steuersachen zwischen den Mitgliedstaaten der Europäischen Union (EU-Amtshilfegesetz)
EuGH	Europäischer Gerichtshof
EuR	Europarecht (Zeitschrift)
e.V.	eingetragener Verein
EWG	Europäische Wirtschaftsgemeinschaft
F. 2d	Federal Reporter, Second Series
f., ff.	folgend(e) (Seite[n])
FATCA	Foreign Account Tax Compliance Act
FDP	Freie Demokratische Partei (Eigenbezeichnung: Freie Demokraten)
FG	Finanzgericht
FGO	Finanzgerichtsordnung
FN	Fußnote
FR	Finanz-Rundschau (Zeitschrift)
GATT	General Agreement on Tariffs and Trade
GG	Grundgesetz
GmbH	Gesellschaft mit beschränkter Haftung
GmbHR	GmbH-Rundschau (Zeitschrift)
GYIL	German Yearbook of International Law
HFR	Höchstrichterliche Finanzrechtsprechung (Zeitschrift)
Hrsg.	Herausgeber
HS	Halbsatz
IBFD	International Bureau of Fiscal Documentation
ICC	International Chamber of Commerce
ICJ	International Court of Justice
I.d.S.	In diesem Sinne
IFA	International Fiscal Association
IFSt	Institut für Finanzen und Steuern
IGH	Internationaler Gerichtshof

IherJB	Iherings Jahrbuch
ILC	International Law Commission
Inc.	Incorporated
Intertax	The International Tax Review (Zeitschrift)
IPR	Internationales Privatrecht
IPrax	Praxis des Internationalen Privat- und Verfahrensrechts (Zeitschrift)
i.E.	im Ergebnis
i.e.S.	im engeren Sinne
i.H.v.	in Höhe von
i.S.	im Sinne
i.S.d.	im Sinne des
i.S.v.	im Sinne von
ISR	Internationale Steuer-Rundschau (Zeitschrift)
IStR	Internationales Steuerrecht
IStR	Internationales Steuerrecht (Zeitschrift)
ITR	Income Tax Reporter (Zeitschrift)
i.V.m.	in Verbindung mit
IWB	Internationale Wirtschaftsbriefe (Zeitschrift)
i.w.S.	im weiteren Sinne
JbFStR	Jahrbuch der Fachanwälte für Steuerrecht
JöR	Jahrbuch des öffentlichen Rechts
JStG	Jahressteuergesetz
JURA	Juristische Ausbildung (Zeitschrift)
JuS	Juristische Schulung (Zeitschrift)
JZ	JuristenZeitung (Zeitschrift)
KapGes	Kapitalgesellschaft
KGaA	Kommanditgesellschaft auf Aktien
lit.	littera
Ltd.	Limited
m.w.N.	mit weiteren Nachweisen
MA	Musterabkommen
m.E.	meines Erachtens
MEMAP	Manual on Effective Mutual Agreement Procedures
MK	Musterkommentar
MüKo-BGB	Münchener Kommentar zum Bürgerlichen Gesetzbuch
NJW	Neue Juristische Wochenschrift (Zeitschrift)
No.	Number
NVwZ	Neue Zeitschrift für Verwaltungsrecht (Zeitschrift)

OECD	Organisation for Economic Co-operation and Development (Organisation für wirtschaftliche Zusammenarbeit und Entwicklung)
OECD-MA	Musterabkommen der Organisation für wirtschaftliche Zusammenarbeit und Entwicklung zur Vermeidung von Doppelbesteuerung
OECD-MK	Musterkommentar zum Musterabkommen der Organisation für wirtschaftliche Zusammenarbeit und Entwicklung zur Vermeidung von Doppelbesteuerung
OEEC	Organisation for European Economic Co-operation (Organisation für europäische wirtschaftliche Zusammenarbeit)
ÖStZ	Österreichische Steuer-Zeitung (Zeitschrift)
PCIJ	Permanent Court of International Justice
PersGes	Personengesellschaft
Q.B.	Queen's Bench Reports
QK	Qualifikationskonflikt
QS	Quellenstaat
RabelsZ	Rabels Zeitschrift für ausländisches und internationales Privatrecht (Zeitschrift)
Red	Redakteur
RFH	Reichsfinanzhof
RG	Reichsgericht
RGZ	Sammlung der Entscheidungen des Reichsgerichts in Zivilsachen
RIW	Recht der Internationalen Wirtschaft (Zeitschrift)
RIW/AWD	Recht der Internationalen Wirtschaft/Außenwirtschaftsdienst des Betriebs-Beraters (Zeitschrift)
RL	Richtlinie
Rz.	Randziffer(n)
S.	Satz
S.Ct.	Supreme Court Reporter
SEW	Sociaal Economische Wetgeving (Zeitschrift)
Slg.	Sammlung der Entscheidungen des Europäischen Gerichtshofs
Sp.	Spalte(n)
SPD	Sozialdemokratische Partei Deutschlands
StAZ	Zeitschrift für Standesamtswesen (Zeitschrift)
StbJb	Steuerberater-Jahrbuch

StBW	Steuerberater Woche (Zeitschrift)
stellv.	stellvertretend
StIGH	Ständiger Internationaler Gerichtshof
StuW	Steuer und Wirtschaft (Zeitschrift)
SWI	Steuer und Wirtschaft International (Zeitschrift)
TIEA	Tax Information Exchange Agreement
TNI	Tax Notes International (Zeitschrift)
Tz.	Textziffer(n)
u.a.	unter anderem/und andere
Ubg	Die Unternehmensbesteuerung (Zeitschrift)
UK	United Kingdom
UN-MA	Musterabkommen der United Nations
UNTS	United Nations Treaty Series
US	United States
USA	United Staates of America
US-MA	Musterabkommen der United States
u.U.	unter Umständen
v.	versus
vgl.	vergleiche
VJSchrStFR	Vierteljahresschrift für Steuer- und Finanzrecht (Zeitschrift)
Vol.	Volume
VVDStRL	Veröffentlichungen der Vereinigung der Deutschen Staatsrechtslehrer
VwGH	Österreichischer Verwaltungsgerichtshof
VwGO	Verwaltungsgerichtsordnung
WLR	Weekly Law Reports
Wpg	Die Wirtschaftsprüfung (Zeitschrift)
WRVK	Wiener Vertragsrechtskonvention
WTJ	World Tax Journal (Zeitschrift)
WTO	World Trade Organization
WÜRV	Wiener Übereinkommen über das Recht der Verträge
YILC	Yearbook of the International Law Commission
z.B.	zum Beispiel
ZaöRV	Zeitschrift für ausländisches öffentliches Recht und Völkerrecht (Zeitschrift)
ZBJV	Zeitschrift des Bernischen Juristenvereins (Zeitschrift)
Ziff.	Ziffer(n)
ZJS	Zeitschrift für das Juristische Studium (Zeitschrift)

A. Einleitung

I. Problemstellung

Das Internationale Steuerrecht[1] knüpft seinen Anwendungsgegenstand an grenzüberschreitende steuerlich relevante Sachverhalte.[2] Jene werden evident, wenn Wirtschaftssubjekte in Geschäftsbeziehung zu Partnern anderer Jurisdiktionen treten.[3] In diesem Zusammenhang wird gleichzeitig die Abgabengewalt zweier souveräner Steuerhoheiten berührt.[4] Dieses Aufeinandertreffen von Besteuerungskompetenzen birgt die grundsätzliche Gefahr in sich, den Sachverhalt unter steuerlichen Gesichtspunkten mehrfach zu erfassen.[5] In Ansehung der Tatsache, dass Mehrfachbelastungen einerseits in rechtlicher Hinsicht nicht die wirtschaftliche Leistungsfähigkeit des Steuersubjekts widerspiegeln und andererseits unter ökonomischen Gesichtspunkten zu verzerrten Wirtschaftsströmen führen,[6] sind Vermeidungsmechanismen kodifiziert, die die

---

1 Bei dem Begriff des Internationalen Steuerrechts handelt es sich lediglich um einen Ordnungsbegriff und nicht um einen Rechtsbegriff, vgl. *Wassermeyer* in Wassermeyer, DBA, Vor Art. 1 MA Rz. 6. In seiner beschreibenden Funktion werden durch den Begriff jene Rechtsvorschriften bezeichnet, die sich dem Abkommensrecht und dem Außensteuerrecht zuordnen lassen, hierzu *Haase* in Haase, AStG/DBA, Einleitung II Rz. 15; *ders.*, Internationales und Europäisches Steuerrecht4, Rz. 12 f. Zum Begriff des Internationalen Steuerrechts siehe auch *Schaumburg*, Internationales Steuerrecht3, Rz. 1.1 ff.; *Reith*, Internationales Steuerrecht, Rz. 1.10; *Grotherr/Herfort/Strunk*, Internationales Steuerrecht3, 25; *Brähler*, Internationales Steuerrecht8, 1 f.; *Rose*, Internationales Steuerrecht6, 23; *Höhn/Höring*, Das Steuerrecht international agierender Unternehmen, 28 f.; *Loukota*, Internationales Steuerrecht2, 12 f.

2 Vgl. *Bühler*, Prinzipien des Internationalen Steuerrechts, 3; *Kluge*, Das Internationale Steuerrecht4, A 3; *Frotscher*, Internationales Steuerrecht3, Rz. 17; *Wassermeyer* in Wassermeyer, DBA, Vor Art. 1 MA Rz. 6; *Vogel* in Vogel/Lehner, DBA, Einl. Rz. 6; *ders.* DStZ 1997, 269; *Rose*, Internationales Steuerrecht6, 21; *Loukota*, Internationales Steuerrecht2, 11.

3 Nähere Ausführungen zum grenzüberschreitenden Wirtschaften finden sich bei *Menck* in Mössner, Steuerrecht international tätiger Unternehmen4, Rz. 1.1 ff.

4 Vgl. *Jacobs*, Internationale Unternehmensbesteuerung7, 1; *Mössner* in Mössner, Steuerrecht international tätiger Unternehmen4, Rz. 2.2; *Brähler*, Internationales Steuerrecht8, 1, 16.

5 Zu dieser Ausgangsproblematik siehe *Brähler*, Internationales Steuerrecht8, 1, 16; *Mössner* in Mössner, Steuerrecht international tätiger Unternehmen4, Rz. 2.2; *Höhn/Höring*, Das Steuerrecht international agierender Unternehmen, 25.

6 Vgl. hierzu im Detail Kapitel B.II.

Negativwirkung der steuerlichen Mehrfachbelastung zu egalisieren suchen.[7] Vordringlich sind dabei die sog. Doppelbesteuerungsabkommen in das Blickfeld zu rücken.[8] Diese genuin bilateralen völkerrechtlichen Verträge wirken dergestalt beschränkend auf die innerstaatlichen Besteuerungsansprüche, dass eine Gesamtbelastung verbleibt, die der individuellen und zwischenstaatlichen Gerechtigkeit Rechnung trägt sowie Verteilungseffizienz herstellt. Naturgemäß sind die Abkommen inhaltlich jedoch nur insoweit ausgestaltet, dass sie ihrer Beschränkungsfunktion gerecht werden.[9] Ferner nehmen sie zur Formulierung der Abkommensaussage Bezug auf die verschiedensten innerstaatlichen Rechtsordnungen.[10] Diese Ausgangsbedingungen in Verbindung mit einer eigenständigen und unabhängigen Abkommensanwendung durch die jeweiligen Vertragsstaaten münden nicht selten in einer asymmetrischen Anwendung der Doppelbesteuerungsabkommen. In diesem Zusammenhang hat sich der Terminus des Qualifikationskonfliktes manifestiert. Gegenüber der Terminologie des Qualifikationskonfliktes besteht jedoch ein pluralistisches Verständnis.[11] Aufgrund jener vielschichtigen und uneinheitlichen Verwendung kann der Begriff – als erstes Kernproblem – seiner angestammten Ordnungsaufgabe nicht gerecht werden, gleichartige Phänomene zusammenzufassen. Schemenhaft umschrieben wird unter dem Qualifikationskonflikt die Gesamtheit oder zumindest Ausprägungen einer konfligierenden Abkommensanwendung verstanden. Nun ist der Abkommensmechanismus jedoch gerade auf eine übereinstimmende Wertung der beiden Vertragsstaaten ausgerichtet. Mithin verbleibt – als zweites Kernproblem – eine Dysfunktionalität des Abkommensmechanismus. Die Auswirkungen konkretisieren sich in einer verbleibenden Doppelbesteuerung oder einer Minderbesteuerung. Die hierdurch evozierte

---

7 Zu den unilateralen und bilateralen Vermeidungsmaßnahmen vgl. *Schaumburg*, Internationales Steuerrecht3, Rz. 15.1 ff., 16.1 ff.; *Reith*, Internationales Steuerrecht, Rz. 4.1 ff., 5.1 ff.; *Grotherr/Herfort/Strunk*, Internationales Steuerrecht3, 111 ff., 699 ff.; *Brähler*, Internationales Steuerrecht8, 29 ff., 65 ff.; *Rose*, Internationales Steuerrecht6, 72 ff., 75 ff.; *Höhn/Höring*, Das Steuerrecht international agierender Unternehmen, 51 ff.; *Kaminski/Strunk*, Steuern in der internationalen Unternehmenspraxis, 23 ff., 31 ff.; *Birk/Desens/Tappe*, Steuerrecht17, Rz. 1460 ff., 1463 ff.

8 Eine ausführliche Darstellung der Doppelbesteuerungsabkommen wird in Kapitel C vorgenommen.

9 Vgl. *Wassermeyer* in Wassermeyer, DBA, Art. 3 MA Rz. 76; *Vogel/Prokisch*, Interpretation of Double Taxation Conventions, Generalbericht, in IFA, CDFI 1993, 19.

10 Vgl. *Hannes*, Qualifikationskonflikte im Internationalen Steuerrecht, 45 f. Detaillierte Ausführungen zur Verweisung auf innerstaatliches Recht finden sich im Kapitel C.III.3.b.(5).

11 Zum Verständnispluralismus vgl. Kapitel D.II.1.

Mehr- oder Minderbelastung des Steuerpflichtigen ist sowohl aus rechtlicher als auch aus ökonomischer Sicht durchaus kritisch zu würdigen. Dies fördert die Notwendigkeit zutage, die Qualifikationskonflikte einer zielgerichteten Lösung zuzuführen. Schließlich wird es als bedeutendste Aufgabe des Internationalen Steuerrechts angesehen, die Doppelbesteuerung in zuverlässiger Weise zu vermeiden.[12]

II. Ziel der Untersuchung

Die Doppelbesteuerungsabkommen dienen in ihrem Grundsatz der Herbeiführung eines Zustandes, der den Maßstäben eines gleichheitsgerechten und wettbewerbsneutralen Besteuerungssystems entspricht. Unter der Prämisse eines funktionsfähigen Mechanismus stellen sie demgemäß eine rechtlich und ökonomisch sinnvolle Referenzlage her. In Abgrenzung zum Untersuchungsgegenstand soll diese Referenzlage nicht unter den Gesichtspunkten einer individuellen und zwischenstaatlichen Verteilungsgerechtigkeit sowie Verteilungseffizienz infrage gestellt werden. Das Ziel der Untersuchung fokussiert sich vielmehr auf die Beseitigung des durch konfligierende Abkommensanwendung induzierten Ungleichgewichtes, um die erwünschte Referenzlage wiederherzustellen.

Die vollumfängliche Aufarbeitung der konfligierenden Abkommensanwendung scheitert jedoch an der begrifflichen Prädisposition. So ist im Bereich der konfligierenden Abkommensanwendung insbesondere der Begriff des Qualifikationskonfliktes geprägt. Untersucht man den Terminus „Qualifikationskonflikt", so lässt sich feststellen, dass er im Sinne einer sauberen begrifflichen Abgrenzung weder geeignet erscheint, als Oberbegriff für die Gesamtheit der abkommensspezifischen Konflikte zu fungieren, noch die Eignung besitzt, eine Ursachengruppe mit Anknüpfungspotential für gleichgerichtete Lösungsvorschläge zusammenzufassen. Genau hierin konkretisiert sich der bestehende Zielkonflikt: Einerseits besteht ein Anliegen darin, den Qualifikationskonfliktebegriff im Rahmen wissenschaftlicher Methodik anhand seiner Ursprünge aus dem Internationalen Privatrecht zu untersuchen und herzuleiten. In diesem Fall würde der Begriff allerdings seine Ordnungsaufgabe zur Anknüpfung von Lösungsvorschlägen verfehlen. Andererseits würde eine Ordnung der Konfliktarten hinsichtlich ihrer Ursachen darin kulminieren, dass aus Sachgerech-

12 Vgl. *Haas*, IStR 2011, 353.

tigkeitserwägungen heraus entweder eine Verwerfung des Qualifikationskonfliktebegriffs zugunsten einer geeigneteren Bezeichnung stattfinden müsste oder die Benennung einer Ursachengruppe als Qualifikationskonflikte mit Wertungswidersprüchen behaftet wäre. Diesbezüglich wurde jedoch zutreffend angemerkt, dass sich der Begriff des Qualifikationskonflikts wohl nicht mehr ausmerzen lässt.[13]

Der Zielkonflikt ist dahingehend aufzulösen, dass das Hauptaugenmerk auf den Untersuchungsgegenstand des Qualifikationskonfliktes zu richten ist. Als Kernproblem der Abkommensanwendung ist der Qualifikationskonflikt als repräsentativer Konflikt zu würdigen, auf dessen Basis die grundsätzlichen Ursachen konfligierender Abkommensanwendung analysiert und daran anknüpfend Lösungsvorschläge entwickelt werden können. Zu diesem Zweck ist (1) ein einheitlicher Qualifikationskonfliktebegriff zu prägen und (2) ein Lösungskonzept zu entwickeln, welches durch die Vermeidung der Qualifikationskonflikte zu einem funktionsfähigen Abkommensmechanismus führt. Aufgrund eines weiten Wirkspektrums soll das Lösungskonzept darüber hinaus dafür geeignet sein, weitere Wertungsdivergenzen im Rahmen des internationalen Steuerrechts zu vermeiden.

III. Forschungsbeitrag und Forschungsansatz

Die Bestandsaufnahme der Forschung vermittelt ein differenziertes Bild. Einerseits spiegelt der umfassende und kontinuierlich wachsende Literaturbestand zum Thema Qualifikationskonflikte die kontemporäre Relevanz des Problembereichs wider. Andererseits wird hieran deutlich, dass bisher kein Konsens über die Lösung derartiger Konflikte erreicht werden konnte und somit eine Erforschungswürdigkeit gegeben ist. Zudem fällt auf, dass sich zahlreiche Forschungsbeiträge allein Teilbereichen der Erscheinung widmen. Demnach werden einzelne Sachverhaltsbereiche herausgegriffen[14], die Potenziale der

13 Vgl. *Vogel* in Vogel/Lehner, DBA, Einl. Rz. 152.

14 Insbesondere die Behandlung von Personengesellschaften im Internationalen Steuerrecht bzw. die „subjektiven Qualifikationskonflikte" werden in vergangenen Monografien vorzugsweise untersucht, so bspw. *Tippelhofer*, Subjektive Qualifikationskonflikte bei Direktinvestitionen in den USA; *Schüller*, Die deutsche Besteuerung grenzüberschreitender Personengesellschaften; *Wehrße*, Grenzüberschreitende Besteuerung von Personengesellschaften im internationalen Vergleich; *Dölker*, Die Besteuerung von Personengesellschaften im internationalen Vergleich; *Stemler*, Die Behandlung von Sondervergütungen bei Personengesellschaften nach dem Recht der

Instrumentalisierung im Rahmen der Steuerplanung untersucht[15] oder eine Fokussierung auf jene Konflikte vorgenommen, die eine Minderbesteuerung zur Folge haben[16]. Als grundlegende und vollumfängliche Untersuchung kann allein die Monografie von *Berthold Hannes*[17] gewürdigt werden. Nun liegt diese jedoch bereits über 20 Jahre zurück, womit neuere Lösungsmethodiken wie die Qualifikationsverkettung keinen Eingang gefunden haben. Darüber hinaus bietet *Hannes* ebenfalls lediglich Einzellösungen an, die je nach Konfliktgruppe isoliert zu betrachten sind. Kritisch ist hierbei insbesondere zu sehen, dass sich die Konflikte nicht immer zweifelsfrei einer Konfliktgruppe zuordnen lassen und hieraus Folgeprobleme resultieren. Daran anknüpfend soll der Forschungsbeitrag dieser Untersuchung darin gesehen werden, ein ganzheitliches Lösungskonzept zu entwickeln, welches ohne eine vorherige Konfliktidentifizierung auf die Gesamtheit der Qualifikationskonflikte anwendbar ist. Aufgrund der vollumfänglichen Betrachtung des Qualifikationskonfliktes soll abgrenzend zur Diskussion, die sich um das Thema *Base Erosion and Profit Shifting* (BEPS) und der hiermit verbundenen BEPS-Initiative rankt, nicht vertiefend eingegangen werden. Die Mechanismen, die in diesem Zusammenhang implementiert werden sollen, sind nicht für einen ganzheitlichen Ansatz geeignet – sie wirken einseitig und zielen allein auf Qualifikationskonflike, die zu steuerplanerischen Zwecken eine Minderbesteuerung herbeiführen.

Zur Abbildung des vielschichtigen Untersuchungsgegenstandes und zur Erreichung der Zielsetzungen bedarf es der Erkenntnisse und Methoden verschiedener Wissenschaftsbereiche. Die Untersuchung bewegt sich aus diesem Grund im Schnittmengenraum der Steuerrechtswissenschaft, der Betriebswirt-

---

Doppelbesteuerungsabkommen; *Lampert,* Doppelbesteuerungsrecht und Lastengleichheit; *Liebchen,* Beteiligungen an ausländischen Personengesellschaften; *Gündisch,* Personengesellschaften im DBA-Recht. In Bezug auf weitere Problembereiche siehe auch *Schneider,* Doppelbesteuerungsrechtliche Qualifikationskonflikte im Kontext einer deutschen Betriebsaufspaltung mit französischem Gesellschafter; *Sigge,* Besteuerung hybrider Finanzierungsinstrumente im internationalen Kontext; *Geuenich,* Qualifikationskonflikte im OECD-Musterabkommen und deutschen Doppelbesteuerungsabkommen am Beispiel einer atypisch stillen Gesellschaft.

15 Die Konflikte werden in diesem Zusammenhang als Instrument zur Steuergestaltung analysiert und gewürdigt, siehe bspw. *Lendewig,* Einordnungskonflikte als Instrument der internationalen Steuerplanung?; *Lipp,* Die stille Gesellschaft im nationalen und internationalen Kontext; *Engel,* Steueroptimale Strukturierung von Auslandsinvestitionen deutscher mittelständischer Unternehmen; *Brähler,* Deutsche Direktinvestitionen in den USA.

16 So bspw. *Jankowiak,* Doppelte Nichtbesteuerung im Internationalen Steuerrecht; *Lentz,* Vermeidung einer Minderbesteuerung von Unternehmenseinkünften.

17 *Hannes,* Qualifikationskonflikte im Internationalen Steuerrecht.

schaftlichen Steuerlehre und der Finanzwissenschaft,[18] um auf der Basis eines interdisziplinären Wissensaustausches steuerpolitische Handlungsempfehlungen aussprechen zu können.[19] Die Steuerrechtswissenschaft wird dahingehend berührt, dass die rechtliche Ordnung und der Rechtsvorgang der Doppelbesteuerungsabkommen sowie ihre Rolle innerhalb des gesamten Rechtsgefüges in den Vordergrund gerückt werden. In diesem Zusammenhang werden bestehende Regelungen im Rahmen der grundlagen- und anwendungsorientierten Steuerrechtswissenschaft einer kritischen Würdigung unterzogen. Daneben besteht eine Anknüpfung zur Betriebswirtschaftlichen Steuerlehre und Finanzwissenschaft, indem die konfligierende Abkommensanwendung eine Betrachtung im Lichte der Steuerwirkungslehre und der ökonomischen Analyse erfährt. Auf der Basis der Theorie der wertenden Steuerlehre[20] wird zudem die Legitimation der Untersuchung zur Lösung derartiger Konflikte abgeleitet. Daran anknüpfend wird im Zuge der Steuerrechtsgestaltungslehre als Teilgebiet der Betriebswirtschaftlichen Steuerlehre ein Lösungskonzept für Qualifikationskonflikte erarbeitet.

Der Untersuchungsansatz widmet sich vordringlich dem praktischen Erkenntnisinteresse, wie Qualifikationskonflikte gelöst werden können. In Anbetracht der Tatsache, dass ein pluralistisches Verständnis über die Terminologie des Qualifikationskonfliktes besteht, impliziert die Untersuchung weiters ein theoretisches Erkenntnisinteresse über den Begriffsinhalt des Qualifikationskonfliktes.

Aus methodologischer Perspektive soll dem theoretischen Erkenntnisinteresse über eine konzeptionell-analytische Begriffsdefinition des Qualifikationskonfliktes Rechnung getragen werden. Darauf aufbauend wird das praktische Erkenntnisinteresse über einen zweistufigen Erkenntnisweg erreicht. Demnach wird auf der Grundlage der theoretisch-qualitativen Methodik eine typologische Analyse des Qualifikationskonfliktes vorgenommen. Diese Typologisierung bietet den Anknüpfungspunkt, im Rahmen eines normativen Ansatzes ein

18 Zwischen der internationalen Betriebswirtschaftlichen Steuerlehre und dem Internationalen Steuerrecht besteht ein grundlegender Methodenunterschied, vgl. *Kluge*, Das Internationale Steuerrecht4, A 7. Zur grundsätzlichen Unterscheidung der Methodik von Recht und Ökonomie siehe *Bareis*, StuW 2000, 81 (81 ff.).

19 Zur Abgrenzung der verschiedenen Disziplinen der Steuerwissenschaften vgl. *Seer* in Tipke/Lang, Steuerrecht21, § 1 Rz. 14 ff.; *Wöhe*, Betriebswirtschaftliche Steuerlehre, Bd. I, 1. Halbband6, 30; *Rose*, DStZ 1976, 174 (174 ff.). Ausführlich hierzu auch *Stöcklein*, Die betriebswirtschaftliche Steuerlehre als eigenständige Wissenschaft, 12 ff.

20 Zu dem Wissenschaftsziel der wertenden Steuerlehre siehe *Seibold*, Steuerliche Betriebswirtschaftslehre in nationaler und transnationaler Sicht, 85.

Lösungsmodell für Qualifikationskonflikte zu entwickeln. *En detail* wird anhand der vielfältigen Klassifizierungsmöglichkeiten ein Bezugsrahmen gewählt. Für diese Zwecke soll der Qualifikationsprozess als geeigneter Bezugsrahmen dienen. Hierauf aufbauend wird im Wege der Abstraktion eine Systematisierung der Qualifikationskonfliktgesamtheit vorgenommen. Die Konfliktstrukturen der einzelnen Konfliktklassen sollen dabei die Anknüpfungsmomente für die Lösungsansätze bieten. Diese sind wiederum in den Bezugsrahmen einzufassen, sodass hieraus ein ganzheitliches Modell zur Lösung von Qualifikationskonflikten hervorgeht.

Nach der Einteilung von *Schwaiger/Meyer*[21] ist die vorliegende Untersuchung der Typologie der konzeptionellen, modellierenden und methodischen Arbeiten zuzuordnen, ohne eine trennscharfe Unterordnung vorzunehmen. In Abgrenzung zum Falsifikationismus soll die Forschungsfrage abstrahiert von empirischen Analysen auf argumentativer Basis beantwortet werden und im Sinne des Konstruktivismus anstelle von Wahrheit, ein nutzbringendes Ergebnis hervorbringen.[22] Demgemäß wird zur innovativen und verbesserten Lösung der Qualifikationskonflikteproblematik ein prozessbasierter Algorithmus entwickelt. Dieser basiert wiederum auf einer Modellierung zur Abbildung der Qualifikationskonfliktgesamtheit. Aufgrund eines unüberschaubaren Handlungsspektrums versteht sich der prozessbasierte Ansatz als heuristischer Ansatz. Das zu erarbeitende Lösungsmodell soll als hinreichend gut einzuschätzende Lösung angesehen werden und kein Optimum für sich beanspruchen.

IV. Gang der Untersuchung

Vor dem Hintergrund, dass Qualifikationskonflikte zum einen der Konkretisierung bedürfen, zum anderen jedoch allein auf Basis einer ganzheitlichen Betrachtung der Doppelbesteuerungsabkommen ergründet werden können, wird sich der Fragestellung genähert, indem auf das übergeordnete Problem der Konflikte bei Anwendung der Doppelbesteuerungsabkommen abgehoben wird. Die Untersuchung orientiert sich durchgängig am OECD-MA und wird vornehmlich aus deutscher Perspektive beleuchtet.

Der Gang der Untersuchung ist im Einzelnen wie folgt zu beschreiben: Im Anschluss an das einleitende *Kapitel A* widmet sich *Kapitel B* dem Problemkreis der Doppelbesteuerung und der Minderbesteuerung im Lichte einer konfligie-

21 *Schwaiger/Meyer*, Theorien und Methoden der Betriebswirtschaft, 3 ff.

22 Vgl. *Glasersfeld*, Wissen, Sprache und Wirklichkeit, 140 f.

renden Abkommensanwendung. Zuvorderst werden in diesem Zusammenhang die Begriffe der Doppelbesteuerung und Minderbesteuerung abgegrenzt und deren Entstehungsursachen erläutert. Daran anknüpfend wird die Notwendigkeit der Beseitigung einer Doppelbesteuerung und Minderbesteuerung nachgewiesen, indem im Rahmen modelltheoretischer Untersuchungen die rechtswissenschaftlichen und wirtschaftwissenschaftlichen Fehlwirkungen herausgestellt werden. Weiterführend werden die Erkenntnisse der rechtswissenschaftlichen und wirtschaftswissenschaftlichen Wirkungsspektren auf die Dysfunktionalität des Abkommensmechanismus projiziert. In seiner Gesamtheit ist diesem Kapitel die Legitimationsfunktion für das Untersuchungsprojekt zuzuordnen. In dieser Phase der Untersuchung wird eine Transparenz der Forschungsfrage erreicht, indem Ist- und Sollzustand aus rechtswissenschaftlicher und wirtschaftswissenschaftlicher Perspektive beleuchtet werden.

Im weiteren Verlauf der Untersuchung gilt es, die Einflussfaktoren in Bezug auf die Anwendungskonflikte zu identifizieren. Zu diesem Zweck wird im *Kapitel C* als erster Schritt einer logisch-systematischen Analyse der Konfliktentstehung eine tiefgreifende Untersuchung der Doppelbesteuerungsabkommen vorgenommen. In diesem Zusammenhang wird der Abkommensmechanismus systematisiert und sämtliche System- und Wirkungszusammenhänge insbesondere in Bezug auf die innerstaatlichen Rechtsordnungen dargestellt, analysiert und einer kritischen Würdigung unterzogen. Als zentrales Untersuchungselement ist dabei die Auslegung der Doppelbesteuerungsabkommen hervorzuheben. Dieses Kapitel dient der Komplexitätsdarstellung und -aufgliederung der Doppelbesteuerungsabkommen aus rechtswissenschaftlicher Perspektive. Entsprechend werden Gesamtzusammenhänge aufgezeigt sowie ein Verständnis für die Doppelbesteuerungsabkommen sensibilisiert, welche für eine Problemlösung unerlässlich erscheinen.

Auf Basis der Erkenntnisse des vorangegangenen Kapitels erfährt die konfligierende Abkommensanwendung in *Kapitel D* eine detaillierte Untersuchung. Dabei wird im Rahmen einer Voranalyse der Qualifikationskonflikt als Teilmenge konfligierender Abkommensanwendung gewürdigt. Darauf aufbauend soll der Qualifikationskonflikt als repräsentative Ausprägung Rückschlüsse auf andere Anwendungskonflikte ermöglichen. Zu diesem Zweck erfolgt eine analytische Begriffsaufarbeitung des Qualifikationskonflikts, indem neben seiner etymologischen Herkunft auch seine rechtswissenschaftliche Herkunft untersucht wird. Zu Beginn wird dabei eine Begriffszerlegung vorgenommen, wonach aus der Ergründung des Qualifikationsbegriffs der Qualifikationskonfliktebegriff hergeleitet wird. Angesichts der Tatsache, dass die

Qualifikationskonflikte sehr breitgefächert und einem hohen Diversifizierungsgrad unterlegen sind, bedarf es einer Abstraktion des Phänomens. Aus diesem Grund wird anhand des Qualifikationsprozesses als Bezugsrahmen eine Typologisierung der Qualifikationskonflikte vorgenommen. Darüber hinaus werden die Wirkungen der Qualifikationskonflikte aufgezeigt und systematisiert.

Im *Kapitel E* werden verschiedene Lösungen *de lege lata* am Bewertungsmaßstab der Eignung zur Lösung von Qualifikationskonflikten im Rahmen eines deduktiv-theoriekritischen Ansatzes gewürdigt. Anfänglich wird untersucht, inwiefern die Lösungsmethodik aus dem Internationalen Privatrecht für Zwecke des Abkommensrechts fruchtbringend ist. Ferner werden spezifisch abkommensrechtliche Lösungsmethoden dargestellt, analysiert und vor dem Hintergrund ihrer Eignung zur Lösung von Qualifikationskonflikten bewertet. Eine Suffizienzanalyse wird dabei vornehmlich für verschiedene Auslegungsmethoden, wie der Qualifikationsverkettung, den Rückfall- und Switch-over-Klauseln, den diplomatischen Streitbeilegungen und den internationalen Informationsaustausch vorgenommen. Die Aufarbeitung der Lösungsmethoden *de lege lata* dient der Veranschaulichung, dass bisher keine geeignete Methodik zur breitangelegten Lösung von Qualifikationskonflikten bereitsteht. Auf dieser Grundlage wird erneut eine Bekräftigung des Untersuchungsansatzes vorgenommen.

Kapitel F widmet sich der Erarbeitung eines ganzheitlichen Lösungskonzeptes *de lege ferenda*. Zu diesem Zweck werden Referenzmaßstäbe festgelegt, die als Mindestbedingungen für das Lösungskonzept gelten sollen. Anhand eines prozessbasierten Ansatzes werden Lösungsansätze für Qualifikationskonflikte entwickelt und vorgestellt. Auf der Grundlage des ganzheitlichen Lösungsmodells erfolgt eine Wirkungsanalyse mithilfe einer fallbezogenen Verifikation, wodurch die Güte des Modells überprüft wird. Überdies wird das Lösungsmodell unter Bezugnahme auf die Referenzmaßstäbe einer Reflexion unterzogen. Die weiterführende Untersuchung wendet sich der Frage zu, inwieweit das Modell für andere Anwendungskonflikte dienstbar gemacht werden kann.

Die Ergebnisse werden abschließend in *Kapitel G* thesenförmig strukturiert und zusammengefasst.

Abbildung 1: Vorgehensmodell

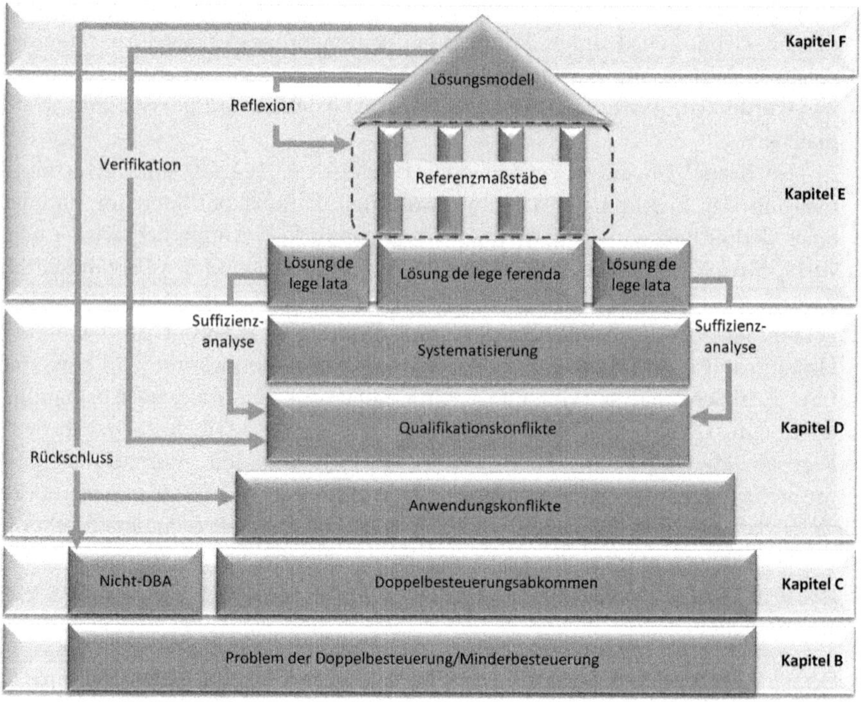

Quelle: Eigene Darstellung

B. Doppelbesteuerung und Minderbesteuerung im Lichte des Untersuchungsgegenstands

I. Begriffsabgrenzung und Entstehungsursachen

Die Begrifflichkeiten der Doppelbesteuerung und der Minderbesteuerung sind grundsätzlich nicht als *termini technici* ausgestaltet.[23] In Ermangelung eines Rechtsbegriffs besteht ihnen gegenüber demzufolge keine inhaltlich eindeutige Bestimmtheit.[24] In Bezug auf die Doppelbesteuerung hat sich jedoch zumindest ein international anerkanntes Begriffsverständnis herausgebildet.[25] Unter internationaler Doppelbesteuerung im rechtlichen Sinne (juristische Doppelbesteuerung) wird *per definitionem* demnach „die Erhebung vergleichbarer Steuern in zwei (oder mehreren) Staaten von demselben Steuerpflichtigen für denselben Steuergegenstand und denselben Zeitraum"[26] verstanden.[27] Der Begriff wird

---

23 Vgl. *Wassermeyer* in Wassermeyer, DBA, Vor Art. 1 MA Rz. 1.

24 Vgl. *Jacobs,* Internationale Unternehmensbesteuerung7, 3.

25 In diesem Zusammenhang siehe *Schönfeld/Häck* in Schönfeld/Ditz, DBA, Systematik Rz. 2; *Jacobs,* Internationale Unternehmensbesteuerung7, 3.

26 So der Begriff der internationalen juristischen Doppelbesteuerung in Tz. 1 der Einl. des MK.

27 Die Ausführungen sind teilweise wortgleich übernommen aus *Beck/Moser,* StuW 2014, 258 (258 ff.). Der Doppelbesteuerungsbegriff und die Merkmale juristischer Doppelbesteuerung sind ausführlich dargestellt bei *Schaumburg,* Internationales Steuerrecht3, Rz. 12.1 ff; *Kluge,* Das Internationale Steuerrecht4, B 20 ff. Siehe zur Thematik auch *Rust,* Double Taxation, in Rust, Double Taxation within the European Union, 1 (1 ff.); *Vogel* in Vogel/Lehner, DBA, Einl. Rz. 2; *Wassermeyer* in Wassermeyer, DBA, Vor Art. 1 MA Rz. 1; *Schönfeld/Häck* in Schönfeld/Ditz, DBA, Systematik Rz. 2; *Frotscher,* Internationales Steuerrecht3, Rz. 3; *Jacobs,* Internationale Unternehmensbesteuerung7, 3; *Mössner* in Mössner, Steuerrecht international tätiger Unternehmen4, Rz. 2.244 ff.; *Höhn/Höring,* Das Steuerrecht international agierender Unternehmen, 29 ff.; *Scheffler,* Internationale betriebswirtschaftliche Steuerlehre3, 7; *Brähler,* Internationales Steuerrecht8, 16 ff.; *Rose,* Internationales Steuerrecht6, 54; *Reith,* Internationales Steuerrecht, Rz. 3.41; *Krause,* Internationale Doppelbesteuerung, 8. Zur kritischen Auseinandersetzung mit dem Begriff der Doppelbesteuerung siehe *Mössner,* Die Methoden zur Vermeidung der Doppelbesteuerung – Vorzüge, Nachteile, aktuelle Probleme, in Vogel, Grundfragen des Internationalen Steuerrechts, 135 (135 ff.).

folglich durch die Elemente Steuersubjekt-, Steuerobjekt- und Besteuerungszeitraumidentität[28] sowie der Gleichartigkeit der Steuern geprägt.[29] Ferner ist in Abgrenzung zur Terminologie der Doppelbelastung, welche auf dieselbe Abgabengewalt zurückzuführen ist, auf eine Besteuerung durch unterschiedliche Hoheitsträger abzustellen.[30] Demgegenüber wird im Fall der Abweichung des Steuersubjekts bei ansonsten identischen Gegebenheiten von einer wirtschaftlichen Doppelbesteuerung gesprochen.[31] Die quantitative Betrachtung der Doppelbesteuerung fördert zutage, dass die Gesamtsteuerbelastung regelmäßig höher ist als im reinen Inlandsfall.[32]

Die grundsätzliche Entstehungsursache der internationalen Doppelbesteuerung konkretisiert sich in der Überschneidung von zwischenstaatlicher steuerrechtlicher Anknüpfung.[33] Demnach ist es jedem Staat aufgrund des Souveränitätsprinzips anheimgestellt, mit einer Leistungspflicht verknüpfte Steueran-

---

28 Die Identität des Besteuerungszeitraums entfaltet lediglich für fortlaufend erhobene Steuern Geltung, vgl. *Kluge,* Das Internationale Steuerrecht4, B 26.

29 Vgl. *Vogel* in Vogel/Lehner, DBA, Einl. Rz. 1 ff.; *Kluge,* Das Internationale Steuerrecht4, B 24 ff.; *Höhn/Höring,* Das Steuerrecht international agierender Unternehmen, 30.

30 Hierzu siehe *Fischer/Kleineidam/Warneke,* Internationale Betriebswirtschaftliche Steuerlehre, 28; *Kluge,* Das Internationale Steuerrecht4, B 20; *Krause,* Internationale Doppelbesteuerung, 8; *Höhn/Höring,* Das Steuerrecht international agierender Unternehmen, 29; *Reith,* Internationales Steuerrecht, Rz. 3.44. Weitere Nachweise und der Hinweis auf eine unterschiedliche Begriffsverwendung finden sich bei *Schaumburg,* Internationales Steuerrecht3, Rz. 12.3.

31 Vgl. *Jacobs,* Internationale Unternehmensbesteuerung7, 3; *Schaumburg,* Internationales Steuerrecht3, Rz. 12.4; *Kluge,* Das Internationale Steuerrecht4, B 25; *Vogel* in Vogel/ Lehner, DBA, Einl. Rz. 4; *Wassermeyer* in Wassermeyer, DBA, Vor Art. 1 MA Rz. 1; *Schönfeld/Häck* in Schönfeld/Ditz, DBA, Systematik Rz. 2; *Frotscher,* Internationales Steuerrecht3, Rz. 3; *Grotherr* in Gosch/Kroppen/Grotherr, DBA, Grundlagen Teil 1 Abschn. 1 Rz. 23 f.; *Mössner* in Mössner, Steuerrecht international tätiger Unternehmen4, Rz. 2.249; *Höhn/Höring,* Das Steuerrecht international agierender Unternehmen, 30; *Brähler,* Internationales Steuerrecht8, 17 f.; *Rose,* Internationales Steuerrecht6, 54; *Reith,* Internationales Steuerrecht, Rz. 3.43; *Krause,* Internationale Doppelbesteuerung, 8 f.; *Bühler,* Prinzipien des Internationalen Steuerrechts, 32; *Flick,* StuW 1960, 329 (329 ff.).

32 Siehe hierzu *Hannes,* Qualifikationskonflikte im Internationalen Steuerrecht, 8, der im Rahmen der Gesamtsteuerbelastung auf den höchstbesteuernden Staat als Vergleichsmaßstab rekurriert.

33 Zu den Ursachen der Doppelbesteuerung vgl. *Schaumburg,* Internationales Steuerrecht3, Rz. 13.1 ff.; *Rose,* Internationales Steuerrecht6, 55 f.; *Brähler,* Internationales Steuerrecht8, 19 f.; *Scheffler,* Internationale betriebswirtschaftliche Steuerlehre3, 9 ff.; *Krause,* Internationale Doppelbesteuerung, 9 ff.

sprüche autonom festzulegen.[34] In den Grenzen völkerrechtlicher Grundsätze bedarf es für eine derartige Leistungspflicht jedoch eines berechtigten Anknüpfungsmerkmals in Gestalt einer persönlichen oder sachlichen Verbindung.[35] Knüpft nun mehr als ein Staat seine Leistungspflicht an denselben Sachverhalt, besteht die Gefahr einer Doppelbesteuerung. Als klassische Form ist dabei die Interferenz von unbeschränkter Steuerpflicht im Wohnsitzstaat des Steuersubjekts zusammen mit dem Universalitätsprinzip[36] und der beschränkten Steuerpflicht im Quellenstaat des Steuerobjekts gemeinsam mit dem Territorialitätsprinzip zu nennen. Aber auch sämtliche weitere Kombinationsmöglichkeiten von unbeschränkter und beschränkter Steuerpflicht sind als Ursache denkbar.[37] Im Rahmen des Untersuchungsgegenstandes sind diejenigen Doppelbesteuerungen ins Licht zu heben, die trotz eines bestehenden Doppelbesteuerungsabkommens nicht vermieden werden.

Das Verständnis über die Minderbesteuerung[38] im internationalen Kontext ist hingegen weniger gefestigt.[39] Als Gegenstück zur Doppelbesteuerung kann

---

34 Hierzu *Bühler*, Prinzipien des Internationalen Steuerrechts, 132; *Fischer/Kleineidam/Warneke*, Internationale Betriebswirtschaftliche Steuerlehre, 42; *Rose*, Internationales Steuerrecht6, 27; *Brähler*, Internationales Steuerrecht8, 3: *Kaminski/Strunk*, Steuern in der internationalen Unternehmenspraxis, 10. Hierzu auch BFH vom 24.10.1969, III R 101/66, BStBl. II 1970, 275, unter II.2.

35 Dieses Prinzip der tatsächlichen Anknüpfung ergibt sich aus dem Völkergewohnheitsrecht, vgl. dazu und den verschiedenen Anknüpfungsmerkmalen *Brähler*, Internationales Steuerrecht8, 3 ff.; *Rose*, Internationales Steuerrecht6, 28 f.

36 Universalitätsprinzip und Territorialitätsprinzip regeln die Abgrenzung der Steuerbemessungsgrundlage bzw. den sachlichen Umfang, vgl. *Fischer/Kleineidam/Warneke*, Internationale Betriebswirtschaftliche Steuerlehre, 45; *Brähler*, Internationales Steuerrecht8, 5 f.

37 Zu den verschiedenen Szenarien, die zu einer Doppelbesteuerung führen können mit Beispielen siehe *Brähler*, Internationales Steuerrecht8, 19 ff. Hierzu auch *Kluge*, Das Internationale Steuerrecht4, B 30.

38 Der Begriff geht auf *Bühler* zurück, der hierunter eine Besteuerung versteht, die hinter einer richtigen Steuergesetzesanwendung in Bezug auf den Steuertatbestand zurückbleibt, vgl. *Bühler*, Prinzipien des internationalen Steuerrechts, 169 f. Hierzu auch *Kluge*, Das Internationale Steuerrecht4, B 34; *Höhn/Höring*, Das Steuerrecht international agierender Unternehmen, 32. Zum Begriff der Minderbesteuerung im Schrifttum siehe *Jacobs*, Internationale Unternehmensbesteuerung7, 4; *Rose*, Internationales Steuerrecht6, 58 f.; *Scheffler*, Internationale betriebswirtschaftliche Steuerlehre3, 94; *Burmester*, Zur Systematik internationaler Minderbesteuerung und ihrer Vermeidung, in Burmester/Endres, Festschrift Debatin, 55 (55 ff.); *Meyer*, Die Vermeidung internationaler Doppel- und Minderbesteuerung auf der Grundlage des Ursprungsprinzips, 123; *Lentz*, Vermeidung einer Minderbesteuerung von Unternehmenseinkünften, 11 ff.; *Vogel*, DStZ 1997, 269 (274 f.); *Reith*, Internationales

sie als Situation umgrenzt werden, bei dem im Rahmen eines grenzüberschreitenden steuerlich relevanten Sachverhalts die verschiedenen Hoheitsgewalten dasselbe Steuerobjekt nicht besteuern (Doppelnichtbesteuerung – sog. weiße Einkünfte) oder jedenfalls geringer besteuern als im Vergleich zu einer singulären Erfassung der Einkünfte in einem Staat (sog. graue Einkünfte).[40] Der Begriff der Minderbesteuerung hat damit eher eine deskriptive Funktion, die auf die Beschreibung eines ergebnisorientierten Zustandes zielt.[41] Als quantitatives Kriterium ist auf die Gesamtsteuerbelastung abzuheben, die regelmäßig geringer ist als bei einer rein inländischen Tätigkeit und somit das wirtschaftliche Pendant zur Doppelbesteuerung darstellt.[42] Überdies wird als qualitatives Merkmal das Vorhandensein eines ungerechtfertigten Wettbewerbsvorteils angebracht.[43]

Die Entstehungsursache ist stets auf ein unterschiedliches Steuergefälle oder der abweichenden Abkommensanwendung zwischen den Abgabenhoheiten[44] zurückzuführen.[45] Es kann diesbezüglich zwischen systembedingter und

---

Steuerrecht, Rz. 3.45; *Lipp*, Die stille Gesellschaft im nationalen und internationalen Kontext, 38 f.

39 Vgl. *Kluge*, Das Internationale Steuerrecht4, B 34; *Rose*, Internationales Steuerrecht6, 52; *Reith*, Internationales Steuerrecht, Rz. 3.45; *Höhn/Höring*, Das Steuerrecht international agierender Unternehmen, 32.

40 Vgl. *Scheffler*, Internationale betriebswirtschaftliche Steuerlehre3, 94; *Rose*, Internationales Steuerrecht6, 58. Ähnlich im Zusammenhang mit dem Begriff der doppelten Nichtbesteuerung, *Jankowiak*, Doppelte Nichtbesteuerung im Internationalen Steuerrecht, 21, *Rust*, Internationale Doppelte Nichtbesteuerung, in Lüdicke, Vermeidung der Doppelbesteuerung und ihre Grenzen, 37.

41 Vgl. *Kluge*, Das Internationale Steuerrecht4, B 34.

42 So setzt *Hannes*, Qualifikationskonflikte im Internationalen Steuerrecht, 8, die Gesamtsteuerbelastung in Relation zum niedrigstbesteuernden Staat. Vgl. auch *Kluge*, Das Internationale Steuerrecht4, B 34.

43 Vgl. *Jacobs*, Internationale Unternehmensbesteuerung7, 4, der damit gänzlich von der Anknüpfung an eine spezifische Entstehungsursache, wie der missbräuchlichen Ausnutzung von Steuersystemunterschieden oder der mangelnden Abstimmung der Steuerrechtsordnungen abstrahiert.

44 *Lüdicke*, Überlegungen zur deutschen DBA-Politik, 87, betont ebenfalls eine trennscharfe Abgrenzung zwischen den Fällen der Minderbesteuerung, die mit und solche, die ohne Anwendung der Doppelbesteuerungsabkommen entstehen.

45 Im Gegensatz zu vielen anderen Darstellungen soll hier nicht zwingend auf die dahinterstehende Intention abgehoben werden, wie bspw. eine Missbrauchs- oder Gestaltungsintention, so aber statt vieler *Burmester*, Zur Systematik internationaler Minderbesteuerung und ihrer Vermeidung, in Burmester/Endres, Festschrift Debatin, 55 (56).

gestaltungsbedingter Minderbesteuerung differenziert werden.[46] Für Zwecke der hier angelegten Untersuchung ist vordringlich die Art an Minderbesteuerung relevant, die aus einer abweichenden Abkommensanwendung resultiert.

Der vorhandene Kerngehalt über das Begriffsverständnis der Doppelbesteuerung und der Minderbesteuerung kann zumindest als hinreichend zur Umreißung des Phänomens und der Problematik erachtet werden. Die fehlende rechtliche Präzisierung mag dahingehend ohne Belang sein, da weder die Doppelbesteuerung noch die Minderbesteuerung als Tatbestandsmerkmale rechtlicher Normen fungieren.[47] Gerade in Bezug auf die Doppelbesteuerungsabkommen als Teil des Untersuchungsgegenstandes ist zu konstatieren, dass die Doppelbesteuerung oder die Minderbesteuerung keine Anwendungsvoraussetzungen darstellen.[48] Insgesamt sind die Begriffe für das Internationale Steuerrecht im Allgemeinen und für die vorliegende Untersuchung im Speziellen von zentraler Bedeutung. Sie sind jedoch als Begriffe übergeordneter Zweckorientierung zu begreifen und nicht als Rechtsfolgen auslösende Momente.

II. Notwendigkeit der Beseitigung

Die Doppelbesteuerung und die Minderbesteuerung können im Grundsatz als ein Problem der Verteilungsgerechtigkeit[49] und Verteilungseffizienz angesehen werden.[50] Dieser Befund soll im Folgenden unter rechtswissenschaftlichen und wirtschaftswissenschaftlichen Gesichtspunkten näher beleuchtet, gewürdigt

46 Zur Darstellung der systembedingten und gestaltungsbedingten Minderbesteuerung siehe *Höhn/Höring*, Das Steuerrecht international agierender Unternehmen, 32; *Kahle/Wildermuth*, Ubg 2013, 405 (410); *Lentz*, Vermeidung einer Minderbesteuerung von Unternehmenseinkünften, 15 ff.; *Burmester*, Zur Systematik internationaler Minderbesteuerung und ihrer Vermeidung, in Burmester/Endres, Festschrift Debatin, 55 (56 ff.); *Lipp*, Die stille Gesellschaft im nationalen und internationalen Kontext, 38 f.

47 So auch *Höhn/Höring*, Das Steuerrecht international agierender Unternehmen, 33.

48 Vgl. *Schönfeld/Häck* in Schönfeld/Ditz, DBA, Systematik Rz. 3; *Wassermeyer* in Wassermeyer, DBA, Vor Art. 1 MA Rz. 2.

49 Zur Doppelbesteuerung als Gerechtigkeitsproblem siehe *Wassermeyer* in Wassermeyer, DBA, Vor Art. 6-22 MA Rz. 14.

50 Zurückgehend auf *Musgrave*, Criteria for Foreign Tax Credit, in Baker, Taxation and Operations Abroad, 83 (83 ff.), sind die Wertungen in Hinblick auf die wirtschaftliche Effizienz und in Hinblick auf die Gerechtigkeit zu differenzieren, vgl. *Vogel* in Vogel/Lehner, DBA, Einl. Rz. 24.

und im Rahmen der Zweckorientierung als Rechtfertigungsbasis für den Untersuchungsgegenstand dienstbar gemacht werden.[51]

1. Rechtswissenschaftliche Perspektive

Aus der rechtswissenschaftlichen Perspektive ist im Zusammenhang mit der Notwendigkeit zur Beseitigung von Doppelbesteuerung und Minderbesteuerung die grundsätzliche Frage aufzuwerfen, ob sich aus einem rechtlich fundierten Verbot gar eine Pflicht für staatliches Handeln ableiten lässt. Zu diesem Zweck soll eine Untersuchung der verschiedenen Normbereiche vorgenommen werden.

a. Verfassungsrechtliche Perspektive

Wie bereits angemerkt gehören Doppelbesteuerungen und Minderbesteuerungen zu den Fragestellungen der Steuergerechtigkeit. Da in ihr ein wesentliches Anforderungsprinzip an das Steuersystem gesehen wird,[52] lassen sich diesbezüglich auch juristische Aussagen gewinnen. Die Steuergerechtigkeit findet ihren Niederschlag grundsätzlich im allgemeinen Gleichheitssatz.[53] Neben dem Gebot der Rechtanwendungsgleichheit[54] ist gleichfalls der Steuergesetzgeber gem. Art. 1 Abs. 3, Art. 20 Abs. 3 GG an eine Rechtsetzungsgleichheit[55] gebunden. Die Gerechtigkeitswertung erfolgt über den steuerspezifischen Vergleichsmaßstab der wirtschaftlichen Leistungsfähigkeit.[56] Dabei entfaltet das Leistungsfähigkeitsprinzip als Fundamentalprinzip des Einkommensteuerrechts eine systemtragende Funktion.[57] Obwohl das Leistungsfähigkeitsprinzip nicht ausdrücklich normiert ist, erlangt es in Verbindung mit dem allgemeinen

51 Die Überlegungen zum rechtswissenschaftlichen Teil der Doppelbesteuerung sind größtenteils entnommen aus *Beck/Moser*, StuW 2014, 258 (258 ff.).

52 Hierzu bereits *Smith*, An Inquiry into the Nature and Causes of the Wealth of Nations5, 703 ff.

53 Siehe in diesem Zusammenhang *Rüfner* in Kahl/Waldhoff/Walter, BK-GG, Art. 3 Abs. 1 GG Rz. 2 ff.

54 Hierzu grundlegend das Zinsurteil, BVerfG vom 27.06.1991, 2 BvR 1493/89, BVerfGE 84, 239.

55 BVerfG vom 23.10.1951, 2 BvG 1/51, BVerfGE 1, 14 (52).

56 Vgl. *Lang* in Tipke/Lang, Steuerrecht20, § 4 Rz. 77; *Hey* in Tipke/Lang, Steuerrecht21, § 3 Rz. 121. Grundlegend zum Leistungsfähigkeitsprinzip als Gerechtigkeitsprinzip *Kraft*, Steuergerechtigkeit und Gewinnermittlung, 7 ff.

57 Vgl. *Tipke*, Die Steuerrechtsordnung, Bd. I2, 481; *Lang*, StuW 2013, 53 (57 f.); *Kirchhof*, StuW 2000, 316 (325 f.); *Birk*, StuW 2000, 328 (329).

Gleichheitssatz verfassungsrechtliche Geltung.[58] Der allgemeine Gleichheitssatz des Art. 3 Abs. 1 GG gebietet eine Gleichbehandlung von wesentlich Gleichem und eine Ungleichbehandlung von wesentlich Ungleichem.[59] Dementsprechend sind Steuerpflichtige bei gleicher Leistungsfähigkeit auch gleich hoch zu besteuern (horizontale Steuergerechtigkeit) und die Besteuerung hoher Einkommen hat im Vergleich zu niedrigen Einkommen angemessen zu sein (vertikale Steuergerechtigkeit).[60] Diesbezüglich orientiert sich die lastengleiche Besteuerung an der individuellen wirtschaftlichen Leistungsfähigkeit.[61] Eine Einschränkung des Leistungsfähigkeitsprinzips vermag allein über besondere sachliche Rechtfertigungsgründe eine Legitimation zu erlangen.[62] Kann eine Rechtfertigung nicht in dieser Art nachgewiesen werden, ist ein verfassungsrechtlicher Verstoß zu konstatieren.[63] Grundsätzlich ist der Gesetzgeber demzufolge bei der Schaffung steuerrechtlicher Normen an die Umsetzung des Leistungsfähigkeitsprinzips als verfassungsrechtliches Gebot gebunden.

Dem Leistungsfähigkeitsprinzip kommt auch im Internationalen Steuerrecht eine besondere Bedeutung zu.[64] So müssen sich Konzeptionen wie das Welteinkommensprinzip, das Quellenprinzip und die Normen zur Vermeidung der Doppelbesteuerung desgleichen am Leistungsfähigkeitsprinzip messen lassen.[65] Im Rahmen des Quellenprinzips ist eine Unterscheidung in in- und ausländische Leistungsfähigkeit angezeigt.[66] Hier erfolgt eine Anknüpfung

58 Vgl. *Tipke*, Die Steuerrechtsordnung I, Bd. I2, 349 ff.

59 BVerfG vom 16.03.2005, 2 BvL 7/00, BVerfGE 112, 268 (279); vom 21.06.2006, 2 BvL 2/99, BVerfGE 116, 164.

60 BVerfG vom 29.05.1990, 1 BvL 20/84, 1 BvL 26/84, 1 BvL 4/86, BVerfGE 82, 60.

61 Vgl. *Tipke*, Die Steuerrechtsordnung I, Bd. I2, 479 ff.; vgl. auch *Wernsmann* in Hübschmann/Hepp/Spitaler, AO/FGO, § 4 AO Rz. 410.

62 Das BVerfG hat insbesondere außerfiskalische Förderungs- und Lenkungszwecke und Typisierungs- und Vereinfachungserfordernisse anerkannt, BVerfG vom 09.12.2008, 2 BvL 1/07, 2 BvL 2/07, 2 BvL 1/08, 2 BvL 2/08, BVerfGE 122, 210 (233).

63 Vgl. *Birk*, Das Leistungsfähigkeitsprinzip als Maßstab der Steuernormen, 171 ff.; *Bach*, StuW 1991, 116 (130); *Mössner*, Beschränkungen des Verlustausgleichs und Verlustabzugs, in Wassermeyer, Grundfragen der Unternehmensbesteuerung, 231 (234). Vgl. auch *Drüen* in Tipke/Kruse, AO/FGO, § 3 AO Rz. 50.

64 Siehe hierzu ebenfalls *Wehrße*, Grenzüberschreitende Besteuerung von Personengesellschaften im internationalen Vergleich, 218 ff.

65 Vgl. *Schaumburg*, Das Leistungsfähigkeitsprinzip im internationalen Steuerrecht, in Lang, Festschrift Tipke, 125 (127); *Höhn/Höring*, Das Steuerrecht international agierender Unternehmen, 45.

66 Vgl. *Vogel*, Die Besteuerung von Auslandseinkünften – Prinzipien und Praxis, in Vogel, Grundfragen des Internationalen Steuerrechts, 3 (28 ff.); *Mössner*, Die Metho-

an die inländischen Quellen, wodurch auf eine wirtschaftlich und auf Wettbewerb gerichtete enge Verbindung des Steuerpflichtigen mit der jeweiligen Volkswirtschaft abgestellt wird.[67]

Hingegen besteht beim Welteinkommensprinzip der relevante Vergleichsmaßstab in der Gesamtleistungsfähigkeit. Die rechtliche Grundausrichtung evoziert dabei allerdings eine Doppelbesteuerung, wodurch eine Verletzung der Gleichmäßigkeit der Besteuerung i.S.d. Leistungsfähigkeitsprinzips gegeben ist.[68] Gleiches gilt für den Fall der Minderbesteuerung. Es ist mit Bezug auf die Doppelbesteuerung und Minderbesteuerung folglich verfassungsrechtlich geboten, die Steuergerechtigkeit im Rahmen der Rechtsnormausgestaltung wiederherzustellen.

Abstrahiert vom allgemeinen Gleichheitssatz ist im nationalen Recht keine allgemeingültige Norm, die Doppelbesteuerung verpflichtend zu vermeiden, vorhanden.[69] Da die Regelungen zur Vermeidung der Doppelbesteuerung als Steuerermäßigungen bei ausländischen Einkünften angesehen werden, ist mitunter jedoch von einer „Klugheitsregel“ aus Opportunitätsgesichtspunkten die Rede.[70]

b. Völkerrechtliche Perspektive

Eine grundsätzliche Rechtspflicht zur Vermeidung der Doppelbesteuerung lässt sich aus dem Völkerrecht nicht ableiten.[71] Allein das Territorialitätsprinzip, welches einen Anknüpfungspunkt (*genuine link*) zum Staatsgebiet verlangt,

den zur Vermeidung der Doppelbesteuerung – Vorzüge, Nachteile, aktuelle Probleme, in Vogel, Grundfragen des Internationalen Steuerrechts, 135 (142 f.).

67 Vgl. *Schaumburg*, Internationales Steuerrecht3, Rz. 14.19 m.w.N.

68 Vgl. *Tipke*, Die Steuerrechtsordnung I, Bd. I2, 522 ff.; *Schaumburg*, Das Leistungsfähigkeitsprinzip im internationalen Steuerrecht, in Lang, Festschrift Tipke, 125 (132).

69 BFH vom 14.02.1975, VI R 210/72, BStBl. II 1975, 497. Vgl. auch *Kluge*, Das Internationale Steuerrecht4, B 32; *Höhn/Höring*, Das Steuerrecht international agierender Unternehmen, 47.

70 *Schaumburg*, Das Leistungsfähigkeitsprinzip im internationalen Steuerrecht, in Lang, Festschrift Tipke, 125 (144) m.w.N.

71 Vgl. *Schaumburg*, Das Leistungsfähigkeitsprinzip im internationalen Steuerrecht, in Lang, Festschrift Tipke, 125 (143) m.w.N.; *Vogel* in Vogel/Lehner, DBA, Einl. Rz. 14; *ders.*, DStR 1968, 427 (430); *Stein*, IStR 2006, 505; *Debatin*, DStR 1992, Beihefter zu Heft 23, 1; *Gloria*, Das steuerliche Verständigungsverfahren und das Recht auf diplomatischen Schutz, 195; *Höhn/Höring*, Das Steuerrecht international agierender Unternehmen, 46.

stellt die Grenze des Besteuerungszugriffs dar.[72] Das Quellen- oder Territorialitätsprinzip ist dabei als Ausprägung der zwischenstaatlichen Verteilungsgerechtigkeit zu sehen.[73] Demnach ist jenem Staat, der im Rahmen seiner Infrastruktur eine Erwirtschaftung aus der Steuerquelle ermöglicht, nach dem Nutzenprinzip der primäre Steuerzugriff zu gewähren.[74]

Mit dem Abschluss der Doppelbesteuerungsabkommen wird der Notwendigkeit zur Vermeidung der Doppelbesteuerung Ausdruck verliehen. Als völkerrechtliche Verträge entfalten sie zwar eine Rechtspflicht, gleichwohl lässt sich hieraus ebenso keine generelle Verpflichtung zur Vermeidung der Doppelbesteuerung oder Minderbesteuerung ableiten.[75] Richtigerweise haben die Vertragsparteien in den jeweiligen DBA geregelt, für welche Sachverhalte eine Vermeidung der Doppelbesteuerung und auch der Minderbesteuerung gewollt ist. Entsprechend muss sich der Wille im Wortlaut zumindest insoweit niederschlagen, als die grammatikalische Auslegung im Lichte des Vertragszwecks erkennen lässt, dass die Vertragsparteien für den konkreten Fall die Vermeidung der Doppelbesteuerung oder Minderbesteuerung vorgesehen haben. Ist der Anwendungsbereich der Doppelbesteuerungsabkommen eröffnet, ist für diese Fälle freilich die Anwendung der Abkommen sowohl auf innerstaatlicher als auch auf völkerrechtlicher Ebene verpflichtend, mit dem Ziel eine Doppelbesteuerung zu vermeiden und keine Doppelnichtbesteuerung herbeizuführen.

c. Unionsrechtliche Perspektive

Die Notwendigkeit der Vermeidung der Doppelbesteuerung hat auch aus unionsrechtlicher Perspektive Bestand.[76] Im ehemaligen Art. 293 EGV war hierzu die Verpflichtung der Mitgliedstaaten normiert, Doppelbesteuerungsabkommen abzuschließen.[77] Eine Doppelbesteuerung ist letztlich dann unionsrechts-

---

72 Vgl. *Schönfeld/Häck* in Schönfeld/Ditz, DBA, Systematik Rz. 8. Das Prinzip der tatsächlichen Anknüpfung leitet sich aus dem Völkergewohnheitsrecht ab, vgl. *Brähler*, Internationales Steuerrecht8, 3.

73 *Vogel*, Die Besteuerung von Auslandseinkünften – Prinzipien und Praxis, in Vogel, Grundfragen des Internationalen Steuerrechts, 3 (17 ff.); *Lang*, StuW 2011, 144 (147); *Hey* in Tipke/Lang, Steuerrecht21, § 3 Rz. 45.

74 Vgl. *Hey* in Tipke/Lang, Steuerrecht21, § 3 Rz. 45.

75 Vgl. *Lehner*, IStR 2011, 733 (735).

76 Vgl. *Schönfeld/Häck* in Schönfeld/Ditz, DBA, Systematik Rz. 119; *Schönfeld* in Wassermeyer, Vor Art. 1 MA Rz. 116 ff.; hierzu auch *Höhn/Höring*, Das Steuerrecht international agierender Unternehmen, 46.

77 Vgl. *Schönfeld/Häck* in Schönfeld/Ditz, DBA, Systematik Rz. 119. Im AEUV ist diesbezüglich keine Kodifizierung mehr zu finden, vgl. *Höhn/Höring*, Das Steuerrecht international agierender Unternehmen, 46.

widrig, wenn ihre Vermeidung allein auf Inlandssachverhalte beschränkt wird.[78] Es wird aber auch vertreten, dass ein Verstoß der Grundfreiheiten darin zu sehen ist, wenn der Steuerpflichtige aufgrund einer durch Kollision der Steuerrechtsordnungen induzierten Doppelbesteuerung von einer Auslandsinvestition abgehalten würde.[79]

d. Rechtssystematische Perspektive

Ungeachtet einer etwaigen Rechtspflicht ist die Vermeidung der Doppelbesteuerung als wesentlicher Bestandteil des Welteinkommensprinzips anzusehen. In diesem Zusammenhang wird das Welteinkommensprinzip durch die Methoden zur Vermeidung der Doppelbesteuerung flankiert und durch diese erst vervollständigt. Eine konsequente Umsetzung verlangt demzufolge einen funktionsfähigen Mechanismus kollisionsauflösender Normen. Erst hierdurch kann eine Systemgeschlossenheit erreicht werden. Zudem bedingt ein funktionsfähiger Mechanismus gleichermaßen, dass er nicht nur vordergründig der Zielerreichung der Vermeidung einer Doppelbesteuerung dient, sondern seine Anwendung nicht zu unerwünschten Zuständen führt – wie es im Rahmen der Minderbesteuerung der Fall wäre. Demnach muss sich eine rechtssystematisch konsequente Umsetzung des Vermeidungsmechanismus an dem Maßstab messen lassen, Doppelbesteuerung zu vermeiden und gleichzeitig Minderbesteuerung nicht entstehen zu lassen.

e. Einfluss der Maßnahmen zur Vermeidung der Doppelbesteuerung und Minderbesteuerung

Sowohl auf innerstaatlicher Ebene als auch auf völkerrechtlicher Ebene sind Vermeidungsregelungen kodifiziert, die den rechtsdogmatisch und rechtssystematisch unzureichenden Zustand einer Doppelbesteuerung und Minderbesteuerung nivellieren sollen.[80]

---

78 EuGH vom 07.09.2004, C-319/02, *Manninen*, Slg. 2004, I-7477; vom 06.03.2007, C-292/04, *Meilicke*, Slg. 2007, I-1835.

79 Vgl. *Kofler*, Doppelbesteuerungsabkommen und Europäisches Gemeinschaftsrecht, 131 ff.; *Englisch*, Dividendenbesteuerung, 253 f. Der EuGH sieht hingegen kein unionsrechtliches Gebot zur Doppelbesteuerungsvermeidung, EuGH vom 14.11.2006, C-513/04, *Kerkhaert und Morres*, Slg. 2006, I-10967, Rz. 15 ff., vgl. hierzu und zum generellen Verhältnis zwischen Unionsrecht und der Doppelbesteuerungsvermeidung *Schönfeld/Häck* in Schönfeld/Ditz, DBA, Systematik Rz. 119 f.

80 Zu den unilateralen und bilateralen Vermeidungsmaßnahmen vgl. *Schaumburg*, Internationales Steuerrecht3, Rz. 15.1 ff., 16.1 ff.; *Reith*, Internationales Steuerrecht,

Die innerstaatlich verbindlichen Doppelbesteuerungsabkommen sowie die unilateralen Maßnahmen verhelfen aufgrund ihrer kollisionsauflösenden Wirkung zur gleichheitsgerechten Ausgestaltung des Welteinkommensprinzips. Die Normen sind dabei am Leistungsfähigkeitsprinzip ausgerichtet und stellen folglich einen verfassungsrechtskonformen Zustand her. Die hierbei verwendeten Methoden der Anrechnung und der Freistellung werden unter Gerechtigkeitsgesichtspunkten als gleichwertig anerkannt.[81] Die Normen fügen sich gleichermaßen in den unionsrechtlichen Rahmen ein. Aufgrund der innerstaatlichen Verbindlichkeit der Doppelbesteuerungsabkommen als genuin völkerrechtliche Verträge ist darüber hinaus die Einhaltung völkerrechtlicher Pflichten sichergestellt.

Insgesamt besteht mit den Vermeidungsregeln der notwendige Rechtsrahmen zur Herstellung der Steuergerechtigkeit.

f. Projektion auf den Untersuchungsgegenstand

Qualifikationskonflikte führen vordergründig zu einer Doppelbesteuerung oder Minderbesteuerung. Aufgrund dieser Tatsache lassen sie die oben beschriebene Ursprungsproblematik einer infrage stehenden Steuergerechtigkeit wiederaufleben.[82]

Entscheidet sich der Gesetzgeber für das Welteinkommensprinzip, gebietet der Gleichheitssatz, dass dieses folgerichtig durchgehalten wird und somit die Vermeidung der Doppelbesteuerung sichergestellt wird.[83] Obgleich das Welteinkommensprinzip nur auf einfachgesetzlicher Grundlage beruht[84], erlangt es vor dem Hintergrund des Folgerichtigkeitsgebots eine besondere Bedeutung.[85]

Rz. 4.1 ff., 5.1 ff.; *Grotherr/Herfort/Strunk*, Internationales Steuerrecht3, 111 ff., 699 ff.; *Brähler*, Internationales Steuerrecht8, 29 ff., 65 ff.; *Rose*, Internationales Steuerrecht6, 72 ff., 75 ff.; *Höhn/Höring*, Das Steuerrecht international agierender Unternehmen, 51 ff.; *Kaminski/Strunk*, Steuern in der internationalen Unternehmenspraxis, 23 ff., 31 ff.; *Birk/Desens/Tappe*, Steuerrecht17, Rz. 1460 ff., 1463 ff.

81 Vgl. *Jacobs*, Internationale Unternehmensbesteuerung7, 24; *Schaumburg*, Das Leistungsfähigkeitsprinzip im internationalen Steuerrecht, in Lang, Festschrift Tipke, 125 (147).

82 Zu ausführlichen Überlegungen der Besteuerung nach der Leistungsfähigkeit in Verbindung mit der Qualifikationskonflikteproblematik siehe die Untersuchung von *Lampert*, Doppelbesteuerungsrecht und Lastengleichheit, passim.

83 Vgl. *Schaumburg*, Das Leistungsfähigkeitsprinzip im internationalen Steuerrecht, in Lang, Festschrift Tipke, 125 (133).

84 BFH vom 17.10.1990, I R 182/87, BStBl. II 1991, 136.

85 Vgl. *Schaumburg/Schaumburg*, StuW 2013, 61 (64 f.).

Im Fall der Qualifikationskonflikte versagt der Vermeidungsmechanismus allerdings gänzlich. Hierin ist deutlich ein Systembruch zu sehen. Eine bestehende Doppelbesteuerung nicht zu vermeiden oder eine Minderbesteuerung hervorzurufen, konfligiert mit einer hinreichenden Ausgestaltung des Welteinkommensprinzips. Im Fall der Belastung von Einkünften sowohl auf Inlands- als auch auf Auslandsebene müsste grundsätzlich der Vermeidungsmechanismus dergestalt ausgelöst werden, dass gleichzeitig keine Minderbesteuerung verbleibt. Andernfalls würde es an einer Systemgeschlossenheit und einer systemkonsequenten Umsetzung mangeln.

2. Wirtschaftswissenschaftliche Perspektive

a. Betriebswirtschaftliche Perspektive

Die Auswirkungen einer Doppelbesteuerung oder einer Minderbesteuerung sind auch aus betriebswirtschaftlicher Perspektive zu würdigen. Einführend sei darauf hingewiesen, dass Steuern unter einzelwirtschaftlichen Gesichtspunkten negative Zielbeiträge darstellen.[86]

So sind im Rahmen der Steuerwirkungslehre Liquiditäts-, Rendite-, Risiko- und Aktionsparameterwirkungen bekannt.[87] Derartige Wirkungen lassen sich gleichermaßen auf Doppel- und Minderbesteuerungssituationen projizieren. Demnach folgen aus einer Doppelbesteuerung erhöhte Steuerzahlungen bzw. aus einer Minderbesteuerung geminderte Steuerzahlungen,[88] woraus sich ein Liquiditätseffekt ergibt. Im Zusammenhang mit den abdiskontierten Liquiditätsrückflüssen, den sog. *Cashflows,* kann anhand des investitionstheoretischen Modells des Kapitalwerts, der sog. *Net Present Value* (NPV), die Vorteilhaftigkeit einer Investition in Relation zu einer Alternativinvestition bestimmt werden.[89] Aufgrund der Tatsache, dass die Steuerzahlungen im Zahlungsstrom und im Kalkulationszinsfuß berücksichtigt werden, resultiert aus erhöhten

86 Vgl. *Kraft/Kraft,* Grundlagen der Unternehmensbesteuerung4, 5.

87 Vgl. *Fischer/Kleineidam/Warneke,* Internationale Betriebswirtschaftliche Steuerlehre, 251 f. Diese verweisen ihrerseits auf eine ähnliche Unterscheidung bei *Schneider,* Steuerlast und Steuerwirkung, 24 ff.

88 Vgl. *Höhn/Höring,* Das Steuerrecht international agierender Unternehmen, 43 f.

89 Das Standardmodell dient der Ermittlung von Steuerwirkungen in Zusammenhang mit Investitionsentscheidungen, vgl. *Kraft/Kraft,* Grundlagen der Unternehmensbesteuerung4, 7 f. Zur Kapitalwertmethode im Allgemeinen siehe *Becker,* Investition und Finanzierung6, 118 ff. bzw. 60 ff. zur Kapitalwertmethode im Allgemeinen; hierzu ebenfalls *Ermschel/Möbius/Wengert,* Investition und Finanzierung3, 51 ff.

Steuerzahlungen ein gesunkener Kapitalwert. Demgegenüber führen geringere Steuerzahlungen aufgrund einer Minderbesteuerung zu einer Erhöhung des Kapitalwerts.[90] Damit geht einher, dass die Investition gegenüber anderen Investitionen entweder nachteiliger oder vorteilhafter wird. Somit beeinflussen Doppelbesteuerung und Minderbesteuerung den Steuerpflichtigen in seiner Investitionsentscheidung. Ein ähnliches Ergebnis kann über die Renditewirkung veranschaulicht werden.[91] Eine Doppelbesteuerung führt zu einem erhöhten Steueraufwand, womit in Anbetracht eines gesunkenen Gesamtertrags die Gesamtrendite sinkt, während aus einer Minderbesteuerung aufgrund eines niedrigeren Steueraufwandes der gegenteilige Effekt zu verzeichnen ist. Auch die Renditewirkung illustriert damit die relative Nachteiligkeit von Investitionen in Doppelbesteuerungssituationen bzw. die relative Vorteilhaftigkeit im Rahmen der Minderbesteuerung. Zwischen mehreren Handlungsalternativen verschiebt sich folglich die vorteilhaftigkeitsbezogene Rangordnung. Ferner lassen sich aufgrund der Unübersichtlichkeit der Steuerrechtsordnungen Risikowirkungen ausmachen. Demnach sinkt gerade im Hinblick auf eine potenzielle Doppelbesteuerung die Bereitschaft zur Übernahme von Einkommensunsicherheiten[92]. Darüber hinaus iduzieren eine (potenzielle) Doppelbesteuerung oder Minderbesteuerung Aktionsparameterwirkungen. In diesem Zusammenhang wird in Aussicht einer vermeidbaren Doppelbesteuerung oder einer erreichbaren Minderbesteuerung ein Anreiz zu verstärkten steuerplanerischen Aktivitäten gesetzt. Hieraus resultiert ebenso eine Veränderung der Investitionsentscheidung.[93] Abstrahiert von den Ausweichhandlungen kann den steuerlichen Mehrbelastungen auch die betriebswirtschaftliche Wirkung zugeschrieben werden, dass geringere Nettogewinne der Selbstfinanzierungsfunktion entgegenwirken und die Fremdfinanzierung erschweren.[94]

---

90 Beispielrechnungen finden sich etwa bei *Becker*, Investition und Finanzierung6, 119 f.

91 Vgl. hierzu *Höhn/Höring*, Das Steuerrecht international agierender Unternehmen, 43; *Jacobs*, Internationale Unternehmensbesteuerung7, 4.

92 Hierzu *Fischer/Kleineidam/Warneke*, Internationale Betriebswirtschaftliche Steuerlehre, 252.

93 Die Wirkung ist grundsätzlich nicht beschränkt auf eine Verschiebung innerhalb der Handlungsalternativen. Vielmehr kann es ebenfalls zur Generierung neuer Handlungsalternativen kommen, die ausschließlich auf steuerlichen Überlegungen basieren, vgl. *Fischer/Kleineidam/Warneke*, Internationale Betriebswirtschaftliche Steuerlehre, 252.

94 Vgl. *Schaumburg*, Internationales Steuerrecht3, Rz. 14.13; hierzu auch *Schönfeld/Häck* in Schönfeld/Ditz, DBA, Systematik Rz. 7.

Insgesamt wirken die Mehr- oder Minderbelastung der Entscheidungsneutralität entgegen.[95] Es kann den rational handelnden Steuerpflichtigen unterstellt werden, dass er intendiert, seinen monetären Nutzen zu maximieren. Unter Effizienzgesichtspunkten soll mit einem gegebenen monetären Input der größtmögliche Output erzeugt werden. Doppelbesteuerungen und Minderbesteuerungen führen in ihrem Grundsatz aufgrund dieser Prämisse zu Verschiebungen in der Rangfolge von Handlungsalternativen[96] oder sogar zur Generierung neuer Handlungsalternativen.

b. Volkswirtschaftliche Perspektive

Die Phänomene der Doppelbesteuerung und Minderbesteuerung bewirken aus gesamtwirtschaftlicher Perspektive sowohl einen direkten – resultierend aus den Mehr- oder Minderbelastungen – als auch einen indirekten – aufgrund der zunehmenden Vermeidungshandlungen der Wirtschaftssubjekte – wettbewerbsverzerrenden Effekt und einhergehende Allokationsineffizienzen[97].

Der indirekte Effekt basiert dabei auf den einzelwirtschaftlichen Verschiebungen innerhalb des Entscheidungsprozesses. Die unterschiedlichen Ertragsraten versetzen in einem marktwirtschaftlichen System dabei die Wirtschaftsströme in Bewegung.[98] Mithin besteht in Bezug auf Doppelbesteuerungssituationen gerade für importorientierte Volkswirtschaften der Nachteil darin, dass die ausländischen Investoren den Anreiz zur Investition verlieren, weil sie im Gegensatz zu Unternehmen auf den einheimischen Märkten benachteiligt sind.[99] Aus volkswirtschaftlicher Perspektive entspricht die Steuerbelastung

95 So besitzen Steuern generell einen entscheidungsaneutralen Effekt, vgl. *Kraft/Kraft*, Grundlagen der Unternehmensbesteuerung4, 7.

96 Vgl. *Kraft/Kraft*, Grundlagen der Unternehmensbesteuerung4, 5.

97 Als Allokationsineffizienzen sind in diesem Zusammenhang Verteilungen der Produktionsfaktoren anzusehen, die nicht dem Pareto-Optimum entsprechen und somit im Rahmen ihres Einsatzes nicht die größtmögliche Produktivität erzeugen, vgl. *Vogel* in Vogel/Lehner, DBA, Einl. Rz. 25. Zum grundsätzlichen finanzwissenschaftlichen Allokationsziel vgl. *Zimmermann/Henke/Broer*, Finanzwissenschaft11, 6 f.

98 Vgl. *Gandenberger*, Der Einfluß der Einkommen- und Körperschaftsteuer auf die internationalen Wirtschaftströme, in Vogel, Grundfragen des Internationalen Steuerrechts, 33.

99 Vgl. *Kluge*, Das Internationale Steuerrecht4, B 32; *Höhn/Höring*, Das Steuerrecht international agierender Unternehmen, 43. Dies stellt insbesondere für Entwicklungsländer ein Problem dar, da jene bestrebt sind, durch Auslandskapital und Auslandsinvestitionen ihre Handels- und Leistungsbilanzen auszugleichen, vgl. *Jacobs*, Internationale Unternehmensbesteuerung7, 5; *Schönfeld/Häck* in Schönfeld/Ditz, DBA, Systematik Rz. 7.

schließlich einem entgangenen Nutzen.[100] Demgegenüber lösen Handlungsalternativen, die zu einer Minderbesteuerung führen, eine Sogwirkung aus. Die in beide Richtungen wirkenden Verschiebungen innerhalb des Arbeits-, Kapital-, Dienstleitsungs- und Warenverkehrs führen zu Wettbewerbsverzerrungen und Allokationsineffizienzen knapper Ressourcen.[101]

Ferner sind auch ein direkter wettbewerbsverzerrender Effekt sowie Allokationsineffizienzen aufgrund einer Mehr- oder Minderbelastung zu verzeichnen.[102] So entwickelt sich eine Doppelbesteuerung für exportorientierte Wirtschaftsnationen zum Wettbewerbsnachteil, da die Unternehmen aufgrund der Mehrbelastung ihre Konkurrenzfähigkeit auf den ausländischen Märkten einbüßen.[103] Der Ertrag der Faktorverwendung im Ausland verschlechtert sich in Relation zum Inland.[104] Eine Doppelnichtbesteuerung führt hingegen zu geringeren Steuereinnahmen der jeweiligen Volkswirtschaft, weshalb die Investitionen im Inland bei einem Ausgabenniveau *ceteris paribus* einer höheren Steuerbelastung ausgesetzt werden.[105]

Die Schwächung von Wettbewerbspositionen steht der liberalisierten Weltwirtschaft und somit dem GATT-Vertrag[106] diametral gegenüber.[107] Die

100 Vgl. *Beiser,* ÖStZ 2000, 413 (413 f.); hierzu auch *Wehrße,* Grenzüberschreitende Besteuerung von Personengesellschaften im internationalen Vergleich, 218.

101 *Kluge,* Das Internationale Steuerrecht4, B 32, spricht von einer „Erschwerung des internationalen Personen-, Güter- und Kapitalverkehrs". Vgl. diesbezüglich auch *Höhn/Höring,* Das Steuerrecht international agierender Unternehmen, 43.

102 Zwar könnte davon ausgegangen werden, dass sich die Wirtschaftsströme spiegelbildlich verhalten, d.h. was für den einen Staat nachteilig ist, gereicht dem anderen Staat zum Vorteil. Es bestünde dann eine „Pari-Situation", in der sich die Effekte in der gesamtwirtschaftlichen Betrachtung vermeintlich ausgleichen. Jedoch ändert dies nichts an der Tatsache, dass die Verschiebung der Wirtschaftsströme mit Allokationsineffizienzen einhergehen und demnach auch Wohlfahrtsverluste zu verzeichnen sind, vgl. *Kluge,* Das Internationale Steuerrecht4, B 48; *Höhn/Höring,* Das Steuerrecht international agierender Unternehmen, 44.

103 Vgl. *Fischer/Kleineidam/Warneke,* Internationale Betriebswirtschaftliche Steuerlehre, 33 f.; *Jacobs,* Internationale Unternehmensbesteuerung7, 5; *Kluge,* Das Internationale Steuerrecht4, B 32; *Schönfeld/Häck* in Schönfeld/Ditz, DBA, Systematik Rz. 7. Hieraus resultiert letztendlich eine Behinderung grenzüberschreitender Beziehungen, vgl. *Wassermeyer* in Wassermeyer, DBA, Vor Art. 6-22 MA Rz. 1.

104 Vgl. *Gandenberger,* Der Einfluß der Einkommen- und Körperschaftsteuer auf die internationalen Wirtschaftströme, in Vogel, Grundfragen des Internationalen Steuerrechts, 33 (38).

105 Vgl. *Jacobs,* Internationale Unternehmensbesteuerung7, 5.

106 General Agreement on Tariffs and Trade (GATT) vom 30.10.1947 in der Fassung der sog. Uruguay-Verhandlungsrunde vom 15.04.1994, UNTS Vol. 1867, 187; Gesetz über internationale Vereinbarungen auf dem Gebiete des Zollwesens vom

aufgezeigte Beeinflussung des internationalen Wirtschaftsverkehrs widerspricht den Vorstellungen eines einheitlichen Wirtschaftsraums. Langfristig verursachen die aufgezeigten Verschiebungen der Wirtschaftsströme Wohlfahrtseinbußen.[108]

c. Einfluss der Maßnahmen zur Vermeidung von Doppelbesteuerung und Minderbesteuerung

Die Analyse des Einflusses der Doppelbesteuerung und Minderbesteuerung bringt eine Negativwirkung auf einzelwirtschaftliche und gesamtwirtschaftliche Neutralitätspostulate hervor. In diesem Zusammenhang ist jedoch gleichzeitig zu betonen, dass es sich in Bezug auf die Entscheidungs- und Wettbewerbsneutralität um idealtypische Vorstellungen handelt. So führen Steuern generell zu einem aneutralen Effekt.[109] Es ist jedoch ganz grundsätzlich festzuhalten, dass Steuerwirkungen im Allgemeinen hinnehmbar, die Wirkung von Doppelbesteuerung und Minderbesteuerung es hingegen nicht sind.[110] Diese Feststellung lässt sich damit begründen, dass Steuern verschiedenen Funktionen dienen, die einem höheren Allgemeininteresse unterliegen. Neben einem Fiskalzweck nehmen Steuern auch über den Lenkungszweck bewusst Einfluss auf wirtschaftliche Prozesse. Währenddessen ist die Doppelbesteuerung und Minderbesteuerung keiner Rechtfertigungsgrundlage zuführbar. Sie sind weder zweck- noch sinnbehaftet. Vielmehr entartet die bewusst geschaffene Koordination der Steuerrechtsordnung aufgrund der Doppelbesteuerung und Minderbesteuerung zu einer rechtlichen und wirtschaftlichen Unordnung. Wenn nun Entscheidungs- und Wettbewerbsneutralität angestrebt werden, meint dies keinen absoluten Zustand sondern einen relativen, dessen Blick auf

---

17.12.1951, BGBl. II 1952, 1; Zustimmung zu dem Übereinkommen zur Errichtung der Welthandelsorganisation vom 30.08.1994, BGBl. II 1994, 1438; Bekanntmachung über das Inkrafttreten des Übereinkommens zur Errichtung der Welthandelsorganisation vom 18.05.1995, BGBl. II 1995, 456.

107 Vgl. *Schaumburg*, Internationales Steuerrecht4, Rz. 14.13.

108 Zu einem geringeren gesamtwirtschaftlichen Wirtschaftswachstum, vgl. *Rose*, Internationales Steuerrecht6, 57 f.

109 Aus diesem Grund wird richtigerweise darauf hingewiesen, dass die Neutralitätseffekte des Internationalen Steuerrechts begrenzt sind, vgl. *Seer* in Tipke/Lang, Steuerrecht21, § 1 Rz. 98. Vgl. in diesem Zusammenhang ebenfalls *Kraft/Kraft*, Grundlagen der Unternehmensbesteuerung4, 7.

110 In diesem Zusammenhang führt *Kluge* aus: „Die Steuer als solche ist zu verteidigen, die Doppelbesteuerung nicht.“, *Kluge*, Das Internationale Steuerrecht4, B 32.

die Egalisierung der schädlichen Wirkungen aus der Doppel- und Minderbesteuerung gerichtet ist.

Die nicht hinnehmbare wettbewerbsverzerrende Wirkung sollte daher ein substantiiertes Argument dafür darstellen, die Vermeidung der Doppelbesteuerung und Minderbesteuerung als „ein Gebot wirtschaftlicher Vernunft"[111] anzusehen.[112]

Die Notwendigkeit einer Vermeidung ist gemeinhin anerkannt.[113] Die konkrete Ausgestaltung ist dabei unter den Gesichtspunkten einer effizienten Verteilung der Produktionsfaktoren und einer individuellen Verteilungsgerechtigkeit gegenüber den Steuerpflichtigen sowie einer Verteilungsgerechtigkeit zwischen den Staaten zu betrachten.[114] Als Maßstäbe gesetzgeberischen Handelns haben sich diesbezüglich die Konzepte der Kapitalexportneutralität und der Kapitalimportneutralität[115] herausgebildet.[116] Die hierauf basierenden Regelungen ersuchen den Grad möglicher und notwendiger Wettbewerbsneutralität und Allokationseffizienz im Rahmen der bestehenden Steuerrechtsordnungen zu erreichen. Aus finanzwissenschaftlicher Perspektive soll über die Regelun-

---

111 *Schaumburg*, Internationales Steuerrecht3, Rz. 14.15 unter Verweis auf *Tipke*, Steuergerechtigkeit in Theorie und Praxis, 120; *Nieland*, Doppelbesteuerungsabkommen als Problem innerstaatlicher Rechtsetzung, 47; *Lornsen*, Unilaterale Maßnahmen der Bundesrepublik Deutschland zur Ausschaltung der internationalen Doppelbesteuerung bei der Einkommen- und Körperschaftsteuer, 34 ff.; *Escher*, Die Methoden zur Ausschaltung der Doppelbesteuerung, 63.

112 So auch *Fischer/Kleineidam/Warneke*, Internationale Betriebswirtschaftliche Steuerlehre, 34. Von sachlich vernünftigen Erwägungen spricht auch *Wassermeyer* in Wassermeyer, DBA, Vor Art. 6-22 MA Rz. 1.

113 Vgl. *Kluge*, Das Internationale Steuerrecht4, B 32; *Jacobs*, Internationale Unternehmensbesteuerung7, 5; *Fischer/Kleineidam/Warneke*, Internationale Betriebswirtschaftliche Steuerlehre, 33.

114 Vgl. *Vogel* in Vogel/Lehner, DBA, Einl. Rz. 24.

115 Es handelt sich dabei um volkswirtschaftliche Begriffe, vgl. *Kluge*, Das Internationale Steuerrecht4, B 62. Aus diesem Grund soll eine Betrachtung der Begrifflichkeiten an dieser Stelle der Untersuchung erfolgen. Gleichwohl ist zu konstatieren, dass die Neutralitätskonzepte Einfluss auf die steuerrechtliche Sphäre des Gleichheitsmaßstabs gem. Art. 3 GG und der betriebswirtschaftlichen Entscheidungsneutralität nehmen.

116 Das Begriffspaar der Kapitalexportneutralität und der Kapitalimportneutralität geht zurück auf *Musgrave*, Criteria for Foreign Tax Credit, in Baker, Taxation and Operations Abroad, 83 (84 ff.) Zur Kapitalexportneutralität und Kapitalimportneutralität siehe u.a. *Gerken/Märkt/Schick*, Internationaler Steuerwettbewerb, 64 ff.; *Jacobs*, Internationale Unternehmensbesteuerung7, 18 ff.; *Fischer/Kleineidam/Warneke*, Internationale Betriebswirtschaftliche Steuerlehre, 44; *Gandenberger*, Der Einfluß der Einkommen- und Körperschaftsteuer auf die internationalen Wirtschaftsströme, in Vogel, Grundfragen des Internationalen Steuerrechts, 33 (33 ff.).

gen individuelle und zwischenstaatliche Verteilungsgerechtigkeit erzielt werden.[117] Die in diesem Zusammenhang rechtlich verbindlich kodifizierten Neutralitätskonzepte wirken im Zuge einzelwirtschaftlicher Entscheidungen wiederum in Richtung der Entscheidungsneutralität.

Die Kapitalexportneutralität zielt auf eine Wettbewerbsneutralität zwischen einer Inlands- und einer Auslandsinvestition aus der Perspektive des Kapitalursprungslandes.[118] Die unerwünschten wettbewerbsverzerrenden Effekte der Doppelbesteuerung werden somit im Wirtschaftsraum des Kapitalanlegers neutralisiert.[119] Der Ort der wirtschaftlichen Betätigung und damit der Ort der Kapitalverwendung nimmt auf diese Weise keinen Einfluss auf die Besteuerung.[120] Entsprechend entfalten die steuerrechtlichen Bedingungen im Kapitalursprungsland ihre Maßgeblichkeit.[121] Die Konkurrenzfähigkeit zwischen Wirtschaftssubjekten, die auf Auslandsmärkten agieren und solchen, die ausschließlich die Binnenmärkte präferieren, bleibt infolgedessen erhalten.[122] Hierdurch wird wiederum eine Allokationseffizienz erreicht.[123] Die rechtstechnische Umsetzung erfolgt durch die Verbindung des Wohnsitzprinzips[124] mit

---

117 Die Differenzierung der individuellen und der zwischenstaatlichen Gerechtigkeit findet ihren Ursprung bei *Musgrave,* United States Taxation of Foreign Investment Income, hierzu siehe *Vogel* in Vogel/Lehner, DBA, Einl. Rz. 24.

118 Vgl. *Jacobs,* Internationale Unternehmensbesteuerung7, 19; *Gerken/Märkt/Schick,* Internationaler Steuerwettbewerb, 64; *Fischer/Kleineidam/Warneke,* Internationale Betriebswirtschaftliche Steuerlehre, 44; *Schaumburg,* Internationales Steuerrecht3, Rz. 14.17; *Burmester* in Burmester, Die Anrechnungsmethode im deutschen Steuerrecht, in Gassner/Lang/Lechner, Die Methoden zur Vermeidung der Doppelbesteuerung, Anrechnungs- und Befreiungsmethode, 241 (244); *Gandenberger,* Der Einfluß der Einkommen- und Körperschaftsteuer auf die internationalen Wirtschaftströme, in Vogel, Grundfragen des Internationalen Steuerrechts, 33 (35 f.).

119 Vgl. *Musgrave/Musgrave,* Public Finance in Theory and Practice5, 571; *Homburg,* Allgemeine Steuerlehre7, 304.

120 Es besteht somit eine Indifferenz gegenüber dem Einsatzort des Kapitals, vgl. *Kluge,* Das Internationale Steuerrecht4, B 62; *Gandenberger,* Kapitalexportneutralität versus Kapitalimportneutralität, 1; *Jacobs,* Internationale Unternehmensbesteuerung7, 19; *Menck* in Mössner, Steuerrecht international tätiger Unternehmen4, Rz. 1.62.

121 Dies bezieht sich insbesondere auf den Steuersatz und die Gewinnermittlungsvorschriften, vgl. hierzu *Homburg,* Allgemeine Steuerlehre7, 304.

122 Vgl. *Seer* in Tipke/Lang, Steuerrecht21, § 1 Rz. 98.

123 Vgl. *Gandenberger,* Kapitalexportneutralität versus Kapitalimportneutralität, 5 m.w.N.

124 Das Wohnsitzprinzip und das Ursprungsprinzip als dessen Gegenstück dienen im Rahmen des Internationalen Steuerrechts der Abgrenzung der konkurrierenden Steueransprüche in Bezug auf denselben Steuergegenstand, vgl. hierzu *Fischer/ Kleineidam/ Warneke,* Internationale Betriebswirtschaftliche Steuerlehre, 43.

der Anrechnungsmethode.[125] Vor dem Hintergrund kapitalexportneutral ausgestalteter Rechtsnormen wird gleichfalls eine Entscheidungsneutralität auf einzelwirtschaftlicher Ebene hergestellt. Dies wird erreicht, indem eine Identität der Rangfolge von Inlands- und Auslandsinvestitionsalternativen vor und nach Besteuerung bewirkt wird.[126]

Als theoretisches Korrelat zur Kapitalexportneutralität fungiert die Kapitalimportneutralität. Eine Wettbewerbsneutralität wird in diesem Zusammenhang zwischen einer Inlands- und einer Auslandsinvestition aus der Blickrichtung des Kapitalziellandes hergestellt.[127] Somit wird der Wirtschaftsraum der Kapitalanlage von den schädlichen wettbewerbsverzerrenden Wirkungen befreit. Ungeachtet des Kapitalursprungs unterliegen sämtliche wirtschaftliche Aktivitäten am Ort der Betätigung einem übereinstimmenden Belastungsniveau.[128] Die Grundlage für eine übereinstimmende Belastungswirkung bildet dabei die maßgebliche Anwendung der steuerlichen Rahmenbedingungen des Investitionsortes.[129] Aufgrund der Kapitalimportneutralität wird die Konkurrenzfähigkeit der Wirtschaftssubjekte an einem bestimmten Investitionsstandort sichergestellt.[130] Die verfahrenstechnische Implementierung erfolgt auf Basis des Ursprungsprinzips in Verbindung mit der Freistellungsmethode im Kapitalursprungsland[131] und verwirklicht somit das Territorialitätsprinzip.[132] Im Rahmen einzelwirtschaftlicher Entscheidungen wird keine Entscheidungsneut-

125 Vgl. *Schön*, WTJ 2009, 67 (79); *Fischer/Kleineidam/Warneke*, Internationale Betriebswirtschaftliche Steuerlehre, 44; *Schaumburg*, Internationales Steuerrecht3, Rz. 14.29; *Schönfeld/Häck* in Schönfeld/Ditz, DBA, Systematik Rz. 52.

126 Vgl. *Schneider*, Investition, Finanzierung und Besteuerung7, 193; siehe hierzu auch *Gebhardt*, Deutsches Tax Treaty Overriding, 102 m.w.N. Hieraus folgt, dass sich der Investor zwischen einer Inlands- und einer Auslandsinvestition neutral verhält, vgl. *Maiterth*, StuW 2005, 47 (57).

127 Vgl. *Jacobs*, Internationale Unternehmensbesteuerung7, 19; *Fischer/Kleineidam/Warneke*, Internationale Betriebswirtschaftliche Steuerlehre, 44.

128 Vgl. *Kluge*, Das Internationale Steuerrecht4, B 62; *Gerken/Märkt/Schick*, Internationaler Steuerwettbewerb, 64; *Menck* in Mössner, Steuerrecht international tätiger Unternehmen4, Rz. 1.62.

129 Vgl. *Jacobs*, Internationale Unternehmensbesteuerung7, 23.

130 Die Konkurrenzsituation wird vereinheitlicht, indem ausländische und inländische Investoren einer gleichen Besteuerung unterliegen, vgl. *Seer* in Tipke/Lang, Steuerrecht21, § 1 Rz. 98.

131 Vgl. *Jacobs*, Internationale Unternehmensbesteuerung7, 23; *Fischer/Kleineidam/Warneke*, Internationale Betriebswirtschaftliche Steuerlehre, 44; *Schaumburg*, Internationales Steuerrecht3, Rz. 14.26; *Schönfeld/Häck* in Schönfeld/Ditz, DBA, Systematik Rz. 51.

132 Vgl. *Schaumburg*, Internationales Steuerrecht3, Rz. 14.22.

ralität zwischen den Handlungsalternativen vor und nach Steuern bewirkt, weil sich das – ggf. geringere – Steuerniveau des Kapitalziellandes durchsetzt. Die Entscheidungsneutralität ist vielmehr zwischen den Handlungsalternativen vor und nach der unerwünschten Doppelbesteuerung gegeben.

Unter Berücksichtigung, dass Minderbesteuerung oftmals erst dann entsteht, wenn sie auf den Nährboden der Kapitalimportneutralität fällt, soll die hierdurch induzierte wettbewerbsverzerrende Wirkung durch einen Wechsel von der Kapitalimportneutralität zur Kapitalexportneutralität kompensiert werden. Die Nachteiligkeit von Inlandsinvestitionen gegenüber Auslandsinvestitionen wird somit ausgeglichen.[133] Dies beeinflusst ebenso einzelwirtschaftliche Entscheidungen der jeweiligen Wirtschaftssubjekte, indem sie sich aufgrund des Konzeptwechsels zwischen den Handlungsalternativen einer Inlands- und einer Auslandsinvestition steuerlastbezogen neutral verhalten.

Insgesamt zielen die Neutralitätspostulate darauf, Entscheidungs- und Wettbewerbsneutralität sowie Allokationseffizienz zu erreichen. Es ist dabei einzuräumen, dass die jeweiligen Ausprägungen diese Formen der Neutralität allein in Bezug auf eine vergleichbare Wirtschaftsaktivität und einen geschlossenen Wirtschaftsraum herstellen können.[134] Für die einzelnen Vergleichssituationen wird schließlich jedoch eine Bereinigung der unerwünschten Effekte einer Doppel- und Minderbesteuerung vorgenommen. Die Neutralitätsaussage kann somit lediglich auf gewisse Aspekte begrenzt werden.[135]

d. Projektion auf den Untersuchungsgegenstand

Der Problembereich der Doppelbesteuerung und Minderbesteuerung ist als integraler Bestandteil des Untersuchungsgegenstands der Qualifikationskonflikte zu werten. Vor diesem Hintergrund stehen Qualifikationskonflikte eben jenen Maßnahmen zur Vermeidung von Doppelbesteuerung und Minderbesteuerung entgegen, die zur Erreichung eines notwendigen Grades an Entscheidungs- und Wettbewerbsneutralität und einhergehender Allokationseffizienz implementiert wurden. In Ansehung dieser Tatsache stellen Qualifikationskonflikte den unerwünschten Zustand wieder her, der ohne die Vermei-

---

133 Zur Kapitalexportneutralität als ein Instrument gegen Minderbesteuerung siehe *Scheffler*, Besteuerung der grenzüberschreitenden Unternehmenstätigkeit2, 70.

134 So wird insbesondere die vermeintliche Wettbewerbsneutralität im Rahmen der Kapitalimportneutralität kritisiert, die vor dem Hintergrund einer globalisierten Wirtschaft nicht standhalten kann, vgl. *Gerken/Märkt/Schick*, Internationaler Steuerwettbewerb, 64 f.

135 Vgl. *Kluge*, Das Internationale Steuerrecht4, B 62.

dungsmaßnahmen bestand. In der Folge sind nicht hinnehmbare Wettbewerbsverzerrungen und Allokationswirkungen zu konstatieren, die darüber hinaus im finanzwissenschaftlichen Sinne weder individueller noch zwischenstaatlicher Verteilungsgerechtigkeit entsprechen.

Aus betriebswirtschaftlicher Perspektive resultiert hieraus wiederum eine Verschiebung der Rangfolge der Entscheidungsalternativen. Aufgrund der Gefahr höherer Steuerbelastungen kommt es im Rahmen von Vermeidungshandlungen zu verstärkten steuerplanerischen Aktivitäten, die aufgrund der Informationsbeschaffung in steigenden Transaktionskosten kulminieren. Auf der anderen Seite führen die Steuerminimierungsbestrebungen des Steuerpflichtigen dazu, die Qualifikationskonflikte dergestalt auszunutzen, dass eine Minderbesteuerung erfolgt.[136]

Darüber hinaus ist anzumerken, dass sich auf der Basis einer Mehr- oder Minderbelastung zwar entscheidungstheoretische Aussagen treffen lassen. Mit Blick auf die hier untersuchten Qualifikationskonflikte als eine Ursache von Doppel- und Minderbesteuerung können Entscheidungsmodelle jedoch insbesondere dann keine verlässlichen Aussagen treffen, wenn der Konflikt für den Steuerpflichtigen nicht vorhersehbar war. Qualifikationskonflikte führen damit auch zur Rechts- und Planungsunsicherheit. Die Unübersichtlichkeit des Zusammenwirkens steuerlicher Rechtsordnungen mündet damit ebenfalls in wirtschaftlichen Hemmungen.[137]

Resümierend stellen Qualifikationskonflikte einen Zustand her, der aus betriebswirtschaftlicher und volkswirtschaftlicher Perspektive aufgrund der beeinträchtigenden Wirkungen in dieser Form als unhaltbar bewertet wurde.[138] Hieran knüpft die Notwendigkeit, Qualifikationskonflikte aus einzel- und gesamtwirtschaftlicher Sichtweise einer Lösung zuzuführen.

III. Ergebnis aus diesem Kapitel

Die Doppelbesteuerung und Minderbesteuerung stellen in ihrem Grundsatz ein Problem der Verteilungsgerechtigkeit, Allokationseffizienz sowie Entschei-

136 Vor dem Hintergrund derartiger Gestaltungen wird derzeitig die sog. BEPS-Debatte geführt, hierzu statt vieler *Kahle/Wildermuth*, Ubg 2013, 405 (405 ff.).

137 Vgl. *Kluge*, Das Internationale Steuerrecht4, B 32.

138 Hierzu *Kluge*, Das Internationale Steuerrecht4, B 32, der darauf hinweist, dass aufgrund der offensichtlichen negativen Auswirkungen die Notwendigkeit zur Vermeidung der Doppelbesteuerung anerkannt ist.

dungs- und Wettbewerbsneutralität dar. Aus der rechtswissenschaftlichen Perspektive ist eine Vermeidungsnotwendigkeit über den verfassungsrechtlichen Gleichheitsgrundsatz geboten. Darüber hinaus veranlassen allein Vernunftsregeln zu einer rechtlichen Normierung. Unter wirtschaftswissenschaftlichen Gesichtspunkten fördern die durch Doppelbesteuerung und Minderbesteuerung ausgelösten verzerrenden Wirkungen eine offensichtliche Bereinigungsnotwendigkeit zutage. Der hierüber bestehende Konsens führte zur Implementierung von Vermeidungsmechanismen in Form von Doppelbesteuerungsabkommen, um die negativen Wirkungen sowohl auf rechtswissenschaftlicher als auch auf wirtschaftswissenschaftlicher Ebene abzustellen. In Bezug auf das Abkommensrecht laufen die Qualifikationskonflikte diesen Bemühungen wiederum zuwider und lösen eine Dysfunktionalität des Abkommensmechanismus aus. In der Folge leben die Ursprungsprobleme der Doppelbesteuerung und Minderbesteuerung wieder auf. Mit Blick auf die Verteilungsungerechtigkeit und die Allokationsineffizienz verbleibt ein unhaltbarer und unerwünschter Zustand. Insofern stehen die durch Qualifikationskonflikte induzierten Wirkungen sowohl rechtlich dem Leistungsfähigkeitsprinzip und der Systemkonsistenz als auch aus wirtschaftlicher Perspektive der Neutralität in Bezug auf Investitionsentscheidungen und dem Wettbewerb sowie der Effizienz der Allokation knapper Ressourcen entgegen. Gesamtwirtschaftlich sind hieraus langfristig Wohlfahrtsverluste zu erwarten. Im Ergebnis lässt sich aus den Überlegungen schlussfolgern, dass der Lösung der Qualifikationskonflikte die gleiche Aufmerksamkeit und Anstrengung gebührt, wie es der ursprünglichen Doppelbesteuerungsvermeidung entgegengebracht wurde. Erst unter dieser Prämisse kann von einer Systemgeschlossenheit und einer den Gerechtigkeitsanforderungen entsprechenden Ausgestaltung des Abkommensrechts die Rede sein.

C. Das Recht der Doppelbesteuerungsabkommen

Sowohl die Stoßrichtung der DBA als auch die Funktionsweise des Abkommensmechanismus, die Auslegung der DBA und die Einbettung der DBA in das Rechtssystem bedürfen einer grundlegenden Untersuchung, um hieran anknüpfend die Entstehung der Konflikte bei der Abkommensanwendung verstehen zu können. Aus diesem Grund wird im Folgenden das Recht der DBA mit dem Ziel analysiert, den Ursprung der Wertungsdivergenzen identifizieren zu können.

I. Grundlegendes zu den Doppelbesteuerungsabkommen

1. Abkommensziele

a. Vermeidung der Doppelbesteuerung

Wie es die Namensgebung impliziert, handelt es sich bei den Doppelbesteuerungsabkommen um bilaterale Übereinkünfte, die im Rahmen ihrer Anwendung die Vermeidung der internationalen Doppelbesteuerung zu erreichen suchen.[139] Hierin liegt ganz grundsätzlich ihre Daseinsberechtigung. Demgemäß wird die Vermeidung der Doppelbesteuerung gemeinhin als primärer Zweck der Abkommen bezeichnet.[140] Dies bekräftigen deren Nennung im Titel, die Ausführungen in der Präambel sowie in den jeweiligen Vertragsmateria-

---

139 Titel des OECD-MA 2014: „OECD-Musterabkommen 2014 zur Vermeidung der Doppelbesteuerung auf dem Gebiet der Steuern vom Einkommen und vom Vermögen".

140 Vgl. *Schönfeld/Häck* in Schönfeld/Ditz, DBA, Systematik Rz. 1; *Reith*, Internationales Steuerrecht, Rz. 4.25; *Kluge*, Das Internationale Steuerrecht4, R 1; *Debatin*, DB 1985, Beilage Nr. 23, 1; *Wassermeyer*, IStR 1998, 489 (493). Der amtliche Musterkommentar zum OECD-MA spricht davon, dass die Doppelbesteuerungsabkommen „hauptsächlich durch Vermeidung der internationalen Doppelbesteuerung den Austausch von Gütern und Dienstleistungen sowie den Kapital- und Personenverkehr fördern" sollen, Tz. 7 zu Art. 1 MA des MK.

lien.[141] Gleichwohl liegt das Hauptaugenmerk nicht auf der Vermeidung jeglicher Art von Doppelbesteuerung. Die Abkommen widmen sich vielmehr denjenigen umgrenzten Sachverhalten, die sich innerhalb des Anwendungsbereichs der DBA bewegen.[142]

Die Abkommen zielen dabei vordergründig auf die Vermeidung der internationalen juristischen Doppelbesteuerung.[143] Dies lässt sich mittelbar aus den Abkommensvorschriften schließen. Daneben bleibt es den Vertragsstaaten unbenommen, gleichermaßen wirtschaftlicher Doppelbesteuerung entgegenzutreten.[144] Darüber hinaus ist den Abkommen jedoch auch ein Verbot der virtuellen Doppelbesteuerung zu entnehmen.[145] Dieses Verbot ist Ausdruck dafür, dass die Doppelbesteuerungsabkommen bereits der abstrakten Möglichkeit einer Doppelbesteuerung entgegentreten wollen.[146]

Wenngleich die Begriffsverwendung „Vermeidung der Doppelbesteuerung" gebräuchlich ist, kann sie nicht undifferenziert dahinstehen.[147] Eine Vermeidung würde in diesem Sinne präventiv wirken und somit einer Kollision vorbeugen. Hingegen wirken die Doppelbesteuerungsabkommen hauptsächlich den bereits entstandenen Kollisionen entgegen und beseitigen oder mildern diese. Dabei ist allerdings auch hier entscheidend, zu welchem Zeitpunkt die Kollision als Doppelbesteuerung zu bezeichnen ist:[148] Ist bereits die Kollisi-

---

141 Vgl. *Lang*, Double Non-Taxation, Generalbericht, in IFA, CDFI 2004a, 21 (26); *ders.*, IStR 2002, 609.

142 Vgl. *Lang*, Double Non-Taxation, Generalbericht, in IFA, CDFI 2004a, 21 (26).

143 Siehe Tz. 1 zur Einl. des MK.

144 So geschehen mit Art. 9 MA, hierzu *Wassermeyer* in Wassermeyer, Vor Art. 1 MA Rz. 1; *Lang*, Double Non-Taxation, Generalbericht, in IFA, CDFI 2004a, 21 (28). Siehe in diesem Zusammenhang ebenfalls *Remacle/Nonnenkamp*, Economic Double Taxation as an Obstacle to Cross-Border Investments, in Rust, Double Taxation within the European Union, 17 (19 ff.).

145 RFH vom 29.02.1940, III 206/39, RStBl 1940, 532; BFH vom 14. 12. 1988, I R 148/87, BStBl. II 1989, 319; vom 29.07.1992, II R 39/89, BStBl. II 1993, 63; vom 19.05.1993, I R 83/92, BFH/NV 1994, 11 (12); vom 25.05.2011, I R 95/10, BFH/NV 2011, 1602; Tz. 34 zu Art. 23 MA des MK; *Lüdicke*, FR 2011, 1077 (1078); *Debatin*, DStR 1992, Beihefter zu Heft 23, 1 (3).

146 Vgl. *Wassermeyer* in Wassermeyer, Vor Art. 1 MA Rz. 4.

147 Auf die Problematik der Differenzierung zwischen kollisionsvermeidenden und kollisionsauflösenden Normen hinweisend *Schaumburg*, Internationales Steuerrecht3, Rz. 16.19. Jener verweist in dem Zusammenhang auf die Verwendung der Begrifflichkeit „Ausschaltung der Doppelbesteuerung".

148 Da es sich bei der Doppelbesteuerung nicht um einen *terminus technicus* handelt, eröffnen sich hierdurch begriffliche Spielräume. Das allgemeine Begriffsverständnis stellt in diesem Zusammenhang auf verschiedene Arten von Doppelbesteuerung ab.

on der Besteuerungsansprüche bzw. der Rechtsordnungen als Doppelbsteuerung anzusehen, dann *beseitigt* das Abkommen jene. Stellt man hingegen darauf ab, dass eine Doppelbesteuerung dann besteht, wenn eine Steuerzahlungsverpflichtung durch den Steuerpflichtigen in beiden Vertragsstaaten tatsächlich erfüllt wird, dann verhindern die DBA diese Ausübung grundsätzlich und würden somit eine Doppelbesteuerung *vermeiden*. Anhand dieser Überlegungen vermeiden die Doppelbesteuerungsabkommen vornehmlich die effektive Doppelbesteuerung und beseitigen die virtuelle Doppelbesteuerung.

Obgleich die Differenzierung unscharf erscheinen mag, für die Anwendung der Doppelbesteuerungsabkommen ergibt sich hieraus kein unmittelbarer Aussagegehalt. Schließlich knüpfen die Abkommen an klar umgrenzte Tatbestände an und nicht an das Vorhandensein von Doppelbesteuerung.[149] Vielmehr steht die Frage der Anwendbarkeit im Vordergrund. Somit kann aus der Doppelbesteuerung auch keine Voraussetzung für die Anwendung der DBA abgeleitet werden. Die Bedeutung der Zielsetzung kommt insbesondere erst im Zuge der teleologischen Auslegung zum Tragen.[150]

b. Vermeidung der Doppelnichtbesteuerung

Neben der Vermeidung der Doppelbesteuerung ist umstritten, ob den Abkommen überdies das Ziel der Vermeidung doppelter Nichtbesteuerung zu entnehmen ist.[151] Konsensfähig erscheint zumindest, dass es nicht Ziel der Doppelbesteuerungsabkommen sein kann, Doppelnichtbesteuerung zu verursachen.[152] Diese Schlussfolgerung ergibt sich bereits aufgrund ihrer uner-

---

Die Ausführungen sollen demgemäß an diese Arten der Doppelbesteuerung anknüpfen.

149 Vgl. *Schönfeld/Häck* in Schönfeld/Ditz, DBA, Systematik Rz. 3; *Wassermeyer* in Wassermeyer, Vor Art. 1 MA Rz. 2.

150 Obzwar eine uneinheitliche Auffassung darüber existiert, ob sich hieraus für den Einzelfall überhaupt Auslegungsergebnisse ableiten lassen, hierzu *Wolff*, IStR 2004, 542 (545); allgemein zu dieser Thematik *Schönfeld/Häck* in Schönfeld/Ditz, DBA, Systematik Rz. 3.

151 Für ein allgemeines Ziel der Doppelnichtbesteuerung sprechen sich etwa *Wilke* in Gosch/Kroppen/Grotherr, Art. 3 MA Rz. 88; *Benz/Kroon*, IStR 2012, 910; *Müller-Gatermann*, FR 2012, 1032 (1033); *Wichman*, FR 2011, 1082, aus. Eine gegenteilige Auffassung vertreten etwa *Lang*, Double Non-Taxation, Generalbericht, in IFA, CDFI 2004a, 21 (35 ff.); *Schönfeld/Häck* in Schönfeld/Ditz, DBA, Systematik Rz. 13; *Lüdicke*, FR 2011, 1077 (1078); *Lehner*, FR 2011, 1087 (1091).

152 Vgl. *Lüdicke*, FR 2011, 1077 (1078); *ders.*, Überlegungen zur deutschen DBA-Politik, 8; *Lang*, Double Non-Taxation, Generalbericht, in IFA, CDFI 2004a, 21 (36). *Gosch*, Auslegung von DBA in der deutschen Rechtspraxis, in Lüdicke, Vermeidung der

wünschten wettbewerbsverzerrenden Wirkung. Der Partnership-Report der OECD hat dabei zur Entfachung der Diskussion beigetragen, indem als "basic purposes of the Convention: to eliminate double taxation and to prevent double non-taxation"[153] benannt werden.[154] Mit Blick auf die neuesten Entwicklungen wird diese Sichtweise durch die explizite Erwähnung einer Doppelnichtbesteuerungsvermeidung als Abkommensabsicht in der Präambel der neuen Verhandlungsgrundlage für Doppelbesteuerungsabkommen gestützt.[155]

An dieser Stelle bedarf es der Hervorhebung des Kausalzusammenhangs. So kann es die Doppelnichtbesteuerung nur aufgrund der vorherigen Bestrebung, die Doppelbesteuerung vermeiden zu wollen, geben. Aufgrund der Tatsache, dass die Abkommen erst die Doppelnichtbesteuerung induzieren, kann ihre ursprüngliche Zielausrichtung nicht in dessen Vermeidung liegen.[156] Ist diese jedoch erst einmal verursacht, ist fraglich, inwiefern in diesen Fällen von einer Zielerreichung gesprochen werden kann. Aufgrund des Dependenzverhältnisses von Doppelnichtbesteuerung zu dem Hauptzweck der Doppelbesteuerungsvermeidung wird der Vermeidung der doppelten Nichtbesteuerung allenfalls der Charakter des Nebenziels zugesprochen.[157]

Indes muss der Beurteilung über die Qualität der Vermeidung der Doppelnichtbesteuerung als generelle Zielsetzung eine Ursachenanalyse und -differenzierung vorausgehen. Dabei sind für die Fälle der Doppelnichtbesteuerung, die spezifisch als Folge der Anwendung von Doppelbesteuerungsabkommen entstehen, vielschichtige Gründe auszumachen.[158] Insbesondere die Vorstellung über ein Verbot der virtuellen Doppelbesteuerung nähren derartige Doppelnichtbesteuerungskonstellationen. Daneben werden sie im Falle missbräuchlicher Inanspruchnahme der Abkommen und im Falle von Steuer-

Doppelbesteuerung und ihre Grenzen, 1 (36), spricht auch davon, dass es nicht darum geht, doppelte Nichtbesteuerung zu befördern.

153 *OECD*, The Application of the OECD Model Tax Convention to Partnerships, Issues in International Taxation No. 6, Tz. 52; Tz. 47 ff. zu Art. 1 MA des MK; Tz. 32.1 f. und Tz. 6.1 ff. zu Art. 23 MA des MK.

154 Die Vorstellungen aus dem Report wurden im Musterkommentar in den Tz. 32.1-32.7 zu Art. 23 MA des MK aufgenommen.

155 BMF vom 17.04.2013, IV B 2, S 1301/10/10022-32, BStBl. I 2010, 354, Präambel. Siehe in diesem Zusammenhang auch *Rust*, Internationale Doppelte Nichtbesteuerung, in Lüdicke, Vermeidung der Doppelbesteuerung und ihre Grenzen, 37 (48).

156 Vgl. *Wolff*, IStR 2004, 542 (545).

157 So bspw. *Lüdicke*, Überlegungen zur deutschen DBA-Politik, 8.

158 *Gosch*, IStR 2014, 698 (701), spricht dabei von einem „heterogenem Ursachenbündel" und mahnt in diesem Zusammenhang an, dass oftmals eine undifferenzierte Vewendung erfolgt. Siehe dazu auch *ders.*, Missbrauchsabwehr im Internationalen Steuerrecht, in Achatz, Internationales Steuerrecht, 201 (201 ff., 206 f., 231 f.).

verkürzung herbeigeführt. Zudem rufen auch Abweichungen in der Anwendung der Doppelbesteuerungsabkommen durch die verschiedenen Vertragsstaaten Doppelnichtbesteuerung hervor.[159] In Übereinstimmung mit der Ursachendiversität gibt es eine Vielzahl an Regelungen, die einer Doppelnichtbesteuerung zweckgerichtet entgegenwirken.

Insbesondere im Lichte des Verbots virtueller Doppelbesteuerung erweist sich die Diskussion um die Doppelnichtbesteuerungsvermeidung im Hinblick auf eine grundlegende Zielsetzungsqualität als gegenstandslos. So besteht für denjenigen Vertragsstaat, dem nach Maßgabe des Abkommens das Recht zur Ausübung der Besteuerungsansprüche zusteht, keine Verpflichtung zur tatsächlichen Besteuerung. Demzufolge wohnt dem Verbot der virtuellen Doppelbesteuerung die Gefahr der Doppelnichtbesteuerung inne. Derart gelagerte Fälle werden somit bewusst in Kauf genommen.[160] Dieses Ergebnis ist zumindest dann sachangemessen, wenn hierdurch die Wettbewerbsneutralität im Quellenstaat erreicht werden soll. So besteht das Anliegen darin, uniforme Wettbewerbsbedingungen zu schaffen. Bestehen für ansässige Investoren Steuerbefreiungen, sind sie gleichermaßen den ausländischen Investoren zu gewähren. Ist der Wille der Vertragsparteien hingegen davon getragen, die aufgrund des Verbots der virtuellen Doppelbesteuerung entstandene Doppelnichtbesteuerung zu vermeiden, eröffnen sich gleichfalls Wege, einen Besteuerungsvorbehalt in Form sog. Subject-to-tax-Regelungen explizit in den Abkommen zu normieren.

Finden zunehmend spezielle Klauseln in die Abkommen Eingang, um einer doppelten Nichtbesteuerung zu entgegnen, ist dies allenfalls Ausdruck der Abkommenspolitik. Diese lassen nicht auf die allgemeine Zielsetzung einer Doppelnichtbesteuerung schließen. Eine Analyse der verschiedenen DBA fördert indes zutage, dass die abkommenspolitische Ausrichtung der DBA eine

159 Als Ursachen für eine unterschiedliche Abkommensanwendung werden eine abweichende Anwendung von Abkommensbestimmungen aufgrund eines unterschiedlichen nationalen Verständnisses der Abkommensbegriffe, abweichende Sachverhaltsermittlung sowie Abkommensauslegung verstanden, siehe BMF vom 26.09.2014, IV B 5, S 1300/09/10003, BStBl. I 2014, 1258, Tz. 4.1.3.1.

160 Vgl. *Rust*, Internationale Doppelte Nichtbesteuerung, in Lüdicke, Vermeidung der Doppelbesteuerung und ihre Grenzen, 37 (38).

Bandbreite von „Verpflichtung zur doppelten Nichtbesteuerung"[161] bis „Ausschluss der doppelten Nichtbesteuerung" umfasst.[162]

Vermehrt stehen die Sondervorschriften im Zusammenhang mit Bestrebungen zur Missbrauchsvermeidung.[163] Hierzu zählen bspw. Rückfall-, Subject-to-tax- oder Switch-over-Klauseln sowie Aktivitätsvorbehalte.[164] Gleiches gilt für die Fälle der Steuerverkürzung, die durch Regelungen über den Informationsaustausch und Amtshilfe bei der Steuererhebung nivelliert werden sollen.[165] Obgleich die Verhinderung der Steuerverkürzung im Titel der Abkommen benannt wird, zielt der ursprüngliche Abkommensmechanismus nicht hierauf. Vielmehr handelt es sich um eine losgelöste Zielsetzung,[166] für dessen Umsetzung die Doppelbesteuerungsabkommen instrumentalisiert werden. Dies zeigt sich anhand der Tatsache, dass Verträge über den Informationsaustausch auch unabhängig von den Doppelbesteuerungsabkommen verhandelt und abgeschlossen werden.[167]

Die abkommenspolitische Haltung bietet demnach auch einen Erklärungsansatz für die Erwähnung der Doppelnichtbesteuerungsvermeidung in der Präambel der neuen Verhandlungsgrundlage. Somit ist die Abkommensabsicht der Vermeidung der doppelten Nichtbesteuerung vordergründig im Lichte der speziellen Abkommensregelungen zu sehen. Sie sind Ausdruck dafür, dass die

---

161 Zu derartigen *tax sparing* oder *matching credit*-Regelungen siehe die Ausführungen bei *Vogel* in Vogel/Lehner, DBA, Art. 23 MA Rz. 194 ff.; *Lang*, Double Non-Taxation, Generalbericht, in IFA, CDFI 2004a, 21 (30); *Jankowiak*, Doppelte Nichtbesteuerung im Internationalen Steuerrecht, 69.

162 Hierzu im Detail *Lang*, Double Non-Taxation, Generalbericht, in IFA, CDFI 2004a, 21 (30 ff.).

163 Tz. 7 zu Art. 1 MA des MK benennt die Missbrauchsbekämpfung auch als Zweck der DBA. Vgl. auch *Reith*, Internationales Steuerrecht, Rz. 4.26, der hieraus das Ziel der Verhinderung von Steuerflucht ableitet. Jedoch sollte diese Zielsetzung ebenfalls allein im Lichte der damit verbundenen speziellen Abkommensbestimmungen gesehen werden.

164 Eingehend dazu *Haase* in Haase, AStG/DBA, Art. 1 MA Rz. 26. Nähere Ausführungen hierzu finden sich im Kapitel E.II.2.

165 In diesem Zusammenhang ist Art. 26 MA einschlägig. Zum internationalen Informationsaustausch im Detail siehe Kapitel E.II.4.

166 Vgl. *Lüdicke*, Überlegungen zur deutschen DBA-Politik, 8.

167 Hierbei handelt es sich um sog. TIEA (Tax Information Exchange Agreement). Diese Vereinbarungen über den Informationsaustausch sind inhaltlich an Art. 26 MA angelehnt. Da zu diesen Jurisdiktionen keine ausgeprägten Wirtschaftsbeziehungen bestehen, ist der Abschluss von Doppelbesteuerungsabkommen obsolet. Vgl. zu dieser Thematik *Müller-Gatermann*, Aktuelle deutsche Abkommenspolitik, in Baumhoff/Schönfeld, Doppelbesteuerungsabkommen – Nationale und internationale Entwicklungen, 1.

Doppelbesteuerungsabkommen als Medium zur Durchsetzung weiterer steuerpolitischer Ziele genutzt werden. Entsprechend bestätigt diese Zielvorgabe, die in speziellen Abkommensregeln individuell normiert werden muss, die These, dass sie nicht bereits als ursprüngliches Ziel Bestandteil der Doppelbesteuerungsabkommen sind.

Abstrahiert von den speziellen Abkommensregelungen ist die Vermeidung der Doppelnichtbesteuerung dann von allgemeinem Interesse, wenn ihre Ursache in einer abweichenden Abkommensanwendung begründet ist.[168]

Letztendlich lässt sich keine globale Aussage über das Ziel zur Vermeidung doppelter Nichtbesteuerung treffen. Eine Beurteilung muss vielmehr differenziert erfolgen. Dabei ist grundsätzlich darauf abzustellen, ob die Doppelnichtbesteuerung fiskalisch unerwünscht ist und somit im Rahmen abkommenspolitischer Entscheidungen Eingang in spezielle Abkommensvorschriften findet oder ob die Doppelnichtbesteuerung zu systematisch unsachgemäßen Ergebnissen führt und somit generell zu vermeiden ist.

c. Zusammenfassende Würdigung

Die Würdigung der Problematik ist nach ersten Überlegungen von der Perspektive abhängig. Vor der Abkommensanwendung (ex ante) kann bei der Vermeidung der Doppelbesteuerung im Rahmen einer intentionsorientierten Sichtweise vom primären Ziel gesprochen werden. Erst aufgrund der Bestrebung Doppelbesteuerung vermeiden zu wollen, ergibt sich die Möglichkeit einer unerwünschten Doppelnichtbesteuerung, die es dann sekundär zu vermeiden gilt. Betrachtet man die Tatsachen hingegen aus der Perspektive nach Abkommensanwendung (ex post) und somit ergebnisorientiert, ist sowohl der Zustand der Doppelbesteuerung als auch der Doppelnichtbesteuerung unerwünscht. Eine Gewichtung hinsichtlich der Vermeidungspräferenz kann indes nicht mehr vorgenommen werden, da beide zu Wettbewerbsverzerrungen sowie zur Fehlallokation von wirtschaftlichen Ressourcen führen.[169]

---

168 So auch *Wolff*, IStR 2004, 542 (546, 548) mit Hinweis auf *Vogel*, IStR 2003, 523 (528 ff.). Vogel meint in diesem Zusammenhang lediglich jene abweichende Abkommensanwendung, die auf unterschiedliches nationales Verständnis von Abkommensausdrücken zurückzuführen ist. Dabei kann die unerwünschte abweichende Abkommensanwendung allgemein aus dem Abkommensmechanismus geschlossen werden. Im Hinblick auf unterschiedliche Sachverhaltsbeurteilungen und Abkommensauslegungen besitzt Art. 23A Abs. 4 MA indizielle Wirkung.

169 Siehe statt vieler *Wichmann*, FR 2011, 1082 (1082). Eine ausführliche Darstellung der Problematik findet sich in Kapitel B.II.2.

Der Grund und die Natur der Doppelbesteuerungsabkommen liegen unbestritten in der Vermeidung der Doppelbesteuerung.[170] Wird jedoch in bestehende Rechtsordnungen durch Implementierung eines neuen Mechanismus mit der Absicht der Vermeidung der Doppelbesteuerung eingegriffen, bleibt dies nicht ohne Konsequenz. Vielmehr sind Nebeneffekte oder Überregulierungen das Ergebnis. Aus der intentionalen Anwendung des Abkommens zur Vermeidung der Doppelbesteuerung resultiert eine etwaige Doppelnichtbesteuerung als nicht-intendierte Folge. Diese wird einerseits in Kauf genommen. Andererseits ist sie in den Fällen divergierender Abkommensanwendung nicht zweckkonform.[171] Trotz der Vermeidung der Doppelbesteuerung besteht in derartigen Fällen kein zufriedenstellendes Ergebnis. Auf Basis jener Überlegungen wird deutlich, dass die Annahme, die Zielsetzung beschränke sich auf die Vermeidung der Doppelbesteuerung, zu kurz greift. Gleichwohl wäre es nicht widerspruchsfrei, im gleichen Atemzug wie die Vermeidung der Doppelbesteuerung die Doppelnichtbesteuerung als weiteres Leitziel zu nennen. Der Generalcharakter der Doppelnichtbesteuerung wird schließlich bereits durch die Vorstellung eines Verbots der virtuellen Doppelbesteuerung torpediert. Festzustellen ist somit, dass sich die Vermeidung der Doppelnichtbesteuerung nicht allgemein, sondern lediglich in speziellen Konstellationen als Zielsetzung eignet.[172] Sie ist immer dann, wenn sie die Folge divergierender Abkommensanwendung ist, zu vermeiden. Die Ursache begründet sich hier insbesondere in dem Versagen des auf Korrespondenz angelegten Abkommensmechanismus. In diesem Zusammenhang zeigt sich allerdings, dass das Versagen des Funktionsmechanismus sowohl Abweichungen in die eine (Doppelbesteuerung) wie auch in die andere Richtung (Doppelnichtbesteuerung) zulässt. Bei der aufgrund von Anwendungsdivergenzen induzierten Doppelnichtbesteuerung handelt es sich folglich um zwei Seiten ein und derselben Medaille. Im Rahmen der Abkommensanwendung genügt damit nicht allein, dass eine Zuordnung der Ausübungsrechte erfolgt. Hinzukommend hat diese noch übereinstimmend zu erfolgen, um ein den Abkommen entsprechendes Ergebnis zu erreichen. Die ganzheitliche Zielsetzung besteht damit in der korrespondierenden Zuordnung von Ausübungsrechten im Anwendungsbereich der Doppelbesteuerungsabkommen.[173] Hierüber wird ganz automatisch eine Vermeidung

---

170 Vgl. *Lang*, Double Non-Taxation, Generalbericht, in IFA, CDFI 2004a, 21 (26).
171 Hierzu *Vogel*, IStR 2003, 523 (527).
172 Vgl. *Lang*, Double Non-Taxation, Generalbericht, in IFA, CDFI 2004a, 21 (30).
173 Siehe in diesem Zusammenhang ebenfalls Kapitel C.III.2.g.

der Doppelbesteuerung allgemein und der Doppelbesteuerung und Doppelnichtbesteuerung im Falle divergierender Abkommensanwendung erreicht.

Zusammenfassend dienen die Doppelbesteuerungsabkommen als verlässliche steuerliche Grundlage für grenzüberschreitende Aktivitäten, die ein sachgerechtes und steuerpolitisch sinnvolles Zusammenwirken der verschiedenen Steuerrechtsordnungen bewirken.[174] Vornehmlich soll jeder Staat an der Besteuerung des wirtschaftlichen Ergebnisses angemessen beteiligt werden.[175] Um dieser Aufgabe gerecht zu werden, ist es zentrales Ziel der Abkommen, eine Zuordnung der Rechte zur Ausübung der Besteuerungsansprüche über einen funktionsfähigen Abkommensmechanismus zu koordinieren.

2. Rechtsnatur

Doppelbesteuerungsabkommen stellen Rechtsquellen des Internationalen Steuerrechts dar.[176] Dabei handelt es sich grundsätzlich um völkerrechtliche Verträge, die durch zwei- oder mehrseitige Rechtsgeschäfte zwischen selbstständigen Völkerrechtssubjekten geschlossen werden.[177] Die jeweiligen Staaten sind als gleichberechtigte Rechtssubjekte dazu befugt, auf rechtsgeschäftlicher Ebene zusammenzuwirken.[178] Demgemäß sind die Abkommen auf zwischenstaatlicher Ebene zugleich als eigenständige Quellen des Völkerrechts ausgestaltet.[179] Art. 38 Abs. 1 IGH-Statut benennt diese Völkerrechtsquellen an erster Stelle wie folgt: "internationale Übereinkünfte allgemeiner oder besonderer Natur, in denen von den streitenden Staaten ausdrücklich anerkannte Regeln festgelegt sind"[180]. Sie sind vornehmlich durch einen Kooperations- bzw. Koordinationscharakter gekennzeichnet. Im Gegensatz zum innerstaatlichen Subordinationsrecht, welches das Verhältnis zwischen Staat und Bürger bzw. zwischen den

---

174 Vgl. *Lüdicke*, FR 2011, 1077.

175 Vgl. *Frotscher*, Internationales Steuerrecht3, 99.

176 Art. 38 Abs. 1 lit. a IGH-Statut; vgl. *Haase* in Haase, AStG/DBA, Art. 1 MA Rz. 23; *Frotscher*, Internationales Steuerrecht3, 18.

177 Vgl. *Schaumburg*, Internationales Steuerrecht3, Rz. 16.19; *Vogel* in Vogel/Lehner, DBA, Einl. Rz. 45; *Kluge*, Das Internationale Steuerrecht4, R 2; *Reith*, Internationales Steuerrecht, Rz. 4.44.; *Debatin*, DStR 1992, Beihefter zu Heft 23, 1.

178 Vgl. *Haase* in Haase, AStG/DBA, Art. 1 MA Rz. 54.

179 Vgl. *Kluge*, Das Internationale Steuerrecht4, R 3.

180 Art. 38 Abs. 1 lit. a IGH-Statut. Im Speziellen für den Fall der Doppelbesteuerungsabkommen siehe *Blumenwitz*, Die Auslegung völkerrechtlicher Verträge, in Vogel, Doppelbesteuerungsabkommen und nationales Recht, 5. Im Allgemeinen zu den Völkerrechtsquellen *Herdegen*, Völkerrecht13, § 14 Rz. 1 ff. Siehe darüber hinaus auch *Rüthers/Fischer/Birk*, Rechtstheorie7, Rz. 221.

Bürgern untereinander regelt, ist das Völkerrecht demnach auf eine Normierung zwischen Gleichrangigen angelegt.[181]

Aufgrund der Tatsache, dass die Abkommen ihre Wirkung eben nicht nur zwischen den Vertragsparteien entfalten sollen, sondern neben der Völkerrechtsebene auch auf innerstaatlicher Ebene, kommt ihnen – wie im Rahmen der weiteren Untersuchung noch zu zeigen sein wird – aufgrund parlamentarischer Zustimmung auf nationaler Ebene die Wirkung eines einfachen Bundesgesetzes zu. Damit bilden sich die DBA wiederum zu innerstaatlichem Subordinationsrecht um.

In Anlehnung an die bisherigen Ausführungen ist zusammenfassend herauszustellen, dass die DBA im Hinblick auf ihre rechtlich normative Einordnung einen rechtlichen Hybridcharakter besitzen. So wurzeln sie originär im Völkervertragsrecht, womit einerseits der völkerrechtliche und andererseits der Vertragscharakter hervorzuheben sind. Darüber hinaus wirken sie innerstaatlich wie einfache Bundesgesetze.

3. Die Bedeutung des Wiener Übereinkommens über das Recht der Verträge

Als völkerrechtliche Verträge unterliegen die DBA dem Wiener Übereinkommen über das Recht der Verträge (WÜRV) vom 23.05.1969[182]. Gemäß Art. 4 WÜRV gelten die Regelungen allerdings erst für Verträge, die nach dem Inkrafttreten des WÜRV völkerrechtlich verbindlich geworden sind. Dennoch sollen die Regeln des WÜRV auch auf ältere Verträge Anwendung finden, da das WÜRV hinsichtlich seiner relevanten Teile als Völkergewohnheitsrecht einzustufen ist.[183] Das bereits existente Recht wurde mit dem WÜRV lediglich

181 Hierzu vgl. *Stein/von Buttlar*, Völkerrecht13, Rz. 180.

182 Vienna Convention on the Law of Treaties (Wiener Übereinkommen über das Recht der Verträge) vom 23.05.1969, UNTS Vol. 1155, 331; Gesetz zu dem Wiener Übereinkommen vom 23.Mai 1969 über das Recht der Verträge vom 03.08.1985, BGBl. II 1985, 926.

183 Vgl. *Herdegen* in Mauz/Dürig, GG, Art. 25 GG Rz. 20. Dies betrifft insbesondere Abschnitt 3, der die Auslegung regelt, hierzu *Vogel* in Vogel/Lehner, DBA, Einl. Rz. 45, 105; *Czakert*, IStR 2012, 703 (704); *Vogel/Prokisch*, Interpretation of Double Taxation Conventions, Generalbericht, in IFA, CDFI 1993, 19 (19 ff.); *Hannes*, Qualifikationskonflikte im Internationalen Steuerrecht, 12; *Gloria*, Das steuerliche Verständigungsverfahren und das Recht auf diplomatischen Schutz, 66 ff.; *Strobl*, Zur Auslegung von Doppelbesteuerungsabkommen unter besonderer Berücksichtigung aus-

kodifiziert und beansprucht aufgrund seiner völkergewohnheitsrechtlichen Natur bereits Verbindlichkeit.[184] Zuwiderhandlungen sind entsprechend als völkerrechtswidrig einzustufen.[185]

Da die Abkommen auch auf innerstaatlicher Ebene wirken, ist zu hinterfragen, welche Relevanz das WÜRV im nationalen Recht erlangt. Aufgrund der Einstufung als Völkergewohnheitsrecht finden die Regelungen des WÜRV gem. Art. 25 Satz 1 GG im innerstaatlichen Recht grundsätzlich unmittelbare Anwendung.[186] Das WÜRV ist jedoch selbst ein völkerrechtlicher Vertrag, welcher gem. Art. 59 Abs. 2 GG parlamentarischer Zustimmung bedarf. Mit dem Zustimmungsgesetz vom 03.08.1985[187] trat das WÜRV am 20.08.1987[188] auch auf nationalrechtlicher Ebene entsprechend in Kraft. Die innerstaatliche Verbindlichkeit gem. Art. 59 Abs. 2 GG ergab sich demgemäß ab dem 20.08.1987. Vor der Unterzeichnung des WÜRV am 23.05.1969 resultierte die innerstaatliche Geltung aus Art. 25 GG. Die Wertung für den Zeitraum zwischen diesen beiden Daten ist hingegen diffiziler. So bestand mit der Unterzeichnung des WÜRV am 23.05.1969 die Verpflichtung zur parlamentarischen Zustimmung i.S.d. Art. 59 Abs. 2 GG. Die Geltung des WÜRV im innerstaatlichen Recht stand damit in Abhängigkeit zum Inkrafttreten des Zustimmungsgesetzes.[189] In diesem Zusammenhang wird argumentiert, dass aufgrund des *lex specialis*-Charakters des Art. 59 Abs. 2 GG gegenüber Art. 25 GG[190] nach dem allgemeinen Grundsatz *lex specialis derogat legi generali* für diesen Zeitraum auch keine

---

ländischer Rechtsordnungen, in Knobbe-Keuk/Klein/Moxter in Festschrift Döllerer, 635 (637); *Klebau*, RIW 1985, 125 (127).

184 Aufgrund der gewohnheitsrechtlichen Geltung findet das WÜRV auch über den Kreis der Vertragsparteien hinaus und vor Inkrafttreten Berücksichtigung. A.A. BFH vom 02.09.2009, I R 111/08, BStBl. II 2010, 387.

185 Vgl. *Gloria*, Das steuerliche Verständigungsverfahren und das Recht auf diplomatischen Schutz, 70; *ders.*, RIW 1986, 970 (973).

186 Siehe hierzu *Stein/von Buttlar*, Völkerrecht13, Rz. 194 ff; *Kunig* in Graf Vitzthum, Völkerrecht5, 128, Rz. 133 ff.

187 Gesetz zu dem Wiener Übereinkommen vom 23.Mai 1969 über das Recht der Verträge vom 03.08.1985, BGBl. II 1985, 926.

188 Bekanntmachung über das Inkrafttreten des Wiener Übereinkommens über das Recht der Verträge vom 26.10.1987, BGBl. II 1987, 757.

189 Auch die völkergewohnheitsrechtliche Regel *pacta sunt servanda* vermag als Bestandteil der innerstaatlichen Rechtsordnung gem. Art. 25 Abs. 2 GG nicht eine Verpflichtung zur innerstaatlichen Anwendung erreichen, BVerfG vom 26.03.1957, 2 BvG 1/55, BVerfGE 6, 309 (362 f.); vom 14.10.2004, 2 BvR 1481/04, BVerfGE 111, 307 (318).

190 Vgl. *Herdegen* in Maunz/Dürig, GG, Art. 25 GG Rz. 10, 20; *Streinz* in Sachs, GG, Art. 25 GG Rz. 29.

gewohnheitsrechtliche Geltung anzunehmen ist.[191] Diese Argumentation vermag gleichwohl nicht zu überzeugen. Der Anwendungsbereich des Art. 25 GG bezieht sich auf Völkergewohnheitsrecht, während Art. 59 Abs. 2 GG eine Normierung für Völkervertragsrecht vornimmt. Da der Abschluss des Völkervertrags den Regelungen nicht ihren völkergewohnheitsrechtlichen Charakter und den damit einhergehenden Status als Bestandteil des innerstaatlichen Rechts entziehen kann, besteht das Völkergewohnheitsrecht fort. Sie verschaffen dem inhaltsgleichen Vertrag vielmehr einen weiteren Geltungsgrund.[192] Aufgrund der Tatsache, dass die Kodifizierung in Gestalt eines völkerrechtlichen Vertrags allein der Klarstellung dient und hieraus kein geltungsfreier Raum entstehen soll, wird sich für ein paralleles Bestehen der Inhalte sowohl als Völkervertragsrecht als auch als Völkergewohnheitsrecht ausgesprochen.[193] Ein Nebeneinander der Vorschriften des Art. 25 GG und des Art. 59 Abs. 2 GG wird allein für den Kollisionsfall, dass die vertragliche Ausgestaltung in Abweichung von allgemeinem Völkerrecht vorgenommen wird, zugunsten des Völkervertrags und damit zugunsten des Art. 59 Abs. 2 GG aufgelöst.[194] In dem Nebeneinander von Art. 25 GG und Art. 59 Abs. 2 GG liegt die Begründung, weshalb die Vorschriften in weitem Umfang bereits vor dem Inkrafttreten des WÜRV am 20.08.1987 in Deutschland zur Anwendung kamen.[195]

4. Die Rolle des OECD-MA und des OECD-MK

Der Abschluss von Doppelbesteuerungsabkommen verfügt über eine lange Tradition.[196] Die Verhandlungen und die Ausarbeitung der jeweiligen Ab-

---

191 Dargestellt bei *Lampert*, Doppelbesteuerungsrecht und Lastengleichheit, 49 f.

192 Vgl. *Kunig* in Graf Vitzthum, Völkerrecht5, 128, Rz. 133.

193 Vgl. *Bleckmann*, Völkerrecht, Rz. 422.

194 Dies ist darauf zurückzuführen, dass der Gesetzgeber die beiden Regelungen bewusst nebeneinander geschaffen hat. Art. 25 GG ist ein Vorbehalt vertraglicher Abbedingung inhärent, da ansonsten dem völkerrechtlichen Vertrag die Grundlage entzogen wäre, vgl. *Kunig* in Graf Vitzthum, Völkerrecht5, 128, Rz. 134.

195 Hierzu *Schaumburg*, Internationales Steuerrecht3, Rz. 16.19; *Vogel* in Vogel/Lehner, DBA, Einl. Rz. 45, 105. So orientiert sich auch die Vertragspraxis der Nichtvertragsparteien weitgehend an den Grundsätzen des WÜRV, *Kunig* in Graf Vitzthum, Völkerrecht5, 12, Rz. 34. Indes spricht sich der BFH dafür aus, dass das WÜRV erst mit Inkrafttreten seine Anwendbarkeit entfaltet, BFH vom 14.03.1989, I R 20/87, BStBl. II 1989, 649.

196 Das vermutlich älteste moderne DBA wurde am 16.04.1869 zwischen Preußen und Sachsen geschlossen, siehe hierzu *Haase* in Haase, AStG/DBA, Einl. II Rz. 1 mit Hinweis auf den Textabdruck Umschlagseite III, IStR-Heft 24/2006.

kommen werden dabei individuell an den Bedürfnissen der Vertragspartner ausgerichtet. Mit dem Ausbau und der Verbreitung der Doppelbesteuerungsabkommen entwickelten sich jedoch im Gleichlauf Harmonisierungsbestrebungen.[197] Gleichgelagerte Doppelbesteuerungsproblematiken sollten in übereinstimmender Weise basierend auf einer einheitlichen Grundlage gehandhabt werden.[198] So kam es, dass in Anlehnung an die Arbeiten des Völkerbundes und aufbauend auf die erste Stellungnahme des Rates der OEEC (Organisation für europäische wirtschaftliche Zusammenarbeit) der Steuerausschuss (Committee on Fiscal Affairs)[199] der OECD (Organisation für wirtschaftliche Zusammenarbeit und Entwicklung) als Nachfolgeorganisation der OEEC im Jahr 1963 ein Musterabkommen zur Vermeidung der Doppelbesteuerung des Einkommens und des Vermögens ausarbeitete.[200] Im Jahr 1977 wurde ein umfassend revidiertes Musterabkommen einschließlich eines Musterkommentars veröffentlicht.[201] Dieses beruhte auf weiteren Studien der OECD, Erfahrungswerten der Mitgliedstaaten sowie steuerrechtlich relevanten Weiterentwicklungen.[202] Seither unterliegt das OECD-MA und der OECD-MK fortwährender Überarbeitung und Ergänzung.[203]

Das OECD-MA und der OECD-MK sind ihrer Natur nach Empfehlungen des OECD-Steuerausschusses, die gegenüber den Mitgliedstaaten keine Rechtsverbindlichkeit begründen.[204] Infolgedessen entfalten OECD-MA und

---

197 Vgl. *Schönfeld/Häck* in Schönfeld/Ditz, DBA, Systematik Rz. 26.

198 Tz. 2 und 3 der Einl. des MK. Vgl. auch *Schaumburg*, Internationales Steuerrecht3, Rz. 16.14.

199 Detaillierter zum OECD-Steuerausschuss *Krabbe*, in Wassermeyer, DBA, Vor Art. 1 MA Rz. 156 ff. Dieser ist in Arbeitsgruppen organisiert, wobei sich die Arbeitsgruppe 1 (Working Party No. 1) mit der Ausarbeitung und Weiterentwicklung des OECD-MA und OECD-MK befasst.

200 Zur detaillierten geschichtlichen Entwicklung vgl. Tz. 4 ff. der Einl. des MK; *Wassermeyer* in Wassermeyer, Vor Art. 1 MA Rz. 71 ff. Siehe auch *Schaumburg*, Internationales Steuerrecht3, Rz. 16.14.

201 Hierzu *Weber-Fas*, Staatsverträge im Internationalen Steuerrecht, 6 ff.

202 Tz. 7 der Einl. des MK.

203 Dem liegt das Konzept eines laufend anzupassenden Musterabkommens zugrunde, Tz. 9 der Einl. des MK. Zu den Entwicklungen sowie einem Ausblick siehe *Schönfeld/Häck* in Schönfeld/Ditz, DBA, Systematik Rz. 30 ff.

204 Siehe hierzu Art. 5 lit. b OECD-Satzung (*OECD*, Convention on the Organisation for Economic Co-operation and Development, erhältlich im Internet: http://www.oecd.org/general/conventionontheorganisationforeconomicco-operationanddevelopment.htm (besucht am 24.03.2015)). Zu dieser Thematik siehe ferner *Wassermeyer* in Wassermeyer, DBA, Vor Art. 1 MA Rz. 34; *Henkel* in Gosch/Kroppen/Grotherr, DBA, Grundlagen Teil 1 Abschn. 4 Rz. 40; *Schönfeld/Häck* in Schönfeld/Ditz, DBA, Systematik Rz. 27, 97; *Liebchen*, Beteiligungen an ausländischen Personengesellschaften, 122

OECD-MK weder auf völkerrechtlicher noch auf innerstaatlicher Ebene eine unmittelbare normative Wirkung.[205] Dies ergibt sich bereits in Ansehung der Tatsache, dass die Vertreter der Mitgliedstaaten im OECD-Steuerausschuss nicht als Bevollmächtigte zum Abschluss völkerrechtlicher Verträge befugt sind.[206] Ihnen selbst kommt damit nicht der Rechtscharakter eines völkerrechtlichen Vertrags zu.[207] Darüber hinaus sind die Vertreter der Mitgliedstaaten im OECD-Steuerausschuss gleichsam verfassungsseitig nicht legitimiert, die gesetzgeberische Kompetenz der Zustimmung zu übernehmen.[208] Diesbezüglich besteht sonach auch keine unmittelbare innerstaatliche Rechtskraft.[209] Ebenso eine etwaige Charakterisierung als Völkergewohnheitsrecht ist nicht gegeben.[210] Letztendlich besteht die allgemeine Übung[211] darin, sich an dem OECD-MA und OECD-MK zu orientieren. Eine übereinstimmende und gemeinsame Überzeugung, die Inhalte als Recht anzusehen und sich dadurch rechtlich verpflichten zu wollen, kann gerade nicht konstatiert werden.[212] Die Vertragsstaaten behalten sich durch die zweiseitigen Verhandlungen vielmehr ihre Vertragsautonomie vor. Abweichungen von den Mustern führen somit nicht zum Völkerrechtsbruch. Schlussfolgernd sind OECD-MA und OECD-MK nicht unmittelbar als Rechtsquellen des Völkerrechts i.S.d. Art. 38 IGH-Statut anzu-

---

ff. Die Unverbindlichkeit wird auch an Stellen des Musterkommentars deutlich, siehe Tz. 29 der Einl. des MK. Die Empfehlung selbst kann dem OECD-MA und dem OECD-MK keinen höheren Status zuweisen, als ihr selbst obliegt, vgl. *Vogel*, BIFD 2000, 612 (613).

205 Vgl. *Haase* in Haase, AStG/DBA, Einl. II Rz. 9; *Schönfeld/Häck* in Schönfeld/Ditz, DBA, Systematik Rz. 27, 61.

206 *Vogel*, SWI 2000, 103 (107) würde hierin eine „waghalsige Konstruktion" sehen. Vgl. hierzu auch *Liebchen*, Beteiligungen an ausländischen Personengesellschaften, 123.

207 Siehe statt vieler *Wassermeyer* in Wassermeyer, Vor Art. 1 MA Rz. 34.

208 Vgl. *Vogel*, Auslegung von Doppelbesteuerungsabkommen, in Haarmann, Auslegung und Anwendung von Doppelbesteuerungsabkommen, 1 (14); *ders.*, SWI 2000, 103 (107); *ders.*, BIFD 2000, 612 (613 f.); *Liebchen*, Beteiligungen an ausländischen Personengesellschaften, 123 f.

209 Etwas anderes könnte bspw. für das norwegische Recht gelten, hierzu *Vogel*, SWI 2000, 103 (107).

210 Siehe *Wassermeyer* in Wassermeyer, Vor Art. 1 MA Rz. 41; *Brähler*, Internationales Steuerrecht8, 109. Kritisch zum OECD-MK als Völkergewohnheitsrecht auch *Ward*, The Interpretation of Income Tax Treaties with Particular Reference to the Commentaries on the OECD Model, 40.

211 Im eigentlichen Sinne könnte ein Konterkarieren der „Allgemeinheit" der Übung jedoch bereits darin gesehen werden, dass sich wesentliche Staaten wie bspw. die USA eines anderen Musters bedienen.

212 Zu den Voraussetzungen für das Vorliegen von Völkergewohnheitsrecht vgl. *Graf Vitzthum* in Graf Vitzthum, Völkerrecht5, 60, Rz. 131

sehen. Gleichwohl ist ihr faktischer Einfluss als sehr wesentlich einzustufen.[213] Das OECD-MA hat sich als international akzeptierter Standard etabliert,[214] auf dessen Grundlage die Mehrzahl der abgeschlossenen DBA basiert.[215] Entsprechend fungiert das Musterabkommen weitgehend als ein Instrument der Doppelbesteuerungsvermeidung, welches den Staaten als Muster bei den Vertragsverhandlungen dienlich ist.[216] Die Vertragsstaaten orientieren sich dabei an der Grundkonzeption, der Systematik und der inhaltlichen Ausgestaltung der Musterabkommen und einigen sich im Verhandlungsprozess auf punktuelle Modifikationen. Der OECD-MK bezieht im Hinblick auf die Abkommensvorschriften Stellung zu der Sichtweise der OECD und nimmt überdies im Auslegungsprozess eine besondere Stellung ein.[217] Aufgrund seiner hohen faktischen Bedeutung wird mit Blick auf eine möglichst einheitliche Auslegung auch versucht, dem Musterkommentar im Auslegungsprozess eine mittelbare Verbindlichkeit zu unterstellen;[218] darauf wird an gegebener Stelle noch zurückzukommen sein.[219]

Das OECD-MA ist vornehmlich an den Interessen der Industriestaaten ausgerichtet, da es vorrangig die Wohnsitzbesteuerung aufrechterhält. Demgemäß wird den Belangen jener Länder, die ihre Besteuerung am Welteinkommensprinzip ausrichten, am ehesten entsprochen.[220] So ist die Mitgliederstruktur der OECD grundsätzlich durch westliche Industrienationen geprägt, die gleichzeitig symmetrische Wirtschaftsbeziehungen zueinander unterhalten.

---

213 Vgl. *Haase* in Haase, AStG/DBA, Einl. II Rz. 9; *Schönfeld/Häck* in Schönfeld/Ditz, DBA, Systematik Rz. 27, 62.

214 EuGH vom 12.05.1998, C-336/96, *Gilly*, Slg. 1998, I-2793.

215 Vgl. *Haase* in Haase, AStG/DBA, Einl. II Rz. 9. Zur Bedeutung des OECD-MA und OECD-MK für die deutsche Abkommenspraxis siehe *Lang*, Die Bedeutung des Musterabkommens und des Kommentars des OECD-Steuerausschusses für die Auslegung von Doppelbesteuerungsabkommen, in Gassner/Lang/Lechner, Aktuelle Entwicklungen im Internationalen Steuerrecht, 11 (11 ff.); *Vogel*, SWI 2000, 103 (106).

216 Vgl. statt vieler *Frotscher*, Internationales Steuerrecht3, 18.

217 Siehe Tz. 15, 29 ff. der Einl. des MK. Hierzu *Haase* in Haase, AStG/DBA, Einl. II Rz. 10; *Schönfeld/Häck* in Schönfeld/Ditz, DBA, Systematik Rz. 97. Zu den Zweifeln, ob der OECD-MK den tatsächlichen Willen der Vertragsparteien widerspiegelt siehe *Lüdicke*, Überlegungen zur deutschen DBA-Politik, 22 f.; *Lang*, Die Bedeutung des Musterabkommens und des Kommentars des OECD-Steuerausschusses für die Auslegung von Doppelbesteuerungsabkommen, in Gassner/Lang/Lechner, Aktuelle Entwicklungen im Internationalen Steuerrecht, 11 (22 f.).

218 Zusammenfassend hierzu *Liebchen*, Beteiligungen an ausländischen Personengesellschaften, 124 ff.

219 Siehe Kapitel B.III.3.b.(3).(c).i.02.

220 Vgl. *Schaumburg*, Internationales Steuerrecht3, Rz. 16.15.

Richtet man den Blick hingegen auf den Wirtschaftsverkehr zwischen Industriestaaten und Entwicklungsländern, lässt sich eine deutliche Asymmetrie konstatieren. Das OECD-MA als klassisches Modell unterminierte mithin die Interessen der Entwicklungsländer, da es hierdurch zur Quellensteuerbeschränkung und somit zu Steuermindereinnahmen der Entwicklungsländer kam.[221] Mit der Prämisse eines Interessenausgleichs wurde 1971 dem OECD-MA das an lateinamerikanischen Bedürfnissen angepasste Modell der Anden-Gruppe[222] gegenübergestellt.[223] Vor dem Hintergrund, dass jenes Modell angesichts des vordergründigen Quellenprinzips die Interessen sehr einseitig vertrat, fand es wenig Anwendung.[224] Um den Entwicklungsländern gleichwohl eine spezifizierte Verhandlungsgrundlage bereitzustellen, wurde von den Vereinten Nationen (UN) das UN-MA konzipiert und im Jahre 1980 publiziert.[225] Dem Fördergedanken entsprechend ist dieses Modell zugunsten der Entwicklungsländer als Kapitalimportländer ausgestaltet, da es insbesondere ein vornehmliches Quellenbesteuerungsrecht enthält.[226] Von dem ausgeprägten Quellenbesteuerungsrecht abstrahiert ist das UN-MA stark am OECD-MA angelehnt. In Bezug auf die inhaltsgleiche Ausgestaltung fand eine wortgetreue Übernahme des OECD-MK statt.[227]

---

221 Hierzu bspw. *Brähler*, Internationales Steuerrecht8, 97.

222 Zur Anden-Gruppe (*Grupo Andino*) gehören die Staaten Bolivien, Chile, Ecuador, Kolumbien und Venezuela. Der Staatenzusammenschluss wird heute als Anden-Gemeinschaft bezeichnet.

223 Vgl. *Vogel* in Vogel/Lehner, DBA, Einl. Rz. 37.

224 Vgl. *Jacobs*, Internationale Unternehmensbesteuerung7, 71.

225 Dies erfolgte im Anschluss an das von der Anden-Gruppe erarbeitete Anden-Modell, *Frotscher*, Internationales Steuerrecht3, 19; *Schaumburg*, Internationales Steuerrecht3, Rz. 16.16. Allgemein zum UN-MA *Wassermeyer* in Wassermeyer, Vor Art. 1 MA Rz. 24; *Vogel* in Vogel/Lehner, DBA, Einl. Rz. 37; *Hundt*, RIW 1981, 306 (306 ff.); *Ritter*, DStZ 1979, 419; *Zagaris*, TNI 2005, 337. Eine Überarbeitung des UN-MA wurde 2001 veröffentlicht, hierzu *Krabbe*, IStR 2000, 618. Die aktuellste Version stammt aus dem Jahre 2011, United Nations Model Double Taxation Convention between Developed and Developing Countries including Commentaries on the Articles, erhältlich im Internet: http://www.un.org/esa/ffd/documents/UN_Model_2011_Update.pdf (besucht am 24.03.2015).

226 Vgl. *Debatin*, DB 1980, Beilage Nr. 15, 1 (7). Zu den Unterschieden zwischen OECD-MA und UN-MA siehe *Surrey*, United Nations Model Convention for Tax Treaties between Developed and Developing Countries, passim.

227 Hierzu *Brähler*, Internationales Steuerrecht8, 98.

Zudem basieren die von den USA abgeschlossenen Abkommen seit 1976 auf einem eigenen Modell.[228] Dieses US-MA ist zwar im Aufbau mit dem OECD-MA zu vergleichen, setzt jedoch inhaltlich die Interessen der USA in der Weise um, dass es für die USA als typischen Ansässigkeitsstaat die Anrechnungsmethode vorsieht und somit eine Hochschleusung auf Ansässigkeitsstaatniveau erreicht.[229] Zudem hat sich das US-MA genuin stärker der Missbrauchsbekämpfung verschrieben.[230]

5. Deutsche Doppelbesteuerungsabkommen und Abkommenspolitik

Die Vorzüge gegenseitiger Abkommen zur Vermeidung der Doppelbesteuerung wurden früh erkannt und lagen auch dem ältesten DBA aus dem Jahre 1869 zugrunde.[231] Im Rahmen wirtschaftlicher Verflechtungen begann insbesondere nach dem Ende des 1. Weltkriegs der Aufbau eines weitumspannten DBA-Netzes.[232] Vornehmlich das erste deutsche DBA mit den USA aus dem Jahr 1954 war für die Netzwerkverdichtung impulsgebend.[233] Deutschland hat derzeit mit über 90 Staaten Abkommen auf dem Gebiet der Steuern vom Einkommen und Vermögen abgeschlossen, wodurch ihm eine Vorreiterstellung im Abkommensrecht zukommt.[234]

Ein tragfähiges und engmaschiges DBA-Netz dient einerseits der wirtschaftlichen Wettbewerbsfähigkeit des Landes und andererseits der Sicherung des eigenen Steueraufkommens.[235] So ist es tradiertes Anliegen der DBA-

228 United States Model Income Tax Convention 2006, erhältlich im Internet: http://www.treasury.gov/press-center/press-releases/Documents/hp16801.pdf (besucht am 24.03.2015).

229 Vgl. *Shannon*, Die Doppelbesteuerungsabkommen der USA, 57 ff.; *Kessler/Eicke*, IStR 2007, 159 (159 ff.); *Frotscher*, Internationales Steuerrecht3, 18 f.

230 Vgl. *Brähler*, Internationales Steuerrecht8, 98.

231 Siehe zum vermutlich ältesten DBA *Haase* in Haase, AStG/DBA, Einl. II Rz. 1 mit Hinweis auf den Textabdruck Umschlagseite III, IStR-Heft 24/2006.

232 Vgl. *Schaumburg*, Internationales Steuerrecht3, Rz. 16.12. Ein Rückblick über die Entwicklung internationaler Übereinkommen zur Überwindung der Doppelbesteuerungsproblematik findet sich bei *Köhler*, Doppelbesteuerungsabkommen gestern, heute, morgen – wenn der Fiskus zweimal klingelt, in Strunk/Wassermeyer/Kaminski, Gedächtnisschrift Krüger, 3 (4 ff.).

233 Vgl. *Brunsbach/Endres/Lüdicke/Schnitger*, Deutsche Abkommenspolitik, 10.

234 Der aktuelle Stand der DBA wird zu Beginn eines Jahres im BStBl. I veröffentlicht, zuletzt BMF vom 19.01.2015, IV B 2, S 1301/07/10017-06, BStBl. I 2015, 128.

235 Stellv. *Brunsbach/Endres/Lüdicke/Schnitger*, Deutsche Abkommenspolitik, 9.

Politik, eine Kumulation steuerlicher Belastung von volkswirtschaftlich erwünschten Auslandsaktivitäten zu verhindern.[236] Parallel fungieren die Abkommen in zunehmendem Maße als schützende Barriere vor anderweitigen wettbewerbsverzerrenden Einflüssen.[237]

Die deutsche Abkommenspolitik[238] ist sowohl hinsichtlich Aufbau als auch Inhalt am OECD-MA angelehnt.[239] Die Freistellungsmethode bildet dabei traditionell einen Eckpfeiler der deutschen DBA-Politik.[240] Entgegen der gefestigten Abkommenspolitik ist in jüngeren Abkommen die Freistellungsmethode gleichwohl der Anrechnungsmethode gewichen.[241] Dabei wird betont, dass hierin kein Paradigmenwechsel zu sehen sei.[242] Es würde sich vielmehr um Einzelfälle handeln, die der Interessenwahrung Deutschlands unterstellt sind.[243] So wohnt insbesondere der Freistellungsmethode die Gefahr der Doppelnichtbesteuerung inne. Um trotz alledem an der Methodenkontinuität festzuhalten, wird flankierend zur Freistellungsmethode verstärkt die Einführung von Umschaltklauseln zur Vermeidung doppelter Nichtbesteuerung vorgesehen.[244] Daneben werden zunehmend Subject-to-tax-Klauseln in die Abkommen integriert,[245] um vornehmlich in den Fällen, in denen Steuerbegünstigungen

---

236 Vgl. *Haase* in Haase, AStG/DBA, Einl. II Rz. 11; *Brunsbach/Endres/Lüdicke/Schnitger*, Deutsche Abkommenspolitik, 9; *Müller-Gatermann*, FR 2012, 1032 (1033).

237 In diesem Zusammenhang seien jene Einflüsse zu nennen, die eine Minderbesteuerung zur Folge haben. Im Fokus stehen hierbei vermehrt die Bekämpfung von Steuerumgehungen und unerwünschter Gestaltungen, die zur Erlangung ungerechtfertigter Steuervorteile führen, vgl. *Haase* in Haase, AStG/DBA, Einl. II Rz. 13.

238 Allgemein und grundlegend zur deutschen Abkommenspolitik *Lüdicke*, Überlegungen zur deutschen DBA-Politik, passim.

239 Vgl. *Müller-Gatermann*, FR 2012, 1032; *Lehner*, FR 2011, 1087; *Brunsbach/Endres/ Lüdicke/Schnitger*, Deutsche Abkommenspolitik, 10; *Wolff*, IStR 2004, 542 (543).

240 Siehe hierzu *Brunsbach/Endres/Lüdicke/Schnitger*, Deutsche Abkommenspolitik, 13; *Lüdicke*, Überlegungen zur deutschen DBA-Politik, 63 f.

241 So etwa Art. 22 Abs. 1 DBA-Vereinigte Arabische Emirate 2010 und Art. 22 Abs. 1 DBA-Zypern 2011.

242 Vgl. *Schönfeld/Häck* in Schönfeld/Ditz, DBA, Systematik Rz. 74; *Wichmann*, FR 2011, 1082 (1083); *Brunsbach/Endres/Lüdicke/Schnitger*, Deutsche Abkommenspolitik, 13; *Lüdicke*, Überlegungen zur deutschen DBA-Politik, 116.

243 Die Gründe lagen hierbei insbesondere darin, dass der andere Vertragsstaat im Rahmen der Freistellungsmethode keine Aktivitäts- oder Umschaltklauseln akzeptieren wollte. Die Vereinbarung der Anrechnungsmethode ist damit sogar als regelbestätigend und nicht als abweichend anzusehen, siehe hierzu *Wichmann*, FR 2011, 1082 (1083).

244 Vgl. *Wichmann*, FR 2011, 1082 (1083); *Müller-Gatermann*, FR 2012, 1032 (1036); *Schönfeld/Häck* in Schönfeld/Ditz, DBA, Systematik Rz. 74.

245 Eingehend hierzu *Holthaus*, IStR 2012, 537 (537 ff.).

ausschließlich Nichtansässigen zuteilwerden, eine Einfachbesteuerung zu garantieren.[246] Zudem sind die aktuellen vielschichtigen Revisionen auf Modernisierungsbestrebungen, wie bspw. der Betriebsstättengewinnabgrenzung, zurückzuführen.[247] Des Weiteren werden i.S. eines verbesserten Streitbeilegungsmechanismus vermehrt Schiedsklauseln in die Abkommen aufgenommen.[248]

Demnach lässt sich für die jüngere Abkommenspolitik kein einheitliches Bild zeichnen.[249] So ist zwar an vielen Stellen eine konventionelle Ausrichtung am OECD-MA gegeben, gerade die neueren DBA sind jedoch auch weitgehend durch divergierende Bestimmungen geprägt. Dabei sind diese vom OECD-MA verschiedenen Bestimmungen wiederum von zweierlei Natur. Einerseits repräsentieren sie die eigens deutsche Auffassung in typisierter Art und Weise. Andererseits sind die Abweichungen auf die spezifischen im anderen Vertragsstaat vorzufindenden steuerlichen Gegebenheiten zurückzuführen.[250]

Angesichts dieser abkommensrechtlichen Fragmentierung und aufgrund der spezifischen „urdeutschen" Vorstellungen, die sich bei den deutschen DBA in gewissen Standardklauseln niederschlugen, lag der Gedanke eines deutschen Musterabkommens nahe.[251] Diese Idee wurde mit der „Verhandlungsgrundlage für Doppelbesteuerungsabkommen im Bereich der Steuern vom Einkommen und Vermögen" vom 17.04.2013 umgesetzt.[252] Es eignet sich als Grundlage für neue Abkommensverhandlungen und führt demnach zur Vereinheitlichung der deutschen Abkommen. Dessen Existenz soll dazu beitragen,

246 Die Argumentation der Herstellung einer Wettbewerbsneutralität im Quellenstaat durch Anwendung der Freistellungsmethode vermag in diesen Fällen nicht überzeugen. In diesem Zusammenhang sollen vornehmlich Gestaltungen unterbunden werden, die eine doppelte Nichtbesteuerung gezielt herbeiführen wollen. Hierzu *Lang*, Double Non-Taxation, Generalbericht in IFA, CDFI 2004a, 21 (54 f.).

247 Vgl. *Brunsbach/Endres/Lüdicke/Schnitger*, Deutsche Abkommenspolitik, 11. Zur Bedeutung des „Authorized OECD Approach" für die deutsche DBA-Politik siehe *Hemmelrath/Kepper*, IStR 2013, 37 (37 ff.).

248 So auch *Wichmann*, FR 2011, 1082 (1085 f.); *Müller-Gatermann*, FR 2012, 1032 (1033).

249 Mit dem gleichen Befund *Schönfeld/Häck* in Schönfeld/Ditz, DBA, Systematik Rz. 74.

250 Vgl. *Brunsbach/Endres/Lüdicke/Schnitger*, Deutsche Abkommenspolitik, 118.

251 Beispiele für eigenständige Verhandlungsgrundlagen sind u.a. die USA, Österreich und Belgien.

252 BMF vom 17.04.2013, IV B 2, S 1301/10/10022-32, BStBl. I 2010, 354. Eine kritische Analyse der deutschen Verhandlungsgrundlage für Doppelbesteuerungsabkommen findet sich bei *Ditz/Schönfeld*, DB 2013, 1437 (1437 ff.). Zu ausgewählten Themenbereichen der neuen Verhandlungsgrundlage, vgl. bspw. *Roderburg/Rode*, ISR 2013, 149 (149 ff.); *Ditz/Bärsch/Quilitzsch*, ISR 2013, 156 (156 ff.); *Körner*, ISR 2013, 165 (165 ff.); *Schönfeld/Häck*, ISR 2013, 168 (168 ff.); *Czakert*, ISR 2013, 177 (177 ff.); *Rochow*, ISR 2013, 181 (181 ff.); *Valta*, ISR 2013, 186 (186 ff.)

deutsche Belange inhaltlich gezielt durchzusetzen.[253] Aufgrund der Verwendung eines einheitlichen Wortlauts trägt das Abkommensmuster zu einer gesteigerten Transparenz deutscher Abkommenspositionen sowie zu einer erhöhten Berechenbarkeit für den Abkommensanwender bei.[254] Überdies sind wesentliche Erleichterungen für die Fachöffentlichkeit im Rahmen der Abkommensauseinandersetzung zu konstatieren.[255] Der Text der Verhandlungsgrundlage erfuhr vorab eine Billigung durch den Finanzausschuss des Deutschen Bundestages und der Länder.[256] Eine derartige parlamentarische Bekräftigung soll somit eine erhöhte inhaltliche Akzeptanz erzielen.[257] Gleichsam steht das Abkommensmuster individuellen Vereinbarungen in den jeweiligen Abkommen sowie der erforderlichen Flexibilität im Verhandlungsprozess nicht entgegen.[258]

6. Zustandekommensprozess

Die DBA kommen in einem mehrphasigen Vertragsabschlussverfahren zustande.[259] Dieser Prozess wird insbesondere durch die Regelungen des Wiener Übereinkommens über das Recht der Verträge vom 23.05.1969[260] bestimmt. Die erste Phase ist durch Vertragsverhandlungen gekennzeichnet. Dabei werden

253 *Lüdicke*, Überlegungen zur deutschen DBA-Politik, 2008, S. 21.

254 Bei unterschiedlichen Verhandlungsführern bestünde ansonsten die Gefahr von Rechtsunsicherheiten aufgrund abweichender Formulierungen. Hierzu *Müller-Gatermann*, FR 2012, 1032.

255 Ein öffentlicher Diskurs soll wesentlich zur Verbesserung von Abkommensbestimmungen beitragen. Siehe *Brunsbach/Endres/Lüdicke/Schnitger*, Deutsche Abkommenspolitik, 86 f.

256 Vgl. *Lüdicke*, IStR 2013, Beihefter zu Heft 10, 26.

257 Vgl. *Lüdicke*, Überlegungen zur deutschen DBA-Politik, 21.

258 Vgl. *Brunsbach/Endres/Lüdicke/Schnitger*, Deutsche Abkommenspolitik, 87. Zweifel, ob eine derartige Verhandlungsgrundlage angesichts der diversifizierten Verhandlungspartner nutzbringend ist, äußern *Schönfeld/Häck* in Schönfeld/Ditz, DBA, Systematik Rz. 75.

259 Siehe zur Darstellung und Erklärung der einzelnen Phasen *Schönfeld/Häck* in Schönfeld/Ditz, DBA, Systematik Rz. 63 ff.; *Schaumburg*, Internationales Steuerrecht3, Rz. 16.20; *Vogel* in Vogel/Lehner, DBA, Einl. Rz. 46 ff.; *Frotscher*, Internationales Steuerrecht3, 19 f.; zusammenfassend *Kluge*, Das Internationale Steuerrecht4, R 2.

260 Vienna Convention on the Law of Treaties (Wiener Übereinkommen über das Recht der Verträge) vom 23.05.1969, UNTS Vol. 1155, 331; Gesetz zu dem Wiener Übereinkommen vom 23.Mai 1969 über das Recht der Verträge vom 03.08.1985, BGBl. II 1985, 926.

von den Verhandlungspartnern Delegationen[261] entsandt, die jeweils durch eine Verhandlungsvollmacht des Bundespräsidenten ausgestattet sind.[262] Die sprachlichen Barrieren werden in diesem Zusammenhang durch die Einigung auf eine Verhandlungssprache überwunden.[263] In jener Sprache wird ebenso der Abkommenstext[264] abgefasst.[265] Sodann wird der Abkommenstext als authentisch festgelegt, indem die Delegationsleiter die Ausfertigungen blattweise mit ihren Paraphen versehen (sog. Paraphierung).[266] Eine Verbindlichkeit ist in diesem Augenblick lediglich insoweit gegeben, dass nach Treu und Glauben die Verpflichtung besteht, den Vertrag den relevanten Stellen innerhalb eines angemessenen Zeitraums vorzulegen.[267] Die Unterzeichnung des Abkommenstextes erfolgt durch Vertretungsbevollmächtigte des Bundespräsidenten (Art. 59 Abs. 2 S. 1 GG). Hiermit verpflichten sich die Vertragsstaaten zur Initiierung des innerstaatlichen Verfahrens, welches für den verbindlichen Vertragsschluss notwendig ist. Dieses erforderliche Verfahren konkretisiert sich im deutschen Recht im sog. Zustimmungsgesetz. In diesem Zusammenhang legt die Bundesregierung den Organen der Bundesgesetzgebung den Vertragsgesetzesentwurf vor. Im Rahmen eines ordentlichen Gesetzgebungsverfahrens[268] wird das Vertragsgesetz im Bundestag verabschiedet und bedarf zudem der Zustimmung des Bundesrates.[269] Einerseits wird hierdurch ein Unterlaufen der Gewaltenteilung verhindert.[270] Ohne den Zustimmungsvorbehalt durch die

261 Hierbei handelt es sich zumeist um Ministerialbeamte des Bundesfinanzministeriums, vgl. *Schaumburg*, Internationales Steuerrecht3, Rz. 16.20.

262 Art. 59 Abs. 1 S. 1 GG.

263 Vgl. *Vogel* in Vogel/Lehner, DBA, Einl. Rz. 48.

264 Bestehend aus Haupttext, Schlussprotokolle und Briefwechsel, vgl. hierzu *Schönfeld/Häck* in Schönfeld/Ditz, DBA, Systematik Rz. 64; *Vogel* in Vogel/Lehner, DBA, Einl. Rz. 53. Als Erläuterung dienen darüber hinaus die Denkschriften, welche gewisse Spezifika der Abkommen enthalten.

265 In den vorwiegenden Fällen werden die Abkommen regelmäßig in beiden Landessprachen abgeschlossen. Die Ausarbeitung und gegenseitige Abstimmung dieser Fassung erfolgt nach der Paraphierung, soweit die Verhandlungssprache nicht der Landessprache entspricht. Optional kann allerdings auch eine weitere Sprache als verbindlich festgelegt werden, vgl. hierzu *Vogel* in Vogel/Lehner, DBA, Einl. Rz. 49; *Schönfeld/Häck* in Schönfeld/Ditz, DBA, Systematik Rz. 65.

266 Vgl. *Vogel* in Vogel/Lehner, DBA, Einl. Rz. 49.

267 Siehe hierzu *Schaumburg*, Internationales Steuerrecht3, Rz. 16.20; *Schönfeld/Häck* in Schönfeld/Ditz, DBA, Systematik Rz. 65.

268 Art. 76 ff. GG

269 Art. 59 Abs. 2 GG. Als gesetzgebende Organe sind zur Zustimmung der Bundestag und der Bundesrat verpflichtet, Art. 105 Abs. 3 GG. Der Vertragsgesetz wird im Bundesgesetzblatt veröffentlicht, Art. 82 GG; Art. 78 GG.

270 Vgl. *Kunig* in Graf Vitzthum, Völkerrecht5, 117, Rz. 100 weist in diesem Zusammen-

Legislative bestünde schließlich die Möglichkeit, dass von der Exekutive ausgehandelte Verträge zu innerstaatlichem Recht würden. Andererseits sind jedoch die Kompetenzen der Legislative sehr eng gesteckt. So besteht der Unterschied zum Zustandekommen ordentlicher Steuergesetze darin, dass diese im parlamentarischen Verfahren nicht beraten werden.[271] Vielmehr wird den Organen der Legislative ein vorformulierter Abkommenstext vorgelegt, den sie entweder insgesamt akzeptieren oder ablehnen können.[272] Somit sind sie gehalten, obgleich die Option zu vereinzelten Vorbehalten besteht, ihre Zustimmung zu erteilen, weil keine Änderungsmöglichkeiten bestehen und eine gänzliche Ablehnung die bisherigen teilweise langwierigen Vertragsverhandlungen für gegenstandslos erklären würde.[273] Die DBA treten gem. Art. 30 Abs. 1 und Abs. 2 MA letztendlich durch die Ratifikation und den Austausch der Ratifikationsurkunden in Kraft.[274] Hierbei wird das Abkommen durch Erklärung des Bundespräsidenten (Art. 59 Abs. 1 S. 2 GG) völkerrechtlich verbindlich.[275] Der Tag des Inkrafttretens ist in den Abkommen genau determiniert.[276] Gleichwohl ist davon die zeitliche Anwendung zu unterscheiden.[277]

---

hang auch auf die Wahrung des Gesetzgebungsmonopols hin. Dieses würde faktisch eingeschränkt werden, wenn die Legislative mit dem völkerrechtlichen Vertrag konfrontiert und demgemäß durch die Ausübung seines gesetzgeberischen Gestaltungsspielraums eine Vertragsverletzung auslösen würde.

271 Vgl. *Schönfeld/Häck* in Schönfeld/Ditz, DBA, Systematik Rz. 67.

272 Vgl. *Lüdicke*, Überlegungen zur deutschen DBA-Politik, 20.

273 *Schönfeld/Häck* in Schönfeld/Ditz, DBA, Systematik Rz. 67 sprechen diesbezüglich von einem gewissen Druck, der auf den beteiligten gesetzgebenden Organen lastet. Zur Lösung der Problematik schlägt *Lüdicke*, Überlegungen zur deutschen Abkommenspolitik, 6, die Einführung eines Abkommenspolitischen Beirats vor.

274 Dies und der Tag des Wirksamwerdens werden ebenso im Bundesgesetzblatt bekannt gegeben.

275 Art. 2 Abs. 1 Buchst. b, Art. 11 WÜRV. Zum Abschluss des völkerrechtlichen Vertrags ist gem. Art. 9 Abs. 1 WÜRV die Zustimmungserklärung der beiden beteiligten Vertragsstaaten geboten.

276 Vgl. *Schaumburg*, Internationales Steuerrecht3, Rz. 16.21.

277 Zur erstmaligen und rückwirkenden Anwendung siehe *Schönfeld/Häck* in Schönfeld/Ditz, DBA, Systematik Rz. 69 f.

II. Verhältnis der Doppelbesteuerungsabkommen zum innerstaatlichen Recht

1. Basistheorien: Monismus und Dualismus

a. Darstellung der Basistheorien

Seit geraumer Zeit herrscht aus dogmatischer Sicht ein Meinungsstreit um das Verhältnis von Völkerrecht und nationalem Recht. Im Zentrum dieses Dissenses stehen die antagonistischen Anschauungen des Monismus und Dualismus.[278]

Die monistische Theorie[279] versteht das Völkerrecht und das innerstaatliche Recht als integrale Bestandteile ein und derselben Gesamtrechtsordnung.[280] Im Kollisionsfall räumt ein Großteil der monistischen Vertreter dem Völkerrecht eine Vorrangstellung ein (Monismus mit Primat des Völkerrechts).[281] Der umgekehrte Fall, wonach die völkerrechtliche Geltung der staatlichen Souveränität unterstellt wird (Monismus mit Primat des Landesrechts), findet heute keine Verbreitung mehr.[282]

Nach der dualistischen Lehre[283] handelt es sich bei dem Völkerrecht und nationalem Recht hingegen um zwei verschiedene Rechtskreise mit einer unabhängigen und eigenständigen Existenz.[284] Sie unterscheiden sich im Hinblick auf ihre Rechtsquellen, Inhalte sowie den Adressatenkreis. Aus dieser Logik

---

278 Eingehend hierzu *Amrhein-Hofmann*, Monismus und Dualismus in den Völkerrechtslehren, passim; grundlegend auch *Rudolf*, Völkerrecht und deutsches Recht, 128 ff.; vgl. auch *Koenig* in Mangold/Klein/Starck, GG, Art. 25 GG Rz. 32 ff.

279 Zurückgehend auf *Kelsen*, Das Problem der Souveränität und Theorie des Völkerrechts, passim.

280 Vgl. *Kunig* in Graf Vitzthum, Völkerrecht5, 91, Rz. 31; *Lorenzmeier*, Völkerrecht2, 260.

281 Vgl. *Herdegen*, Völkerrecht13, § 22 Rz. 1; *Weber-Fas*, Staatsverträge im internationalen Steuerrecht, 67; *Seidl-Hohenveldern*, Völkerrecht6, 133.

282 Vgl. *Stein/von Buttlar*, Völkerrecht13, Rz. 176; *Herdegen*, Völkerrecht13, § 22 Rz. 1, spricht davon, dass diese Art des Monismus „kaum mehr ernsthaft vertreten wird".

283 Eine erstmalige fundierte rechtstheoretische Begründung erfolgte durch *Triepel*, Völkerrecht und Landesrecht, passim.

284 Vgl. *Stein/von Buttlar*, Völkerrecht13, Rz. 180; *Nettesheim* in Maunz/Dürig, GG, Art. 59 GG Rz. 167.

folgt, dass es mangels Überschneidungen zu keiner echten Kollisionslage kommen kann.[285]

b. Positionierungstendenzen im Schrifttum und in der Rechtsprechung

Gleichwohl der Theorienstreit wissenschaftstheoretischer Natur ist, kommt ihm doch eine ganz grundsätzliche Bedeutung zu.[286] Schließlich erfolgt die Notwendigkeit der Einordnung aus ihrer dienenden Funktion und nicht aufgrund eines Selbstzwecks.[287] So bedingt die Theorieentscheidung die Geltungskraft völkerrechtlicher Verträge im innerstaatlichen Rechtsraum und wirkt gleichzeitig beschränkend auf die Wahl des jeweiligen Umsetzungsmechanimus[288]. Dabei ist gleichwohl anzuerkennen, dass die Staaten ihre Systeme durchaus unterschiedlich konstruieren können.[289] Das Völkerrecht gibt dabei keine Linie vor, es verlangt lediglich die Erfüllung völkerrechtlicher Pflichten. Eine Widersprüchlichkeit im Hinblick auf die Rechtsrealität ist allein in einer rigorosen Haltung zugunsten einer der beiden Theorien zu sehen.[290] Erst wenn man diese starren Standpunkte verlässt, findet sich eine realitätsnahe Rechtfertigungsbasis für die gesamte Bandbreite zwischen gemäßigtem Monismus[291] und gemäßigtem Dualismus.

Die herrschende Meinung[292] vertritt heute für den deutschen Rechtsraum einen gemäßigten Dualismus. Demnach ist dem Völkerrecht und dem inner-

---

285 Vgl. *Nettesheim* in Maunz/Dürig, GG, Art. 59 GG Rz. 167.

286 Eine praktische Relevanz kommt der Einordnung kaum zu, vgl. *Tomuschat*, Zur Rechtswirkung der von der Europäischen Gemeinschaft abgeschlossenen Verträge in der Gemeinschaftsrechtsordnung, in Lüke/Ress/Will, Gedächtnisschrift Constantinesco, 801 (804 f.); *ders.* in Groeben/Schwarze, EUV/EGV, Art. 281 EGV Rz. 62; *Geiger*, Grundgesetz und Völkerrecht6, 15. *Kunig* in Graf Vitzthum, Völkerrecht5, 90, Rz. 38, weist gleichwohl darauf hin, dass sie im Rahmen der praktischen Orientierung Probleme zu identifizieren und Lösungsansätze zu bieten imstande sind.

287 Vgl. *Kunig* in Graf Vitzthum, Völkerrecht5, 90, Rz. 28.

288 Zu den Einwirkungstheorien siehe Kapitel C.II.2.(a).2.

289 Staaten wie die USA, Frankreich und die Schweiz folgen einem eher monistischen System, während Kanada, Großbritannien und die skandinavischen Länder ein dualistisches System vertreten.

290 Vgl. *Kunig* in Graf Vitzthum, Völkerrecht5, 91, Rz. 33 m.w.N.

291 Einen gemäßigten Monismus vertreten bspw. *Verdross/Simma*, Universelles Völkerrecht3, § 73.

292 Vgl. *Herdegen*, Völkerrecht13, § 22 Rz. 2; *Geiger*, Grundgesetz und Völkerrecht6, 15; *Doehring*, Völkerrecht2, Rz. 702 f.; *Gloria*, Das steuerliche Verständigungsverfahren und das Recht auf diplomatischen Schutz, 27; *Weber-Fas*, Staatsverträge im internationalen Steuerrecht, 68; *Bleckmann*, Grundgesetz und Völkerrecht, 272.

staatlichen Recht einerseits eine Eigenständigkeit zuzuerkennen. Andererseits stehen die Rechtsordnungen nicht isoliert nebeneinander; sie sind vielmehr in vielfältiger Weise miteinander verwoben.[293]

Die jüngere Judikatur des BVerfG[294] lässt im Rahmen der Görgülü-Entscheidung eindeutig eine Positionierung für die dualistische Sichtweise erkennen[295]: „Dem Grundgesetz liegt deutlich die klassische Vorstellung zu Grunde, dass es sich bei dem Verhältnis des Völkerrechts zum nationalen Recht um ein Verhältnis zweier unterschiedlicher Rechtskreise handelt und dass die Natur dieses Verhältnisses aus der Sicht des nationalen Rechts nur durch das nationale Recht selbst bestimmt werden kann; dies zeigen die Existenz und der Wortlaut von Art. 25 und Art. 59 Abs. 2 GG."[296]

c. Würdigung für den Fall der Doppelbesteuerungsabkommen

Im Grundsatz ist die Eigenständigkeit der Rechtsordnungen anzuerkennen. Schließlich kommen die beiden Rechtsordnungen auch durch einen unterschiedlichen Entstehungsprozess zustande.[297] So kommt dem Völkerrecht und dem nationalen Recht jeweils ein juristisches Eigenleben zu.[298] Das Verhältnis der Rechtsordnungen zueinander ist jedoch differenziert zu würdigen. Demgemäß ist im Falle des Zusammenwirkens die Vorstellung über eine Trennbarkeit der Rechtskreise zu relativieren und die Relation der Rechtsordnungen zueinander einer eigenen Konzeption zugänglich. Die Konturenschärfe der Regelungssphären ist zwar im Rahmen des Zusammenspiels der Rechtsordnungen nicht mehr gegeben, ihre Diversität insbesondere im Hinblick auf Struktur und Auslegung geht dessen ungeachtet nicht verloren.[299]

Da einem derartigen Verständnis sowohl monistische als auch dualistische Elemente inhärent sind – die Verschiedenheit der Rechtsordnungen zwar anerkannt wird, diese jedoch für Zwecke der Abkommen innerhalb einer Rechtsordnung in Wechselbeziehung miteinander treten – kann i.S. eines vermitteln-

---

293 Vgl. *Kunig* in Graf Vitzthum, Völkerrecht5, 91, Rz. 30; *Nettesheim* in Maunz/Dürig, GG, Art. 59 GG Rz. 167.

294 Bereits zuvor wiesen die Entscheidungen des BVerfG Tendenzen zum dualistischen Ansatz auf, hierzu *Rojahn* in von Münch/Kunig; GG, Art. 59 GG Rz. 33a.

295 Hierzu siehe ebenfalls *Hofmann*, JURA 2013, 326 (327).

296 BVerfG vom 14.10.2004, 2 BvR 1481/04, BVerfGE 111, 307 (318).

297 Vgl. *Gloria*, Das steuerliche Verständigungsverfahren und das Recht auf diplomatischen Schutz, 26.

298 Vgl. *Herdegen*, Völkerrecht13, § 22 Rz. 2.

299 Vgl. *Nettesheim* in Maunz/Dürig, GG, Art. 59 GG Rz. 171.

den Ansatzes von einem „monistischen Dualismus" gesprochen werden. Die Argumentation kann aus diesem Grund sowohl in die eine als auch in die andere Richtung geführt werden, weil beide Theorien Wahrheiten enthalten. Eine strenge Orientierung an einer der beiden Theorien ist hingegen fernab jeglicher Rechtsrealität.[300]

Demnach fußt die innerstaatliche Geltung sowohl der völkerrechtlichen Vereinbarungen als auch der nationalen Regelungen auf einem einheitlichen, verfassungsrechtlich basierten Geltungsgrund.[301] Insofern entfalten beide Regelungsbereiche ihre Wirkung innerhalb derselben Rechtsordnung.[302] Überdies haben die Abkommen funktionsbedingt gleichermaßen den Anspruch, in die innerstaatliche Rechtsordnung hineinzuwirken.[303] Dies alles sind Faktoren, die einer monistischen Grundvorstellung innewohnen. Daneben treten dualistische Vorstellungen. So wird dem originären Charakter der Rechtsordnungen Rechnung getragen, indem die verschiedenen Regelungen je nach ihrer originären Natur völkerrechtlich oder nationalrechtlich ausgelegt werden. Zudem bedarf es eines gesonderten Rechtsbefehls, um den völkerrechtlichen Vereinbarungen innerstaatlich Beachtung zu verleihen. Außerhalb der innerstaatlichen Wirkung existieren somit die völkervertragsrechtlichen Verpflichtungen auf zwischenstaatlicher Ebene losgelöst von den nationalen Regelungen.[304]

2. Anwendbarkeit im innerstaatlichen Recht

Im deutschen Rechtsraum findet kein Automatismus Anwendung, der den völkerrechtlichen Verträgen zu einer unmittelbaren innerstaatlichen Geltung verhilft.[305] Folglich bedarf es i.S. einer gemäßigt dualistischen Vorstellung eines gesonderten Rechtsaktes, um die geschlossenen Rechtskreise des Völkerrechts und des innerstaatlichen Rechts füreinander zu öffnen. Erst dieser Öffnungsmechanismus legt den Grundstein für die Anwendung der völkerrechtlichen

300 So auch *Kunig* in Graf Vitzthum, Völkerrecht5, 91, Rz. 33.

301 Davon ist allerdings zu differenzieren, dass die Urheberschaft beider Rechtsquellen eine verschiedene ist.

302 So spricht *Wassermeyer* in Wassermeyer, DBA, Art. 1 MA Rz. 9, von der Einheit der innerstaatlichen Rechtsordnung, in welcher zwischen den Rechtsfolgen der Abkommen und der nationalen Regelungen „nur" ein Konkurrenzverhältnis besteht.

303 Vgl. *Bleckmann*, Begriff und Kriterien der innerstaatlichen Anwendbarkeit völkerrechtlicher Verträge, 114.

304 Vgl. *Herdegen*, Völkerrecht13, § 22 Rz. 3.

305 Hingegen entfalten völkerrechtliche Verträge bspw. im schweizerischen Recht unmittelbare innerstaatliche Geltung.

Verträge auf innerstaatlicher Ebene (abstrakte Anwendbarkeit). Inwieweit hieraus für den einzelnen Sachverhalt unmittelbar anwendbares materielles Recht erwächst, ist in einem weiteren Schritt über die unmittelbare Anwendbarkeit zu prüfen (konkrete Anwendbarkeit). Somit wird in Bezug auf die Rechtswirkung völkerrechtlicher Normen zwischen den Stufen der innerstaatlichen Geltung und der innerstaatlichen unmittelbaren Anwendbarkeit unterschieden.[306]

a. Innerstaatliche Geltung

Die völkerrechtlichen Verträge entfalten ihre Bindungswirkung allein *inter partes*, ergo lediglich zwischen den Völkerrechtssubjekten.[307] Aus dem völkerrechtlichen Grundsatz *pacta sunt servanda* folgt, dass diese Verträge einzuhalten sind.[308] Jedes Völkerrechtssubjekt hat somit seine Verpflichtungen eigenverantwortlich zu vollziehen.[309] Der Grundsatz *pacta sunt servanda* ist zwar selbst als Völkergewohnheitsrecht gem. Art. 25 GG Bestandteil der innerstaatlichen Rechtsordnung, vermag aber nicht eine mittelbare Verbindlichkeit der völkerrechtlichen Verträge im innerstaatlichen Recht herzustellen.[310] Um die hierfür notwendige Beachtung der völkerrechtlichen Verträge im innerstaatlichen Raum zu gewährleisten, muss diesbezüglich eine Bindung der relevanten Stellen erfolgen. Die innerstaatliche Geltung richtet sich somit vornehmlich an die innerstaatlichen rechtsanwendenden und rechtsetzenden Staatsorgane und ist entsprechend adressatenspezifisch zu differenzieren.[311] In diesem Zusammenhang ergibt sich für die Legislative bspw. die Verpflichtung zur Rechtsetzung, für die Exekutive zur Rechtsanwendung und für die Judikative zur Auslegung im Einklang mit den völkerrechtlichen Verträgen. Um eine derartige Geltungskraft in der innerstaatlichen Sphäre zu erreichen, bedarf es eines konkreten

306 Vgl. *Stein/von Buttlar*, Völkerrecht13, Rz. 185. Eine Unterscheidung von Geltung und unmittelbarer Anwendbarkeit findet sich auch bei *Geiger*, Grundgesetz und Völkerrecht6, 165 f.; *Kunig* in Graf Vitzthum, Völkerrecht5, 94 f., Rz. 41; *Verdross/Simma*, Universelles Völkerrecht, 552. Hingegen unterscheidet *Schweitzer*, Staatsrecht III10, Rz. 436 ff., bereits im Vorhinein, ob die Norm vollzugsfähig oder nicht-vollzugsfähig ist. Da es völkerrechtliche Normen gibt, die sich ausschließlich an den Staat als Ganzes wenden, lassen sie sich innerstaatlich nicht vollziehen und können somit auch *per se* keine innerstaatliche Rechtswirkung entfalten.

307 Vgl. *Schaumburg*, Internationales Steuerrecht3, Rz. 16.169.

308 Vgl. *Stein/von Buttlar*, Völkerrecht13, Rz. 46.

309 Vgl. *Schweitzer*, Staatsrecht III10, Rz. 418.

310 BVerfG vom 26.03.1957, 2 BvG 1/55, BVerfGE 6, 309 (362 f.); vom 14.10.2004, 2 BvR 1481/04, BVerfGE 111, 307 (318).

311 Vgl. *Kunig* in Graf Vitzthum, Völkerrecht5, 95, Rz. 42.

Rechtsgeltungsbefehls. Wie dieser zu verstehen ist und welche Möglichkeiten der Ausgestaltung vorhanden sind, wird im Folgenden näher untersucht.

(1) Geltungsanordnung

Den völkerrechtlichen Verträgen kann *per se* lediglich eine Ergebnisverpflichtung entnommen werden.[312] Hieraus folgt, dass die Art und Weise der Verhältnisbestimmung sowie der Weg zur Ausgestaltung der völkerrechtlichen Vertragsvereinbarungen als Maßstab des Handelns staatlicher Organe allein Sache der innerstaatlichen Rechtsordnung sind.[313] Aus der Sicht einer streng monistischen Auffassung würde es keines ausdrücklichen Rechtsbefehls bedürfen, um den völkerrechtlichen Verträgen im innerstaatlichen Recht Geltung zu verleihen. Betrachtet man innerstaatliches Recht und Völkerrecht allerdings nach dualistischer Ansicht als zwei unabhängige Rechtskreise, bedarf es i.S. eines vermittelnden Ansatzes eines Bindegliedes zwischen den beiden Rechtsordnungen. Andernfalls würde das Völkerrecht neben dem nationalen Recht unvermittelt koexistieren, ohne für innerstaatliche Sachverhalte auch nur irgendeine Wirkung zu entfalten. Diese Brückenfunktion übernimmt das Zustimmungsgesetz zum Vertragsabschluss[314] i.S.d. Art. 59 Abs. 2 S. 1 GG als eine Art Rechtsgeltungsanordnung.[315] In Art. 59 Abs. 2 GG ist die Notwendigkeit der parlamentarischen Zustimmung durch Gesetz kodifiziert. Gleichzeitig regelt die Vorschrift Organkompetenzverteilungsfragen.[316] Auf dieser Grundlage wird das Zustimmungsgesetz erlassen und im Teil II des Bundesgesetzblattes veröffentlicht.[317] Hierdurch wird die innerstaatliche Geltung des völkerrechtlichen Vertrags erreicht.

312 Dass im Ergebnis eine völkerrechtskonforme Verhaltensweise ohne jegliche Reglementierung im Vordergrund steht, wird deutlich, indem Art. 27 S. 1 WÜRV regelt, dass innerstaatliches Recht nicht von der Erfüllung vertraglicher Pflichten zu dispensieren imstande ist, vgl. hierzu *Arnauld*, Völkerrecht2, Rz. 493. *Kunig* in Graf Vitzthum, Völkerrecht5, 92, Rz. 33, spricht davon, dass die Staaten sich ein Ergebnis schulden, jedoch frei in der Wahl ihrer Wege sind.

313 Vgl. *Arnauld*, Völkerrecht2, Rz. 493; *Nettesheim* in Maunz/Dürig, GG, Art. 59 GG Rz. 173.

314 Dies entspricht allgemein dem Vertragsgesetz, hierzu *Schweitzer*, Staatsrecht III10, Rz. 176 ff. Dieses wird neben dem generellen Rechtsanwendungsbefehl gemäß Art. 25 GG auch als spezieller Rechtsanwendungsbefehl bezeichnet, vgl. hierzu *Nettesheim* in Maunz/Dürig, GG, Art. 59 GG Rz. 177.

315 Hierzu *Sauer*, Staatsrecht III2, 83 f., der das Bild der Brücke zwischen den beiden Rechtskreisen vermittelt.

316 Vgl. *Sauer*, Staatsrecht III2, 85.

317 Vgl. *Degenhart*, Staatsrecht I30, Rz. 588.

Darüber hinaus kommt dem Zustimmungsgesetz eine Funktion in vierfacher Hinsicht zu:[318] Geltungsfunktion[319], Rangordnungsfunktion, Kontrollfunktion und Ermächtigungsfunktion.

Dabei kann in innerstaatliche und überstaatliche Funktionen unterschieden werden. Wie bereits ausgeführt ist von innerstaatlicher Relevanz, dass die völkerrechtlichen Vertragsbestimmungen über das Zustimmungsgesetz in Vollzug gesetzt werden (Geltungsfunktion). Ferner verleiht Art. 59 Abs. 2 GG den völkerrechtlichen Vereinbarungen Gesetzesrang (Rangordnungsfunktion).[320] Gleichzeitig wird auf innerstaatlicher Ebene eine Kontrolle der handelnden Gubernative durch legislative Organe vorgenommen (Kontrollfunktion).[321]

Die Ermächtigungsfunktion ist überstaatlich von Belang, da hierdurch eine Vertragserklärung im Außenverhältnis erreicht wird. Die Ermächtigung konkretisiert sich damit in der Ratifikationsbefugnis durch den Bundespräsidenten.[322]

Vordergründig erfolgt mit dem Zustimmungsgesetz eine verfassungsrechtliche Geltungsanordnung der völkerrechtlichen Vereinbarung im innerstaatlichen Recht.[323] Auf welche Art und Weise die völkerrechtlichen Verträge ihre innerstaatliche Wirkungskraft entfalten, bleibt indes unbestimmt.[324] Die infrage stehenden Konzeptionen knüpfen dabei eng an die Bandbreite zwischen gemäßigt monistischer und streng dualistischer Sichtweise an. Im Rahmen einer streng monistischen Sichtweise bedarf es hingegen keiner Geltungstheorie, da es sich bei dem Völkerrecht und dem Landesrecht bereits von Anfang an um Teile ein und derselben Rechtsordnung handelt.[325] Die Frage, in welcher Form

318 Vgl. *Nettesheim* in Maunz/Dürig, GG, Art. 59 GG Rz. 93; so auch *Stern*, Staatsrecht I, Bd. I2, 504 ff. Gemeinhin wird von einer Doppelfunktion gesprochen, hierzu BVerfG vom 30.07.1952, 1 BvF 1/52, BVerfGE 1, 396 (410); vom 04.05.1955, 1 BvF 1/55, BVerfGE 4, 157 (162); vom 21.03.1957, 1 BvR 65/54, BVerfGE 6, 290 (294); ferner *Geiger*, Grundgesetz und Völkerrecht6, 163; *Langbein*, RIW 1984, 531 (536).

319 In diesem Zusammenhang spricht *Nettesheim* in Maunz/Dürig, GG, Art. 59 GG Rz. 93, von einer „Übernahmefunktion". Geht man jedoch davon aus, dass der völkerrechtliche Vertrag i.S.d. Vollzugstheorie nicht in innerstaatliches Recht übernommen wird, sondern lediglich in dieses „hineinwirkt" und somit innerstaatliche Relevanz entfaltet, sollte der neutralere Begriff „Geltungsfunktion" gewählt werden.

320 Die völkerrechtlichen Verträge stehen im Rang eines einfachen Bundesgesetzes, BVerfG vom 19.09.2006, 2 BvR 2115/01, 2 BvR 2132/01, 2 BvR 348/03, NJW 2007, 499 (501) m.w.N.

321 Vgl. *Nettesheim* in Maunz/Dürig, GG, Art. 59 GG Rz. 94.

322 Vgl. *Nettesheim* in Maunz/Dürig, GG, Art. 59 GG Rz. 94.

323 Vgl. *Sauer*, Staatsrecht III2, 85.

324 Vgl. *Stein/von Buttlar*, Völkerrecht13, Rz. 189.

325 Vgl. *Nettesheim* in Maunz/Dürig, GG, Art. 59 GG Rz. 168, 173.

sich die Abkommen in den innerstaatlichen Rechtskreis einfügen, stellt sich als wesentlicher Ausgangspunkt für Struktur, Charakter und Auslegungsgrundsätze dar.

In diesem Sinne haben sich drei unterschiedliche Theorien herausgebildet: Transformationstheorie, Inkorporationstheorie und Vollzugstheorie.

(2) Einwirkungstheorien

(a) Transformationstheorie

Die Transformationstheorie richtet sich maßgeblich am dualistischen Dogma aus.[326] Gemäß dieser Ansicht bestehen zwei getrennte Rechtskreise, die sich allenfalls berühren, jedoch keinesfalls schneiden.[327] Demnach ist ein Abbild des Vertragstextes im innerstaatlichen Recht erforderlich. Nur durch eine derartige Umwandlung der völkerrechtlichen Normen in innerstaatliches Recht können die Abkommen auf nationalrechtlicher Ebene wirken.[328] Der originäre völkerrechtliche Vertrag bleibt indes unverändert bestehen. Daneben sind im nationalen Rechtskreis wortgleiche Vorschriften integriert.[329] Hierdurch ändert sich gleichzeitig der Inhalt, der Adressatenkreis, die Geltungsanordnung, der Charakter sowie die anzuwendenden Auslegungsgrundsätze, die sich nun geschlossen am Landesrecht orientieren. Damit wird ein Ausgleich der Strukturdiskrepanzen zwischen Völkerrecht und nationalem Recht intendiert.[330] Die zwingende landesrechtliche Ausrichtung offenbart jedoch gleichzeitig die Schwachstellen der Transformationstheorie. So erfolgt eine nicht sachgerechte Abkopplung des innerstaatlichen Gesetzes vom völkerrechtlichen Vertrag. Für Zwecke des In- und Außerkrafttretens müsste, abstrahiert vom völkerrechtlichen Bestehen des originären Vertrags, demgemäß auf das innerstaatliche Gesetz abgestellt werden.[331] Eine theoriekonforme Orientierung am innerstaatli-

326 Vgl. *Lorenzmeier*, Völkerrecht2, 265; *Kunig* in Graf Vitzthum, Völkerrecht5, 93, Rz. 38; *Schweitzer*, Staatsrecht III10, Rz. 427; *Nettesheim* in Maunz/Dürig, GG, Art. 59 GG Rz. 168, 174.

327 Vgl. zu den Ursprüngen *Triepel*, Völkerrecht und Landesrecht, 111.

328 Vgl. *Schweitzer*, Staatsrecht III10, Rz. 424; *Sauer*, Staatsrecht III2, 83.

329 *Arnauld*, Völkerrecht2, Rz. 500, spricht im Rahmen der Überführung in das deutsche Recht von einer Verdopplung. Von einer Resorption des Völkerrechtsvertrags als innerstaatliche Rechtsquelle ist hingegen bei *Debatin*, DStR 1992, Beihefter zu Heft 23, 1, die Rede.

330 Vgl. *Nettesheim* in Maunz/Dürig, GG, Art. 59 GG Rz. 174 m.w.N.

331 Vgl. *Kunig* in Graf Vitzthum, Völkerrecht5, 93 f., Rz. 38; *Arnauld*, Völkerrecht2, Rz. 500.

chen Abbild würde regelmäßig zu Problemen i.S. eines zeitlichen Auseinanderfallens innerstaatlicher und völkerrechtlicher Bindung führen.[332]

(b) Inkorporationstheorie

Im Rahmen der Inkorporationstheorie[333] werden die völkerrechtlichen Vereinbarungen zu einem Bestandteil der staatlichen Rechtsordnung.[334] Ihr ursprünglicher völkerrechtlicher Charakter geht indes nicht verloren.[335] So sind für Zwecke der Auslegung und der zeitlichen Geltungskraft allein die völkerrechtlichen Bestimmungen maßgebend.[336] Die dogmatische Anknüpfung ist somit zwischen dem Monismus und Dualismus einzuordnen, obgleich auch in Bezug auf diese Theorie unterschiedliche Spielarten vorhanden sind.[337]

(c) Vollzugstheorie

Im Gegensatz zur Inkorporationstheorie sieht die Vollzugstheorie die Geltungsanordnung als Vollzugsbefehl.[338] Der völkerrechtliche Vertrag behält seine völkerrechtliche Verortung und Rechtsnatur.[339] Der Vollzugsbefehl führt somit nicht dazu, dass der Vertrag zu einem Bestandteil des innerstaatlichen Rechts wird.[340] Vielmehr initiiert er die innerstaatliche Relevanz des völkerrechtlichen Vertrags und somit seine innerstaatliche Vollziehbarkeit.[341] Die Konturierung zur Inkorporationstheorie mag schwierig auszumachen zu sein, zumal auch hier die völkerrechtliche Rechtsnatur des Vertrags erhalten

---

332 Vgl. *Schweitzer*, Staatsrecht III10, Rz. 425.

333 Diese wird gleichfalls als Adoptionstheorie bezeichnet.

334 In diesem Zusammenhang wird auch die Bezeichnung „law of the land" gebraucht, vgl. *Nettesheim* in Maunz/Dürig, GG, Art. 59 GG Rz. 175.

335 Vgl. *Kunig* in Graf Vitzthum, Völkerrecht5, 94, Rz. 39.

336 Vgl. *Nettesheim* in Maunz/Dürig, GG, Art. 59 GG Rz. 175.

337 So lässt sich die Inkorporationstheorie sowohl aus monistischem als auch aus dualistischem Blickwinkel betrachten. Dies folgt aus der Tatsache, dass eine Inkorporation ungeschriebenem Verfassungsrecht entnommen werden kann, aufgrund einer verfassungsrechtlichen Generalklausel erfolgt oder auf einem gesonderten Rechtsakt basiert, vgl. *Kunig* in Graf Vitzthum, Völkerrecht5, 94, Rz. 39.

338 Eingehend zur Vollzugstheorie *Schweitzer*, Staatsrecht III10, Rz. 423.

339 Vgl. *Herdegen*, Völkerrecht13, § 22 Rz. 7.

340 Vgl. *Funke*, Umsetzungsrecht, 90; *Nettesheim* in Maunz/Dürig, GG, Art. 59 GG Rz. 176. Der Völkerrechtsvertrag wird zwar inhaltlich im innerstaatlichen Recht angewendet, er selbst geht aber nicht als Bestandteil des innerstaatlichen Rechts über.

341 Vgl. *Sauer*, Staatsrecht III2, 84.

bleibt.[342] Gleichfalls rangiert die Vollzugstheorie zwischen einer monistischen und dualistischen Betrachtungsweise, wenngleich mit starker Tendenz zum gemäßigten Dualismus.[343]

(d) Positionierungstendenzen

Die einzelnen Bestimmungen der jeweiligen Staaten über völkerrechtliche Verträge ermöglichen kaum eine eindeutige Modellzuordnung. Im Falle des Vertragsgesetzes ist dem jeweiligen Wortlaut ein derartiger Spielraum inhärent, dass eine Auslegung sowohl im Sinne der Transformationstheorie als auch im Sinne der Vollzugstheorie denkbar erscheint.[344] Für den deutschen Rechtsraum ist wohl von einem „Siegeszug der Vollzugslehre"[345] auszugehen. So spricht hierfür die allgemeine Handhabungspraxis des Zustimmungsgesetzes. Dieses enthält schließlich nicht den Vertragstext selbst, sondern lediglich die Zustimmungsbekundung.[346]

Die Spruchpraxis des BVerfG lässt sich hingegen als eher uneinheitlich bezeichnen. Aufgrund der in jüngeren Entscheidungen verwendeten Terminologie „Rechtsanwendungsbefehl" lässt sich jedoch auch hier eine Tendenz in Richtung Vollzugstheorie erkennen.[347] Gleichwohl ist zu konzedieren, dass die Görgülü-Entscheidung[348] in diesem Punkt nicht zur Klarheit beigetragen hat. So enthält die Urteilsbegründung sowohl Elemente der Transformationstheorie als auch der Vollzugstheorie.[349]

342 Vgl. *Kunig* in Graf Vitzthum, Völkerrecht5, 94, Rz. 40; *Nettesheim* in Maunz/Dürig, GG, Art. 59 GG Rz. 176.

343 Vgl. *Stein/von Buttlar*, Völkerrecht13, Rz. 179.

344 Vgl. *Schweitzer*, Staatsrecht III10, Rz. 428.

345 Vgl. *Nettesheim* in Maunz/Dürig, GG, Art. 59 GG Rz. 177.

346 Der Vertragstext selbst ist in einer Anlage zum Gesetz verortet, hierzu *Geiger*, Grundgesetz und Völkerrecht6, 164.

347 BVerfG vom 13.12.1977, 2 BvM 1/76, BVerfGE 46, 342 (363); vom 12.07.1994, 2 BvE 3/92, 2 BvE 5/93, 2 BvE 7/93, 2 BvE 8/93, BVerfGE 90, 286 (364). In den älteren Entscheidung war hingegen eine Tendenz in Richtung Transformationstheorie zu erkennen, BVerfG vom 30.07.1952, 1 BvF 1/52, BVerfGE 1, 396 (410); vom 26.03.1957, 2 BvG 1/55, BVerfGE 6, 309 (345), vgl. *Nettesheim* in Maunz/Dürig, GG, Art. 59 GG Rz. 177.

348 BVerfG vom 14.10.2004, 2 BvR 1481/04, BVerfGE 111, 307.

349 BVerfG vom 14.10.2004, 2 BvR 1481/04, BVerfGE 111, 307 (315 f.). Der „Theorienmix" resultiert aus folgendem Wortlaut: „[...] in das deutsche Recht transformiert und einen entsprechenden Rechtsanwendungsbefehl erteilt".

b. Unmittelbar anwendbares Recht

Die innerstaatliche Geltung bildet zwar einerseits die Voraussetzung für eine nationalrechtliche Anwendung der völkerrechtlichen Vertragsnormen, andererseits folgt aus ihr noch nicht die zwingende Konsequenz der unmittelbaren Anwendbarkeit im innerstaatlichen Recht.[350] Im Stadium der Geltung kann entsprechend von einer abstrakten Anwendbarkeit gesprochen werden. Die Rechtswirkungen zeigen sich allerdings erst in einem weiteren Schritt.[351] Die Frage der unmittelbaren Anwendbarkeit stellt sich aufgrund der grundsätzlichen Vertragsausgestaltung. So werden die völkerrechtlichen Verträge zwischen den Völkerrechtssubjekten geschlossen. Sie regeln damit Rechtsverhältnisse zwischen den einzelnen Staaten. Ob hierdurch auch unmittelbar das Verhältnis Staat-Individuum angesprochen werden soll, richtet sich nach der Eignung der konkreten Norm.[352]

Die unmittelbare Anwendbarkeit ist dadurch gekennzeichnet, dass die Norm anwendungsfähig ist und ihre unmittelbare Anwendbarkeit nicht auf Völkerrechtsebene ausgeschlossen wurde (Anwendungsbefugnis).[353] Die Anwendungsfähigkeit einer Norm ist hingegen aus dem Norminhalt abzuleiten.[354] Dabei wird zuweilen auf die Formel des BVerfG abgestellt: „Nur solche völkerrechtlichen Vertragsbestimmungen können durch das Zustimmungsgesetz in innerstaatlich anwendbares Recht umgesetzt werden, die alle Eigenschaften besitzen, welche ein Gesetz nach innerstaatlichem Recht haben muss, um berechtigen oder verpflichten zu können; die Vertragsbestimmung muß nach Wortlaut, Zweck und Inhalt wie eine innerstaatliche Gesetzesvorschrift rechtliche Wirkung auszulösen geeignet sein. Nur unter diesen Voraussetzungen

350 Vgl. *Nettesheim* in Maunz/Dürig, GG, Art. 59 GG Rz. 180. Die Richtung dieser Interdependenz ist hier zumindest für den deutschen Rechtsraum unter Zugrundelegung der Vollzugstheorie anzunehmen, sie ist jedoch keinesfalls zwingend. Mithin stellen Staaten wie die USA zuerst darauf ab, dass die völkerrechtliche Norm self-executing ist, um erst auf dieser Basis die Geltungskraft der Norm im innerstaatlichen Recht entfalten zu lassen, hierzu *Geiger*, Grundgesetz und Völkerrecht6, 166. Demnach ist auch gerade im Zusammenhang mit der Transformationstheorie umstritten, ob lediglich solche Normen in innerstaatliches Recht umgewandelt werden, die unmittelbar anwendbar sind, so das BVerfG in seiner früheren Rechtsprechung, BVerfG vom 09.12.1970, 1 BvL 7/66, BVerfGE 29, 348 (360).

351 Vgl. *Bleckmann*, Begriff und Kriterien der innerstaatlichen Anwendbarkeit völkerrechtlicher Verträge, 112.

352 Vgl. *Sauer*, Staatsrecht III10, 86.

353 Die unmittelbare Anwendbarkeit bedarf somit der Kriterien der Anwendungsfähigkeit und der Anwendungsbefugnis, hierzu *Sauer*, Staatsrecht III10, 87.

354 Vgl. *Kunig* in Graf Vitzthum, Völkerrecht5, 95, Rz. 41.

entstehen für den Staatsbürger verbindliche Rechtsnormen."[355] In Bezug auf den Norminhalt lassen sich die Kriterien zur unmittelbaren Anwendbarkeit demnach darin präzisieren, dass die Norm justiziabel ist, die Rechtsstellung von Individuen betrifft und an rechtsanwendende Behörden adressiert ist.[356]

Die Justiziabilität besteht in diesem Zusammenhang in einer präzisen und hinreichenden Normausgestaltung. Dabei ist die Norm inhaltlich unbedingt und ihrem Wesen nach bestimmt und geeignet, eine unmittelbare Anwendung auf innerstaatliche Sachverhaltskonstellationen herbeizuführen.[357] Eine derartige Norm bedürfe somit keines weiteren Umsetzungsaktes oder weiterer Konkretisierungsschritte, um die vermittelten Ansprüche festzustellen.[358] Zudem hat sie die individuelle Rechtsstellung zum Inhalt, indem sie, wenn auch nur mittelbar, aufgrund staatlicher Verpflichtungen dem Einzelnen Rechte zuerkennt oder Pflichten auferlegt. Weiterhin ist in Bezug auf den Adressaten der Norm zu differenzieren. So sollen hierbei die rechtsanwendenden Organe angesprochen sein. Abzugrenzen sind somit Normen, die ggf. justiziabel sind, jedoch einen Gesetzgebungsauftrag enthalten und demnach an die Legislative adressiert sind.

Erfüllt die völkerrechtliche Vorschrift jene Kriterien, ist sie demnach aus sich selbst heraus vollziehbar (*self-executing*).[359] Als Folge ist die Norm wie originär deutsches Recht zu behandeln.[360] Die Völkerrechtsnorm entfaltet somit unmittelbare Wirkung und ist vom Rechtsanwender zu berücksichtigen, zu befolgen und durchzusetzen.[361] Eine völkervertragsrechtliche Vorschrift, die

355 BVerfG vom 09.12.1970, 1 BvL 7/66, BVerfGE 29, 348 (360).

356 In diesem Zusammenhang soll eine Anlehnung an die schweizerische Rechtsprechung erfolgen, siehe hierzu BGer vom 22.12.1997, BGE 124 III 90 (91); BGer vom 04.02.1992, BGE 118 Ia 112 (117); BGer vom 08.02.1980, BGE 106 Ia 182 (187). *Ipsen*, Völkerrecht3, 1090 f., unterscheidet hingegen nach den Kriterien: 1) Bedarf die Norm noch eines innerstaatlichen Vollzugsaktes?, 2) Ist die Norm klar und ausreichend bestimmt?, 3) Berechtigt oder verpflichtet die Norm nach Wortlaut, Zweck und Inhalt den Einzelnen?, dem folgend *Schweitzer*, Staatsrecht III10, Rz. 440; *Stein/von Buttlar*, Völkerrecht13, Rz. 187.

357 Zu den Voraussetzungen der unmittelbaren Anwendbarkeit siehe *Lorenzmeier*, Völkerrecht2, 263; *Nettesheim* in Maunz/Dürig, GG, Art. 59 GG Rz. 180.

358 Vgl. *Geiger*, Grundgesetz und Völkerrecht6, 166 f.; *Streinz* in Sachs, GG, Art. 59 GG Rz. 67.

359 Vgl. *Arnauld*, Völkerrecht2, Rz. 502; *Herdegen*, Völkerrecht13, § 22 Rz. 5; *Lorenzmeier*, Völkerrecht2, 263.

360 Vgl. *Nettesheim* in Maunz/Dürig, GG, Art. 59 GG Rz. 179; *Sauer*, Staatsrecht III2, 87.

361 Vgl. *Sauer*, Staatsrecht III2, 87.

innerstaatlich gilt und unmittelbar anwendbar ist, wird für den Rechtsanwender zu einem Maßstab verbindlichen Handelns und Entscheidens.[362]

Sind völkerrechtliche Vorschriften zu unmittelbar anwendbarem Recht gediegen, erwachsen dem Einzelnen innerhalb der innerstaatlichen Rechtsordnung nicht zwingend subjektiv-öffentliche Rechte.[363] Hiervon wäre die Rede, wenn neben der objektiven Wirkung (unmittelbare Anwendbarkeit) die subjektive Wirkung hinzutritt, dass dem Einzelnen in diesem Zusammenhang das Recht einräumt, sich auf völkerrechtliche Rechtspositionen berufen zu können und diese prozessual durchzusetzen.[364] Im Rahmen der Auslegung ist zu ergründen, ob die völkerrechtliche Vereinbarung zu einer Begründung individueller Rechte führen soll.[365] Demnach ist die Entstehung subjektiver Rechte anhand des Inhaltes der Vertragsnorm zu bestimmen, ob dieser staatengerichtet oder etwa gerade individualgerichtet ist.[366]

c. Würdigung für den Fall der Doppelbesteuerungsabkommen

Die innerstaatliche Geltung der deutschen Doppelbesteuerungsabkommen als spezielle völkerrechtliche Verträge lässt sich am widerspruchfreisten über die Vollzugstheorie erklären. Folglich behalten die Doppelbesteuerungsabkommen ihre völkerrechtliche Natur und finden auf der Grundlage des verfassungsrechtlichen Anwendungsbefehls gleichermaßen wie innerstaatliches Recht Berücksichtigung.

Hingegen wäre es nicht sachlogisch, der Transformationstheorie folgend originär innerstaatliches Recht anzunehmen. Erstens sind die Schwachstellen bereits dahingehend identifiziert, das Erklärungswidersprüche im Hinblick auf das Geltungsschicksal vorhanden wären. Zweitens wäre es nicht im Sinne der Doppelbesteuerungsabkommen, eine Auslegung nach nationalrechtlichen Maßstäben vorzunehmen. Schließlich ist gerade den Doppelbesteuerungsabkommen mit ihrem kollisionsauflösenden Charakter daran gelegen, die Auslegung an einem einheitlichen Maßstab auszurichten, um aus Sicht der Vertrags-

---

362 Vgl. *Sauer*, Staatsrecht III2, 86.

363 Vgl. *Geiger*, Grundgesetz und Völkerrecht6, 167 f.

364 BVerfG vom 13.12.1977, 2 BvM 1/76, BVerfGE 46, 342 (362 f.); *Sauer*, Staatsrecht III2, 87. In diesem Zusammenhang wird auch von einer „besonders intensiven Variante einer unmittelbar anwendbaren Norm" gesprochen, *Stein/von Buttlar*, Völkerrecht13, Rz. 188. Zur prozessrechtlichen Klagebefugnis vgl. § 42 Abs. 2 VwGO.

365 Vgl. *Herdegen*, Völkerrecht13, § 22 Rz. 5.

366 Vgl. *Geiger*, Grundgesetz und Völkerrecht6, 167 f.

staaten zu einem möglichst übereinstimmenden Ergebnis zu gelangen. Gerade die Konfigurationsversuche[367] zur Überwindung derartiger Schwächen verdeutlichen, dass eine strenge Variante der Transformationstheorie nicht passgenau ist und somit nicht bis in letzter Konsequenz vertreten werden kann.

Nach der Inkorporationstheorie wäre die Beibehaltung des völkerrechtlichen Charakters zwar gegeben, allerdings würde nach dieser Vorstellung der völkerrechtliche Vertrag zu einem Bestandteil des innerstaatlichen Rechts und damit „verpflanzt“ werden. So erscheint es zwar für die allgemeinen Völkerrechtsregeln sinnvoll, diese über die Generalklausel des Art. 25 GG zu inkorporieren, sie gleichzeitig jedoch als Bestandteil der innerstaatlichen Rechtsordnung unter Beibehaltung der völkerrechtlichen Natur in der Normenhierarchie über den einfachen Bundesgesetzen anzusiedeln. Dagegen wäre es der Sache nach widersprüchlich, den Abkommen einerseits ihren völkerrechtlichen Charakter zu belassen, sie andererseits jedoch als Bestandteile der innerstaatlichen Rechtsordnung auf gleicher Ebene wie einfaches Bundesrecht rangieren zu lassen.

Folgt man indes den Ansätzen der Vollzugstheorie, wirkt das Zustimmungsgesetz als Befehl, die Doppelbesteuerungsabkommen genauso wie innerstaatliches Recht zur Anwendung zu bringen. Diese Art der Eingliederung genügt, um eine vollumfängliche Wirkung der Doppelbesteuerungsabkommen zu erreichen.

Da es abstrahiert von jeglichen Erklärungsmodellen in der deutschen Rechtsordnung eines Rechtsgeltungsbefehls bedarf, wird erst hierdurch eine innerstaatliche Geltung erreicht. Auch in Bezug auf die Doppelbesteuerungsabkommen wirkt diese Geltungsanordnung als Öffnungsmechanismus. Die Öffnung erfolgt dabei doppelgerichtet. Die beiden Rechtsordnungen werden derartig miteinander verwoben, dass innerstaatliches Recht die Abkommen durch eigene Rechtsbegriffe vervollständigt und die Abkommen vorrangig zur Vermeidung internationaler Doppelbesteuerung in die innerstaatliche Rechtsordnung hineinwirken.

Gleichwohl werden die Abkommen i.S.d. Vollzugstheorie nicht unmittelbar zu innerstaatlichem Recht. Auf der Geltungsebene kann damit noch nicht von *law of the land* sondern eher von *law of the government* gesprochen werden.[368]

---

367 So soll die Schwäche des zeitlichen Auseinanderfallens über eine dynamische Auslegung überwunden werden, vgl. *Schweitzer,* Staatsrecht III10, Rz. 433. Auch im Hinblick auf die Auslegung wird eingewandt, dass der Transformationstheorie nicht die Auslegung nach völkerrechtlichen Regeln entgegensteht, vgl. *Kunig* in Graf Vitzthum, Völkerrecht5, 121, Rz. 114.

368 Vgl. *Fikentscher,* Was bedeutet „self executing“? – Überlegungen zur Rechtsnatur des

Sie gelten folglich im innerstaatlichen Rechtsraum, sind aber noch nicht anwendbar.

Die Doppelbesteuerungsabkommen sind allerdings aufgrund ihrer Funktion, die Ausübung innerstaatlicher Besteuerungsansprüche zu beschränken, zur unmittelbaren nationalrechtlichen Anwendbarkeit geeignet und bestimmt, somit anwendungsfähig.[369] *Fikentscher*[370] spricht in diesem Zusammenhang von einer linguistischen Bedeutung. Der Charakter der Doppelbesteuerungsabkommen ist dadurch geprägt, dass sie in den innerstaatlichen Rechtsraum hineinwirken wollen; sie wollen innerstaatlich gelten und innerstaatlich anwendbar sein.[371] Nur auf diese Weise kann die Grundidee der Doppelbesteuerungsabkommen umgesetzt werden. Gleichwohl ist die Bezeichnung *self-executing treaty*[372] in diesem Kontext mit Bedacht zu gebrauchen. Einerseits wird der Begriff auch im Zusammenhang mit Abkommen verwendet, die unmittelbare Geltung entfalten.[373] Andererseits ist die Aussagekraft dieser Terminologie zu global.[374] Schließlich sind nicht alle Abkommensvorschriften im innerstaatlichen Recht unmittelbar anwendbar. Aufgrund der Mehrdeutigkeit ist der Begriff *self-executing treaty* demnach nicht geeignet, die Eindeutigkeit der Charakterisierung zu reflektieren. Die Anwendungsfähigkeit muss nach allgemeiner Auffassung anhand der einschlägigen Kriterien normenspezifisch geprüft werden.[375] Ergibt sich hieraus eine Anwendungsfähigkeit, bedarf es in der Folge der Anwendungsbefugnis, um unmittelbar anwendbares innerstaatliches Recht

---

GATT im Blick auf einen GATT-Immaterialgüterschutz, in Baur, Festschrift Steindorff, 1175 (1186).

369 Vgl. *Vogel* in Vogel/Lehner, DBA, Einl. Rz. 58, der eindeutig von „anwendungsfähig" und nicht von „anwendbar" spricht.

370 *Fikentscher*, Recht und wirtschaftliche Freiheit, Bd. II, 373 f.

371 Vgl. *Bleckmann*, Begriff und Kriterien der innerstaatlichen Anwendbarkeit völkerrechtlicher Verträge, 114.

372 Zum Begriff siehe *Seidl-Hohenveldern*, Völkerrecht6, Rz. 394 ff.

373 Vgl. *Van Gerven*, SEW 1965, 195.

374 Hingegen bezeichnet *Pott*, Die Kollision unterschiedlicher Formen der Gesellschaftsbesteuerung im internationalen Steuerrecht, 83, die Doppelbesteuerungsabkommen allgemein als *self-executing treaty*. Gleichzeitig stellt er allerdings fest, dass die Bezeichnung im Zusammenhang mit den Doppelbesteuerungsabkommen vermieden wird. So auch *Mülhausen*, Das Verständigungsverfahren im deutschen internationalen Steuerrecht, 102.

375 Zur Formel in Bezug auf *self-executing* Vorschriften siehe RG vom 18.06.1927, I 372/26, RGZ 117, 284, subjektiviert durch den BGH vom 24.05.1955, I ZR 164/53, BGHZ 17, 309 (313), der allein auf die Eigenschaften abstellt, die ein Gesetz vorzuweisen hat, um verpflichtend oder berechtigend wirken zu können.

zu erzeugen.[376] Ein Anwendungsvorbehalt für Doppelbesteuerungsabkommen ist auf völkerrechtlicher Ebene nicht zu konstatieren.[377] Entsprechend liegt der Fokus der Normprüfung auf deren Anwendungsfähigkeit.

Generell sind sämtliche Vorschriften, die die Beschränkungsfunktion der Abkommen umsetzen, für unmittelbar anwendbar zu erklären.[378] Jene Einzelnormen sind dergestalt hinreichend bestimmt, dass ihnen ein *self-executing*-Charakter bescheinigt werden kann.[379] Der Norminhalt nimmt hierüber unmittelbar regelnden Einfluss auf die innerstaatlich begründeten Steuerrechtsverhältnisse.[380] Ein anderer Teil der Normen belässt den Vertragsstaaten ihre Besteuerungsbefugnis.[381] Hieraus ergibt sich auch dann keine Ausweitung der Besteuerungsansprüche, wenn das Landesrecht selbst kein Besteuerungstatbestand vorsieht.[382] Da die Doppelbesteuerungsabkommen keine materiellen Steueransprüche begründen, sind diese Normen somit nicht unmittelbar anwendbar.[383] Sie sind auch nicht Ausdruck einer Ermessensvorschrift. Dennoch sind sie in ihrer Wirkung nicht als vom innerstaatlichen Recht isoliert zu betrachten. Auch ihnen kommt ein mittelbarer innerstaatlicher Einfluss zu. Die beschränkenden unmittelbar anwendbaren Normen funktionieren schließlich erst auf zweiter Stufe auf der Grundlage eben dieser Normen mit „offener Rechtsfolge".[384]

---

376 Vgl. *Fikentscher,* Was bedeutet „self executing"? – Überlegungen zur Rechtsnatur des GATT im Blick auf einen GATT-Immaterialgüterschutz, in Baur, Festschrift Steindorff, 1175 (1185).

377 Siehe zur Geltungsanordnung mit Anwendungsvorbehalt *Fikentscher,* Was bedeutet „self executing"? – Überlegungen zur Rechtsnatur des GATT im Blick auf einen GATT-Immaterialgüterschutz, in Baur, Festschrift Steindorff, 1175 (1187), der für das GATT rezipiert, dass dieses im innerstaatlichen „gilt", aber nicht „anwendbar" ist.

378 Dies betrifft somit Art. 23 MA und die Abkommensartikel mit „abschließender" Rechtsfolge.

379 Vgl. *Prokisch* in Vogel/Lehner, DBA, Art. 1 MA Rz. 4.

380 Vgl. *Pott,* Die Kollision unterschiedlicher Formen der Gesellschaftsbesteuerung im internationalen Steuerrecht, 83.

381 Hiermit sind solche Vorschriften mit der Formulierung: „können […] besteuert werden" gemeint.

382 Vgl. *Langbein,* RIW 1984, 531 (531 ff.); hierzu ferner *Wassermeyer,* Dealing-at-arm's-length Prinzip, in Piltz/Schaumburg, Internationale Betriebsstättenbesteuerung, 25 (31 f.), der die *self-executing* Eigenschaft mit der Ausweitung von Besteuerungsrechten verknüpft. Vgl. auch *Pott,* Die Kollision unterschiedlicher Formen der Gesellschaftsbesteuerung im internationalen Steuerrecht, 84 f.

383 Vgl. *Mülhausen,* Das Verständigungsverfahren im deutschen internationalen Steuerrecht, 101.

384 Hierzu Kapitel C.III.2.h.

Anhand dieser Analyse wird deutlich, dass die Anknüpfung an eine rein normspezifische Betrachtung zu eng ist. Die Methodik darf indes nicht in einem „Zerpflücken der DBA" gipfeln. Die Einordnung hat vielmehr wirkungsspezifisch zu erfolgen. Das schließt jedoch auch die unmittelbare Anwendbarkeit von singulären Normen grundsätzlich nicht aus, es fasst sie nur weiter.

In Bezug auf die vordergründige Funktion der Abkommen ist aus der Anwendung der DBA als Ganzem jeweils eine Rechtsfolge abzuleiten. Diese Rechtsfolge wirkt in das innerstaatliche Recht hinein und ist i.S.d. Vollzugstheorie nationalrechtlich zu vollziehen. Demgemäß entfaltet die Beschränkungswirkung in ihrer Gesamtheit unmittelbare Anwendbarkeit.[385] Darüber hinaus werden auch einzelne Vorschriften wie die über das Verständigungsverfahren als unmittelbar anwendbar angesehen.[386] Eine globale Aussage, inwieweit sich hieraus subjektive Rechte und Pflichten des Steuerpflichtigen begründen, lässt sich für die Abkommen nicht treffen.[387]

Non-self-executing sind hingegen bspw. Kündigungsvorschriften.[388]

Zusammenfassend ergibt sich hieraus, dass die Teile der Abkommen, die *non-self-executing* sind, zumindest die deutschen Staatsorgane aufgrund der innerstaatlichen Ratifikation – und hierin liegt dann auch der Sinn des Zustimmungsgesetzes – zur Vermeidung völkerrechtlicher Delikte verpflichten.[389]

Ist eine Vorschrift oder eine Rechtsfolge aus den Abkommen als *self-executing* einzustufen, wird sie wie innerstaatliches Recht behandelt. Die originär horizontale Wirkung der völkerrechtlichen Vereinbarungen zwischen den Vertragsstaaten würde in derartigen Fällen auf innerstaatlicher Ebene eine vertikale Wirkung, somit zwischen dem Bürger und dem jeweiligen Vertragsstaat, entfalten. Aufgrund dieser unmittelbaren Anwendbarkeit im innerstaatli-

385 I.E. auch *Schaumburg*, Internationales Steuerrecht3, Rz. 16.169 und *Schönfeld/Häck* in Schönfeld/Ditz, DBA, Systematik Rz. 24, die sich für eine unmittelbare Beschränkungswirkung zugunsten der einzelnen Steuerpflichtigen aussprechen. Wenngleich zu konzedieren ist, dass hier keine saubere Trennung der Abkommensnormen vorgenommen wird, sondern den Abkommen eine allgemeine *self-executing* Wirkung attestiert wird.

386 Vgl. *Prokisch* in Vogel/Lehner, DBA, Art. 1 Rz. 4; *Tipke*, AWD 1972, 589 (589 ff.); *Mülhausen*, Das Verständigungsverfahren im deutschen internationalen Steuerrecht, 101; a.A. *Langbein*, RIW 1984, 531 (531 ff.).

387 *Pott*, Die Kollision unterschiedlicher Formen der Gesellschaftsbesteuerung im internationalen Steuerrecht, 84, lässt die Frage nach der Individualberechtigung aus den Doppelbesteuerungsabkommen offen. Hierzu im allgemeinen Kontext *Jarass/Pieroth*, GG, Art. 59 GG Rz. 18.

388 Zur Begrifflichkeit der *(non)-self-executing* Vertragsbestimmungen siehe *Seidl-Hohenveldern*, Völkerrecht6, Rz. 394 ff.

389 Vgl. *Funke*, Umsetzungsrecht, 91.

chen Recht kann auch erst in diesem Punkt eine Kollision der Rechtsfolgen der originär innerstaatlichen Normen erfolgen. Bezüglich dieser Normen bedarf es demgemäß einer Regelung zur Bestimmung des Vorrangverhältnisses. In diesem Sinne spiegelt der Wortlaut des § 2 Abs. 1 AO eben dieses Ergebnis wider: „Verträge mit anderen Staaten im Sinne des Artikels 59 Abs. 2 Satz 1 des Grundgesetzes über die Besteuerung gehen, *soweit sie unmittelbar anwendbares innerstaatliches Recht geworden sind,* den Steuergesetzen vor."

3. Normenhierarchie innerhalb der innerstaatlichen Rechtsordnung

Im Falle der unmittelbaren innerstaatlichen Anwendbarkeit resultiert eine Normenkonkurrenz zu den übrigen innerstaatlichen Regelungen.[390] Um im Kollisionsfall eine Einordnung in die staatliche Normenhierarchie vornehmen zu können, bedarf es der Klärung, welchen Rang die Abkommensregelungen einnehmen.

Als völkerrechtlicher Vertrag unterliegen die Abkommen dem Grundsatz *pacta sunt servanda.* Gleichwohl vermag dieser Grundsatz als Bestandteil der innerstaatlichen Rechtsordnung mit Vorrang vor anderen Normen gem. Art. 25 GG seinerseits nicht die Völkerrechtsverträge auf die gleiche Rangstufe zu erheben.[391] Art. 25 GG ist auch deshalb für die Doppelbesteuerungsabkommen nicht einschlägig, weil diese nicht den allgemeinen Regeln des Völkerrechts zuzuordnen sind.[392] So regelt Art. 25 S. 2 GG den Vorrang allein für die allgemeinen Regeln des Völkerrechts.[393] Die DBA gehören hingegen dem besonderen Teil des Völkerrechts an.[394] Um eine innerstaatliche Wirksamkeit zu erreichen, wird gem. Art. 59 Abs. 2 GG die parlamentarische Zustimmung in Form eines Bundesgesetzes benötigt. Hierin besteht ein einseitiger gesetzgeberischer Akt, wodurch die Abkommen im innerstaatlichen Recht den Rang eines einfachen Bundesgesetzes erhalten.[395] Das Zustimmungsgesetz ist eigens ein einfa-

390 Vgl. *Pahlke* in Pahlke/Koenig, AO, § 2 AO Rz. 10; *Wassermeyer* in Wassermeyer, DBA, Art. 1 MA Rz. 9.

391 BVerfG vom 09.06.1971, 2 BvR 225/69, BVerfGE 31, 145, unter Hinweis auf BVerfG vom 26.03.1957, 2 BvG 1/55, BVerfGE 6, 309 (363).

392 BFH vom 10.01.2012, I R 66/09, BFHE 236, 304.

393 Vgl. *Drüen* in Tipke/Kruse, AO/FGO, § 2 AO Rz. 1.

394 Vgl. *Wassermeyer* in Wassermeyer, DBA, Art. 1 MA Rz. 8.

395 BFH vom 10.01.2012, I R 66/09, BFHE 236, 304.

ches Bundesgesetz und kann dieser Logik folgend die DBA in keinen höheren Rang erheben, als ihm selbst zukommt.[396]

Gemäß § 2 AO soll darüber hinaus klargestellt werden, dass völkerrechtliche Vereinbarungen, soweit sie nach Art. 59 Abs. 2 S. 1 GG innerstaatliches Recht geworden sind, eine Vorrangstellung vor den innerstaatlichen Steuergesetzen genießen.[397] Obgleich die Regelung klar und verständlich formuliert ist, ist sie *de facto* missverständlich.[398] So besitzt § 2 AO ebenfalls lediglich den Rang eines einfachen Gesetzes, welches einen Vorrang völkerrechtlicher Verträge gar nicht konstituieren kann.[399] Wie bereits im Zusammenhang mit dem Zustimmungsgesetz erarbeitet wurde, kann auch § 2 AO als einfaches Bundesgesetz den Abkommen keinen höheren Rang als dem eigenen zuweisen.[400] Vielmehr hätte es zur Legitimierung eines allgemeinen Vorrangs einer Regelungsverortung im Grundgesetz bedurft.[401] Mithin ist die Normenkollision auf innerstaatlicher Ebene zwischen den Abkommensregelungen und den anderen Steuergesetzen durch die allgemeinen Kollisionsregeln aufzulösen.[402] Dabei kann das Konkurrenzverhältnis – wie eben dargelegt – nicht über die lex-superior-Regel (*lex superior derogat legi inferiori*) gelöst werden, da § 2 AO eben nicht in dem Sinne verstanden werden darf, dass die Abkommensregelungen als höherrangiges Recht gegenüber den innerstaatlichen Steuergesetzen einzustufen sind.[403] Die Normen stehen zurückführend auf die Einfachgesetzlichkeit des Zustim-

396 Vgl. *Vogel* in Vogel/Lehner, DBA, Einl. Rz. 202, mit Verweis auf *Wassermeyer* in Wassermeyer, DBA, Art. 1 MA Rz. 9 ff.

397 Bericht und Antrag des Finanzausschusses (7. Ausschuß) zu dem von den Fraktionen der SPD, FDP eingebrachten Entwurf einer Abgabenordnung vom 07.11.1975, BT-Drucks. 7/4292, 15.

398 *Frotscher*, Internationales Steuerrecht3, Rz. 49, beschreibt § 2 AO als eher irreführend anstatt hilfreich. Siehe in diesem Zusammenhang auch *Pahlke* in Pahlke/Koenig, AO, § 2 AO Rz. 10.

399 BFH vom 13.07.1994, I R 120/93, BStBl. II 1995, 129.; FG Köln vom 17.12.1985, V K 243/85, EFG 1986, 189 (191); *Drüen* in Tipke/Kruse, AO/FGO, § 2 AO Rz. 1 m.w.N; *Pahlke* in Pahlke/Koenig, AO, § 2 AO Rz. 17; *Frotscher*, Treaty Override ohne Grenzen?, in Piltz/Günkel/Niemann, StbJb 2009/2010, 151 (158); *Kempf/Bandl*, DB 2007, 1377 (1379); *Bron*, IStR 2007, 431 (432); *Jansen/Weidmann*, IStR 2010, 596 (597).

400 Vgl. *Vogel* in Vogel/Lehner, DBA, Einl. Rz. 202, mit Verweis auf *Wassermeyer* in Wassermeyer, DBA, Art. 1 MA Rz. 9 ff.

401 Vgl. *Drüen* in Tipke/Kruse, AO/FGO, § 2 AO Rz. 1; *Birk* in Hübschmann/Hepp/Spitaler, AO, § 2 AO Rz. 3; *Schaumburg*, Internationales Steuerrecht3, Rz. 3.25; *Gebhardt*, Deutsches Tax Treaty Overriding, 23.

402 FG Nürnberg vom 14.02.2008, IV 191/05, EFG 2008, 1332 (1334); *Drüen* in Tipke/Kruse, AO/FGO, § 2 AO Rz. 2.

403 Vgl. *Pahlke* in Pahlke/Koenig, AO, § 2 AO Rz. 17 m.w.N.

mungsgesetzes vielmehr gleichrangig nebeneinander.[404] Hierbei kommen insbesondere die lex-specialis- (*lex specialis derogat legi generali*) und lex-posterior-Regel (*lex posterior derogat legi priori*) zur Anwendung. Dabei gilt, dass die spätere allgemeine Norm nicht der früheren speziellen vorgeht (*lex generalis posterior non derogat legi speciali priori*).[405] Fraglich ist in diesem Zusammenhang die Charakterisierung der Abkommensregelungen. Obzwar die Vorschriften nach verbreiteter Auffassung als speziellere Normen angesehen werden,[406] ist zu konzedieren, dass die Regelungen der DBA nicht unbedingt eine eindeutige Feststellung des Spezialverhältnisses zulassen, da sie keine Modifikation des Inhalts und der Reichweite der nationalrechtlich begründeten Besteuerungsansprüche vornehmen.[407] Kann demgemäß nach inhaltlicher Prüfung keine Spezialität der Regelungen der Doppelbesteuerungsabkommen festgestellt werden, gehen zumindest i.S. einer völkerrechtsfreundlichen Auslegung die völkerrechtlichen Vereinbarungen grundsätzlich dem einfachen Gesetzen vor, womit die *lex posterior*-Regel nicht greifen kann.[408] Demnach kann die Aussagekraft

404 Der völkervertragsrechtlichen Vereinbarung kommt lediglich der Rang des Zustimmungsgesetzes zu, hierzu *Jarass/Pieroth*, GG, Art. 59 GG Rz. 19; *Nettesheim* in Maunz/Dürig, GG, Art. 59 GG Rz. 184; Streinz in Sachs, GG, Art. 59 GG Rz. 63. Dies entspricht regelmäßig einfachgesetzlichem Rang, BVerfG vom 14.10.2004, 2 BvR 1481/04, BVerfGE 111, 307 (316 f.); vom 19.09.2006, 2 BvR 2115/01, 2 BvR 2132/01, 2 BvR 348/03, NJW 2007, 499 (501) m.w.N.; *Drüen* in Tipke/Kruse, AO/FGO, § 2 AO Rz. 5 m.w.N.; hierzu auch *Scherer*, Doppelbesteuerung und Europäisches Gemeinschaftsrecht, 25; *Schaumburg*, Internationales Steuerrecht3, Rz. 3.25; *Lang*, StuW 1975, 285 (286). A.A. *Becker*, NVwZ 2005, 289 (291), der infrage stellt, ob zwingend eine Einfachgesetzlichkeit anzunehmen ist, da im Rahmen der Vollzugstheorie der völkerrechtliche Vertrag seine völkerrechtliche Stellung behält.

405 Vgl. *Drüen* in Tipke/Kruse, AO/FGO, § 2 AO Rz. 2. Das Hierarchieverhältnis zwischen der *lex specialis*- und der *lex posterior*-Regel ist gleichwohl nicht unumstritten, hierzu ausführlich. *Vranes*, ZaöRV 2005, 391 (391 ff.).

406 Nach verbreiteter Meinung sind die Regelungen der Abkommen im Grundsatz als speziellere Normen anzusehen, so *Vogel* in Vogel/Lehner, DBA, Einl. Rz. 203; *Seer* in Tipke/Lang, Steuerrecht21, § 1 Rz. 92; *Frotscher*, Internationales Steuerrecht3, Rz. 49; a.A. *Birk* in Hübschmann/Hepp/Spitaler, AO, § 2 AO Rz. 165. Als Sonderreglung (*lex alia*) einordnend *Wassermeyer*, Die Vermeidung der Doppelbesteuerung im Europäischen Binnenmarkt, in Lehner, Steuerrecht im Europäischen Binnenmarkt – Einfluß des EG-Rechts auf die nationalen Steuerrechtsordnungen, 151 (154 f.); so ebenfalls *Seer*, IStR 1997, 481 (484). Gleichwohl ist im Einklang mit dieser Sichtweise im Einzelfall nicht immer ein Spezialverhältnis feststellbar, womit auch in diesen Fällen die völkerrechtsfreundliche Auslegung zur Anwendung kommt.

407 BFH vom 28.06.1972, I R 35/70, BStBl. II 1972, 784 (789); *Drüen* in Tipke/Kruse, AO/FGO, § 2 AO Rz. 2; *Pahlke* in Pahlke/Koenig, AO, § 2 AO Rz. 18 m.w.N.

408 Vgl. *Bernhardt* in Isensee/Kirchhof, Handbuch des Staatsrechts, Bd. VII1, § 174 Rz. 29; *Tomuschat* in Isensee/Kirchhof, Handbuch des Staatsrechts, Bd. VII, § 172 Rz. 35;

des § 2 AO als ein Ausdruck und eine Unterstreichung der grundgesetzlichen Völkerrechtsfreundlichkeit gesehen werden.[409] Etwas anderes könnte sich nur dann ergeben, wenn das spätere nationale Gesetz ausdrücklich einen Vorrang des innerstaatlichen Gesetzes anordnet.[410] Der BFH[411] judiziert diesbezüglich jedoch im Rahmen seiner jüngeren Rechtsprechung, dass der Gesetzgeber verfassungsrechtlich verpflichtet ist, Völkervertragsrecht einzuhalten.[412] Auch nach diesem Verständnis wird das Verhältnis zwischen den Abkommensvorschriften und der spezielleren steuergesetzlichen Norm nicht verschoben. Das verfassungsrechtliche Gebot zur Einhaltung völkerrechtlicher Verträge bildet jedoch den inhaltlichen und materiell-rechtlichen Maßstab, an welchem sich das speziellere Steuergesetz messen lassen muss.[413]

Festzuhalten bleibt, dass die Doppelbesteuerungsabkommen auf innerstaatlicher Ebene den Rang eines einfachen Bundesgesetzes einnehmen. Dabei

---

Schaumburg, Internationales Steuerrecht3, Rz. 3.25. Die Völkerrechtsfreundlichkeit kommt in Art. 25 GG zum Ausdruck, BVerfG vom 26.03.1957, 2 BvG 1/55, BVerfGE 6, 309 (362); vom 30.06.1964, 1 BvR 93/64, BVerfGE 18, 112 (121); vom 31.03.1987, 2 BvM 2/86, BVerfGE 75, 1 (17); vom 14.10.2004, 2 BvR 1481/04, BVerfGE 111, 307 (317); hierzu *Herdegen* in Maunz/Dürig, GG, Art. 25 GG Rz. 6; *Engel*, Völkerrecht als Tatbestandsmerkmal deutscher Normen, 153.

409 Vgl. *Drüen* in Tipke/Kruse, AO/FGO, § 2 AO Rz. 2.

410 BVerfG vom 26.03.1987, 2 BvR 589/79; 2 BvR 750/81; 2 BvR 284/85, BVerfGE 74, 358 (370); BFH vom 13.07.1994, I R 120/93, BStBl. II 1995, 129; vom 17.05.1995, I B 183/94, BStBl. II 1995, 781; vom 21.05.1997, I R 79/96, BStBl. II 1998, 113; vom 20.03.2002, I R 38/00, BFHE 198, 514 (521). Siehe ferner *Schaumburg*, Internationales Steuerrecht3, Rz. 3.25; *Seer*, IStR 1997, 481 (485).

411 BFH vom 10.01.2012, I R 66/09, BFHE 236, 304; entgegen seiner bisherigen Spruchpraxis, siehe bspw. BFH vom 13.07.1994, I R 120/93, BStBl. II 1995, 129; vom 17.05.1995, I B 183/94, BStBl. II 1995, 781. Im Fokus steht hierbei die Diskussion um die Verfassungskonformität des sog. Treaty Overrides, eingehend hierzu *Gebhardt*, Deutsches Tax Treaty Overriding; *Bron*, IStR 2007, 431 (431 ff.); *Jansen/Weidmann*, IStR 2010, 596 (596 ff.); *Mitschke*, DStR 2011, 2221 (2221ff.); *Gosch*, IStR 2008, 413 (413 ff.); *Frotscher*, Zur Zulässigkeit des „Treaty Override", in Spindler/Tipke/Rödder, Festschrift Schaumburg, 687 (687 ff.); *ders.*, IStR 2009, 866 (866 ff.); *Brombach-Krüger*, Ubg 2008, 324 (324 ff.); *Musil*, RIW 2006, 287 (287 ff.); *ders.*, FR 2012, 149 (151).

412 Die verfassungsrechtliche Verpflichtung wird auf das Rechtsstaatsgebot gem. Art. 20 Abs. 3 GG gestützt. Die Völkerrechtsfreundlichkeit des Grundgesetzes ist demnach vorrangig anzuwenden.

413 BFH vom 10.01.2012, I R 66/09, BFHE 236, 304. Ausnahmen von dem Gebot der Einhaltung völkerrechtlicher Verträge sind nur in engen Rechtfertigungsgrenzen gegeben. Diese konkretisieren sich bspw. in der Abwendung eines Verstoßes gegen tragende Verfassungsgrundsätze. Aufgrund der völkerrechtlichen Verpflichtung, die der Gesetzgeber innerstaatlich durch das Zustimmungsgesetz legitimiert, wird damit auch seine Normsetzungsautorität beschränkt.

vermag § 2 AO keinen allgemeinen Vorrang der Abkommen gegenüber den innerstaatlichen Steuergesetzen zu konstatieren. Das Vorrangverhältnis wird demgemäß durch die allgemeinen Kollisionsregeln gelöst. Kann ein Spezialverhältnis nicht festgestellt werden, ist § 2 AO dahingehend zu verstehen, dass im Sinne der grundgesetzlichen Völkerrechtsfreundlichkeit die lex-posterior-Regel für Rechtssätze derselben Rangstufe nicht anzuwenden ist. Hierdurch wird allerdings nicht ausgeschlossen, dass ein innerstaatliches Steuergesetz den Abkommensregelungen vorgehen kann, wenn die Norm dies explizit anordnet. Aufgrund jüngerer BFH-Rechtsprechung werden der Derogation von abkommensrechtlichen Vorschriften durch speziellere Steuergesetze jedoch enge Grenzen gesetzt.

III. Anwendung der Doppelbesteuerungsabkommen

1. Grundstruktur und Kernelemente der Doppelbesteuerungsabkommen

a. Grundstruktur

Die Abkommen[414] sind in sieben Abschnitte (I-VII) untergliedert.[415] Die Abschnitte I und II nehmen die Abgrenzung des Geltungsbereichs vor, der die räumlichen, sachlichen und persönlichen Anwendungsvoraussetzungen regelt. Zudem enthalten sie allgemeine Definitionen und Begriffsbestimmungen für die Anwendung der Abkommen. Das Herzstück bildet Abschnitt III mit den Bestimmungen über die Besteuerung des Einkommens (sog. Verteilungsnormen). Äquivalent ist im Abschnitt IV die Besteuerung des Vermögens geregelt. Dieses Strukturelement ist rahmengebend für die Besteuerung und umfasst sowohl Tatbestandselemente als auch Rechtsfolgenelemente. Die Verteilungsnormen werden im Abschnitt V durch die Methoden zur Vermeidung der Doppelbesteuerung im Ansässigkeitsstaat (sog. Methodenartikel) vervollständigt. Hierin sind die weiteren Rechtsfolgenelemente enthalten. Die besonderen

414 Die weiteren Ausführungen orientieren sich grundsätzlich am OECD-MA.

415 Zur Gliederung siehe auch *Wassermeyer* in Wassermeyer, DBA, Art. 1 MA Rz. 1.; *Reith*, Internationales Steuerrecht, Rz. 4.103; *Vogel* in Vogel/Lehner, DBA, Einl. Rz. 83; *Schönfeld/Häck* in Schönfeld/Ditz, DBA, Systematik Rz. 33.

Bestimmungen des Abschnitts VI beziehen sich auf Diskriminierungsverbote, Verständigungsverfahren, Informationsaustausch, Rechts- und Amtshilfe, steuerliche Vorrechte der Diplomaten und Konsularbeamten und eine Regel über die Ausdehnung auf abhängige Hoheitsgebiete. Die Abkommen werden im Abschnitt VII mit dem zeitlichen Geltungsbereich des Abkommens (Schlussbestimmungen) beschlossen.

b. Kernelemente

Zurückgehend auf *Vogel* besteht eine „theoretisch vollständige Verteilungsnorm"[416] aus gewissen Grundelementen.[417] Dabei sind drei Hauptelemente zu nennen – die Anwendungsvoraussetzungen, die Tatbestandselemente und die doppelte Rechtsfolge.[418]

Die Anwendungsvoraussetzungen bestehen in diesem Zusammenhang in der Prüfung des räumlichen Geltungsbereichs (Abkommensbindung des Steuergläubigers), des persönlichen Geltungsbereichs (Abkommensberechtigung des Steuerschuldners) sowie des sachlichen Geltungsbereichs (im Abkommen bezeichnete und gleichartige Steuern).[419]

Die Tatbestandselemente werden in den Objekttatbestand, den Metatatbestand, die Zurechnung und das Anknüpfungsmerkmal untergliedert.[420] Mit dem Objekttatbestand wird jener Tatbestand des innerstaatlichen Steuerrechts benannt, auf den die jeweilige Abkommensnorm rekurriert.[421] Der Metatatbestand bestimmt hingegen die Steuerquelle[422], die Steuerpflicht bemessenden Elemente[423] sowie die Mindestvoraussetzungen[424]. Des Weiteren verbindet die Zurechnung den Metatatbestand mit dem Steuerschuldner. Das Anknüpfungsmerkmal stellt hingegen die Verbindung zwischen dem Metatatbestand und dem Steuergläubiger her.[425]

---

416 *Vogel* in Vogel/Lehner, DBA, Einl. Rz. 76.

417 Dabei ist die Verteilungsnorm vielmehr als Einheit zu sehen. Somit gehören in diesem Zusammenhang auch der Geltungsbereich und der sog. Methodenartikel dazu, vgl. *Vogel* in Vogel/Lehner, DBA, Einl. Rz. 76-79.

418 *Vogel* nimmt eine derartige Einteilung in Hinblick auf ein besseres Verständnis einiger Qualifikationsprobleme vor, vgl. *Vogel* in Vogel/Lehner, DBA, Einl. Rz. 79.

419 Vgl. *Vogel* in Vogel/Lehner, DBA, Einl. Rz. 77.

420 Vgl. *Vogel* in Vogel/Lehner, DBA, Einl. Rz. 78.

421 Z.B. Gewinn, Einkünfte, etc., vgl. *Vogel* in Vogel/Lehner, DBA, Einl. Rz. 78.

422 Z.B. „...aus unbeweglichen Vermögen", vgl. *Vogel* in Vogel/Lehner, DBA, Einl. Rz. 78.

423 Z.B. Art. 7 Abs. 2 MA, vgl. *Vogel* in Vogel/Lehner, DBA, Einl. Rz. 78.

424 Z.B. Vorliegen einer Betriebsstätte, vgl. *Vogel* in Vogel/Lehner, DBA, Einl. Rz. 78.

425 Die Anknüpfung erfolgt entweder über Eigenschaften des Steuerschuldners (z.B.

Die doppelte Rechtsfolge besteht letztendlich darin, dass für einen der Vertragsstaaten die Ausübung seines materiellen Steuerrechts grundsätzlich unberührt bleibt und nur in gewissen Fällen der Höhe nach beschränkt wird. Bei dem anderen Vertragsstaat ordnet demgemäß die Rechtsfolge entweder eine Verpflichtung zur Freistellung des Sachverhalts oder zur Anrechnung der Steuer an.[426]

2. Abkommensmechanismus

a. Vorüberlegungen

Die Rechtsfolgen des innerstaatlichen Rechts und jene des Abkommens stehen im Grunde nebeneinander. Aus diesem Verhältnis resultiert ein Konkurrenzproblem, welches durch einen Vorrang zugunsten der Abkommen gelöst wird, soweit nichts anderes bestimmt ist.[427] Entsprechend muss im Abkommen und nicht im materiellen innerstaatlichen Recht ein Funktionsmechanismus integriert sein, welcher die Doppelbesteuerung vermeidet.

Im Zusammenhang mit der Funktion und der Wirkung von Abkommen besteht eine fast unüberschaubare Anzahl an Umschreibungen. So ist der Ausdruck geläufig, dass Besteuerungsbefugnisse verteilt[428] oder Steuerquellen untereinander aufgeteilt[429] werden, auf Steueransprüche verzichtet wird[430], dass es sich um Schrankennormen[431], um sachliche Steuerermäßigungen oder Steuerbefreiungen[432] oder Kollisionsnormen[433] handelt. *Vogel* kommentiert dies zutreffend, indem er die Vielzahl an Beschreibungen als theoretisch nicht falsch

Ansässigkeit) oder über sog. Sachverhaltselemente (z.B. Belegenheit), vgl. *Vogel* in Vogel/Lehner, DBA, Einl. Rz. 78.

426 Vgl. *Vogel* in Vogel/Lehner, DBA, Einl. Rz. 79.

427 Vgl. *Wassermeyer* in Wassermeyer, DBA, Art. 1 MA Rz. 9. Zur Normenhierarchie innerhalb der innerstaatlichen Rechtsordnung siehe Kapitel C.II.3.

428 EuGH vom 13.12.2005, C-446/03, *Marks & Spencer*, Slg. 2005, I-10837. In diesem Sinne auch Tz. 5 zu Art. 23 MA des MK.

429 Ursprünglich *Dorn*, VJSchrStFR 1927, 189 (207); BFH vom 05.02.1965, VI 334/63 U, BStBl. III 1965, 352 (353).

430 BFH vom 28.06.1972, I R 35/70, BStBl. II 1972, 784 (789).

431 Vgl. *Debatin*, DStR 1992, Beihefter zu Heft 23, 1 (2).

432 BFH vom 14.03.1989, I R 20/87, BStBl. II 1989, 649.

433 Diese Bezeichnung erfolgt durch die Assoziierung mit dem IPR, hierzu vgl. *Debatin*, DStR 1992, Beihefter zu Heft 23, 1 (2).

erachtet. Es dürften aus ihnen jedoch im Sinne der „Begriffsjurisprudenz" keine rechtlichen Folgen abgeleitet werden.[434]

Obgleich man sie als „theoretisch nicht falsch" bezeichnen mag, bieten sie Ansätze zur Kritik. So ist bereits der Ausdruck „Besteuerungsrecht" sowohl theoretisch als auch praktisch verfehlt.[435] Die Souveränität eines Staates lässt sich schließlich nicht in einzelne Rechte aufspalten. Dies mag noch für die Zeit gegolten haben, als die Herrschaftsbefugnisse der Landesherren auf einzelnen „Regalien" beruhten.[436] Seither hat jedoch der Staat als juristische Person und als abstraktes Gebilde diesen Platz eingenommen und verfügt damit über eine einheitliche souveräne Staatsgewalt. Die Besteuerung ist entsprechend nicht als gesondertes Hoheitsrecht anzusehen.[437]

Verschärfend kommt hinzu, dass die verfehlte Begriffsverwendung zu einem divergierenden Begriffsverständnis führt. So verstehen die einen das „Besteuerungsrecht" als die Legitimierung, die Steuern auf verwirklichte Steuertatbestände zu erheben. Für die anderen ist es hingegen das Recht als Ausfluss der rechtsstaatlichen Souveränität, an einen verwirklichten Tatbestand die hypothetische Leistungspflicht zu knüpfen.[438] Letztendlich gilt es zu differenzieren zwischen a) der aus staatsrechtlicher Souveränität erwachsenden Normsetzungskompetenz, b) dem abstrakten Besteuerungsanspruch, der aus den materialisierten Normen erwächst und c) dem Recht, diese Besteuerungsansprüche *in concreto* auszuüben.

Des Weiteren wird gegen den Ausdruck „Schrankennorm" vorgebracht, dass es jeder Logik entbehren würde, wenn ein Staat gegen die eigene Steuererhebungskompetenz Schranken aufbauen würde, da sie keine Verbindlichkeit für den Steuerpflichtigen konstatierten und der Gesetzgeber diese Schranke durch das Mittel des Treaty Overriding[439] leicht konterkarieren könnte.[440] Auch

---

434 Vgl. *Vogel* in Vogel/Lehner, DBA, Einl. Rz. 70.

435 Vgl. *Kluge,* Das Internationale Steuerrecht4, R 21.

436 Vgl. *Böckenförde,* Gesetz und gesetzgebende Gewalt2, 53 ff.

437 Grundlegend zum verfehlten Begriff „Besteuerungsrecht" siehe *Vogel,* Über „Besteuerungsrechte" und über das Leistungsfähigkeitsprinzip im Internationalen Steuerrecht, in Kirchhof/Offerhaus/Schöberle, Festschrift Klein, 361 (361 ff.).

438 Hierzu exemplifizierend die Diskussion bei *Kluge,* Das Internationale Steuerrecht4, R 21, der sich auf die Aussagen des BFH vom 10.12.1997, II R 25/94, BStBl. II 1998, 114, sowie jene von *Vogel,* Über „Besteuerungsrechte" und über das Leistungsfähigkeitsprinzip im Internationalen Steuerrecht, in Kirchhof/Offerhaus/Schöberle, Festschrift Klein, 361 (363 f.), beruft.

439 Grundlegend hierzu *Gebhardt,* Deutsches Tax Treaty Overriding; *ders.;* Ubg 2012, 585 (585 ff.).

440 Vgl. *Wassermeyer* in Wassermeyer, DBA Art. 1 MA Rz. 9.

wird aus dieser Vorstellung nicht klar, wo die Schrankenwirkung beginnt – es lässt sich keine konkrete Rechtsfolge daraus ableiten.[441] Gleiches soll dem Bild der „Aufteilung von Steuerquellen" entgegengehalten werden.[442] Dieses könne allenfalls finanzwissenschaftlichen Ansprüchen genügen, für steuerrechtliche Zwecke ist es indes ungeeignet.

Gleichwohl beschreiben die Formulierungen im Grundsatz einen Teil des Abkommensmechanismus. So besteht kein Dissens darüber, dass es im Kern um die Beschränkung in Bezug auf die Anwendung des innerstaatlichen Rechts geht. Die Präzisierung des Kerninahlts bereitet vielmehr Probleme.[443]

Demgemäß verlangt das Verständnis über den Abkommensmechanismus eine dezidierte Betrachtungsweise der Systematik. Hierzu bedarf es eines konzeptionell-analytischen Ansatzes, der anhand einer Aufgliederung in einzelne Ebenen zu einem Abbau der Komplexität verhilft. Die Fragetechnik, die die Wirkungsweise möglichst genau zutage fördern soll, bezieht sich darauf, *auf welche Art und Weise* die Abkommen *welche Funktion* erfüllen unter Zuhilfenahme *welcher Mittel*, die durch *welche Methoden* umgesetzt werden und *welchen Regeln* folgen, somit *welche Wirkung* auf innerstaatlicher Ebene entfalten, um so *welchen Zweck zu erreichen*, der *welchem allgemeinen Abkommenszweck* dienlich ist.

Der Abkommensmechanismus (welche Art und Weise) ist nach dieser Konzeption wie folgt aufzugliedern:

- *Funktionsebene* (welche Funktion)
- *Mittelebene* (welche Mittel)
- *Methodenebene* (welche Rechtstechnik/Rechtsmethodik)
- *Prinzipienebene* (welche Regeln)
- *Wirkungsebene* (welche Wirkung)
- *Zweckebene* (welcher Zweck)
- *Metazweckebene* (welcher allgemeine Abkommenszweck)

b. Funktionsebene

Die rechtsstaatliche Souveränität erlaubt es, Sachverhalte die eine ausreichende Verbindung (*genuine link*) zum Staatsgebiet des jeweiligen Staates vorweisen, der Besteuerung zu unterwerfen.[444] Die Doppelbesteuerungsabkommen enthalten selbst keine materiellrechtliche Grundlage für die Besteuerung durch die

441 Vgl. *Kluge*, Das Internationale Steuerrecht4, R 22.
442 Vgl. *Kluge*, Das Internationale Steuerrecht4, R 21.
443 Vgl. *Kluge*, Das Internationale Steuerrecht4, R 20.
444 Vgl. *Frotscher*, Internationales Steuerrecht3, Rz. 200. Siehe ferner auch *Haase*, Internationales und Europäisches Steuerrecht4, Rz.18 m.w.N.

jeweiligen Vertragsstaaten.[445] Sowohl die einzelnen Steuertatbestände als auch die Steuerpflicht sind grundsätzlich nationalrechtlich verankert. Die Abkommen beinhalten somit keine Rechtsgrundlage für die Finanzverwaltung zur Festsetzung von Steuern.[446]

Gleichwohl muss eingeräumt werden, dass den Abkommen kraft der einfachgesetzlichen Wirkung im innerstaatlichen Recht gem. Art. 59 Abs. 2 GG die Begründung, Begrenzung, Erweiterung, Aufhebung und Veränderung des nationalen Rechts zuständе.[447] Darin besteht jedoch nicht die Absicht der Abkommen. Sie intendieren vielmehr, die Doppelbesteuerung aus dem Grund zu vermeiden, weil die Vertragsstaaten sie als sachlich ungerechtfertigt erachten.[448] Demgemäß kann als tragendes Prinzip des Abkommensrechts der Grundsatz anerkannt werden, dass die Doppelbesteuerungsabkommen keine Besteuerungsansprüche zu begründen oder Steueransprüche des Fiskus zu erweitern pflegen. Sie wirken in der Weise, dass sie die auf nationalrechtlicher Ebene begründeten Besteuerungsansprüche in Bezug auf ihre Ausübung beschränken.[449] Demzufolge bilden die innerstaatlichen Steuertatbestände die notwendige Voraussetzung für die Doppelbesteuerungsabkommen.[450] So wird ein Lebenssachverhalt in erster Linie nach innerstaatlichem Recht gewürdigt. Erst wenn sich hieraus eine Anknüpfung in Form einer Steuerbarkeit ergibt, kann das Doppelbesteuerungsabkommen zur Anwendung kommen. Reklamieren beide Vertragsstaaten in Bezug auf den Steuergegenstand einen Besteuerungsanspruch, fungieren die DBA als wechselseitige Beschränkung der bestehenden Ansprüche.[451] Eine dogmatisch saubere Formulierung zur Funktionsweise von Doppelbesteuerungsabkommen kann nur wie folgt lauten: Die DBA

445 In diesem Sinne die ständige BFH-Rechtsprechung, BFH vom 12.03.1980, I R 186/76, BStBl. 1980 II, 531 (533); vom 26.03.1991, IX R 162/85, BStBl. 1991 II, 704. (706 f.).

446 Vgl. *Reith*, Internationales Steuerrecht, Rz. 4.49.

447 Vgl. *Wassermeyer* in Wassermeyer, DBA, Art. 1 MA Rz. 9.

448 Vgl. *Kluge*, Das Internationale Steuerrecht4, R 20 ff.; *Wassermeyer*, StuW 1990, 404 (411).

449 *Wassermeyer* bezeichnet den vom BFH (vgl. BFH vom 08.03.1995, II R 10/92, BFHE 177, 132) geäußerten Grundsatz, dass die Abkommen Steueransprüche nicht erweitern, sondern die Doppelbesteuerung lediglich einschränken können als tragendes Prinzip des Abkommensrechts unter der Prämisse, dass der Ausdruck „können" durch „wollen" ersetzt wird, vgl. *Wassermeyer* in Wassermeyer, DBA, Art. 1 MA Rz. 9.

450 Vgl. *Vogel*, Über „Besteuerungsrechte" und über das Leistungsfähigkeitsprinzip im Internationalen Steuerrecht, in Kirchhof/Offerhaus/Schöberle, Festschrift Klein, 361 (363); *Reith*, Internationales Steuerrecht, Rz. 4.49.

451 Vgl. *Debatin*, DStR 1992, Beihefter zu Heft 23, 1 (2); *Schönfeld/Häck* in Schönfeld/Ditz, DBA, Systematik Rz. 22 m.w.N.

beschränken das Recht der Vertragsstaaten zur Ausübung ihrer Besteuerungsansprüche.

Das Ausmaß der Beschränkung der Ausübungsrechte lässt sich überdies graduell abstufen. Vorliegend besteht sowohl im Ansässigkeitsstaat als auch im Quellenstaat die Möglichkeit, dass keine Beschränkung, eine teilweise Beschränkung oder eine gänzliche Beschränkung der Ausübungsrechte erfolgt.

Hieran schließt sich die Frage, ob die Abkommen lediglich negativ wirken, somit nur beschränken oder ob ihre Wirkungsrichtung auch positiv ist, sie also auch ermächtigen. Die Ausdrücke in den Rechtsfolgen der Abkommensnormen „können" und „können nur" lassen auf eine Ermächtigung der Vertragsstaaten zur Ausübung ihrer Besteuerungsansprüche schließen. Nun besteht der Besteuerungsanspruch jedoch bereits aufgrund nationalrechtlicher Legitimierung. Er wird gerade dann auch ausgeübt, wenn ihm abkommensrechtlich keine Ausübungsbeschränkung entgegensteht. Richtigerweise bedarf es somit keiner Ermächtigung, sondern lediglich einer Beschränkung, um dem Abkommen Wirkung zu verleihen.[452] Die schweizerische Literatur spricht in diesem Zusammenhang von einer (nur) „negativen Wirkung".[453] Die Abkommen lassen allenfalls das Recht zur Ausübung der innerstaatlichen Besteuerungsansprüche unberührt.[454]

Die Wirkrichtung der abkommensrechtlichen Ermächtigung ist somit allenfalls an den Gesetzgeber adressiert.[455] So liegt es allein in der Hand des Gesetzgebers, dieses belassene Ausübungsrecht mit Leben zu füllen.

Zusammenfassend ist zu konstatieren, dass staatsrechtlich originäre Normsetzungskompetenzen und Besteuerungsansprüche den Vertragsstaaten erhalten bleiben.[456] Sie verstehen sich damit als Ausfluss der staatsrechtlichen Souveränität.[457] Der Funktionskern der DBA konkretisiert sich letztendlich in

452 Vgl. *Rust*, Germany, in Maisto, Tax Treaties and Domestic Law, 233 (235).

453 Vgl. *Locher*, Zur „negativen Wirkung" von Doppelbesteuerungsabkommen, in Jenny/Kälin, Schweizerische Rechtsordnung in ihren internationalen Bezügen, ZBJV 1988, Sonderband 124, 365. Dies gilt aus der Perspektive der verpflichteten Vertragsstaaten. Für den Steuerpflichtigen resultieren aus den Abkommen umgekehrt nur Vorteile.

454 Im Einklang mit der hier vertretenen Auffassung, dass die Abkommen auf der Funktionsebene nicht zur Ausübung der Besteuerungsansprüche ermächtigen, sondern diese lediglich unberührt lassen oder beschränken, spricht sich auch *Wassermeyer*, StuW 1990, 404 (411), gegen die Bezeichnung „Ermächtigungsnorm" aus.

455 BFH vom 12.03.1980, I R 186/76, BStBl. 1980 II, 531 (533).

456 In diesem Sinne auch BFH vom 21.05.1997, I R 79/96, BStBl. II 1998, 113.

457 Vgl. *Mössner*, Zur Auslegung von Doppelbesteuerungsabkommen, in Böckstiegel/Folz/Mössner/Zemanek, Festschrift Seidl-Hohenveldern, 403 (414).

der Beschränkung der Ausübung der Besteuerungsansprüche, wonach den Regelungen eine Beschränkungsfunktion inhärent ist.[458]

c. Mittelebene

Die Abkommen bedienen sich des Mittels der wechselseitigen Verzichtspflicht. Dabei verzichten die Vertragsstaaten ganz oder teilweise auf die Erhebung ihrer Steueransprüche.[459] Dieses Mittel setzt die Beschränkungsfunktion durch den vertraglich vereinbarten Verzicht in Bezug auf die Ausübung der Besteuerungsansprüche um. Indem die Vertragsstaaten die DBA im innerstaatlichen Recht zur Anwendung bringen, werden sie ihrer Verpflichtung gerecht.[460]

Eine Verpflichtung des Ansässigkeitsstaates ergibt sich für die Fälle, in denen keine gänzliche Beschränkung der Besteuerungsansprüche im Quellenstaat erfolgt. Insofern stehen die Verzichtspflichten der Vertragsstaaten im unmittelbaren Verhältnis zueinander.

In der Kommentierung zu Art. 23 MA werden drei (a-c) gangbare Wege zur Lösung der Doppelbesteuerungssituation aufgezeigt. Diese bestehen auf der einen Seite in einem Verzicht a) des Quellenstaates oder b) des Ansässigkeitsstaats auf ihr Besteuerungsrecht oder c) auf der anderen Seite in einer Aufteilung der Besteuerungsrechte zwischen den Vertragsstaaten.[461] Auch in diesem Zusammenhang ist auf eine dogmatisch einwandfreie Begriffsverwendung zu achten. Somit sollte anstatt „Verzicht und Aufteilung von Besteuerungsrechten" von dem Verzicht auf Ausübung der Besteuerungsansprüche der Höhe nach gesprochen werden.

d. Methodenebene

Durch welche Methodik die Verzichtspflicht spezifiziert wird, ist wiederum eine Frage der Rechtstechnik. Dieser wird durch die jeweiligen Methoden zur Vermeidung oder Abmilderung der Doppelbesteuerungsproblematik Rechnung getragen.

---

458 Vgl. *Debatin*, RIW 1988, 727 (728); *Birk* in Hübschmann/Hepp/Spitaler, § 2 AO Rz. 51. Dies ebenso andeutend *Lehner*, Möglichkeiten zur Verbesserung des Verständigungsverfahrens auf der Grundlage des EWG-Vertrages, 43.

459 Vgl. *Schönfeld/Häck* in Schönfeld/Ditz, DBA, Systematik Rz. 22.

460 Vgl. *Frotscher*, Internationales Steuerrecht3, Rz. 200.

461 Tz. 5 zu Art. 23 MA des MK.

Eine unterschiedliche Graduierung der Beschränkung wird jeweils durch die Anwendung von Befreiungs- oder Ermäßigungsvorschriften auf Ebene des innerstaatlichen Rechts erreicht.[462]

Eine teilweise Beschränkung ergibt sich durch die Ermäßigungsnormen. Diese wird bei dem Quellenstaat durch eine Reduzierung der Quellensteuer der Höhe nach vorgenommen. Dabei findet die Ermäßigung allerdings nicht unmittelbar Anwendung, da sie erst durch Erstattungs- und Freistellungsverfahren vollzogen werden.[463] Beim Ansässigkeitsstaat findet eine Steuerermäßigung hingegen durch Anrechnung der ausländischen Steuer auf die inländische statt.[464]

Eine vollumfängliche Beschränkung erfolgt sowohl beim Quellenstaat als auch beim Ansässigkeitsstaat durch eine Freistellung von der Bemessungsgrundlage.

Der Art. 23 MA benennt explizit die zwei Hauptmethoden Freistellungs- und Anrechnungsmethode für den Ansässigkeitsstaat. Dabei sind die den jeweiligen Methoden zugrundeliegenden Konzepte von Grund auf zu unterscheiden.[465] Während die Freistellungsmethode der Kapitalimportneutralität folgt und somit eine Wettbewerbsgleichheit zwischen den Investitionen aus unterschiedlichen Ländern im Quellenstaat herstellt, trägt die Anrechnungsmethode auf Basis der Kapitalexportneutralität der Wettbewerbsgleichheit von in- und ausländischen Investitionen im Ansässigkeitsstaat Rechnung.[466] Die unterschiedliche Grundausrichtung ist die Ursache dafür, dass den Vertragsstaaten die Wahl zwischen den beiden Methoden im Rahmen der Ausgestaltung ihrer Abkommen belassen wird. Beide Methoden haben durchaus ihre Berechtigung und sind keiner normativen Wertung i.S. eines „besser" oder „schlechter" zugänglich. Allerdings ist weder die Freistellungs- noch die Anrechnungsmethode für eine ausschließliche Anwendung vorgesehen – vielmehr enthalten sie wechselseitig Elemente der jeweils anderen Methode und ergänzen sich dem-

---

462 Zur Charakterisierung der Art. 6-22 MA als Steuerbefreiungs- und Steuerermäßigungsnormen siehe *Wassermeyer* in Wassermeyer, DBA, Vor Art. 6-22 MA Rz. 1.

463 Somit wird gem. § 50d Abs. 1 EStG unabhängig vom Doppelbesteuerungsabkommen die gesamte Quellensteuer einbehalten. Eine Erstattung erfolgt über § 44a Abs. 9 S. 1 und 3 EStG. Eine Freistellung im Steuerabzugsverfahren kann gem. § 50d Abs. 2 EStG beantragt werden. Vgl. hierzu auch *Hannes,* Qualifikationskonflikte im Internationalen Steuerrecht, 18.

464 Zum Charakter der Anrechnungsmethode (§34c Abs. 1 i.V.m. §34c Abs. 6 EStG) als Steuerermäßigungsvorschrift, siehe bspw. *Höhn/Höring,* Das Steuerrecht international agierender Unternehmen, 108.

465 Vgl. *Vogel* in Vogel/Lehner, DBA, Art. 23 MA Rz. 5.

466 Zur Kapitalimport- und -exportneutralität siehe Kapitel B.II.2.b.

zufolge.[467] Darüber hinaus sind in den Abkommen lediglich allgemeine Formulierungen über die Methoden enthalten. Die nähere Ausgestaltung und insbesondere die Berechnung der Freistellungs- und Anrechnungsbeträge obliegen wiederum der innerstaatlichen Spezifikation.[468]

Für die Beschränkung der Ausübungsrechte des Quellenstaats ist abkommensrechtlich keine konkrete Methode benannt. Vielmehr ordnen die Verteilungsartikel für den Quellenstaat eine Rechtsfolge an, der die Methodik bereits innewohnt. So ist die vollumfängliche Beschränkung als Umkehrschluss in einem Ausschluss des Ausübungsrechts geregelt. Der Ausschluss ist indes noch nicht *per se* die Methode zur Vermeidung der bestehenden Doppelbesteuerung.[469] Es handelt sich um eine Verzichtsvereinbarung (Mittelebene); die Bestimmung der jeweiligen Methodik (Methodenebene) ergibt sich erst daraus. Innerstaatlich wird demgemäß auch hier eine Freistellung von der Bemessungsgrundlage vorgenommen. Die Methodik gleicht im Grunde der für den Ansässigkeitsstaat auf Abkommensebene festgelegten Freistellungsmethode. Der Unterschied besteht nur in der abkommensrechtlichen Konkretisierung. So ist auch für den Quellenstaat ein Progressionsvorbehalt nicht ausgeschlossen, solange dieser nationalrechtlich verankert ist. Die Abkommensnormen stehen einer derartigen Behandlung ebenfalls nicht entgegen, da jene lediglich die Verzichtspflicht für die Einbeziehung in die Bemessungsgrundlage normieren und nicht die Berücksichtigung in der Berechnung des Steuertarifs untersagt wird.

Es wird deutlich, dass der Grad der Beschränkung das Ausmaß der Verzichtspflicht sowie die Art der Methode bestimmt. Die Funktionsebene, die Mittelebene und die Methodenebene stehen in einem Abhängigkeitsverhältnis zueinander. Grundsätzlich wäre dem Zweck der Abkommen damit Genüge getan, wenn allein eine Festlegung der Verzichtspflichten vollzogen werden würde – so geschehen im Fall des Quellenstaats. Dass auf Abkommensebene die Methoden zur Vermeidung der Doppelbesteuerung überhaupt normiert sind, resultiert sonach allein aus dem Umstand, das Maß der Verzichtspflicht

467 Vgl. *Vogel* in Vogel/Lehner, DBA, Art. 23 MA Rz. 8.

468 Vgl. Tz. 32 zu Art. 23 MA des MK; vgl. auch *Vogel* in Vogel/Lehner, DBA, Art. 23 Rz. 9.

469 *Reith*, Internationales Steuerrecht, Rz. 4.299, spricht in diesem Zusammenhang etwa von der „Zuordnungsmethode", weil demnach bereits durch den „Zuordnungsartikel" die Doppelbesteuerung vermieden wird. Allerdings ist zu konstatieren, dass durch die Zuordnung gerade noch keine Doppelbesteuerungsvermeidung stattfindet, vielmehr ist auch hier auf die Rechtsfolgen im jeweils anderen Vertragsstaat abzustellen.

für den Ansässigkeitsstaat nicht abschließend festlegen zu wollen. Folglich wären diese auf Abkommensebene obsolet, wenn im Rahmen der Art 6-22 MA auch für den Ansässigkeitsstaat eine endgültige Entscheidung in Bezug auf das Maß der Verzichtspflicht getroffen werden würde. Da dies nicht der Fall ist, muss eine unterschiedliche Ausgestaltung der Normen erfolgen.

Es ist festzustellen, dass jene die Verzichtspflicht des Quellenstaats betreffenden Normen ein imperatives Urteil enthalten. Den Verzichtsvereinbarung des Ansässigkeitsstaats ist demgegenüber ein hypothetisches Urteil zu entnehmen. Die unterschiedliche Ausgestaltung der Normen relativiert sich indessen, wenn man sie als graduellen Unterschied in Bezug auf das Ausmaß der Konkretisierung einer Norm begreift.[470] Entsprechend sind die den Ansässigkeitsstaat betreffenden Normen im Abkommen näher bestimmt. Jenen Normen, die die Verzichtspflicht des Quellenstaats festlegen, ist bereits die Methode immanent.

Zusammenfassend ist zu sagen, dass die Verzichtspflicht durch die Methoden zur Vermeidung und Abmilderung der Doppelbesteuerung präzisiert wird. Zu differenzieren ist lediglich im Hinblick auf das Ausmaß der Konkretisierung der Methodik auf Ebene der Abkommen.

e. Prinzipienebene

Wollen die Abkommen einen beschränkenden Einfluss auf die Ausübung der Besteuerungsansprüche in den jeweiligen Vertragsstaaten nehmen, ist die Zuweisung der Verzichtspflicht nach gewissen Regeln zu entscheiden. Diese Regeln müssen dabei zweiseitigen Ansprüchen gerecht werden. Andernfalls wären die Vertragspartner nicht zum Abschluss des Vertrages bereit. Aus diesem Grund orientieren sich die Prinzipien, nach denen die Verzichtspflichten zugewiesen werden, am Maßstab der zwischenstaatlichen Verteilungsgerechtigkeit. Die sich darauf gründende Regel konkretisiert sich im sog. Nutzenprinzip, welches den vorrangigen Steuerzugriff an die Nutzung der Infrastruktur zur Erwirtschaftung aus der Steuerquelle knüpft.[471] In Abhängigkeit von dem Grad der Inanspruchnahme seiner Volkwirtschaft werden dem Quellenstaat oder dem Ansässigkeitsstaat im reziproken Verhältnis Ausübungsbeschränkungen bezüglich der Besteuerungsansprüche auferlegt.[472] Die einzelnen Anknüp-

470 Vgl. *Bucher*, Das subjektive Recht als Normsetzungsbefugnis, 50.

471 Vgl. hierzu *Hey* in Tipke/Lang, Steuerrecht21, § 3 Rz. 45.

472 Vgl. *Wassermeyer* in Wassermeyer, DBA, Vor Art. 6-22 MA Rz. 14. Dies bedeutet, dass je höher der Grad der Inanspruchnahme, desto geringer die Verzichtspflicht auf Ausübungsrechte.

fungsmerkmale wie Geschäftsleitung, Betriebsstätte, Belegenheit, Tätigkeitsort, Sitz des Schuldners beschreiben dabei stets die Verbindung des Ansässigkeitsstaats oder des Quellenstaats zur Einkunftsquelle.[473] Die Anknüpfungsmerkmale können dabei so gewählt werden, dass sie eher einer Ansässigkeitsbesteuerung den Vorrang einräumen (Ansässigkeitsprinzip) oder umgekehrt eher dem Quellenstaat (Quellenprinzip oder Belegenheitsprinzip).[474] Aufgrund von Interessenerwägungen der Industriestaaten ist für das OECD-MA festzustellen, dass hier in der Tendenz dem Ansässigkeitsprinzip der Vorrang eingeräumt wird.[475]

Die Abkommen enthalten gleichwohl Sonderregelungen, die in wenigen Ausnahmefällen keinem der genannten Prinzipien folgen. So findet entweder eine Anknüpfung an andere Tatbestandsmerkmale statt[476] oder eine Freistellung bestimmter Einkünfte in einem Vertragsstaat[477].[478]

f. Wirkungsebene

Die Verzichtspflicht aus den Abkommen erhält durch ihre materiellrechtliche Umsetzung eine Verbindung zu den innerstaatlichen Regelungen. Die sich aus den Abkommen ergebenden Rechtsfolgen sind im Rahmen der Berechnung der Steuerhöhe auf nationaler Ebene einzubeziehen. Die zum Verzicht verpflichtenden Normen der Abkommen sind dabei in Bezug auf die Rechtsfolge derart hinreichend bestimmt, dass es, abstrahiert von genaueren Ausgestaltungen, keiner weiteren Implementierung von Steuerfreistellungs- und -ermäßigungsnormen auf nationaler Ebene bedarf. Demnach sind die Normen unmittelbar anwendbares innerstaatliches Recht und wirken aus nationalrechtlicher Sicht wie eine sachliche Steuerbefreiung oder sachliche Steuerermäßigung.[479]

Die völkervertragsrechtlichen Verzichtsvereinbarungen verpflichten zusammenfassend zur Implementierung von Steuerbefreiungs- und Steuerermä-

---

473 Vgl. *Wassermeyer* in Wassermeyer, DBA, Vor Art. 6-22 MA Rz. 14a.

474 Hierzu *Vogel* in Vogel/Lehner, DBA, Art. 7 MA Rz. 5; *Wassermeyer* in Wassermeyer, DBA, Vor Art. 6-22 MA Rz. 14; *Kluge,* Das Internationale Steuerrecht4, 3 f.

475 Vgl. *Reith,* Internationales Steuerrecht, Rz. 4.306; *Kluge,* Das Internationale Steuerrecht4, S 4.

476 Art. 8, Art. 13 Abs. 4, Art. 22 Abs. 4 MA.

477 Art. 20 MA.

478 Vgl. *Reith,* Internationales Steuerrecht, Rz. 4.316.

479 BFH vom 14.03.1989, I R 20/87, BStBl. II 1989, 649; *Kluge,* Das Internationale Steuerrecht4, R 23.

ßigungsnormen nach der Art und Weise der §§ 3 und 34c EStG.[480] Dieser Verpflichtung werden die Vertragsstaaten durch die unmittelbare Anwendbarkeit der Verzichtsvereinbarungen auf nationalrechtlicher Ebene gerecht.

g. Zweck- und Metazweckebene

Der beschriebene Abkommensmechanismus unterliegt dem übergeordneten Gedanken, die internationale juristische Doppelbesteuerung zu vermeiden. *Schönfeld/Häck*[481] sehen des Weiteren in der sachgerechten Verteilung des Steuersubstrats zwischen den Vertragsstaaten ein sekundäres Abkommensziel. Dem Leitgedanken dieser Erwägungen ist im Grundsatz zuzustimmen. Die Überlegung basiert darauf, dass die Vermeidung der Doppelbesteuerung noch nichts über die Qualität der Zuweisung aussagt. Demnach würde zwar der individuellen jedoch nicht der zwischenstaatlichen Verteilungsgerechtigkeit Rechnung getragen. So wird angeführt, dass eine Doppelbesteuerung auch in jenen Fällen vermieden wird, in denen ohne Berücksichtigung von Anknüpfungsmerkmalen dem einem Staat sämtliche Ausübungsrechte und dem anderen keine eingeräumt werden. Diese Vorgehensweise würde dem Ziel der Vermeidung Rechnung tragen. Das Problem der Doppelbesteuerung wäre somit schnell gelöst. Gleichwohl ist die Formulierung dieser Zielsetzung unvollständig. Demnach sollen die DBA die Doppelbesteuerung in einer von beiden Vertragspartnern als gerecht empfundenen Weise vermeiden. Eine Realisierung dieser Intention wird wiederum über die Prinzipienebene erreicht. Die Art und Weise der Vermeidung der Doppelbesteuerung klingt somit als weiterer Bestandteil des Abkommenszwecks mit und erweitert die Zwecksetzung auf eine zwischenstaatlich gerechte Vermeidung der Doppelbesteuerung (Metazweck).

Die Untersuchung der allgemeinen Abkommenszielsetzung hat bereits zeigen können, dass dem Abkommen ein weiterer operativer Zweck innewohnt. Obzwar es fast an eine Selbstverständlichkeit grenzt, dass auf einen funktionsfähigen Mechanismus gezielt wird, muss dieser Aspekt aufgrund seiner maßgeblichen Bedeutung ebenfalls in die Überlegungen einfließen. Somit zielt der Abkommensmechanismus eigens auf die korrespondierende Zuordnung von Ausübungsrechten. Die operative Zwecksetzung verhilft damit zu einer sinnvollen Verbindung von Abkommensmechanismus und Metazweckebene. Demgemäß wird der Metazweck einer „zwischenstaatlich gerech-

480 Vgl. *Wassermeyer* in Wassermeyer, DBA, Art. 1 MA Rz. 9
481 Vgl. *Schönfeld/Häck* in Schönfeld/Ditz, DBA, Systematik Rz. 11.

ten Vermeidung der Doppelbesteuerung" durch den Zweck des Abkommensmechanismus einer „korrespondierenden Zuordnung von Ausübungsrechten" erreicht, indem so eine Überschneidung der Ausübungsrechte und damit ein Doppelzugriff möglichst vermieden werden.

Tabelle 1: Zuordnung der Ausübungsrechte

	Quellenstaat (QS)	Ansässigkeitsstaat (AS)
Freistellung AS	100%	0%
Freistellung QS	0%	100%
Anrechnung AS	100%	100% ./. 100% QS
Unterform: Ermäßigung QS	5%/15%	100% ./. 5%/15%

Quelle: Eigene Darstellung

h. Zusammenwirken der Ebenen als Mechanismus

(1) Ausgestaltung des Mechanismus im Allgemeinen

Insgesamt kann der Abkommensmechanismus wie folgt beschrieben werden: Die Abkommen beschränken die Ausübung des innerstaatlichen materiellen Steuerrechts (Funktion), indem die am Nutzenprinzip (Prinzipien) orientierten wechselseitigen Verzichtspflichten (Mittel) im Rahmen der Freistellungs- oder Anrechnungsmethode (Methoden) auf nationaler Ebene die Wirkung materiellrechtlicher Steuerbefreiungs- oder -ermäßigungsnormen entfalten (Wirkung) und so eine Zuordnung definierter Ausübungsrechte auf die Vertragsstaaten vornehmen (Zweck), um somit eine Doppelbesteuerung i.S. zwischenstaatlicher Gerechtigkeitserwägungen zu vermeiden (Metazweck).

(2) Ausgestaltung des Mechanismus im Konkreten

(a) Verteilungsnormen

In der konkreten Ausgestaltung wird sich der sog. Verteilungsnormen bedient. Diese sind nach einem einheitlichen Schema konstruiert, indem sie entweder an das Ansässigkeitsprinzip oder an das Quellen- bzw. Belegenheitsprinzip anknüpfen.

Die Orientierung an dem Nutzenprinzip bringt hierbei drei verschiedene Varianten hervor:[482]

a) Dem Ansässigkeitsstaat ist der primäre steuerliche Zugriff einzuräumen.
b) Dem Quellenstaat ist der primäre steuerliche Zugriff einzuräumen.
c) Sowohl dem Ansässigkeitsstaat als auch dem Quellenstaat ist ein steuerlicher Zugriff einzuräumen

Nach Variante a) wird in der Norm der Ausdruck „können nur [im Ansässigkeitsstaat] besteuert werden" verwendet. Diesbezüglich wird grundsätzlich dem Ansässigkeitsprinzip gefolgt. Das Recht zur Ausübung des Besteuerungsanspruchs bleibt im Ansässigkeitsstaat folglich unberührt und der Quellenstaat verpflichtet sich im Umkehrschluss zum Verzicht.[483] Damit wird die Ausübung des Besteuerungsanspruchs im Quellenstaat der Höhe nach auf null reduziert. In der vollumfänglichen Beschränkung des Ausübungsrechts des Quellenstaats erschöpft sich gleichwohl der Aussagegehalt des Abkommens. So ist in diesem Zusammenhang von einer abschließenden Rechtsfolge die Rede,[484] weil durch die Verzichtspflicht alle notwendigen Schritte zur Vermeidung der Doppelbesteuerung determiniert werden.

Ist hingegen im Sinne der Variante b) die Norm am Quellen- oder Belegenheitsprinzip ausgerichtet und wird in diesem Zusammenhang der Ausdruck „können [im Quellenstaat] besteuert werden" verwendet, bleibt hierdurch die Ausübung des Besteuerungsanspruchs im Quellen- oder Belegenheitsstaat unberührt. Die Ausübung des Besteuerungsanspruchs im Ansässigkeitsstaat ist

482 Je nach Betrachtungsweise können unterschiedliche Systematisierungen der „Verteilungsnormen" vorgenommen werden. Betrachtet man die Normen unter dem Gesichtspunkt der Bestimmung der Verzichtspflicht, ist eine Einteilung in „Verteilungsnormen" mit offener Rechtsfolge und jene mit abschließender Rechtsfolge vorzunehmen. Richtet man den Blick darauf, in welcher Form die Einkünfte und Vermögensteile im Quellen- bzw. Belegenheitsstaat besteuert werden können, ist eine dreigliedrige Einteilung denkbar, welche auf die Einteilung der Kommentierung in Tz. 20 der Einl. des MK zurückgeht: i) Einkünfte und Vermögensteile, die im Quellen- oder Belegenheitsstaat ohne Beschränkung besteuert werden können (reines Quellen- und Belegenheitsprinzip), ii) Einkünfte, die im Quellenstaat beschränkt besteuert werden können (Mischform) und iii) Einkünfte und Vermögensteile, die im Quellen- oder Belegenheitsstaat nicht besteuert werden können (reines Ansässigkeitsprinzip).

483 Ausnahmen siehe Art. 8 Abs. 1 und 2, Art. 13 Abs. 3, Art. 19 Abs. 1 und 2 Buchst. a und Art. 22 Abs. 3 MA.

484 Siehe statt vieler *Vogel* in Vogel/Lehner, DBA, Vor Art. 6-22 Rz. 7.

demgegenüber nicht unmittelbar Gegenstand der Norm. Folglich ist auf dieser Regelungsebene das Doppelbesteuerungsproblem noch intakt. Aus diesem Grund wird im Zusammenhang mit der Verzichtspflicht von einer offenen oder unvollständigen Rechtsfolge gesprochen.[485]

Im Rahmen der Variante c) werden Normen mit hybridem Charakter bestimmt. Die Formulierung lautet demnach „können [im Ansässigkeitsstaat] besteuert werden" sowie „können auch [im Quellenstaat der Höhe nach begrenzt] besteuert werden". Neben der Ausrichtung am Ansässigkeitsprinzip beschränken diese Mischformen die Ausübung des Quellenbesteuerungsanspruchs lediglich teilweise. Da diese Vorgehensweise die Parallelität der Ausübungsrechte zwar zum Teil, aber nicht gänzlich bereinigt, besteht auch auf dieser Ebene das Doppelbesteuerungsproblem fort. Infolgedessen ist ebenfalls eine offene Rechtsfolge zu konstatieren.

(b) Methodenartikel

Unterliegt ein Sachverhalt dem Quellen- oder Belegenheitsprinzip oder einer Mischform, kommt ein zweistufiger Mechanismus zur Anwendung: Neben den sog. Verteilungsnormen mit offener Rechtsfolge auf der ersten Stufe wird sich dem sog. „Methodenartikel" auf zweiter Stufe bedient, um die verbleibende Doppelbesteuerung zu beseitigen.[486] Der Art. 23 MA knüpft danach seinen Wirkmechanismus an die Beschränkung der Ausübung der Besteuerungsansprüche im Ansässigkeitsstaat. Entsprechend steht die Anwendung des Methodenartikels in Verbindung mit den Rechtsfolgen der Art. 6-22 MA.[487] Erst wenn diese zu keiner gänzlichen Beschränkung der Ausübungsrechte des Quellenstaats führen, ist es die Pflicht des Ansässigkeitsstaats, Maßnahmen zur Vermeidung der Doppelbesteuerung zu ergreifen. Hierauf basiert gleichfalls die Vorstellung, dass auch der Ansässigkeitsstaat die Art. 6-22 MA anwendet.[488]

(c) Zusammenfassende Würdigung

Die Begrifflichkeiten „Verteilungsnormen" und „Methodenartikel" sind im Grundsatz kritisch zu hinterfragen.

---

485 Siehe statt vieler *Vogel* in Vogel/Lehner, DBA, Vor Art. 6-22 Rz. 7.

486 Vgl. *Reith*, Internationales Steuerrecht, Rz. 4.299.

487 Vgl. *Wassermeyer* in Wassermeyer, DBA, Vor Art. 6-22 MA Rz. 12, der in diesem Zusammenhang von einer inneren Abhängigkeit spricht.

488 Vgl. *Wassermeyer* in Wassermeyer, DBA, Vor Art. 6-22 MA Rz. 12.

Der Begriff „Verteilungsnorm" ist irreführend. Er vermittelt die Vorstellung über eine Aufteilung von Besteuerungsansprüchen. Gleichwohl kann die Souveränität der Staaten, ihre Steuerhoheit und Erhebungskompetenz keiner Einschränkung unterliegen – die Besteuerungsansprüche bleiben den Vertragsstaaten vielmehr erhalten. Verteilen bedeutet, dass aus einer Gesamtmenge definierte Anteile unterschiedlichen Subjekten zugeordnet werden. Wird ein Subjekt durch Zuteilung eines Anteils bedacht, scheidet die Zuordnung dieses Anteils an ein anderes Subjekt konsequent aus. Dies trifft auf Besteuerungsansprüche hingegen nicht zu. Es gibt in diesem Zusammenhang auch kein „gemeinsames Ganzes". Will man den Ausdruck „Verteilungsnorm" zum Verständnis verhelfen, ist ein Blick auf die ursprüngliche Bezeichnung geboten. So wurden die Normen in den frühen zwanziger Jahren als die Beschreibung der Einkunftsarten und ihre Zuteilung an die Vertragsstaaten bezeichnet.[489] Wird entsprechend der Begriff „Verteilung" vor dem Hintergrund der Zuordnung von Steuertatbeständen begriffen, ist dies durchaus zutreffend. Gleichwohl ist die Zuordnung zweckgerichtet und wird erst im Zusammenhang mit der Verzichtspflicht, also dem Mittel und dessen Umsetzung im innerstaatlichen Recht als Steuerfreistellung- oder -ermäßigung, realisiert. Die Zuordnung beschreibt somit den gesamten Mechanismus. Dieser umfasst allerdings auch Art. 23 MA. Sie wäre ansonsten unvollkommen, wenn sie allein auf Ebene der „Verteilungsnormen" vollzogen werden sollte. So besagt bspw. die „Verteilungsnorm" mit offener Rechtsfolge nicht, wie der Steuertatbestand im Ansässigkeitsstaat zu beurteilen ist, sondern lediglich, dass er im Quellenstaat besteuert werden kann. Eine Verteilung der Steuertatbestände ist somit an diesem Punkt noch nicht gegeben. Sie erfolgt in diesem Fall vielmehr erst dann, wenn das Abkommen den Ansässigkeitsstaat gem. Art. 23 MA zum Verzicht verpflichtet. Überdies ist in den „Verteilungsnormen" mit abschließender Rechtsfolge für den Quellenstaat die gleiche Verzichtspflicht enthalten, wie sie dem Ansässigkeitsstaat i.S.d. Art. 23 MA zukommt. Es wäre somit nur inkonsequent, die beiden Normbereiche durch die Bezeichnungen „Verteilungsnormen" und „Methodenartikel" abzugrenzen, obwohl sie eine Verquickung qualitativ gleichartiger Normen darstellen. Demnach erfolgt eine „Verteilung" erst durch den „Methodenartikel". Zwar sind die Bezeichnungen an sich nicht falsch, sie sind aber auch nicht treffend, weil sie Zweck- und Mittelebene nicht klar trennen. Den bisherigen Ausführungen zum Trotz sind die beiden Normbereiche dennoch voneinander zu unterscheiden. Nur muss dies nach anderen sachgerechten Kriterien erfolgen. Gemäß der Auffassung, dass die Abkommen ledig-

489 Vgl. hierzu *Vogel* in Vogel/Lehner, DBA, Einl. Rz. 71.

lich zur Beschränkung verpflichten und nicht zur Besteuerung ermächtigen, könnten die beiden Normbereiche hinsichtlich ihrer Verzichtsplichten für den Quellenstaat und den Ansässigkeitsstaat unterschieden werden.[490]

Darüber hinaus ist auch die Bezeichnung „Methodenartikel" nicht widerspruchsfrei. So erfolgt ggf. bereits auf der 1. Stufe eine methodische Vermeidung der Doppelbesteuerung, auch wenn sie abkommensrechtlich nicht benannt wird. Entsprechend besteht keine Rechtfertigung darin, dass allein die in Art. 23 MA kodifizierte Freistellungs- und Anrechnungsmethode den „Methodenartikel" alleinig beanspruchen, da bereits eine weitere Methode auf der ersten Stufe vorhanden ist. *Reith* unterbreitet alternativ den Bezeichnungsvorschlag: „Methode zur Vermeidung der verbleibenden Doppelbesteuerung"[491]. Eine Änderung erfolgte einst bei der Formulierung. Der Methodenartikel wird seither als „Methoden zur Vermeidung der Doppelbesteuerung durch den Ansässigkeitsstaat" benannt.

Zusammenfassend ist die Abkommenssystematik als ein wechselseitiger, auf Korrespondenz angelegter Mechanismus zwischen den Vertragsstaaten ausgestaltet, der seine konfliktauflösende Wirkung durch ein Ineinandergreifen verschiedener Ebenen entfaltet. Die Einteilung in die Verteilungsartikel und den Methodenartikel darf allerdings nicht zu der Annahme verleiten, die Verteilungsartikel richten sich ausschließlich an den Quellenstaat und der Methodenartikel an den Ansässigkeitsstaat. Das trifft allein für die Rechtsfolgen auf innerstaatlicher Ebene in Bezug auf die Verzichtspflichten zu. Der Mechanismus richtet sich im Rahmen der Verteilungsartikel bezüglich einer korrespondierenden Zuordnung von Ausübungsrechten hingegen an beide Staatengruppen gleichermaßen. Der Unterschied für den Ansässigkeitsstaat besteht lediglich darin, dass die Methodenebene auf eine zweite Mechanismusebene ausgelagert wird.

---

490 So spricht *Schaumburg*, Internationales Steuerrecht3, Rz. 16.38 m.w.N., u.a. in Bezug auf die „Verteilungsnormen" von „Verzichtsnormen". Somit könnte in „Verzichtsnormen auf Ebene des QS" und „Verzichtsnormen auf Ebene des AS" unterschieden werden.

491 *Reith*, Internationales Steuerrecht, Rz. 4.299.

3. Auslegung der Doppelbesteuerungsabkommen

a. Subsumtion und Auslegung in der Rechtswissenschaft

Die Rechtsanwendung besteht grundsätzlich aus dem Prozess, zu beurteilen, ob der Lebenssachverhalt *in concreto* der in der Regelung dargestellten hypothetischen Sachlage *in abstracto* entspricht.[492] Bildlich gesprochen wird die Norm als Maßstab an den jeweiligen Lebenssachverhalt angelegt.[493] Stimmen demgemäß die Voraussetzungen der generell-abstrakten Norm mit dem konkreten Sachverhalt überein, kommen die in der Norm kodifizierten Rechtsfolgen zur Anwendung.[494] Dieser Denkvorgang bestimmt auf der Basis des Syllogismus eines Obersatzes, eines Untersatzes und einer *conclusio*[495] das Beziehungsverhältnis zwischen Rechtsnorm und Lebenssachverhalt.[496] Die logischen Folgerungen ergeben sich aus dem sogenannten Subsumtionsvorgang.[497] Die Unterordnung des Lebenssachverhaltes unter die Tatbestände einer Norm, d.h. die Subsumtion[498], kann sich jedoch als problematisch darstellen. Dies ist der Tatsache geschuldet, dass sich der rechtlich maßgebliche Sinn nicht ohne weiteres aus der generell-abstrakten Norm ergibt. Aus der sprachlichen Unschärfe von Begrifflichkeiten resultiert eine Vieldeutigkeit.[499] Kann die Subsumtion in diesem Sinne nicht oder nicht eindeutig vorgenommen werden, muss sich der Rechtsanwender über die Interpretation der Rechtsnorm behelfen. Mithin er-

---

492 Siehe hierzu *Wouters/Vidal*, Non-Tax Treaties: Domestic Courts and Treaty Interpretation, in Maisto, Courts and Tax Treaty Law, 3 (4), die eine derartige Aussage für nichtsteuerliche Abkommen treffen.

493 Vgl. *Rüthers/Fischer/Birk*, Rechtstheorie7, Rz. 677. So ist die Begrifflichkeit „Norm" lateinischen Ursprungs („norma"), womit das Richtmaß eines Handwerkers beschrieben wird.

494 Vgl. *Leipold*, BGB I7, 38, Rz. 2; *Zippelius*, Juristische Methodenlehre11, 23.

495 *Larenz/Canaris*, Methodenlehre der Rechtswissenschaft3, 91 ff.; *Tipke*, Die Steuerrechtsordnung, Bd. III2, 1591 f.

496 Vgl. *Rüthers/Fischer/Birk*, Rechtstheorie7, Rz. 677.

497 Die Rechtsanwendung an sich ist in vier Schritte gegliedert, die fließend ineinander übergehen: 1) Sachverhaltsfeststellung, 2) Aufsuchen der maßgeblichen Rechtsnorm(en), 3) Subsumtion am rechtlichen Maßstab, 4) Ausspruch der Rechtsfolge(n); hierzu *Rüthers/Fischer/Birk*, Rechtstheorie7, Rz. 665.

498 Lat. *subsumere* = unterziehen, unterstellen.

499 Vgl. *Englisch* in Tipke/Lang, Steuerrecht21, § 5 Rz. 48. *Bydlinski*, Juristische Methodenlehre und Rechtsbegriff2, 118 f., bedient sich in diesem Zusammenhang des Bildes eines Begriffskerns, dem zweifellos gewisse Sachverhaltskonstellationen eindeutig zugeordnet werden können und eines Begriffshofes, der mehrere Varianten zulässt.

schließt sich die Bedeutung eines juristischen Textes im Einzelnen, wenn man das Mittel der Auslegung bemüht. Erst wenn das Verständnis über die Rechtsnorm erlangt werden konnte, kann ein Vergleich mit dem konkreten Sachverhalt erfolgen.[500] Nach diesem Verständnis sind die Subsumtion und die Auslegung als untrennbar miteinander verbunden und damit als korrelative Begrifflichkeiten anzusehen.[501]

In Anlehnung an die Natur der juristischen Hermeneutik[502] steht im Vordergrund, das Verständnis über den Text zu erlangen.[503] Das geltende Recht muss sich unweigerlich des Instruments der Sprache bedienen.[504] In diesem Zusammenhang gilt es, „den in dem toten Buchstaben niedergelegten lebendigen Gedanken vor unserer Betrachtung wieder erstehen zu lassen"[505]. Dies erfordert einen Rückschluss auf den Willen und das Verständnis der Vertragsparteien bzw. des Gesetzgebers, ohne eine Sinnextension oder -reduktion durch den Auslegenden zu konzedieren. Demgemäß ist dem Grundgedanken *verba ita sunt intelligenda, ut res magis valeat quam pereat* zu folgen – Worte sind so zu verstehen, dass der Sinn erhalten und nicht zerstört wird.[506] Die Auslegung zielt auf eine Präzisierung der Bedeutung des juristischen Textes und der Bestimmung seines Anwendungsbereiches. Diese Feststellungen sind gleichwohl allein deklaratorischer Natur. In der Folge wird identifiziert, was ist, nicht wie es sein sollte.[507]

Es besteht jedoch eine gewisse Schwierigkeit darin, Texte richtig zu verstehen.[508] So können Ausdrücke „mehrdeutig, ungenau und wandelbar"[509] sein. Es

500 Vgl. *Rüthers/Fischer/Birk*, Rechtstheorie7, Rz. 655. Im Zusammenhang mit der Rechtsfindung erfolgt die Konkretisierung in Bezug auf den jeweiligen Lebenssachverhalt.

501 Vgl. *Kluge*, Das Internationale Steuerrecht4, R 69.

502 Hermeneutik leitet sich aus dem altgriechischen Wort *hermeneuein* (übersetzen, kundgeben) ab, siehe hierzu *Bühler* in Sandkühler, Enzyklopädie Philosophie, Stichwort „Hermeneutik".

503 Vgl. *Vogel* in Vogel/Lehner, DBA, Einl. Rz. 98; *ders.*, SWI 2000, 103 (104); *Rüthers/Fischer/Birk*, Rechtstheorie7, Rz. 698.

504 Sprache auch als „Arbeitsgerät der Juristen" bezeichnend *Rüthers/Fischer/Birk*, Rechtstheorie7, Rz. 150.

505 *Savigny*, System des heutigen römischen Rechts, Bd. I, 213, Bd. III, 244.

506 Vgl. unter selbigen Ausdruck, *Black*, A Dictionary of Law2, 1201. Hiermit wird auch eine Auslegungsmaxime im Völkerrecht beschrieben, vgl. bspw. *Arnauld*, Völkerrecht2, Rz. 220.

507 Siehe hierzu *Wouters/Vidal*, Non-Tax Treaties: Domestic Courts and Treaty Interpretation, in Maisto, Courts and Tax Treaty Law, 3 (4), die eine derartige Aussage für nichtsteuerliche Abkommen treffen.

508 Vgl. *Rüthers/Fischer/Birk*, Rechtstheorie7, Rz. 156 ff.

509 *Rüthers/Fischer/Birk*, Rechtstheorie7, Rz. 164.

bedarf sonach konkreter Vorgaben, wie das Verständnis über den Text zu erlangen ist.

Tatsächlich vollzieht sich die Auslegung als kreativer Akt[510]: „interpretation [...] is [...] an art, not an exact science"[511]. Der Vorgang unterliegt nach dieser Vorstellung keinem starren Schema – konkrete Spielzüge werden nicht normiert.[512] In diesem Zusammenhang wird auch vertreten, dass der Interpretationsprozess naturgemäß gar nicht kodifizierbar sei.[513] Dies kann für die juristische Auslegung allerdings nicht gelten.[514] Die rechtliche Auslegung lebt gerade von der Entscheidung zwischen Anwendbarkeit und Unanwendbarkeit einer Regelung und nicht durch eine freigeistige Deutung.[515] Im Gegensatz zur künstlerischen Kreativität gilt es, die Auslegung zumindest in gewisse Bahnen zu lenken. Der Auslegende soll sich insofern an klaren Spielregeln orientieren, die einem willkürlichen Ergebnis entgegenwirken. Dabei wird der Verstehensprozess durch die kommunikationstheoretischen[516] Ebenen der Semantik, Syntaktik und Pragmatik geleitet.[517] Dennoch vermögen die Auslegungsgrundsätze nicht gänzlich, eine Divergenz von Auslegungsergebnissen zu vermeiden. Sie verhelfen dem Auslegenden jedoch zu einer strukturierten Ergebnisfindung und dienen überdies der Verifizierbarkeit von Auslegungsergebnissen.[518] In der

510 *Vogel/Prokisch*, Interpretation of Double Taxation Conventions, Generalbericht, in IFA, CDFI 1993, 19 (20), bezeichnen dies auch als juristische „Unschärferelation".

511 *UN*, YILC 1966, Vol. II, Document A/6309/Rev.I: Reports of the International Law Commission on the second part of its seventeeth session and on its eighteenth session, erhältlich im Internet: http://legal.un.org/ilc/publications/yearbooks/Ybkvolumes%28e%29/ILC_1966_v2_e.pdf (besucht am 24.03.2015), 169 (218).

512 Der Auslegungsprozess ist nicht formalisiert oder schematisiert, vgl. *Lang* in Grotherr, Handbuch der internationalen Steuerplanung, 1865 (1866).

513 Vgl. *Larenz/Canaris*, Methodenlehre der Rechtswissenschaft3, 25 ff., 65 f.; *Lang*, Die Auslegung von Doppelbesteuerungsabkommen in der Rechtsprechung des Bundesfinanzhofs in Lang/Mössner/Waldburger, Die Auslegung von Doppelbesteuerungsabkommen in der Rechtsprechung der Höchstgerichte Deutschlands, der Schweiz und Österreichs, 19 (23 f.).

514 Vgl. *Vogel*, SWI 2000, 103 (104).

515 So im Grundsatz auch *Vogel*, SWI 2000, 103 (104).

516 Hierzu im Detail *Cherry*, Kommunikationsforschung, 14 ff., 109 ff., 153 ff., 258 ff.

517 Unter Semantik wird dabei die Wortsinninterpretation, unter Syntaktik der Textzusammenhang und unter Pragmatik die Rücksicht auf den Zweck gesehen, vgl. *Lang*, Die Auslegung von Doppelbesteuerungsabkommen in der Rechtsprechung des Bundesfinanzhofs in Lang/Mössner/Waldburger, Die Auslegung von Doppelbesteuerungsabkommen in der Rechtsprechung der Höchstgerichte Deutschlands, der Schweiz und Österreichs, 19 (24); *Potacs*, EuR 2009, 465 (470).

518 Rechtsentscheidungen sollen einsichtig und rational nachvollziehbar sein, ohne den

Folge ermöglichen die Auslegungsgrundsätze eine größtmögliche Übereinstimmung. Das Auslegungsergebnis muss im objektiven Sinne dem Mindestanspruch gerecht werden, unter der Prämisse der Willkürfreiheit zustande gekommen zu sein.[519] Schließlich steht die Überzeugungskraft der Auslegungsergebnisse in einem Abhängigkeitsverhältnis zu ihrer rationalen Überprüfbarkeit.[520]

Im Ergebnis geht es im Rahmen der Rechtsanwendung darum, das „geltende Recht zu finden und sachgerecht auf das jeweilige Problem zu konkretisieren"[521]. Insbesondere die Auslegung stellt dabei einen komplexen Vorgang dar, der nicht formalisierbar erscheint, sondern vielmehr Wertungen begehrt.[522] Dieser Aspekt indiziert gleichzeitig die Problematik der Entscheidungsfindung, die Verständnispluralität und die damit einhergehende Vielschichtigkeit der Auslegungsergebnisse.

b. Auslegung der Doppelbesteuerungsabkommen im Speziellen

(1) Vorüberlegungen

Völkerrechtliche Verträge unterliegen der Rechtsanwendung und werden in diesem Zusammenhang gleichermaßen einem Subsumtions- und Auslegungsprozess unterzogen.[523] Je nachdem, ob man eher der Vollzugstheorie oder der Transformationstheorie zugewandt ist, konkretisiert sich der Auslegungsgegenstand eigens im DBA oder eben im jeweiligen Zustimmungsgesetz.[524] Hie-

---

Eindruck zu erwecken, freirechtlich unter Anwendung eines subjektiven Rechtsgefühls zustande gekommen zu sein, *Englisch* in Tipke/Lang, Steuerrecht21, § 5 Rz. 55.

519 Vgl. *Vogel/Prokisch*, Interpretation of Double Taxation Conventions, Generalbericht, in IFA, CDFI 1993, 19 (20).

520 Vgl. *Rüthers/Fischer/Birk*, Rechtstheorie7, Rz. 696. *Lang* in Grotherr, Handbuch der internationalen Steuerplanung, 1865 (1866), spricht von der Überzeugungskraft der Argumente.

521 *Rüthers/Fischer/Birk*, Rechtstheorie7, Rz. 655.

522 Vgl. *Larenz*, Methodenlehre der Rechtswissenschaft6, 319 f.; *Lang* in Grotherr, Handbuch der internationalen Steuerplanung, 1865 (1866).

523 Vgl. *Vogel/Lehner*, DBA, Einl. Rz. 96; *ders.*, SWI 2000, 103 (104); *Blumenwitz*, Die Auslegung völkerrechtlicher Verträge, in Vogel, Doppelbesteuerungsabkommen und nationales Recht, 5 (6).

524 Konkretisierend *Schönfeld/Häck* in Schönfeld/Ditz, DBA, Systematik Rz. 76, mit Verweis auf *Debatin*, Zur Auslegung von Doppelbesteuerungsabkommen, in Fischer, Festschrift Scherpf, 305, der sich für das DBA selbst als Auslegungsgegenstand ausspricht. Im Vergleich dazu *Wassermeyer* in Wassermeyer, DBA, Vor Art. 1 MA Rz. 64,

ran knüpft insbesondere die Frage über die maßgeblich anzuwendenden Auslegungsregeln an. Gleichwohl ist beiden Auffassungen gemein, dass sie Bezug auf denselben Inhalt nehmen. Dabei ist dieser Abkommensinhalt lediglich insoweit ausdifferenziert, dass er Genüge leistet, im Sinne seiner Zweckbestimmung beschränkend auf die innerstaatliche Rechtsordnung einzuwirken.[525] Dieser Unvollkommenheit immanent ist der Vertragstext naturgemäß nicht annähernd so detailliert ausformuliert, wie es von den innerstaatlichen Gesetzen zu erwarten ist.[526] Hinzukommend nehmen die Abkommensvorschriften auf die abstrakten Regelungen der innerstaatlichen Rechtsordnung Bezug, womit die Abstraktion der verwendeten Abkommensausdrücke die nächsthöhere Stufe erreicht.[527] Aus der Brückenfunktion zwischen verschiedenen Rechtsordnungen resultiert zudem, dass die Verwendung allgemeiner Begriffsformulierungen im Zeichen der Übereinbringung der Willen und der Rechtssprachen verschiedener Völkerrechtssubjekte stehen. All diese Komponenten führen neben der unvollständigen Ausgestaltung zu einer Potenzierung des Abstraktionsgrades. Hieraus ergibt sich eine gesteigerte Interpretationsbedürftigkeit. Im Vergleich zu innerstaatlichen Rechtsordnungen verschiebt sich das Gleichgewicht zwischen Subsumtion und Auslegung im Rahmen der Anwendung völkerrechtlicher Verträge wesentlich in Richtung Auslegung. Die Auslegung von DBA nimmt in der Rechtspraxis folglich eine maßgebende Stellung ein.[528]

Die Anlehnung an das OECD-MA bei der Vertragsausgestaltung ist einerseits zwar dazu geeignet, ein multilaterales Verständnis zu schaffen, andererseits verstärkt dies jedoch die Abstraktionsproblematik.[529] Die Verträge spiegeln nicht allein das Verständnis von zwei Vertragsstaaten wider, sondern sie sind aufgrund des Mustervertragscharakters allgemeingültig formuliert. Ein

stellvertretend für das Zustimmungsgesetz als Auslegungsgegenstand. Siehe auch *Lampert*, Doppelbesteuerungsrecht und Lastengleichheit, 58.

525 Vgl. *Wassermeyer* in Wassermeyer, DBA, Art. 3 MA Rz. 76.

526 Vgl. *Vogel/Prokisch*, Interpretation of Double Taxation Conventions, Generalbericht, in IFA, CDFI 1993, 19.

527 Vgl. *Vogel*, SWI 2000, 103 (105). *Vogel* spricht in diesem Zusammenhang aufgrund der „Doppelbesteuerungsabkommen als Normen über die Anwendung von Normen" von einem Abstraktionsgrad zweiten Grades.

528 Vgl. *Haase*, Internationales und Europäisches Steuerrecht4, Rz. 575.

529 Vgl. *Vogel*, SWI 2000, 103 (105). *Vogel* weist darauf hin, dass die Abkommen aufgrund der zweiseitigen Verhandlungen nicht konkreter ausgestaltet werden, sondern eher zur „Durchsetzung und Abwehr individueller Vorstellungen" genutzt werden.

Muster besitzt allerdings die Eigenschaft, möglichst viele Varianten abzudecken, woraus wiederum das Problem weiter Auslegungsspielräume resultiert.

Diese Auslegungsspielräume mithilfe geeigneter Auslegungsmethoden zu einem möglichst präzisen Auslegungsergebnis zu verengen, ist Aufgabe der Auslegungssubjekte. Die Auslegung völkerrechtlicher Verträge kann durch unterschiedliche Parteien wahrgenommen werden. Aus dieser Überlegung geht die Differenzierung in die authentische, individuelle und judizielle Auslegung völkerrechtlicher Verträge hervor.[530] Eine authentische Auslegung erfolgt durch die Vertragsstaaten als Urheber des Vertragstextes und manifestiert sich in einer ständigen gleichartigen Praxis oder in gemeinsamen bzw. übereinstimmenden Erklärungen der Vertragsstaaten.[531] Diese stehen dem ursprünglichen Vertrag gleichrangig gegenüber[532] und sind zudem in der Lage, eine Vertragsänderung zu evozieren.[533] Von judizieller Auslegung ist die Rede, wenn die internationale Gerichtsbarkeit den Auslegungsprozess vornimmt.[534] Die

530 Vgl. *Vogel/Prokisch,* Interpretation of Double Taxation Conventions, Generalbericht, in IFA, CDFI 1993, 19 (26); *Lampert,* Doppelbesteuerungsrecht und Lastengleichheit, 57 f.; *Blumenwitz,* Die Auslegung völkerrechtlicher Verträge, in Vogel, Doppelbesteuerungsabkommen und nationales Recht, 5 (10).

531 Vgl. *Frotscher,* Internationales Steuerrecht3, Rz. 209; hierzu auch *Pohl,* RIW 2012, 677; *Schönfeld/Häck* in Schönfeld/Ditz, Systematik Rz. 93. In diesem Zusammenhang wird sich zum Teil auf die Auslegung in Einvernehmen der Vertragsstaaten durch nach Vertragsschluss vorgenommene Übereinkünfte gem. Art. 31 Abs. 3 lit. a WÜRV beschränkt, vgl. *Blumenwitz,* Die Auslegung völkerrechtlicher Verträge, in Vogel, Doppelbesteuerungsabkommen und nationales Recht, 5 (11 f.), der in diesem Zusammenhang zwar fälschlicherweise Art. 31 Abs. 3 lit. b WÜRV benennt, jedoch die Übereinkünfte gem. Art. 31 Abs. 3 lit. a WÜRV meint.

532 Hierzu *Heintschel von Heinegg* in Ipsen, Völkerrecht5, § 11 Rz. 2.

533 Für das völkerrechtliche Vertragsrecht besteht grundsätzlich die Möglichkeit der Vertragsänderung durch eine konkludente Vertragspraxis, vgl. *Stein,* IStR 2006, 505 (506). Der Übergang zwischen dynamischer Auslegung und Vertragsänderung ist gleichwohl fließend, vgl. *Blumenwitz,* Die Auslegung völkerrechtlicher Verträge, in Vogel, Doppelbesteuerungsabkommen und nationales Recht, 5 (11); *ders.,* Die Auslegung völkerrechtlicher Verträge unter besonderer Berücksichtigung von Doppelbesteuerungsabkommen, 80.

534 Vgl. *Verdross/Simma,* Universelles Völkerrecht3, 490. Dieser Auslegungsform wird im internationalen Steuerrecht nachrangige Bedeutung bescheinigt, vgl. *Lampert,* Doppelbesteuerungsrecht und Lastengleichheit, 58. Sie kommt für den zwischenstaatlichen Konflikt in Frage, wenn sich Vertragsstaaten der Gerichtsbarkeit des IGH unterworfen haben. Dabei kann die Auslegungsfrage dem Internationalen Gerichtshof zur Entscheidung gem. Art. 36 Abs. 1, 1. Alt. IGH-Statut vorgelegt werden oder die Staaten erkennen generell eine obligatorische Gerichtsbarkeit i.S.d. Art. 36 Abs. 2 IGH-Statut an, siehe in diesem Zusammenhang die Erklärung über die Anerkennung der obligatorischen Zuständigkeit des Internationalen Gerichtshofs nach

individuelle Auslegung wird hingegen insbesondere durch innerstaatliche Verwaltungsbehörden oder Gerichte durchgeführt.[535]

Im Zusammenhang mit den Doppelbesteuerungsabkommen könnte dem Problem weiter Auslegungsspielräume mithilfe einer authentischen Interpretation beigekommen werden. Es erscheint einleuchtend, dass wohl die Vertragsparteien am ehesten darüber Auskunft geben können, was wechselseitig zwischen ihnen gelten soll. Obgleich sich die authentische Interpretation für andere Völkerrechtsverträge als nützlich erweisen mag, muss für Zwecke der Doppelbesteuerungsabkommen die Besonderheit beachtet werden, dass diese Verträge neben der zwischenstaatlichen Ebene auch das Verhältnis zu den Steuerpflichtigen regeln.[536] Aus den Gründen der Rechtssicherheit und dem Vertrauensschutzbedürfnis kann es nicht angehen, dass sich der Steuerpflichtige als Rechtsunterworfener nicht auf den vereinbarten Abkommenstext verlassen kann, sondern sich den nachträglich geäußerten Willen der Vertragsparteien ohne weiteres beugen muss. Die authentische Auslegung stößt folglich auf innerstaatlicher Ebene an ihre verfassungsrechtlichen Grenzen.[537] Die übereinstimmenden Erklärungen sowie die ständige gleichartige Praxis der Vertragsparteien würden ihre verbindliche Wirkung leidglich *inter partes* und damit auf völkerrechtlicher Ebene entfalten.[538] Für Zwecke innerstaatlicher Wirksamkeit bedarf es indes i.S.d. Art. 59 Abs. 2 GG erst eines Umsetzungsaktes.[539] Somit besteht auch bei den Doppelbesteuerungsabkommen die gängige Interpreta-

---

Artikel 36 Abs. 2 des Statuts des Internationalen Gerichtshofs vom 05.05.2008, BT-Drucks. 16/9218.

535 Vgl. *Vogel/Prokisch,* Interpretation of Double Taxation Conventions, Generalbericht, in IFA, CDFI 1993, 19 (26); *Verdross/Simma,* Universelles Völkerrecht3, 490; *Blumenwitz,* Die Auslegung völkerrechtlicher Verträge unter besonderer Berücksichtigung von Doppelbesteuerungsabkommen, 78.

536 Vgl. *Frotscher,* Internationales Steuerrecht3, Rz. 209.

537 Demnach kann die Exekutive aufgrund des Prinzips der Gewaltenteilung (Art. 1 Abs. 3 GG) sowie dem Prinzip gesetzmäßigen staatlichen Handelns (Art. 20 Abs. 3 GG) nicht frei über gesetzesinhaltliche Verträge verfügen, vgl. *Blumenwitz,* Die Auslegung völkerrechtlicher Verträge, in Vogel, Doppelbesteuerungsabkommen und nationales Recht, 5 (11); so auch *Verdross/Simma,* Universelles Völkerrecht3, 490.

538 Vgl. *Frotscher,* Internationales Steuerrecht3, Rz. 209.

539 Nur durch einen derartigen gesetzgeberischen Akt würde eine innerstaatliche Verbindlichkeit bestehen, siehe BFH vom 10.07.1996, I R 4/96, BStBl. II 1997, 15; FG Köln vom 30.01.2008, 4 V 3366/07, EFG 2008, 593; vom 13.08.2008, 4 K 3363/07, EFG 2008, 1775.

tionsform in einer einseitig individuellen Auslegung, die anhand der anerkannten Auslegungsgrundsätze vorgenommen wird.[540]

Die Kernproblematik dieser einseitigen Auslegung fußt grundsätzlich auf dem Hybridcharakter der Doppelbesteuerungsabkommen. So entstammen sie ursprünglich dem Völkerrecht, rangieren jedoch aufgrund des Zustimmungsgesetzes auf der Ebene innerstaatlicher Bundesgesetze.[541] Hieran knüpft jedoch die Frage, ob die innerstaatlichen oder die völkerrechtlichen Auslegungsgrundsätze anzuwenden sind. Auch der genuine Vertragscharakter wandelt sich für Zwecke der innerstaatlichen Anwendung infolge parlamentarischer Zustimmung in einen Normcharakter. Diese Einordnung entscheidet jedoch über eine objektive oder eine subjektive Auslegung. Darüber hinaus ist die Verzahnung mit der innerstaatlichen Rechtsordnung im Hinblick auf die Rolle des innerstaatlichen Rechts im Auslegungsprozess zu hinterfragen. In diesem Zusammenhang ist es das Spannungsverhältnis zwischen staatlicher Souveränität und dem aus der völkerrechtlichen Verpflichtung erwachsende Grundsatz *pacta sunt servanda,* welches Konfliktsituationen heraufbeschwört.[542]

(2) Auslegungsziel

(a) Objektive vs. subjektive Theorie

Will man den Vertragstext zum Verständnis verhelfen, schließt sich die Frage nach der Zielsetzung an. Die Kenntnis über das anzustrebende Ziel bildet im Rahmen der Abkommensauslegung die Basis für eine unabhängige Erreichung des gleichen Ziels durch die beiden Vertragsparteien. Da es sich bei dem Auslegungsgegenstand um einen vergangenheitsbezogenen Text handelt, bedarf es der Grundentscheidung zwischen dem historisch richtigen und dem aktualisierten Textverständnis.[543] In diesem Zusammenhang stehen sich die objekti-

540 Vgl. *Vogel/Prokisch,* Interpretation of Double Taxation Conventions, Generalbericht, in IFA, CDFI 1993, 19 (26).

541 Zur Normenhierarchie innerhalb der innerstaatlichen Rechtsordnungen siehe im Detail Kapitel C.II.3.

542 Vgl. *Lang,* Die Auslegung von Doppelbesteuerungsabkommen in der Rechtsprechung des Bundesfinanzhofs in Lang/Mössner/Waldburger, Die Auslegung von Doppelbesteuerungsabkommen in der Rechtsprechung der Höchstgerichte Deutschlands, der Schweiz und Österreichs, 19 (24).

543 Vgl. *Busche* in Rebmann/Säcker/Rixecker, MüKo-BGB, § 133 BGB Rz. 4. Dies schließt ebenfalls die Frage mit ein, ob man neben dem Urheber des Textes auch auf den Empfängerhorizont abstellt.

ve[544] und die subjektive Theorie[545] gegenüber.[546] Die objektive Theorie stellt dabei den Vertragstext in den Fokus des Interesses.[547] Er ist demnach als authentischer Ausdruck des Parteiwillens anzusehen.[548] Nach dieser Vorstellung ist der dem Vertragstext immanente normative Sinn zu bestimmen. Hingegen ist im Rahmen der subjektiven Theorie die Ergründung des historischen Parteiwillens vordergründig.[549] Für Zwecke der Handhabung der Auslegungsgrundsätze ist mit der jeweiligen Theorieverfolgung eine maßgebliche Weichenstellung verbunden.[550]

Der Mangel der subjektiven Theorie liegt ganz eindeutig darin, dass sich die Erforschung des historischen Parteiwillens mit zunehmendem Zeitablauf erschwert. Überdies können die Vertragsparteien naturgemäß nicht sämtliche Lebenssachverhalte überblicken, die ggf. zu einem späteren Zeitpunkt in den Anwendungsbereich der völkerrechtlichen Verträge fallen. In Bezug auf diese Fallkonstellationen würde es folglich an einem realen Parteiwillen fehlen.[551] In der Konsequenz würde die unzulässige Beachtung geänderter Wertvorstellungen in der „Versteinerung" der Verträge kulminieren.[552]

---

544 Hauptvertreter waren *Thibaut, Binding, Kohler,* Nachweise bei *Engisch,* Einführung in das juristische Denken11, 161 f.

545 Hauptvertreter waren *Savigny, Windscheid, Enneccerus, Heck, Nawiasky, Westermann, Brox, Reinicke;* Nachweise bei *Engisch,* Einführung in das juristische Denken11, 160 f.

546 Vgl. *Vogel* in Vogel/Lehner, DBA, Einl Rz. 107; *Bernhardt,* Die Auslegung völkerrechtlicher Verträge, 15 ff, 18 ff.; *Wassermeyer* in Wassermeyer, DBA, Vor Art. 1 MA Rz. 31 m.w.N; *Kluge,* Das Internationale Steuerrecht4, R 34 ff.; *Schaumburg,* Internationales Steuerrecht3, Rz. 16.70; *Müller/Christensen,* Juristische Methodik I11, Rz. 362, 442 ff.; *Zippelius,* Juristische Methodenlehre11, 17 ff. Rechtstheoretisch wird der objektiven Theorie der Vorrang eingeräumt, vgl. *Rüthers/Fischer/Birk,* Rechtstheorie7, Rz. 798; bestätigend anhand verschiedener Rechtsbereiche *Köhler,* BGB33, § 4 Rz. 13; *Wessels/Beulke/Satzger,* Strafrecht44, Rz. 57; *Wolff/Bachof/Stober/Kluth,* Verwaltungsrecht I12, § 28 Rz. 60.

547 Der Vertragstext emanzipiert sich entsprechend mit der Publikation von dem Willen der Vertragspartei. So auch für den Gesetzesfall *Rüthers/Fischer/Birk,* Rechtstheorie7, Rz. 797.

548 Vgl. *Wassermeyer* in Wassermeyer, DBA, Vor Art. 1 MA Rz. 31.

549 Demnach steht der Regelungswille der Vertragsparteien im Vordergrund. Siehe zur Auslegung von Gesetzen *Rüthers/Fischer/Birk,* Rechtstheorie7, Rz. 796. In diesem Zusammenhang wird herausgestellt, dass bei der subjektiven Theorie am Anfang die historische Gebots- und Normzweckforschung steht.

550 Hierzu im Einzelnen *Walz,* ZJS 2010, 482 (483).

551 Vgl. *Larenz,* Methodenlehre der Rechtswissenschaft6, 318; *Herzberg,* JuS 2005, 1 (4).

552 Vgl. *Englisch* in Tipke/Lang, Steuerrecht21, § 5 Rz. 62.

Im Gegenzug erhebt die objektive Theorie im Rahmen einer Verselbstständigung den Vertrag in ein objektives Dasein.[553] Wird sich jedoch losgelöst vom historischen Parteiwillen daran orientiert, was typischerweise unter dem jeweiligen Vertragstext zu verstehen ist, wird in das objektive Dasein des Vertragstextes die Subjektivität des Rechtsanwenders hineingetragen.[554] Die scheinbar objektive Auslegung wird damit gleichsam subjektiv.[555] Der Gebotstext selbst kann jedoch keinen eigenen Willen begründen.[556] Stellt man demnach nicht auf den historischen Parteiwillen ab, kann allein der Regelungswille des Rechtsanwenders in Erscheinung treten.[557]

(b) Auslegungsziel im Abhängigkeitsverhältnis zum Rechtscharakter

Gesetze sind nach deutschen Vorstellungen vordergründig nach dem in der Norm zum Ausdruck kommenden objektivierten Willen des Gesetzgebers auszulegen.[558] Die Normauslegung ist damit gegenwartsbezogen vorzunehmen.[559] Hingegen entfaltet der subjektive Wille lediglich indizielle Wirkung.[560]

553 Vgl. *Walz,* ZJS 2010, 482 (485).

554 So auch *Rüthers/Fischer/Birk,* Rechtstheorie7, Rz. 719, 797.

555 Hierin würde jedoch eine Unvereinbarkeit mit dem Demokratie- und Gewaltenteilungsprinzip gesehen werden, da es sich trotz höchster Legitimation des Gesetzgebers im Rahmen der Loslösung vom gesetzgeberischen historischen Willen um eine richterliche Rechtsschöpfung handeln würde, hierzu *Gruber,* Methoden des internationalen Einheitsrechts, 104. *Larenz,* Methodenlehre der Rechtswissenschaft6, 318, bezeichnet dies als „Hineinlegung".

556 Vgl. *Rüthers/Fischer/Birk,* Rechtstheorie7, Rz. 797.

557 Vgl. *Rüthers/Fischer/Birk,* Rechtstheorie7, Rz. 719.

558 Nach ständiger Rechtsprechung BVerfG vom 21.05.1952, 2 BvH 2/52, BVerfGE 1, 299 (312); BVerfG vom 12.11.1958, 2 BvL 4/56; 2 BvL 26/56; 2 BvL 40/56; 2 BvL 1/57; 2 BvL 7/57, BVerfGE 8, 274 (307); vom 15.12.1959, 1 BvL 10/55, BVerfGE 10, 234 (244); vom 17.05.1960, 2 BvL 11/59; 2 BvL 11/60, BVerfGE 11, 126 (130 f.); vom 05.07.1972, 2 BvL 6/66; 2 BvL 28/69; 2 BvL 3/70; 2 BvL 11/70; 2 BvL 12/70, BVerfGE 33, 265 (294); vom 19.06.1973, 1 BvL 39/69; 1 BvL 14/72, BVerfGE 35, 263 (278); vom 05.11.1974, 2 BvL 6/71, BVerfGE 38, 154 (163); vom 09.05.1978, 2 BvR 952/75, BVerfGE 48, 246 (256); vom 16.12.1981, 1 BvR 898/79, 1 BvR 1132/79, 1 BvR 1150/79, 1 BvR 1333/79, 1 BvR 1181/79, 1 BvR 83/80, 1 BvR 416/80, 1 BvR 1117/79, 1 BvR 603/80, BVerfGE 59, 128 (153); vom 09.11.1988, 1 BvR 243/86, BVerfGE 79, 106 (121).

559 Vgl. *Busche* in Rebmann/Säcker/Rixecker, MüKo-BGB, § 133 BGB Rz. 4.

560 BVerfG vom 11.06.1980, 1 PBvU 1/79, BVerfGE 54, 277 (298 f.); vom 16.02.1983, 2 BvE 1/83; 2 BvE 2/83; 2 BvE 3/83; 2 BvE 4/83, BVerfGE 62, 1 (45).

Eine derartige Vorgabe lässt sich aus dem Verfassungsrecht ableiten.[561] So folgt aus der Bindung an Gesetz und Recht gem. Art. 20 Abs. 3 GG, dass die Gerichte an demokratisch zustande gekommene Willensentscheidungen gebunden sind, um hierdurch die Trennung und Ausgewogenheit zwischen Legislative und Judikative zu wahren.[562] Der Staatsbürger muss aufgrund des Über-/Unterordnungsverhältnisses schließlich die vom Gesetzgeber kodifizierten Rechte und Pflichten für und gegen sich gelten lassen. Diese haben sich demnach auch im Sinne des Bestimmtheitsgebots eindeutig aus der Norm zu ergeben.[563] Die vordergründige Geltung des subjektiven gesetzgeberischen Willens würde indes der Rechtssicherheit und dem Vertrauensschutzbedürfnis des Bürgers entgegenstehen, wenn dieser keinen hinreichend klaren Ausdruck im Gesetz gefunden hat.[564]

Demgegenüber ist im Vertragsrecht der gemeinsame Wille der Vertragspartner maßgebend.[565] Der Erklärungswert der abgegebenen Willenserklärung ist im Gegensatz zur Norminterpretation nicht zu aktualisieren, er bleibt vielmehr mit dem Zeitpunkt des Zugangs der Willenserklärung beständig.[566] Im Vertragsrecht stehen sich zwei gleichrangige Parteien gegenüber. In diesem Zusammenhang steht die Vertragsauslegung unter dem Aspekt eines gerechten Interessenausgleichs.[567] Der Hauptunterschied zur Gesetzesauslegung besteht in dem Adressatenkreis, der sich bei Verträgen auf die jeweiligen Vertragspartner beschränkt. Indem auf dem Empfängerhorizont der Vertragsparteien abgestellt wird, spielt der Vertrauensschutz allein mit Bezug auf die Vertrags-

561 BVerfG vom 17.05.1960, 2 BvL 11/59; 2 BvL 11/60, BVerfGE 11, 126 (130) m.w.N.; so auch *Leisner-Egensperger*, IStR 2014, 10 (11), mit Verweis auf die ständige Rechtsprechung BVerfG vom 20.03.2002, 2 BvR 794/95, BVerfGE 105, 135 (157); vom 30.03.2004, 2 BvR 1520/01, 2 BvR 1521/01, BVerfGE 110, 226 (248); vom 09.07.2007, 2 BvF 1/04, BVerfGE 119, 96 (179).

562 Vgl. *Rüthers/Fischer/Birk*, Rechtstheorie7, Rz. 708.

563 Art. 103 Abs. 2 GG normiert das verfassungsrechtliche Minimum gesetzlicher Vorausbestimmung.

564 Hierdurch wird die Rechtssicherheit gewahrt, womit die maßgebende Willensbildung der Volksvertretung im Rahmen des Demokratieprinzips nicht darüber hinweghilft, wenn kein hinreichend klarer Ausdruck im Gesetz zu finden ist, vgl. *Englisch* in Tipke/Lang, Steuerrecht21, § 5 Rz. 51 f.

565 Vgl. *Leisner-Egensperger*, IStR 2014, 10 (12).

566 Vgl. *Busche* in Rebmann/Säcker/Rixecker, MüKo-BGB, § 133 Rz. 5. Eine Veränderlichkeit kann sich für die Auslegung jedoch in dem Maße ergeben, wenn durch eine geübte Praxis ein Rückschluss auf den tatsächlichen Parteiwillen möglich ist.

567 Vgl. *Busche* in Rebmann/Säcker/Rixecker, MüKo-BGB, § 157 BGB Rz. 7 ff.

partner eine maßgebliche Rolle.[568] So ist es nur sachgerecht, dass die Bindung insoweit reicht, wie es den subjektiven Vorstellungen der beiden Vertragspartner bei Vertragsabschluss entsprach.

Im Völkervertragsrecht hat das Wiener Übereinkommen über das Recht der Verträge (WÜRV) in gewissem Maße über die Unsicherheiten zwischen objektiver und subjektiver Theorie hinweggeholfen.[569] So wird deutlich, dass der Vertragstext den verbindlichen Ausdruck der Parteiintention enthält.[570] Gleichwohl trifft das WÜRV keine Grundentscheidung hinsichtlich einer der Theorien.[571] Indem objektive und subjektive Elemente verknüpft werden, kommt vielmehr zum Ausdruck, dass keine der Theorien zumindest in ihrer strengen Ausprägung zu vertreten ist.[572] Dennoch ist eine Tendenz zugunsten des objektiven Ansatzes auszumachen.[573] So steht die gewöhnliche Bedeutung

---

568 Vgl. *Rüthers/Fischer/Birk*, Rechtstheorie7, Rz. 715: Der Empfängerhorizont stellt auf die Frage ab, wie ein „verständiger, sorgfältig wahrnehmender Adressat die an ihn gerichtete Willenserklärung verstehen durfte".

569 Vgl. *Vogel* in Vogel/Lehner, DBA, Einl Rz. 105. Im Vorhinein war bereits ein Wandel von dem einstigen Hauptaugenmerk auf den historischen Parteiwillen hin zu einer objektiveren Auslegung, die sich aufgrund des Einflusses des Ständigen Internationalen Gerichtshofs und der Internationalen Gerichtshofs herausbildete, zu konstatieren, vgl. *Bernhardt* in Bernhardt, Encyclopedia of public international law, Bd. II, 1419 f.

570 So auch der Kommentar zu Art. 31 WÜRV (vormals Art. 27), siehe *UN*, Official Records of the United Nations Conference on the Law of Treaties (first and second sessions), Documents of the conference (A/CONF.39/11/Add.2), erhältlich im Internet: http://legal.un.org/diplomaticconferences/lawoftreaties-1969/vol/english/confdocs.pdf (besucht am 24.03.2015), 40. Vgl. *Lang*, Die Auslegung von Doppelbesteuerungsabkommen in der Rechtsprechung des Bundesfinanzhofs in Lang/Mössner/Waldburger, Die Auslegung von Doppelbesteuerungsabkommen in der Rechtsprechung der Höchstgerichte Deutschlands, der Schweiz und Österreichs, 19 (23).

571 Vgl. *Fastenrath*, Lücken im Völkerrecht, 201 f.

572 Vgl. *Grundmann*, Die Auslegung des Gemeinschaftsrechts, 64; zustimmend *Gruber*, Methoden des internationalen Einheitsrechts, 103. Zur Vereinigung von subjektiven und objektiven Elementen siehe *Herdegen*, Völkerrecht13, § 15 Rz. 29; *Lang*, StuW 1975, 285 (289).

573 Dass sich aus dem WÜRV die Entscheidung zugunsten der objektiven Theorie ergibt, sprechen sich aus, *Vogel* in Vogel/Lehner, DBA, Einl Rz. 105 ff.; *Graf Vitzthum* in Graf Vitzthum, Völkerrecht5, 56, Rz. 123; *Rest*, Interpretation von Rechtsbegriffen in internationalen Verträgen, 24 ff. m.w.N.; *Verdross/Simma*, Universelles Völkerrecht3, 492; wohl auch *Heintschel von Heinegg*, in Ipsen, Völkerrecht5, § 11 Rz. 5. A.A. *Doehring*, Völkerrecht2, Rz. 391. Überdies weisen die Kommentierungen der mit Art. 31 und 32 WÜRV identischen Art. 27 und 28 der Entwurfsfassung der ILC auf eine objektivierte Sichtweise hin:"[...] is based on the view that the text must be presumed to be the authentic expression of the intentions of the parties, and that, in conse-

des Wortlauts im Vordergrund, wonach explizit auf das objektive, textuelle Kriterium abgestellt wird. In diesem Zusammenhang sind auch gewandelte Lebensverhältnisse und Wertvorstellungen einzubeziehen.[574] Subjektive Elemente, die auf den wahren Parteiwillen rekurrieren, klingen indes in einer Auslegung nach Treu und Glauben an.[575] Der historische Parteiwillen entfaltet grundsätzlich jedoch nur subsidiär Relevanz.[576] Ihm kommt hingegen in den eingeschränkten Fällen besondere Gewichtung zu, in denen aus der Entstehungsgeschichte ausdrücklich hervorgeht, dass die Vertragsparteien eine von der gewöhnlichen Bedeutung abweichende Bedeutung intendiert haben.[577] Die Ergründung des historischen Parteiwillens ist gerade im Hinblick auf die schwer zugänglichen und nicht nachprüfbaren Materialien der Rechtssicherheit und den Vertrauensschutzanspruch des Bürgers abträglich.[578] Die Analyse des WÜRV verdeutlicht, dass die Ergründung des historischen Parteiwillens zwar nicht außer Fokus steht, jedoch soll sie am Maßstab objektiver Kriterien erfolgen.[579] Da die Mittel lediglich dazu geeignet sind, den im Vertragstext widergespiegelten Willen auszuleuchten, kann die Ermittlung des wahren Parteiwillens auch lediglich am Maßstab des Abkommenstextes und damit faktisch nie vollumfänglich erfolgen.[580] Im Sinne eines objektivierten Ansatzes kommt dem

quence, the starting point of interpretation is the elucidation of the text, not an investigation *ab initio* into the intentions of the parties [...]",*UN*, Official Records of the United Nations Conference on the Law of Treaties (first and second sessions), Documents of the conference (A/CONF.39/11/Add.2), erhältlich im Internet: http://legal.un.org/diplomaticconferences/lawoftreaties-1969/vol/english/confdocs.pdf (besucht am 24.03.2015), 40, vgl. *Ward*, The Interpretation of Income Tax Treaties with Particular Reference to the Commentaries on the OECD Model, 18 f.

574 Zur Fortentwicklung des Parteiwillens *Looschelders/Roth*, Juristische Methodik, 64.

575 Vgl. *Lampert*, Doppelbesteuerungsrecht und Lastengleichheit, 59.

576 So sind die vorbereitenden Arbeiten zu dem Vertrag und die Umstände des Vertragsabschlusses gem. Art. 32 WÜRV lediglich als ergänzende Auslegungsmittel relevant. Da diese gleichwohl Berücksichtigung finden, werden somit auch subjektive Elemente bei der Auslegung berücksichtigt.

577 Kodifiziert in Art. 31 Abs. 4 WÜRV, hierzu *Schönfeld/Häck* in Schönfeld/Ditz, DBA, Systematik Rz. 94. Gleichwohl bewegt sich diese Auslegung ebenso in den Wortlautgrenzen, siehe *Lang*, IWB 2011, 281 (283).

578 Vgl. *Lang*, StuW 1975, 285 (288).

579 Dies beschränkt die Verwertbarkeit subjektiv-historischer Erkenntnisquellen, *Weber-Fas*, Staatsverträge im Internationalen Steuerrecht, 83; *Bernhardt*, Die Auslegung völkerrechtlicher Verträge, 43.

580 Hieraus wird auch gefolgert, dass die Ergründung des historischen Parteiwillens nicht Zielsetzung ist, *Vogel* in Vogel/Lehner, DBA, Einl Rz. 107. Dem ist allerdings nicht vollumfänglich zuzustimmen. Schließlich besteht der Wille schon in dem Ziel,

Willen der Vertragsparteien somit in dem Maße Bedeutung zu, wie er im Vertrag seinen Ausdruck gefunden hat.[581]

Zusammenfassend werden nach innerstaatlichen Vorgaben Gesetze objektiviert und Verträge im Sinne der subjektiven Theorie ausgelegt. Völkerrechtliche Verträge werden im Rahmen ihrer einseitigen Auslegung ebenfalls ausgerichtet am objektivierten Parteiwillen interpretiert, wenngleich subjektive Elemente nicht unbeachtet bleiben.

(c) Würdigung für den Fall der Doppelbesteuerungsabkommen

Eine Aussage für die Doppelbesteuerungsabkommen ist angesichts deren Hybridität nicht *ad hoc* zu treffen. So sind die DBA zwar originär völkerrechtliche Verträge, jedoch entfalten sie in der innerstaatlichen Rechtsordnung gesetzesvergleichbare Wirkung. Zu erwägen ist somit, das Verständnis aus der Auslegung innerstaatlicher Gesetze oder jenes aus dem Völkervertragsrecht zugrunde zu legen. Demgemäß sind einerseits die Spezifika des WÜRV maßgebend. Andererseits könnte für die innerstaatliche Anwendbarkeit der ungeschriebene Verfassungsgrundsatz in Bezug auf die Gesetzesauslegung einschlägig sein. Aus dieser Wertung würde grundsätzlich der rechtlich-normative Vorrang der innerstaatlichen verfassungsrechtlichen Grundsätze vor den völkerrechtlichen Ansichten erwachsen.[582] Darüber hinaus könnte argumentiert werden, dass die Vertragsparteien im Rahmen eines bilateralen Vertrages wechselseitige Zugeständnisse aufgrund eines Interessenausgleichs eingehen und somit eine vertragsbezogene – subjektive – Sichtweise (*contractual view*) zugrunde zu legen sei.[583] So bestünde bei einer übereinstimmenden Deutung keine Rechtfertigung darin, eine abweichende objektive Auffassung zu oktroyieren.[584] Gleichwohl nähert sich auch die Vertragsauslegung im Falle von Meinungsverschiedenheiten der Gesetzesauslegung an, da hier auf den Empfängerhorizont abgestellt

den historischen Parteiwillen zu erschließen. Das Streben danach findet seine Grenze jedoch in den objektiven Mitteln.

581 Vgl. *Bernhardt*, Die Auslegung völkerrechtlicher Verträge, 15 ff; *Kluge*, RIW 1975, 90 (91); *Rest*, Interpretation von Rechtsbegriffen in internationalen Verträgen, 22 ff.

582 Dieser Vorrang ist unabhängig davon, ob dem WÜRV die Einfachgesetzlichkeit des Rechtsanwendungsbefehls zukommt oder völkergewohnheitsrechtlicher Rang, siehe in diesem Zusammenhang Kapitel C.I.3.

583 So *Vogel/Prokisch*, Interpretation of Double Taxation Conventions, Generalbericht, in IFA, CDFI 1993, 19 (33), mit Verweis auf *Katz*, Interpretation of Double Taxation Conventions, Nationalbericht USA, in IFA, CDFI 1993, 615 (649 ff.), der eine vertragsbezogene Betrachtungsweise zugrunde legt.

584 Vgl. *Larenz/Canaris*, Methodenlehre der Rechtswissenschaft3, 120.

wird, um insoweit vor intransparenten Ergebnissen zu schützen.[585] Zudem ist im Lichte der Spezifika der Doppelbesteuerungsabkommen in der Gesamtschau zu konstatieren, dass die Doppelbesteuerungsabkommen im Gegensatz zu reinen Verträgen Rechte und Pflichten für den Steuerpflichtigen begründen, wodurch eine normbezogene Sichtweise gestützt wird.[586] Die Gesetzesauslegung nach verfassungsrechtlicher Vorgabe betrifft gleichwohl nur Gesetze, also Normen, die materiellrechtlich auch so einzustufen sind.[587] Um in gleicher Weise wie Gesetze auf Steuerpflichtige zu wirken, ist es zwar für die Abkommensausgestaltung geboten, die aus der Gesetzmäßigkeit der Besteuerung resultierenden Bestimmtheitsanforderungen zu erfüllen.[588] Sie erlangen hierdurch jedoch nicht automatisch Gesetzesstatus, vielmehr sind sie als Normverträge[589] bzw. gesetzesinhaltliche Verträge[590], die auf die innerstaatliche Rechtswirkung abzielen, ausgestaltet. Diese Argumentation steht zumindest in Einklang mit der hier vertretenen Vollzugstheorie. So weisen auch die Vertreter der Vollzugstheorie dem Zustimmungsgesetz keinen wahren Gesetzesstatus zu. Demnach deutet die Formulierung „in Form eines Bundesgesetzes" darauf hin, dass hier lediglich die parlamentarische Zustimmung im Vordergrund steht und kein Gesetz im eigentlichen Sinne zustande kommt. Andernfalls hätte der Ausdruck „durch ein Bundesgesetz" Anwendung gefunden.[591]

Im Zuge der Transformationstheorie wird hingegen nicht das DBA als völkerrechtlicher Vertrag ausgelegt, sondern das nationale Zustimmungsgesetz.[592] Demnach wäre für dieses nationale Gesetz ebenfalls die ranghöhere objektivierte Sichtweise nationaler Gesetzesauslegung anzuwenden. Allerdings wollen auch die Vertreter der Transformationstheorie das völkerrechtliche Verständnis

---

585 Vgl. *Lang,* Die Auslegung von Doppelbesteuerungsabkommen in der Rechtsprechung des Bundesfinanzhofs in Lang/Mössner/Waldburger, Die Auslegung von Doppelbesteuerungsabkommen in der Rechtsprechung der Höchstgerichte Deutschlands, der Schweiz und Österreichs, 19 (24).

586 Vgl. *Vogel/Prokisch,* Interpretation of Double Taxation Conventions, Generalbericht, in IFA, CDFI 1993, 19 (33 f.). Sowohl ihre unmittelbare Wirkung auf den Steuerpflichtigen als auch ihre Anlehnung an das Musterabkommen stützen diese These.

587 Vgl. *Leisner-Egensperger,* IStR 2014, 10 (12).

588 Vgl. *Wassermeyer* in Wassermeyer, DBA, Vor Art. 1 MA Rz. 31.

589 Vgl. *Vogel/Prokisch,* Interpretation of Double Taxation Conventions, Generalbericht, in IFA, CDFI 1993, 19 (34).

590 Vgl. *Nettesheim* in Maunz/Dürig, GG, Art. 59 GG Rz. 103.

591 Vgl. *Doehring,* Völkerrecht2, Rz. 710.

592 Vgl. *Ress,* Wechselwirkungen zwischen Völkerrecht und Verfassung bei der Auslegung völkerrechtlicher Verträge in Ress/Schreuer, Wechselwirkungen zwischen Völkerrecht und Verfassung bei der Auslegung völkerrechtlicher Verträge: mit Diskussion, 7 (38) m.w.N.; *Bleckmann,* Grundgesetz und Völkerrecht, 288.

angewendet wissen. Demnach wird sich der Vermutung beholfen, dass der Gesetzgeber den Vertrag in der Weise transformieren wollte, wie er auch auf Völkerrechtsebene seine Geltung entfaltet.[593] Zudem wird die verfassungsrechtlich verankerte Völkerrechtsfreundlichkeit[594] angeführt, die der völkergewohnheitsrechtlichen Sichtweise den Vorrang einräumt.[595]

Letztendlich folgt aus ihrem genuin völkervertragsrechtlichen Charakter, dass sich der Befund des WÜRV auch auf das Auslegungsziel von Doppelbesteuerungsabkommen übertragen lässt. Entsprechend ist äquivalent zu der objektivierten Sichtweise der völkerrechtlichen Verträge zu verfahren: Der historische Parteiwille besitzt zwar Auslegungsrelevanz, jedoch nur insoweit er auch Niederschlag im Vertragstext gefunden hat.[596] Hierin spiegelt sich der Realismus wider, dass im Rahmen der Auslegung die Gewissheit über den historischen Parteiwillen wohl nie vollends erlangt werden kann. Um diesen dennoch annäherungsweise zu ergründen, ohne einen anwenderspezifischen Sinn hineinzuinterpretieren, wird sich objektiver Kriterien bedient. So wird ein einsichtiges Ergebnis erzielt, welches dem historischen Parteiwillen in den Grenzen des Vertragstextes bestmöglich entspricht.

(3) Auslegungsmethoden und -regeln

Aufgrund der Tatsache, dass die Abkommen primär der individuellen Auslegung unterliegen und somit einseitig durch nationale Rechtsanwender, insbesondere nationale Gerichte, interpretiert werden, ist die Anwendung nationaler Auslegungsgrundsätze zu erwägen. Gestützt wird eine derartige Anwendbarkeit durch das Zustimmungsgesetz, welches im Ergebnis eine innerstaatliche Verbindlichkeit erklärt. Daneben stehen die allgemeinen völkerrechtlichen

593 Vgl. *Ress*, Wechselwirkungen zwischen Völkerrecht und Verfassung bei der Auslegung völkerrechtlicher Verträge in Ress/Schreuer, Wechselwirkungen zwischen Völkerrecht und Verfassung bei der Auslegung völkerrechtlicher Verträge: mit Diskussion, 7 (38) m.w.N.; *Wassermeyer* in Wassermeyer, DBA, Vor Art. 1 MA Rz. 63; *Bleckmann*, Grundgesetz und Völkerrecht, 288.

594 Weiterführende Ausführungen zur Völkerrechtsfreundlichkeit des Grundgesetzes finden sich im Kapitel C.III.3.b.(7).(a).

595 Vgl. *Lampert*, Doppelbesteuerungsrecht und Lastengleichheit, 51 f. m.w.N.

596 A.A. *Leisner-Egensperger*, IStR 2014, 10 (12), die vornehmlich davon ausgeht, dass nach völkerrechtlichen Regeln die subjektive Theorie anzuwenden ist. Diese sei konsequent auf die Doppelbesteuerungsabkommen zu übertragen. Hieraus entwickelt sie für Auslegungszwecke einen zweistufigen Ansatz, der im Rahmen autonomer Abkommensauslegung der subjektiven Theorie folgt und bei Heranziehen der innerstaatlichen Rechtsordnung systemkonform hin zu einer objektiven Sichtweise wechselt.

Auslegungsregeln, die aufgrund des völkerrechtlichen Charakters der DBA Anwendung beanspruchen. Darüber hinaus enthalten die Abkommen eigens allgemeine und spezielle Auslegungsregeln für Begriffsbestimmungen. Diese diversen Auslegungsregeln und ihr Verhältnis zueinander gilt es zu untersuchen, um die Regelungsbasis für ein einheitliches Auslegungsergebnis bestimmen zu können.

(a) Hermeneutische Auslegungsmethoden

Um den Parteiwillen in objektivierter Art und Weise zu ergründen und die Interpretation nicht vollends der Subjektivität des Rechtsanwenders zu überlassen, sind disziplinierende Maßnahmen erforderlich. Durch die Orientierung an einer methodischen Vorgehensweise sollen in diesem Sinne rational nachvollziehbare Auslegungsentscheidungen getroffen werden.[597] Die traditionelle juristische Auslegungsmethodik typisiert dabei die Konventionen semantischer, syntaktischer und pragmatischer Interpretationsregeln des allgemeinen Sprachgebrauchs.[598] Nach der allgemeinen Rechtstheorie wird hierbei auf den hermeneutischen Kanon der grammatikalischen, systematischen, teleologischen und historischen Auslegung als anerkannte Methoden zurückgegriffen, welcher sich in Anlehnung an *F.C. von Savigny*[599] zu den klassischen Auslegungsgrundsätzen weiterentwickelt hat.[600] Die Auslegungsmethoden stehen sich gleichrangig gegenüber, sie verstehen sich als wechselseitige Supplemente.[601]

597 Vgl. *Englisch* in Tipke/Lang, Steuerrecht21, § 5 Rz. 55.

598 Vgl. *Lang*, Die Auslegung von Doppelbesteuerungsabkommen in der Rechtsprechung des Bundesfinanzhofs in Lang/Mössner/Waldburger, Die Auslegung von Doppelbesteuerungsabkommen in der Rechtsprechung der Höchstgerichte Deutschlands, der Schweiz und Österreichs, 19 (24); *Potacs*, EuR 2009, 465 (470).

599 Vgl. *Savigny*, System des heutigen römischen Rechts, Bd. 1, 212 ff.

600 Die *canones* von Savigny enthielten das grammatische, das logische, das historische und das systematische Element. Durch *Rudolf von Ihering* trat schließlich die teleologische Methode hinzu, zu dieser Entwicklung *Fikentscher*, Methoden des Rechts in vergleichender Darstellung, Bd. 3, 677 ff. Als klassische Auslegungsgrundsätze wurden die vier Elemente zum heute gebräuchlichen Kanon weiterentwickelt, *Larenz/Canaris*, Methodenlehre der Rechtswissenschaft3, 133 ff. Zum Ursprung und zur Entwicklung der klassischen Auslegungsgrundsätze auch *Bydlinski*, Juristische Methodenlehre und Rechtsbegriff2, 437. Der klassische Auslegungskanon ist ebenfalls höchstrichterlich anerkannt, vgl. BFH vom 15.06.1973, III R 118/70, BStBl. II 1973, 810; vom 20.02.1979, VII R 16/78, BStBl. II 1979, 268.

601 BFH vom 24.04.1975, I R 204/73, BStBl. II 1975, 604. *Wassermeyer* in Wassermeyer, DBA, Art. 3 MA Rz. 78, sieht keinen logischen Vor- oder Nachrang.

(b) Innerstaatliche Auslegungsmethoden

Die klassischen Auslegungsgrundsätze sind im deutschen Recht – wie auch schon die Ermittlung des objektivierten Willens des Gesetzgebers – nirgendwo kodifiziert.[602] Aus der Abstinenz eines förmlichen Methodengesetzes folgt indessen nicht, dass dem Rechtsanwender ein Ermessen in Bezug auf die Anwendungsmethoden zukommt.[603] Vielmehr folgert das BVerfG aus dem doppelt im Grundgesetz verankerten Verfassungsgrundsatz der Bindung an Gesetz und Recht gem. Art. 20 Abs. 3 GG und Art. 97 Abs. 1 GG, dass der Rechtsanwender, insbesondere die Gerichte, den objektivierten Parteiwillen unter Anwendung des savignyschen Kanons zu ermitteln haben.[604] Das Bewusstsein über die Methodik ist ein zentrales. Schließlich bestimmt die Methodenwahl im Wesentlichen die Ergebnisentscheidung und die Machtverteilung zwischen den konkurrierenden Gewalten.[605] Besteht im Rahmen der jeweiligen Methodenwahl somit seitens der Gerichte eine Einflussmöglichkeit auf das Ergebnis, verschiebt sich das Gewicht von der rechtsetzenden Gewalt zugunsten der rechtsprechenden.[606] Demnach wird die strenge Gesetzesbindung der Gerichte als substanzieller Bestandteil eines demokratischen Rechtsstaats mit verfassungsrechtlich kodifizierter Gewaltentrennung und der Normsetzungsprärogative der Legislative verstanden.[607]

(c) Völkerrechtliche Auslegungsmethoden und -regeln

Für den speziellen Fall der Auslegung völkerrechtlicher Verträge hat das Wiener Übereinkommen über das Recht der Verträge vom 23.05.1969[608] maßgeblich

602 Vgl. *Vogel*, SWI 2000, 103 (104).

603 Vgl. *Rüthers/Fischer/Birk*, Rechtstheorie7, Rz. 704.

604 Ständige Rechtsprechung BVerfG vom 17.05.1960, 2 BvL 11/59; 2 BvL 11/60, BVerfGE 11, 126 (130) m.w.N.; vom 20.03.2002, 2 BvR 794/95, BVerfGE 105, 135 (157); vom 30.03.2004, 2 BvR 1520/01, 2 BvR 1521/01, BVerfGE 110, 226 (248); vom 09.07.2007, 2 BvF 1/04, BVerfGE 119, 96 (179). Siehe in diesem Zusammenhang auch *Rüthers/Fischer/Birk*, Rechtstheorie7, Rz. 705; *Leisner-Egensperger*, IStR 2014, 10 (11); *Vogel*, SWI 2000, 103 (104).

605 Vgl. *Rüthers/Fischer/Birk*, Rechtstheorie7, Rz. 696.

606 So bestimmen die Auslegungsregeln die Gewichtsverteilung zwischen den Organen der Verwaltung, Gesetzgebung und Rechsstprechung, hierzu *Vogel*, SWI 2000, 103 (104).

607 Vgl. *Rüthers/Fischer/Birk*, Rechtstheorie7, Rz. 712.

608 Vienna Convention on the Law of Treaties (Wiener Übereinkommen über das Recht der Verträge) vom 23.05.1969, UNTS Vol. 1155, 331; Gesetz zu dem Wiener Überein-

zur Vereinheitlichung der Auslegung beigetragen, wenngleich die Regelungen verhältnismäßig allgemein gehalten sind.[609] Entscheidende Bedeutung entfalten in Bezug auf die Auslegung die Artikel 31 bis 33 WÜRV.[610] Als zentrale Auslegungsregel[611] normiert hierbei Art. 31 Abs. 1 WÜRV: *„Ein Vertrag ist nach Treu und Glauben in Übereinstimmung mit der gewöhnlichen, seinen Bestimmungen in ihrem Zusammenhang zukommenden Bedeutung und im Lichte seines Zieles und Zwecks auszulegen."*. Ergänzend sind die Absichten der Vertragsparteien (Art. 31 Abs. 4 WÜRV) sowie der gegenwärtige Parteikonsens (Art. 31 Abs. 3 WÜRV) von auslegungsprimärem Rang.[612]

Das WÜRV wurde durch die International Law Commission (ILC) mit der Prämisse der Weiterentwicklung des Völkerrechts konzipiert.[613] Der Rechtscharakter war dabei nicht von Beginn an bestimmt.[614] Die Hauptvertreter der subjektiven Theorie sprachen sich für eine rechtlich unverbindliche Lösung aus, da andernfalls die Souveränität und die Ergründung des wahren Parteiwillens gefährdet seien.[615] Letzten Endes fiel die Entscheidung auf eine verbindliche Konvention, die anhand objektiver Kriterien den Parteiwillen zu ergründen sucht.[616]

Die im WÜRV normierten allgemeinen völkerrechtlichen Auslegungsregelungen entfalten ebenfalls über die parlamentarische Zustimmung[617] innerstaatliche Wirkung und würden somit i.S.d. Art. 59 GG ranggleich mit einfachen

kommen vom 23.Mai 1969 über das Recht der Verträge vom 03.08.1985, BGBl. II 1985, 926.

609 Vgl. *Vogel* in Vogel/Lehner, DBA, Einl. Rz. 105.

610 Vgl. *Vogel* in Vogel/Lehner, DBA, Einl. Rz. 105.

611 *Graf Vitzthum* in Graf Vitzthum, Völkerrecht5, 56 Rz. 123, verleiht der Regelung den Status einer Schlüsselbestimmung.

612 Siehe diesbezüglich *Roser*, Ubg 2013, 37 (40).

613 Zur Historie vgl. *Engelen*, Interpretation of Income Tax Treaties under International Law, 82 ff.

614 Vgl. *Oettingen*, Effet utile und individuelle Rechte im Recht der Europäischen Union, 39, mit Verweis auf *Rosenne*, The Law of Treaties, 34, FN 15, der den Fakt herausstellt, dass einer der Special Rapporteurs die Amtsannahme von der Bedingung des Verbindlichkeitscharakters abhängig machte.

615 Vgl. *McNair*, The Law of Treaties, 366 ff.; *Hyde*, International Law, Vol. II2, 1498 f.

616 Darauf gründend hat sich die gemäßigte objektive Theorie durchgesetzt, vgl. zur Kontroverse zwischen objektiver und subjektiver Theorie Kapitel C.III.3.(b).(2). Die Entscheidung zugunsten der verbindlichen Konvention wird auch darauf zurückgeführt, dass die ILC vorwiegend aus Vertretern der objektiven Theorie stammte, so *Oettingen*, Effet utile und individuelle Rechte im Recht der Europäischen Union, 40.

617 Gesetz zu dem Wiener Übereinkommen vom 23.Mai 1969 über das Recht der Verträge vom 03.08.1985, BGBl. II 1985, 926.

Bundesgesetzen stehen. Allerdings handelt es sich bei den Auslegungsregeln um kodifiziertes Völkergewohnheitsrecht,[618] welches gem. Art. 25 S. 2 GG über einfachen Bundesgesetzen rangiert.[619] Die Inhalte existieren somit nebeneinander als Völkervertragsrecht und als Völkergewohnheitsrecht.[620]

i. Doppelbesteuerungsabkommen im Lichte des Art. 31 WÜRV

01. Die allgemeine völkerrechtliche Auslegungsregel

Gemäß Abs. 1 ist der Vertrag nach Treu und Glauben in Einklang mit der gewöhnlichen Bedeutung, der Bedeutung der Bestimmungen[621] in ihrem Zusammenhang sowie im Lichte des Vertragsgegenstands- und -zwecks[622] auszulegen. Die einzelnen Auslegungsmaßstäbe sind danach nicht für sich isoliert zu betrachten. Der Vertragssinn erschließt sich erst durch die Konnexität der einzelnen Bestandteile. Anders formuliert, wird die Bedeutung des Wortlauts erst durch ihren Zusammenhang und den Vertragszweck erhellt.

Die Auslegung hat grundsätzlich und generell unter den Gesichtspunkten der *bona fides* zu erfolgen. Dabei handelt es sich um einen materiellen Völker-

---

618 Zum völkergewohnheitsrechtlichen Charakter der Auslegungsregeln im WÜRV, vgl. *Lampert*, Doppelbesteuerungsrecht und Lastengleichheit, 58; *Frotscher*, Internationales Steuerrecht3, Rz. 210; *Vogel*, Abkommensvergleich als Methode der Auslegung von Doppelbesteuerungsabkommen, in Curtius-Hartung/Niemann/Rose, StbJb 1983/84, 373 (374).

619 Vgl. *Koenig* in Mangoldt/Klein/Starck, GG, Art. 25 GG Rz. 19.

620 Vgl. *Bleckmann*, Völkerrecht, Rz. 422. Aufgrund des parallelen völkergewohnheitsrechtlichen Charakters der im WÜRV kodifizierten völkerrechtlichen Auslegungsregelungen entfalten diese ihre völkerrechtliche Verbindlichkeit auch für Abkommen, die vor dem Inkrafttreten des Zustimmungsgesetzes am 20.08.1987 abgeschlossen wurden, so auch bspw. *Schönfeld/Häck* in Schönfeld/Ditz, DBA, Systematik Rz. 87. Dies gilt ebenfalls für Staaten, die das WÜRV nicht ratifiziert haben, vgl. *Heintschel von Heinegg* in Ipsen, Völkerrecht5, § 11 Rz. 11. Zur Diskussion siehe Kapitel C.I.3.

621 In der deutschen Übersetzung ist nicht von „Ausdrücken" sondern „Bestimmungen" die Rede. Zutreffend ist allerdings die Begrifflichkeit „Ausdrücke" (englisch: *terms*), da vordergründig der Wortlaut gemeint ist und damit auf die kleinere Einheit „Ausdrücke" abzustellen ist. Siehe hierzu auch *Vogel* in Vogel/Lehner, DBA, Einl. Rz. 106.

622 Hierbei wird die deutsche Übersetzung „Ziel und Zweck" als unsachgemäß erachtet und eine objektivere und treffendere Übersetzung in der Formel „Gegenstand und Zweck" gesehen, vgl. *Vogel* in Vogel/Lehner, DBA, Einl. Rz. 106.

rechtssatz und nicht um einen Auslegungsgrundsatz.[623] Mithin ist hierin keine Methode zur Ergründung des Parteiwillens zu sehen, sondern ein Grundsatz, unter welcher Voraussetzung die Auslegungsmethoden zu operieren haben.[624] Unter Treu und Glauben wird im Rahmen der Auslegung verstanden, dass die Anwendung von Spitzfindigkeiten durch die Vertragsparteien zu unterbleiben hat.[625] Damit hat eine Abkehr von einem reinen formalistischen Rechtsverständnis zu erfolgen hin zur Pflichterfüllung unter Besinnung auf den wahren Sinngehalt.[626]

Maßgebend ist grundsätzlich die gewöhnliche Bedeutung[627] im Zeitpunkt des Vertragsschlusses (statische Interpretation).[628] Entgegen einer derart absoluten Haltung kann eine gewandelte Begriffsbedeutung[629] dann eine Rolle spielen, wenn diese im Einklang mit den Auslegungsmaßstäben dem objektivierten Parteiwillen entspricht (dynamische Interpretation).[630] Abweichend von der gewöhnlichen Bedeutung kann dem Ausdruck jedoch auch eine verschiedenartige Bedeutung durch die Vertragsparteien i.S.d. Art. 31 Abs. 4 WÜRV beigelegt werden, wenn dies hinreichend klar zum Ausdruck gebracht wird.[631]

---

623 Die Entwicklung der Völkerrechtsordnung und Werteordnung erfolgt in einem gewissen Abhängigkeitsverhältnis. So bildet der Grundsatz von Treu und Glauben für das Völkerrecht eine Existenzgrundlage, vgl. *Dahm/Delbrück/Wolfrum*, Völkerrecht, Bd. I/32, 846 m. w. N. Allgemein zum Grundsatz von Treu und Glauben im Völkerrecht *Verdross*, Die bona fides als Grundlage des Völkerrechts, in Constantopoulos/Wehberg, Festschrift Laun, 29 (29 ff.). Zur Auslegung nach Treu und Glauben vgl. auch *Köck*, Vertragsinterpretation und Vertragsrechtskonvention, 85 f.

624 Vgl. *Graf Vitzthum* in Graf Vitzthum, Völkerrecht5, 64, Rz. 142; *Daillier/Pellet*, Droit International Public, 260.

625 Vgl. *Lorenzmeier*, Völkerrecht2, 44.

626 Vgl. *Dahm/Delbrück/Wolfrum*, Völkerrecht, Bd. I/32, 848 m. w. N.

627 Die gewöhnliche Bedeutung ist oftmals selbst erst im Rahmen des Zusammenhangs zu ergründen, so *Heintschel von Heinegg* in Ipsen, Völkerrecht5, § 11 Rz. 6 ff.

628 Vgl. *Lampert*, IStR 2012, 513, mit Verweis auf *Dahm/Delbrück/Wolfrum*, Völkerrecht, Bd. I/32, 641, m. w. N.; *Dörr* in Dörr/Schmalenbach, Vienna Convention on the Law of Treaties, Art. 31 WÜRV Rz. 24, m. w. N.; *Sorel/Boré Eveno* in Corten/Klein, The Vienna Conventions on the Law of Treaties, Art. 31 WÜRV Rz. 6.

629 Hierbei wird dem Ausdruck die Bedeutung im jeweiligen Zeitpunkt zugrunde gelegt, BFH vom 13.12.1989, I R 39/87, BStBl. II 1990, 379 (381); *Loukota*, SWI 2000, 299 (302); *Avery Jones*, BTR 1984, 14 (40).

630 Zur Dynamisierung im Auslegungsprozess siehe Kapitel C.III.3.b.(3).(c).iv.06. Vgl. in diesem Zusammenhang insbesondere *Lampert*, IStR 2012, 513 (513 ff.).

631 Hierzu *Vogel* in Vogel/Lehner, DBA, Einl. Rz. 107; *Lehner* in Kessler/Kröner/Köhler, Konzernsteuerrecht2, § 6 Rz. 21; in Bezug auf das Völkerrecht allgemein *Doehring*, Völkerrecht2, Rz. 390.

Gleichwohl lässt sich ein allgemeiner Wortsinn aufgrund der abstrakt generellen Rechtssprache kaum eindeutig bestimmen.[632] Aus diesem Grund verknüpft das WÜRV den Wortlaut untrennbar mit dem Gesamtkontext, in dem er steht sowie dem Ziel und dem Zweck des Vertrages als flankierende Auslegungsmaßstäbe.

Der Wortlaut ergibt sich bei den DBA aus dem Vertragsinhalt. Hierzu zählen der Vertragstext sowie die Präambel und die Anlagen (Art. 31 Abs. 2 WÜRV). Diese sind gleichfalls von Bedeutung für die Erschließung des Bedeutungszusammenhangs. Da jene in ihrer Aussagekraft erschöpfend sind, werden darüber hinaus vertragsbezogene Übereinkünfte, Urkunden, gemeinsame Auslegungen sowie weitere einschlägige Völkerrechtssätze (Art. 31 Abs. 2 und 3 WÜRV) einbezogen.[633] Hierbei sind ebenso Abreden wie Noten- oder Briefwechsel von Belang. Originär einseitige Vertragsmaterialien sind dann auslegungsrelevant, wenn eine Affirmation durch die andere Vertragspartei erfolgt ist.[634] Bedeutung für den Auslegungsprozess erlangen danach allein solche Vertragsmaterialien, die über die Absichten beider Vertragsparteien Auskunft geben.[635]

Unter den Gesichtspunkten einer sich verändernden Abkommenspraxis sollten Parallelabkommen nur bedingt der Auslegung dienen. Gleichwohl ist die Gruppierung von Doppelbesteuerungsabkommen nach Industrieländern und Entwicklungsländern zu befürworten und dem Auslegungsprozess zuträglich.[636]

Generell ist zu festzustellen, dass sämtlichen Materialien eine lediglich eingrenzende Wirkung beigemessen werden kann.[637] Sie dienen dazu, die zu interpretierenden Abkommensregelungen im Rahmen der Auslegungsgrundsät-

632 Vgl. *Vogel/Prokisch*, Interpretation of Double Taxation Conventions, Generalbericht, in IFA, CDFI 1993, 19 (34).

633 Vgl. *Henkel* in Gosch/Kroppen/Grotherr, DBA, Grundlagen Abschn. 4 Rz. 28. Siehe auch *Schönfeld/Häck* in Schönfeld/Ditz, DBA, Systematik Rz. 91.

634 Die Praxis mag in diesem Punkt nicht immer konform verfahren. So sind in den USA etwa einseitige Vertragsmaterialien in Form einer „legislative history" mit „technical explanations" verbreitet. Zwar qualifiziert der US Supreme Court die einseitigen Vertragsmaterialien dann nicht als Auslegungsquellen, wenn auf die Veröffentlichung und deren Zugang lediglich verwiesen wird. Häufig fanden derartige Materialien im Auslegungsprozess dennoch Anwendung.

635 Vgl. *Lang* in Grotherr, Handbuch der internationalen Steuerplanung, 1865 (1867).

636 Vgl. *Vogel/Prokisch*, Interpretation of Double Taxation Conventions, Generalbericht, in IFA, CDFI 1993, 19 (36).

637 Dies bestätigt auch *Henkel* in Gosch/Kroppen/Grotherr, DBA, Grundlagen Abschn. 4 Rz. 29. Somit ist allein die Abkommensnorm der maßgebliche Auslegungsgegenstand.

ze zu ergründen, um somit ein möglichst eindeutiges Auslegungsergebnis zu erhalten. Folglich kommt ihnen keine die Auslegungsgrundsätze übersteigende Bedeutung zu, sondern eine erhellende.

02. Bedeutung des OECD-MA und OECD-MK

Das OECD-MA und der OECD-MK sind als Empfehlungen[638] ohne Rechtsnormcharakter ausgestaltet.[639] Aus ihnen erwächst keine normative Wirkkraft – weder auf völkerrechtlicher noch auf innerstaatlicher Ebene.[640] Die Frage, ob die Mitgliedstaaten der OECD dazu verpflichtet sind, ihre bilateralen Verträge an den Musterabkommen und Musterkommentar auszurichten, ist jedoch konsequent von der Frage abzugrenzen, ob im Rahmen des Auslegungsprozesses für diejenigen Staaten, dessen Abkommen sich tatsächlich am OECD-Musterabkommen orientieren,[641] das Verständnis aus den Mustermaterialien bindend ist.[642] Das Meinungsspektrum spannt sich dabei zwischen einer Rechtspflicht abgeleitet aus den allgemeinen Völkerrechtssätzen[643] bis hin zu der Ansicht, dass insbesondere die Musterkommentare als reine Meinungsäußerungen zu sehen sind, denen kein größeres Gewicht als der allgemeinen

638 Diesen Empfehlungen (*recommendations*) kommt kein Bindungscharakter für die Mitgliedstaaten zu, Art. 5 lit. b OECD-Satzung (OECD, Convention on the Organisation for Economic Co-operation and Development, Paris 1960, erhältlich im Internet: http://www.oecd.org/general/conventionontheorganisationforeconomicco-operationanddevelopment.htm (besucht am 24.03.2015)). Mithin sind die Empfehlungen des Rates der OECD von den Entscheidungen (*decisions*), die als bindend gelten, abzugrenzen, vgl. *Vogel* in Vogel/Lehner, DBA, Einl. Rz. 124b.

639 Vgl. *Wassermeyer* in Wassermeyer, DBA, Vor Art. 1 MA Rz. 34; *Henkel* in Gosch/Kroppen/Grotherr, DBA, Grundlagen Abschn. 4 Rz. 40; *Schönfeld/Häck* in Schönfeld/Ditz, DBA, Systematik Rz. 27, 97.

640 Vgl. hierzu im Detail Kapitel C.I.4.

641 Von der weiteren Berücksichtigung sind Abkommen ausgenommen, in denen oder in den zu ihnen vereinbarten Protokolle explizit auf die Anwendung der Kommentare verwiesen wird, so bspw. in neueren österreichischen Abkommen, vgl. *Vogel* in Vogel/Lehner, DBA, Einl. Rz. 124b.

642 Dabei ist für den Auslegungsprozess vordergründig die Bedeutung des Musterkommentars zu hinterfragen. Hingegen wird für jene DBA, die abweichend von den Originalsprachen der MA verfasst sind, nur das Musterabkommen als wichtig erachtet, vgl. *Vogel* in Vogel/Lehner, DBA, Einl. Rz. 124a.

643 Vgl. *Engelen*, Interpretation of Tax Treaties under International Law, 458 ff.; *ders.*, BIT 2006, 105 (109); *Ellis*, BIT 2006, 103 (103 f.).

Kommentarliteratur zuteil wird[644], auf. Der Dissens über das Bestehen einer rechtlichen Verpflichtung ist folgend zu untersuchen und insbesondere im Lichte der Regeln des WÜRV aufzulösen.

Für die Mitgliedstaaten der OECD gilt es grundsätzlich, nach Art. 18 lit. b der Verfahrensregeln der OECD[645] eine Zweckmäßigkeitsprüfung der Empfehlungen vorzunehmen.[646] In Ansehung der Tatsache, dass sich die Empfehlungen an die Regierungen der Mitgliedstaaten richten und diese dazu befugt sind, den Empfehlungen Vorbehalte und Bemerkungen anzufügen, wird die Auffassung vertreten, dass für die Steuerverwaltungen der OECD-Mitgliedstaaten eine – wenn auch nur – „abgeschwächte Verpflichtung"[647] zur Folgeleistung besteht.[648] Hierdurch wird eine Vergleichbarkeit mit innerstaatlichen Verwaltungsvorschriften geschaffen, von denen die Verwaltungen nur im Rahmen von Ermessensentscheidungen zur Abweichung berechtigt sind.[649] Eine etwaige Selbstbindung der Steuerverwaltungen der Mitgliedstaaten hat gleichwohl keine Auswirkung auf die Bindungswirkung für Gerichte und Steuerpflichtige.[650] Diese würde indes dann zum Tragen kommen, wenn hierfür eine Rechtsgrundlage bestehen würde.

---

644 Vgl. *Gündisch*, Personengesellschaften im DBA-Recht, 44 f.

645 *OECD*, Rules of Procedure of the Organisation, 12, erhältlich im Internet: http://www.oecd.org/legal/Rules%20of%20Procedure%20OECD%20Oct%202013.pdf (besucht am 24.03.2015).

646 Die Empfehlungen sind den Mitgliedstaaten mit dem Zweck zu unterbreiten, ob sie diese für angebracht erachten, vgl. *Hahn/Weber*, Die OECD, Organisation für wirtschaftliche Zusammenarbeit und Entwicklung, 99. Der Rat der OECD hat in diesem Sinne wiederholt die Befolgung des Musterabkommens und des Musterkommentars in deren jeweiligen Fassungen beschlossen, vgl. *Vogel*, SWI 2000, 103 (107 f.).

647 *Vogel* in Vogel/Lehner, DBA, Einl. Rz. 124b.

648 Vgl. *Vogel*, IStR 2003, 523 (527). *Dahm*, DÖV 1959, 361 (363), spricht von einer „gelockerten Rechtspflicht". Diese Auffassung ist gleichwohl nicht unumstritten. Keine unmittelbare Verpflichtung sieht bspw. *Henkel* in Gosch/Kroppen/Grotherr, DBA, Grundlagen Abschn. 4 Rz. 40. *Gündisch*, Personengesellschaften im DBA, 44 f., sieht den OECD-MK als reine Meinungsäußerung an. Eine Verpflichtung ist demgegenüber zumindest dann anzunehmen, wenn die Abkommen oder die Protokolle explizit auf die Kommentare verweisen, vgl. *Schönfeld/Häck* in Schönfeld/Ditz, DBA, Systematik Rz. 97. Einzelne Abkommen, die einen ausdrücklichen Verweis vornehmen benennt *Vogel* in Vogel/Lehner, DBA, Einl. Rz. 124b.

649 Hierzu *Vogel*, SWI 2000, 103 (108). Aufgrund der Ähnlichkeit zu den innerstaatlichen Verwaltungsvorschriften wirft *Vogel* in diesem Zusammenhang die Frage auf, ob der Bürger sich demnach auch auf den Musterkommentar berufen kann, wenn die Verwaltung das Abkommen abweichend zum OECD-MK zu seinen Ungunsten auslegt.

650 Vgl. *Vogel*, Der Kommentar der OECD zum Doppelbesteuerungs-Musterabkommen,

Unbeschadet der Tatsache, dass den Mustermaterialien eine hohe Akzeptanz entgegengebracht wird, kann die Heranziehung der Mustermaterialien für die Auslegung nicht als die Verfestigung in Völkergewohnheitsrecht angesehen werden.[651] Ob eine derartige Übung besteht, kann erst im Zuge einer individuellen Prüfung beurteilt werden. Eine allgemeingültige und zwingende Klassifizierung der Auslegung in Übereinstimmung mit Musterabkommen und -kommentar als Übung ist somit nicht tragfähig.[652] Die Orientierung am Verständnis der Mustermaterialien kann demnach nicht als gemeinsame und übereinstimmende Übung mit Rechtsbindungswillen zwischen den Völkerrechtssubjekten verstanden werden. Grundsätzlich sind das OECD-MA und der OECD-MK auch nicht den Vertragsmaterialien zuzuordnen, da sie nicht im Rahmen des einzelnen Vertrages zwischen den Vertragspartnern ausgehandelt wurden.[653] Gleichwohl könnte bezüglich der Abkommen, die auf dem Musterabkommen basieren, die Auffassung vertreten werden, dass die Materialien mittelbar einen integralen Bestandteil des Abkommens bilden.[654] Die Begründung einer hieraus abgeleiteten Rechtspflicht wird in diesem Zusammenhang auf allgemeine Völkerrechtssätze gestützt. So soll der Grundsatz des qualifizierten Stillschweigens[655] und das Verbot widersprüchlichen Verhaltens[656] dazu führen, dass die Mustermaterialien mangels gegenteiliger Äußerungen im Rahmen des Vertragsschlusses in gleichem Atemzug als rechtsverbindlich

in Classen/Dittmann/Fechner/Gassner/Kilian, Festschrift Oppermann, 477 (477 ff.); *ders.*, SWI 2000, 103 (108).

651 So auch *Lampert*, Doppelbesteuerungsrecht und Lastengleichheit, 81.

652 Das Vorhandensein des Musterkommentars begründet an sich noch keine Übung, *Lang*, Intertax 1997, 7 (8).

653 Vgl. *Günkel/Lieber*, FR 2000, 853 (857); *Lampert*, Doppelbesteuerungsrecht und Lastengleichheit, 79. So wohl auch *Wassermeyer* in Wassermeyer, DBA, Vor Art. 1 MA Rz. 34, wenn er die Abkommen nicht unmittelbar als Gegenstand der Abkommen betrachtet. Demnach sind sie keine Urkunden gem. Art. 31 Abs. 2 Buchst. b WÜRV, die anlässlich des Vertragsabschlusses abgefasst wurden, vgl. *Ault*, The Role of the OECD Commentaries in the Interpretation of Tax Treaties, in Alpert/Raad, Essays on International Taxation, 61 (63); a.A. *Raad*, ET 1996, 3.

654 Vgl. *Engelen*, Interpretation of Tax Treaties under International Law, 458 ff.; *ders.*, BIT 2006, 105 (109); *Ellis*, BIT 2006, 103 (103 f.). Hierzu ebenfalls *Liebchen*, Beteiligungen an ausländischen Personengesellschaften, 128 f.

655 Dies wird als sog. *acquiescence*-Prinzip (*qui tacet consentire videtur si loqui debuisset ac potuisset*) bezeichnet, vgl. *Graf Vitzthum* in Graf Vitzthum, Völkerrecht5, 61, Rz. 133 m.w.N.; *Stein/von Buttlar*, Völkerrecht13, Rz. 137.

656 In diesem Zusammenhang spricht man vom sog. *estoppel*-Prinzip (*venire contra factum proprium non valet*), vgl. *Graf Vitzthum* in Graf Vitzthum, Völkerrecht5, 61, Rz. 134 m.w.N.; *Stein/von Buttlar*, Völkerrecht13, Rz. 163.

anerkannt wurden.[657] Selbst wenn man diese Argumentation gelten ließe, bestünden ernsthafte Zweifel daran, dass die Erhebung zum Vertragsbestandteil durch das Zustimmungsgesetz gedeckt und das OECD-MA und der OECD-MK damit innerstaatliche Verbindlichkeit entfalten würden.[658] Sind die Materialien demnach nicht als Vertragsbestandteile einzubeziehen, knüpfen sich hieran die Überlegungen, welche rechtsdogmatische Relevanz dieser Art von Dokumenten im Auslegungsprozess, insbesondere im Zusammenhang mit den Auslegungsgrundsätzen des WÜRV, zugeschrieben werden kann. Zu erwägen ist eine Heranziehung als ergänzendes Auslegungsmittel gem. Art. 32 WÜRV.[659] Jedoch scheidet zumindest eine Kategorisierung als „vorbereitende Arbeiten" i.S.d. Art. 32 WÜRV in Ermangelung einer Aushandlung zu dem jeweiligen konkreten Vertrag aus.[660] Der BFH bedient sich zu Auslegungszwecken ebenfalls des OECD-MK.[661] Seine Bezeichnung als Auslegungshilfe[662]

657 A.A. *Ward,* The Interpretation of Income Tax Treaties with Particular Reference to the Commentaries on the OECD Model, 42 ff; *Pijl,* ET 2006, 216 (222 ff.), die argumentieren, dass die Materialien gerade nicht intendieren, eine Rechtsverbindlichkeit zu entfalten.

658 So spricht auch *Liebchen,* Beteiligungen an ausländischen Personengesellschaften, 128 f., sämtlichen Versuchen, eine Rechtsverbindlichkeit auf völkerrechtlicher Ebene zu konstatieren, die Wirkung auf innerstaatlicher Ebene mangels parlamentarischer Zustimmung ab.

659 So *Mössner,* Zur Auslegung von Doppelbesteuerungsabkommen, in Böckstiegel/Folz/Mössner/Zemanek, Festschrift Seidl-Hohenveldern, 403 (411 f.); *Gloria,* Das steuerliche Verständigungsverfahren und das Recht auf diplomatischen Schutz, 91; Déry/Ward, Interpretation of Double Taxation Conventions, Nationalbericht Kanada, in IFA, CDFI 1993, 259 (278); *Edwardes-Ker,* Tax Treaty Interpretation, Abschn. 23.15 f., 26.04. Der OECD-Steuerausschuss lehnt eine derartige Sichtweise ab, hierzu *Krabbe,* IStR 2000, 196 (197).

660 Vgl. *Vogel* in Vogel/Lehner, DBA, Einl. Rz. 125. Diese Auffassung ist gleichwohl umstritten. Für eine Einordnung in „vorbereitende Arbeiten": *Mössner,* Zur Auslegung von Doppelbesteuerungsabkommen, in Böckstiegel/Folz/Mössner/Zemanek, Festschrift Seidl-Hohenveldern, 403 (411, 412); gegen eine derartige Einordnung: *Gloria,* Das steuerliche Verständigungsverfahren und das Recht auf diplomatischen Schutz, 90; *Vogel/Prokisch,* Interpretation of Double Taxation Conventions, Generalbericht, in IFA, CDFI 1993, 19 (19 ff., 31). Nach *Wassermeyer* in Wassermeyer, DBA, Vor Art. 1 MA Rz. 38, ist die Einordnung insbesondere davon abhängig, wie eng der Zusammenhang zwischen vorbereitende Arbeiten und dem Vertrag selbst sein muss. Für ihn scheint die Diskussion „wenig ergiebig", weil nach seiner Auffassung eine Anwendung nach Art. 31 WÜRV in Betracht kommt und daraus eine unmittelbare Anwendung von OECD-MA und OECD-MK erfolgt. So auch *Lampert,* Doppelbesteuerungsrecht und Lastengleichheit, 80.

661 BFH vom 22.06.2011, I R 103/10, BStBl. II 2012, 115; vom 09.12.2010, I R 49/09, BStBl. II 2011, 482; vom 08.12.2010, I R 92/09, BStBl. II 2011, 488; vom 09.06.2010, I R 94/09,

sowie die Heranziehung des OECD-MK lediglich zur Bestätigung der Auslegungsergebnisse[663] indizieren seitens des BFH eine Einordnung gem. Art. 32 WÜRV.[664] Somit kann hierin allenfalls die Rechtfertigung für eine etwaige Bezugnahme auf die Mustermaterialien erblickt werden, welche 1) sekundär und 2) fakultativ ist. Die Tatsache, dass sich die Vertragsparteien im Zuge ihrer Vertragsverhandlungen maßgeblich an dem Musterabkommen orientieren und der sich daraus ergebende faktische Stellenwert von Musterabkommen und -kommentar,[665] rechtfertigen allerdings eine Würdigung in einem weitaus höherem Maße, als eine Heranziehung erst auf zweiter Stufe, wenn gem. Art. 32 WÜRV die Bedeutung im Rahmen der Auslegung nach Art. 31 WÜRV mehrdeutig oder dunkel geblieben ist.[666] Eine vordergründige Berücksichtigung müsste sich demnach aus Art. 31 WÜRV ergeben. Für Zwecke des Art. 31 WÜRV kann dabei die Vorstellung über die Zuordnung des OECD-MA und des OECD-MK zum „Zusammenhang"[667] nicht überzeugen, weil jener augen-

BStBl. II 2011, 860; vom 13.02.2008, I R 63/06, BStBl. II 2009, 414; vom 09.08.2006, II R 59/05, BStBl. II 2009, 758; vom 28.06.2006, I R 92/05, BStBl. II 2007, 100; vom 25.02.2004, I R 44/03, BStBl. II 2004, 740; vom 18.12.2002, I R 96/01, BFH/NV 2003, 1152; vom 21.04.1999, I R 99/97, BStBl. II 1999, 694; vom 09.04.1997, I R 178/94, BStBl. II 1997, 657; vom 10.11.1993, I R 53/91, BStBl. II 1994, 218.

662 BFH vom 25.05.2011, I R 95/10, BFH/NV 2011, 1602.

663 BFH vom 22.06.2011, I R 103/10, BStBl. II 2012, 115; vom 08.12.2010, I R 92/09, BStBl. II 2011, 488; vom 09.06.2010, I R 94/09, BStBl. II 2011, 860; vom 25.02.2004, I R 44/03, BStBl. II 2004, 740; vom 18.12.2002, I R 96/01, BFH/NV 2003, 1152; vom 16.12.1998, I R 40/97, BStBl. II 1999, 207; vom 20.12.1995, I R 57/94, BStBl. II 1996, 261; vom 10.11.1993, I R 53/91, BStBl. II 1994, 218; demgegenüber jedoch z. B. BFH vom 28.06.2006, I R 92/05, BStBl. II 2007, 100. Vgl. hierzu *Drüen* in Tipke/Kruse, AO/FGO, § 2 AO Rz. 42.

664 Vgl. *Pohl*, RIW 2012, 677 (678). Dies bestätigend *Gosch*, IStR 2014, 698 (699).

665 Vgl. *Schönfeld/Häck* in Schönfeld/Ditz, DBA, Systematik Rz. 62; *Brunschot*, BIFD 2005, 5 (7). So spricht auch *Gosch*, IStR 2014, 698 (699), von einer „bedeutsamen Richtschnur für das richtige Abkommensverständnis" und verweist auf den Fingerzeig des OECD-Musterkommentars.

666 Vgl. *Vogel* in Vogel/Lehner, DBA, Einl. Rz. 125. Für eine subsidiäre Anwendung i.S.d. Art. 32 WÜRV: *Mössner*, Zur Auslegung von Doppelbesteuerungsabkommen, in Böckstiegel/Folz/Mössner/Zemanek, Festschrift Seidl-Hohenveldern, 403 (412); *Gloria*, Das steuerliche Verständigungsverfahren und das Recht auf diplomatischen Schutz, 91; *Drüen* in Tipke/Kruse, AO/FGO, § 2 AO Rz. 42; *Pott*, Die Kollision unterschiedlicher Formen der Gesellschafterbesteuerung im internationalen Steuerrecht, 142 f. Auch der BFH sieht eher eine subsidiäre Bedeutung, BFH vom 14.09.1994, I R 116/93, BStBl. II 1995, 238 (240); vom 26.02.1992, I R 85/91, BStBl. II 1992, 937 (939).

667 Hierzu im Detail *Vogel/Prokisch*, Interpretation of Double Taxation Conventions, Generalbericht, in IFA, CDFI 1993, 19 (30); *Prokisch*, SWI 1994, 52 (53); *Engelen*, BIT 2006, 105 (109); *Wattel/Marres*, ET 2003, 222 (226 f.).

scheinlich auf ein inneres Verständnis abstellt.[668] Da die Mustermaterialien 1) unabhängig vom Vertragsabschluss, 2) nicht durch die Vertragsparteien, sondern vielmehr durch ein Organ der OECD beschlossen wurden und 3) ihnen allein Empfehlungscharakter zukommt, können sie auch nicht unter die zum Zusammenhang gehörenden Übereinkünfte und Urkunden i.S.d. Art. 31 Abs. 2 WÜRV subsumiert werden.[669] Angesichts der Tatsache, dass sich eine gebräuchliche internationale Steuersprache auf Grundlage der Musterabkommen und -kommentare herausgebildet hat,[670] kann der Musterkommentar jedoch als Spiegel eines allgemein akzeptierten Verständnisses[671] gewertet werden. So kann hierin ein gewichtiges Indiz erblickt werden, dass die Erläuterungen im Musterkommentar der gewöhnlichen Bedeutung der Ausdrücke i.S.d. Art. 31 Abs. 1 WÜRV entsprechen.[672] Abweichend hiervon wird auch vertreten, die Verfahrensweise als Beimessen einer „besonderen Bedeutung" i.S.d. Art. 31 Abs. 4 WÜRV anzuerkennen.[673] Beiden Auffassungen ist zumindest gemein, dass ihnen eine Verbindlichkeit im Rahmen der Auslegung über Art. 31 WÜRV zukommt.[674] Ein abweichendes Verständnis kann sich jedoch aus der Zusammenschau der anderen Auslegungsmaßstäbe des Zusammenhangs und des Telos ergeben.[675] Darüber hinaus setzt eine derartige Einordnung voraus, dass

---

668 Vgl. *Gloria,* Das steuerliche Verständigungsverfahren und das Recht auf diplomatischen Schutz, 101; *Ward,* BIT 2006, 97 (98 f.).

669 Vgl. *Wassermeyer* in Wassermeyer, DBA, Vor Art. 1 MA Rz. 41.

670 Zu den Ansätzen der Herausbildung einer internationalen Begriffssprache *Vogel/Prokisch,* Interpretation of Double Taxation Conventions, Generalbericht, in IFA, CDFI 1993, 19 (27). *Wassermeyer* in Wassermeyer, DBA, Vor Art. 1 MA Rz. 34, spricht von einem „hohen Maß internationaler Übereinstimmung", die im OECD-MA und OECD-MK zum Ausdruck kommt.

671 Von einer allgemeinen Akzeptanz des Musterkommentars ausgehend *Henkel* in Gosch/Kroppen/Grotherr, DBA, Grundlagen Abschn. 4 Rz. 44.

672 So insbesondere *Prokisch,* SWI 1994, 52 (52 ff.); *Vogel* in Vogel/Lehner, DBA, Einl. Rz. 125 f.; zustimmend *Henkel* in Gosch/Kroppen/Grotherr, DBA, Grundlagen Abschn. 4 Rz. 44; *Reimer,* IStR 2008, 551 (552); *Avery Jones,* BIFD 2002, 102 (102 f.). Auch *Matteotti,* Intertax 2005, 336 (339), benennt den OECD-MK als maßgebliche Quelle zur Feststellung des gewöhnlichen Sprachgebrauchs.

673 Vgl. *Ault,* The Role of the OECD Commentaries in the Interpretation of Tax Treaties, in Alpert/Raad, Essays on International Taxation, 61 (61 ff.); *Schnitger,* IStR 2002, 407 (408); *Schaumburg,* Internationales Steuerrecht3, Rz. 16.76; *Lang,* Die Bedeutung des Musterabkommens und des Kommentars des OECD-Steuerausschusses für die Auslegung von Doppelbesteuerungsabkommen, in Gassner/Lang/Lechner, Aktuelle Entwicklungen im Internationalen Steuerrecht, 11 (18 ff.).

674 Eine beidseitige Verpflichtung zur Auslegung im Sinne des Kommentarverständnisses sieht auch *Reimer,* IStR 2008, 551 (552).

675 *Lang,* Die Bedeutung des Musterabkommens und des Kommentars des OECD-

es sich im Zuge der gewöhnlichen Bedeutung bei dem im OECD-MA und OECD-MK wiedergegebenen Verständnis überhaupt um eine anerkannte und etablierte Auslegung handelt bzw. im Hinblick auf die besondere Bedeutung die Vertragsparteien dieser willentlich Geltung verleihen wollten. Von einer derartigen Vermutung konnte bis zum Beginn der neunziger Jahre ausgegangen werden, als das OECD-MA und der OECD-MK über einen langen Zeitraum unverändert fortbestanden.[676] Seit 1992 erfolgt jedoch eine fortwährende Überarbeitung.[677] Entsprechend werden die aktualisierten Kommentare nicht als revidierte Fassungen veröffentlicht, sondern die alten Versionen durch die Ergänzungslieferungen zu der Loseblattsammlung ersetzt.[678] Neben einer defizitären Veröffentlichungspraxis[679] trägt diese Form der kontinuierlichen Revision naturgemäß dazu bei, dass sich der Stand des Musterkommentars, der zum Zeitpunkt des Abschlusses eines beliebigen Abkommens vorherrschte, kaum noch verlässlich nachvollziehen lässt.[680] Sowohl diese Umstände als auch eine ggf. mehrjährige Verhandlungsdauer einzelner DBA führen zu Unsicherheiten darüber, welches Verständnis die Vertragspartner bei den Verhandlungen im Sinn hatten.[681] Nach der herrschenden Meinung sind Änderungen der Muster-

---

Steuerausschusses für die Auslegung von Doppelbesteuerungsabkommen, in Gassner/Lang/Lechner, Aktuelle Entwicklungen im Internationalen Steuerrecht, 11 (22 f.); *ders.*, IWB 2011, 281 (285 f.); *Sinclair*, The Vienna Convention on the Law of Treaties, 117.

676 Vgl. *Vogel* in Vogel/Lehner, DBA, Einl. Rz. 128; *ders.*, IStR 2003, 523 (527); *ders.*, Soft Law und Doppelbesteuerungsabkommen, in Lang/Schuch/Staringer, Soft Law in der Praxis, 145 (147 f.); hierzu auch *Liebchen*, Beteiligungen an ausländischen Personengesellschaften, 127 f.

677 Vgl. *Vogel* in Vogel/Lehner, DBA, Einl. Rz. 128; *Lüdicke*, Überlegungen zur deutschen DBA-Politik, 22; *Lang* in Grotherr, Handbuch der internationalen Steuerplanung, 1865 (1869).

678 Vgl. *Vogel* in Vogel/Lehner, DBA, Einl. Rz. 128; *ders.*, SWI 2000, 103 (109).

679 Vgl. *Vogel* in Vogel/Lehner, DBA, Einl. Rz. 128. Hierunter fällt insbesondere die Veröffentlichung in Loseblattform, die fehleranfällig erscheint sowie der längere Zeitraum zwischen Änderungsbeschluss und Erscheinen der Ergänzungslieferung. Kritisch hierzu auch *Vogel*, BIFD 2000, 612 (615 f.). Zudem werden OECD-MA und OECD-MK nicht in geeigneter Form öffentlich zur Verfügung gestellt, vgl. *Lüdicke*, Überlegungen zur deutschen DBA-Politik, 22. Es liegt insbesondere auch keine „autorisierte" deutschsprachige Fassung vor, vgl. *Gosch*, IStR 2014, 698 (700, FN 11).

680 Zwar ist den einzelnen Artikeln teilweise eine Historie beigefügt, diese ist jedoch nicht immer zuverlässig und vollständig, vgl. *Vogel*, SWI 2000, 103 (109).

681 Hierzu *Vogel*, IStR 2003, 523 (527), der in diesem Zusammenhang davon spricht, dass nicht mehr unreflektiert vermutet werden kann, dass die zum Zeitpunkt des Vertragsschlusses bestehenden Fassungen des OECD-MA und OECD-MK in die Überlegungen der Vertragspartner Eingang gefunden haben.

materialien – vorbehaltlich des Nachweises über die Existenz eines allgemeingültigen Begriffsverständnisses[682] – allein für künftige Doppelbesteuerungsabkommen von Belang.[683] Die Argumentation, dass neuere Fassungen des Musterkommentars deshalb nicht herangezogen werden können, weil aus ihnen „nicht mehr auf die seinerzeitige Intention der Vertragsparteien geschlossen werden“[684] kann, vermag deshalb nicht zu überzeugen, weil es gerade nicht darum geht, den historischen Parteiwillen i.S.d. subjektiven Theorie zu ergründen, sondern vielmehr der objektivierte Parteiwille maßgeblich ist.[685] Dieser schließt die Berücksichtigung aktualisierter Musterkommentare jedoch nicht aus.[686] Eine zeitliche Beschränkung der Relevanz auf die zum Abschlusszeitpunkt des Vertrages vorherrschende Kommentarversion, wie es die herrschende Meinung vertritt, hilft gleichwohl auch nicht über die dargelegten Unsicherheiten hinweg.[687] Da sich gerade das für relevant erachtete Verständnis aufgrund der „Überschreibung“ der Abkommen teilweise nicht mehr rekonstruieren lässt, würde jene Sichtweise der Anwendung des Musterkommentars die Grundlage entziehen.[688] Der Ansatz hat an dieser Stelle jedoch auf pragmatischer Basis zu erfolgen anstatt auf einer restriktiven. So ist festzustellen, dass die fortwährende Revision der Ausdruck von Aktualisierungsbestrebungen ist.

---

682 Vgl. *Wassermeyer* in Wassermeyer, DBA, vor Art. 1 MA Rz. 60.

683 Vgl. *Vogel*, Auslegung von Doppelbesteuerungsabkommen, in Haarmann, Auslegung und Anwendung von Doppelbesteuerungsabkommen, 1 (15); wortgleich *ders.*, IStR 2003, 523 (527 f.); *Wassermeyer* in Wassermeyer, DBA, vor Art. 1 MA Rz. 60; *Schaumburg*, Internationales Steuerrecht3, Rz. 16.79; *Lang*, IStR 2007, 606 (608); *Schmidt*, IStR 2001, 489 (496).

684 *Lang*, IWB 2011, 281 (286). So auch *Günkel/Lieber*, FR 2000, 853 (858); *Wassermeyer* in Wassermeyer, DBA, vor Art. 1 MA Rz. 60. Vgl. auch *Gosch*, IStR 2014, 698 (699 f.), der darauf hinweist, dass die Bindung an einen gewandelten Musterkommentar sich rechtstaatlich nicht rechtfertigen ließe.

685 Siehe Kapitel C.III.3.b.(2).

686 Für die gewöhnliche Bedeutung ist ein objektiviertes Verständnis zugrunde zu legen. Allein das Beimessen einer besonderen Bedeutung stellt auf den historischen Parteiwillen ab.

687 Der BFH sieht die Auslegungsrelevanz lediglich für den Stand der Abkommen gegeben, der zum Zeitpunkt des Vertragsschlusses herrschte, BFH vom 26.06.2013, I R 48/12, BStBl. II 2014, 367. Die „zeitlichen Bedeutungsschranken“ bestätigend *Gosch*, IStR 2014, 698 (699). Zur strikten Trennung zwischen dem Kommentar zum Zeitpunkt des Vertragsabschlusses und neueren Versionen *Avery Jones*, ET 1993, 252 (255 f.); *ders.*, BIFD 2002, 102 (102 f.); *Lang*, SWI 1996, 427 (427 f.); *Vogel*, BIFD 2000, 612 (615).

688 So wird späteren Fassungen des OECD-MK teilweise keine Bedeutung im Auslegungsprozess beigemessen, vgl. *Lang*, Intertax 1997, 7 (7 f.); *ders.*, ÖStZ 2006, 203 (208); *Ellis*, BIFD 2000, 617 (617 f.).

Diese tragen dazu bei, die Auslegung dem Stand aktueller Entwicklungen näherzubringen und diese Evolutivität auch auf die Abkommensauslegung zu übertragen.[689] Die Änderungen haben demnach nicht immer ein gewandeltes Auslegungsverständnis zum Gegenstand. So wird die Vermutung, dass auch der aktualisierte Musterkommentar noch das gängige Verständnis wiedergibt, durch die Überarbeitung nicht grundsätzlich widerlegt.[690] Dass sich die gewöhnliche oder besondere Bedeutung aus dem aktualisierten Musterkommentar ergeben kann, ist weiterhin in Erwägung zu ziehen. Die Änderungspraxis schwächt die Vermutung jedoch in der Weise, dass bei den Überarbeitungen im Anschluss an die Abkommensunterzeichnung überprüft werden muss, ob das Verständnis in Einklang mit dem objektivierten Parteiwillen steht und sich gegenüber anderen Auslegungsalternativen durchzusetzen vermag. Aufgrund der Anpassungspraxis ist das im Musterkommentar zum Tragen kommende Verständnis demnach hinsichtlich seiner Überzeugungskraft zu überprüfen.[691] Dazu gehört auch, ob sich aus dem objektivierten Parteiwillen eine gegenteilige Auffassung ableiten lässt, die die Vermutung eines anerkannten Verständnisses widerlegt. Änderungen, die im Widerspruch zum Abkommen stehen, können demnach grundsätzlich keine Berücksichtigung finden.[692] Ferner vertritt der

689 „Auf diese Weise sollen nachträgliche Klarstellungen und Verbesserungen für die Abkommenspraxis nutzbar gemacht werden", *Wichmann*, Entwicklungstendenzen der Doppelbesteuerungsabkommen, in Lüdicke, Wo steht das deutsche internationale Steuerrecht, 103 (104 ff.).

690 In diesem Zusammenhang ist die Problematik der Änderungen des OECD-MA und OECD-MK nach Vertragsschluss angesprochen, die an anderer Stelle ausführlich analysiert wird, vgl. Kapitel C.III.3.b.(3).(c).i.05.

691 Die Unterscheidung der Änderungen in jene Fälle, denen eine klarstellende Funktion zukommt und somit bereits durch die Fassung zum Zeitpunkt des Vertragsschlusses gedeckt sind und die Fälle, die ein weiterentwickeltes Begriffsverständnis wiedergeben, ist dabei wenig hilfreich, da beide erst im Rahmen der Auslegung identifiziert werden müssen. Handelt es sich um eine Klarstellung, kann davon ausgegangen werden, dass diese vom Parteikonsens umfasst ist. Besteht die Änderungen in einem neuen Verständnis, muss regelmäßig eine Verifizieung durch die Ergründung des objektivierten Parteiwillens erfolgen. Zur Differenzierung von Klarstellungen und echten Änderungen, *Lampert*, Doppelbesteuerungsrecht und Lastengleichheit, 82; *Lang*, Die Bedeutung der 1995 erfolgten Änderungen des OECD-Musterabkommens und des Kommentars des OECD-Steuerausschusses für die Doppelbesteuerungsabkommen, in Lang/Loukota/Lüthi, Die Weiterentwicklung des OECD-Musterabkommens, 25 (32); *Wassermeyer* in Wassermeyer, DBA, Vor Art. 1 MA Rz. 60. Zur Etablierung neuerer Auffassungen zu einem gefestigten Verständnis schlägt *Vogel* in Vogel/Lehner, DBA, Einl. Rz. 131, einen Zeitraum von zehn Jahren vor.

692 Diese Mustermaterialien können grundsätzlich nicht zur Auslegung herangezogen

OECD-Steuerausschuss die Auffassung, dass Änderungen oder Einfügungen in den Kommentar, solange sie keine inhaltlichen Abweichungen der geänderten Artikel betreffen, den übereinstimmenden Willen der Mitgliedstaaten hinsichtlich der angemessenen Auslegung wiedergeben und somit den aktuellen Konsens reflektieren.[693] Nach diesem Verständnis erscheinen für den OECD-Steuerausschuss auch frühere Fassungen des Musterabkommens für Auslegungszwecke nutzbringend.[694] Indes kommt auch der Auffassung des OECD-Steuerausschusses keine konstitutive Wirkung zu. Schließlich obliegt ihr allein die Befugnis, Empfehlungen auszusprechen. Mithin würden die Revisionen des Musterabkommens und -kommentars hinsichtlich ihres geänderten Verständnisses nur dann Bindungswirkung im Auslegungsprozess entfalten, wenn sich eine dynamische Heranziehung aus dem Parteiwillen ableiten lässt.[695] Folglich sind die geänderten Mustermaterialien zwar auslegungsrelevant jedoch nicht auslegungsbindend.

Die Zweifel im Hinblick auf eine Bedeutung des überarbeiteten Musterkommentars betreffen die Einflussnahme der OECD auf das Auslegungsergebnis und somit die Verschiebung der Gewichte im Auslegungsprozess.[696] Den

werden, vgl. *Wassermeyer* in Wassermeyer, DBA, Art. 23 A MA Rz. 142. Aus diesem Grund und aufgrund der Tatsache, dass die Heranziehung der geänderten Fassung keine Bindungswirkung entfaltet, können solche Änderungen auch nicht zur Änderung der Abkommen beitragen. Diese Befürchtung äußernd mit dem Hinweis, dass aufgrund der Gewaltenteilung verfassungsrechtliche Schranken bestehen, *Lang*, ÖStZ 2006, 203 (210); *ders.*, SWI 1995, 412 (415 f.); *ders.*, SWI 1996, 427 (429).

693 Tz. 35 der Einl. des MK. Nach der Revision des Musterabkommens von 1977 sollte auch das Musterabkommen 1963 „soweit wie möglich im Sinne des neuen Kommentars ausgelegt werden", da mit der Änderung Auslegungsprobleme behoben werden sollten. Diesem Urteil schließt sich auch die deutsche und österreichische Finanzverwaltung an, die ihre Sichtweise jedoch wiederum mit dem OECD-MK begründet, *Lang* in Grotherr, Handbuch der internationalen Steuerplanung, 1865 (1868 f.); vgl. stellv. für die deutsche Finanzverwaltung *Wichmann*, Entwicklungstendenzen der Doppelbesteuerungsabkommen, in Lüdicke, Wo steht das deutsche internationale Steuerrecht, 103 (104 ff.).

694 Tz. 36.1 der Einl. des MK. Die Möglichkeit, dass die aktuelle Fassung des OECD-MK für früher abgeschlossene Abkommen Relevanz entfalten kann, deutet auch der BFH an, vom 08.04.1997, I R 51/96, BStBl. II 1997, 679; vom 18.07.2001, I R 26/01, BStBl. II 2002, 410.

695 So bspw. wenn dies im Vertragstext geäußert wird. Jedoch bestehen in diesem Zusammenhang Zweifel, ob eine derartige Wirkung geänderter Mustermaterialien vom Zustimmungsgesetz gedeckt sein kann, da hierin eine Ermächtigung eines außerstaatlichen Organs bestehen würde, innerstaatlich verbindliches Recht zu setzen, vgl. *Vogel* in Vogel/Lehner, DBA, Einl. Rz. 129.

696 Vgl. *Brunsbach/Endres/Lüdicke/Schnitger*, Deutsche Abkommenspolitik, 52; *Lang*, ÖStZ 2006, 203 (210).

Mitgliedstaaten bleibt jedoch die Möglichkeit, Abweichungen gegenüber den Mustermaterialien zu artikulieren. In diesem Zusammenhang sind insbesondere die Vorbehalte, die durch die Staaten angebracht werden, wenn sie im Rahmen ihrer Abkommenspolitik von den Musterabkommen abweichen (*reservations*) und die Bemerkungen, die eine vom Musterkommentar abweichende Auslegung wiedergeben (*observations*), zu erwähnen.[697] An diese Abweichungen sehen sich die Gerichte gleichwohl nur gebunden, wenn sie sich in den Abkommen niederschlagen.[698] Schließlich kann nicht allein aus den *reservations* and *observations* geschlossen werden, ob der Standpunkt des Vertragsstaates in der Verhandlung durchgesetzt werden konnte oder es bei einer Absicht geblieben ist.[699] Jedoch kann hierin ein gewichtiges Indiz dafür gesehen werden, ob das Verständnis der geänderten Fassung grundsätzlich vom Parteiwillen gedeckt ist oder nicht.

Im Zuge der Auslegung von Doppelbesteuerungsabkommen besteht damit keine generelle Rechtspflicht,[700] das Verständnis der Mustermaterialien zugrunde zu legen. Gleichwohl ergibt sich aus der völkerrechtlichen Auslegungsgrundsätze eine Verpflichtung, die Materialien in den Auslegungsprozess Eingang finden zu lassen. Dies steht der Auffassung entgegen, dass allein eine fakultative Einbeziehung auf sekundärer Ebene gem. Art. 32 WÜRV erfolgt. Nach dem Grundsatz von Treu und Glauben besteht demnach die Vermutung, dass sich der gewöhnliche oder besondere Wortlautsinn gerade aus dem OECD-MA und OECD-MK ergibt, da diese vornehmlich die Grundlage der

697 Vgl. *Vogel*, SWI 2000, 103 (106); *Lang*, ÖStZ 2006, 203 (206); *Wichmann*, Entwicklungstendenzen der Doppelbesteuerungsabkommen, in Lüdicke, Wo steht das deutsche internationale Steuerrecht, 103 (105 f.). Weichen die Vertragsstaaten hingegen von dem Musterabkommen ab, ohne Vorbehalte geäußert zu haben, kann sich hieraus eine differenzierte Auslegung ergeben, zwingend ist dies indes nicht, vgl. *Gosch*, IStR 2014, 698 (700), mit Hinweis auf BFH vom 08.09.2010, I R 6/09, BStBl. II 2013, 186.

698 BFH vom 12.06.2013, I R 109-111/10, BStBl. II 2013, 1024; vgl. *Gosch*, IStR 2014, 698 (700).

699 BFH vom 12.06.2013, I R 109-111/10, BStBl. II 2013, 1024; vgl. *Gosch*, IStR 2014, 698 (700).

700 *Engelen*, Interpretation of Tax Treaties under International, 453, geht jedoch von einer Art Soft Law aus, hierzu auch *Vogel*, Soft Law und Doppelbesteuerungsabkommen, in Lang/Schuch/Staringer, Soft Law in der Praxis, 145 (145 ff.). In diesem Zusammenhang wird auch von einer gewissen moralischen Verpflichtung gesprochen, vgl. *Ward*, The Interpretation of Income Tax Treaties with Particular Reference to the Commentaries on the OECD Model, 7.

Verhandlungen bilden.[701] Das Verständnis hieraus hat sich in der Folge zu einer internationalen Steuersprache herausgebildet und hat sich somit über einen Multilateralisierungsprozess eingebürgert. Orientieren sich die Vertragsparteien am Musterabkommen, sollten sie mit den Erläuterungen zum Musterabkommen vertraut sein. Eine starke – wenngleich widerlegbare – Vermutung spricht demnach dafür, dass sich die Vertragsparteien auf der Grundlage des Kommentarverständnisses geeinigt haben und dieses auch angewendet wissen wollen.[702] Für Abkommen, die sich am Vorbild des Musterabkommens anlehnen und bei denen die Mitglieder der OECD keine Vorbehalte geäußert haben, ist zu insistieren, dass ein von dem Musterabkommen und Musterkommentar abweichendes Verständnis verhandelt und im Abkommen niedergelegt wird.[703] Das Faktum einer fortlaufenden Änderungspraxis führt ab 1992 zwar zu Unsicherheiten, widerlegt gleichwohl die aufgezeigte Vermutung nicht *a priori*. Hieraus erwächst vielmehr ein gesteigertes Bedürfnis zur Plausibilisierung im Lichte des objektivierten Parteiwillens. Demnach gilt es, das Abkommen im Lichte des Zieles und Zwecks auszulegen. Da der Zweck gerade auf eine Übereinstimmung[704] abzielt und aufgrund der Zugänglichkeit des Musterkommentars ein bestmögliches Erreichen der Zielsetzung[705] zu erwarten ist, wird die Berücksichtigung des Kommentarverständnisses gegenüber anderen Auslegungsalternativen die logische Konsequenz sein.

Resümierend dienen die Mustermaterialien als Leitlinie im Auslegungsprozess. Originär spiegeln sie zwar das Meinungsbild eines Organs der OECD

---

701 Für OECD-Mitgliedstaaten besteht aufgrund der „abgeschwächten Verpflichtung" zur Folgeleistung eine besonders starke Vermutung, dass das Kommentarverständnis Anwendung finden sollte. Aber auch für andere musternahe Abkommen besteht diese Vermutung. Mittelbar kann diese Überlegung auch auf jene Abkommen, die auf dem UN-MA basieren, übertragen werden, da jene auf das OECD-MA zurückgehen, vgl. *Vogel* in Vogel/Lehner, DBA, Einl. Rz. 134; *Lampert*, Doppelbesteuerungsrecht und Lastengleichheit, 81 f.

702 Vgl. *Vogel* in Vogel/Lehner, DBA, Einl. Rz. 124b. Diese Einschätzung wird aus Art. 18 lit. b der Verfahrensregeln der OECD abgeleitet, der vorschreibt, dass Empfehlungen den Mitgliedstaaten zur Prüfung vorzulegen sind. Demgemäß bleibt es den Mitgliedstaaten überlassen, Vorbehalte und Bemerkungen beizufügen. Ist nicht an dem, kann hieraus geschlussfolgert werden, dass die Mitgliedstaaten sich dieser Empfehlung unterwerfen wollten. Diese Bemerkungen und Vorbehalte wären andernfalls obsolet, wenn die Vertragsstaaten keine Befolgung des OECD-MK beabsichtigen würden, vgl. *Wassermeyer* in Wassermeyer, DBA, Vor Art. 1 MA Rz. 34.

703 I.E. auch *Wassermeyer* in Wassermeyer, DBA, Vor Art. 1 MA Rz. 44; *Lampert*, Doppelbesteuerungsrecht und Lastengleichheit, 80 f.

704 Vgl. Kapitel C.III.2.g. und C.III.3.b.(4).(c).

705 Zum sog. Grundsatz des *effet utile* siehe Kapitel C.III.3.b.(3).(c).iv.03.

wider.[706] Im Gegensatz zu den Meinungsäußerungen eines gängigen Kommentares gibt der Musterkommentar jedoch das übereinstimmende Verständnis einer internationalen Fachgruppe wieder, woraus sich auch eine allgemeine Akzeptanz gegenüber den Materialien herausgebildet hat. Die Orientierung am Musterabkommen signalisiert die einhergehende Orientierung am Kommentarverständnis. Aufgrund der Änderungspraxis kann das Verständnis des Kommentares gleichwohl nur neben anderen Auslegungsalternativen rangieren. Die Zielsetzung der DBA ist jedoch dafür ausschlaggebend, dass dem Verständnis des Musterkommentars die größte Durchsetzungskraft zugeschrieben werden kann. Hierin konkretisiert sich im Ergebnis der herausragende faktische Stellenwert des Musterkommentars. Der Musterkommentar sollte aus diesem Grund als Chance für eine harmonisierende Auslegung und die Grundlage für einen funktionsfähigen Mechanismus zur Vermeidung der Doppelbesteuerung gesehen werden.

03. Bedeutung anderer Materialien der OECD

Der OECD-Steuerausschuss veröffentlicht überdies Berichte und andere Dokumente.[707] Diese thematisieren zum Teil Spezialfragen der Abkommensauslegung.[708] Wie bereits das Musterabkommen und der Musterkommentar sind die Materialien ebenfalls als Empfehlungen ohne Rechtsbindungscharakter anzusehen. Eine Bedeutung im Auslegungsprozess soll jedoch grundsätzlich auch ihnen zukommen.[709] Der BFH wird demgegenüber so verstanden, dass deren

---

706 BFH vom 16.01.2014, I R 30/12, BFHE 244, 354; *Gosch*, ISR 2013, 87; *Vogel*, SWI 2000, 203 (210).

707 Zur Bedeutung und zu dem Einfluss der OECD-Berichte im Auslegungsprozess, *Pohl*, RIW 2012, 677 (677 ff.); *Brunsbach/Endres/Lüdicke/Schnitger*, Deutsche Abkommenspolitik, 47 f.

708 Hierfür exemplarisch der sog. Partnership-Report, *OECD*, The Application of the OECD Model Tax Convention to Partnerships, Issues in International Taxation No. 6.

709 Vgl. *Plansky*, Die Gewinnzurechnung zu Betriebsstätten im Recht der Doppelbesteuerungsabkommen, 31, der sich auf Art. 31 Abs. 4 WÜRV beruft. *Anger/Wagemann*, IStR 2014, 611 (614), sprechen von „ergänzende[n] Hilfsmittel[n]" und rekurrieren somit eher auf Art. 32 WÜRV. Für OECD-Mitgliedstaaten besteht für die Steuerverwaltungen eine gewisse Verpflichtung, den Empfehlungen des OECD-Steuerausschusses zu folgen, vgl. hierzu die Ausführungen im Kapitel C.III.3.b.(3).(c).i.02.

Bedeutung gleichwohl nur für die Fälle als gegeben angesehen wird, in denen die Inhalte Eingang in den Musterkommentar gefunden haben.[710]

Im Grunde ist jedoch zu erwägen, ob die Berichte die gewöhnliche Bedeutung i.S.d. Art. 31 Abs. 1 WÜRV oder eine besondere Bedeutung i.S.d. Art. 31 Abs. 4 WÜRV widerspiegeln. Dies gilt es zumindest für die Fälle zu untersuchen, bei denen zum Zeitpunkt des DBA-Abschlusses die Berichte bereits veröffentlicht waren bzw. eine gewisse Zeit Bestand hatten. Darüber hinaus sind die Berichte als weitere Spezifizierung des Musterkommentars zu verstehen. Es ist insofern davon auszugehen, dass sich der OECD-Steuerausschuss in seinen Materialien nicht widersprechen möchte. Solange die OECD-Berichte in Einklang mit dem zugrundezulegenden Musterkommentar stehen, können diese auch bei der Auslegung des Musterkommentars herangezogen werden. Hierdurch nehmen sie dann mittelbaren Einfluss auf die Abkommensauslegung.[711] Geben sie hingegen eine geänderte oder weiterentwickelte Auffassung wieder, können sie für die Auslegung des Musterkommentars keine Wirkung entfalten. Vielmehr bedarf es in solchen Fällen der Überarbeitung des Musterkommentars. Inwieweit im Falle der Überarbeitung des Musterkommentars eine Berücksichtigung des neuen Verständnisses erfolgen kann, ist wiederum eine Frage der Einbeziehung von geänderten Musterkommentaren.[712]

04. Spätere Übereinkünfte und Übungen im Allgemeinen

Nach der Vorschrift des Art. 31 Abs. 3 WÜRV sind spätere Übereinkünfte713 zwischen den Vertragsparteien und Übungen[714], aus denen eine übereinstimmende Auslegung hervorgeht, gleichermaßen in den Auslegungsvorgang einzubeziehen.

Was dabei unter dem Begriff der Übereinkunft i.S.d. Art. 31 Abs. 3 lit. a WÜRV zu verstehen ist, ist indes umstritten. Der BFH will den Begriff weit

---

710 Vgl. *Pohl*, RIW 2012, 677 (679 f.), mit Berufung auf BFH vom 25.05.2011, I R 95/10, BFH/NV 2011, 1602.

711 Vgl. *Pohl*, RIW 2012, 677 (680).

712 Siehe Kapitel C.III.3.b.(3).(c).i.05.

713 Art. 31 Abs. 3 lit. a WÜRV: jede spätere Übereinkunft zwischen den Vertragsparteien über die Auslegung des Vertrags oder die Anwendung seiner Bestimmungen.

714 Art. 31 Abs. 3 lit. b WÜRV: jede spätere Übung bei der Anwendung des Vertrags, aus der die Übereinstimmung der Vertragsparteien über seine Auslegung hervorgeht.

ausgelegt wissen.[715] Weder ein völkerrechtlicher Vertrag noch eine sonstige Art der Kommunikation sei nach dessen Verständnis notwendig;[716] es genüge ein „übereinstimmendes Abkommensverständnis“[717]. Demgegenüber stellen weite Teile der Literatur auf eine Auslegungsvereinbarung, die zwischen den Vertragsparteien explizit getroffen wurde, ab.[718] Nach der gewöhnlichen Bedeutung des Begriffs „Übereinkunft“ ist hierin eine bindende Einigung zwischen den Vertragsparteien zu sehen. So ist insoweit zwar nicht zwingend ausgeschlossen, dass die Vertragsparteien ihren Willen auch stillschweigend zum Ausdruck bringen können. Es bedürfte aber auch hier einer Handlung, die auf den Einigungswillen der Vertragsparteien schließen lässt. Dagegen zeichnet sich ein schärferes Bild bei der Ergründung des Begriffes „Übereinkunft“ ab, wenn man die Regelung in ihrem Zusammenhang betrachtet. So sind neben den späteren Übereinkünften die späteren Übungen gem. Art. 31 Abs. 3 lit. b WÜRV genannt. Jene liegen vor, wenn sich ohne eine übereinstimmende Vereinbarung objektiv und im Rahmen einer Rechtsüberzeugung eine tatsächliche Praxis über die Abkommensauslegung herausgebildet hat, wobei diese gewaltenunabhängig zu untersuchen ist.[719] Würde man der Auffassung des BFH folgen, wäre eine Nennung und Differenzierung von späteren Übereinkünften und Übungen nebeneinander obsolet, da die Übereinkünfte i.S. eines übereinstimmenden Abkommensverständnisses die späteren Übungen bereits implizieren würden.

Nach der Begriffserörterung gilt es, die Stellung dieser Materialien im Auslegungsprozess zu untersuchen. Angesichts der einvernehmlich vorgenommenen Auslegung sind die späteren Übereinkünfte und Übungen nicht der individuellen sondern vielmehr der authentischen Interpretation zuzurechnen.[720] Die authentische Auslegung findet im Völkerrecht grundsätzlich kaum Schran-

715 BFH vom 12.10.2011, I R 15/11, BStBl. II 2012, 548.

716 Vgl. *Pohl*, RIW 2012, 677 (679).

717 BFH vom 12.10.2011, I R 15/11, BStBl. II 2012, 548. Erwähnung fand dieses Begriffsverständnis bereits in einem vorigen Urteil, BFH vom 02.09.2009, I R 111/08, BStBl. II 2010, 387.

718 Vgl. *Schönfeld/Häck* in Schönfeld/Ditz, DBA, Systematik Rz. 93; *Vogel* in Vogel/Lehner, DBA, Einl. Rz. 125; *Lang*, IStR 2001, 536 (537); *Hansen*, Einkünfte aus Personengesellschaftsbeteiligungen im Recht der Doppelbesteuerungsabkommen, 61.

719 Eingehend hierzu *Stein*, Die Rolle der späteren Praxis als Auslegungselement des Internationalen Gerichtshofes, des Europäischen Gerischtshofes für Menschenrechte und des Gerichtshofes der Europäischen Gemeinschaften, in Bieber/Ress, die Dynamik des Europäischen Gemeinschaftsrechts, 113 (113 f.); vgl. speziell für den Fall der DBA *Ismer*, IStR 2009, 366 (369).

720 Vgl. *Schönfeld/Häck* in Schönfeld/Ditz, DBA, Systematik Rz. 93.

ken.[721] Entscheidend ist im Zusammenhang mit Art. 31 Abs. 3 WÜRV jedoch, dass die authentische Interpretation lediglich in den Grenzen der einseitigen Auslegung zu berücksichtigen ist. Mithin vermögen diese Materialien allein im Einklang mit den klassischen Auslegungsgrundsätzen Klarheit bezüglich der diversen Auslegungsvarianten zu schaffen.[722] Um ihnen einen Platz neben den Maßstäben der individuellen Auslegung einzuräumen, wird ihnen gem. Art. 31 Abs. 3 WÜRV der gleiche maßgebende Stellenwert im Auslegungsprozess wie dem Zusammenhang zuerkannt.[723] Dieser Charakterisierung kommt eine Wirkung in dreifacher Hinsicht zu: 1) Sie erhebt die Materialien zu wesentlichen Auslegungsmitteln. 2) Darauf aufbauend können allein spätere Übereinkünfte und Übungen bei der Auslegung Berücksichtigung finden, die sich in den Wortlautgrenzen bewegen. 3) Sie verdeutlicht aber auch, dass die Auslegungsentscheidung der authentischen Interpretation sich nicht als maßgebliches, über die Auslegungsmaßstäbe des Wortlauts, des Zusammenhangs und des Zwecks erhabenes Ergebnis hinwegzusetzen imstande ist. Infolgedessen können die Materialien in dieser ihr zugeordneten Funktion nicht ändernd auf den Vertragsinhalt einwirken.[724] Ihre Klassifizierung als Auslegungsmittel erlaubt den späteren Übereinkünften und Übungen lediglich, das Auslegungsergebnis innerhalb des zulässigen – durch den Wortlaut begrenzten – Auslegungsspielraums zu konkretisieren.[725] Eine unbeschränkte rechtsfortbildende Ermächtigung lässt sich aus Art. 31 Abs. 3 WÜRV demgemäß nicht ableiten.[726] Die späteren Übereinkünfte oder Übungen leuchten vielmehr eine neue Dimension innerhalb des Auslegungsspielraums aus. Insoweit haben die im Rahmen von Art. 31 Abs. 3 WÜRV zu berücksichtigenden Materialien allein vertrags*auslegende*, jedoch nicht vertrags*ändernde* Wirkung.[727] So besteht im völkerrechtli-

721 Vgl. *Blumenwitz*, Die Auslegung völkerrechtlicher Verträge, in Vogel, Doppelbesteuerungsabkommen und nationales Recht, 5 (11).

722 Vgl. *Henkel* in Gosch/Kroppen/Grotherr, DBA, Grundlagen Abschn. 4 Rz. 31.

723 *Gosch*, Auslegung von DBA in der deutschen Rechtspraxis, in Lüdicke, Vermeidung der Doppelbesteuerung in ihre Grenzen, 1 (13), hebt in diesem Zusammenhang die maßgebende Auslegungsrelevanz hervor.

724 Für den Fall der Verständigungsvereinbarungen BFH vom 11.04.1990, I R 63/88, BFH/NV, 1990, 705.

725 So heißt es für die Konsultationsabkommen sowie den OECD-MA und OECD-MK, dass diese lediglich in der Lage sind, den Abkommenstext zu „erläutern und [zu] spezifizieren" und diesen nicht „uminterpretieren können", vgl. *Gosch*, Auslegung von DBA in der deutschen Rechtspraxis, in Lüdicke, Vermeidung der Doppelbesteuerung in ihre Grenzen, 1 (14).

726 Vgl. *Vogel/Prokisch*, Interpretation of Double Taxation Conventions, Generalbericht, in IFA, CDFI 1993, 19 (36).

727 Auf den Unterschied zwischen „Auslegung" und „Anwendung" auf der einen Seite

chen Vertragsrecht im Zuge einer späteren übereinstimmenden Vertragspraxis zwar grundsätzlich die Möglichkeit der Vertragsänderung.[728] Um dieser Vertragsänderung jedoch auf Ebene des innerstaatlichen Rechts Wirkung zu verleihen, wäre voraussetzend wiederum eine parlamentarische Zustimmung erforderlich.[729] Solange diese nicht erfolgt, hat auch für die innerstaatliche Wirkung keine Vertragsänderung stattgefunden. Mithin dürfen die späteren Übereinkünfte und Übungen für Zwecke der Vertragsauslegung auf innerstaatlicher Ebene nur in den Grenzen des bestehenden Vertragswortlauts bedacht werden.[730] Gleichwohl geht – wie im Folgenden differenzierter gezeigt wird – auch innerhalb des Abkommenswortlauts von den späteren Übungen und Übereinkünften keine Bindungswirkung aus.[731]

05. Spätere Übereinkünfte und Übungen im Speziellen

a. Verständigungsvereinbarungen

Im Rahmen der authentischen Auslegung besteht die Möglichkeit für die Vertragsparteien, sich auf eine übereinstimmende Auslegung einigen.[732] Aufgrund

und „Änderung" auf der anderen Seite hinweisend *Gosch*, Auslegung von DBA in der deutschen Rechtspraxis, in Lüdicke, Vermeidung der Doppelbesteuerung und ihre Grenzen, 1 (15); *Lang* in Grotherr, Handbuch der internationalen Steuerplanung, 1865 (1871). Die Notwendigkeit einer Differenzierung sieht *Ress*, Die Bedeutung der nachfolgenden Praxis für die Vertragsinterpretation nach der Wiener Vertragsrechtskonvention (WVRK), in Bieber/Ress, Die Dynamik des europäischen Gemeinschaftsrechts – The dynamics of EC-Law, 49 (62).

728 Vgl. *Stein*, IStR 2006, 505 (506).

729 Gem. Art. 59 Abs. 2 GG. Allein ein derartiger gesetzgeberischer Akt würde zu einer innerstaatlichen Verbindlichkeit führen, BFH vom 10.07.1996, I R 4/96, BStBl. II 1997, 15; FG Köln vom 30.01.2008, 4 V 3366/07, EFG 2008, 593; vom 13.08.2008, 4 K 3363/07, EFG 2008, 1775.

730 Auf Ebene des Völkerrechts besteht aufgrund einer abweichenden Praxis hingegen eine Vertragsänderung, die einen Verbindlichkeitscharakter *inter partes* entfaltet. Damit wirkt eine spätere abweichende Praxis auch auf die Auslegung durch, da sich diese nun auch auf einen geänderten Vertrag bezieht. Diese Wirkungskette wird aufgrund des Zustimmungsvorbehalts für das innerstaatliche Recht jedoch durchbrochen.

731 Die Bindungswirkung ist für den Fall der DBA umstritten, BFH vom 02.09.2009, I R 111/08, BStBl. II 2010, 387; vgl. *Ismer*, IStR 2009, 366. Im Detail hierzu Kapitel C.III.3.b.(3).(c).i.05.

732 Vgl. *Schönfeld/Häck* in Schönfeld/Ditz, DBA, Systematik Rz. 93.

ihrer Bedeutung im Auslegungsprozess sind in diesem Zusammenhang speziell die Verständigungsvereinbarungen i.S.v. Art. 25 Abs. 3 MA angesprochen.[733] Angesichts der Tatsache, dass es sich bei Art. 31 Abs. 3 lit. a WÜRV um eine Auslegungsvorschrift handelt, können auch allein Auslegungsvereinbarungen als spätere Übereinkünfte qualifizieren.[734] Obgleich die Differenzierung Schwierigkeiten bereiten mag,[735] muss für Zwecke des Art. 31 Abs. 3 lit. a WÜRV eine konsequente Grenzziehung zwischen Vertrags*auslegung* und Vertrags*änderung* erfolgen. Der signifikante Unterschied besteht darin, dass die vertragsändernde Vereinbarung nicht durch dem im Vertrag zum Ausdruck kommenden Parteiwillen gedeckt ist.[736] Die Auslegungsvereinbarung bewegt sich demgegenüber innerhalb des Auslegungsspielraums. Sie ist damit Teil des Vertragsinhalts und Ausdruck des Parteikonsenses.

Im Zusammenhang mit den Verständigungsvereinbarungen i.S.v. Art. 25 Abs. 3 MA bestehen jedoch Zweifel, ob die Vereinbarungen, die zwischen den zuständigen Behörden getroffen wurden, unter Übereinkünfte zwischen den „Vertragsparteien" i.S.d. Art. 31 Abs. 3 lit. a WÜRV subsumiert werden können.[737]. So ist als Vertragspartei grundsätzlich der Vertragsstaat als Ganzes zu werten.[738] Da der Abschluss der DBA durch den Gesetzgeber zu genehmigen ist, wird entsprechend argumentiert, dass nicht *a priori* davon ausgegangen werden kann, dass den Verwaltungsbehörden die Befugnis zusteht, als Ver-

733 Zur Bedeutung siehe BFH vom 12.10.2011, I R 15/11, BStBl. II 2012, 548; vom 02.09.2009, I R 111/08, BStBl. II 2010, 387; vom 02.09.2009, I R 90/08, BStBl. II 2010, 394; vgl. *Schönfeld/Häck* in Schönfeld/Ditz, DBA, Systematik Rz. 93, 99. Seitens der deutschen Finanzverwaltung findet die Konsultationsvereinbarung regen Anklang, vgl. *Pohl*, RIW 2012, 677 (680).

734 Auf völkerrechtlicher Ebene hat indes eine Vereinbarung über den Abkommenswortlaut hinaus eine Vertragsänderung induziert, womit für Zwecke des Art. 31 Abs. 3 lit. a WÜRV diese zuvor vertragsändernde Vereinbarung als Auslegungsvereinbarung qualifiziert, da nun auf den geänderten Vertragstext abzustellen ist.

735 Der Übergang zwischen dynamischer Auslegung und Vertragsänderung ist gleichwohl fließend, *Blumenwitz*, Die Auslegung völkerrechtlicher Verträge, in Vogel, Doppelbesteuerungsabkommen und nationales Recht, 5 (11); *ders.*, Die Auslegung völkerrechtlicher Verträge unter besonderer Berücksichtigung von Doppelbesteuerungsabkommen, 80.

736 Demnach ist eine vertragsändernde Vereinbarung, die zu der authentischen Vertragsauslegung gezählt wird, im Grunde keine Auslegung im eigentlichen Sinne.

737 Vgl. *Lang*, IWB 2011, 281 (284); *Vogel/Prokisch*, Interpretation of Double Taxation Conventions, Generalbericht, in IFA, CDFI 1993, 19 (36 f.); vgl. ferner *Glaser*, Internationale Verwaltungsbeziehungen, 111 f.

738 Vgl. *Schönfeld/Häck* in Schönfeld/Ditz, DBA, Systematik Rz. 93.

tragsparteien in Erscheinung zu treten.[739] Eine gewisse Skepsis fußt zum einen auf den hohen rechtsstaatlichen Anforderungen, denen das Abgabenrecht als Eingriffsrecht in vielen Staaten unterlegen ist.[740] Zum anderen zieht die Gewaltentrennung auch eine Kompetenzverteilung nach sich, wonach der Erlass und die Änderungen der Legislative überlassen bleiben.[741] Da der Abschluss der DBA der gesetzgeberischen Zustimmung bedarf, ist auch hier der Kompetenzbereich der Legislative betroffen.[742] Aus diesen Gründen soll dem Art. 31 Abs. 3 WÜRV im Rahmen seiner innerstaatlichen Wirkung nur erheblich eingeschränkte Bedeutung zugestanden werden.[743] Im Zuge der Vertragsauslegung besteht jedoch für das Tätigwerden des Gesetzgebers keine Notwendigkeit, weil der Vertragsinhalt keiner Änderung unterzogen wird.[744] Wenn der Kompetenzbereich des Gesetzgebers nun gar nicht betroffen ist, steht der Annahme nichts entgegen, dass die Verwaltungsbehörden als Repräsentant der rechtsanwendenden Gewalt verstanden werden können.[745] Schließlich ist auch i.S.d. Demokratieprinzips gem. Art. 20 Abs. 1 GG das Handeln der deutschen Finanzverwaltung der Bundesrepublik zuzurechnen.[746] Für *Vogel/Prokisch*[747] sind die Überlegungen hierzu jedoch allenfalls theoretischer Natur. Eine Negierung der Subsumtionsmöglichkeit würde nach ihrem Verständnis zu einer Einordnung als eine dem gleichzustellende „spätere Übung" i.S.v. Art. 31 Abs. 3 lit. b

739 Vgl. *Lang*, IWB 2011, 281 (284).

740 Vgl. *Lang*, Doppelbesteuerungsabkommen und innerstaatliches Recht, 86 f.

741 Vgl. *Lang*, IWB 2011, 281 (284).

742 Vgl. *Lang*, Diskussion, in Vogel, Doppelbesteuerungsabkommen und nationales Recht, 61 (87).

743 Vgl. *Lang* in Grotherr, Handbuch der internationalen Steuerplanung, 1865 (1871); *ders.*, IWB 2011, 281 (284); *ders.*, Doppelbesteuerungsabkommen und innerstaatliches Recht, 90; *ders.*, Diskussion, in Vogel, Doppelbesteuerungsabkommen und nationales Recht, 61 (87). Gegen eine Anwendbarkeit von Art. 31 Abs. 3 WÜRV aus verfassungsrechtlichen Gründen *Wassermeyer* in Wassermeyer, DBA, Art. 3 MA Rz. 79; ähnlich im Zusammenhang mit Art. 31 Abs. 3 lit. a WÜRV *Heger*, SWI 2011, 95.

744 So bedarf es der Zustimmung des Gesetzgebers gem. Art. 59 Abs. 2 S. 1 GG nur, wenn es um den Vertragsabschluss bzw. um dessen Änderung geht. A.A. *Geiger*, Veränderung von Doppelbesteuerungsabkommen ohne Änderung des Vertragsgesetzes?, in Vogel, Doppelbesteuerungsabkommen und nationales Recht, 37 (45).

745 Vgl. *Schönfeld/Häck* in Schönfeld/Ditz, DBA, Systematik Rz. 93. Auf die Schwierigkeit der Differenzierung hinweisend *Karl*, Vertrag und spätere Praxis im Völkerrecht, 45 f.

746 Vgl. *Pohl*, RIW 2012, 677 (679, FN 38). Auch der BFH erklärt die späteren Übereinkünfte und Übungen der „beteiligten Finanzverwaltungen" für Zwecke des Art. 31 Abs. 3 WÜRV als maßgeblich, BFH vom 12.10.2011, I R 15/11, BStBl. II 2012, 548.

747 *Vogel/Prokisch*, Interpretation of Double Taxation Conventions, Generalbericht, in IFA, CDFI 1993, 19 (36 f.).

WÜRV führen. Diese Ansicht ist jedoch problembehaftet, weil es die obersten Verwaltungsbehörden sind, die die Konsultationsvereinbarungen abschließen. Da es sich bei diesen Parteien eben nicht um diejenigen handelt, die die DBA-Regelungen vollziehen,[748] kann auch nicht ohne weiteres davon ausgegangen werden, dass die Vereinbarungen der obersten Verwaltungsbehörden inhaltlich dem entsprechen, was sich als tatsächliche Verwaltungspraxis der vollziehenden Behörden herausgebildet hat.[749]

Davon abstrahiert ist ebenfalls die Bindungswirkung der Materialien umstritten. Nach ganz überwiegender Meinung ist hierbei nach 1) einer Selbstbindung der die Vereinbarung schließenden und deren nachgeordneten Behörden, 2) der völkerrechtlichen Bindung der Vertragsstaaten sowie 3) einer Bindung der nationalen rechtsanwendenden Organe, insbesondere der innerstaatlichen Gerichte, zu differenzieren.[750] Wirklich kritisch scheint in diesem Zusammenhang allein die Bindungswirkung der innerstaatlichen Gerichte zu sein.[751] Der BFH[752] sowie die Mehrheit der Literaturstimmen[753] sprechen sich gegen eine

---

748 Hierbei handelt es sich vornehmlich um Finanzämter und Gerichte, vgl. *Lang*, IWB 2011, 281 (284).

749 Vgl. *Lang*, IWB 2011, 281 (285). Vielmehr müsste festgestellt werden, ob die Verwaltungspraxis der Finanzämter und Gerichte von einer übereinstimmenden Rechtsüberzeugung geleitet ist und diese dann auch der Konsultationsvereinbarung entspricht. Erst in diesen Fällen könnte von einer Übung ausgegangen werden.

750 BFH vom 02.09.2009, I R 111/08, BStBl. II 2010, 387, mit Verweis auf *Lehner* in Vogel/Lehner, DBA, Art. 25 Rz. 154, 166; *Vogel* in Vogel/Lehner, DBA, Einl. Rz. 109, 200 f.; *Lüthi* in Gosch/Kroppen/Grotherr, DBA, Art. 25 MA Rz. 94; *Gosch*, Podiumsdiskussion, in Lüdicke, Wo steht das deutsche Internationale Steuerrecht?, 2009, 121 (130 ff., 134); *Schmitz* in Strunk/Kaminski/Köhler, AStG/DBA, Art. 25 MA Rz. 64; *Eilers* in Wassermeyer, Doppelbesteuerung, Art. 25 MA Rz. 61; *Frotscher*, Internationales Steuerrecht3, Rz. 209 f.; *Ismer*, IStR 2009, 366; *Schmidt* in Haase, AStG/DBA, Art. 15 MA Rz. 51 ff.; *Becker* in Haase, AStG/DBA, Art. 25 MA Rz. 42; *Kopf*, Die Bedeutung von Verständigungsvereinbarungen für die Auslegung von Doppelbesteuerungsabkommen, in Lang/Jirousek, Festschrift Loukota, 253.

751 Die Vereinbarung zwischen den zuständigen Behörden wird im Rahmen eines BMF-Schreibens bekanntgegeben und im BStBl. I veröffentlicht, woraus sich eine Bindungswirkung der abschließenden und denen nachgeordneten Behörden konkretisiert, vgl. *Lehner* in Vogel/Lehner, DBA, Art. 25 MA Rz. 154, 166; *Drüen*, IWB 2011, 360 (362); *Schröder*, IStR 2009, 48 (49). Zur Selbstbindung der Verwaltung siehe auch *Vogel/Prokisch*, Interpretation of Double Taxation Conventions, Generalbericht, in IFA, CDFI 1993, 19 (36 f.). Eingehend zur völkerrechtlichen Wirkung *Geiger*, Veränderung von Doppelbesteuerungsabkommen ohne Änderung des Vertragsgesetzes?, in Vogel, Doppelbesteuerungsabkommen und nationales Recht, 37 (43).

752 BFH vom 02.09.2009, I R 111/08, BStBl. II 2010, 387.; vom 02.09.2009, I R 90/08, BStBl. II 2010, 394; vom 17.10.2007, I R 5/06, BStBl. II 2009, 356; vom 15.09.2004, I R 67/03,

Verbindlichkeit, die Finanzverwaltung[754] demgegenüber für eine Bindung der innerstaatlichen Gerichte aus.[755] Dabei ist jedoch klar herauszustellen, dass die Vertragsstaaten in ihrer Souveränität erst über die innerstaatliche Anwendung von Völkerrecht befinden.[756] Die Bindung innerstaatlicher Gerichte ist allein Gegenstand innerstaatlicher Gesetzgebung.[757] Nun wird teilweise vertreten, dass die völkerrechtliche Bindung zu einer Vertragsänderung führe und somit in Ermangelung einer parlamentarischen Zustimmung innerstaatlich nicht verbindlich sei.[758] Dies resultiert aus der Überzeugung, dass es im Zuge einer Vertragsänderung nicht darauf ankäme, dass der Auslegungsspielraum ausgeweitet werde, sondern auch im Falle einer Einschränkung ein Eingriff in den Vertragsinhalt stattfände. Dem ist entgegenzuhalten, dass die völkerrechtliche Bindung aus der Einigung der Vertragspartner resultiert. Der hierdurch zustande gekommene Vertrag existiert jedoch vielmehr parallel zu den DBA. Entsprechend unterliegt das DBA keiner Vertragsänderung, sondern die vertraglich vereinbarte Auslegung bindet davon unabhängig an eine Auslegungs-

BStBl. II 2010, 155; vom 10.07.1996, I R 4/96, BStBl. II 1997, 15; vom 01.02.1989, I R 74/86, BStBl. II 1990, 4.

753 Gegen eine Verbindlichkeit in Bezug auf die innerstaatliche Rechtsanwendung: *Wassermeyer* in Wassermeyer, DBA Art. 3 MA Rz. 79; *Vogel* in Vogel/Lehner, DBA, Einl. Rz. 136; *Eilers* in Wassermeyer, DBA, Art. 25 MA Rz. 63; *Lüthi* in Gosch/Kroppen/Grotherr, DBA, Art. 25 MA Rz. 95; *Mülhausen,* Das Verständigungsverfahren im deutschen internationalen Steuerrecht, 208; *Schaumburg,* Internationales Steuerrecht3, Rz. 16.109; *Lehner,* IStR 2011, 733 (738); *Hummel,* IStR 2011, 397 (399); *Heger,* SWI 2011, 95 (96); *Drüen,* IWB 2011; 360 (362); *Ismer,* IStR 2009, 366 (370); *Portner,* IStR 2008, 584 (586). Für eine Verbindlichkeit: BFH vom 01.03.1963, VI 119/61 U, BStBl. III 1963, 212; *Schmitz* in Strunk/Kaminski/Köhler, Art. 25 MA Rz. 64; *Glaser,* Internationale Verwaltungsbeziehungen, 131 ff.; *Kluge,* Das Internationale Steuerrecht4, R 44; *Gloria,* Das steuerliche Verständigungsverfahren und das Recht auf diplomatischen Schutz, 77; *Schreuer,* Wechselwirkungen zwischen Völkerrecht und Verfassung bei der Auslegung völkerrechtlicher Verträge, in Ress/Schreuer, Wechselwirkungen zwischen Völkerrecht und Verfassung bei der Auslegung völkerrechtlicher Verträge, BDGV 23, 61 (73 ff.); *Pohl* RIW 2012, 677 (680); *Schröder,* IStR 2009, 48 (50).

754 BMF vom 13.04.2010, IV B 3, S 1301/10/10003, BStBl. I 2010, 353.

755 Auch der Musterkommentar äußert sich zurückhaltend und konstatiert allein eine Verbindlichkeit für die Verwaltungen, vgl. Tz. 53 S. 2 zu Art. 25 MA des MK. Hierzu siehe *Flüchter* in Schönfeld/Ditz, DBA, Art. 25 MA Rz. 211.

756 Vgl. *Flüchter* in Schönfeld/Ditz, DBA, Art. 25 MA Rz. 212.

757 Gem. Art. 20 Abs. 3 GG ist die Rechtsprechung an Gesetz und Recht gebunden.

758 Vgl. *Geiger,* Veränderung von Doppelbesteuerungsabkommen ohne Änderung des Vertragsgesetzes?, in Vogel, Doppelbesteuerungsabkommen und nationales Recht, 37 (45 f.). Die folgenden Ausführungen geben die Ansicht von *Geiger* wieder.

entscheidung. Dieser koexistierende Vertrag kann wiederum mangels parlamentarischer Zustimmung keine innerstaatliche Wirkung hervorrufen.

Ohne die Erfüllung verfassungsrechtlicher Vorgaben bleiben die Auslegungsvereinbarungen ihrer Natur nach Verwaltungsvorschriften,[759] denen es nicht obliegt, positives Recht innerstaatlich verbindlich zu setzen.[760]

Der BFH erkennt bezüglich der Verständigungsvereinbarungen zumindest die Bedeutung für Auslegungszwecke an.[761] Dies allerdings nur in den Grenzen des Abkommenswortlauts[762]; eine Prämisse, die vor dem Hintergrund, dass die Auslegung an sich ihre „Grenzmarke“[763] bereits im Wortlaut findet, obsolet erscheint.[764] In der Folge sind die rechtsanwendenden Organe, insbesondere die innerstaatlichen Gerichte, gem. Art. 31 Abs. 3 lit. a WÜRV dazu verpflichtet, die späteren Übereinkünfte in den Auslegungsprozess Eingang finden zu lassen.[765] Eine unmittelbare normative Kraft[766], die Auslegungsvereinbarungen als verbindlich anzusehen, resultiert gleichwohl aus der Berücksichtigungspflicht i.S.d. Art. 31 Abs. 3 lit. a WÜRV nicht. Gerade mit Blick auf die Praxisrelevanz und Sachdienlichkeit der Vereinbarungen im Ergebnisfindungsprozess ist die Bedeutung der Auslegungsvereinbarungen im Auslegungsprozess dennoch nicht in Abrede zu stellen.[767] Diese Sichtweise wird aus Sachgerechtig-

---

759 BFH vom 02.09.2009, I R 111/08, BStBl. II 2010, 387 (389); vom 02.09.2009, I R 90/08, BStBl. II 2010, 394 (397); *Drüen* in Tipke/Kruse, AO/FGO, § 2 AO Rz. 43a.

760 Angesichts des grundgesetzlichen Gesetzesvorbehalts i.S.d. Art. 20 Abs. 3 GG bedürfte es einer gesetzlichen Verankerung, um eine derartige innerstaatliche Wirkung zu induzieren, vgl. BFH v. 2. 9. 2009 - I R 111/08, BStBl. II 2010, 387; *Hummel*, IStR 2011, 397 (398).

761 BFH vom 02.09.2009, I R 111/08, BStBl. II 2010, 387; vom 02.09.2009, I R 90/08, BStBl. II 2010, 394. So auch in weiten Teilen das Schrifttum, vgl. *Ismer*, IStR 2009, 366 (367, FN 13).

762 BFH vom 02.09.2009, I R 111/08, BStBl. II 2010, 387; vom 02.09.2009, I R 90/08, BStBl. II 2010, 394.

763 BFH vom 02.09.2009, I R 111/08, BStBl. II 2010, 387.

764 Darauf ebenfalls hinweisend *Pohl*, RIW 2012, 677 (680), der diesbezüglich auf eine weit verbreitete Ansicht und stellv. auf *Beaucamp/Treder*, Methoden und Technik der Rechtsanwendung2, Rz. 148, verweist.

765 Unbeschadet der Tatsache, ob eine Berücksichtigungspflicht aus Art. 31 Abs. 3 lit. a WÜRV abgeleitet werden kann, wäre zumindest die Einbeziehung der Materialien im Rahmen der teleologischen Auslegung in die Auslegungsentscheidung verpflichtend, wenn allein hierdurch eine übereinstimmende Abkommensanwendung erreicht werden würde, siehe hierzu Kapitel C.III.3.b.(4).(d).iii.

766 So hat der BFH mehrfach darauf hingewiesen, dass Verständigungsvereinbarungen keine normative Kraft besitzen: BFH vom 01.02.1989, I R 74/86, BStBl. II 1990, 4; vom 21.08.1996, I R 80/95, BStBl. II 1997, 134; vom 15.09.2004, I R 67/03, BStBl. II 2010, 155.

767 So jedoch *Frotscher*, Internationales Steuerrecht3, Rz. 209; *Wassermeyer* in Wasser-

keitserwägungen heraus gestützt, wenn man bedenkt, dass Art. 25 Abs. 3 S. 1 MA selbst aufgrund parlamentarischer Zustimmung innerstaatliche Verbindlichkeit besitzt. Demnach haben sich die Vertragsstaaten dazu verpflichtet, sich zumindest im Falle von Schwierigkeiten bei Anwendung oder Auslegung um eine einvernehmliche Lösungsfindung zu bemühen.[768] Angesichts dieser Tatsache sind auch die Gerichte in der Verantwortung, diesen Bemühungen ein Gehör zu verschaffen, indem sie Auslegungsvereinbarungen in den Auslegungsprozess einfließen lassen. Andernfalls würde die Regelung der auslegenden Konsultationsvereinbarung ins Leere laufen.[769] Inwiefern die sich hieraus ergebende Auslegung letztendlich Maßgeblichkeit entwickelt, muss wiederum in Einklang mit den weiteren Auslegungsmaßstäben entschieden werden.[770]

Um schließlich eine innerstaatliche Geltung für Auslegungsvereinbarungen herbeizuführen, sind diese entweder als Gesetz zu verabschieden oder es bedarf der Begründung einer Ermächtigung gem. Art. 80 GG, die die Finanzverwaltung legitimiert, die Konsultationsvereinbarung als Rechtsverordnung zu erlassen.[771] Nach dieser Vorstellung wurde beabsichtigt, den Weg der zweiten Alternative im Rahmen einer Verordnungsermächtigung gem. § 2 Abs. 2 AO n.F.[772] zu beschreiten.[773] Die Rechtsverordnung kann gleichwohl nur Wirksamkeit beanspruchen, wenn sie nicht im Widerspruch zum Abkommenswortlaut steht.[774] So stellt auch der BFH heraus, dass eine gerichtliche Verbindlichkeit „positives und mit dem Abkommen gleichrangiges Recht"[775] erforderlich macht. Die Bedeutung des § 2 Abs. 2 AO ist damit nicht abschließend geklärt.[776]

Demgegenüber sind allerdings jene Fälle zu würdigen, in denen die späteren Übereinkünfte oder die spätere Staatspraxis über den inhaltlichen Horizont

meyer, DBA, Art. 3 MA Rz. 79.

768 Inwieweit das „Bemühen" eine Pflicht zur Durchführung impliziert siehe *Flüchter* in Schonfeld/Ditz, DBA, Art. 25 MA Rz. 198, 207.

769 Vgl. hierzu *Schröder*, IStR 2009, 48 (50), der diese Argumentation allerdings für eine innerstaatliche Bindungswirkung nutzt.

770 Für eine Relevanz der Materialien im Auslegungsprozess BFH vom 02.09.2009, I R 111/08, BStBl. II 2010, 387. Hierfür beispielhaft BFH vom 25.10.2006, I R 81/04, BStBl. II 2010, 778, sowie vom 25.10.2006, I R 18/04, BFH/NV 2007, 875.

771 Vgl. *Schönfeld/Häck* in Schönfeld/Ditz, DBA, Systematik Rz. 99.

772 Jahressteuergesetz 2010 (JStG 2010) vom 08.12.2010, BGBl. I 2010, 1768 (1792).

773 Entwurf eines Jahressteuergesetzes 2010 (JStG 2010) vom 21.06.2010, BT-Drucks. 17/2249, 86.

774 Vgl. *Grzeszick* in Maunz/Dürig, GG, Art. 20 GG Rz. 72.

775 BFH vom 02.09.2009, I R 111/08, BStBl. II 2010, 387; vom 02.09.2009, I R 90/08, BStBl. II 2010, 394. Dies hat der BFH in einem *obiter dictum* bestätigt BFH vom 12.10.2011, I R 15/11, BStBl. II 2012, 548.

776 Vgl. *Pohl*, RIW 2012, 677 (681).

der Doppelbesteuerungsabkommen hinausragen. Innerhalb der „Kompetenz der zuständigen Organe“[777] kann ein Änderungsvertrag konkludent geschlossen werden.[778] Diese Vertrags*änderung* bewegt sich zwar nicht mehr im Anwendungsbereich des die Vertrags*auslegung* normierenden Art. 31 Abs. 3 lit. a WÜRV. Allerdings darf nicht verkannt werden, dass hierdurch dennoch eine völkerrechtliche Bindungswirkung entsteht. Es ist hierin schließlich eine Einigung durch die Vertretungsorgane der Vertragsparteien zu vernehmen.[779] Das völkerrechtliche Vertragsschlussverfahren ist angesichts des Mangels einer innerstaatlichen Zustimmung auch nicht verletzt, da die Doppelbesteuerungsabkommen eigens zu einem vereinfachten Vertragsschluss ermächtigen.[780] Diese Ermächtigung vermag gleichwohl die parlamentarische Zustimmung für die innerstaatliche Wirkung nicht zu ersetzen, da hierdurch keine ausdrückliche Verordnungsermächtigung erfolgt.[781] Die administrativen Vereinbarungen binden damit zwar in völkerrechtlicher Hinsicht, sie vermögen indes nicht den Gesetzesvorbehalt gem. Art. 20 Abs. 3 GG zu überwinden.[782]

Wenngleich die völkerrechtliche Bindungswirkung die Vertragsstaaten gem. Art. 59 Abs. 2 S. 1 GG zur parlamentarischen Zustimmung verpflichtet, bleibt für Zwecke der innerstaatlichen Anwendung bis zu diesem Zeitpunkt der Vertragsinhalt maßgeblich, der durch das Zustimmungsgesetz legitimiert wurde.[783] Entfalten jene Materialien nun völkerrechtliche Verbindlichkeit und wirken sie verändernd auf den Vertragsinhalt ein, kann jene Wirkung mangels

---

777 *Lang* in Grotherr, Handbuch der internationalen Steuerplanung, 1865 (1871).

778 Hierzu *Lampert*, Doppelbesteuerungsrecht und Lastengleichheit, 86, mit Verweis auf BVerfG vom 22.11.2001, 2 BvE 6/99, BVerfGE 104, 151 (202). Dies erfolgt, wenn die Vereinbarung in einem unüberwindbaren und deutlichen Widerspruch zum bisherigen Vertrag steht oder eine Erweiterung dessen vornehmen will.

779 Eine völkerrechtliche Rangordnung von Verträgen besteht schließlich nicht, vgl. *Geiger*, Veränderung von Doppelbesteuerungsabkommen ohne Änderung des Vertragsgesetzes?, in Vogel, Doppelbesteuerungsabkommen und nationales Recht, 37 (43).

780 Vgl. *Geiger*, Veränderung von Doppelbesteuerungsabkommen ohne Änderung des Vertragsgesetzes?, in Vogel, Doppelbesteuerungsabkommen und nationales Recht, 37 (43 f.).

781 Vgl. *Fastenrath*, Kompetenzverteilung im Bereich der auswärtigen Gewalt, 236. Eine solche exekutive Gesetzgebung müsste den Anforderungen des Art. 80 Abs. 1 S. 2 GG gerecht werden, hierzu *Remmert* in Maunz/Dürig, GG, Art. 80 GG Rz. 49 ff.

782 Vgl. *Gosch*, Auslegung von DBA in der deutschen Rechtspraxis, in Lüdicke, Vermeidung der Doppelbesteuerung und ihre Grenzen, 1 (14).

783 Vgl. *Wassermeyer* in Wassermeyer, DBA, Vor Art. 1 MA Rz. 63. Dem steht jedoch nicht entgegen, dass sich das Begriffsverständnis weiterentwickeln kann, hierzu Kapitel C.III.3.b.(3).(c).iv.06.

Rechtsgrundlage nicht auf die innerstaatliche Abkommensanwendung durchgreifen.[784] Hieraus resultiert in derart gelagerten Fällen ein Bruch zwischen innerstaatlicher und völkerrechtlicher Abkommensanwendung.[785] Demgegenüber wird jedoch auch vertreten, dass im Rahmen der modifizierten Transformationstheorie und der Vollzugstheorie gleichwohl eine innerstaatliche Wirkung entfaltet wird.[786] Aufgrund der möglichst nahen Anbindung an den Völkerrechtsvertrag soll nach dieser Auffassung der geänderte Vertrag mangels Zustimmung innerstaatlich nicht anwendbar sein. Der alte Vertrag, auf welchem der Rechtsanwendungsbefehl abstellt, besteht jedoch nicht mehr, sodass der Anwendungsbefehl ins Leere läuft. Die Konsequenz würde hier ebenfalls in einer asymmetrischen Anwendung von Völkerrecht und innerstaatlichem Recht gipfeln.

Auch für die vertragsändernde Konsultationsvereinbarung ist die Wirkung der Verordnungsermächtigung zu prüfen. Dabei wird dem § 2 Abs. 2 S. 1 AO jedoch bescheinigt, dass auch er dieses rechtsstaatliche Defizit nicht auszugleichen vermag.[787] Demnach steht die Rechtsverordnung im Rang unter dem Zustimmungsgesetz, womit eine vertragsändernde Wirkung nicht zu erreichen wäre.[788] Überdies lässt auch der BFH für Änderungszwecke allein positives und zum Zustimmungsgesetz gleichrangiges Recht zu.[789] So bedingt die innerstaatliche Rechtsverbindlichkeit der vertragsändernden Vereinbarungen gleichermaßen einen Vollzugsbefehl in nationales Recht durch Zustimmung des Gesetzgebungsorgans i.S.d. Art. 59 Abs. 2 S. 1 GG.[790]

---

784 BFH vom 10.12.2001, I B 94/01, BFH/NV 2002, 479; *Loukota*, SWI 2000, 299 (303). Demnach müssten die völkerrechtlichen Vereinbarungen durch parlamentarische Zustimmung legitimiert werden, so auch *Henkel* in Gosch/Kroppen/Grotherr, DBA, Grundlagen, Abschn. 4, Rz. 29, mit Verweis auf BFH vom 22.10.1986, I R 261/82, BStBl. II 1987, 171 (171 ff.); vom 22.10.1986, I R 128/83, BStBl. II 1987, 253 (255).

785 Vgl. *Henkel* in Gosch/Kroppen/Grotherr, DBA, Grundlagen Abschn. 4 Rz. 31.

786 Vgl. *Geiger*, Veränderung von Doppelbesteuerungsabkommen ohne Änderung des Vertragsgesetzes?, in Vogel, Doppelbesteuerungsabkommen und nationales Recht, 37 (44 f.).

787 Hierzu *Schönfeld/Häck* in Schönfeld/Ditz, DBA, Systematik Rz. 93, 100. Zweifelnd in Bezug auf die Wirkung *Hummel*, IStR 2011, 397; *Drüen*, IWB 2011, 360. Weiterführende Überlegungen finden sich hierzu im Kapitel E.II.3.a.(2).

788 Vgl. *Pohl*, RIW 2012, 677 (680 f.); *Micker* , IWB 2011, 61 (67).

789 BFH vom 02.09.2009, I R 111/08, BStBl. II 2010, 387; vom 02.09.2009, I R 90/08, BStBl. II 2010, 394. Dies hat der BFH in einem *obiter dictum* bestätigt, BFH vom 12.10.2011, I R 15/11, BStBl. II 2012, 548.

790 BFH vom 10.07.1996, I R 83/95, BStBl. II 1997, 341; BFH vom 02.09.2009, I R 111/08, BStBl. II 2010, 387; vom 02.09.2009, I R 90/08, BStBl. II 2010, 394; vom 11.11.2009, I R 84/08, BStBl. II 2010, 390; vgl. *Eilers* in Wassermeyer, DBA, Art. 25 MA Rz. 61; *Lehner*

b. Änderungen OECD-MA und OECD-MK

Ferner wird die Zuordnung späterer Fassungen des Musterabkommens und des Musterkommentars als spätere Übereinkünfte oder Übungen diskutiert.[791] Ihrer Natur nach handelt es sich um Empfehlungen, die von dem OECD-Steuerausschuss als Organ der internationalen Organisation beschlossen werden und damit weder als „Übereinkünfte" noch als „zwischen den Vertragsparteien vereinbart" anzusehen sind. Diese Tatsache disqualifiziert das OECD-MA und den OECD-MK grundsätzlich für eine Einordnung als spätere Übereinkunft gem. Art. 31 Abs. 3 lit. a WÜRV.[792] Nun erheben sich aber auch Stimmen[793], die die Änderungen des OECD-MK als spätere Übereinkunft interpretieren. Diese These wird auf die Aussagen des BFH gestützt, nach dessen Verständnis bereits ein „übereinstimmendes Abkommensverständnis"[794] als Übereinkunft angesehen werden kann. So lässt der Verzicht der OECD-Mitgliedstaaten auf Bemerkungen im Zuge einer Musterkommentaränderung den Rückschluss auf ein konformes Abkommensverständnis zu. Wenn der BFH

---

in Vogel/Lehner, DBA, Art. 25 MA Rz. 109, 200 f.; *Lüthi* in Gosch/Kroppen/Grotherr, DBA, Art. 25 MA Rz. 94; *Becker* in Haase, AStG/DBA, Art. 25 MA Rz. 42; *Ismer*, IStR 2009, 366; *Lühn*, BB 2009, 201 (202); *Portner*, IStR 2008, 584 (586).

791 Für eine derartige Einordnung: *Ellis*, BIFD 2000, 617 (617 f.); *Waters*, The relevance of the OECD Commentaries in the interpretation of Tax Treaties, in Lang/Jirousek, Festschrift Loukota, 671 (680). Gegen diese Einordnung: *Vogel* in Vogel/Lehner, DBA, Einl. Rz. 125; *ders.*, BIFD 2000, 612 (614); *Lang*, Die Bedeutung des Musterabkommens und des Kommentars des OECD-Steuerausschusses für die Auslegung von Doppelbesteuerungsabkommen, in Gassner/Lang/Lechner, Aktuelle Entwicklungen im Internationalen Steuerrecht, 11 (25 f.); *Henkel* in Gosch/Kroppen/Grotherr, DBA, Grundlagen Abschn. 4 Rz. 40; *Schönfeld/Häck* in Schönfeld/Ditz, DBA, Systematik Rz. 97; *Wassermeyer* in Wassermeyer, DBA, Vor Art. 1 MA Rz. 63; *Ward*, The Interpretation of Income Tax Treaties with Particular Reference to the Commentaries on the OECD Model, 110 f.; *Schnitger*, Die normative Bedeutung des Partnership-Reports, in Urtz/Züger, Personengesellschaften im internationalen Steuerrecht, 275 (280).

792 Vgl. *Wassermeyer* in Wassermeyer, DBA, Vor Art. 1 MA Rz. 41; *Vogel* in Vogel/Lehner, DBA, Einl. Rz. 125; *ders.*, BIFD 2000, 612 (614); *Lang*, Die Bedeutung des Musterabkommens und des Kommentars des OECD-Steuerausschusses für die Auslegung von Doppelbesteuerungsabkommen, in Gassner/Lang/Lechner, Aktuelle Entwicklungen im Internationalen Steuerrecht, 11 (25 f.); *Henkel* in Gosch/Kroppen/Grotherr, DBA, Grundlagen Abschn. 4 Rz. 40; *Schönfeld/Häck* in Schönfeld/Ditz, DBA, Systematik Rz. 97. Zudem wird gerade im Verhältnis zu Nicht-OECD-Staaten angebracht, dass die Empfehlungen der OECD nicht als „zwischen den Vertragsstaaten vereinbart" angesehen werden können, vgl. *Lampert*, Doppelbesteuerungsrecht und Lastengleichheit, 81.

793 So bspw. *Pohl*, RIW 2012, 677 (679).

794 BFH vom 12.10.2011, I R 15/11, BStBl. II 2012, 548.

nun meint, dass die Kommentierungsänderungen nicht den Willen der Vertragsparteien wiedergeben können,[795] ändert das nichts an der Tatsache, dass der Bemerkungsverzicht einen derartigen Willen widerspiegelt. Der Meinungsstreit führt gleichwohl ins Leere, wenn man als Übereinkunft im Rahmen eines engeren Begriffsverständnisses die ausdrückliche Vereinbarung der Vertragsparteien versteht. So besteht der Unterschied darin, dass sich ein übereinstimmendes Abkommensverständnis ebenfalls aus dem einseitigen Verhalten unabhängig voneinander herausbilden kann. Eine Übereinkunft besitzt hingegen die Eigenschaft, dass sie aus dem gemeinsamen Zusammenwirken der Vertragsparteien entsteht.

Die Staatenpraxis kann Rückschlüsse darüber zulassen, dass sich die Auslegung am Musterabkommen und Musterkommentar orientiert. Kann hierin anhand einer individuellen Prüfung[796] eine Übung gesehen werden,[797] strahlt diese nicht gleichzeitig auf die Inhalte der Mustermaterialien aus. Wird ein geänderter Musterkommentar zur Auslegung herangezogen, konkretisiert sich die Übung wie zuvor in der Orientierung am Musterkommentar, womit keine „spätere Übung" zu verzeichnen ist. Eine spätere Übung i.S.d. Art. 31 Abs. 3 lit. b WÜRV ist vielmehr anhand der Inhalte zu prüfen. Jedoch ist auch in diesen Fällen eine Einzelfallprüfung durchzuführen, inwieweit die neuen Fassungen die gegenwärtige Staatenpraxis reflektieren. Aus den Überlegungen wird gleichwohl ersichtlich, dass in derartigen Fällen die neuen Fassungen des OECD-MA und OECD-MK ein bereits vorhandenes allgemeines Verständnis der Vertragsparteien in sich tragen. Damit sind sie nicht als spätere Übung anzusehen, sondern verleihen dieser lediglich Ausdruck.[798] Demgegenüber wird ebenfalls angeführt, dass Auffassungen oftmals in den Kommentar aufgenommen werden, damit sie sich zu einer Übung fortentwickeln. Aus diesem Grund kann angesichts einer umgekehrten Ursache-Wirkungsbeziehung nicht *a priori* auf eine Übung, die sich im Kommentarverständnis ausdrückt, geschlossen werden.[799] Jene muss sich erst noch herausbilden. Zwar besteht die

795 BFH vom 09.02.2011, I R 54/10, 55/10, BStBl. II 2012, 106. Hierzu näher *Pohl*, RIW 2012, 677 (679), der im Zusammenhang mit der dynamischen Auslegung auf eine inkonsistente BFH-Rechtsprechung aufmerksam macht.

796 Das Vorhandensein des Musterkommentars begründet an sich noch keine Übung, vgl. *Lang*, Intertax 1997, 7 (8).

797 Vgl. *Lampert*, Doppelbesteuerungsrecht und Lastengleichheit, 81.

798 Vgl. *Wassermeyer* in Wassermeyer, DBA, Vor Art. 1 MA Rz. 60.

799 Vgl. *Vetter*, Die normative Bedeutung der OECD-Verrechnungspreisrichtlinien in Lahodny-Karner/Schuch/Toifl/Urtz/Vetter, Die neuen Verrechnungspreisrichtlinien der OECD, 9 (24).

Möglichkeit, dass das im Kommentar wiedergegebene Verständnis der Staatenpraxis entspricht, zwingend ist die Annahme jedoch keineswegs.[800] In diesem Zusammenhang ist der Rechtsprechung zu folgen, wenn sie die Mustermaterialien als Werk des OECD-Steuerausschusses bzw. dessen Working Party 1 sehen,[801] welches das Meinungsbild der leitenden Beamten der Finanzverwaltung darstellen und nicht eine Staatenpraxis an sich reflektieren.[802]

Grundsätzlich kommt den Änderungen der Mustermaterialien damit nicht der Status einer späteren Übereinkunft oder späteren Übung gem. Art. 31 Abs. 3 WÜRV zu. Allein anhand einer Einzelfallprüfung kann sich ergeben, dass die Inhalte einer späteren Staatenpraxis entsprechen.

ii. Doppelbesteuerungsabkommen im Lichte des Art. 32 WÜRV

In Art. 32 WÜRV sind die ergänzenden Auslegungsmittel normiert. Diese sind insbesondere in die Kategorie der historischen Auslegungsmethode einzuordnen.[803] Die historische Auslegungsmethode knüpft an die Entstehungsgeschichte des Vertrags sowie an den historischen Parteiwillen an.[804] Im Rahmen der Abkommensauslegung wird auf vorbereitende Arbeiten und die Umstände des Vertragsschlusses rekurriert.

Ergänzende Auslegungsmittel können lediglich auslegungssekundär zur Anwendung gelangen.[805] In diesem Zusammenhang wirken sie allein bestätigend oder werden unter der Voraussetzung, dass der Vertragsinhalt trotz Anwendung der anderen Auslegungsmethoden mehrdeutig oder dunkel bleibt bzw. das Ergebnis offensichtlich sinnwidrig oder unvernünftig ist, herangezo-

---

800 Aus den Musterkommentar ergibt sich demnach kein zwingender Rückschluss auf die Staatenpraxis, vgl. *Lang*, IWB 2011, 281 (286); *ders.*, Die Bedeutung des Musterabkommens und des Kommentars des OECD-Steuerausschusses für die Auslegung von Doppelbesteuerungsabkommen, in Gassner/Lang//Lechner, Aktuelle Entwicklungen im Internationalen Steuerrecht, 11 (25 f.); *Lang/Brugger*, Australian Tax Forum 2008, 95 (103 f.).

801 Vgl. *Gosch*, IStR 2014, 698 (700).

802 BFH vom 16.01.2014, I R 30/12, BFHE 244, 354, 354; vgl. *Gosch*, ISR 2013, 87.

803 Vgl. *Frotscher*, Internationales Steuerrecht3, Rz. 210.

804 Angelehnt an *Boecken*, BGB, Rz. 74, der die historische Auslegungsmethode für Zwecke des BGB erläutert.

805 Vgl. *Vogel/Prokisch*, Interpretation of Double Taxation Conventions, Generalbericht, in IFA, CDFI 1993, 19 (41); *Kerath*, Maßstäbe zur Auslegung und Anwendung von Doppelbesteuerungsabkommen unter besonderer Berücksichtigung des Verständigungsverfahrens, 174; *Weber-Fas*, Staatsverträge im Internationalen Steuerrecht, 83; *Gündisch*, Personengesellschaften im DBA-Recht, 17, *Lampert*, Doppelbesteuerungsrecht und Lastengleichheit, 59.

gen.[806] Eine abschließende Aufzählung, was unter den ergänzenden Auslegungsmitteln zu verstehen ist, regelt das WÜRV jedoch nicht.[807] Exemplarisch kann dabei auf die Denkschriften als Materialien hingewiesen werden.[808] Überdies können als Auslegungshilfe sämtliche Materialien dienen, die die Auffassung beider Vertragsparteien wiedergeben.[809] Soweit sie noch nicht bei der Erschließung des Bedeutungszusammenhangs gem. Art. 31 Abs. 2 WÜRV Anwendung finden, sind Verhandlungen, Notenwechsel, Sitzungsprotokolle sowie Unterlagen, Positionspapiere, etc., die während der Vertragsverhandlungen entstanden oder vorgelegt wurden, als ergänzende Auslegungsmittel heranzuziehen.[810] Es spricht eine Vermutung dafür, dass allein zweiseitige Materialien zulässig sind.[811]

iii. Doppelbesteuerungsabkommen im Lichte des Art. 33 WÜRV

In Anbetracht der Tatsache, dass Doppelbesteuerungsabkommen im Falle unterschiedlicher Sprachen in den Vertragsstaaten in aller Regel mehrsprachig abgeschlossen und als authentisch festgelegt werden, kommt hierfür Art. 33 WÜRV (Auslegung von Verträgen mit zwei oder mehr authentischen Sprachen) zur Anwendung.[812] Demnach sind die diversen sprachlichen Fassungen in übereinstimmender Weise bindend und auslegungserheblich.[813] Für die Auslegung ist somit nicht nur auf die landessprachliche Vertragsfassung abzustellen, sondern auch die fremdsprachige.[814] Für gewöhnlich werden die Spra-

---

806 Vgl. *Graf Vitzthum* in Graf Vitzthum, Völkerrecht5, 57, Rz. 123; *Stein/von Buttlar*, Völkerrecht13, Rz. 84; *Vogel* in Vogel/Lehner, DBA, Einl. Rz. 110.

807 Vgl. *Vogel/Prokisch*, Interpretation of Double Taxation Conventions, Generalbericht, in IFA, CDFI 1993, 19 (41).

808 Diese allerdings nur insoweit, wie sie die gemeinsamen Vorstellungen der Vertragsparteien widerspiegeln, vgl. *Henkel* in Gosch/Kroppen/Grotherr, DBA, Grundlagen Abschn. 4 Rz. 39. *Vogel* in Vogel/Lehner, DBA, Einl. Rz. 110, weist allerdings darauf hin, dass die Denkschriften in der Regel nicht „den Inhalt von Noten- und Briefwechseln aus Anlass der Paraphierung oder Unterzeichnung des Abkommens mitteilen" und somit weder nach Art. 31 noch Art. 32 WÜRV zu den relevanten Auslegungsmaterialien gehören.

809 Vgl. *Klebau*, RIW 1985, 125 (133).

810 Vgl. *Henkel* in Gosch/Kroppen/Grotherr, DBA, Grundlagen Abschn. 4 Rz. 39; *Vogel* in Vogel/Lehner, DBA, Einl. Rz. 110.

811 Vgl. *Vogel/Prokisch*, Interpretation of Double Taxation Conventions, Generalbericht, in IFA, CDFI 1993, 19 (41).

812 Vgl. *Graf Vitzthum* in Graf Vitzthum, Völkerrecht5, 57, Rz. 123; *Vogel* in Vogel/Lehner, DBA, Einl. Rz. 111.

813 Hierzu *Hilf*, Die Auslegung mehrsprachiger Verträge, 124 ff, 144 ff.

814 Eingehend *Hilf*, Die Auslegung mehrsprachiger Verträge, passim.

chen der beiden Vertragsparteien als die authentischen Sprachen festgelegt.[815] Gem. Art. 33 Abs. 3 WÜRV wird die Vermutung artikuliert, dass den Ausdrücken in den verschiedenen sprachlichen Varianten eine identische Bedeutung zukommt. Teilweise wird für den Divergenzfall auch eine dritte Sprache festgelegt. Soweit die Regelung innerstaatlich anwendbares Recht geworden ist, kann für diese dritte – neutrale – Sprachfassung im Zweifelsfall auch eine Alleinverbindlichkeit vereinbart werden.[816] In diesem Zusammenhang ist jedoch die Zweifelsfallbedingung herauszustellen. Haben die Vertragsparteien eine unterschiedliche Wortlautbedeutung nicht gewollt, liegt diesbezüglich auch kein Zweifelsfall vor.[817] Ist ein Vorrang wiederum nicht gegeben, sind Bedeutungsunterschiede zwischen den verschiedenen sprachlichen Fassungen dadurch zu überwinden, dass das Auslegungsergebnis zu wählen ist, welches den Wortlaut im Lichte seines Zieles und Zwecks am besten übereinbringt (Art. 33 Abs. 4 WÜRV mit Verweis auf Art. 31 und 32 WÜRV).

iv. Besondere völkerrechtliche Auslegungsregeln

Neben den im WÜRV allgemein normierten Auslegungsregeln bestehen im Völkerrecht weitere Interpretationsgrundsätze, die, soweit sie dem Parteiwillen entsprechen, für den Auslegungsprozess fruchtbar gemacht werden können.[818]

---

815 Vgl. *Frotscher*, Internationales Steuerrecht3, Rz. 211.

816 Vgl. *Vogel* in Vogel/Lehner, DBA, Einl. Rz. 111; *Lang*, IStR 2011, 403 (404), mit Verweis auf das DBA Griechenland-Österreich.

817 So hatte der BFH in seinen Entscheidungen zu den irischen Dublin-Dock Gesellschaften (BFH vom 19.01.2000, I R 94/97, BStBl. II 2001, 222; vom 19.01.2000, I R 117/97, BFH/NV 2000, 824) einen Zweifelsfall vorausgesetzt. Dies stützte sich auf die Tatsache, dass in der deutschen Fassung von „Kapitalgesellschaften" die Rede ist, während in der englischen Fassung „company limited by shares" verwendet wird. Im Zuge der Einordnung der „unlimited company (having a share capital)" wurde aufgrund der Zweifelsfallregelung der englischen Fassung der Vorzug eingeräumt. Diese Vorgehensweise wurde allerdings als nicht sachgerecht erachtet, da auch in der englischen Fassung der deutsche Begriff „Kapitalgesellschaft" hinzugefügt war, hierzu *Clausen*, DB 2001, 2515 (2515 ff.). Demgemäß wird in Ermangelung eines beabsichtigten Bedeutungsunterschieds auch kein Zweifelsfall angenommen, vgl. *Henkel* in Gosch/Kroppen/Grotherr, DBA, Grundlagen Abschn. 4 Rz. 24.

818 Vgl. *Blumenwitz*, Die Auslegung völkerrechtlicher Verträge, in Vogel, Doppelbesteuerungsabkommen und nationales Recht, 5 (15); *Dahm/Delbrück/Wolfrum*, Völkerrecht, Bd. I/32, 647. In diesem Zusammenhang wird darauf hingewiesen, dass diesen Auslegungsgrundsätzen keine Eigenständigkeit zukommt.

01. Contra proferentem

Die Auslegungsregel *contra proferentem* sieht vor, dass unklare Formulierungen zulasten desjenigen Vertragsteils ausgelegt werden, der sie vorgeschlagen hat.[819] Eine Übertragung dieser Regelung auf Doppelbesteuerungsabkommen erscheint wenig gerechtfertigt, da DBA gemeinsam ausgehandelt und formuliert werden. Sie basieren auf formeller und materieller Gleichheit und lassen damit keinen Raum für eine derartige Handhabung.[820]

02. In dubio mitius

In dubio mitius wird als weiterer Rechtsgrundsatz gesehen – im Zweifel das Mildere.[821] Der Wille der Vertragsparteien soll sich in einer möglichst souveränitätsschonenden Auslegung konkretisieren.[822] Das mag für hochpolitische Verträge gelten, die bereits aufgrund ihrer Ausgestaltung von Beginn an mehrere Auslegungsvarianten in sich tragen. Für Doppelbesteuerungsabkommen ist jene Regelung wohl eher kritisch zu sehen. So würde im Zweifelsfall die Auslegung gewählt, die das Recht auf Ausübung des Besteuerungsanspruches des Vertragsstaates nicht beschränkt. Eine starre Anwendung des Grundsatzes würde zudem konfligierende Ergebnisse begünstigen, da der Souveränitätsgedanke einer symmetrischen Auslegung zuwiderläuft.

---

819 Zurückgehend auf StIGH vom 12.07.1929, Brazilian Loans, PCIJ Series A, No. 21, 93 (114). Im Detail siehe *Baldus*, Regelhafte Vertragsauslegung nach Parteirollen im klassischen römischen Recht und in der modernen Völkerrechtswissenschaft, 118; *Linderfalk*, On the Interpretation of Treaties, 284; *Verdross/Simma*, Universelles Völkerrecht3, 493; *Dahm/Delbrück/Wolfrum*, Völkerrecht, Bd. I/32, 648.

820 Vgl. *Blumenwitz*, Die Auslegung völkerrechtlicher Verträge, in Vogel, Doppelbesteuerungsabkommen und nationales Recht, 5 (15).

821 Zurückgehend auf StIGH vom 21.10.1925, Mossul, PCIJ Series B, No. 12, 5 (25) und vom 07.09.1927, Lotus, PCIJ Series A, No. 10, 4 (18). Hierzu *Bernhardt*, Die Auslegung völkerrechtlicher Verträge insbesondere in der Rechtsprechung internationaler Gerichte, 143 ff.; *Jennings/Watts*, Oppenheim's International Law, Vol. I/2-49, 1278 f.; *Dahm/Delbrück/Wolfrum*, Völkerrecht, Bd. I/32, 648; *Eckardt*, Die Entwicklung des Individualschutzes im internationalen Investitionsschutzrecht, 90.

822 Vgl. *Seidl-Hohenveldern/Stein*, Völkerrecht10, Rz. 344.

03. Effet utile

Eine weitere Auslegungsregel im Völkerrecht wird als Effektivitätsgrundsatz, sog. *effet utile*-Regel, umschrieben.[823] Dieser Grundsatz wurzelt im Prinzip *ut res magis valeat quam pereat,*[824] wonach Worte so zu verstehen sind, dass ihr Sinn erhalten und nicht zerstört wird.[825] Die Auslegung darf somit nicht dazu führen, dass der Vertrag seine Wirksamkeit einbüßt.[826] In positiver Formulierung bedeutet die Auslegungsregel folglich, dass ein völkerrechtlicher Vertrag in der Weise zu interpretieren ist, dass sein Ziel und Zweck bestmöglich realisiert wird.[827] Für Zwecke der Auslegung gilt es somit, der Regelung eine Bedeutung zu verleihen sowie zwischen verschiedenen Möglichkeiten jene Auslegungsvariante zu wählen, die sich am besten zur Vertragszielerreichung eignet.[828] Seinen Niederschlag findet die Regel in seinen verschiedenen Ausprägungen[829] sowohl im Grundsatz von Treu und Glauben als auch im Gebot zur Beachtung des Vertragszwecks[830].[831] Dieser Effektivitätsgrundsatz ist auch auf die Doppel-

823 Eingehend hierzu *Oettingen,* Effet utile und individuelle Rechte im Recht der Europäischen Union, passim.

824 Auch als Iulian'sche Maxime bezichnet, hierzu näher *Oettingen,* Effet utile und individuelle Rechte im Recht der Europäische Union, 36.

825 Vgl. *Bernhardt,* Die Auslegung völkerrechtlicher Verträge insbesondere in der Rechtsprechung internationaler Gerichte, 96; *Heintschel von Heinegg* in Ipsen, Völkerrecht5, § 11 Rz. 16; *Dahm/Delbrück/Wolfrum,* Völkerrecht, Bd. I/32, 644; *Anweiler,* Die Auslegungsmethoden des Gerichtshofs der Europäischen Gemeinschaften, 121; *Bredimas,* Methods of Interpretation and Community Law, 20.

826 Vgl. *Verdross/Simma,* Universelles Völkerrecht3, 494; *Dahm/Delbrück/Wolfrum,* Völkerrecht, Bd. I/32, 644.

827 Vgl. *Heintschel von Heinegg* in Ipsen, Völkerrecht5, § 11 Rz. 16; *Bernhardt,* Die Auslegung völkerrechtlicher Verträge insbesondere in der Rechtsprechung internationaler Gerichte, 96.

828 Diese zwei Regeln werden auch als Wirksamkeitsgebot und Nützlichkeitsgebot herausgearbeitet, vgl. *Oettingen,* Effet utile und individuelle Rechte im Recht der Europäischen Union, 38.

829 Damit ist das Wirksamkeitsgebot und das Nützlichkeitsgebot gemeint, hierzu im Zusammenhang mit der *effet utile*-Regel *Oettingen,* Effet utile und individuelle Rechte im Recht der Europäischen Union, 41 ff.

830 Vgl. *Bernhardt,* Die Auslegung völkerrechtlicher Verträge insbesondere in der Rechtsprechung internationaler Gerichte, 94.

831 Vgl. *Schollendorf,* Die Auslegung völkerrechtlicher Verträge in der Spruchpraxis des Appellate Body der Welthandelsorganisation (WTO), 75.

besteuerungsabkommen zu übertragen.[832] Wie noch zu zeigen sein wird,[833] kommt der *effet utile*-Regel eine auslegungsleitende Funktion zu. Aufgrund ihrer vermittelnden Wirkung wird offengelegt, durch welche Auslegungsvariante die festgelegte *ratio* der DBA erreicht werden kann, damit das Abkommen somit seine Wirksamkeit entfaltet.

04. Völkerrechtskonformität

Die Auslegung völkerrechtlicher Verträge ist ferner völkerrechtskonform und somit in Übereinstimmung mit den allgemeinen Völkerrechtsregeln vorzunehmen.[834] Dieser Grundsatz ist mit Art. 31 Abs. 3 lit. c WÜRV in gewissem Maße im WÜRV kodifiziert.[835]

05. Implied powers

Die *implied powers*-Regel erlaubt es sich solcher Mittel im Rahmen einer teleologisch-funktionellen Auslegung über vertraglich statuierte Kompetenzen hinweg zu bedienen, die zur Erreichung des Vertragszwecks erforderlich sind.[836]

---

832 Vgl. *Strobl*, Zur Auslegung von Doppelbesteuerungsabkommen unter besonderer Berücksichtigung ausländischer Rechtsordnungen, in Knobbe-Keuk/Klein/Moxter, Festschrift Döllerer, 635 (641).

833 Siehe Kapitel C.III.3.b.(4).(e).

834 IGH vom 26.11.1957, Passage-Streit, ICJ Reports 1957, 125 (142); vom 21.06.1971, Namibia-Gutachten, ICJ Reports 1971, 16 (47). Hierzu *Graf Vitzthum* in Graf Vitzthum, Völkerrecht5, 57, Rz. 124; vgl. auch *Blumenwitz*, Die Auslegung völkerrechtlicher Verträge, in Vogel, Doppelbesteuerungsabkommen und nationales Recht, 5 (16), der darauf hinweist, dass der Vertragsgegenstand gebietet, gewisse Völkerrechtsregeln nicht anzuwenden.

835 Vgl. *Blumenwitz*, Die Auslegung völkerrechtlicher Verträge, in Vogel, Doppelbesteuerungsabkommen und nationales Recht, 5 (16).

836 Vgl. *Köck*, Die „implied powers" der Europäischen Gemeinschaften als Anwendungsfeld der „implies powers" internationaler Organisationen überhaupt, in Böckenstiegel/Folz/Mössner/Zemanek, Festschrift Seidl-Hohenveldern, 279 (279 ff.). Zur Regel im Rahmen des EGV *Zuleeg* in Groeben/Thiesing/Ehlermann, EUV/EGV, Art. 5 EGV Rz. 3 m.w.N. Allgemein *Graf Vitzthum* in Graf Vitzthum, Völkerrecht5, 57, Rz. 124; *Blumenwitz*, Die Auslegung völkerrechtlicher Verträge, in Vogel, Doppelbesteuerungsabkommen und nationales Recht, 5 (16 f.); *Doehring*, Völkerrecht2, Rz. 396.

Diese Regelung ist allerdings nur im Bereich internationaler Organisationen von Relevanz.[837] Für die Auslegung von Doppelbesteuerungsabkommen ist aus diesem Grund keine unmittelbare Einwirkung ersichtlich.

06. Dynamisierung

Im Zuge der Auslegung völkerrechtlicher Verträge ist der Inhalt zwar grundsätzlich in der Weise zu verstehen, wie er auf den Zeitpunkt des Vertragsabschlusses geregelt ist. Im Falle der Heranziehung von originär innerstaatlichem Recht ist jedoch auf dessen jüngste Fassung abzustellen.[838] Darüber hinaus unterstreichen insbesondere Art. 31 Abs. 3 lit. a und b WÜRV die Relevanz des aktuellen Parteikonsenses und somit die Möglichkeit einer dynamischen Interpretation.[839] Wenngleich spätere Übereinkünfte und Übungen auch dazu geeignet sind, den historischen Parteiwillen zu verifizieren,[840] ist desgleichen denkbar, dass hierdurch weiterentwickelten Begriffsbedeutungen Ausdruck verliehen wird.[841] Gerade bei Verträgen, die auf eine längere Geltungsdauer angelegt sind, ist die Beachtung eines gegenwärtigen Begriffsverständnisses einer objektivierten Auslegung immanent, um hierdurch Ziel und Zweck des Vertrags überhaupt wirksam erreichen zu können.[842] Daran anknüpfend bestehen auch für die Doppelbesteuerungsabkommen Meinungsverschiedenheiten bezüglich einer statischen oder dynamischen Auslegung. In Anbetracht des

---

837 Vgl. *Blumenwitz,* Die Auslegung völkerrechtlicher Verträge, in Vogel, Doppelbesteuerungsabkommen und nationales Recht, 5 (16 f.). Die Gründungsverträge internationaler Organisationen sind demnach im Lichte des Organisationszwecks auszulegen, vgl. *Graf Vitzthum* in Graf Vitzthum, Völkerrecht5, 57, Rz. 124.

838 Art. 3 Abs. 2 MA normiert für die Auslegung von Begrifflichkeiten ausdrücklich, dass „die Bedeutung, die ihm im Anwendungszeitraum nach dem Recht dieses Staates über die Steuern zukommt" maßgeblich ist.

839 Vgl. *Graf Vitzthum* in Graf Vitzthum, Völkerrecht5, 56 f., Rz. 123; *Blumenwitz,* Die Auslegung völkerrechtlicher Verträge, in Vogel, Doppelbesteuerungsabkommen und nationales Recht, 5 (17).

840 Vgl. *Dahm/Delbrück/Wolfrum,* Völkerrecht, Bd. I/32, 649.

841 In diesem Zusammenhang wird auch das Bild der Brücke zwischen evolutiver Interpretation und dem Parteikonsens zum Zeitpunkt des Vertragsschlusses gezeichnet, *Verdross/Simma,* Universelles Völkerrecht3, 497. Vgl. ferner allgemein zur dynamischen Auslegung völkerrechtlicher Verträge *Heintschel von Heinegg* in Ipsen, Völkerrecht5, § 11 Rz. 21.

842 Vgl. *Dahm/Delbrück/Wolfrum,* Völkerrecht, Bd. I/32, 641; *Stein/von Buttlar,* Völkerrecht13, Rz. 83, der eine evolutive Auslegung nicht im Widerspruch zur historischen Auslegung sieht.

völkervertragsrechtlichen Charakters der DBA könnte auf eine grundsätzlich statische Interpretation zu schließen sein.[843] So muss bedacht werden, dass die Vertragsparteien im Rahmen völkerrechtlicher Verträge von einem strengen Souveränitätsgedanken abrücken. Eine Dynamisierung der Vertragsauslegung würde somit aufgrund der völkerrechtlichen Bindung für die Vertragsstaaten enorme Risiken in sich bergen.[844] Demnach besteht die Gefahr in einer erhöhten Planungsunsicherheit.[845] Allerdings sind die DBA im Allgemeinen auf eine gewisse Geltungsdauer angelegt und im Besonderen wirken sie auf nationaler Ebene eigens auf ein überwiegend dynamisches Rechtsgebiet ein. Demnach bestünde im Rahmen eines statischen Verständnisses gleichwohl die Gefahr von Wirkungsverschiebungen, wenn der Bedeutungswandel keinen Eingang in den Auslegungsprozess finden würde. Unter den Gesichtspunkten einer teleologischen Auslegung – im Lichte des Vertragszieles und -zwecks – wäre somit tendenziell eine evolutive[846] Betrachtung in Erwägung zu ziehen, wenn hierdurch erst der Zielerreichung der DBA entsprochen werden könnte.[847] Im Ergebnis sind die Vorstellungen über eine dynamische Vertragsauslegung für Doppelbesteuerungsabkommen zum einen über die allgemeinen Regelungen i.S.d. Art. 31 Abs. 3 WÜRV legitimiert. Zum anderen verschließen sich die Doppelbesteuerungsabkommen in Ansehung ihrer Charakteristik auch nicht vor einem dynamischen Verständnis. Die Grenze einer derartigen Dynamisierung ist jedoch zumindest dort zu ziehen, wo andernfalls eine Auslegung entgegen Treu und Glauben[848] und nicht mehr im Einklang mit Ziel und Zweck des Vertrages vorgenommen werden würde.[849] Eine dynamische Auslegung

843 So wird für völkerrechtliche Verträge allgemein von einer vornehmlich statischen Auslegung ausgegangen, vgl. *Dörr* in Dörr/Schmalenbach, Vienna Convention on the Law of Treaties, Art. 31 WÜRV Rz. 24 m.w.N.

844 Vgl. *Lampert*, IStR 2012, 513 (514).

845 Vertiefend hierzu *Lang* in Grotherr, Handbuch der internationalen Steuerplanung, 1865 (1865 ff.).

846 *Bernhardt*, Evolutive Treaty Interpretation, Especially of the European Convention of Human Rights, in Delbrück/Hofmann, GYIL 42, 11 (11 ff.), verwendet den Ausdruck „evolutive Auslegung" und verdeutlicht somit die allgemeinen Weiterentwicklungstendenzen in Staat und Gesellschaft.

847 Vgl. *Lampert*, IStR 2012, 513 (515).

848 So ist auch im Wortlaut des Art. 31 Abs. 1 WÜRV niedergelegt, dass ein Vertrag nach Treu und Glauben auszulegen ist.

849 Vgl. *Dahm/Delbrück/Wolfrum*, Völkerrecht, Bd. I/32, 641; *Stein/von Buttlar*, Völkerrecht13, Rz. 83. Allgemein zu den Grenzen einer dynamischen Auslegung *Doehring*, Völkerrecht2, Rz. 395 f. In denjenigen Fällen, in denen die Grenze einer evolutiven Auslegung erreicht ist, verbleibt nur noch die Möglichkeit einer förmlichen Vertragsänderung, *Verdross/Simma*, Universelles Völkerrecht3, 498.

wird gleichermaßen unter Zugrundelegung der Rechtsprechung des BVerfG vertreten, indem sich die Zustimmung ebenso auf die weitere Vertragsentwicklung bezieht.[850] In diesem Zusammenhang hat der BFH ebenfalls herausgestellt, dass sich die Rechtsprechung nicht auf die Doppelbesteuerungsabkommen beziehen lassen, da hier die notwendige Zustimmung nicht bereits im Voraus erteilt werden kann.[851]

In die Diskussion um eine dynamische Vertragsauslegung ist ebenfalls die Wertung von Änderungen des Musterabkommens und Musterkommentars, welche nach Vertragsschluss erfolgen, einzubeziehen. Hierauf wurde an geeigneter Stelle bereits ausführlich eingegangen.[852]

Grundsätzlich lässt sich festhalten, dass die Dynamisierung regelmäßig im Auslegungsprozess aus dem objektivierten Parteiwillen zu ergründen ist. Eine dynamische Auslegung ist damit weder zwingend gegeben, noch ist sie kategorisch auszuschließen.

v. Zusammenfassende Würdigung

Die Auslegungsregeln des WÜRV gehen spezifisch auf die jeweiligen Hilfsmittel ein und treffen Aussagen über die Bedeutung der einzelnen Maßstäbe im Auslegungsprozess. Betont wird in diesem Zusammenhang, dass sich speziell für die Auslegung der Doppelbesteuerungsabkommen die Gewichtung der Maßstäbe verschiebt.[853] Während die historische Auslegung eine sehr untergeordnete Stellung einnimmt und lediglich hilfsweise in ihrer subjektiv-historischen Ausprägung für die Auslegung Relevanz entfaltet,[854] wird der Auslegung nach dem Wortlaut eine überragende Bedeutung beigemessen.[855] Im

---

850 Vgl. *Schmitz* in Strunk/Kaminski/Köhler, AStG/DBA, Art. 25 MA Rz. 64, mit Verweis auf BVerfG vom 12.07.1994, 2 BvE 3/92, 2 BvE 5/93, 2 BvE 7/93, 2 BvE 8/93, BVerfGE 90, 286; BVerfG vom 22.11.2001, 2 BvE 6/99, BVerfGE 104, 151.

851 BFH vom 02.09.2009, I R 111/08, BStBl. II 2010, 387; vom 02.09.2009, I R 90/08, BStBl. II 2010, 394; vgl. *Flüchter* in Schönfeld/Ditz, DBA, Art. 25 MA Rz. 213.

852 Hierzu im Detail Kapitel C.III.3.b.(3).(c).i.02und Kapitel C.III.3.b.(3).(c).i.05.

853 Vgl. *Gosch,* Auslegung von DBA in der deutschen Rechtspraxis, in Lüdicke, Vermeidung der Doppelbesteuerung und ihre Grenzen, 1 (5).

854 Die geringe Bedeutung der historischen Auslegung wird damit begründet, dass es an Regelungsmaterialien und Verlautbarungen mangelt. Gleichwohl kommt ihr im Rahmen von Art. 32 WÜRV als ergänzendes Auslegungsmittel eine gewisse Bedeutung zu, hierzu *Gosch,* Auslegung von DBA in der deutschen Rechtspraxis, in Lüdicke, Vermeidung der Doppelbesteuerung und ihre Grenzen, 1 (5); *Henkel* in Gosch/Kroppen/Grotherr, DBA, Grundlagen Abschn. 4 Rz. 19. Von besonderem Gewicht kann die historische Auslegung nur i.S.d. Art. 31 Abs. 4 WÜRV sein.

855 Demgemäß sind als primäre Auslegungsgrundsätze die grammatikalische, systema-

Hinblick auf die Zusammensetzung der jeweiligen Auslegungsgrundsätze sind sie jedoch nicht von den klassischen Auslegungsgrundsätzen zu unterscheiden.[856] Demgemäß können die völkerrechtlichen Auslegungsregelungen zutreffend mit den Worten des Bundesfinanzhofs zusammenfassend beschrieben werden, wenn er die Aussage trifft, sie seien eine "Projektion der Auslegungsregeln der allgemeinen Rechtslehre auf die besonderen Verhältnisse des zwischenstaatlichen Verkehrs"[857].

(d) Abkommensrechtliche Auslegungsmethoden und -regeln

i. Art. 3 Abs. 2 MA - die allgemeine Abkommensauslegungsregel

01. Anwendungsbereich

Art. 3 Abs. 2 MA, welcher abkommensseitig statuiert ist, entfaltet speziell für die Auslegung von Doppelbesteuerungsabkommen Relevanz. Die Auslegungsregel[858] besagt: „*Bei der Anwendung des Abkommens durch einen Vertragsstaat hat, wenn der Zusammenhang nichts anderes erfordert, jeder im Abkommen nicht definierte Ausdruck die Bedeutung, die ihm im Anwendungszeitraum nach dem Recht dieses Staates über die Steuern zukommt, für die das Abkommen gilt, wobei die Bedeutung nach dem in diesem Staat anzuwendenden Steuerrecht den Vorrang vor einer Bedeutung hat, die der Ausdruck nach anderem Recht dieses Staates hat.*“.[859] Angelehnt an das Internationale Privatrecht wird die Norm auch als *lex fori* Regel bezeichnet.[860] Eine Bezugnahme auf innerstaatliches Recht ist demgemäß allein bei der

tische und teleologische Auslegung zu nennen, so BFH vom 15.06.1973, III R 118/70, BStBl. II 1973, 810 (811); vom 24.04.1975, I R 204/73, BStBl. II 1975, 604 (605); vom 20.02.1979, VII R 16/78, BStBl. II 1979, 268 (274).

856 Vgl. *Weber-Fas*, Staatsverträge im Internationalen Steuerrecht, 83 ff.; *Gündisch*, Personengesellschaften im DBA-Recht, 17; *Reimer*, ET 1999, 458 (459).

857 BFH vom 01.02.1989, I R 74/86, BStBl. II 1990, 4 (6).

858 Vgl. *Mössner*, Zur Auslegung von Doppelbesteuerungsabkommen, in Böckstiegel/Folz/Mössner/Zemanek, Festschrift Seidl-Hohenveldern, 403 (421 ff.); *Pohl* in Schönfeld/Ditz, DBA, Art. 3 MA Rz. 60; *Vogel* in Vogel/Lehner, DBA, Art. 3 MA Rz. 1.

859 Zu Art. 3 Abs. 2 MA im Detail, vgl. *Pohl* in Schönfeld/Ditz, DBA, Art. 3 MA Rz. 58 ff.; *Wassermeyer* in Wassermeyer, DBA, Art. 3 MA Rz. 71 ff.; *Vogel* in Vogel/Lehner, DBA, Art. 3 MA Rz. 96 ff.; *Wilke* in Gosch/Kroppen/Grotherr, DBA, Art. 3 MA Rz. 88 ff.

860 BFH vom 08.12.2010, I R 92/09, BStBl. II 2011, 488; vgl. *Gloria*, RIW 1986, 970; *ders.*,

Auslegung von im Abkommen verwendeten Ausdrücken und auch nur für solche, die eine Entsprechung im innerstaatlichen Recht finden,[861] gegeben.[862] Die Frage nach den anzuwendenden Auslegungsgrundsätzen bzw. der Auslegung der Abkommensbestimmungen vermag Art. 3 Abs. 2 MA überdies nicht zu beantworten.[863] Mithin können ungeklärte Abkommensfragen oder allgemeine Abkommenslücken nicht durch den Rückgriff auf innerstaatliches Recht oder innerstaatliche Rechtsgedanken gelöst werden.[864]

02. Regelungshistorie

Eine sinngemäße Regelung des heutigen Art. 3 Abs. 2 MA wurde erstmals im DBA Großbritannien-USA vereinbart und ist damit angloamerikanischen Ursprungs.[865] Ebenso fand er in das erste Musterabkommen 1963 Eingang.[866] Die allgemeine Orientierung am Musterabkommen wird auch als Grund für die

Das steuerliche Verständigungsverfahren und das Recht auf diplomatischen Schutz, 92; *Vogel*, StuW 1982, 286 (295). *Vogel* in Vogel/Lehner, DBA, Art. 3 Rz. 98; *Wilke* in Gosch/Kroppen/Grotherr, DBA, Art. 3 MA Rz. 91; *Strunk/Kaminski* in Strunk/Kaminski/Köhler, DBA/AStG, Art. 3 MA Rz. 30. Zu den verschiedenen Bezeichnungen als Zurückverweisungsnorm (*renvoi*), Verweisungsnorm, *lex-fori*-Klausel und als Auslegungsregel *Pohl* in Schönfeld/Ditz, DBA, Art. 3 MA Rz. 60. Zur Rechtfertigung der *lex-fori*-Bezeichnung *Kluge*, Internationales Steuerrecht4, R 53.

861 Vgl. *Schönfeld/Häck* in Schönfeld/Ditz, DBA, Systematik Rz. 84; *Vogel* in Vogel/Lehner, DBA, Art. 3 MA Rz. 98; *Wilke* in Gosch/Kroppen/Grotherr, DBA, Art. 3 MA Rz. 88.

862 Vgl. *Pohl* in Schönfeld/Ditz, DBA, Art. 3 MA Rz. 59; *Vogel* in Vogel/Lehner, DBA, Art. 3 MA Rz. 2; *Wassermeyer* in Wassermeyer, DBA, Art. 3 MA Rz. 4.

863 Vgl. *Wassermeyer* in Wassermeyer, DBA, Art. 3 MA Rz. 75.

864 Vgl. *Vogel/Prokisch*, Interpretation of Double Taxation Conventions, Generalbericht, in IFA, CDFI 1993, 19 (47); *Vogel*, StuW 1982, 286 (295).

865 DBA Großbritannien-USA vom 16.04.1945, vgl. *Lang*, Die Bedeutung des Musterabkommens und des Kommentars des OECD-Steuerausschusses für die Auslegung von Doppelbesteuerungsabkommen, in Gassner/Lang/Lechner, Aktuelle Entwicklungen im Internationalen Steuerrecht, 11 (11 ff.); *Vogel* in Vogel/lehner, DBA, Art. 3 MA Rz. 2. Zur Historie des Art. 3 Abs. 2 MA vgl. auch *Wassermeyer* in Wassermeyer, DBA, Art. 3 MA Rz. 4; *Avery Jones*, BTR 1984, 90 (93 f.); *ders.*, The interaction between tax treaty provisions and domestic law, in Maisto, Tax Treaties and Domestic Law, 123 (123 ff.).

866 Vgl. *Vogel* in Vogel/Lehner, DBA, Art. 3 MA Rz. 2; *Wassermeyer* in Wassermeyer, DBA, Art. 3 MA Rz. 8.

weltweite Verbreitung der Abkommensvorschrift gesehen.[867] Somit ist der Art. 3 Abs. 2 MA zum festen Bestandteil der Abkommenspraxis geworden.

03. Prämissen der Anwendung innerstaatlichen Rechts

Neben der Art und Weise der Bestimmung undefinierter Begriffe bezieht sich Art. 3 Abs. 2 MA auch auf die Bedingungen, unter welchen die Anwendung des innerstaatlichen Begriffsverständnisses zu erfolgen hat. Im Konkreten sei hierbei auf folgende Ausdrücke verwiesen: „Bei der Anwendung des Abkommens [...]", „[...] jeder nicht definierte Ausdruck" und „wenn der Zusammenhang nichts anderes erfordert".

Gem. Art. 3 Abs. 2 MA haben undefinierte Begriffsbestimmungen lediglich im Rahmen der Anwendung des Abkommens die jeweils benannte Bedeutung. Wann es jedoch zur „Anwendung des Abkommens" kommt, ist umstritten.[868] Insofern ist zwischen einer restriktiven und einer weiten Auslegung zu unterscheiden. Im Rahmen eines engeren Verständnisses wird eine Anwendung lediglich für die Fälle angenommen, in denen das nationale Recht des Anwenderstaates beschränkt wird.[869] Im Gegensatz dazu versteht eine weitere Auslegung darunter bereits das reine „Lesen" des Abkommens. So sind sämtliche Entscheidungen einer beliebigen Person bezüglich eines steuerlichen Sachverhalts, bei denen die Heranziehung des Abkommens zur Disposition steht, als „Anwendung" aufzufassen.[870] Die abweichenden Verständnisse sind nicht zuletzt auf Unterschiede im jeweiligen Sprachgebrauch zurückzuführen. So entspricht die engere Auffassung der gebräuchlichen rechtssprachlichen Verwendung von „to apply" im Englischen.[871] Dem deutschen Sprachgebrauch ist ein derartiges Verständnis hingegen nicht zu entnehmen. Eine Anwendung des Abkommens findet hiernach bereits dann statt, wenn der Sinn des Abkommens ergründet wird.[872]

867 Vgl. *Vogel/Prokisch*, Interpretation of Double Taxation Conventions, Generalbericht, in IFA, CDFI 1993, 19 (44).
868 Vgl. *Wassermeyer* in Wassermeyer, DBA, Art. 3 MA Rz. 72.
869 Vgl. *Vogel/Prokisch*, Interpretation of Double Taxation Conventions, Generalbericht, in IFA, CDFI 1993, 19 (45).
870 Vgl. *Wassermeyer* in Wassermeyer, DBA Art. 3 MA Rz. 72.
871 Vgl. *Avery Jones*, Interpretation of Double Taxation Conventions, Nationalbericht Großbritannien, in IFA, CDFI 1993, 597 (608).
872 Vgl. *Wassermeyer* in Wassermeyer, DBA, Art. 3 MA Rz. 72.

Eine enge Auslegung rekurriert eindeutig auf die Beschränkungsfunktion. Vielmehr wird hierdurch das Moment umschrieben, in welchem das Abkommen seine Wirkung entfaltet und nicht unbedingt, wann es zur Anwendung gelangt. Die Wirkungsentfaltung ist jedoch einen Gedankenschritt von der tatsächlichen Abkommensanwendung entfernt. Eine weitere Schwäche dieser Auffassung ist wiederum in einer Zirkelschlussproblematik zu sehen. So kann überhaupt keine Gewissheit darüber erlangt werden, ob das Abkommen beschränkend auf das nationale Recht wirkt, wenn im Rahmen des „Lesens" des Abkommens mangels Anwendbarkeit von Art. 3 Abs. 2 MA das Abkommen nicht vollständig zum Verständnis gebracht werden kann. Demgemäß ist im Sinne einer besseren Handhabbarkeit von einem weiteren Begriffsverständnis des Ausdrucks „Anwendung des Abkommens" auszugehen.

Art. 3 Abs. 2 MA knüpft die Anwendung des innerstaatlichen Rechts für die Ergründung von Begriffsinhalten zudem an die Absenz definierter Ausdrücke. „Definiert" ist in diesem Zusammenhang für eine weite Auslegung zu öffnen. So genügt es, wenn das Abkommen auf das zugrunde zu legende Verständnis des Ausdrucks eingeht, ohne eine echte Definition des Begriffs zu liefern. In diesem Zusammenhang sind somit Teildefinitionen oder Auslegungen qua Umkehrschluss ausreichend.[873]

Die Anwendung des innerstaatlichen Rechts steht überdies unter dem Vorbehalt „wenn der Zusammenhang nichts anderes erfordert". Dabei ist umstritten, welche Rangfolge diese Formulierung zwischen dem „Zusammenhang" und dem innerstaatlichen Recht auslöst.[874] Der Begriff „Zusammenhang" i.S.d. Art. 3 Abs. 2 MA[875] ist in diesem Kontext von der Verwendung in Art. 31 WÜRV zu differenzieren.[876] Findet im Rahmen der Auslegung völkerrechtlicher Verträge gem. WÜRV allein die systematische Auslegung als innerer Zusammenhang des Abkommens Ausdruck in der Begriffsverwendung, ist dem „Zusammenhang" i.S.d. Art. 3 Abs. 2 MA ein weiteres Verständnis zugrunde zu legen.[877] So wird für Zwecke des anderweitigen Zusammenhangs auf die gene-

873 Vgl. *Wassermeyer* in Wassermeyer, DBA, Art. 3 MA Rz. 74, 82.

874 Zum Reihenfolgeproblem vertiefend Kapitel C.III.3.b.(5).(c).ii.

875 Gleiches soll für die Verwendung des Ausdrucks in Art. 3 Abs. 1 MA gelten.

876 So sprechen auch *Vogel/Prokisch,* Interpretation of Double Taxation Conventions, Generalbericht, in IFA, CDFI 1993, 19 (50), der Definition „Zusammenhang" gem. Art. 31 Abs. 2 MA die Eignung für Zwecke des Art. 3 MA ab. Auch nach *Lang,* Die Bedeutung des originär innerstaatlichen Rechts für die Auslegung von Doppelbesteuerungsabkommen (Art. 3 Abs. 2 OECD-Musterabkommen), in Burmester/Endres, Festschrift Debatin, 283 (287 f.), wäre ein derartiges Verständnis als zu eng zu beurteilen.

877 Vgl. *Wassermeyer* in Wassermeyer, DBA, Art. 3 MA Rz. 82; *Vogel* in Vogel/Lehner,

relle Auslegung aus dem Abkommen abgestellt. Demgemäß bezeichnet der „Zusammenhang" die originäre Eigenbegrifflichkeit[878] der Abkommen, die mithilfe der klassischen Auslegungsgrundsätze[879] zum Verständnis gebracht werden soll.[880] Mithin ist in diesem Kontext der äußere Zusammenhang relevant,[881] welcher alles in das Kalkül einbezieht, was auch sonst bei der Abkommensinterpretation Berücksichtigung finden kann.[882] Neben den Vertragsmaterialien und Zusatzdokumenten betrifft diese Auffassung auch das OECD-MA und den OECD-MK sowie einschlägige innerstaatliche Regelungen der beiden Rechtsordnungen.[883]

04. Dynamische Verweisung

Dem Ausdruck soll die Bedeutung im innerstaatlichen Recht zum Zeitpunkt der Abkommensanwendung zukommen.[884] Vorrangig ist hierbei auf das innerstaatliche Steuerrecht abzustellen, bevor andere Rechtsgebiete in die Begriffs-

---

DBA, Art. 3 Rz. 121. Für eine weite Auslegung auch *Vogel/Prokisch*, Interpretation of Double Taxation Conventions, Generalbericht, in IFA, CDFI 1993, 19 (49 f.).

878 Vgl. *Gosch*, Auslegung von DBA in der deutschen Rechtspraxis, in Lüdicke, Vermeidung der Doppelbesteuerung und ihre Grenzen, 1 (5).

879 Somit rangiert neben dem Wortlaut und der Systematik auch die Historie und der Sinn und Zweck.

880 So kommt nach *Pohl* in Schönfeld/Ditz, DBA, Art. 3 MA Rz. 9, auch für Zwecke des Art. 3 Abs. 1 MA nicht nur dem Wortlaut und der Systematik eine wesentliche Bedeutung zu, sondern auch den anderen Auslegungskriterien. Für die allgemeinen Begriffsbestimmungen gem. Art. 3 Abs. 1 MA soll durch den Vorbehalt eines anderweitigen Zusammenhangs die Möglichkeit der Anwendung speziellerer Normen offengehalten werden. Mithin ist in Bezug auf den Begriff „Gesellschaft" für Art. 10 Abs. 3 MA ggf. ein von Art. 3 Abs. 1 Buchst. b MA abweichendes Verständnis zugrunde zu legen.

881 Vgl. *Ward*, The Interpretation of Income Tax Treaties with Particular Reference to the Commentaries on the OECD Model, 30 f.; *ders.*, BIT 2006, 97 (98 f.); *Gloria*, Das steuerliche Verständigungsverfahren und das Recht auf diplomatischen Schutz, 101.

882 Vgl. *Avery Jones*, BTR 1984, 90 (104):"Context therefore should mean anything that can normally be taken into account or to which one may have recourse in interpreting the treaty."

883 Vgl. *Vogel* in Vogel/Lehner, DBA, Art. 3 MA Rz. 121; *Wassermeyer* in Wassermeyer, DBA, Art. 3 MA Rz. 82. In Bezug auf eine Verwendung externer Erkenntnisquellen vgl. auch *Avery Jones*, BTR 1984, 90 (104); *Bruggen*, ET 2003, 142 (146 f.); *Ward*, The Interpretation of Income Tax Treaties with Particular Reference to the Commentaries on the OECD Model, 31.

884 Tz. 11 zu Art. 3 Abs. 2 MA des MK.

konkretisierung einbezogen werden.[885] Zudem gilt es, Vereinbarungen zur Auslegung von Ausdrücken zu beachten.[886]

Folglich bringt die Bestimmung das Interesse der Vertragsparteien zum Ausdruck, dass eigenes innerstaatliches Recht zumindest zur Auslegung von Begrifflichkeiten heranzuziehen ist.[887] Hierin wird das Bestreben der Parteien gesehen, auch im Falle der Abkommensbindung den Souveränitätsgedanken aufrechtzuerhalten.[888] Dessen ungeachtet ist eine Auslegung aus dem Abkommen heraus vorzunehmen, wenn der Zusammenhang eine derartige Auslegung erfordert.[889] Damit soll auf der einen Seite eine Bindung und die Verpflichtung der Vertragsstaaten verdeutlicht werden, Ausdrücke die aus dem Abkommen heraus auszulegen sind, mit einer gewissen Beständigkeit immer gleich auszulegen.[890] Diese Ausdrücke unterliegen der Vermutung einer stetigen Bedeutung seit Abkommensunterzeichnung. Eine evolutive Betrachtung ist nur unter bestimmten Umständen gegeben.[891] Auf der anderen Seite sollen im Rahmen einer dynamischen Verweisung die Abkommen durch die Möglichkeit der Anwendung innerstaatlichen Rechts im Zeitablauf anwendbar bleiben und die Abkommensauslegung nicht durch Starrheit gelähmt werden.[892] Die Bekanntheit des innerstaatlichen Rechts trägt in diesem Sinne dazu bei, Rechtssicherheit zu schaffen.[893]

---

885 Tz. 13.1 zu Art. 3 Abs. 2 MA des MK.

886 Im Rahmen der Verständigungsvereinabrungen des Art. 25 Abs. 3 MA.

887 Vgl. *Sibille*, The Interpretation of the Double Taxation Conventions, Nationalbericht Belgien, in IFA, CDFI 1960, 206 (209); *Wassermeyer*, StuW 1990, 404 (404 ff.), *ders.*, IStR 1995, 49; *Kluge*, Das Internationale Steuerrecht4, R 30, R 66; *Hannes*, Qualifikationskonflikte im Internationalen Steuerrecht, 37 ff. Teilweise wird in diesem Zusammenhang auf ein allgemeines Interesse innerstaatliches Recht anzuwenden abgestellt, dies lässt sich aus der Regelung des Art. 3 Abs. 2 MA m.E. nicht schlussfolgern.

888 Hierzu *Debatin*, AWD 1969, 477 (480), der hierin ein Absicherungsinteresse sieht. Vgl. auch *Sibille*, The Interpretation of the Double Taxation Conventions, Nationalbericht Belgien, in IFA, CDFI 1960, 206 (209). In diesem Sinne auch die Berichterstatter der USA, Australien und Korea, vgl. *Vogel/Prokisch*, Interpretation of Double Taxation Conventions, Generalbericht, in IFA, CDFI 1993, 19 (44).

889 Zum Tatbestand „wenn der Zusammenhang nichts anderes erfordert", vgl. *Vogel* in Vogel/Lehner, DBA, Art. 3 MA Rz. 117 ff.; *Wassermeyer* in Wassermeyer, DBA, Art. 3 MA Rz. 82; *Pohl* in Schönfeld/Ditz, DBA, Art. 3 MA Rz. 74 ff.

890 Tz. 13 zu Art. 3 Abs. 2 MA des MK.

891 Siehe Kapitel C.III.3.b.(3).(c).iv.06.

892 Tz. 13 zu Art. 3 Abs. 2 MA des MK.

893 Vgl. *Vogel/Prokisch*, Interpretation of Double Taxation Conventions, Generalbericht, in IFA, CDFI 1993, 19 (44), mit Verweis auf die Berichterstatter aus Italien und Südafrika.

05. Zusammenfassende Würdigung

Einerseits wird dem Art. 3 Abs. 2 MA entgegengehalten, dass er nur das wiedergäbe, was bereits gelte, weshalb der Norm kein eigenständiger Regelungsgehalt und somit ein rein deklaratorischer Charakter zuerkannt werden könne.[894] Andererseits wird der Vorschrift im Gegensatz zu den allgemeinen völkervertragsrechtlichen Regelungen gem. Art. 31-33 WÜRV auch ein anderer Regelungsgegenstand zugestanden, nämlich die Normierung des speziellen Verhältnisses zwischen DBA und innerstaatlichem Recht – eben jene zentrale Frage, welche die allgemeinen völkervertragsrechtlichen Auslegungsregelungen gerade nicht aufgreifen.[895] Art. 3 Abs. 2 MA steht gleichwohl in Einklang mit den Auslegungsregelungen des WÜRV. Sieht man in der Regelung die Widerspiegelung der allgemeinen Auslegungsregeln abgestimmt auf die spezifischen Bedürfnisse der Ergründung von Begrifflichkeiten in Doppelbesteuerungsabkommen, kommt dem Art. 3 Abs. 2 MA zumindest eine klarstellende oder spezifizierende Wirkung zu.

Die Nachteiligkeit der Regelung liegt jedoch ganz klar in deren Verständnispluralität begründet. Ihr Aussagegehalt stellt sich uneindeutig dar. Sie stellt den Rechtsanwender vor die anspruchsvolle Aufgabe, zu differenzieren, wann ein Rückschluss aus dem Abkommen und wann nach innerstaatlichem Recht zu erfolgen hat. Vor diesem Hintergrund ist ihre Daseinsberechtigung dahingehend in Frage zu stellen, ob sie mehr Probleme schafft, als sie zu lösen im Stande ist.[896]

ii. Spezielle Abkommensauslegungsregeln

In den Abkommen sind neben der allgemeinen Abkommensauslegungsregel für Begrifflichkeiten gem. Art. 3 Abs. 2 MA auch spezielle Auslegungsregeln zum Verständnis von Abkommensbegriffen enthalten. Hierbei handelt es sich zum einen um Definitionen und zum anderen um Verweise, die ausgewählten Begriffen das innerstaatliche Verständnis eines Vertragsstaates zuweisen.[897]

---

894 Vgl. *Pohl* in Schönfeld/Ditz, DBA, Art. 3 Rz. 61 i.V.m. 58.

895 Vgl. *Leisner-Egensperger*, IStR 2014, 10 (11).

896 Vgl. *Vogel/Prokisch*, Interpretation of Double Taxation Conventions, Generalbericht, in IFA, CDFI 1993, 19 (44).

897 Vgl. *Vogel* in Vogel/Lehner, DBA, Art. 3 MA Rz. 107.

(e) Verhältnis der Auslegungsmethoden und -regeln

Stellt man die innerstaatlichen und die völkerrechtlichen Auslegungsmethoden einander gegenüber, wird deutlich, dass das Völkerrecht grundsätzlich den gleichen Auslegungskanon wie das deutsche nationale Recht kennt.[898] Deshalb erscheint die Frage, welche der Interpretationsmethoden anzuwenden ist, *prima facie* bedeutungslos. Weit über ihren akademischen Gehalt nimmt die Diskussion allerdings vor dem Hintergrund der Rechtsklarheit und -sicherheit Gestalt an. Zumal auch Unterschiede insbesondere im Hinblick auf die Berücksichtigung mehrsprachiger Verträge bestehen.[899] Ferner ist die Gewichtung der Maßstäbe verschoben.[900] Diese Divergenz kann zu maßgeblich anderen Auslegungsergebnissen führen. Mithin kommt der Bestimmung der anzuwendenden Auslegungsgrundsätze wesentliche Bedeutung zu.

Wie bereits die Ergründung des objektivierten Willens des Gesetzgebers gehört die Methodik der innerstaatlichen Auslegungsregeln zu den ungeschriebenen Verfassungsgrundsätzen.[901] In gleichem Maße wie es bereits im Rahmen des Auslegungsziels entwickelt wurde, besteht jedoch keine Kollisionslage zwischen nationalen und völkerrechtlichen Grundsätzen, da jene nationalen Auslegungsgrundsätze lediglich im Rahmen der Gesetzes- und nicht der Vertragsauslegung zur Anwendung gelangen.[902] Bezüglich der Abkommensauslegung setzen die innerstaatlichen Auslegungsregeln als Verfassungsgrundsätze demgemäß nicht die Anwendung völkervertragsrechtlicher Auslegungsregeln außer Kraft.

Trotz der vornehmlichen Auslegung durch die innerstaatlichen Gerichte und Verwaltungen darf sich der Auslegungsprozess damit nicht an nationalen Auslegungsregelungen und -gewohnheiten orientieren. Daher muss sich im Ergebnis nach den im WÜRV kodifizierten völkerrechtlichen Auslegungsregeln gerichtet werden.[903] Allein dieses Ergebnis kann auch aus Sachgerechtigkeits-

898 Vgl. *Henkel* in Gosch/Kroppen/Grotherr, DBA, Grundlagen Abschn. 4 Rz. 19.
899 Vgl. *Meyer-Sparenberg*, Staatsvertragliche Kollisionsnormen, 102.
900 Vgl. *Gosch*, Auslegung von DBA in der deutschen Rechtspraxis, in Lüdicke, Vermeidung der Doppelbesteuerung und ihre Grenzen, 1 (5).
901 Hiernach bestimmen diese Grundsätze durch das Bindungsmaß des Richters an den Gesetzestext auch die Gewichtung zwischen Judikative und Legislative, so *Vogel* in Vogel/Lehner, DBA, Einl. Rz. 99; *ders.*, SWI 2000, 103 (104).
902 Siehe Kapitel C.III.3.b.(2).
903 BVerfG vom 04.05.1955, 1 BvF 1/55, BVerfGE 4, 157 (168); hierzu *Boehmer*, Der völkerrechtliche Vertrag im deutschen Recht, 89, *Partsch*, Die Anwendung des Völkerrechts im innerstaatlichen Recht, Überprüfung der Transformationslehre, BerGesVR 6, 110; *Rudolf*, Völkerrecht und deutsches Recht, 219; *Schönfeld/Häck* in Schönfeld/

erwägungen heraus überzeugen. So basieren zwar die innerstaatlichen Grundsätze ebenfalls auf dem savignyschen Kanon, allerdings in einer anderen Ausprägung. Ferner ist in diesem Zusammenhang zwischen den einzelnen Rechtsordnungen ein wesentlicher Unterschied im Hinblick auf die Auslegungsregelungen zu verzeichnen.[904] In der Folge treffen nicht allein Rechtsordnungen sondern vielmehr Rechtskulturen aufeinander, wodurch Auslegungsdivergenzen bereits vorprogrammiert wären.[905]

Obgleich größtenteils die gleichen Kriterien Anwendung finden, beeinflusst doch die Gewichtung dieser Kriterien das Auslegungsergebnis maßgeblich. Mithin würde die Anwendung eines unilateral basierenden Auslegungsmaßstabs den auf Einheitlichkeit angelegten Vertragsgedanken konterkarieren. Demgegenüber sollte das gemeinsame Interesse der Vertragspartner im Mittelpunkt stehen und eine Loslösung von innerstaatlichen Auslegungsgrundsätzen erfolgen.[906] Überdies würde die Anwendung innerstaatlicher Auslegungsregelungen völkerrechtlichen Verpflichtungen entgegenstehen.[907]

Finden nun für die Auslegung der Doppelbesteuerungsabkommen grundsätzlich die völkervertragsrechtlichen Auslegungsgrundsätze Anwendung, schließt sich die Frage an, wie sich das Verhältnis zu den spezifischen Auslegungsregeln der Doppelbesteuerungsabkommen darstellt. Dabei wird vertreten, dass Art. 3 Abs. 2 MA als *lex specialis* vorrangig vor den allgemeinen völkerrechtlichen Auslegungsregeln anzuwenden ist.[908] Als Kollisionsregel würde Art. 3 Abs. 2 MA die allgemeinen völkerrechtlichen Auslegungsregeln verdrängen, sodass im Ergebnis bei der Auslegung von Doppelbesteuerungsabkommen kein Raum für Art. 31 ff. WÜRV bliebe.[909]

Ditz, DBA, Systematik Rz. 87; *Wassermeyer* in Wassermeyer, DBA, Art. 3, Rz. 77.

904 Vgl. *Vogel* in Vogel/Lehner, DBA, Einl. Rz. 98 ff.; *Fikentscher*, Methoden des Rechts in vergleichender Darstellung, Bd. 2, 123, 125 f.

905 Vgl. *Vogel*, SWI 2000, 103 (104 f.).

906 So auch *Vogel* in Vogel/Lehner, DBA, Einl. Rz. 96-100. Indem er auf die unterschiedlichen Auslegungsregeln der verschiedenen Staaten verweist, wird deutlich, dass die Anwendung innerstaatlicher Regelungen den Gedanken eines beidseitigen Vertrags mit einem gemeinsamen Verständnis konterkarieren würde.

907 Vgl. *Kluge*, Das Internationale Steuerrecht4, R 35.

908 Vgl. Vogel in Vogel/Lehner, Art. 3 MA Rz. 101; *Wassermeyer* in Wassermeyer, DBA, Art. 3 MA Rz. 4. Bestätigend, dass ein Großteil des Schrifttums von einer *lex specialis*-Lage ausgeht *Engelen*, Interpretation of Tax Treaties under International Law, 477.

909 Vgl. *Engelen*, Interpretation of Tax Treaties under International Law, 478. Dabei darf der Grundsatz *lex specialis derogat legi generali* nicht so verstanden werden, dass er im Schnittmengenbereich zweier Vorschriften anzuwenden ist. Vielmehr besteht der Ausgangspunkt aus einer Regel, die neben identischen Merkmalen noch ein zusätzliches gegenüber der anderen Regel vorweisen kann.

Diese Auffassung bedarf einer grundsätzlichen Klarstellung. Die allgemeinen Auslegungsregeln des Völkervertragsrechts existieren parallel einmal als Völkergewohnheitsrecht – damit gem. Art. 25 GG über einfachen Bundesgesetzen rangierend – und einmal gem. Art. 59 Abs. 2 GG als Völkervertragsrecht ranggleich mit einfachen Bundesgesetzen.[910] Art. 3 Abs. 2 MA ist aufgrund seines völkervertragsrechtlichen Charakters ebenfalls auf der gleichen Ebene wie einfache Bundesgesetze angesiedelt. Aus diesem Grund könnte ein *lex specialis*-Verhältnis schon deshalb nicht entstehen, da die allgemeinen völkervertragsrechtlichen Auslegungsregeln als Völkergewohnheitsrecht bereits nach der *lex superior*-Regel dem Art. 3 Abs. 2 MA vorgehen würden.[911] Demgegenüber wird jedoch auch Art. 3 Abs. 2 MA in Bezug auf das Verhältnis zum innerstaatlichen Recht als allgemein anerkanntes Völkergewohnheitsrecht angesehen.[912] Würde man demnach davon ausgehen, dass sich die Auslegungsregelungen des WÜRV und des Art. 3 Abs. 2 MA gleichrangig gegenüberstehen, würde auch für diesen Fall kein Vorrang nach dem Grundsatz *lex specialis derogat legi generali* bestehen, da es für die Anwendung der allgemeinen Kollisionsregeln auch eine Kollisionslage erfordert. Nun besteht jedoch aus jeglicher Perspektive eben kein Widerspruch des Art. 3 Abs. 2 MA zu den allgemeinen völkerrechtlichen Auslegungsregeln. So kann zum einen argumentiert werden, dass sich die Regelungsgegenstände nicht überschneiden. Art. 3 Abs. 2 MA normiert im Gegensatz zu Art. 31-33 WÜRV schließlich speziell die Frage nach dem Verhältnis zum innerstaatlichen Recht.[913]

Zum anderen könnte jedoch auch vertreten werden, dass es vor dem Hintergrund eines unvollständigen Rechtskreises im Rahmen der allgemeinen völkervertragsrechtlichen Auslegungsgrundsätze ebenfalls zur Heranziehung des innerstaatlichen Begriffsverständnisses kommen kann, wenn sich dies aus der Auslegung ergibt.[914] In diesem Fall wäre davon auszugehen, dass in Bezug

910 Siehe Kapitel C.I.3.

911 So geht die *lex superior*-Regelung den anderen Kollisionsregeln vor, vgl. *Höpfner*, DöV 2006, 820 (823).

912 Zum völkergewohnheitsrechtlichen Charakter im Zusammenhang mit Art. 3 Abs. 2 MA siehe *Leisner-Egensperger*, IStR 2014, 10 (11). Da hierdurch das grundsätzliche Verhältnis von DBA zu innerstaatlichem Recht angesprochen ist, kann demnach gleichfalls von allgemeinem Völkergewohnheitsrecht ausgegangen werden.

913 Vgl. *Leisner-Egensperger*, IStR 2014, 10 (11); *Lang*, IWB 2011, 281 (287).

914 So ist nicht ausgeschlossen, dass bei der Ergründung der gewöhnlichen Bedeutung nicht auf innerstaatliches Recht zurückgegriffen werden kann. Zu dem Ergebnis, dass sich die Heranziehung des inerstaatlichen Rechts auch aus dem Zusammenhang des Abkommens ergeben kann siehe *Lang*, IWB 2011, 281 (289); *ders.*, Die Bedeutung des originär innerstaatlichen Rechts für die Auslegung von Doppelbesteue-

auf die Auslegung von Begrifflichkeiten das in Art. 3 Abs. 2 MA geäußerte Verständnis bereits in den allgemeinen völkerrechtlichen Auslegungsregeln enthalten ist. Art. 3 Abs. 2 MA wäre insofern als integraler Bestandteil der Auslegungsregeln des WÜRV zu sehen.[915] Damit käme es zu einer partikulären Überschneidung der Regelungsgegenstände.[916] Auch in diesem Fall würden beide Regelungen jedoch im Einklang miteinander stehen und keine Kollisionslage konstatieren. In jeglichen Fällen ist damit das Vorrangverhältnis aufgrund der *lex specialis*-Regel abzulehnen. Dennoch spezifiziert Art. 3 Abs. 2 MA das durch die allgemeinen völkerrechtlichen Auslegungsregeln Normierte, indem er explizit auf die Auslegung von Begriffsbestimmungen und der Heranziehung innerstaatlichen Rechts Bezug nimmt. Da diesbezüglich jedoch kein Widerspruch zu den Auslegungsregeln des WÜRV besteht, kommt die Regelung nicht statt sondern ergänzend zu den völkervertragsrechtlichen Regelungen zur Anwendung.

Weiters gilt es, das Verhältnis der allgemeinen DBA-Auslegungsregel zu den speziellen DBA-Auslegungsregeln zu thematisieren. Grundsätzlich genießt Art. 3 Abs. 2 MA selbst nur den Rang einer allgemeinen abkommensrechtlichen Auslegungsregel, die sich wiederum den spezielleren Abkommensauslegungsregeln für Begriffsbestimmungen beugen muss.[917] Allerdings spart Art. 3 Abs. 2 MA ausdrücklich die definierten Begrifflichkeiten aus, womit sich diesbezüglich keine Kollision ergeben kann.[918] Gegenüber den speziellen Abkommensregeln, die auf ein innerstaatliches Begriffsverständnis Bezug nehmen, besteht jedoch ein Nachrangigkeitsverhältnis.[919] Damit ist der Anwendungsbereich des Art. 3 Abs. 2 MA auf diejenigen Begrifflichkeiten beschränkt, auf deren Verständnis nicht explizit im Abkommen eingegangen wird.[920]

---

rungsabkommen (Art. 3 Abs. 2 OECD-Musterabkommen), in Burmester/Endres, Festschrift Debatin, 283 (296).

915 Vgl. *Engelen*, Interpretation of Tax Treaties under International Law, 479.

916 Für die Auslegungsfragen allgemeiner Natur oder die Anwendung von Auslegungsgrundsätzen würde allein Art. 31 ff. WÜRV ein Anwendungsbereich verbleiben, vgl. *Wassermeyer* in Wassermeyer, DBA, Art. 3 MA Rz. 77.

917 Zum Grundsatz *lex specialis derogat legi generali* in Bezug auf die speziellen Abkommensdefinitionen, *Pohl* in Schönfeld/Ditz, DBA, Art. 3 MA Rz. 68; *Vogel* in Vogel/Lehner, DBA, Art. 3 MA Rz. 107.

918 Die Abkommensdefinitionen stehen wiederum in Einklang mit den Auslegungsregeln des Völkervertragsrechts, indem sie im Rahmen der Ergründung des gewöhnlichen oder speziellen Begriffsverständnisses Art. 31 Abs. 1 bzw. Abs. 4 WÜRV ergänzen.

919 Vgl. *Vogel* in Vogel/Lehner, DBA, Art. 3 MA Rz. 107.

920 Vgl. Tz. 11 zu Art. 3 Abs. 2 MA des MK; hierzu auch *Wolff* in Wassermeyer, DBA, Art. 3 DBA-USA Rz. 35.

Würde indes davon ausgegangen werden, dass Art. 3 Abs. 2 MA ebenfalls Völkergewohnheitsrecht kodifiziert, würde Art. 3 Abs. 2 MA aufgrund des Grundsatzes *lex superior derogat legi inferiori* den speziellen Abkommensregeln der Definitionsverweise vorgehen. Da jedoch der Zusammenhang etwas anderes erfordert und i.S.d. Art. 31 Abs. 4 WÜRV eine spezielle Bedeutung vorgesehen ist, käme demgemäß das Abkommensverständnis und nicht das innerstaatliche Verständnis zur Anwendung.

Zusammenfassend ist festzuhalten, dass die völkerrechtlichen Auslegungsgrundsätze zur Anwendung gelangen. Das Fundament der Auslegungsmethodik bilden dabei die allgemeinen Auslegungsregeln des Völkervertragsrechts. Ergänzt und spezifiziert werden diese durch die allgemeinen und speziellen Abkommensauslegungsregeln zur Bestimmung von im Doppelbesteuerungsabkommen enthaltenen Begriffen. Damit verbleibt für Art. 31 ff. WÜRV ein Anwendungsbereich, der allein diesen Regeln vorbehalten ist. Hierzu zählen 1) Fragen, die die allgemeinen Auslegungsgrundsätze oder die Auslegung der Vertragsbestimmungen betreffen, 2) Fallkonstellationen, in denen es für den im Abkommen verwendeten Begriff keine Definition oder keinen Definitionsverweis gibt, er aber auch keine Entsprechung im materiellen innerstaatlichen Recht findet[921] und 3) Fragen aufgrund der Mehrsprachigkeit der Abkommen[922].

(4) Auslegungsmaßstäbe

Als primäre Maßstäbe zur Auslegung der Doppelbesteuerungsabkommen gelten unbestritten der Wortlaut, der Zusammenhang sowie der Zweck.[923] In Bezug auf die Entscheidungsharmonie bestehen hingegen Meinungsverschiedenheiten, ob jenem Grundsatz der Charakter eines eigenständigen Maßstabs zuteilwird – was noch zu untersuchen sein wird. Die Auslegungsmaßstäbe stellen die objektiven Orientierungspunkte zur Ergründung des Parteiwillens dar. Um eine möglichst übereinstimmende Vertragsauslegung zu erreichen, sind ihre Inhalte von wesentlicher Bedeutung und demgemäß zu ergründen. Aufgrund ihrer Koexistenz ist ihrem Verhältnis zueinander besondere Aufmerksamkeit zu widmen.

---

921 Vgl. *Schönfeld/Häck* in Schönfeld/Ditz, DBA, Systematik Rz. 83.
922 Vgl. *Engelen*, Interpretation of Tax Treaties under International Law, 478.
923 Der historische Auslegungsmaßstab entfaltet hingegen nur sekundäre Wirkung, siehe Kapitel C.III.3.b.(3).(c).ii.

(a) Wortlaut

Den Ausgangspunkt des Auslegungsvorgangs stellt der Wortlaut des Vertragstextes dar.[924] Er ist einer Auslegung am leichtesten zugänglich und bildet die reinste Form, den Willen der Parteien widerzuspiegeln. Lässt der Wortlaut nur ein Auslegungsergebnis zu und ist er sonach eindeutig, wäre der Auslegungsvorgang an dieser Stelle abgeschlossen[925] – *in claris non est interpretatio.*[926] Diese sog. Eindeutigkeitsregel[927] verstellt allerdings den Blick dafür, dass der Wortlaut nur eindeutig erscheinen mag, es in Wirklichkeit aber nicht ist. Mithin bedarf es der Auslegung des Wortlauts, die die Eindeutigkeit in der Weise bestätigt, dass aktuell kein Dissens über die infrage stehende Interpretation besteht.[928] Die Eindeutigkeit des Wortlauts ist damit eine Idealvorstellung. Aufgrund des Mangels an sprachlicher Präzision kann ohne weitergehende Auslegung kaum Gewissheit über das eindeutige Verständnis des Wortlauts mit hinreichender Sicherheit erlangt werden.[929] Zumeist stellt sich der Ausdruck auch unbestimmt dar und wird durch die Vertragsstaaten verschiedenartig verstanden.[930] Folglich ist eine Bandbreite an Auslegungsvarianten vorhanden, die mit dem Wortlaut vereinbar sind.[931] Der Wortlaut darf nicht losgelöst vom Kontext gesehen werden. Im Folgenden ist entsprechend auf den

924 Vgl. *Rüthers/Fischer/Birk*, Rechtstheorie7, Rz. 731; *Larenz*, Methodenlehre der Rechtswissenschaft6, 320.

925 BFH vom 15.01.1971, III R 125/69, BStBl. II 1971, 379; vom 27.01.1972, I R 73/70, BStBl. II 1972, 459.

926 Vgl. *Bernhardt*, Die Auslegung völkerrechtlicher Verträge, 32. Diese grundlegende Auslegungsregel wird gleichfalls mit dem Satz „*in claris non fit interpretatio*" ausgedrückt, hierzu *Stein/von Buttlar*, Völkerrecht13, Rz. 82.

927 Diese wird ebenfalls als *Sens-Clair-Doktrin* oder *Plain-Meaning-Rule* bezeichnet. Die Regel ist durch das Bundesverfassungsgericht anerkannt worde, hierzu BVerfG vom 09.11.1955, 1 BvL 13/52, 1 BvL 21/52, BVerfGE 4, 331 (351); BGH vom 19.06.1956, I ZR 104/54, NJW 1956, 1553. Eingehend zur Eindeutigkeitsregel *Rüthers/Fischer/Birk*, Rechtstheorie7, Rz. 732.

928 Vgl. *Viehweg*, ARSP 1961, 519 (523 ff.). Somit ist dem Eindeutigkeitsverständnis ein Zirkelschlussproblem immanent. Wenn ein vermeintlich „klarer" Text zum Streitgegenstand geworden ist, bedarf es dennoch der Auslegung des strittigen Textes. Ein einseitiges Rekurrieren auf diese grundlegende Regel verhilft nicht über den Umstand hinweg, hierauf hinweisend *Stein/von Buttlar*, Völkerrecht13, Rz. 82. *Rüthers/Fischer/Birk*, Rechtstheorie7, Rz. 733, sprechen in derartigen Fällen auch von einer „Scheinbegründung".

929 Zur Ungenauigkeit der Sprache *Rüthers/Fischer/Birk*, Rechtstheorie7, Rz. 164 ff.

930 Vgl. *Kluge*, RIW/AWD, 1975, 90 (92).

931 Vgl. *Czakert*, IStR 2012, 703 (704).

engeren und weiteren Zusammenhang abzustellen.[932] Der engere Zusammenhang erschließt sich aus dem Satz, dem Absatz oder dem Artikel. Der weitere Zusammenhang ergibt sich aus dem Vertrag selbst. Der Vertrag als Ganzes ist in diesem Sinne mehr als die Summe seiner Teile (Wörter, Sätze, Absätze). Sämtliche Bestandteile stehen in Wechselwirkung zueinander, die es zu erschließen gilt.[933]

Dem Wortlaut kommt im Auslegungsprozess ein ganz besonderes Gewicht zu. Im Grundsatz wird durch ihn die Grenze der möglichen Auslegungsalternativen identifiziert.[934] Dem liegt die Vermutung zugrunde, dass sich die Vertragsstaaten nur insoweit einer vertraglichen Bindung unterwerfen wollen, wie es im Abkommenstext zum Ausdruck kommt.[935] Somit ist eine Auslegung, die durch den Wortlaut nicht gedeckt ist, im Umkehrschluss gemeinhin abzulehnen.[936] Im Allgemeinen wird davon ausgegangen, dass den Vertragsstaaten die gewöhnliche Bedeutung der Ausdrücke im internationalen Gebrauch geläufig ist, weshalb auf eine solche auch in ähnlichen Verträgen verwendete Bedeutung abzustellen ist.[937] Dabei wird unter dem gewöhnlichen Sprachgebrauch nicht zwingend ein umgangssprachlicher verstanden, sondern vielmehr ein spezifischer fachsprachlicher, wenn sich ein derartiger herausgebildet hat.[938] In diesem Fall ist von einer „internationalen Steuersprache"[939] die Rede, die sich unter Einwirkung von OECD-MA und OECD-MK zu einem Charakteristikum entwickelt hat.[940] Der Wortlaut in seiner gewöhnlichen Bedeutung ist

---

932 Vgl. *Brähler*, Deutsche Direktinvestitionen in den USA, 174 m.w.N.

933 Vgl. *Piltz*, Die Personengesellschaft im internationalen Steuerrecht der Bundesrepublik Deutschland, 133; *Bernhardt*, Die Auslegung völkerrechtlicher Verträge, 69 f.

934 Vgl. *Wassermeyer* in Wassermeyer, DBA Art. 3 MA Rz. 78.

935 Vgl. *Henkel* in Gosch/Kroppen/Grotherr, DBA, Grundlagen Abschn. 4 Rz. 23.

936 BFH vom 05.02.1965, VI 338/63, BStBl. III 1965, 258 (259); vom 27.01.1988, I R 241/83, BStBl. II 1988, 574 (575). Eine Auslegung entgegen dem Wortlaut ist indes dann denkbar, wenn im Rahmen der unmittelbar anzuwendenden Vertragsnormen (*self-executing*) eine „Umadressierung" stattfindet, siehe *Henkel* in Gosch/Kroppen/Grotherr, DBA, Grundlagen Abschn. 4 Rz. 36.

937 Vgl. *Wassermeyer* in Wassermeyer, DBA, Art. 3 MA Rz. 78; *Schönfeld/Häck* in Schönfeld/Ditz, DBA, Systematik Rz. 90.

938 Vgl. *Vogel* in Vogel/Lehner, DBA, Einl. Rz. 108; *ders.*, Abkommensvergleich als Methode der Auslegung von Doppelbesteuerungsabkommen, in Curtius-Hartung/Niemann/Rose, StbJb 1983/84, 373 (376).

939 Zum Begriff *Prokisch*, SWI 1994, 52 (58); *ders.*, Does it Make Sense if We Speak of an "International Tax Language"?, in Vogel, Interpretation of Tax Law and Treaties and Transfer Pricing in Japan and Germany, 103 (103 ff.).

940 Vgl. *Vogel* in Vogel/Lehner, DBA, Einl. Rz. 108 m.w.N.

demnach durch eine internationalisierte Perspektive geprägt.[941] Maßgebend ist dabei die gewöhnliche Bedeutung im Zeitpunkt des Vertragsschlusses (statische Interpretation). Hingegen kann eine dynamische Begriffsbedeutung[942] dann eine Rolle spielen, wenn sich eine derartige Berücksichtigung durch die Ergründung des Parteiwillens ergibt.[943] Abweichend von der gewöhnlichen Bedeutung kann dem Ausdruck jedoch auch eine verschiedenartige Bedeutung durch die Vertragsparteien i.S.d. Art. 31 Abs. 4 WÜRV beigelegt werden, wenn dies hinreichend klar zum Ausdruck gebracht wird.[944]

Im Rahmen der Wortlautbetrachtung müssen auch die unterschiedlichen Sprachfassungen betrachtet werden. Die darauf bezogene Auslegung ist, wie bereits dargelegt, in Art. 33 WÜRV geregelt.

(b) Zusammenhang

Anknüpfend an die Wortlautauslegung dient als weitere Erkenntnisquelle für den Bedeutungsinhalt die Stellung der Norm innerhalb einer Normgruppe oder in der gesamten Rechtsordnung.[945] Im Vordergrund steht demnach der Sinnzusammenhang des Regelungsgefüges in seiner Gesamtheit.[946] Der Methodik ist der Leitgedanke einer Rechtsordnungseinheit immanent. Mithin sollen Vorschriften und Gesetze idealiter nicht im Widerspruch zueinander ausgelegt werden.[947] Übertragen auf die völkerrechtlichen Verträge ist entsprechend der innere Zusammenhang der Vertragsvorschriften in der Weise zu beachten, dass die Verwendung identischer Ausdrücke im Vertrag der Vermutung eines identischen Bedeutungsgehalts unterliegt.[948] Das Vertragsumfeld soll demnach Hinweise für den Bedeutungsgehalt des jeweiligen Auslegungsobjektes liefern.[949]

---

941 Vgl. *Schönfeld/Häck* in Schönfeld/Ditz, DBA, Systematik Rz. 90.

942 Hierbei wird dem Ausdruck die Bedeutung im jeweiligen Zeitpunkt zugrunde gelegt, BFH vom 13.12.1989, I R 39/87, BStBl. II 1990, 379 (381); vgl. *Loukota*, SWI 2000, 299 (302); *Avery Jones*, BTR 1984, 14 (40).

943 Vgl. *Lampert*, IStR 2012, 513.

944 Hierzu *Lehner* in Kessler/Kröner/Köhler, Konzernsteuerrecht2, § 6 Rz. 21.

945 Vgl. *Rüthers/Fischer/Birk*, Rechtstheorie7, Rz. 745.

946 Vgl. *Henkel* in Gosch/Kroppen/Grotherr, DBA, Grundlagen Abschn. 4 Rz. 26; *Heintschel von Heinegg* in Ipsen, Völkerrecht5, § 11 Rz. 9.

947 Vgl. *Boecken*, BGB, Rz. 73; *Rüthers/Fischer/Birk*, Rechtstheorie7, Rz. 744. Siehe auch *Höpfner*, Die systemkonforme Auslegung, 3 ff.

948 Vgl. *Weber-Fas*, RIW 1982, 803 (806).

949 Der Ausdruck „Bestimmungen in ihrem Zusammenhang" ist dabei weit auszulegen, da es auf eine kontextbezogene Sichtweise des Vertrags als Gesamtheit ankommt, *Heintschel von Heinegg* in Ipsen, Völkerrecht5, § 11 Rz. 9.

Dabei sind auch allgemeine Grundsätze wie etwa *lex specialis derogat legi generali* zu beachten. Sonach findet dieser speziell für die Doppelbesteuerungsabkommen im Rahmen der Einkunftsabgrenzung Anwendung.[950]

Der „Zusammenhang" als Auslegungsmaßstab ist, indes von der inhaltlichen Bedeutung des „Zusammenhangs", wie ihn Art. 3 Abs. 2 MA zu verwenden pflegt[951], zu unterscheiden. Letzterem liegt ein weiteres Verständnis zugrunde. Mithin wird in diesem Kontext auf die gesamte abkommensautonome Auslegung abgestellt und nicht rein auf das systematische Verständnis.

(c) Zweck

Der Übergang zwischen der systematischen und der teleologischen Auslegung ist fließend.[952] Auch diese Methode sieht den Wortlaut nicht isoliert, sondern stellt ihn in seinen Gesamtkontext.[953] Die Auslegung des Wortlauts geht dabei mit einer wesentlichen Verhaftung der Ziel- und Zweckorientierung einher.[954] Dabei konkretisiert sich die Frage in der *ratio legis,* also dem Sinn und Zweck des Gesetzes bzw. des Vertrages. In diesem Zusammenhang ist jedoch unklar, ob subjektiv oder objektiv teleologisch auszulegen ist.[955] Die subjektiv teleologische Auslegung fragt nach dem Zweck, den die Vertragsparteien im Sinn hatten, während die objektiv teleologische Interpretation davon ausgeht, welchen Zweck der Vertrag verfolgen sollte.[956] Da jedoch im Rahmen der Vertragsauslegung das Ziel in der Ergründung des – objektivierten – Parteiwillens besteht, würde eine objektiv teleologische Auslegung dieser Zielsetzung entgegen arbeiten. Damit ist allein an die im Abkommen enthaltenen Zwecke und an eine subjektiv teleologische Auslegung anzuknüpfen.[957]

Im Rahmen der allgemeinen Rechtsauslegung wird spezifischer nach dem Ziel der jeweiligen Rechtsnorm gefragt.[958] Dieses lässt sich für allgemeine Rechtsnormen auch zumeist in aussagekräftiger Form ermitteln. Für völkerrechtliche Verträge ist die teleologische Interpretation vielmehr vordergründig

---

950 Vgl. *Henkel* in Gosch/Kroppen/Grotherr, DBA, Grundlagen Abschn. 4 Rz. 27.

951 „[…] wenn der Zusammenhang nichts anderes erfordert […]"

952 Vgl. *Brähler,* Deutsche Direktinvestitionen in den USA, 175 m.w.N.

953 Vgl. *Stein/von Buttlar,* Völkerrecht13, Rz. 83.

954 Vgl. *Liebchen,* Beteiligungen an ausländischen Personengesellschaften, 111.

955 Zur Problematik siehe *Lampert,* Doppelbesteuerungsrecht und Lastengleichheit, 60 f.

956 Vgl. *Larenz,* Methodenlehre der Rechtswissenschaft6, 333.

957 Vgl. *Heintschel von Heinegg* in Ipsen, Völkerrecht5, § 11 Rz. 10.

958 BGH vom 23.10.1980, IVa ZR 28/80, BGHZ 78, 263 (265); vom 23.05.1951, II ZR 71/50, BGHZ 2, 176 (184 f.); RG vom 17.10.1933, II 108/33, RGZ 142, 36 (40 f.).

am höher angesiedelten Vertragszweck auszurichten.[959] Hierin artikuliert sich die Überlegung, dass die Vertragsvorschriften grundsätzlich in ein einheitliches Vertragswerk eingebettet sind, um in ihrer Gesamtheit als integraler Bestandteil der maßgeblichen Zielsetzung zu dienen. Der Sinn und Zweck der jeweiligen Vertragsnorm ist u.U. gleichwohl auslegungsrelevant. Dennoch ist es der spezifischen vertraglichen Ausgestaltung geschuldet, dass die Vertragsnormen abgestimmt aufeinander einen konkreten Vertragszweck verfolgen. Der Zweck schwingt auch in sämtlichen Vertragsnormen mit und kann folglich nicht vernachlässigt werden. Die Inbezugnahme des Vertragszwecks verschafft einen besseren Erkenntnisgewinn als allein das Abstellen auf den Zweck der einzelnen Vertragsnorm. Jenem mangelt es zudem oftmals an Aussagekraft, da die Vertragsnormen erst im Zusammenspiel mit anderen ihre Wirkung entfalten.

Dabei sei jedoch wiederum auf eine objektivierte Betrachtung verwiesen, die den subjektiven Willen der Vertragsschließenden nur insoweit für Auslegungszwecke gelten lässt, wie er seinen objektiven Niederschlag im Abkommenswortlaut gefunden hat.[960]

Neben der generellen objektivierten Ausrichtung ist für Auslegungszwecke die Betrachtung des Zweckinhaltes *in concreto* mindestens genauso maßgebend. Im Rahmen der bestehenden Verständnisse wird weniger über das allgemeine Ziel der Vermeidung der Doppelbesteuerung als vielmehr über die Vermeidung einer Doppelnichtbesteuerung gestritten.[961] Gleichwohl wird der Diskussion allein didaktischer Wert verliehen, da annahmegemäß beide Zielsetzungen für Auslegungszwecke untauglich sind.[962] Dieser Befund gründet sich insbesondere auf die Tatsache, dass die Zielsetzungen keinen Allgemein-

959 Vgl. *Weber-Fas*, Staatsverträge im internationalen Steuerrecht, 85. A.A. *Henkel* in Gosch/Kroppen/Grotherr, DBA, Grundlagen Abschn. 4 Rz. 33; *Brähler*, Deutsche Direktinvestitionen in den USA, 176, die allein den Sinn und Zweck der jeweiligen Abkommensvorschrift für Auslegungszwecke gelten lassen.

960 Vgl. *Vogel* in Vogel/Lehner, DBA, Einl. Rz. 106; *Wassermeyer* in Wassermeyer, DBA, Art. 3 MA Rz. 78.

961 Hierzu Kapitel C.I.1.

962 Vgl. *Lang*, Double Non-Taxation, Generalbericht, in IFA, CDFI 2004a, 21 (26 ff.); *ders.*, IStR 2002, 609 (610 ff.). Auch *Wassermeyer* in Wassermeyer, DBA, Art. 3 MA Rz. 78, spricht zwar vom Primärzweck der Vermeidung der Doppelbesteuerung, relativiert allerdings die Bedeutung für Auslegungszwecke dahingehend, dass Doppelbesteuerung nicht *per se* zu vermeiden ist. So weist auch *Lampert*, Doppelbesteuerungsrecht und Lastengleichheit, 72, aufgrund der Unschärfe der Begrifflichkeiten Doppelbesteuerung und Doppelnichtbesteuerung zutreffend darauf hin, dass nicht auf jedwede Vermeidung dieser abgezielt werden kann.

gültigkeitscharakter für sich beanspruchen können.[963] In diesem Zusammenhang veranschaulicht *Lang*[964] anhand der verschiedenen Regelungsbereiche der DBA die Insuffizienz der Vermeidung der Doppelbesteuerung und Doppelnichtbesteuerung als etwaige Auslegungsmaxime. Es zeigt sich, dass interpretative Einzelfragen im persönlichen und sachlichen Anwendungsbereich durch eine Auslegung im Lichte der Vermeidung der Doppelbesteuerung für einen Lösungsansatz völlig ungeeignet sind. So ist gerade die Fragestellung im Grenzbereich, ob ein Abkommen überhaupt anwendbar ist oder nicht, schwerlich unter dem Gesichtspunkt der Vermeidung der Doppelbesteuerung zu sehen. Da die Doppelbesteuerung gerade nur im Anwendungsbereich der DBA vermieden werden soll, würde ein Zirkelschlussproblem resultieren, wenn im Zweifelsfall immer eine Anwendbarkeit angenommen werden soll. Auch anhand der fallbezogenen Vermeidung der Doppelnichtbesteuerung oder einer wirtschaftlichen Doppelbesteuerung wird gerade veranschaulicht, dass die Zielsetzungen so nicht zu verallgemeinern sind. Die Vermeidung der Doppelnichtbesteuerung kann aus dem Grund schon nicht Generalzielcharakter für sich beanspruchen, weil ansonsten die DBA im Falle von Doppelnichtbesteuerung so zu interpretieren wären, dass sie Besteuerungsansprüche begründen würden.[965]

Bei der Diskussion wird allerdings der notwendige Zwischenschritt außer Acht gelassen. So ist an dieser Stelle erneut auf die identifizierte Zwecksetzung

963 Das Abkommen kann demnach nur in Bezug auf die in ihm geregelten Fälle auf die Vermeidung der Doppelbesteuerung und Doppelnichtbesteuerung zielen. Auf dieser Vorstellung basierend sind viele Sachverhalte im Abkommen nicht geregelt, die gleichwohl nach einer allgemeinen Zielsetzung der Doppelbesteuerungs- oder Doppelnichtbesteuerungsvermeidung zu berücksichtigen wären, vgl. *Gündisch*, IStR 2005, 829 (831 f.). Auch die angeführte Existenz des Verständigungsverfahrens (vgl. *Flick*, StuW 1960, 329 (333)) kann nicht für die generelle Vermeidung der Doppelbesteuerung ins Feld geführt werden, hierzu *Lampert*, Doppelbesteuerungsrecht und Lastengleichheit, 73.

964 *Lang*, Double Non-Taxation, Generalbericht, in IFA, CDFI 2004a, 21 (26 ff.); *ders.*, IStR 2002, 609 (610 ff.). Die nachstehenden Ausführungen geben die Analyseergebnisse der vorstehenden Quellen in Bezug auf die einzelnen Regelungsbereiche der DBA wieder.

965 Vgl. *Wolff*, IStR 2004, 542 (545). Aufgrund ihrer einfachgesetzlichen Wirkung im innerstaatlichen Steuerrecht wären die Doppelbesteuerungsabkommen theoretisch in der Lage, Besteuerungsansprüche zu begründen. Würde das Ziel der Auslegung in einer generellen Vermeidung von Doppelnichtbesteuerung bestehen, müsste im Falle einer Doppelnichtbesteuerung das Abkommen so zu interpretieren sein, dass es, um der Doppelnichtbesteuerung entgegenzuwirken, zu einer Begründung von Besteuerungsansprüchen kommen würde.

einer korrespondierenden Zuordnung von Ausübungsrechten abzuheben. Da eine Doppelbesteuerung und auch eine Doppelnichtbesteuerung nur dann im Ergebnis nicht vorliegen, wenn das Doppelbesteuerungsabkommen übereinstimmend angewendet wird, muss hierauf auch der signifikante Fokus liegen und hierin das Auslegungsziel bestehen. Tragend für diese Überlegungen ist das Bewusstsein, dass die Doppelbesteuerungsabkommen die Doppelbesteuerung lediglich mittelbar über eine korrespondierende Zuordnung von Ausübungsrechten vermeiden. Infolgedessen ist für Zielverfolgungszwecke auch diese korrespondierende Zuordnung als Zwischenschritt anzustreben. So besteht der übergeordnete Zweck (Metazweck) bei Abschluss der Doppelbesteuerungsabkommen zwar in der Vermeidung der Doppelbesteuerung. In Bezug auf die Abkommensanwendung bzw. -auslegung kann diese Zwecksetzung schon aus dem Grund nicht den Mittelpunkt bilden, da die Doppelbesteuerung keine Anwendungsvoraussetzung darstellt.[966]

Der Korrespondenzansatz lässt sich für Auslegungszwecke hingegen besser dienstbar machen. Dieser Ansatz kommt auch in der Präambel der neuen Verhandlungsgrundlage zum Ausdruck, indem hier eine auf Gegenseitigkeit angelegte und somit korrespondierende Abgrenzung von Besteuerungsrechten in den Vordergrund gerückt wird.[967] Wird die Auslegung des Abkommenswortlauts im Lichte dieser Zielsetzung vorgenommen und hierdurch eine kongruente Zuordnung im Rahmen des Anwendungsbereichs der Abkommen erreicht, wirkt der Automatismus in der Weise, dass gleichzeitig die Doppelbesteuerung sachgerecht vermieden wird und andererseits durch die Anwendung der DBA keine Doppelnichtbesteuerung induziert wird. Im Ergebnis werden nicht sämtliche Fälle der Doppelbesteuerung und Doppelnichtbesteuerung vermieden, sondern nur jene, die in Einklang mit dem Willen der Vertragsparteien stehen. Auf der Grundlage dieser geänderten Sichtweise wird ein Großteil der aufgegriffenen interpretativen Einzelfragen zumindest für einen Lösungsansatz erhellt. Im Rahmen der Auslegung ist somit gleichfalls der Vertragszweck in den Interpretationsvorgang einzubeziehen. Gleichwohl spielt auch die Sichtweise, die bei der Auslegung auch den Zweck der Einzelnorm in die Entscheidung einbezieht, aus dem Mikrokosmos des Normtelos eine Rolle.[968]

---

966 Vgl. *Henkel* in Gosch/Kroppen/Grotherr, DBA, Grundlagen Abschn. 4 Rz. 33.

967 BMF vom 17.04.2013, IV B 2, S 1301/10/10022-32, BStBl. I 2010, 354, Präambel.

968 In der Literatur wird teilweise vertreten, dass nicht der Vertragszweck, sondern allein der Normzweck in den Mittelpunkt zu stellen sei, vgl. bspw. *Henkel* in Gosch/Kroppen/Grotherr, DBA, Grundlagen Abschn. 4 Rz. 33.

(d) Entscheidungsharmonie

Das Gebot der Entscheidungsharmonie[969] wird gemeinhin als jene anzustrebende Auslegung beschrieben, „die am ehesten Aussicht hat, in beiden Vertragsstaaten akzeptiert zu werden"[970]. Abseits von dieser eher vagen Umschreibung sind die Konturen der auf Entscheidungsharmonie gerichteten Auslegung als eher unscharf zu bezeichnen.[971] Die generelle Existenz des Gebots ist im Grunde unumstritten.[972] Vielmehr bestehen Zweifel daran, ob das Gebot auch im Internationalen Steuerrecht seine Berechtigung findet.[973] Ist diese These verifizierbar, muss geklärt werden, wie sich der Grundsatz der Entscheidungsharmonie zu den weiteren Auslegungsgrundsätzen verhält und welcher Stellenwert ihr in diesem Rahmen zukommt.

i. Existenz des Gebots im Internationalen Steuerrecht

Die grundlegende Existenz des Gebots der Entscheidungsharmonie im Internationalen Steuerrecht wird damit begründet, dass nationale Gerichte im Rahmen

---

969 Auch als *common interpretation* bezeichnet. Kritisch zum Begriff *Hahn,* IStR 2012, 941 (FN 8).

970 *Vogel* in Vogel/Lehner, DBA, Einl. Rz. 114; *Schaumburg,* Internationales Steuerrecht3, Rz. 16.52.

971 Vgl. *Schönfeld/Häck* in Schönfeld/Ditz, DBA, Systematik Rz. 92.

972 Die Zielsetzung der Entscheidungsharmonie ist gemeinhin im internationalen Einheitsrecht anerkannt, hierzu *Vogel* in Vogel/Lehner, DBA, Einl. Rz. 115, mit Verweis auf die höchstrichterliche Rechtsprechung des House of Lords vom 10.07.1980, Fothergill v. Monarch Airlines Ltd., 2 All E.R. 696 und des United States Supreme Court vom 17. April 1991, Eastern Airlines Inc. v. Floyd, 111 S.Ct. 1489. Der terminologische Ursprung ist im Privatrecht verortet, siehe *Kropholler,* Internationales Privatrecht6, 32.

973 Vgl. *Wassermeyer* in Wassermeyer, DBA, Art. 3 MA Rz. 78. Ein derartiges Gebot befürwortend: *Vogel* in Vogel/Lehner, DBA, Einl. Rz. 114 ff.; *Kraft,* Die missbräuchliche Inanspruchnahme von Doppelbesteuerungsabkommen, 50 f.; *Schaumburg,* Internationales Steuerrecht3, Rz. 16.51; *Reith,* Internationales Steuerrecht, Rz. 4.279; *Strobl,* Zur Auslegung von Doppelbesteuerungsabkommen unter besonderer Berücksichtigung ausländischer Rechtsordnungen, in Knobbe-Keuk/Klein/Moxter, Festschrift Döllerer, 635 (638); *Prokisch,* SWI 1994, 52; ablehnend: *Henkel* in Gosch/Kroppen/Grotherr, DBA, Grundlagen Abschn. 4 Rz. 43; *Gloria,* Das steuerliche Verständigungsverfahren und das Recht auf diplomatischen Schutz, 73 ff.; *Kluge,* Das Internationale Steuerrecht4, R 45; *Hahn,* Zur Auslegung von Doppelbesteuerungsabkommen: Der Grundsatz der Entscheidungsharmonie im Crash-Test, in Gocke/Gosch/Lang, Festschrift Wassermeyer, 631; *ders.,* IStR 2012, 941 (941 ff.); *Wassermeyer,* IStR 1998, 489 (491).

ihrer Entscheidungen auch solche fremder Jurisdiktionen einbeziehen.[974] Insbesondere in der jüngeren Rechtsprechung des BFH wird das Gebot explizit benannt.[975] Aber auch ausländische Gerichte nehmen seit geraumer Zeit Bezug auf fremde Judikate.[976] Da es sich folglich um eine geübte Praxis handelt – so ist die Überlegung – kann das Vorhandensein eines derartigen Gebots kaum negiert werden. Die Tatsache der Einbeziehung fremder Entscheidungen soll demgemäß die These über die Realität der Entscheidungsharmonie bestätigen. Dem wird jedoch entgegengehalten, dass jene Sichtweise zu einer Inversion der Ursache-Wirkung-Beziehung geführt hat.[977]

Dabei ist zuvorderst die Charakterisierung in den Mittelpunkt zu rücken. Es wird mit der dargelegten Sichtweise das Gebot der Entscheidungsharmonie mit der Verwertung fremder Judikate gleichgesetzt.[978] In diesem Rahmen hat sich der Rekurs auf Präjudizien anderer Jurisdiktionen über den ursprünglich instrumentellen Charakter als Grundsatz der Entscheidungsharmonie verselbstständigt.[979]

---

974 Vgl. *Hahn*, IStR 2012, 941. Grundsätzlich zur Berücksichtigung fremder Judikate *Ward*, Use of foreign court decisions in interpreting tax treaties, in Maisto, Courts and Tax Treaty Law, 161 (175 ff.).

975 Exemplarisch BFH vom 09.08.2006, II R 59/05, BStBl. II 2009, 758; vom 02.09.2009, I R 111/08, BStBl. II 2010, 387; vom 02.09.2009, I R 90/08, BStBl. II 2010, 394. Der Grundsatz fand bereits in früheren Entscheidungen Erwähnung, so bspw. BFH vom 24.03.1999, I R 114/97, BStBl. II 2000, 399. Die erstmalige Bezeichnung erfolgte in seinem Urteil vom 09.10.1985, I R 128/80, BStBl. II 1988, 810, hierbei hatte der BFH allerdings noch offengelassen, ob der Grundsatz der Entscheidungsharmonie bei der DBA-Auslegung zur Anwendung zu gelangen hat.

976 Hierfür stellv. kanadische und US-amerikanische Gerichte: Federal Court, Trial Division vom 28.03.1991, Utah Mines Ltd. v. The Queen, 1991 DTC 5245; Federal Court of Appeal vom 05.11.1993, Quing Gang K. Li v. The Queen, 1994 DTC 6059; United States Court of Appeals, Ninth Circuit vom 02.04.1962, Donroy Ltd. v. United States, 301 F. 2d 200; United States Court of Appeals, Second Circuit vom 22.10.1975, United States versus A.L. Burbank & Co., Ltd., 525 F. 2d 9, vgl. *Vogel* in Vogel/Lehner, DBA, Einl. Rz. 118 m.w.N., der in diesem Zusammenhang zudem auf eine Anerkennung des Gebots im ausländischen Schrifttum hinweist. Siehe hierzu ebenfalls *Ward*, Use of foreign court decisions in interpreting tax treaties, in Maisto, Courts and Tax Treaty Law, 161 (177 ff.).

977 Diesbezüglich wird von einer „Umkehrung der Argumentation von Ursache und Wirkung" gesprochen, *Hahn*, IStR 2012, 941 (948).

978 Vgl. *Hahn*, IStR 2012, 941 (948); *Prokisch*, SWI 1994, 52 (54).

979 So beschreibt auch *Hahn*, IStR 2012, 941 (948), die Entwicklung vom einstigen Instrument der Verwertung fremder Judikate zum Inbegriff des heutigen terminologischen Verständnisses.

Tatsächlich wurde jedoch für die deutsche Rechtsprechung zutreffend darauf hingewiesen,[980] dass keine gerichtliche Entscheidung den Grundsatz der Entscheidungsharmonie im Gleichklang mit der Zitation fremder Judikate benennt. Stattdessen ist entweder vom Grundsatz der Entscheidungsharmonie die Rede oder es werden losgelöst davon Präjudizien ausländischer Gerichte verwertet.

Es ist demnach angezeigt, die Entscheidungsharmonie nicht auf deren instrumentellen Charakter zu reduzieren. Vielmehr ist eine Ergebnisorientierung in den Vordergrund zu stellen. Die Mittel zur Erreichung eines Auslegungseinklangs treten entsprechend in den Hintergrund. Abgesehen davon sind auch andere Materialen fremder Jurisdiktionen geeignet, um deren Abkommenspraxis zu ergründen.[981]

Darüber hinaus trübt eine inverse Argumentation den Blick für die Notwendigkeit einer theoretischen Fundierung. Zur Herausbildung eines Gebots der Entscheidungsharmonie im Internationalen Steuerrecht wird auf Fälle des Internationalen Einheitsrechts rekurriert, indem ihnen eine Vorbildfunktion für das Internationale Steuerrecht attestiert wird.[982] Gerade hierin besteht allerdings der Begründungsbedarf[983], ob die Übertragung des Gebotes unter Sachgerechtigkeitserwägungen überhaupt zweckmäßig ist. Die Beweiskraft schwindet indes, wenn man die jeweiligen Rechtsgebiete rechtsvergleichend analysiert. So kommt dem Internationalen Einheitsrecht neben dem jeweiligen normimmanenten Sachzweck ein Vereinheitlichungszweck[984] zu.[985] Der Abschluss der Abkommen wird demnach bereits von einem Vereinheitlichungs-

980 Vgl. *Reimer*, IStR 2008, 551 (552).

981 So etwa Verständigungsvereinbarungen, Stellungnahmen fremder Verwaltungsbehörden oder Kommentarliteratur, vgl. hierzu *Reimer*, IStR 2008, 551 (552 f.), mit Verweis auf einschlägige Judikate.

982 Vgl. *Vogel* in Vogel/Lehner, DBA, Einl. Rz. 115. In diesem Zusammenhang wird darauf verwiesen, dass die britische Rechtsprechung (Court of Appeal , Chancery Division vom 09.02.1990, Inland Revenue Commissioners v. Commerzbank AG, 1990 STC, 285) die Entscheidung des House of Lords vom 10.07.1980, Fothergill v. Monarch Airlines Ltd., 2 All E.R. 696, als „leading case" bezeichnet. *Hahn*, IStR 2012, 941 (945), hält eine derartige Argumentation nicht nur für unvollständig, sondern vielmehr noch für untauglich.

983 Gleiches merkt auch *Hahn*, IStR 2012, 941 (944), an und stellt den Bedarf einer näheren Darlegung fest. Bereits *Mössner*, Zur Auslegung von Doppelbesteuerungsabkommen, in Böckstiegel/Folz/Mössner/Zemanek, Festschrift Seidl-Hohenveldern, 403 (406), hatte die Notwendigkeit einer Vergleichbarkeitsprüfung erkannt.

984 *Kropholler*, Internationales Einheitsrecht, 2, bezeichnet die Einheitlichkeit der Geltung als „besonderen Rechtszweck". Hierzu auch *Canaris*, JZ 1987, 543 (544).

985 Vgl. *Hahn*, IStR 2012, 941 (945) m.w.N.

gedanken getragen. Ein solcher ist den Doppelbesteuerungsabkommen derweilen nicht zu entnehmen[986], womit die Zuweisung einer Vorbildfunktion in Bezug auf Urteile aus diesem Rechtsgebiet für die Doppelbesteuerungsabkommen als grundsätzlich willkürlich anzusehen ist. Originär ist der Grundsatz der Entscheidungsharmonie ein Topos des Internationalen Privatrechts (IPR).[987] Aber auch hier lassen sich grundlegende Disparitäten feststellen. Der Ausgangspunkt im IPR konkretisiert sich in differenten nationalen Kollisionsnormen.[988] Da jedoch die Kollisionsnormen gerade über das maßgeblich anzuwendende Recht entscheiden, sind möglichst konforme Entscheidungen auf den jeweiligen nationalen Ebenen anzustreben. Hierfür bedarf es also eines Bindegliedes, welches die erstrebte Konformität herbeiführt. Eben diese Rolle nimmt der Grundsatz der Entscheidungsharmonie ein. Im Rahmen der Auslegung und Rechtsfortbildung schwingt dieses spezifische Interesse kontinuierlich mit und nimmt eine im Anwendungsprozess der Kollisionsnormen leitende Funktion ein.[989] Im Gegensatz dazu besteht im Internationalen Steuerrecht mit den Doppelbesteuerungsabkommen eine einheitliche Rechtsgrundlage, welche die Rechtsfolgenwirkungen in den jeweiligen nationalen Rechtsordnungen übereinbringt. Der Grundstein für eine gleichgerichtete Entscheidung ist mit den DBA damit bereits gelegt. Dies macht ein weiteres Bindeglied, wie es durch die Entscheidungsharmonie im Sinne des IPR vollzogen wird, obsolet. Die Übertragung scheint für das Internationale Steuerrecht damit untauglich zu sein. Demgemäß wird die Entscheidungsharmonie für Zwecke der Doppelbesteuerungsabkommen umgedeutet. Mit ihr soll vielmehr eine Einheitlichkeit bezüglich der Auslegungsergebnisse erreicht werden. Der Bedeutungsinhalt der Entscheidungsharmonie im Internationalen Privatrecht ist demgemäß ein maßgeblich anderer als jener im Internationalen Steuerrecht.[990] Somit hat sich für das Internationale Steuerrecht ein eigenständiger Bedeutungsgehalt herausgebildet, dessen dogmatische Legitimierung dagegen ungeklärt bleibt.

986 Die Doppelbesteuerungsabkommen zielen gerade nicht darauf, die Rechtsregeln des Internationalen Steuerrechts zu vereinheitlichen. Sie symbolisieren vielmehr die Bereitschaft, die auf Souveränität gründende Normkoexistenz zu akzeptieren und durch eigene als Schranken fungierende Sachnormen übereinzubringen. Siehe in diesem Zusammenhang auch *Wassermeyer* in Wassermeyer, DBA, Art. 3 MA Rz. 71; *Hahn*, IStR 2012, 941 (946).

987 Vgl. *Kropholler*, Internationales Privatrecht6, 36 ff.; *Neuhaus*, Die Grundbegriffe des Internationalen Privatrechts2, 49; *Kegel/Schurig*, Internationales Privatrecht9, 139.

988 Nähere Ausführungen hierzu finden sich im Kapitel D.II.1.b.

989 Vgl. *Hahn*, IStR 2012, 941 (946).

990 Vgl. *Reimer*, IStR 2008, 551 (551 f.).

Ist der interdisziplinäre Transfer als verunglückt zu bezeichnen und lässt sich auch die bloße Zitation ausländischer Präjudizien nicht als Beweis für die Existenz eines Gebots der Entscheidungsharmonie anführen, steht dessen Realität im Internationalen Steuerrecht weiterhin infrage. Die Qualität der Entscheidungsharmonie als Rechtssatz[991] ist demnach ungeklärt, wodurch die Verwertung der fremden Judikate im Auslegungsprozess zu legitimieren ist. Primär ist den Entscheidungen ausländischer Gerichte dabei der völkergewohnheitsrechtliche Charakter abzusprechen, da ausdrücklich keine Bindungswirkung von diesen ausgehen soll. Art. 31 Abs. 3 WÜRV kommt ebenfalls nicht in Betracht, da es hier an einem gegenseitigen Einverständnis der Vertragsstaaten mangelt. Eine Rechtsgrundlage könnte indessen Art. 31 Abs. 1 WÜRV bilden, wenn den Entscheidungen ausländischer Spruchkörper ein Relevanzgehalt für die Auslegung im Lichte des Sinn und Zwecks der Abkommen beigemessen werden kann – was noch zu untersuchen sein wird.[992] Hieran anknüpfend wäre ebenso Art. 33 WÜRV, insbesondere Abs. 4, einschlägig.[993] Besteht die Möglichkeit, diese Materialien in den Auslegungsprozess Eingang finden zu lassen, stellt sich zu Recht die Frage: „Soll man das zu einem Grundsatz der Entscheidungsharmonie stilisieren?"[994]

ii. Ausprägungen des Gebots

Zudem ist zu konstatieren, dass verschiedene Varianten des vermeintlichen Gebots kursieren.[995] Die Variante in ihrer ausgeprägtesten Form vermittelt dem Gebot einen selbstständigen Gehalt. Der Grundsatz der Entscheidungsharmonie rangiert nach dieser Vorstellung neben den weiteren Auslegungsmaßstäben. Demnach werden hierdurch etwaige Auslegungsergebnisse erreicht, die von den anderen Rechtsanwendungsmethoden differieren.[996] Diese Sichtweise ist jedoch abzulehnen. So betont der BFH, dass eine Auslegung im Sinne der Entscheidungsharmonie abweichend von den allgemeinen Auslegungsgrundsätzen nicht für möglich erachtet wird.[997] Mithilfe der Entscheidungsharmonie

991 Gleiches untersucht *Reimer*, IStR 2008, 551 (553 f.).

992 Für die Ergründung der gewöhnlichen Bedeutung eines Ausdrucks können die fremden Judikate in Einzelfällen gewiss auch hilfreich sein. Im Grundsatz eignen sich jedoch Einzelentscheidungen nicht für generelle Schlussfolgerungen, wie es die gewöhnliche Bedeutung erfordert. So auch *Reimer*, IStR 2008, 551 (554).

993 Vgl. *Vogel* in Vogel/Lehner, DBA, Einl. Rz. 118.

994 Vgl. *Hahn*, IStR 2012, 941 (949).

995 Zu den möglichen Kategorisierungen ausführlich *Hahn*, IStR 2012, 941 (941 ff.).

996 Vgl. *Hahn*, IStR 2012, 941 (942).

997 BFH vom 09.10.1985, I R 128/80, BStBl. II 1988, 810.

soll vielmehr anhand der identifizierten Auslegungsvarianten im Rahmen allgemeiner Auslegungsgrundsätze eine weitergehende Spezifizierung des Auslegungsergebnisses erreicht werden. Vermag nach dieser Vorstellung eine entscheidungsharmonische Auslegung kein Auslegungsergebnis entgegen der weiteren Grundsätze zu rechtfertigen, ist sie folglich als Teil dieser Grundsätze anzusehen.[998] Dieser Ansicht nach wird der Grundsatz der Entscheidungsharmonie als Sonderfall der teleologischen Auslegung verstanden.[999] In diesem Zusammenhang wird allerdings darauf hingewiesen, dass dem Internationalen Steuerrecht kein Vereinheitlichungszweck innewohnt. Somit scheint der Grundsatz der Entscheidungsharmonie auf den ersten Blick als Spezialfall der teleologischen Auslegung ungeeignet zu sein, da infrage steht, welche Zielsetzung hierdurch verfolgt werden soll. Überdies ist unklar, worin die Spezifität der Entscheidungsharmonie im Gegensatz zur allgemeinen teleologischen Auslegung besteht. Dies soll in dem Sinne beantwortet werden, dass zu der generellen Zweckbetrachtung eine rechtsvergleichende Betrachtung hinzutritt.[1000]

iii. Lösungsansatz

Um die bisherige Diskussion einer Lösung näherzubringen, ist eine Änderung der Blickwinkel geboten. So hat die bisherige Annahme der Vermeidung der Doppelbesteuerung als Sinn und Zweck der DBA den Blick für einen anderen Ansatz verstellt. Dieser neuere Ansatz soll vielmehr auf die bereits erarbeitete Zielsetzung der korrespondierenden Zuordnung von Ausübungsrechten gestützt werden. Nimmt man Rekurs auf ein derartiges auf Korrespondenz angelegtes Telos, ist die Entscheidungsharmonie in der Tat der teleologischen Auslegung zuzuordnen. Demgegenüber ist dem Korrespondenzansatz sogar das

998 Entgegen dieser Auffassung wird die Entscheidungsharmonie als eigenständiger Grundsatz auch neben die weiteren Auslegungsgrundsätze gestellt, BFH vom 17.11.1999, I R 7/99, BStBl. II 2000, 605. Da jedoch kein von den klassischen Auslegungsgrundsätzen verschiedenes Ergebnis erreicht werden kann, scheint diese Sichtweise eher unsystematisch zu sein. Vielmehr scheinen die Überlegungen die Konsequenz daraus zu sein, dass keine schlüssige Begründung der Zuordnung zur teleologischen Auslegung gefunden werden konnte.

999 Als Teil der teleologischen Auslegung auch BFH vom 24.03.1999, I R 114/97, BStBl. II 2000, 399; vom 02.09.2009, I R 111/08, BStBl. II 2010, 387; vom 02.09.2009, I R 90/08, BStBl. II 2010, 394.

1000 Vgl. *Hahn*, IStR 2012, 941 (947).

Gebot der Entscheidungsharmonie immanent. Ein eigenständiger Gehalt würde dem Postulat demnach nicht zukommen.[1001]

Für Zwecke einer korrespondierenden Auslegung ist die Beachtung und Auseinandersetzung mit fremder Rechtsprechung grundsätzlich angezeigt.[1002] So würden diese Entscheidungen ihrer originären Stellung entsprechend lediglich als Rechtserkenntnisquelle instrumentalisiert und nicht unreflektiert als Ausdruck einer entscheidungsharmonischen Auslegung gesehen werden. Mithin sind die ausländischen Judikate als Werkzeuge zur Präzisierung der vorhandenen Auslegungsalternativen zu verstehen. Die Auslegungsergebnisse können durch eine Einbeziehung fremdländischer Entscheidungen verifiziert werden, sie werden hierdurch jedoch nicht originär generiert.[1003] Zu bedenken gilt in diesem Zusammenhang allerdings, dass gerichtliche Entscheidungen keine ausreichende Informationsquelle bieten können, da die Gerichte lediglich über zufällig herangetragene Fragen zu entscheiden haben, die somit keineswegs sämtliche Problembereiche abdecken.[1004] Es mangelt zudem im Rahmen einer globalen Gesamtbetrachtung an einer hinreichend dichten Dokumentation und Zugriffsmöglichkeit auf Entscheidungen.[1005] Darüber hinaus sind einerseits eine erhöhte Zeitverzögerung in der Kenntnisnahme ausländischer Entscheidungen sowie andererseits eine unsachgemäße Projektion derer auf inländische Entscheidungen, die zu fehlgeleiteten Impulsen führen können, festzustellen.[1006]

1001 Im Ergebnis zwar eine harmonische Auslegung maßgebend, jedoch geht dies nicht zwangsläufig mit der Herausbildung eines eigenständigen Gebots einher. So wird in zahlreichen Urteilen der Sache nach eine einheitliche Auslegung befürwortet, ohne jedoch ein explizites Gebot zu benennen: FG Niedersachsen vom 14.05.1991, VI 676/89, RIW 1991, 963; BFH vom 17.11.1999, I R 7/99, BStBl. II 2000, 605; vom 28.04.2010, I R 81/09, BFHE 229, 252.

1002 Vgl. *Vogel* in Vogel/Lehner, DBA, Einl. Rz. 115.

1003 *Gosch,* Auslegung von DBA in der deutschen Rechtspraxis, in Lüdicke, Vermeidung der Doppelbesteuerung und ihre Grenzen, 1 (9 f.), spricht davon, dass Entscheidungen unterstützend herangezogen werden.

1004 *Reimer,* IStR 2008, 551 (554), bezeichnet die Gerichtspraxis auch als Zufallsgenerator.

1005 Vgl. *Gosch,* Auslegung von DBA in der deutschen Rechtspraxis, in Lüdicke, Vermeidung der Doppelbesteuerung und ihre Grenzen, 1 (9).

1006 Auf diesen Umstand hinweisend auch *Reimer,* IStR 2008, 551 (553). *Gosch,* Auslegung von DBA in der deutschen Rechtspraxis, in Lüdicke, Vermeidung der Doppelbesteuerung und ihre Grenzen, 1 (10), hält in diesem Zusammenhang das Urteil des BFH vom 09.02.2011, I R 54/10, 55/10, BStBl. II 2012, 106, für exemplarisch, bei welchem sich der BFH den Vorwurf aussetzen musste, eine englische Entscheidung missverstanden zu haben.

Es ist somit nur zweckmäßig, den fremden Judikaten keine globale Bindungswirkung zuzuweisen.[1007] Auch die Pflicht zur Kenntnisnahme und Verwertung darf nicht verallgemeinert werden.[1008] Eine solche besteht zumindest dann, wenn die Parteien die Entscheidungen ausländischer Gerichte im Rahmen der Beweisführung vorlegen. Eine eigene Nachforschungspflicht orientiert sich am nationalen Prozessrecht.[1009] Diese Nachforschungspflicht ist gleichwohl relativierend unter Verhältnismäßigkeitserwägungen zu betrachten.[1010]

Resümierend ist festzustellen, dass an der Idee einer Auslegung im Einklang mit jener des anderen Vertragsstaats festzuhalten ist. Sämtliche Vorstellungen über die Entscheidungsharmonie vertreten im Kern dieses Ergebnis. Der Dissens besteht eher darüber, wie der Kern einzukleiden ist. Nach der hier vertretenen Auffassung handelt es sich weniger um ein eigenständiges Gebot. Die Logik des Grundkonsenses ergibt sich aus dem Sinn und Zweck der DBA, eine korrespondierende Zuordnung von Ausübungsrechten anzustreben. Gleichzeitig soll eine harmonische Auslegung auch nicht mit der Verwertung fremder Judikate in eins gesetzt werden. Die Rechtsprechung ausländischer Gerichte dient schlicht als Instrument zur Eruierung der Abkommenspraxis des anderen Vertragsstaats.[1011] Sie ist gleichwohl mit Bedacht zu verwenden. So können die Entscheidungen auch nur der Erhellung von Auslegungsergebnissen dienen. Schließlich bergen die Präjudizien die Gefahr von Sachverhaltsdi-

1007 Viel zitiert wird in diesem Zusammenhang die Aussage eines englischen Richters, der sich dementgegen wie folgt für eine Bindungswirkung ausspricht: „Even if I disagreed, I would follow them in a matter which is of international concern. The courts of all the countries should interpret this convention in the same way", Lord Denning in Queen's Bench Division and the Court of Appeal vom 07.11.1968, Corocraft Ltd. v. Pan American Airways Inc., WLR 1968 II 1273 (1283); so bspw. bei *Hahn*, IStR 2012, 941; *Vogel* in Vogel/Lehner, DBA, Einl. Rz. 118; *Prokisch*, SWI 1994, 52 (55).

1008 So spricht ein hohes Gericht in Indien von einer Beachtungspflicht, India High Court of Andhra Pradesh vom 17.06.1983, Commissioner of Income-Tax v. Visakhapatnam Port Trust, 144 ITR 146 (1983).

1009 Vgl. *Vogel* in Vogel/Lehner, DBA, Einl. Rz. 120.

1010 Eine echte Verpflichtung ist insbesondere vor dem Hintergrund schwerlich abzuleiten, dass die Judikate schwer zugänglich und in fremder Sprache abgefasst sind. Eine Pflicht würde die Vertragsstaaten zu einem verstärkten Rekurs auf fremde Judikate bewegen, ganz gleich, ob die Heranziehung in allen Fällen sachgemäß ist. Hierdurch würde eine erhöhte Fehleranfälligkeit begründet. Mithin sollten die Entscheidungen der ausländischen Gerichte lediglich als Rechtserkenntnisquellen im Rahmen der teleologischen Auslegung gesehen werden.

1011 Diese findet bereits in der Informationsbeschaffung ihre natürliche Grenze, hierzu *Vogel*, StuW 1982, 111 (119 ff.).

vergenzen, nationalrechtlicher Spezifika, sprachlicher Barrieren[1012] sowie wiederum Fehlinterpretationen in sich. Überdies bestünde die Möglichkeit, sich die unzutreffenden Auslegungen fremder Gerichte im Rahmen der Auslegung zu eigen zu machen.[1013] Eine grundsätzliche Bindung der rechtsanwendenden Organe an die Auslegungspraxis i.S. eines entscheidungsharmonischen Gebots lässt sich demnach nicht begründen.[1014] So ergeben sich auch keine Anhaltspunkte, aus der Verwertung ausländischer Judikate die Existenz eines eigenständigen Gebots der Entscheidungsharmonie abzuleiten – ein solches ist aufgrund der geänderten Sichtweise zu der DBA-Zielsetzung redundant. Im Ergebnis besitzt die Notwendigkeit einer gleichgerichteten Auslegung maßgebende Überzeugungskraft. Besser als die Bezeichnung Entscheidungsharmonie bestimmt der Ausdruck Auslegungsharmonie[1015] den Fokus des Interesses in einer unmissverständlicheren Art und Weise.

(e) Verhältnis der Auslegungsmaßstäbe

Art. 31 Abs. 1 WÜRV setzt die Auslegungsmaßstäbe in Beziehung zueinander, ohne dabei Präferenzen festzulegen.[1016] Zwischen ihnen ist grundsätzlich ein vermittelnder Weg einzuschlagen.[1017] In diesem Zusammenhang wird von Teilen der Literatur dem Zweck aufgrund der Natur der Abkommen eine besonders raumgreifende Stellung zugestanden,[1018] die sogar eine Auslegung

---

1012 Der BFH zieht demgemäß vornehmlich Entscheidungen des Schweizer Bundesgerichts und des österreichischen VwGH heran. Hierzu *Gosch*, Auslegung von DBA in der deutschen Rechtspraxis, in Lüdicke, Vermeidung der Doppelbesteuerung und ihre Grenzen, 1 (9 f.), mit Verweis auf einschlägige Judikate.

1013 So würde diesen Entscheidungen eine größere Bedeutung beigemessen, allein weil sie eher ergangen sind. Hierzu *Mössner*, Zur Auslegung von Doppelbesteuerungsabkommen, in Böckstiegel/Folz/Mössner/Zemanek, Festschrift Seidl-Hohenveldern, 403 (406).

1014 Vgl. *Wassermeyer* in Wassermeyer, DBA, Art. 3 MA Rz. 78. Dass sich die Gerichte auch nicht an fremdländische Entscheidungen gebunden fühlen, belegt das Urteil in der Rs. Lidl Belgium (BFH vom 17.07.2008, I R 84/04, BStBl. II 2009, 630). Hierbei wurde grundlegend gegenteilig zu der Auffassung des luxemburgischen Tribunal administratif und dem österreichischen VwGH judiziert.

1015 Vgl. *Schaumburg*, Internationales Steuerrecht3, Rz. 16.331, spricht von einer „den DBA immanente[n] Regelungshomogenität".

1016 Vgl. *Oettingen*, Effet utile und individuelle Rechte im Recht der Europäischen Union, 42.

1017 Vgl. *Vogel* in Vogel/Lehner, DBA, Einl. Rz. 100; *Oettingen*, Effet utile und individuelle Rechte im Recht der Europäischen Union, 42.

1018 Für eine extensive Auslegung *Flick*, DStR 1968, 687 (689).

contra verbum legitimiere.[1019] Die herrschende Meinung[1020] spricht sich demgegenüber für ein Zurücktreten der teleologischen zugunsten der grammatikalischen Auslegung aus. Die Auslegung nach dem Wortlaut soll lediglich einer Plausibilitätsprüfung durch die anderen Maßstäbe unterliegen.[1021] Die Bindung an den Wortlaut hat mithin in strengerer Weise als nach nationaler Übung zu erfolgen.[1022] Die stetige Rechtsprechung begründet den Vorzug des eindeutigen Wortlauts im Rahmen der Auslegung der Doppelbesteuerungsabkommen mit dem Gedanken einer gesteigerten Rechtssicherheit und -einheit.[1023]

Hierin mag eine gewisse Zweckmäßigkeit liegen. Jedoch darf einerseits das Spannungsverhältnis zwischen grammatikalischer und teleologischer Auslegung nicht derart aufgelöst werden, dass es durch den reinen Wortlautgehorsam zur Vereitelung des Vertragsziels kommt, da hierin andernfalls eine Treuwidrigkeit zu erblicken wäre.[1024] Andererseits darf der aus dem Völkerrecht stammende Effektivitätsgrundsatz (*effet utile*) nicht unberücksichtigt bleiben. Derjenigen Auslegungsvariante soll demnach der Vorzug eingeräumt werden, welche am besten zur vertraglichen Zielerreichung führt.[1025] Diesem Grundsatz wohnt nicht die Überzeugung inne, der Abkommenszweck setze sich über den Wortlaut hinweg.[1026] Aus dem Grundsatz lässt sich gerade kein Primat der teleologischen Interpretation ableiten.[1027] Die Auffassung, das Regelungsziel legitimiere zur Auslegung *contra verbum,* ist damit abzulehnen. Die *effet utile*-Regel operiert vielmehr erst auf einer zweiten Ebene. So entfalten allein solche

---

1019 So *Wicke,* Personengesellschaften im Recht der deutschen Doppelbesteuerungsabkommen, 95.

1020 Vgl. *Bernhardt,* Die Auslegung völkerrechtlicher Verträge, 58 ff.; *Bayer,* RabelsZ 1955, 603 (633); *Vogel* in Vogel/Lehner, DBA, Einl. Rz. 100 m.w.N.

1021 Vgl. *Wassermeyer* in Wassermeyer, DBA, Art. 3 MA Rz. 78.

1022 Vgl. *Vogel,* StuW 1982, 111 (119). So wird im Zuge der Gesetzesauslegung nach nationalem Verständnis der Normzweck als Auslegungsziel in den Vordergrund gestellt, der Wortlaut bildet indes nur ein Hilfsmittel zur Ergründung des Normzwecks, vgl. *Rüthers/Fischer/Birk,* Rechtstheorie7, Rz. 725 ff.

1023 BGH vom 26.05.1986, II ZR 260/85, NJW 1986, 2834; vom 08.07.1953, II ZR 148/52, BGHZ 10, 149 (155). Hierzu auch *Hahn,* IStR 2012, 941 (943).

1024 Vgl. *Blumenwitz,* Die Ostverträge im Lichte des internationalen Vertragsrechts – insbesondere der Wiener Vertragsrechtskonvention, 23 f.

1025 Dies wird auf das Nützlichkeitsgebot zurückgeführt, vgl. *Oettingen,* Effet utile und individuelle Rechte im Recht der Europäischen Union, 42 f.

1026 Vgl. *Heintschel von Heinegg* in Ipsen, Völkerrecht5, § 11 Rz. 16. Demnach ist keine vom Wortlaut losgelöste Auslegung möglich, hierzu *Blumenwitz,* Die Auslegung völkerrechtlicher Verträge unter besonderer Berücksichtigung von Doppelbesteuerungsabkommen, 85.

1027 Vgl. *Lampert,* Doppelbesteuerungsrecht und Lastengleichheit, 63.

Auslegungsvarianten Relevanz, die im Schnittmengenbereich der Auslegungsmaßstäbe Wortlaut, Zusammenhang und Zweck liegen. Die *effet utile*-Regel nimmt dann als auslegungsleitender Grundsatz bzw. als Entscheidungsprinzip die vermittelnde Position ein, innerhalb dieser Schnittmenge jene Variante zu identifizieren, die die Auslegungsmaßstäbe zur Erreichung des Vertragsziels am besten übereinbringt.[1028] Der Effektivitätsgrundsatz ist nach der hier vertretenen Auffassung demnach nicht unbedingt als besondere Ausprägung der teleologischen Auslegung zu sehen.[1029] Die Ebenen, auf denen die teleologische Auslegung und die *effet utile*-Regel operieren, sind voneinander zu differenzieren.[1030] So darf der Grundsatz nicht bereits beim Findungsprozess der Auslegungsvarianten eingreifen. Ihm obliegt vielmehr auf zweiter Stufe die Auswahlfunktion aus den Auslegungsvarianten. Auch die Annahme, die Entscheidungsharmonie sei als Ausfluss der *effet utile*-Regel anzusehen, verliert vor diesem Hintergrund und insbesondere mit der Vorstellung einer geänderten DBA-Zwecksetzung ihre Argumentationsgrundlage.[1031] Demnach beeinflusst die Entscheidungsharmonie als Inbegriff des Telos die zu findende Schnittmenge bereits auf erster Stufe. Der Effektivitätsgrundsatz findet hingegen erst auf zweiter Stufe Anwendung und bildet somit die effizienteste Brücke

1028 Dieses Verständnis deutet sich auch in Art. 33 Abs. 4 WÜRV an. So sieht auch *Graf Vitzthum* in Graf Vitzthum, Völkerrecht5, 57, Rz. 123, in Art. 33 Abs. 4 WÜRV ein Indiz für das Kriterium des *effet utile*.

1029 Siehe zum Grundsatz des *effet utile* als Spielart der teleologischen Auslegung *Potacs*, EuR 2009, 465 (469); *Schönfeld/Häck* in Schönfeld/Ditz, DBA, Systematik Rz. 92; *Peters*, Völkerrecht, 99; *Heintschel von Heinegg* in Ipsen, Völkerrecht5, § 11 Rz. 16; *Seidl-Hohenveldern/Stein*, Völkerrecht10, Rz. 348 ff. Hingegen als eigenständiges Interpretationskriterium ansehend *Seyr*, Der effet utile in der Rechtsprechung des EuGH, 272 ff.; *Graf Vitzthum* in Graf Vitzthum, Völkerrecht5, 57, Rz. 123; *Brownlie*, Principles of Public International Law4, 636 f.

1030 So auch *Oettingen*, Effet utile und individuelle Rechte im Recht der Europäischen Union, 42.

1031 Zur Entscheidungsharmonie als Argumentationsgrundlage siehe *Schönfeld/Häck* in Schönfeld/Ditz, DBA, Systematik Rz. 92. In diesem Zusammenhang gebührt aufgrund der Zwecksetzung der Vermeidung der Doppelbesteuerung unter Berücksichtigung der Wortlautgrenzen jener Auslegung der Vorrang, durch die das Vertragsziel und der Regelungszweck am besten zu erreichen sind. Da die Vermeidung der Doppelbesteuerung jedoch nur durch eine einheitliche Auslegung erzielt werden kann, ist die Entscheidungsharmonie als Ausprägung des Effektivitätsgrundsatzes zu sehen. Bestimmt sich die neue Zielsetzung nun jedoch anhand der korrespondierenden Zuordnung von Ausübungsrechten, ist dieser bereits die Entscheidungsharmonie immanent. Der Effektivitätsgrundsatz wirkt somit Telos übergreifend koordinierend zwischen den Auslegungsmaßstäben, um ein optimales Auslegungsergebnis zu erreichen.

zwischen den einzelnen Auslegungsmaßstäben. Anders formuliert würde diejenige Wortlautauslegung präferiert werden, welche am eindeutigsten erscheint und am augenfälligsten aus den Vertragsmaterialien zu ergründen ist, da so das Auslegungsergebnis am wahrscheinlichsten in einer korrespondierenden Zuordnung von Ausübungsrechten und somit der vertraglichen Zielerreichung kulminiert. Aus diesen Überlegungen lässt sich schlussfolgern, dass die Auslegungsmaßstäbe nicht zwingend in einem antagonistischen Verhältnis zueinander stehen – sie schließen sich keineswegs aus. So ist die Wahrscheinlichkeit einer gleichgerichteten Auslegung – und damit auch gleichzeitig die Zielerreichung – dann höher, wenn eine Ausrichtung am Wortlaut in einer strengeren Weise erfolgt, da hierdurch das Auslegungsergebnis nachvollziehbar erscheint. Diese Argumentation fußt auf einer verstärkten Akzeptanz im Falle transparenter Auslegungsergebnisse.

Im Ergebnis ist die Ergründung des objektivierten Parteiwillens im Lichte sämtlicher Auslegungsmaßstäbe vorzunehmen. Da die Bedeutung des Wortlauts mit dem Kontext, in den er gestellt wird, variiert,[1032] sind alle Maßstäbe auslegungsrelevant. Vor diesem Hintergrund ist ihnen in ihrer Gesamtheit ein höherer Aussagegehalt beizumessen als der Summe ihrer Teile. In der Gesamtschau erlangen die Auslegungsmaßstäbe ein objektives Ergebnis. Sie werden zueinander ins Verhältnis gesetzt, um die im Rahmen einzelner Betrachtung erfolgende subjektive Eintrübung durch den Rechtsanwender zu unterbinden. Dabei stellt die Rückbindung an den Wortlaut ein geeignetes Mittel dar, um die Auslegung nicht „einem reinen Zweckdenken" zu unterwerfen.[1033]

(5) Die Bedeutung des innerstaatlichen Rechts im Auslegungsprozess

Der Einfluss des innerstaatlichen Rechts bei der Abkommensauslegung erscheint in Anbetracht der mannigfaltigen Ausgestaltung der innerstaatlichen Rechtsordnungen abträglich für eine möglichst übereinstimmende Vertragsauslegung zu sein.[1034] Aus diesem Grund ist klärungsbedürftig, unter welchen Gesichtspunkten im Auslegungsprozess eine Öffnung für die innerstaatlichen Rechtsordnungen erfolgt und weshalb die Abkommen einer derartigen Einflussnahme innerstaatlichen Rechts explizit oder pauschal Raum lassen.

1032 Vgl. *Rüthers/Fischer/Birk*, Rechtstheorie7, Rz. 161.

1033 Vgl. *Gloria*, Das steuerliche Verständigungsverfahren und das Recht auf diplomatischen Schutz, 73.

1034 Vgl. *Schönfeld/Häck* in Schönfeld/Ditz, DBA, Systematik Rz. 80.

(a) Autonome Rechtskreise

Die Abkommen stellen formell-rechtlich jeweils einen eigenen Regelungskreis dar.[1035] Die nationalen Steuerrechtsordnungen der Vertragsstaaten sind als eigenständiger Rechtskreis davon abzugrenzen.[1036] Als innerstaatliche Rechtsordnungen begründen und konkretisieren sie die ihnen obliegenden Besteuerungsansprüche.[1037] Daneben stehen die Abkommen mit der Absicht, die Ausübung dieser Besteuerungsansprüche zu beschränken.[1038] Bereits die von Grund auf unterschiedlichen Funktionen beider Ebenen rechtfertigen die formale Trennung der Rechtskreise.[1039]

Die Abkommen sind im Gegensatz zu den innerstaatlichen Rechtsordnungen das Ergebnis der Verhandlungen beider Vertragsstaaten zur gemeinsamen Rechtsfolgensetzung.[1040] Eben aus diesem Grund bedienen sie sich auch einer ganz eigenen Begriffssprache mit einem eigenständigen Regelungsinhalt.[1041] Anhand der Tatsache, dass das OECD-MA im Abschnitt II eigene Begriffsbestimmungen normiert, wird die Eigenständigkeit der Begriffssprache nur umso deutlicher.[1042] Indizielle Wirkung entfaltet ebenso der Fakt, dass im OECD-MA

1035 BFH vom 15.01.1971, III R 125/69, BStBl. II 1971, 379; vom 15.06.1973, III R 118/70, BStBl. II 1973, 810; vgl. *Gosch*, ISR 2013, 87; *Wassermeyer* in Wassermeyer, DBA, Art. 3 MA Rz. 71a; *ders.*, StuW 1990, 401 (405); *Schaumburg*, Internationales Steuerrecht3, Rz. 16.51; *Brähler*, Internationales Steuerrecht8, 110; *Debatin*, DStR 1992, Beihefter zu Heft 23, 1 (2); *ders.*, DStZ 1987, 211; *ders.*, BB 1978, 669 (670); *ders.*, AWD 1969, 477 (479).

1036 Vgl. *Schönfeld/Häck* in Schönfeld/Ditz, DBA, Systematik Rz. 78; *Henkel* in Gosch/Kroppen/Grotherr, DBA, Grundlagen Abschn. 4 Rz. 25; *Debatin*, DStR 1992, Beihefter zu Heft 23, 1 (6).

1037 Zu den Finanzverfassungsrechtlichen Grundlagen der Steuerrechtsordnung, vgl. *Seer* in Tipke/Lang, Steuerrecht21, § 2 Rz. 1 ff.; *Tipke*, Die Steuerrechtsordnung, Bd. III2, 1307 ff.; vgl. auch *Waldhoff/Hey*, Finanzautonomie und Finanzverflechtung in gestuften Rechtsordnungen, VVDStRL 2007, 216 (218 ff., 277 ff.); *Henneke*, Öffentliches Finanzwesen – Finanzverfassung2, passim.

1038 Vgl. *Schönfeld/Häck* in Schönfeld/Ditz, DBA, Systematik Rz. 22; *Birk* in Hübschmann/Hepp/Spitaler, AO, § 2 AO Rz. 51; *Drüen* in Tipke/Kruse, AO/FGO, § 2 AO Rz. 27; *Hannes*, Qualifikationskonflikte im Internationalen Steuerrecht, 14.

1039 Vgl. *Debatin*, DB 1985, Beilage Nr. 23, 1 (3).

1040 Vgl. *Debatin*, AWD 1969, 477 (484).

1041 Vgl. *Weber-Fas*, Staatsverträge im internationalen Steuerrecht, 60 ff.; *Debatin*, DB 1985, Beilage Nr. 23, 1 (3, 6); *ders.*, Zur Auslegung von Doppelbesteuerungsabkommen, in Fischer, Festschrift Scherpf, 305 (308); *Widmer*, Probleme des internationalen Steuerrechts, in Hörstmann/Niemann/Rose, StbJb 1976/77, 395 (403).

1042 Vgl. *Debatin*, FR 1979, 493.

14 Einkunftskategorien vorhanden sind, während das deutsche Steuerrecht lediglich 7 Einkunftsarten benennt.[1043]

(b) Autonome Auslegung

Untrennbar mit der Selbstständigkeit der Rechtskreise verbunden ist die autonome Auslegung der Abkommen.[1044] Die Auslegung hat entsprechend – abkommensautonom – weitestgehend aus dem Abkommen selbst zu erfolgen.[1045] Im Rahmen der Abkommensanwendung nehmen die dem Abkommen inhärenten Zusammenhänge entscheidungsprimären Rang ein.[1046] Hinsichtlich der Auslegungsautonomie ist jedoch zwischen der Auslegungsautonomie i.e.S. und jener i.w.S. zu differenzieren.

Die Auslegungsautonomie i.e.S. bezieht sich auf das Abkommen als Ganzes sowie auf das Abkommen als einheitlichen Vertrag. Die Abkommen beanspruchen einen vom innerstaatlichen Verständnis losgelösten Regelungsinhalt und folgen einer eigenen Zielsetzung. Ihnen ist ein eigener Aussagegehalt immanent, den es zur Inhaltskonkretisierung mittels Auslegung darzulegen gilt. Das Abkommen mag ebenfalls zu einem bestimmten Steuerrechtsverhältnis schweigen, weil die Vertragsparteien dieses entweder übersehen haben oder aufgrund erst später eintretender Umstände nicht imstande sein konnten, eine derartige Sachverhaltskonstellation zu bedenken. Entsprechend liegt ein solcher Fall außerhalb des Anwendungsbereiches des Abkommens.[1047] Zwangsläufig führt in derartigen Fällen die Auslegung aus dem Abkommen heraus ins Leere und die innerstaatlichen Besteuerungsansprüche werden entsprechend nicht berührt.

1043 Vgl. *Debatin*, DB 1985, Beilage Nr. 23, 1 (3).

1044 Wenn der Sinn und Zweck einer Regelung den Auslegungsprozess lenkt, ist es umso einleuchtender, dass aufgrund unterschiedlicher Funktionen die Auslegung innerstaatlichen Rechts unter anderen Prämissen durchzuführen ist als die Auslegung von Abkommensrecht.

1045 BFH vom 26.08.2010, I R 53/09, BFH/NV 2011, 135; vom 29.11.2000, I R 84/99, HFR 2001, 1053; vom 08.07.1998, I R 57/97, BStBl. II 1998, 672; vgl. *Henkel* in Gosch/Kroppen/Grotherr, DBA, Grundlagen Abschn. 4 Rz. 45; *Debatin*, Zur Auslegung von Doppelbesteuerungsabkommen, in Fischer, Festschrift Scherpf, 305 (306); *ders.*, FR 1979, 493. Bereits *Spitaler*, Das Doppelbesteuerungsproblem bei den direkten Steuern2, 562, äußerte dazu, dass alles andere Willkür und ein logischer Fehler sei.

1046 Vgl. *Lang*, Interpretation of Double Taxation Conventions, Nationalbericht Österreich, in IFA, CDFI 1993, 197 (207 ff.) m.w.N.; *ders.*, SWI 1996, 427 (427 f.).

1047 Vgl. *Kluge*, RIW/AWD 1975, 90 (95).

Abstrahiert man von der Regelungsebene und rekurriert allein auf die Ebene der Begriffsbestimmungen, bietet sich ein diffizileres Bild. Jenes ist der Auslegungsautonomie i.w.S. zuzuordnen. Aufgrund der allein rahmengebenden Funktion der Doppelbesteuerungsabkommen sind die Ausdrücke zum Teil im Sinne der innerstaatlichen Bedeutung auszulegen.[1048] Entsprechend ist die Auslegungsautonomie von Ausdrücken eine andere. Sie ist nicht so zu verstehen, dass sich die Bedeutung ohne die Hilfe der innerstaatlichen Rechtsordnung aus dem Abkommen erschließt. Vielmehr soll sich die autonome Auslegung von Abkommensbegriffen dadurch auszeichnen, dass das Abkommen bestimmt, wie ein Begriff zu verstehen ist. Gegebenenfalls soll ein Begriff so ausgelegt werden, wie er nach einer nationalen Rechtsordnung verstanden wird. Somit überlässt das Abkommen es nicht dem Zufall oder der Wahl der nationalen Rechtsordnung, welche Bedeutung einem Begriff zukommt.

Die Einflussnahme des nationalen Rechts auf die Begriffsauslegung lässt sich anhand eines Stufenmodells darstellen. Die Bedeutung innerstaatlichen Begriffsverständnisses reicht dabei von „keiner relevanten Einflussnahme" über „eine explizit angeordnete Anwendung innerstaatlicher Inhalte" bis hin zur „gänzlichen Überlassung der innerstaatlichen Rechtsordnung, wie der Ausdruck zu verstehen ist".

1. Stufe: abkommensimmanente Begriffsbestimmung
2. Stufe: definierte Begriffsbestimmung
3. Stufe: bezugnehmende Begriffsbestimmung
4. Stufe: innerstaatliche Begriffsbestimmung

Die erste Stufe betrifft jene Begriffe, deren Inhalt sich aus dem Abkommen erschließen. Diese Begriffe ergeben sich aufgrund abkommensautonomer Auslegung. Auf dieser Stufe ist kein Einfluss des innerstaatlichen Rechts zu verzeichnen.[1049]

1048 So gehen bspw. *Kluge*, Das Internationale Steuerrecht4, R 46; *Vogel* in Vogel/Lehner, DBA, Art. 3 MA Rz. 99, davon aus, dass sich abgesehen von vereinzelten Definitionen und Begriffsbestimmungen innerhalb des Abkommens der Begriffsinhalt seltenst aus dem Abkommen selbst ergibt. Hingegen ist *Lang*, Doppelbesteuerungsbakommen und innerstaatliches Recht, 108 ff., der Auffassung, dass sich alles aus dem Abkommen heraus auslegen lässt.

1049 Beispielhaft können hier Begrifflichkeiten wie Künstler oder Sportler gem. Art. 17 MA angebracht werden, obzwar die abkommensimmanten Begriffsbestimmungen über jene hinausgehen, die keine Entsprechung im innerstaatlichen Steuerrecht haben.

Die zweite Stufe umfasst die Fälle, in denen ein Ausdruck im Abkommen definiert ist. Hierbei ist eine Teildefinition oder eine Auslegung durch Umkehrschluss ausreichend.[1050] Der Betriebsstättenbegriff ist hierfür ein illustratives Beispiel. Wiewohl die Definitionen präzise erscheinen, mangelt es ihnen an Suffizienz.[1051] Die Rechtssprache der Abkommen muss schließlich dem Verständnis unterschiedlicher Vertragsstaaten gerecht werden. Zudem zeichnet sich die Terminologie der Abkommen nicht durch eine derartige Feingliedrigkeit und Abgestimmtheit aus, wie man es durch stetige Rechtsfortbildung im innerstaatlichen Recht erwarten kann. Aus diesem Grund kann keine Eineindeutigkeit der Ausdrücke gewährleistet werden. Trotz Abkommensdefinition verbleibt ein Rest an Auslegungsbedürftigkeit. Die Auslegung kann in diesem Fall weitestgehend aus dem Abkommen heraus erfolgen mit geringstmöglichem Einfluss des innerstaatlichen Rechts. Dieser bestünde nur dann, wenn die Definition selbst zu ihrer Konkretisierung innerstaatliche Begrifflichkeiten enthalten würde. Der Weg der Abkommensauslegung wird dem Rechtsanwender auf dieser Stufe weitestgehend vorgegeben.

Die dritte Stufe bezieht sich auf diejenige Fallgruppe, in welcher das Abkommen auf das innerstaatliche Recht Bezug nimmt. Unter Bezugnahmen sind die ausdrücklichen Definitionsverweisungen auf die innerstaatlichen Rechtsordnungen zu verstehen. Jene verweisen ausdrücklich auf die Begriffsdefinition des Quellenstaates, wie es in Art. 6 MA für unbewegliches Vermögen der Fall ist.[1052] Es besteht hierin eine Verbindlichkeit für beide Vertragsstaaten. Der Unterschied zu den definierten Begriffsbestimmungen liegt lediglich in der Verortung im nationalen Recht statt eigens im Abkommen.[1053] Das Abkommen macht sich durch die Bezugnahme innerstaatliche Begriffe zu eigen und wandelt sie zu abkommensrechtlichen Begriffen. Ähnlich fungieren die Ergänzungsdefinitionen, die jedoch die selbstständige Abkommensdefinition[1054] durch deren innerstaatliche Bedeutung vervollkommnen, so etwa Art. 10 Abs. 3 MA.[1055] Die Auslegung wird insoweit durch das Abkommen kontrolliert, wie eine bewusste Anweisung zur Anwendung des innerstaatlichen Verständnisses

1050 Vgl. *Wassermeyer* in Wassermeyer, DBA, Art. 3 MA Rz. 82.

1051 Demgemäß ist auch von einer allein rahmengebenden Funktion die Rede, vgl. *Schönfeld/Häck* in Schönfeld/Ditz, DBA, Systematik Rz. 81.

1052 Vgl. *Schönfeld/Häck* in Schönfeld/Ditz, DBA, Systematik Rz. 82.

1053 Vgl. *Debatin*, DB 1985, Beilage Nr. 23, 1 (5).

1054 Somit sind diese (Teil-)Definitionen auch den definierten Begriffsbestimmungen zuzuordnen, vgl. *Schönfeld/Häck* in Schönfeld/Ditz, DBA, Systematik Rz. 82.

1055 Vgl. *Debatin*, DB 1985, Beilage Nr. 23, 1 (5).

für diesen speziellen Ausdruck erfolgt. Das Abkommen regelt für den Anwender auch hier klar die Vorgehensweise der Auslegung.

Die vierte Stufe erfasst die Fälle, i) in denen das Abkommen Ausdrücke verwendet, die nicht im Abkommen definiert sind, ii) in denen das Abkommen zur Begriffsklärung nicht ausdrücklich eine Bezugnahme auf innerstaatliches Recht anordnet und iii) in denen sich keine Anhaltspunkte zur Auslegung aus dem Abkommen ergeben. Diesbezüglich hat ein Rückgriff[1056] auf innerstaatliches Recht zu erfolgen (Art. 3 Abs. 2 MA). Im Gegensatz zur Bezugnahme weist das Abkommen nicht an, dass das nationale Recht für genau diesen Begriff zur Anwendung kommen soll. Vielmehr verweist es ganz pauschal auf das nationale Recht und gibt somit die Kontrolle über das Begriffsverständnis an die innerstaatlichen Rechtsordnungen ab. Die Verweisung betrifft insbesondere nicht definierte Ausdrücke, die der Gesetzgeber jedoch für gewöhnlich im nationalen Recht zu definieren pflegt (*termini technici*) bzw. solche, die den originären Regelungsbereich des innerstaatlichen Rechts betreffen (Steuersubjekt, Einkünfteermittlung, etc.). *Wassermeyer*[1057] spricht sich in diesem Zusammenhang für die Vermutung aus, dass hier eine allgemeine bzw. stillschweigende Verweisung auf nationales Recht stattfindet. Immerhin geht die Autonomie der Abkommensauslegung jedoch soweit, dass ggf. eine ausdrückliche Definition oder Bezugnahme im Abkommen hätte erfolgen können, hier jedoch die Anwendung des innerstaatlichen Rechts präferiert wird.

(c) Verweisung auf innerstaatliches Recht

i. Allgemeine und spezielle Abkommensauslegungsregelungen

In Bezug auf die Einflussnahme innerstaatlichen Rechts auf die Abkommensauslegung ist auf zwei verschiedene Regelungsgruppen hinzuweisen: Eine Gruppe wird dabei durch die allgemeine Verweisung gem. Art. 3 Abs. 2 MA gebildet. Die andere Gruppe besteht aus den speziellen Abkommensregelungen, die ein innerstaatliches Verständnis für einen spezifischen Begriff anordnen (Definitionsverweis).

ii. Das Reihenfolgeproblem

Der Rückgriff auf innerstaatliches Recht steht aufgrund der Formulierung „wenn der Zusammenhang nichts anderes erfordert" in Art. 3 Abs. 2 MA unter

---

1056 Der Rückgriff soll kategorisch von der Bezugnahme unterschieden werden.
1057 *Wassermeyer* in Wassermeyer, DBA, Art. 3 MA Rz. 82.

einem Zusammenhangsvorbehalt. Der Ausdruck lässt gleichwohl einen weiten Auslegungsspielraum zu.[1058] So bezieht sich die Hauptkontroverse darauf, ob primär das innerstaatliche Recht zur Anwendung kommt oder erst an dem Punkt auf innerstaatliches Verständnis abzustellen ist, wenn keine Auslegung aus dem Abkommen für möglich gehalten wird.[1059] Demgemäß besteht im Wesentlichen ein Reihenfolgeproblem und einhergehend ein grundlegender Meinungsstreit darüber, ob der landesrechtlichen oder der völkerrechtlichen Abkommensauslegung der Vorrang einzuräumen ist.[1060] Gegenüber stehen sich bekannte Vertreter wie *Ottmar Bühler*[1061], *Klaus Vogel*[1062] und *John Avery Jones*[1063] auf der einen Seite und *Helmut Debatin*[1064], *Jörg Manfred Mössner*[1065] und *Michael Lang*[1066] auf der anderen Seite. *Franz Wassermeyer*[1067] spricht sich für einen Mittelweg aus. Im Grundsatz bezieht sich der Theorienstreit auf die Stellung des

1058 Nach *Kluge*, Internationales Steuerrecht4, R 55, lässt der Vorschriftenwortlaut die notwendige Klarheit vermissen. *Mössner*, Zur Auslegung von Doppelbesteuerungsabkommen, in Böckstiegel/Folz/Mössner/Zemanek, Festschrift Seidl-Hohenveldern, 403 (403 ff.), bezeichnet die Regelung als „unpräzise".

1059 Zu einer überblicksartigen Darstellung der unterschiedlichen Ansichten, vgl. *Mössner*, Zur Auslegung von Doppelbesteuerungsabkommen, in Böckstiegel/Folz/Mössner/Zemanek, Festschrift Seidl-Hohenveldern, 403 (420 ff.); *Kerath*, Maßstäbe zur Auslegung und Anwendung von Doppelbesteuerungsabkommen unter besonderer Berücksichtigung des Verständigungsverfahrens, 187 ff.

1060 Vgl. *Riemenschneider*, Abkommensberechtigung von Personengesellschaften und abkommensrechtliche Behandlung der Einkünfte aus Beteiligungen inländischer Gesellschafter an ausländischen Personengesellschaften, 33 ff. Zur Gegenüberstellung der landesrechtlichen und der völkerrechtlichen Theorie siehe *Brähler*, Deutsche Direktinvestitionen in den USA, 211 ff.

1061 *Bühler*, Prinzipien des Internationalen Steuerrechts, 59 ff.

1062 *Vogel* in Vogel/Lehner, DBA, Art. 3 MA Rz. 119 f.

1063 *Avery Jones*, Interpretation of Double Taxation Conventions, Nationalbericht Großbritannien, in IFA, CDFI 1993, 597 (607 ff.).

1064 *Debatin*, RIW 1969, 477 (479); *ders.*, DStR 1992, Beihefter zu Heft 23, 1 (5); *ders.*, DB 1985, Beilage Nr. 23, 1 (6); *ders.*, Zur Auslegung von Doppelbesteuerungsabkommen, in Fischer, Festschrift Scherpf, 305 (311).

1065 *Mössner*, Zur Auslegung von Doppelbesteuerungsabkommen, in Böckstiegel/Folz/Mössner/Zemanek, Festschrift Seidl-Hohenveldern; 403 (403 ff.).

1066 *Lang*, Doppelbesteuerungsabkommen und innerstaatliches Recht, 108; *ders.*, Die Bedeutung des originär innerstaatlichen Rechts für die Auslegung von Doppelbesteuerungsabkommen (Art. 3 Abs. 2 OECD-Musterabkommen), in Burmester/Endres, Festschrift Debatin, 283; *ders.*, Die Auslegung von Doppelbesteuerungsabkommen in der Rechtsprechung des Bundesfinanzhofs, in Lang/Mössner/Waldburger, Die Auslegung von Doppelbesteuerungsabkommen in der Rechtsprechung der Höchstgerichte Deutschlands, der Schweiz und Österreichs, 19 (19 ff.).

1067 *Wassermeyer* in Wassermeyer, DBA, Art. 3 MA Rz. 82.

innerstaatlichen Rechts in der Auslegungsreihenfolge von Abkommensausdrücken.

Die Vertreter der völkerrechtsorientierten Auslegung befürworten eine subsidiäre Anwendung der innerstaatlichen Rechtsordnung.[1068] Vorrangig gelangt demnach der im Abkommen definierte Ausdruck zur Anwendung. Findet sich keine Begriffsbestimmung, so hat die Auslegung aus dem Abkommen heraus zu erfolgen. Erst wenn sich hieraus kein Ergebnis ableiten lässt, soll ein Rückgriff auf innerstaatliches Recht erfolgen.[1069] Der Auslegungsrückgriff wird damit erst in den Fällen aktiviert, in denen anderweitig eine Abkommensanwendung ausgeschlossen wäre und aufgrund dessen eine Non-Liquet-Lage[1070] eintreten würde. Bevor es zu einer derart gelagerten Situation kommt, soll ein Rückgriff auf innerstaatliches Recht als äußerstes Mittel (*ultima ratio*) zulässig sein.[1071] Solange demgemäß eine vertragsimmanente Auslegung möglich ist, also eine Auslegung aus dem Zusammenspiel der Elemente Wortlaut, Systematik, Gegenstand und Zweck, erfordert der Zusammenhang auch etwas anderes.[1072] Folglich ist in diesen Fällen keine Anwendung des innerstaatlichen Rechts zu erwägen.[1073] Nach der völkerrechtlichen Theorie sind die Begriffsbestimmungen des innerstaatlichen Rechts damit auslegungssubsidiär.

Die Verfechter der landesrechtlichen Theorie sprechen sich demgegenüber für eine vorrangige Auslegung der Abkommensbegriffe nach innerstaatlichem

1068 Vgl. hierzu *Flick*, Zur Auslegung von Normen des internationalen Steuerrechts, in Felix, Von der Auslegung und Anwendung der Steuergesetze, 151 (163); *Lang*, Einführung in das Recht der Doppelbesteuerungsabkommen2, 61; *Debatin*, DB 1985, Beilage Nr. 23, 1 (7); *ders.*, DStR 1992, Beihefter zu Heft 23, 1 (5 ff.); *Gloria*, Das steuerliche Verständigungsverfahren und das Recht auf diplomatischen Schutz, 93; *Klebau*, RIW 1985, 125 (126 f.).

1069 Zur Darstellung der Reihenfolge vgl. *Brähler*, Deutsche Direktinvestitionen in den USA, 210.

1070 Zur Begriffsverwendung des sog. „Non liquet" siehe *Debatin*, DB 1985, Beilage Nr. 23, 1 (7); *Kerath*, Maßstäbe zur Auslegung und Anwendung von Doppelbesteuerungsabkommen unter besonderer Berücksichtigung des Verständigungsverfahrens, 191 ff.

1071 Vgl. *Debatin*, RIW 1969, 477 (479); *ders.*, DStR 1992, Beihefter zu Heft 23, 1 (5); *ders.*, DB 1985, Beilage Nr. 23, 1 (6); *ders.* Zur Auslegung von Doppelbesteuerungsabkommen, in Fischer, Festschrift Scherpf, 305 (311).

1072 Vgl. *Debatin*, DStR 1992, Beihefter zu Heft 23, 1 (6); *Gloria*, Das steuerliche Verständigungsverfahren und das Recht auf diplomatischen Schutz, 93.

1073 Vgl. *Aigner/Züger*, Die Lösung des OECD-Steuerausschusses für Qualifikationskonflikte bei Personengesellschaften, in Gassner/Lang/Lechner, Personengesellschaften im Recht der Doppelbesteuerungsabkommen, 52.

Recht aus.[1074] Dieses Vorrangverhältnis ergibt sich aus der Auslegung des Teilsatzes „wenn der Zusammenhang nichts anderes erfordert". Ob der Zusammenhang tatsächlich eine abweichende Bedeutung verlangt, kann aus systematischen Überlegungen heraus nur im Rahmen einer Gegenüberstellung der verschiedenen Wortbedeutungen erfolgen.[1075] Mithin muss die Begriffsbedeutung nach innerstaatlichem Recht bekannt sein bzw. erst geprüft werden, um eine Vergleichbarkeit überhaupt herstellen zu können. Überdies wird dem Wort „erfordern" eine starke Bedeutung beigemessen. Die Bedeutung aus dem Abkommenszusammenhang muss von derart überragendem Gewicht sein, dass für keine andere Begriffsbedeutung Raum verbleibt.[1076] Aus diesen Überlegungen ergibt sich die Reihenfolge,[1077] dass zuvorderst auf Definitionen des Abkommens zurückgegriffen wird. Anschließend wird geprüft, ob nach innerstaatlichem Recht dem Ausdruck eine bestimmte Bedeutung zukommt. Ist an dem, muss entschieden werden, ob sich aus dem Abkommen ein Erfordernis ableiten lässt, eine andere Wortbedeutung anzuwenden. Hingegen finden die allgemeinen Auslegungsgrundsätze Anwendung, wenn sich aus dem innerstaatlichen Steuerrecht keine eindeutige Begriffsbestimmung ergibt.[1078]

(d) Erklärungsansatz

Die Vorstellung über einen eigenen Regelungskreis verstellt den Blick dafür, dass es sich bei den Doppelbesteuerungsabkommen nicht um einen vollends in sich geschlossenen Regelungskreis handeln kann. Eine Vollständigkeit geben die Doppelbesteuerungsabkommen auch gar nicht vor. Demnach tragen sie die ihnen inhärenten Lücken sogar ganz offensichtlich zur Schau.[1079] Das Doppel-

---

1074 So lässt sich nach *Vogel* in Vogel/Lehner, DBA, Art. 3 MA Rz. 119, aus Art. 3 Abs. 2 MA kein systematischer Vorrang ableiten. So auch *Wassermeyer*, Die Auslegung völkerrechtlicher Verträge – Haltung des BFH –, in Vogel, Doppelbesteuerungsabkommen und nationales Recht, 19 (19 ff.); *ders.*, StuW 1990, 404 (409 f.); *Henkel* in Gosch/Kroppen/Grotherr, DBA, Grundlagen Abschn. 4 Rz. 60. Zur Reihenfolge vgl. *Brähler*, Deutsche Direktinvestitionen in den USA, 210.

1075 *Vogel* in Vogel/Lehner, DBA, Art. 3 MA Rz. 120, spricht in diesem Zusammenhang von einer Wechselbezüglichkeit, dem zustimmend *Mössner*, Zur Auslegung von Doppelbesteuerungsabkommen, in Böckstiegel/Folz/Mössner/Zemanek, Festschrift Seidl-Hohenveldern, 403 (426).

1076 Vgl. *Vogel* in Vogel/Lehner, DBA, Art. 3 MA Rz. 120; *Avery Jones*, BTR 1984, 108; *Kluge*, Das Internationale Steuerrecht4, R 56 ff.

1077 Zur Prüfreihenfolge *Vogel* in Vogel/Lehner, DBA, Art. 3 MA Rz. 122.

1078 Vgl. *Vogel*, StuW 1982, 286 (297); *ders.* in Vogel/Lehner, DBA, Art. 3 MA Rz. 117; *Kluge*, Das Internationale Steuerrecht4, R 57.

1079 Vgl. *Pöllath*, Die Auslegung völkerrechtlicher Verträge aus der Sicht der Steuerpra-

besteuerungsabkommen ist allein nicht überlebensfähig, vielmehr lebt es durch die funktionale Wechselbeziehung zu den innerstaatlichen Rechtsordnungen.[1080] Eine eigene Steuerrechtsordnung auf bilateraler Ebene würde jeglicher Praktikabilität entbehren. Das Landesrecht übernimmt bewusst die Funktion der Ausgestaltung und Begründung von Besteuerungsansprüchen. Demgemäß erfolgt die materiellrechtliche Ausgestaltung auf Ebene des innerstaatlichen Rechts. Dies ergibt sich aus der Schrankenfunktion des DBA. Das DBA beschränkt lediglich die Rechte, die bereits im nationalen Recht dem Grunde und der Höhe nach entstanden sind. Mit anderen Worten: Das DBA nimmt zur Konkretisierung seines Anwendungsgegenstandes Bezug auf das Recht, das es beschränkt.[1081]

Die Eigenständigkeit der Begriffssprache ist damit lediglich insoweit gegeben, wie es für die Abkommensaussage notwendig ist. Gleichwohl müssen die Rechtsdispositionen der Abkommensbestimmungen ihren Anwendungsgegenstand benennen.[1082] Indem das Abkommen den Steuerpflichttatbestand bezeichnet, um seine Aussage artikulieren zu können, wird dieser noch nicht Bestandteil der Normdisposition.[1083] Die hierdurch bezeichneten Begriffe sind eben keine Abkommensbegriffe. Für die Bereiche, die nicht den Regelungsgegenstand der Abkommen umfassen, wie die persönliche Steuerpflicht, die Einkünfteermittlung und –zurechnung, kommt somit grundsätzlich das innerstaatliche Begriffsverständnis zur Anwendung.[1084] Es muss stets vor dem Hin-

xis, in Vogel, Doppelbesteuerungsabkommen und nationales Recht, 28 (29).

1080 Vgl. *Wassermeyer* in Wassermeyer, DBA, Art. 3 MA Rz. 71a.

1081 Vgl. *Hannes,* Qualifikationskonflikte im Internationalen Steuerrecht, 45.

1082 Vgl. *Debatin,* DB 1985, Beilage Nr. 23, 1 (4).

1083 Vgl. *Debatin,* DB 1985, Beilage Nr. 23, 1 (4).

1084 *Wassermeyer* in Wassermeyer, DBA, Art. 3 MA Rz. 82, weist in diesem Zusammenhang jedoch auch auf Ausnahmen hin. So wird im Ansatz sogar die Bemessungsgrundlage geregelt, wenn in Art. 10 MA bspw. von „Bruttobetrag" der Dividenden die Rede ist. Es wird jedoch vertreten, dass sich für diese Bereiche bereits aus dem Abkommenszusammenhang eine Anwendung innerstaatlichen Rechts ergibt, sodass es gar nicht mehr zum Rückgriff gem. Art. 3 Abs. 2 MA kommt, vgl. *Henkel* in Gosch/Kroppen/Grotherr, Grundlagen Abschn. 4 Rz. 56; *Schönfeld/Häck* in Schönfeld/Ditz, DBA, Systematik Rz. 84; *Lang,* IWB 2011, 281 (289 f.). Dem ist entgegenzuhalten, dass in diesem Fall der Zusammenhang eben gerade nichts anderes als den Rückgriff auf innerstaatliches Recht erfordert. Somit ist hierin ein Fall für den Rückgriff und nicht für den Vorbehalt zu sehen. Wenn argumentiert wird, dass die nicht zum Regeglungsgegenstand gehördenden Begriffe auch nicht durch Abkommen geregelt werden können und somit kein Fall des Art. 3 Abs. 2 MA vorliegt, ist dem entgegenzuhalten, dass Art. 3 Abs. 2 MA gerade die Schnittstellenregelung ist, die den Umstand der Unvollkommenheit würdigt.

tergrund der unvollkommen ausgestalteten Abkommen eine Differenzierung der in den Abkommensbestimmungen verwendeten Begrifflichkeiten vorgenommen werden. In diesem Zusammenhang besteht die Möglichkeit, dass Begrifflichkeiten verwendet werden, die im Vergleich zum innerstaatlichen Recht entweder inhaltsgleich sind oder aber in ihrer Bedeutung variieren. Eine inhaltsgleiche Verwendung kann aufgrund eines allgemeinen Sprachgebrauchs gegeben oder beabsichtigt sein, um hierdurch stillschweigend auf innerstaatliches Recht Bezug zu nehmen.[1085] In diesen Fällen ist von einer Begriffsidentität auszugehen. Entgegen dieser Auffassung wird in der Literatur vertreten, dass auch in derartigen Fällen lediglich von einer Begriffsparallelität zu sprechen ist, da aufgrund des autonomen Rechtskreises die gesamte Begriffssprache eigenständig ist und damit formal zwei verschiedene Begriffe bestehen.[1086] Nichtsdestotrotz wird hierbei verkannt, dass die Abkommen unvollkommen sind. Die Unvollkommenheit der Abkommen hat unwillkürlich zur Folge, dass sich der Begriffsbestimmungen des innerstaatlichen Rechts bedient werden muss.

In Bezug auf den Dissens zwischen völkerrechtlicher und landesrechtlicher Theorie ist demnach ein vermittelnder Weg einzuschlagen.[1087] Aufgrund der Tatsache, dass auch Art. 3 Abs. 2 MA gem. Art. 31 WÜRV im Lichte des Vertragssinn und -zwecks auszulegen ist[1088], ist eine Auslegung, die begünstigend im Hinblick auf eine uneinheitliche Abkommensanwendung wirkt, abzulehnen.[1089]

So entfaltet Art. 3 Abs. 2 MA grundsätzlich erst seine Wirkung, wenn keine Definition, kein Definitionsverweis sowie ein Begriff, der im innerstaatlichen Recht Verwendung findet, vorhanden ist. An dieser Stelle ist zu entscheiden, ob es sich um einen abkommensrechtlichen oder einen innerstaatlichen Begriff handelt. Diese Entscheidung ist jedoch simultan vorzunehmen. Sollte ein im

---

1085 Vgl. *Wassermeyer* in Wassermeyer, DBA, Art. 3 MA Rz. 71a.

1086 Hierzu *Debatin*, DB 1985, Beilage Nr. 23, 1 (6); *Kluge*, Das Internationale Steuerrecht4, R 30.

1087 Auch *Wassermeyer* in Wassermeyer, DBA Art. 3 MA Rz. 82, vertritt einen derartigen „Mittelweg".

1088 Der Normgehalt des Art. 3 Abs. 2 MA ist durch die allgemeinen völkerrechtlichen Auslegungsgrundsätze des Art. 31 ff. WÜRV zu ermitteln, vgl. *Vogel* in Vogel/Lehner, DBA, Art. 3 MA Rz. 120; *Gloria*, das steuerliche Verständigungsverfahren und das Recht auf diplomatischen Schutz, 97; *Riemenschneider*, Abkommensberechtigung von Personengesellschaften und abkommensrechtliche Behandlung der Einkünfte aus Beteiligungen inländischer Gesellschafter an ausländischen Personengesellschaften, 38; *Engelen*, Interpretation of Tax Treaties under International Law, 477 ff.; *Klebau*, RIW 1985, 125 (127).

1089 Vgl. *Schönfeld/Häck* in Schönfeld/Ditz, DBA, Systematik Rz. 84.

Abkommen nicht definierter Begriff auch im innerstaatlichen Recht Verwendung finden, ist abzuwägen, ob sich zur Ausgestaltung der Abkommensaussage eines Begriffs bedient wurde, der einen originär durch innerstaatliches Recht zu bestimmenden Regelungsbereich tangiert.[1090]

Es liegt nahe, dass für Ausdrücke des alltäglichen Sprachgebrauchs bzw. für solche, die sich im Rahmen einer internationalen Steuersprache i.S.d. Art. 31 WÜRV etabliert haben, ihr gewöhnliches Verständnis zugrunde zu legen ist, anstatt auf ein etwaiges Verständnis nach innerstaatlichem Recht abzustellen.[1091] Dies würde andernfalls eine inkongruente Anwendung begünstigen und somit gegen das abkommensimmanente Telos wirken.

Es kann sich somit keine Reihenfolge der Prüfung zwischen innerstaatlichen Begriffen oder abkommensrechtlichen Begriffen ergeben. Diese stehen auf einer Stufe. Ihre Zuordnung zur Normdisposition ist vielmehr entscheidend. Eine Anwendung als „letztes Mittel", wie es die völkerrechtliche Theorie vorsieht, kommt damit nicht infrage. Schließlich brauchen die Abkommensbestimmungen die innerstaatlichen Begriffe genauso wie die Abkommensbegriffe, um ihre Abkommensaussage zu formulieren.

Gleichwohl wird ebenso wenig zuerst auf die innerstaatliche Bedeutung geschaut, wie es nach der landesrechtlichen Theorie angedacht ist.

Zusammenfassend ist in Bezug auf die Bedeutung des innerstaatlichen Rechts im Auslegungsprozess zwischen der Ebene des Abkommens als Gesamtheit und der Begriffsebene zu differenzieren. Im ersteren Fall ist den innerstaatlichen Rechtsordnungen keine Bedeutung beizumessen. Auf der Ebene der Begriffsbestimmungen lässt sich die Bedeutung der auf innerstaatliches Recht verweisenden Abkommensauslegungsnormen am schlüssigsten über den unvollständigen Charakter der Doppelbesteuerungsabkommen verdeutlichen. So sind diese bewusst nicht als allumspannende Rechtsordnungen ausgestaltet. Bedient man sich nun geläufiger Ausdrücke des innerstaatlichen Rechts, bringt das für den Rechtsanwender vielfältige Vorteile mit sich. Einerseits kann so ein sicherer Umgang mit den Begrifflichkeiten erfolgen. Andererseits kranken die Abkommen nicht an Unübersichtlichkeit, wie es durch Definitionsüber-

1090 Dies betrifft bspw. das Steuersubjekt und die einhergehende Zurechnung der Einkünfte.

1091 Nach *Pohl* in Schönfeld/Ditz, DBA, Art. 3 MA Rz. 78, ist in solchen Fällen die Verwendung des gewöhnlichen Sprachgebrauchs möglich, wodurch dem innerstaatlichen Verständnis gem. Art. 3 Abs. 2 MA keine eigenständige Bedeutung zukäme. Nach der hier vertretenen Auffassung ist die gewöhnliche Bedeutung nicht nur „möglich", sondern vielmehr geboten.

frachtung der Fall wäre.[1092] Folglich steht so die wesentliche Abkommensaussage im Vordergrund. Die konkrete Verweisung auf innerstaatliches Recht im Fall der speziellen Abkommensauslegungsregelungen führt damit keineswegs zu einer uneinheitlichen Abkommensanwendung. Durch sie wird die Frage über das Verständnis eines Begriffes sogar eindeutig festgelegt. Im Ergebnis schwindet das Konfliktpotential, welches einer divergierenden Auslegung innewohnt, da eben beide Abkommenspartner auf dasselbe Verständnis derselben Rechtsordnung abstellen und gerade nicht auf das Verständnis der jeweils eigenen Rechtsordnung.

Vor diesem Hintergrund darf auch die allgemeine Abkommensauslegungsregel (Art. 3 Abs. 2 MA) nicht missverstanden werden. Sie dient allein der Ausformulierung der Abkommensaussage, ist jedoch gleichzeitig nicht Bestandteil der Normdisposition. Eine fehlende Begriffsbestimmung sollte nicht zu einem voreiligen Rückgriff auf innerstaatliches Recht führen. Ein konkreter Definitionsverweis, wie es auf Basis der speziellen Abkommensauslegungsregelungen geschieht, wäre andernfalls obsolet. Ferner bestünde auch durch Rückgriff keine Garantie eines Ergebniserfolgs, da aufgrund der eigenständigen Begriffssprache nicht zwingend im innerstaatlichen Recht ein Pendant zu finden ist.[1093] Im Fall fehlender Begriffsbestimmung oder einer unbestimmten Rechtssprache muss der Ausdruck im Lichte des Sinn und Zwecks des Abkommens interpretiert werden. Das innerstaatliche Verständnis bleibt damit allein den nationalen Begriffen vorbehalten, die sich im sog. Objekttatbestand widerspiegeln.

Die Gefahr, die von einer Bezugnahme auf innerstaatliches Recht ausgeht, darf somit nicht in der Einflussnahme des innerstaatlichen Rechts auf die Auslegung gesehen werden, denn die dynamische Verweisung wurde durch die Vertragsparteien ausdrücklich vereinbart. Die Anwendung des innerstaatlichen Rechts, die im Ergebnis zu einer uneinheitlichen Abkommensauslegung führt, ist indes nicht vom Willen der Vertragsparteien gedeckt.

(6) Ergänzende Auslegung

In der Regel kommt dem Abkommenswortlaut die Funktion zu, die Rahmengrenze der Auslegungsalternativen zu konturieren.[1094] Folglich wirken die

1092 Vgl. *Vogel/Prokisch*, Interpretation of Double Taxation Conventions, Generalbericht, in IFA, CDFI 1993, 19 (44).

1093 Dies gilt bspw. im Fall von Lizenzgebühren, die in der Terminologie des innerstaatlichen Rechts nicht zu finden sind.

1094 Vgl. *Wassermeyer* in Wassermeyer, DBA, Art. 3 MA Rz. 78; *Matteotti*, Intertax 2005, 336 (338).

Maßstäbe des Zusammenhangs sowie des Zwecks allein konkretisierend auf die möglichen Auslegungsvarianten, die anhand der Identifikationsfunktion des Wortlauts zutage gefördert wurden. Uneinigkeit herrscht demgegenüber in Bezug auf Ausnahmefälle, in denen Lücken *praeter legem* im Rahmen der Analogie, der teleologischen Extension oder Reduktion geschlossen werden sollen.[1095] Mithin bestünde die Möglichkeit, die Bandbreite der Auslegungsvarianten über die Wortlautgrenzen hinaus, jedoch innerhalb der teleologischen Auslegung, zu erweitern oder zu reduzieren.[1096]

Einerseits wird eine ergänzende Auslegung von Abkommen abgelehnt: Das Schweigen des Abkommens habe seine Ursache darin, dass die Vertragspartner entweder die Frage übersehen haben oder aufgrund erst später eintretender Umstände zum Zeitpunkt des Vertragsabschluss überhaupt nicht regeln konnten. Die in Rede stehende Sachverhaltsproblematik – so die Argumentation – befindet sich damit außerhalb des Anwendungsbereichs des Abkommens.[1097] Ein probates Mittel würde in dieser Situation lediglich in einer Vertragsänderung bestehen. Zudem würde auch nur der Rechtssicherheit Rechnung getragen werden, wenn lediglich jener Inhalt zur Anwendung gelangt, der im Abkommen auch seinen Niederschlag gefunden hat. Der Argumentation zum Trotz sprechen sich gleichwohl namhafte Vertreter[1098] im Schrifttum für eine ergänzende Auslegung aus, wie sie auch im innerstaatlichen Recht zur Anwendung gelangt.[1099] Dabei wird jedoch relativierend hinzugefügt, dass sich

---

1095 Hierbei ist anzumerken, dass es sich als Voraussetzung um planwidrige Lücken handelt und nicht solche, deren Regelungsunvollständigkeit auf einer bewussten Wertung der Vertragspartner beruhen. Infrage steht in diesem Zusammenhang auch nur, ob eine gesetzesimmanente Rechtsfortbildung zu rechtfertigen ist. Eine Auslegung *contra legem*, um durch eine Korrektur einen Fehler der Vertragspartner auszugleichen, scheidet kategorisch aus.

1096 Zur Rechtsfortbildung *praeter legem*, die im Rahmen der klassischen Methodenlehre als gesetzesimmanente Rechtsfortbildung gesehen wird, *Melin*, Gesetzesauslegung in den USA und in Deutschland, 286 ff.

1097 Vgl. *Kluge*, RIW/AWD 1975, 90 (95).

1098 Vgl. *Wassermeyer* in Wassermeyer, DBA, Art. 3 MA Rz. 78. *Gosch*, Auslegung von DBA in der deutschen Rechtspraxis, in Lüdicke, Vermeidung der Doppelbesteuerung und ihre Grenzen, 1 (3), spricht sich für einen „behutsamen Gebrauch" aus, mit Verweis auf BFH vom 27.10.2011, I R 26/11, BStBl. II 2012, 457.

1099 Der BFH bedient sich im Rahmen seiner Entscheidungen auch der ergänzenden Auslegung, siehe BFH vom 14.03.2011, I R 23/10, BFHE 233, 385; vom 05.03.2008, I R 54/07, 55/07, BFH/NV 2008, 1487. Der BFH argumentiert, dass sich die Vertragsstaaten im Zweifel gleich weitreichende Rechte zugestehen wollten und aus dieser Überlegung auch eine ergänzende Auslegung zu rechtfertigen ist.

die ergänzende Auslegung losgelöst von nationalrechtlichen Prinzipien in abkommensrechtlichen Vorgaben widerspiegeln muss.[1100]

Eine Rechtfertigung zur ergänzenden Auslegung der Abkommen lässt sich zumindest nicht über ein maßgebliches Interesse der Völkergemeinschaft an einem besonders schützenswerten Rechtsgut begründen,[1101] da es den Abkommen vordergründig obliegt, wirtschaftspolitische Interessen zu verfolgen.[1102]

Aufgrund der Tatsache, dass die Regelungen der Abkommen eine unmittelbare Wirkung auf das innerstaatliche Recht begründen und somit den Steuerpflichtigen unmittelbar betreffen, dient der Wortlaut zum einen dazu, dass der Einzelne auf den Regelungsinhalt vertrauen kann (Garantiefunktion) und zum anderen, dass er gegenüber eines weitergehenden Zugriffes durch den Vertragsstaat geschützt ist (Schutzfunktion). Mit Blick auf die verfassungsrechtlich gesicherte Vertrauensschutzfunktion des Einzelnen gegenüber dem Gesetzeswortlaut unterscheidet sich das Abkommen demnach nicht von den innerstaatlichen Gesetzen.[1103] So gilt gerade für das Rechtsgebiet des Steuerrechts als Eingriffsrecht, dass der Wortlaut die Maßgeblichkeit gebietet. Jedoch besteht auch für dieses Rechtsgebiet die Möglichkeit der ergänzenden Auslegung zumindest in engen Grenzen. Aus diesem Blickwinkel erscheint es auch für die Doppelbesteuerungsabkommen nicht angezeigt, die ergänzende Auslegung einer rigorosen Untersagung zu unterwerfen.

Auch die Verpflichtungen auf Völkerrechtsebene stehen einer ergänzenden Auslegung nicht entgegen, da sie gerade im Zeichen einer vordergründigen Zielverfolgung beidseitigen Interessen entspricht.

(7) Systemkonforme Auslegung

Abstrahiert von der Ergründung des objektivierten Parteiwillens ist bei der Entscheidung über das Auslegungsergebnis die Interaktion mit anderen Rechtsebenen nicht zu vernachlässigen. So sind Völkerrecht, Europarecht, Verfassungsrecht und einfaches Recht *a priori* nicht aufeinander abgestimmt.[1104]

1100 Vgl. *Gosch*, Auslegung von DBA in der deutschen Rechtspraxis, in Lüdicke, Vermeidung der Doppelbesteuerung und ihre Grenzen, 1 (3).

1101 Das BVerfG hatte mit Urteil vom 12.12.2000, 2 BvR 1290/99, NJW 2001, 1848, in einem begründeten Ausnahmefall darüber befunden, dass der teleologischen Auslegung über die Wortlautgrenzen hinaus Bedeutung zukommt, da es hierbei als besonders schützenswertes Rechtsgut darum ging, die lückenlose Verhütung und Bestrafung des Völkermordes sicherzustellen.

1102 Vgl. *Lampert*, Doppelbesteuerungsrecht und Lastengleichheit, 64.

1103 Hierzu *Bleckmann*, Völkerrecht, Rz. 347.

1104 Vgl. *Röben*, Außenverfassungsrecht, 207. Näher zum Rangverhältnis zwischen Euro-

Im Rahmen der Rechtsanwendung bedarf es entsprechend einer Vereinbarkeitsprüfung mit höherrangigem Recht.[1105] Die systemkonforme Auslegung hat sich folglich dem Leitgedanken einer harmonisierenden Auslegung der Rechtsebenen verschrieben.[1106] Voraussetzung hierfür ist stets eine bestehende Mehrdeutigkeit der auszulegenden Regelung, um aus jenen auf erster Stufe anhand der Auslegungsgrundsätze gefundenen mehreren möglichen Auslegungsergebnissen auf zweiter Stufe die systemkonforme Alternative wählen zu können.[1107]

(a) Völkerrechtsfreundlichkeit des Grundgesetzes

Die Intention zur Eingliederung in die internationale Staatengemeinschaft und die einhergende Öffnung nach außen spiegeln sich im Grundgesetz eindeutig wider.[1108] Das Völkerrecht wird demgemäß als Gerechtigkeitsmaßstab und als Maßstab eines adäquaten Interessenausgleichs akzeptiert.[1109] Diese Öffnung des Grundgesetzes wirkt gleichwohl auch nach innen.[1110] So zeigt sich die Maxime einer harmonisierenden Auslegung in der Völkerrechtsfreundlichkeit des Grundgesetzes,[1111] die sich in drei Ausprägungen gliedert. Als erstes ist hierbei

---

parecht und nationalem Recht *Herdegen*, Europarecht14, § 10 Rz. 19 ff.

1105 Vgl. *Rüthers/Fischer/Birk*, Rechtstheorie7, Rz. 762a.

1106 Somit steht im Mittelpunkt, den Verstoß gegen höherrangiges oder umzusetzendes Recht zu vermeiden, vgl. *Gänswein*, Der Grundsatz unionsrechtskonformer Auslegung nationalen Rechts, 10; *Röben*, Außenverfassungsrecht, 207.

1107 Vgl. *Höpfner*, Die systemkonforme Auslegung, 272; *Bleckmann*, DöV 1979, 309 (312); *Bernhardt*, Bundesverfassungsgericht und völkerrechtliche Verträge, 185 f.

1108 Vgl. *Vogel*, Die Verfassungsentscheidung des Grundgesetzes für die internationale Zusammenarbeit, 42; *Talmon*, JZ 2013, 12 m.w.N. Zu der Thematik im Allgemeinen siehe *Giegerich*, Der „offene Verfassungsstaat" des Grundgesetzes nach 60 Jahren, passim; *Fassbender*, Der offene Bundesstaat, passim. Für eine Gesamtschau an verfassungsrechtlichen Bestimmungen, die die Völkerrechtsfreundlichkeit zum Ausdruck bringen siehe *Herdegen*, Völkerrecht13, § 22 Rz. 8 f.; *Tomuschat* in Isensee/Kirchhof, Handbuch des Staatsrechts, § 172 Rz. 2 ff.

1109 Vgl. *Vogel*, Die Verfassungsentscheidung des Grundgesetzes für eine internationale Zusammenarbeit, 42.

1110 Vgl. *Lampert*, Doppelbesteuerungsrecht und Lastengleichheit, 47.

1111 Vgl. *Tomuschat* in Isensee/Kirchhof, Handbuch des Staatsrechts, § 172 Rz. 8; *Herdegen*, Völkerrecht13, § 22 Rz. 9 f. Der Grundsatz einer völkerrechtsfreundlichen Auslegung ist in der Rechtsprechung und dem Schrifttum unbestritten vorhanden, BVerfG vom 23.06.1981, 2 BvR 1107/77, 2 BvR 1124/77, 2 BvR 195/79, BVerfGE 58, 1; vom 08.07.2010, 2 BvR 2485/07; 2 BvR 2513/07; 2 BvR 2548/07, NJW 2011, 207 (208); vgl. *Rojahn* in Münch/Kunig, GG, Art. 24 GG Rz. 2 ff.; *Sommermann* in Mangoldt/Klein/Starck, GG, Art. 20 Abs. 3 GG Rz. 254; *Proelß*, Der Grundsatz der völkerrechtsfreundlichen Auslegung im Lichte der Rechtsprechung des BVerfG, in Ren-

die völkerrechtskonforme Auslegung der Verfassung zu nennen. Als zweites ist das nationale Recht völkerrechtsfreundlich auszulegen.[1112] Hierunter verbirgt sich die Vermutung, dass der Gesetzgeber nicht von völkerrechtlichen Verpflichtungen abweichen bzw. diese verletzen möchte, es sei denn, er bekundet Gegenteiliges klar im Gesetzeswortlaut.[1113] Als drittes ist der völkerrechtliche Vertrag verfassungskonform auszulegen. Angesichts der Tatsache, dass den DBA im innerstaatlichen Recht kein Verfassungsrang eingeräumt ist, müssen sich auch die im innerstaatlichen Recht wirkenden DBA am Maßstab des Grundgesetzes messen lassen.[1114] Völkerrechtsfreundlichkeit bedeudet in diesem Zusammenhang, dass bevor eine Unanwendbarkeit aufgrund Verfassungswidrigkeit erfolgt, die DBA verfassungskonform ausgelegt werden.[1115] So ist diejenige Auslegungsvariante vorzugswürdig, die dazu führt, dass der Vertrag vor dem Grundgesetz Bestand hat.[1116] Insgesamt wird hierdurch die völkerrechtliche Verpflichtung zur innerstaatlichen Wirksamkeit gewahrt und somit auch die Interessen des Vertragspartners geschützt.[1117]

---

sen/Brink, Linien der Rechtsprechung des Bundesverfassungsgerichts, 553 (556); *Payandeh*, Völkerrechtsfreundlichkeit als Verfassungsprinzip – Ein Beitrag des Grundgesetzes zur Einheit von Völkerrecht und nationalem Recht, in Häberle, JöR 2009, 465 (485); *ders.*, Bundesverfassungsgericht und überstaatliche Gerichtsbarkeit, 47. Die dogmatische Verortung des Grundsatzes ist gleichwohl umstritten, vgl. hierzu *Hofmann*, JURA 2013, 326 (329), der auf die Möglichkeit der Ableitung als ungeschriebenes Verfassungsprinzip und der einer systematischen Gesamtschau an verfassungsrechtlichen Bestimmungen hinweist.

1112 Vgl. *Vogel*, DStR 1968, 427 (433); *Herdegen*, Völkerrecht13, § 22 Rz. 10.

1113 BVerfG vom 13.12.1977, 2 BvM 1/76, BVerfGE 46, 342 (367); vom 26.03.1987, 2 BvR 589/79, 2 BvR 750/81, 2 BvR 284/85, BVerfGE 74, 358 (370).

1114 BVerfG vom 14.10.2004, 2 BvR 1481/04, BVerfGE 111, 307 (308); *Strobl*, Zur Auslegung von Doppelbesteuerungsabkommen unter besonderer Berücksichtigung ausländischer Rechtsordnungen, in Knobbe-Keuk/Klein/Moxter, Festschrift Döllerer, 635 (640).

1115 Vgl. *Lampert*, Doppelbesteuerungsrecht und Lastengleichheit, 68.

1116 BVerfG vom 04.05.1955, 1 BvF 1/55, BVerfGE 4, 157 (168); vgl. *Rojahn* in Münch/Kunig, GG, Art. 24 GG Rz. 3.

1117 Vgl. *Lampert*, Doppelbesteuerungsrecht und Lastengleichheit, 68; *Ress*, Wechselwirkungen zwischen Völkerrecht und Verfassung bei der Auslegung völkerrechtlicher Verträge, in Ress/Schreuer, Wechselwirkungen zwischen Völkerrecht und Verfassung bei der Auslegung völkerrechtlicher Verträge, 7 (46).

(b) Europarechtskonforme Auslegung

Im Zusammenhang mit einer europarechtskonformen Auslegung stehen die unionsrechtskonforme und die richtlinienkonforme Auslegung.[1118] Dabei gründet sich diese Prämisse auf der Pflicht der EU-Mitgliedstaaten, das Unionsrecht effektiv durchzusetzen.[1119] Im Sinne der unionsrechtsrechtskonformen Auslegung ist sowohl das Sekundärrecht als auch das das innerstaatliche Recht – implizit damit auch die DBA – im Einklang mit dem Primärrecht auszulegen.[1120] Zusätzlich ist das innerstaatliche Recht in Übereinstimmung mit den unmittelbar wirkenden EU-Verordnungen zu interpretieren.[1121] Aus Gründen der Souveränitätsschonung hat dabei eine konforme Auslegung mit nationalem Recht zu erfolgen, bevor das höherrangige Recht vorrangig und unmittelbar zur Anwendung kommt.[1122]

Neben der Pflicht zur unionsrechtskonformen Auslegung steht die richtlinienkonforme Auslegung. Diese beginnt mit dem Ende der Umsetzungsfrist.[1123] Zuvor ist es den Mitgliedstaaten lediglich untersagt, Vorschriften zu erlassen, die die Richtlinienziele zu unterminieren imstande sind.[1124]

1118 Eingehend hierzu *Höpfner*, Die systemkonforme Auslegung, 216 ff., 249 ff. Abstrahiert von dieser Form der direkten Einflussnahme des Unionsrechts auf das Auslegungsergebnis beeinflusst das Unionsrecht mittelbar die DBA-Auslegung, indem im Rahmen des DBA-Diskriminierungsverbots gem. Art. 24 MA auf Wertungen des EuGH abgestellt wird, hierzu *Gosch*, Auslegung von DBA in der deutschen Rechtspraxis, in Lüdicke, Vermeidung der Doppelbesteuerung und ihre Grenzen, 1 (15 f.), mit Beispielen aus der BFH-Rechtsprechung.

1119 Gem. Art. 4 Abs. 3 EUV, vgl. *Rüthers/Fischer/Birk*, Rechtstheorie7, Rz. 766.

1120 Zur primärrechtskonformen Auslegung *Leible/Domröse* in Riesenhuber, Europäische Methodenlehre3, § 9 Rz. 7 ff. Vgl. auch *Rüthers/Fischer/Birk*, Rechtstheorie7, Rz. 767, unter Berufung auf EuGH vom 01.04.2004, C-1/02, *Borgemann*, Slg. 2004, I-3219, in Bezug auf das Sekundärrecht, sowie EuGH vom 04.02.1988, C-157/86, *Murphy*, Slg. 1988, I-673, bezüglich des nationalen Rechts.

1121 EuGH vom 04.02.1988, C-157/86, *Murphy*, Slg. 1988, I-673.

1122 Vgl. *Brechmann*, Die richtlinienkonforme Auslegung, 65. Nach dieser Vorstellung schließen sich konforme Auslegung und Anwendungsvorrang nicht aus, vgl. *Rüthers/Fischer/Birk*, Rechtstheorie7, Rz. 767a, die in diesem Zusammenhang auf das Urteil des EuGH vom 10.04.1984, C-14/83, *von Colson und Kamann*, Slg. 1984, I-1891, Rz. 27 f., sowie auf die gegenteilige Auffassung von *Canaris*, Die richtlinienkonforme Auslegung und Rechtsfortbildung im System der juristischen Methodenlehre, in Koziol/Rummel, Festschrift Bydlinski, 47 (55), verweisen.

1123 EuGH vom 04.07.2006, C-212/04, *Adeneler*, Slg. 2006, I-6057, Rz. 115. Dieses Urteil beendet den Streit über den Beginn der Pflicht zur richtlinienkonformen Auslegung, welcher auf der gestuften Rechtswirkung von EU-Richtlinien basiert, hierzu *Rüthers/Fischer/Birk*, Rechtstheorie7, Rz. 769a.

1124 Vgl. *Rüthers/Fischer/Birk*, Rechtstheorie7, Rz. 769a.

IV. Ergebnis aus diesem Kapitel

Das vorstehende Kapitel veranschaulicht deutlich die Komplexität der Abkommensmaterie. Die eingehende Untersuchung hat zutage fördern können, dass insbesondere in den Kernbereichen der Abkommensanwendung und -auslegung fundamentale Meinungsstreitigkeiten bestehen. Diese reichen von den eigentlichen Zielsetzungen der DBA, über die Einbettung in das innerstaatliche Rechtssystem bis hin zu den maßgeblichen Auslegungsgrundsätzen und der Rolle des innerstaatlichen Rechts im Auslegungsprozess. Diesbezüglich ist es erforderlich, das Verständnis der DBA als Systemkomplex ins Licht zu heben. Die Funktionsweise des Mechanismus bedingt gerade die Abgestimmtheit seiner Elemente. Insofern bildet eine übereinstimmende Anwendung der Abkommen durch die beiden Vertragsstaaten die Basis für einen funktionsfähigen Mechanismus. Die grundlegenden Unstimmigkeiten bergen in diesem Zusammenhang die Gefahr in sich, die Abkommen bereits vor ihrer eigentlichen Anwendung einer Fehleranfälligkeit auszusetzen. Aus diesem Grund soll sich die Notwendigkeit einer übereinstimmenden Wertung im Rahmen der Auslegung bereits im Abkommenstelos niederschlagen. Auch in Bezug auf die Rolle des innerstaatlichen Rechts im Auslegungsprozess ist ein einheitliches Verständnis zu prägen. Demnach nehmen die DBA im Zuge der allgemeinen Verweisungsregel des Art. 3 Abs. 2 MA allein Bezug auf innerstaatliche Begrifflichkeiten, die originär auch nur durch innerstaatliches Recht geregelt werden. Eine darüber hinausgehende Zugrundelegung von innerstaatlichen Begrifflichkeiten verschärft das Problem abweichender Abkommensanwendung und kann aufgrund der daraus resultierenden Dysfunktionalität des Abkommensmechanismus nicht im Sinne der Abkommen sein. Zudem besteht die Aufgabe der Vertragsstaaten in der Berücksichtigung des hybriden Rechtscharakters der DBA. So haben sie dafür Sorge zu tragen, dass ein Gleichlauf zwischen völkerrechtlicher und innerstaatlicher Verpflichtung besteht.

D. Konfligierende Abkommensanwendung

I. Vorüberlegungen

Wie die bisherige Untersuchung gezeigt hat, ist der Abkommensmechanismus hochkomplex und deshalb fehleranfällig. Im Zuge der Anwendung von Doppelbesteuerungsabkommen besteht somit die Gefahr von Meinungsverschiedenheiten zwischen den jeweiligen Vertragspartnern, die in Dysfunktionalitäten kulminieren. Die Wertungsdivergenzen emergieren dabei in sämtlichen Abschnitten des Abkommens und zeigen sich in vielgestaltigen Ausprägungen.[1125]

So bestehen Meinungsverschiedenheiten im Anwendungsbereich der Abkommen, der in territorialer, sachlicher und persönlicher Hinsicht zu prüfen ist. Divergenzen im räumlichen Anwendungsbereich können dabei im Zusammenhang mit der Zugehörigkeit zum Staatsgebiet auftreten.[1126] Innerhalb des sachlichen Anwendungsbereiches ist eine unterschiedliche Wertung über die vom Abkommen erfassten Steuern möglich.[1127] Ein weiteres Problemszenario rankt sich um den persönlichen Anwendungsbereich. Diesbezüglich besteht nicht immer Einigkeit über die Subjekteigenschaft der Person i.S.d. Abkommens[1128] oder über deren Ansässigkeit[1129]. In Bezug auf die Verteilungsnormen

1125 Vgl. hierzu im Detail *Hannes*, Qualifikationskonflikte im Internationalen Steuerrecht, 141 ff. Die Unterteilung der Meinungsverschiedenheiten in Abhänigkeit von den Abkommensbereichen soll aufgrund der Verständlichkeit und Übersichtlichkeit auch für die weitere Betrachtung beibehalten werden.

1126 Demnach kann strittig sein, ob das Einkunftsgebiet dem Staatsgebiet des anderen Vertragsstaates zuzurechnen ist oder einem dritten Staat, vgl. *Hannes*, Qualifikationskonflikte im Internationalen Steuerrecht, 141 f.

1127 Diesbezüglich können Probleme vor allem mit der Einführung neuer Steuern emergieren, vgl. *Hannes*, Qualifikationskonflikte im Internationalen Steuerrecht, 143. Im Grundsatz ist die Konfliktgefahr in diesem Bereich jedoch weitgehend relativiert, da die Steuern explizit im Abkommen benannt werden, vgl. *Vogel* in Vogel/Lehner, DBA, Einl. Rz. 151a.

1128 So ist insbesondere im Zusammenhang mit Personengesellschaften zweifelhaft, ob diese als Person i.S.d. Abkommens gelten oder ob auf die dahinterstehenden Gesellschafter abzustellen ist. Demgemäß ist in den Fällen, in denen Gesellschafter und Gesellschaft in verschiedenen Staaten ansässig sind, besteht das Grundproblem in

selbst besteht eines der Hauptprobleme darin, den verwirklichten Sachverhalt in dieselbe Einkunftskategorie einzuordnen.[1130] Auch die weiteren Tatbestandsmerkmale, wie die Bestimmung des Quellenstaates[1131] und die unterschiedliche Zurechnung[1132], können im Divergenzfall zu einer uneinheitlichen Abkommensanwendung führen. Ferner ist es möglich, dass widerstreitende Beurteilungen auf der Rechtsfolgenseite in Erscheinung treten.[1133] Ein Großteil der Konflikte lässt sich demnach auf Wertungsdivergenzen „im Rahmen der Subjekt- und Objektqualifikation, der Objektquantifizierung und der Subjekt- und Periodenzurechnung"[1134] zurückführen.

In Anbetracht dieser Ausgangslage bestünde nun ein zweckmäßiger wissenschaftlicher Ansatz darin, die verschiedenartigen Konflikte dergestalt zu systematisieren, dass sich hieraus ein Anknüpfungspunkt für etwaige Lösungsvorschläge ergeben würde. Diese theoretische Vorgehensweise scheitert jedoch in diesem Fall an der begrifflichen Prädisposition. So hat sich in diesem Bereich der Begriff des Qualifikationskonfliktes manifestiert. Wie bereits zu

der Frage, welches Abkommen anwendbar ist, vgl. *Strunk/Kaminski* in Strunk/ Kaminski/ Köhler, AStG/DBA, Einl. MA Rz. 59.

1129 In Bezug auf die Ansässigkeit sind Probleme i.V.m. Art. 4 MA gegeben. Diese konkretisieren sich bspw. in einer Doppelansässigkeit, die sich nicht eindeutig zugunsten eines Staates auflösen lassen oder in Auslegungsproblemen der Begriffsmerkmale, wie es im Zusammenhang mit dem Ausdruck „ähnliches Merkmal" der Fall ist, vgl. *Strunk/Kaminski* in Strunk/Kaminski/Köhler, AStG/DBA, Einl. MA Rz. 61.

1130 Als Bsp. können hier die Einkünfte aus dem CD-Verkauf einer Konzertreise angebracht werden. Einerseits ist es denkbar, sie als Einkünfte aus künstlerischer Tätigkeit gem. Art. 17 MA zu kategorisieren, andererseits kann auch eine Einordnung unter die Lizenzgebühren gem. Art. 12 MA vorgenommen werden, siehe BMF vom 26.09.2014, IV B 5, S 1300/09/10003, BStBl. I 2014, 1258, Tz. 4.1.3.1 lit. b.

1131 Wird im Rahmen eines Immobilienleasings zwischen ansässigen Personen in Staat A und B ein Vertrag über ein Grundstück in Staat C abgeschlossen und das Grundstück aus der Sicht des einen Staates dem Leasinggeber und aus der Sicht des anderen Staates dem Leasingnehmer zugerechnet, so besteht ein Meinungsstreit darüber, ob Quellenstaat jener des Leasingnehmers ist oder der Belegenheitsstaat des Grundstücks.

1132 Diese Schwierigkeiten entstehen vordringlich bei Personengesellschaften im internationalen Kontext. Ein klassisches Bsp. sind hierfür die Unternehmensgewinne einer hybriden Gesellschaft, hierzu eingehend *Tippelhofer*, Subjektive Qualifikationskonflikte bei Direktinvestitionen in den USA, passim.

1133 Diese können sich bspw. infolge unterschiedlicher Einkunftsermittlungsvorschriften ergeben, vgl. *Strunk/Kaminski* in Strunk/Kaminski/Köhler, AStG/DBA, Einl. MA Rz. 63; *Hannes*, Qualifikationskonflikte im Internationalen Steuerrecht, 163 f.

1134 *Burmester*, Zur Systematik internationaler Minderbesteuerung und ihrer Vermeidung, in Burmester/Endres, Festschrift Debatin, 55 (56).

Beginn der Untersuchung aufgezeigt wurde,[1135] resultiert hieraus ein Zielkonflikt zwischen einer systematischen und sauberen Abgrenzung des Qualifikationskonfliktebegriffs und der Entwicklung eines möglichst weitreichenden Lösungskonzeptes auf Basis dieses Qualifikationskonfliktebegriffs.

Die Auflösung des Zielkonfliktes wird dahingehend vorgenommen, dass der Qualifikationskonflikt als repräsentative Ausprägung der Anwendungskonflikte verstanden wird und somit einen Rückschluss auf andere Anwendungskonflikte erlaubt. Der Qualifikationskonflikt ist anhand seiner Begriffsherkunft aus dem IPR zu untersuchen sowie als Teilmenge abkommensspezifischer Konflikte einzuordnen. Der erarbeitete Qualifikationskonfliktebegriff soll folglich seine Ordnungsaufgabe erfüllen, indem er gleichartige Konflikte zusammenfasst und andere gegen sich abgrenzt. Auf dessen Basis sind die grundsätzlichen Ursachen konfligierender Abkommensanwendung zu analysieren und daran anknüpfend Lösungsvorschläge zu entwickeln. Diese sollen wiederum Rückschlüsse für die Gesamtheit der abkommensrechtlichen Konflikte zulassen.

II. Qualifikationskonflikte als Spezialproblem konfligierender Abkommensanwendung

1. Begriff der Qualifikation

Die Abgrenzung von Qualifikationskonflikten zu anderen Wertungsdivergenzen, die im Rahmen der Abkommensanwendung in Erscheinung treten, bedarf einer differenzierten Analyse der Begrifflichkeiten. Hierzu sind die Ursprünge des Qualifikationsbegriffs im Internationalen Privatrecht in die Erläuterungen einzubeziehen. Die Schwierigkeit einer klaren Begriffsabgrenzung ergibt sich dabei aus dem kontinuierlichen Strang an Meinungsvielfalt, der von den Anfängen im IPR über die Integration im Internationalen Steuerrecht (IStR) bis zur Verwendung im Abkommensrecht reicht. Die Problematik relativiert sich zwar in Anbetracht der Tatsache, dass der Terminologienstreit allein ein Gefecht um Worte ist. Schließlich ist eine unterschiedliche Differenzierung nicht imstande, den Bestand an Wertungsdivergenzen in Abrede zu stellen. Die Diskussion

---

1135 Siehe Kapitel A.II.

gewinnt jedoch dann wiederum an Bedeutung, wenn man im Zuge der Begriffsbenennung die Erfüllung einer zweckmäßigen Ordnungsaufgabe ins Licht hebt.

Um für die weitere Untersuchung ein Begriffsverständnis zu prägen, wird im Folgenden ein Qualifikationsbegriff herausgearbeitet, der etymologische Elemente berücksichtigt, sich im Grundsatz jedoch auf den Begriffsursprung im IPR gründet und für die Bedürfnisse des Abkommensrechts fortentwickelt wird.

a. Allgemeiner Rechtsgebrauch

Im allgemeinen Rechtsgebrauch wird der Begriff Qualifikation insbesondere in Verbindung mit der Einordnung in Rechtsinstitute, in Einkunftsarten, in Rechtsformen, etc. verwendet. Mit anderen Worten geht es um die Einordnung in Rechtsbegriffe spezifischer Rechtskategorien oder Begriffssysteme. Der Kern dieser Einordnung besteht dabei in der Erforschung des rechtlichen Charakters in Bezug auf das zu interessierende Begriffssystem. Dabei gilt es, die Kerneigenschaft der jeweiligen das Begriffssystem bildenden Rechtsbegriffe zu ergründen und mit den Eigenschaften des einzuordnenden Begriffs zu vergleichen. Am Ende des Vorgangs stehen dann die Einordnung und damit die Qualifikation des Begriffs in einen Rechtsbegriff des Begriffssystems.

b. Herkunft aus dem Internationalen Privatrecht

Der Rechtsbegriff der Qualifikation findet seinen Ursprung im internationalen Privatrecht.[1136] Die im allgemeinen Rechtsgebrauch skizzierte Verwendung der Qualifikation für die Einordnung in rechtliche Begriffssysteme nimmt im IPR einen viel bedeutungsvolleren Stellenwert ein.[1137] Hier versteht sich die Qualifikation als Zentralvorgang der Rechtsordnung. *Per definitionem* bestimmt das Internationale Privatrecht bei Sachverhalten mit einer Verbindung zu einem ausländischen Staat das maßgeblich anzuwendende Recht.[1138] Um dieser Auf-

1136 Erstmals bei *Bartin*, Clunet 1897, 225 (225 ff.), 466 (466 ff.) und 720 (720 ff.). Die Abhandlung von *Bartin* wurde in drei Teilen veröffentlicht. Unabhängig davon erkannte auch *Kahn*, Gesetzeskollisionen, Ein Beitrag zur Lehre des internationalen Privatrechts, in Ihering, IherJB 1891, 1 (107-143), das Qualifikationsproblem. Zur Historie siehe auch *Weber*, Die Theorie der Qualifikation, passim; *Mistelis*, Charakterisierungen und Qualifikation im IPR, 32 ff.

1137 Vgl. *Schotten/Schmellenkamp*, Das Internationale Privatrecht in der notariellen Praxis2, Rz. 48.

1138 Die Legaldefinition des Internationalen Privatrechts findet sich in Art. 3 EGBGB.

gabe gerecht zu werden, verfügt das IPR über Kollisionsnormen. Zwar bestehen auch die Kollisionsnormen wie alle Rechtsnormen aus Tatbestandsmerkmalen und Rechtsfolgen.[1139] Im Gegensatz zu den materiellrechtlichen Sachnormen[1140] fällen die Kollisionsnormen jedoch keine Entscheidung in der Sache an sich.[1141] Ihre Rechtsfolge konkretisiert sich vielmehr in der Bestimmung, welche Rechtsordnung über die Sache zu richten hat.[1142] Die Kollisionsnormen sind nach sog. Systembegriffen[1143] kategorisiert, welche sich aus der Unterteilung des nationalen materiellen Rechtes ergeben.[1144] Diese fungieren im Tatbestand der Kollisionsnorm als Anknüpfungsgegenstand, um in Abhängigkeit vom sog. Anknüpfungsmoment das anzuwendende materielle Recht als Verweisungsziel festzulegen.[1145] Zur Bestimmung der maßgeblichen Kollisionsnorm gilt es, den jeweiligen Sachverhalt hinsichtlich der zu interessierenden Rechtsfrage normspezifisch aufzubereiten. Erst hierdurch kann eine Zuordnung zum jeweiligen Anknüpfungsgegenstand[1146] erfolgen. An dieser Stelle

---

Zum Begriff des IPR im Detail siehe *Kropholler*, Internationales Privatrecht6, 1 f.; *Rauscher*, Internationales Privatrecht4, Rz. 1 ff.

1139 Zur allgemeinen Struktur der Kollisionsnromen siehe *Kropholler*, Internationales Privatrecht6, 104 ff.

1140 Die materiellrechtlichen Normen bzw. Sachnormen bilden das Gegenstück zu den Kollisionsnormen, vgl. *Kropholler*, Internationales Privatrecht6, 103.

1141 Vgl. *Kropholler*, Internationales Privatrecht6, 105.

1142 Vgl. *Looschelders*, Internationales Privatrecht, 31, Rz. 10; *Krebs*, Internationales Privatrecht2, Rz. 32. In diesem Sinne wird das Internationale Privatrecht auch als Verweisungsrecht bezeichnet, vgl. *Kropholler*, Internationales Privatrecht6, 1, zur Rechtsfolge siehe 105 f.

1143 Diese werden auch als Rahmen-, Sammel- oder Verweisungsbegriffe bezeichnet, vgl. *Kropholler*, Internationales Privatrecht6, 104; *Looschelders*, Internationales Privatrecht, 30, Rz. 8.

1144 Die Systembegriffe umfassen zumeist einen ganzen Gegenstandskomplex, der möglichst viele in den Rechtsordnungen verwirklichte Sachverhalte abdecken will, so bspw. „Geschäftsfähigkeit" oder „Voraussetzungen der Eheschließung", vgl. *Kropholler*, Internationales Privatrecht6, 104, 114.

1145 Durch sog. Anknüpfungsmomente, wie Staatsangehörigkeit, etc., wird das maßgebliche Verweisungsziel, d.h. die Rechtsnormgruppe in der anzuwendenden Rechtsordnung, bestimmt, vgl. *Dörner*, StAZ 1988, 345 (347 ff.). Näheres zu den Anknüpfungsmomenten bei *Kropholler*, Internationales Privatrecht6, 136 ff.; *Looschelders*, Internationales Privatrecht, 31, Rz. 9; *Krebs*, Internationales Privatrecht2, Rz. 32 ff.

1146 Der Anknüpfungsgegenstand wird unterschiedlich benannt, so bspw. als "Sachnorm": *Bartin*, Clunet 1897, 225 (225 ff.), als "Rechtsverhältnis": *Savigny*, System des heutigen römischen Rechts, Bd. 8, passim; *Kahn*, Gesetzeskollisionen, Ein Beitrag zur Lehre des internationalen Privatrechts, in Ihering, IherJB 1891, 1 (1 ff.), als „Lebensverhältnis": RabelsZ 1931, 241 (241 ff.), als „Rechtsfrage": *Neuhaus*, Die Grundbegriffe des internationalen Privatrechts2, passim; *Weber*, Die Theorie der Qualifikation,

kommt der Begriff der Qualifikation ins Spiel. Im Rechtsgebiet des IPR ist gleichwohl keine konsensuelle Verwendung des Qualifikationsbegriffs zu verzeichnen.[1147] Dabei nimmt die Verständnispluralität ein derartiges Ausmaß an, dass „alles umstritten ist, was umstritten sein kann"[1148]. Der Meinungsstreit herrscht insbesondere darüber, welchen Rechtsvorgang oder welche Rechtsvorgänge die Qualifikation umfasst. Einerseits ist es allein die Subsumtion eines Anknüpfungsgegenstands unter Systembegriffe der Kollisionsnormen, die als Qualifikation verstanden wird.[1149] Andererseits soll die Qualifikation die Auslegung der Kollisionsnormen beschreiben.[1150] Darüber hinaus werden auch beide Rechtsvorgänge zur Qualifikation zusammengefasst[1151] oder die Tatbestandseite und Rechtsfolgenseite in eine Qualifikation i.e.S. und eine Qualifikation i.w.S. unterteilt[1152].[1153] Primär handelt es sich zumindest um einen rechts-

passim. Zum Gegenstand der Qualifikation auch *Kropholler*, Internationales Privatrecht6, 117 ff.; *Becker*, Die Qualifikation der cohabitation légale des belgischen Rechts im deutschen Internationalen Privatrecht, 26 ff.; *Looschelders*, Internationales Privatrecht, 32, Rz. 15.

1147 Vgl. *Looschelders*, Internationales Privatrecht, 31, Rz. 12; *Becker*, Die Qualifikation der cohabitation légale des belgischen Rechts im deutschen Internationalen Privatrecht, 26. Zu einer Darstellung der verschiedenen Begriffsverständnisse siehe auch *Makarov*, Theorie und Praxis der Qualifikation, in Caemmerer/Nikisch/Zweigert, Festschrift Dölle, Bd. II, 149 (149 ff.). In diesem Zusammenhang wird eingeräumt, dass sich der Meinungspluralismus auf unterschiedliche Ausgangspunkte zurückführen lässt und damit nur eingeschränkte Vergleichbarkeit der Lehrmeinungen möglich ist, vgl. *Keller/Siehr*, Allgemeine Lehren des Internationalen Privatrechts, § 34 I 1.

1148 *Weber*, Die Theorie der Qualifikation, 215; darauf verweisend auch *Bar/Mankowski*, Internationales Privatrecht, Bd. I2, § 7 Rz. 138, 637, FN 603; *Becker*, Die Qualifikation der cohabitation légale des belgischen Rechts im deutschen Internationalen Privatrecht, 27.

1149 Vgl. *Bartin*, Clunet 1897, 225 (227); *Hoffmann/Thorn*, Internationales Privatrecht9, § 6 Rz. 1; *Lorenz* in Bamberger/Roth, BeckOK BGB, Einl. IPR Rz. 52; *Raape*, Internationales Privatrecht5, 107 ff; *Junker*, Internationales Privatrecht, Rz. 151; *Sonnenberger* in Säcker/Rixecker, MüKo-BGB, Einl. IPR Rz. 480 ff.; *Dörner*, StAZ 1988, 345 (346) m.w.N.

1150 Vgl. *Kegel* in Soergel, BGB, Vor Art. 3 Rz. 111; *Thorn* in Palandt, BGB, Einl. Art. 3 EGBGB Rz. 27 f.; *Ferid*, Internationales Privatrecht3, Rz. 4 ff.; *Bar/Mankowski*, Internationales Privatrecht, Bd. I2, § 7 Rz. 138; *Kegel/Schurig*, Internationales Privatrecht8, § 7 III 1; *Dörner*, StAZ 1988, 345 (348) m.w.N.

1151 Vgl. *Lüderitz*, Internationales Privatrecht2, 58, Rz. 125. Die Qualifikation wird mithin als Gesamtprozess verstanden, vgl. *Looschelders*, Internationales Privatrecht, 31, Rz. 12 m.w.N.

1152 Vgl. *Raape*, Internationales Privatrecht5, 108; *Dörner*, StAZ 1988, 345 (348) m.w.N.

1153 Vgl. *Becker*, Die Qualifikation der cohabitation légale des belgischen Rechts im deutschen Internationalen Privatrecht, 27 f.

methodischen Vorgang, der im Fall einer Auslandsberührung die einschlägige Kollisionsnorm zur Bestimmung des anzuwendenden materiellen Rechts benennt.[1154]

Im Kern besteht demgemäß Uneinigkeit über die Qualifikationsfrage: Geht es bei der Qualifikation darum, die Einordnung in die richtige Kollisionsnorm vorzunehmen oder um die Einordnung in das richtige Recht und die richtigen Rechtsnormen. Es ist jedoch ein Streit um Worte und Begriffsabgrenzungen, der für die Anwendung des IPR grundsätzlich folgenlos ist. So ist der Prozess, der zur Zielerreichung des IPR führt, ein ganzheitlicher, der aus vielzähligen Schritten besteht. Ob nun allein ausgewählte Schritte als Qualifikation zu bezeichnen sind oder der gesamte Prozess mit all seinen Bestandteilen, ändert nichts an der Notwendigkeit der Gesamtabfolge. Der Begriffsklarheit willen und als Ausgangsbasis für den Untersuchungsfortgang soll dennoch zumindest eine Differenzierung des Qualifikationsbegriffs vorgenommen werden. Nähert man sich zur Ergebnisfindung der Wortherkunft im allgemeinen Sprachgebrauch, findet das Wort seine etymologischen Anfänge im Mittellatein.[1155] Über die Entwicklung von *qualificatio* zu *qualificare* fand das Wort als *qualification* Eingang in die französische Sprache.[1156] Hier bedeutet das Wort im allgemeinen Sprachgebrauch vordergründig so viel wie „Bezeichnung" und im rechtlichen Sprachgebrauch „Subsumtion".[1157] So war es auch ein französischer Vertreter, der den Begriff für das Internationale Privatrecht prägte.[1158] Die allgemeine Rechtssprache bezeichnet die Einordnung von Rechtsinstituten als Qualifikation.[1159] Unter diesen Gesichtspunkten ist es im Sinne eines engen Verständnisses zu rechtfertigen, das Hauptaugenmerk auf die Bedeutung als Subsumtion zu legen. Selbstverständlich bedarf es hierfür auch der Auslegung der Begrifflichkeiten, jedoch stehen die Qualifikation und die Auslegung eher in einer funktionellen Wechselbeziehung als in einem Identitätsverhältnis zueinander. Da sich der Anwendungsprozess im IPR zweistufig gestaltet, findet eine sog. Doppelsubsumtion statt.[1160] Die Subsumtion der Rechtsfrage unter die Kollisi-

---

1154 Vgl. *Weber*, Die Theorie der Qualifikation, passim.

1155 Siehe *Köbler*, Etymologisches Rechtswörterbuch, 322. Danach besteht das Wort aus lat. *qualis*, wie beschaffen, und lat. *facere*, machen, tun.

1156 Vgl. *Weber*, Die Theorie der Qualifikation, 198 f.

1157 Siehe zur Wortherkunft und -bedeutung ebenfalls *Hannes*, Qualifikationskonflikte im Internationalen Steuerrecht, 23; *Kropholler*, Internationales Privatrecht6, 113 f.

1158 *Bartin*, Clunet 1897, 225 (225 ff.), 466 (466 ff.) und 720 (720 ff.).

1159 Vgl. *Deutsch*, IPRax 1992, 284.

1160 Vgl. *Schotten/Schmellenkamp*, Das Internationale Privatrecht in der notariellen Praxis2, Rz. 48.

onsnorm kann somit als Qualifikation der 1. Stufe und die Subsumtion des Anknüpfungsgegenstands unter die *lex causae* als Qualifikation der 2. Stufe bezeichnet werden.[1161]

c. Übernahme des Qualifikationsbegriffs ins Internationale Steuerrecht

Die Übernahme des Begriffs in das Internationale Steuerrecht erfolgte erstmals durch *Herzfeld*[1162]. Dabei ist es die späte Emanzipation des Steuerrechts vom bürgerlichen Recht, auf die die Begriffsentlehnungen aus dem IPR zurückzuführen sind.[1163] Wird im IPR unter Qualifikation nun die Subsumtion von Rechtsfragen, welche auf in einer anderen Rechtsordnung verwirklichten Sachverhalte basieren, unter die Systembegriffe der Kollisionsnormen verstanden, ist dieses Verständnis sowohl auf das Außensteuerrecht (AStR) als auch auf das Recht der Doppelbesteuerungsabkommen zu übertragen.

(1) Übernahme für das Außensteuerrecht

Im AStR steht im Mittelpunkt des Qualifikationsvorgangs, den in einer anderen Rechtsordnung verwirklichten Sachverhalt in das System inländischer Außensteuerrechtsnormen einzuordnen.[1164] Das kritische Moment wird darin gesehen, Sachverhalte, die von einer fremden Rechtsordnung beeinflusst und in dieser realisiert wurden, für eine andere Rechtsordnung zu decodieren bzw. durch die Brille des jeweiligen Rechts zu sehen, damit sie von dieser verwendet werden können. Diese „Qualifikation" soll jedoch nur dann notwendig sein, wenn der Sachverhalt in einer ausländischen Rechtsordnung verwirklicht wird. All diese Argumente sprechen gleichwohl nicht dafür, dass es sich im AStR im Kern um einen Qualifikationsvorgang i.S.d. IPR handelt, sondern vielmehr um eine Qualifikation i.S.d. allgemeinen rechtlichen Sprachgebrauchs oder auch nur schlicht um einen Auslegungs- und Subsumtionsvorgang. So besteht zwar im IPR ebenfalls die Anknüpfung an Sachverhalte mit Auslandsbezug, die Qualifikation erfolgt aber gerade beidseitig, also sowohl, wenn der Sachverhalt

1161 Vgl. *Sonnenberger* in Säcker/Rixecker, MüKo-BGB, Einl. IPR Rz. 448 ff.; *Looschelders*, Internationales Privatrecht, 31 f., Rz. 13 f.; *Hannes*, Qualifikationskonflikte im Internationalen Steuerrecht, 25.

1162 Vgl. *Herzfeld*, VJSchrStFR 1932, 422 ff. (456 ff.).

1163 Vgl. *Hannes*, Qualifikationskonflikte im Internationalen Steuerrecht, 28.

1164 Zu Qualifikationsfragen und dem Qualifikationsvorgang im nationalen Außensteuerrecht eingehend *Hannes*, Qualifikationskonflikte im Internationalen Steuerrecht, 37 ff.

im Inland als auch im Ausland verwirklicht wurde. Die Einordnung eines in einer anderen Rechtsordnung verwirklichten Sachverhaltes bezieht sich auf das Rechtsordnungsverhältnis zwischen materieller Rechtsordnung und Rechtsordnung des IPR. Ferner ist die Abgrenzung darin zu sehen, dass es im Rahmen der IPR-basierten Qualifikation gerade nicht um die einfache Subsumtion unter materiellrechtliche Normen geht, sondern um die Einordnung in nichtmateriellrechtliche Normen. Die Schwierigkeit besteht im IPR somit nicht allein darin, konkrete Sachverhalte unter abstrakte materielle Tatbestände, sondern in ein Begriffssystem mit einem potenzierten Abstraktionsgrad einzuordnen, da hier auf eine Vielzahl von materiellen Rechtsordnungen Bezug genommen wird. Die Qualifikation, wie sie das IPR vorsieht, ist damit für das AStR nicht gegeben.[1165]

(2) Übernahme für das Recht der Doppelbesteuerungsabkommen

Im Recht der DBA ist die Situation in Bezug auf die grundsätzlichen Merkmale hingegen anders gelagert. So ist auch das DBA-Recht wie das IPR eine „Rechtsordnung", die keine materiellen Rechtsfolgen konstatiert.[1166]

In Ansehung der grundlegend verschiedenen Kernfragen der beiden Rechtsgebiete ist die Begriffsübernahme jedoch erst einmal kritisch zu hinterfragen.[1167] Im IPR ist mittels Kollisionsnormen eine „ausschließende" Entscheidung zu treffen – welche der infrage stehenden Rechtsordnungen kommt alleinig zur Anwendung.[1168] Im Steuerrecht hingegen bleiben gewissermaßen beide Rechtsordnungen anwendbar, vielmehr konkurrieren sie in Bezug auf ihre Reichweite miteinander.[1169] Die Entscheidung, wie die Wirkung der bestehenden Rechte gegeneinander abzugrenzen ist, ist somit nicht mittels Kollisi-

---

1165 Zu den Unterschieden der Qualifikation im AStR und im IPR vgl. ebenfalls *Hannes*, Qualifikationskonflikte im Internationalen Steuerrecht, 30, 39 ff.

1166 So auch *Hannes*, Qualifikationskonflikte im Internationalen Steuerrecht, 29.

1167 Nach *Kluge*, Das Internationale Steuerrecht4, R 70 „wäre es [aufgrund der Unterschiedlichkeit] sicherlich sinnvoll gewesen, den Begriff der Qualifikationsfrage erst gar nicht in das internationale Steuerrecht zu übertragen". *Debatin*, DStR 1992, Beihefter zu Heft 23, 1 (7), spricht von „fehlplatziert". *Vogel*, in Vogel/Lehner, DBA, Einl. Rz. 152, merkt zutreffend an, dass sich „die Bezeichnungen wohl nicht mehr ausmerzen lassen". Zu den nachfolgend dargestellten Unterschieden zwischen IPR und IStR siehe auch ganz grundsätzlich *Hannes*, Qualifikationskonflikte im Internationalen Steuerrecht, 28 ff.

1168 Vgl. *Neuhaus*, Die Grundbegriffe des internationalen Privatrechts2, 113 ff.

1169 In diesem Sinne auch *Strobl*, Zur Auslegung von Doppelbesteuerungsabkommen unter besonderer Berücksichtigung ausländischer Rechtsordnungen, in Knobbe-Keuk/Klein/Moxter, Festschrift Döllerer, 635 (636).

onsnormen, sondern mittels Verteilungsnormen zu fällen.[1170] Die Anwendung der DBA findet im Gegensatz zum IPR auch nicht vor, sondern vielmehr nach der Festlegung des maßgeblichen Rechts statt.[1171] Darüber hinaus ist auch die unterschiedliche Qualität der Rechtsquellen zu betonen. Während es sich bei den DBA originär um einen geschlossenen bilateralen Völkerrechtsvertrag handelt,[1172] ist im IPR ein kasuistischer Bestand an vielschichtigen Rechtsquellen vorhanden, der vornehmlich aus nationalrechtlichen Normen flankiert durch eine zunehmende Zahl an staatsvertraglichen Regelungen und EU-Verordnungen besteht.[1173] Aus dieser größtenteils unterschiedlichen Rechtsnatur der Rechtsquellen resultiert auch eine differenzierte Begriffssprache. Zur Ausformung von IPR-Normen wird sich vornehmlich der materiellrechtlichen Begrifflichkeit der nationalen Rechtsordnungen bedient. Im Gegensatz dazu hat sich auf Ebene der Doppelbesteuerungsabkommen bereits eine internationale Steuersprache herausgebildet, die sich von der nationalen Terminologie abgrenzt. Des Weiteren unterscheiden sich die Anwendungsprozesse in den beiden Rechtsgebieten wesentlich voneinander. So ist zwar auch für die Anwendung der Doppelbesteuerungsabkommen das Steuerrechtsverhältnis zu ermitteln, da es sich jedoch immer um die steuerrechtliche Würdigung handelt, entfällt hier die Herausarbeitung der interessierenden Rechtsfrage, wie es im IPR der Fall ist. Zudem ist im Rahmen der DBA-Anwendung der Prozess mit der Ermittlung der Schrankenwirkung durch den jeweiligen Vertragsstaat abgeschlossen, während im IPR bei einer Gesamtverweisung noch die Wertung des anderen Staates berücksichtigt wird und in einem weiteren Schritt die Einordnung in die *lex causae* erfolgt – um nur einige der vorhandenen Unterschiede im Anwendungsprozess hervorzuheben. Aufgrund der bestehenden Unterschiede wird sich im Schrifttum für eine trennscharfe Begriffsabgrenzung bezüglich der beiden Rechtsgebiete ausgesprochen.[1174]

Abstrahiert von den zahlreichen skizzierten Unterschieden wäre eine Fruchtbarmachung des Qualifikationsbegriffs für das Recht der DBA zumindest dann sinnhaft, wenn im Rahmen von Gemeinsamkeiten Anknüpfungs-

1170 Vgl. *Debatin*, AWD 1969, 477 (478); *ders.*, DStR 1992, Beihefter zu Heft 23, 1 (7).

1171 Vgl. *Vogel*, AöR 1959, 54 (63 ff.).

1172 Siehe Kapitel C.I.2.

1173 Zu den verschiedenartigen Rechtsquellen des IPR im Einzelnen siehe *Krebs*, Internationales Privatrecht2, Rz. 10 ff.; *Rauscher*, Internationales Privatrecht4, Rz. 79 ff.; *Kropholler*, Internationales Privatrecht6, 3 ff.

1174 Vgl. *Vogel* in Vogel/Lehner, DBA, Einl. Rz. 151a; *Kluge*, DStR 1976, 365 (366 f.); *Debatin*, AWD 1969, 477 (478); *Gosch*, Internationale Qualifikationskonflikte, in Schaumburg/Piltz, Veräußerungsgewinne im Internationalen Steuerrecht, 103 (104 f.).

punkte bestehen würden. Im Lichte dieser Anknüpfungspunkte könnte der Mehrwert in einem gleichgerichteten Umgang mit Problembereichen gesehen werden. So ist es beiden Rechtsgebieten gemein, dass ein Entscheidungseinklang angestrebt wird und die Entscheidung zugunsten des Staates ausfällt, dem die engste Verbindung zum verwirklichten Sachverhalt zuerkannt wird.[1175] Die Gemeinsamkeit besteht weiterhin darin, dass im Ergebnis in beiden Rechtsgebieten Entscheidungen zwischen den beteiligten Rechtsordnungen hinsichtlich der Wirkungsentfaltung des innerstaatlichen materiellen Rechts gefällt werden. In diesem Zusammenhang bezieht sich die Parallelität im Recht der DBA und im IPR ferner darauf, dass sich beide Rechtsgebiete einer hochgradig abstrakten Begriffssprache bedienen, um eine Vielzahl an Sachverhalten mit Verbindung zum ausländischen Recht umfassen zu können. Versteht man die Qualifikation im IPR nun als Subsumtion von Rechtsfragen unter Kollisionsnormen, besteht die Schnittmenge der Qualifikation im IPR und IStR in der Subsumtion von Rechtsfragen unter Normen mit einem erhöhten Abstraktionsgrad. Daran anknüpfend zeichnet sich im Recht der DBA die Qualifikation als Subsumtion von Steuerrechtsverhältnissen unter Abkommenskategorien aus.[1176]

Im Ergebnis kann die Begriffshülle der Qualifikation im IPR auf das Recht der DBA „überstülpt" werden, ohne hieraus Schlüsse auf die Gleichartigkeit der beiden Rechtsgebiete zuzulassen. Vor dem Hintergrund der aufgezeigten Gemeinsamkeiten kann die Qualifikation im DBA-Recht als Zuordnung von Steuerrechtsverhältnissen zu Abkommensnormen umrissen werden. Das IPR-Verständnis muss demnach auf die Spezifika der DBA angepasst werden. Unmittelbare Folgen lassen sich hieraus nicht ableiten. Dagegen führt eine prononcierte Loslösung vom IPR dazu, dass man den Blick für etwaige Lösungsansätze im Problembereich der Qualifikation verstellt.

1175 Zum Prinzip der engsten Verbindung und dem Entscheidungseinklang als Ziele des IPR siehe *Krebs*, Internationales Privatrecht2, Rz. 4, 6; *Rauscher*, Internationales Privatrecht4, Rz. 55 ff.; *Kropholler*, Internationales Privatrecht6, 25 ff., 36 ff.

1176 Hierzu *Debatin*, DB 1985, Beilage Nr. 23, 1 (6), der davon spricht, dass die Abkommensregeln auf die Steuerrechtsverhältnisse einwirken und deren Rechtsbegriffe wiederum in die Abkommenskategorien ein- und unterzuordnen sind. *Hannes*, Qualifikationskonflikte im Internationalen Steuerrecht, 32, spricht von: „Subsumtion von in einer Rechtsordnung verwirklichten und von ihr geprägten, vorgeformten und gestalteten Sachverhalten oder in ihr enthaltenen Rechtsbegriffen unter die in den Normen einer anderen Rechtsordnung enthaltenen Tatbestände".

d. Differenzierung des Qualifikationsbegriffs im Recht der Doppelbesteuerungsabkommen

Herzfeld verstand unter der Qualifikationsfrage „Begriffe der Steuerrechtsordnung A mit Rechtserscheinungen aus dem Lebenskreise der Rechtsordnung B auszufüllen"[1177]. Ähnlich wie *Herzfeld* sah auch *Spitaler*[1178] die Qualifikation als Einordnung von Lebenserscheinungen und -verhältnissen in ein System rechtlicher Begriffe. Für Zwecke des Abkommensrechts ist anhand dieses weiten Begriffsverständnisses keine Aussage darüber getroffen, bei welchen Abkommensvorschriften eine Qualifikation erfolgt. Sucht man diesbezüglich wiederum Rat im IPR, lässt sich feststellen, dass hier eine Eingrenzung auf die Kollisionsnormen erfolgt. Schlussfolgernd können die Verteilungsnormen im DBA-Recht als Pendant zu den Kollisionsnormen gewertet werden.[1179] Obzwar sie selbst nicht als Kollisionsnormen zu charakterisieren sind, ist ihnen gemein, dass sie auf der Rechtsfolgenseite keine materiellrechtliche Ausgestaltung vornehmen. Beide stellen in dem jeweiligen Rechtsgebiet das Herzstück dar – sie sind der Schlüssel zur Lösung der interessierenden Rechtsfrage. Der dem IPR entlehnte Begriff der Qualifikation umfasst für die DBA mithin die Subsumtion unter die Verteilungsnormen.

Abstrahiert von diesem Bild der Qualifikation nimmt der Begriff im Rechtsgebrauch noch die grundsätzliche Bedeutung der Einordnung i.S.d. Klassifizierung ein. So wird für Zwecke des Internationalen Steuerrechts unter der Qualifikation sowohl die Einordnung des Rechtsgebildes als auch eines Rechtsverhältnisses unter bekannte Rechtsinstitute des innerstaatlichen Rechts verstanden (bspw. Typenvergleich).[1180] Im Zusammenhang mit der Einordnung des Rechtsgebildes werden die Klassifizierung des maßgeblichen Besteuerungsregimes und die einhergehende Würdigung der Steuersubjekteigenschaft

---

1177 *Herzfeld*, VJSchrStFR 1932, 423 (457), hierzu *Hannes*, Qualifikationskonflikte im Internationalen Steuerrecht, 32.

1178 *Spitaler*, Das Doppelbesteuerungsproblem bei den direkten Steuern2, 555, hierzu *Hannes*, Qualifikationskonflikte im Internationalen Steuerrecht, 131.

1179 *Hannes*, Qualifikationskonflikte im Internationalen Steuerrecht, 34, spricht davon, dass den Verteilungsnormen und den Kollisionsnormen eine ähnliche Funktion zukommt.

1180 Demnach „qualifiziert" ein Rechtsgebilde bspw. im Rahmen des sog. Rechtstypenvergleichs als Personengesellschaft oder Kapitalgesellschaft. Vgl. hierzu auch *Vogel* in Vogel/Lehner, DBA, Einl. Rz. 158, der hierin keine Qualifikation i.e.S. sicht und in diesem Zusammenhang vielmehr auf die Begrifflichkeit „Substitution" verweist.

des Rechtsträgers auch als Steuersubjektqualifikation[1181] bezeichnet.[1182] Die Zuordnung der Einkünfte zu einer Einkunftsart wird hingegen als Steuerobjektqualifikation benannt.[1183] Diese Formen der Subjekt- und Objektqualifikation sind gemeinhin allerdings nicht mit der abkommensrechtlichen Qualifikation gleichzusetzen. Diese Vorgänge werden auf Ebene des innerstaatlichen Rechts vorgenommen und kommen auch ohne das Vorhandensein eines DBA zur Anwendung.[1184] Sie sind damit keine abkommensspezifischen Vorgänge. Infolgedessen handelt es sich nicht um eine Subsumtion unter Verteilungsartikel. Gleichwohl darf nicht verkannt werden, dass insbesondere die Einordnung der Rechtsgebilde und Rechtsverhältnisse in bekannte innerstaatliche Strukturen integrale Bestandteile des abkommensrechtlichen Qualifikationsvorgangs darstellen, da diese Art der Einordnung notwendig für die letztendliche Subsumtion unter die Verteilungsartikel ist. Damit sind die Formen der allgemein rechtlichen Qualifikation imstande, auf die abkommensrechtliche Qualifikation Einfluss zu nehmen.

Des Weiteren wird auch die Begriffsbedeutung „Eignung, Befähigung" für das Verständnis des Qualifikationsbegriffs im Abkommen dienstbar gemacht.[1185] Die Qualifikationsfrage soll demnach darin bestehen, ob eine Person oder eine Handlung alle Voraussetzungen für die Anwendung spezifischer

---

1181 Zur Steuersubjektqualifikation *Schnittker*, StuW 2004, 39 (39 ff.); *Kopec/Mroz*, Ubg 2014, 164 (164 ff.); *Lüdicke*, Personengesellschaften im Internationalen Steuerrecht, in Dötsch/Herlinghaus/Hüttemann/Lüdicke /Schön, Die Personengesellschaft im Steuerrecht, 95 (109 ff.); *Sigge*, Besteuerung Hybrider Finanzierungsinstrumente im Internationalen Kontext, 122; *Scheffler*, Internationale betriebswirtschaftliche Steuerlehre3, 331 ff.

1182 Je nach innerstaatlichem Besteuerungskonzept wird der als Personengesellschaft oder Kapitalgesellschaft identifizierte Rechtsträger der transparenten oder intransparenten Besteuerung unterworfen. Danach bestimmt sich, ob der Rechtsträger wie ein eigenständiges Steuersubjekt behandelt wird oder nicht. Diesen Vorgang auch als Klassifikation bezeichnend *Debatin*, BB 1989, Beilage Nr. 2, 1 (7 f.); *Kahle*, StuW 2005, 61 (64); *Feldgen*, IWB 2010, 232 (236).

1183 Vgl. *Sigge*, Besteuerung Hybrider Finanzierungsinstrumente im Internationalen Kontext, 122.

1184 *Jacobs*, Internationale Unternehmensbesteuerung7, 1300, abstrahiert hingegen von der Abkommensspezifität und schließt in der Folge auch Problembereiche mit ein, die ohne das Bestehen eines DBA aus einer unterschiedlichen „Qualifikation" resultieren. Der Qualifikationskonflikt folgt nach dessen Verständnis damit bereits aus der unterschiedlichen steuerlichen Behandlung von Sachverhalten.

1185 Vgl. *Wehrße*, Grenzüberschreitende Besteuerung von Personengesellschaften im internationalen Vergleich, 77, mit Verweis auf *Wassermeyer* in Wassermeyer/Richter/Schnittker, Personengesellschaften im Internationalen Steuerrecht, Rz. 6.3.

DBA-Vorschriften erfüllt.[1186] Auch die „Steuersubjektqualifikation" kann neben der beschriebenen Einordnung des Rechtsgebildes als Steuersubjekt im Grundsatz auf den Gedanken einer Eignung oder Befähigung zurückgeführt werden. In diesem Zusammenhang steht die Fähigkeit, ob das Rechtsgebilde als Steuersubjekt anerkannt wird, im Vordergrund. So wird im Rahmen der Eignungsprüfung insgesamt auf eine Eigenschaft einer Person oder Handlung abgestellt. Diese Sichtweise soll ebenfalls strikt von dem hier vertretenen Verständnis des Qualifikationsbegriffs getrennt werden. Die Qualifikation ist als Vorgang, ob das Rechtsverhältnis unter die Verteilungsnorm zu subsumieren ist, zu verstehen und nicht als Zustand, ob sich eine Person oder Handlung aufgrund ihrer Eigenschaften für die Abkommensanwendung „qualifiziert".

Zusammenfassend kann zwar der Begriffskern der Qualifikation im IPR und DBA-Recht sowie in der allgemeinen Begriffsverwendung und im AStR in der Erforschung des Charakters bzw. des rechtlichen Gehalts eines Rechtsvorgangs oder Rechtsgebildes gesehen werden. Im IPR und DBA-Recht kommt der Qualifikation jedoch ein wesentlich höherer Stellenwert zu, der den Qualifikationsbegriff in diesen Rechtsgebieten zu einem zentralen, diese Rechtsgebiete prägenden und damit maßgeblichen Vorgang erhebt.

2. Begriff des Qualifikationskonfliktes

a. Verständnispluralismus

Das Verständnis über den Terminus „Qualifikationskonflikt" ist so vielfältig wie das Phänomen, das er beschreibt.[1187] Eine Legaldefinition wird man vergeblich suchen.[1188] Überdies findet der Ausdruck „Qualifikationskonflikt" keinen Gebrauch in den nationalen Gesetzen.[1189] Folglich mangelt es an der notwendigen Konkordanz, die gerade als gemeinsame Basis der erfolgreichen Verständigung über diese Problematik fungiert. Vielleicht ist es aber auch gerade die

1186 Vgl. *Wehrße*, Grenzüberschreitende Besteuerung von Personengesellschaften im internationalen Vergleich, 77.

1187 *Debatin*, DStR 1992, Beihefter zu Heft 23, 1 (7), spricht von einer „geheimnisvollen Plakatierung, unter der alles oder nichts unterzubringen ist".

1188 Es handelt sich bei dem Begriff des Qualifikationskonfliktes nicht um einen Rechtsbegriff, vgl. *Lampert*, Doppelbesteuerungsrecht und Lastengleichheit, 44.

1189 Vgl. *Piltz*, Qualifikationskonflikte im internationalen Steuerrecht unter besonderer Berücksichtigung von Personengesellschaften, in Fischer, Besteuerung internationaler Konzerne, 21 (22).

bestehende Meinungspluralität, die den Grund für eine zurückhaltende materiellrechtliche Verwendung bildet.[1190]

Gleichwohl ist der Begriff im Laufe der Zeit gewachsen. Verwendete die höchstrichterliche Rechtsprechung den Ausdruck vor Jahrzenten nur vereinzelt,[1191] so ist in den vergangenen Jahren eine erhebliche Ausdehnung der Begriffsverwendung zu verzeichnen.[1192] Eine derartige Entwicklung beruht auf der zunehmenden Verwendung des Begriffs im Zusammenhang mit völkerrechtlichen Verträgen[1193], dem im Jahre 1999 veröffentlichen Bericht der OECD[1194] (Partnership-Report), der Einführung des § 50d Abs. 9 EStG[1195] auf unilateraler Ebene sowie der Veröffentlichung des BMF-Schreibens zur Anwendung der Doppelbesteuerungsabkommen auf Personengesellschaften[1196]. Im Fachschrifttum hingegen wurde das Phänomen des Qualifikationskonflikts seit jeher analysiert, systematisiert und kontrovers diskutiert.[1197] Eine konsensuelle Anwendung des Qualifikationskonfliktbegriffs findet bis heute jedoch nicht statt.

1190 So müssen Gesetze dem Prinzip der Rechtsklarheit gerecht werden. Besteht eine derartige Verständnispluralität, wie es bei den Qualifikationskonflikten der Fall ist, kann der Gesetzgeber der Rechtsklarheit nur durch eine Legaldefinition beikommen.

1191 BFH vom 12.04.1978 I R 136/77, BStBl. II 1978, 494, Tz.4; vom 05.07.1990, I B 17/90, BFH/NV 1991, 146, Tz. II.3.

1192 BFH vom 17.12.2003 I R 14/02, BStBl. II 2004, 260, Tz. II. 2 c) bb); BFH vom 19.05.2010, I R 75/09, BStBl. II 2011, 208, Tz. II e); vom 25.05.2011, I R 95/10, BFH/NV 2011, 1602, Tz. II. 2. a) bb); vom 24.08.2011, I R 46/10, BFHE 234, 339, Tz. II.4.

1193 Siehe bspw. Abs. 21 S. 1 lit. b des Protokolls zum DBA-USA 1989 a.F.; Tz. 32.1 ff. zu Art. 23 MA des MK.

1194 *OECD*, The Application of the OECD Model Tax Convention to Partnerships, Issues in International Taxation No. 6, Tz. 94 ff.

1195 Vgl. zur Begriffsverwendung die Gesetzesbegründung zu § 50d Abs. 9 EStG, Entwurf eines Jahressteuergesetzes 2007 (JStG 2007) vom 25.09.2006, BT-Drucks. 16/2712, 61.

1196 BMF vom 26.09.2014, IV B 5, S 1300/09/10003, BStBl. I 2014, 1258, Tz. 4.1.3.

1197 So zum Bsp. bei *Wengler*, Beiträge zum Problem der internationalen Doppelbesteuerung, passim; *Rosendorff/Henggeler*, Das Internationale Steuerrecht des Erdballs, Bd. 1, passim; *Spitaler*, Das Doppelbesteuerungsproblem bei den direkten Steuern2, passim. Eine grundlegende Untersuchung nahm *Hannes*, Qualifikationskonflikte im Internationalen Steuerrecht, vor. Vgl. hierzu auch *Debatin*, DStR 1992, Beihefter zu Heft 23, 1 (1 ff.); *Piltz*, Qualifikationskonflikte im internationalen Steuerrecht unter besonderer Berücksichtigung von Personengesellschaften, in Fischer, Besteuerung internationaler Konzerne, 21 (21 ff.); *Vogel* in Vogel/Lehner, DBA, Einl. Rz. 151 ff.

Im Zuge der erstmaligen Begriffsverwendung bestand für *Wengler*[1198] das Konfliktpotential darin, dass in den einzelnen Rechtsordnungen den vermeintlich kongruenten Begriffswelten divergierende Begriffsinhalte gegenüberstehen.

Im Rahmen seiner grundlegenden Untersuchung definierte *Hannes* den Qualifikationskonflikt als „widerstreitende Subsumtion eines in einer ausländischen Rechtsordnung verwirklichten Sachverhaltes oder eines in ihr enthaltenen Rechtsbegriffes unter in einer anderen Rechtsordnung enthaltene Normen des Internationalen Steuerrechts"[1199].

Wassermeyer umschreibt den Begriff als „divergierende Auslegung von zwei DBA-Bestimmungen durch die beteiligten Vertragsstaaten"[1200].

Vogel[1201] will den Begriff des Qualifikationskonflikts im Recht der DBA so eng wie möglich am Verständnis des IPR angelehnt wissen. Demnach sollen Probleme in Verbindung mit der Qualifikation nur in den Fällen bestehen, wenn die Vertragsstaaten in den Abkommen Ausdrücke des innerstaatlichen Rechts verwenden (Qualifikationskonflikt i.e.S.) oder zumindest, wenn die Probleme aus den Unterschieden im nationalen Recht resultieren (Qualifikationskonflikt i.w.S.).

Im Rahmen des OECD-Partnership-Reports wird unter Qualifikationskonflikten eine Anwendung ungleicher Abkommensbestimmungen aufgrund von Unterschieden im innerstaatlichen Recht der Vertragsstaaten verstanden.[1202]

Das BMF-Schreiben zur Anwendung der DBA auf Personengesellschaften formuliert den Qualifikationskonflikt indes "weiter". Hierin wird artikuliert, dass Qualifikationskonflikte „aus einer nicht übereinstimmenden Anwendung der Vorschriften eines DBA durch die Vertragsstaaten"[1203] resultieren.

1198 *Wengler* benennt dieses Problem erstmals als Qualifikationskonflikt, siehe *Wengler*, Beiträge zum Problem der internationalen Doppelbesteuerung, 8.

1199 *Hannes*, Qualifikationskonflikte im Internationalen Steuerrecht, 2.

1200 *Wassermeyer* in Wassermeyer, DBA, Art. 1 MA Rz. 28c.

1201 Vgl. *Vogel* in Vogel/Lehner, DBA, Einl. Rz. 152; *ders.*, IStR 2007, 225 (227); *ders.*, Auslegung von Doppelbesteuerungsabkommen, in Haarmann, Auslegung und Anwendung von Doppelbesteuerungsabkommen, 1 (15).

1202 *OECD*, The Application of the OECD Model Tax Convention to Partnerships, Issues in International Taxation No. 6, Tz. 94, 108. Dies gibt ebenfalls Tz. 32.3 zu Art. 23 MA des MK wieder. Hiervon zu unterscheiden sind Konflikte, die sich durch unterschiedliche Beurteilung der Tatsachen oder durch unterschiedliche Auslegung der Abkommensbestimmungen ergeben, siehe Tz. 32.5 zu Art. 23 MA des MK. In diesen Fällen erfolgt seitens eines der Vertragsstaaten vielmehr eine unzutreffende Abkommensanwendung, vgl. *Vogel*, IStR 2007, 225 (227).

1203 BMF vom 26.09.2014, IV B 5, S 1300/09/10003, BStBl. I 2014, 1258, Tz. 4.1.3.1.

Als kleinsten gemeinsamen Nenner sieht *Piltz*[1204] den Qualifikationskonflikt als Unterschied in der steuerlichen Behandlung ein und desselben Sachverhalts durch zwei Staaten.[1205]

b. Würdigung des Qualifikationskonfliktebegriffs

Um den Problembereich sauber abgrenzen zu können, bedarf es einer begrifflichen Konkretisierung des Qualifikationskonfliktes. Eine grundlegende Klärung ist dabei insbesondere hinsichtlich der Auffassung, Qualifikationskonflikte gingen allein auf das innerstaatliche Recht bzw. auf die Verwendung nationalrechtlicher Begrifflichkeiten zurück,[1206] vorzunehmen. Dieses Verständnis könnte auf zwei verschiedene Denkansätze zurückzuführen sein.

Einerseits erhellt der OECD-Partnership-Report bzw. der Musterkommentar das Verständnis, dass Konflikte aufgrund unterschiedlicher Sachverhaltsermittlung und Abkommensauslegung von Qualifikationskonflikten zu differenzieren sind.[1207] Diese haben ihre Ursache schließlich in den Unterschieden des innerstaatlichen Rechts der Vertragsstaaten.[1208] So bestehen auf der einen Seite Konflikte aufgrund „falscher" Abkommensanwendung und auf der anderen Seite Konflikte aufgrund „richtiger" Abkommensanwendung. Lediglich letztere – die unvermeidbaren Konflikte – sollen als Qualifikationskonflikte bezeichnet werden.[1209] Die Stimmigkeit dieser Überlegung stößt jedoch an ihre Grenzen, wenn man bedenkt, dass die verschiedenen Konfliktarten unabhängig von einer „falschen" oder „richtigen" Abkommensanwendung den Qualifi-

1204 *Piltz,* Qualifikationskonflikte im internationalen Steuerrecht unter besonderer Berücksichtigung von Personengesellschaften, in Fischer, Besteuerung internationaler Konzerne, 21 (22); *ders.,* Die Personengesellschaften im internationalen Steuerrecht der Bundesrepublik Deutschland, 108.

1205 So auch *Kahle,* StuW 2005, 61 (63); *Jacobs,* Internationale Unternehmensbesteuerung7, 1300; *Lampert,* Doppelbesteuerungsrecht und Lastengleichheit, 44.

1206 Vgl. hierzu bspw. *OECD,* The Application of the OECD Model Tax Convention to Partnerships, Issues in International Taxation No. 6, Tz. 94; *Vogel* in Vogel/Lehner, DBA, Einl. Rz. 152; *Gündisch,* Personengesellschaften im DBA-Recht, 187; *Lampert,* Doppelbesteuerungsrecht und Lastengleichheit, 45.

1207 Tz. 32.5 zu Art. 23 MA des MK.

1208 Tz. 32.3 zu Art. 23 MA des MK.

1209 Vgl. *Vogel* , IStR 2007, 225 (227). Nach diesem Verständnis sollen Qualifikationskonflikte im abkommensrechtlich festgelegten Rahmen entstehen und nicht auf einer fehlerhaften Abkommensanwendung basieren, vgl. *Debatin,* DStR 1992, Beihefter zu Heft 23, 1 (7); hierzu ebenfalls *Lampert,* Doppelbesteuerungsrecht und Lastengleichheit, 45.

kationsvorgang beeinflussen und somit zu einem divergierenden Qualifikationsergebnis führen.

Andererseits könnte eine Erklärung dieser Eingrenzung auch in der Anlehnung an das IPR zu finden sein.[1210] So speisen sich die nationalen IPR-Vorschriften bzw. die Systembegriffe aus den nationalen materiellrechtlichen Begriffen. Besteht in den verschiedenen Staaten ein unterschiedliches Verständnis über den in ihrem jeweiligen IPR verwendeten Begriffen, kann es zu Abweichungen in der Zuordnung kommen.[1211] Nun liegt die Verwendung von nationalrechtlichen Begriffen für das nationale IPR nahe, da dieses aus einer Zusammenfassung von innerstaatlichen Normen zu Systembegriffen besteht.[1212] Aber auch das völkervertragliche IPR verwendet die Terminologie der jeweiligen Staaten,[1213] da sich noch keine internationale Rechtssprache herausgebildet hat.[1214] Dieser Fakt kann jedoch nicht entscheidend für das Begriffsverständnis sein. Nehme man den hypothetischen Fall an, dass sich für das IPR eine internationale Rechtssprache herausgebildet hätte, dann müsste in der Konsequenz auch für diese Fälle eine Subsumtion von Rechtsfragen unter Kollisionsnormen und damit eine Qualifikation angenommen werden.

Überträgt man den Begriff unter diesen Gesichtspunkten auf das Recht der DBA, in welchem sich bereits eine internationale Steuersprache entwickelt hat, so ist auch hier eine Differenzierung zwischen den Problemen, die aufgrund der Verwendung nationalrechtlicher Terminologie und autonomer abkommensrechtlicher Terminologie bestehen, nicht einzusehen. Diese Abgrenzung wäre schon deshalb unsystematisch, weil die Verwendung paralleler Begriffsbestimmungen im Abkommensrecht und im innerstaatlichen Recht ebenso dem Zufall unterliegen kann.

Für den Fortgang der Untersuchung wird der Qualifikationskonfliktebegriff in Anlehnung an den erarbeiteten Qualifikationsbegriff entwickelt. Folg-

---

1210 So betont *Vogel* in Vogel/Lehner, DBA, Einl. Rz. 152; *ders.*, IStR 2007, 225 (227), dass hierdurch eine größtmögliche Anlehnung an das IPR-Verständnis erfolgt.

1211 Diese Problembereiche im Rahmen des Qualifikationsvorgangs gehen auf Systemunterschiede in den jeweiligen materiellen Rechtsordnungen zurück, vgl. hierzu und der weiteren Kategorisierung der Qualfikationsprobleme *Rauscher*, Internationales Privatrecht4, Rz. 435 ff.

1212 Schließlich bezieht sich der Anknüpfungsgegenstand auf Systembegriffe des Privatrechtssystems, vgl. *Dilling/Munte*, Das Internationales Privatrecht2, 5.

1213 So wurzeln die Systembegriffe oftmals in den Systembegriffen des jeweiligen nationalen Rechts, vgl. *Rauscher*, Internationales Privatrecht4, Rz. 113.

1214 *Rauscher*, Internationales Privatrecht4, Rz. 114, weist jedoch zutreffend darauf hin, dass aus den Gründen eines einheitlichen Verständnisses ggf. neutrale Begrifflichkeiten gewählt werden.

lich ist unter einem Qualifikationskonflikt die divergierende Subsumtion von Steuerrechtsverhältnissen unter Verteilungsnormen zu verstehen.[1215] Dabei sollen jedoch neben den Konflikten, die bei einer abweichenden Subsumtion unter verschiedene Einkunftsnormen entstehen (Internormkonflikte) auch jene angesprochen sein, die auf einer unterschiedlichen Subsumtion innerhalb derselben Einkunftsnorm (Innernormkonflikte) basieren.[1216] Dies ergibt sich aus der Tatsache, dass die Einkunftsartikel noch einmal unterschiedliche Verteilungsbestimmungen enthalten können.

c. Abgrenzung des Zurechnungskonfliktebegriffs

Die Zurechnungskonflikte sind entschieden von den Qualifikationskonflikten zu differenzieren.[1217] Die Ursache dieser Konflikte lässt sich stets auf die Zurechnung der Einkünfte zu einer anderen Person und somit auf eine divergierende Steuersubjektbestimmung zurückführen.[1218] Die Begrifflichkeiten des Zurechnungs- und Qualifikationskonfliktes werden nicht immer klar voneinander getrennt.[1219] Das lässt sich anhand der Tatsache erklären, dass die bei-

1215 Damit es zu einer unterschiedlichen Subsumtion unter die Einkunftskategorien kommt, genügt bspw., dass eine DBA-Bestimmung von den Vertragsstaaten unterschiedlich ausgelegt wird. Hingegen spricht Wassermeyer, in Wassermeyer, DBA, Art. 1 MA Rz. 28c, von „divergeriende[r] Auslegung von *zwei* DBA-Bestimmungen durch die beteiligten Vertragsstaaten".

1216 Die Zuordnung der Einkünfte zu unterschiedlichen Abkommensbestimmungen wird teilweise auch als „Zuordnungskonflikt" bezeichnet, vgl. *Viebrock/Loose/Oskamp*, Ubg 2013, 631 (632); *Haase/Dorn*, IStR 2011, 791.

1217 Statt vieler *Wassermeyer* in Wassermeyer, DBA, Art. 1 Rz. 28d; *Vogel* in Vogel/Lehner, DBA, Einl. Rz. 181a ff.

1218 Vgl. *Wengler*, Beiträge zum Problem der internationalen Doppelbesteuerung, 107; *Widmann*, Zurechnungsänderungen und Umqualifikationen durch das nationale Recht in ihrem Verhältnis zum DBA-Recht, in Vogel, Grundfragen des internationalen Steuerrechts, 253 (253 f.); *Loukota*, Der OECD-Report zur Anwendung des OECD-Musterabkommens auf Personengesellschaften, in Gassner/Lang/Lechner, Personengesellschaften im Recht der Doppelbesteuerungsabkommen, 15 (18 f.); *Jirousek*, Methodische Ansätze zur Konfliktvermeidung bei der Anwendung von Doppelbesteuerungsabkommen, in Lang/Jirousek, Festschrift Loukota, 175 (181); *Piltz*, Die Personengesellschaft im internationalen Steuerrecht der Bundesrepublik Deutschland, 111; *Wassermeyer* in Wassermeyer, DBA, Art. 1 MA Rz. 28 c und 28 d; *Lampert*, Doppelbesteuerungsrecht und Lastengleichheit, 45 f., 91 ff.

1219 Aufgrund des vielfältigen Verständnisses über den Begriff des Qualifikationskonfliktes wird jener Konflikt, der auf einer unterschiedlichen Wertung in Bezug auf die Steuersubjektfähigkeit des Rechtsgebildes basiert, auch als subjektiver Qualifikationskonflikt bezeichnet, vgl. *Schlütter*, Die Sondervergütungen eines Mitunternehmers im Außensteuerrecht, JbFStR 1979/1980, 152 (163); *Müller/Wangler*, IStR 2003,

den Konfliktarten durchaus einen Schnittmengenbereich besitzen. So ist die Steuersubjektbestimmung ein integraler Bestandteil des Qualifikationsvorgangs und übt dahingehend Einfluss auf die Qualifikation aus. Es besteht damit zwar die konkrete Gefahr, dass ein Zurechnungskonflikt auch einen Qualifikationskonflikt verursacht. Eine zwingende Schlussfolgerung ergibt sich hieraus gleichwohl nicht. Demnach muss ein unterschiedliches Steuersubjekt nicht zwangsläufig in einem Qualifikationskonflikt gipfeln. Aus diesen Überlegungen wird deutlich, dass es sich bei dem Zurechnungskonflikt und dem Qualifikationskonflikt um zwei voneinander abzugrenzende Phänomene handelt.

3. Systematisierung der Qualifikationskonflikte

a. Systematisierungspluralismus

Im Schrifttum sind seit jeher vielzählige Versuche der Systematisierung von Qualifikationskonflikten unternommen worden. Bereits in der älteren Literatur bestehen diverse Ansätze:[1220] *Wengler*[1221] nahm eine Unterteilung in Enumerations-, Definitions-, Ermessens- und Subsumtionskonflikte vor. *Rosendorff*[1222] grenzt im Gegensatz zu *Wengler* die Zurechnungskonflikte nicht gegen die Qualifikationskonflikte ab, sondern sieht sie als ein Teil derer. *Spitaler* nimmt zuerst eine Einteilung ausschließlich für das AStR vor.[1223] Später unterteilt er in Konflikte, die durch Auslegung aus dem Zusammenhang noch zu lösen wären und solchen „unlösbaren Konflikten", die im Rahmen einer zusätzlichen Ver-

---

145 (150); *Gündisch*, Personengesellschaften im DBA-Recht, 50; *Gschwandtner*, Unternehmensgewinne von Personengesellschaften im Abkommensrecht im Spannungsfeld zwischen Art. 7 OECD-MA und § 15 EStG, 81; *Lüdicke*, Personengesellschaften im Internationalen Steuerrecht, in Dötsch/Herlinghaus/Hüttemann/Lüdicke/Schön, Die Personengesellschaft im Steuerrecht, 95 (109 ff.); *Tippelhofer*, Subjektive Qualifikationskonflikte bei Direktinvestitionen in den USA, 3 m.w.N. Diese Sichtweise spiegelt sich auch im Urteil des BFH vom 25.05.2011, I R 95/10, BFH/NV 2011, 1602 wider.

1220 Diese werden im Folgenden in Anlehnung an *Hannes*, Qualifikationskonflikte im Internationalen Steuerrecht, 129 ff., lediglich auszugsweise zusammenfassend dargestellt, ohne deren Inhalte näher nachzuzeichnen. Eine Darstellung bzw. Zusammenfassung findet sich auch bei *Piltz*, Die Personengesellschaften im internationalen Steuerrecht der Bundesrepublik Deutschland, 108 f. und *Brähler*, Deutsche Direktinvestitionen in den USA, 221 f.

1221 *Wengler*, Beiträge zum Problem der internationalen Doppelbesteuerung, 12 f.

1222 *Rosendorff/Henggeler*, Das Internationale Steuerrecht des Erdballs, Bd. 1, 228 ff.

1223 Vgl. *Spitaler*, Das Doppelbesteuerungsproblem bei den direkten Steuern2, 555 ff.

einbarung der Vertragsstaaten einer authentischen Auslegung bedürfen.[1224] *Philipp*[1225] teilt in echte und unechte Qualifikationskonflikte sowie Auslegungskonflikte ein. *Von Poser und Groß-Naedlitz*[1226] nimmt eine Differenzierung in echte und unechte sowie positive und negative Qualifikationskonflikte vor. *Vogel*[1227] systematisiert in einer älteren Einteilung den Qualifikationskonflikt auswirkungsbezogen nach dem jeweiligen Bereich innerhalb der Verzichtsnormen der DBA.

In der jüngeren Literatur unternimmt *Hannes* im Rahmen seiner Untersuchung eine grundlegende Neuordnung:[1228] Dabei unterscheidet er die Qualifikationskonflikte in unechte Qualifikationskonflikte – untergliedert in Konflikte, die im Vorfeld der Abkommensanwendung auftreten, wie Einkunftsermittlungs- und Zurechnungskonflikt, und Konflikte in der Sachverhaltswürdigung – echte Qualifikationskonflikte im weiteren Sinne – diese konkretisieren sich insbesondere in der falschen Anwendung des Definitionsverweises und des Auslegungsrückgriffes sowie der falschen Auslegung aus dem Zusammenhang – und echte Qualifikationskonflikte im engeren Sinne, die den zutreffenden Auslegungsrückgriff gem. Art. 3 Abs. 2 MA umfassen. Seine Strukturierung der Qualifikationskonflikte orientiert er dabei an der jeweiligen Fehlerquelle innerhalb des DBA-Anwendungsprozesses.

Ferner gibt es weitere Ansätze, die eine Systematisierung an unterschiedlichen Ordnungskriterien ausrichten. So nehmen *Strunk/Kaminski*[1229] eine Unterscheidung nach den Anknüpfungspunkten der Konfliktentstehung vor. Dabei differenzieren sie zwischen Qualifikationskonflikten aufgrund der Person, infolge von unterschiedlichen Begriffsbestimmungen, infolge unterschiedlicher Ansässigkeit, infolge einer unterschiedlichen Einkunftsqualifikation und solcher infolge unterschiedlicher Einkunftsermittlungsvorschriften. Überdies kann eine Kategorisierung auch nach den Auswirkungen in positive und negative Qualifikationskonflikte vorgenommen werden.[1230]

1224 *Spitaler,* The interpretation of the double taxation conventions, Nationalbericht Deutschland, in IFA, CDFI 1960, 165 (170).

1225 *Philipp,* DStZ 1967, 245 (246 ff.).

1226 *Poser und Gross-Naedlitz,* Der Qualifikationskonflikt bei Doppelbesteuerungsabkommen, 105 ff.

1227 *Vogel,* StuW 1982, 286 (294).

1228 Vgl. *Hannes,* Qualifikationskonflikte im Internationalen Steuerrecht, 168 ff.

1229 *Strunk/Kaminski* in Strunk/Kaminski/Köhler, AStG/DBA, Einl. MA Rz. 58 ff.

1230 So bereits *Arendt,* StuW 1959, Sp. 381 (384).

Größtenteils wird in der Literatur jedoch ursachenbezogen systematisiert. So fasst *Schaumburg*[1231] die abkommensspezifischen Konflikte zu dem Komplex der Auslegungskonflikte zusammen. Wie es die Namensgebung impliziert ist für diese Art von Konflikten die Ursache ausschließlich in einer widerstreitenden Auslegung zu suchen. So sind für ihn die Qualifikationskonflikte lediglich eine Teilmenge der Auslegungskonflikte. Flankierend zu den Qualifikationskonflikten benennt er die Subsumtionskonflikte, die in den Fällen einer divergierenden Abkommensnormauslegung mit eigenständigen Begriffsinhalten zustande kommen. Qualifikationskonflikte entstehen für ihn nur aufgrund der Zugrundelegung innerstaatlichen Begriffsverständnisses, somit wenn ein expliziter Definitionsverweis innerstaatliches Recht für maßgeblich hält und wenn eine Verweisung auf innerstaatliches Recht als letztes Mittel gem. Art. 3 Abs. 2 MA erfolgt. Die Qualifikationskonflikte mit Bezug zu Art. 3 Abs. 2 MA unterteilt er wiederum in subjektive Qualifikationskonflikte[1232] sowie subjektive[1233] und objektive Zurechnungskonflikte[1234].[1235]

Gündisch[1236] bezeichnet die Abkommenskonflikte als Auslegungskonflikte i.w.S. und unterteilt sie in die Gruppe der Auslegungskonflikte i.e.S. und der Gruppe der Qualifikationskonflikte. Dabei beinhalten die Auslegungskonflikte i.e.S. die Sachverhaltskonflikte und die Subsumtionskonflikte. Die Qualifikationskonflikte gliedert er in Modal-, Subjekt- und Objektdivergenzkonflikte.

Im Rahmen einer neueren Einteilung grenzt *Vogel*[1237] den Qualifikationskonflikt i.e.S. gegen sämtliche Problembereiche ab, die nicht auf die Verwendung von innerstaatlichen Ausdrücken im Abkommen zurückzuführen sind.

Neben den verschiedenen Literaturstimmen besteht die von der OECD erarbeitete Einteilung. Auch die OECD[1238] präferiert eine ursachenbezogene Differenzierung. Sie grenzt dabei Konflikte aufgrund unterschiedlicher Sachver-

---

1231 *Schaumburg*, Internationales Steuerrecht3, Rz. 16.79 ff. Die folgende Darstellung fasst das Meinungsbild und seine Ausführungen zusammen.

1232 Die subjektiven Qualifikationskonflikte entstehen bei einer unterschiedlichen Würdigung der persönlichen Abkommensberechtigung.

1233 Die subjektiven Zurechnungskonflikte gehen auf die Zuordnung eines Steuerobjektes zu verschiedenen Steuersubjekten zurück.

1234 Die objektiven Zurechnungskonflikte betreffen eine divergierende Zurechnung eines Steuerobjektes zu einer Betriebsstätte.

1235 Vgl. *Schaumburg*, Internationales Steuerrecht3, Rz. 16.82.

1236 *Gündisch*, IStR 2005, 829 (835).

1237 *Vogel* in Vogel/Lehner, DBA, Einl. Rz. 152 f., 181a ff.

1238 Dies implizierend *OECD*, The Application of the OECD Model Tax Convention to Partnerships, Issues in International Taxation No. 6, Tz. 94, 108. Gleiches gibt Tz. 32.3 und 32.5 zu Art. 23 MA des MK wieder.

haltsbeurteilungen durch die beteiligten Finanzbehörden (Subsumtionskonflikt) und Konflikte aufgrund unterschiedlicher Interpretation des Abkommens durch die Finanzverwaltungen (Auslegungskonflikt) gegen die Qualifikationskonflikte, die aufgrund von Unterschieden im nationalen Recht der Vertragsstaaten entstehen, ab. Im Gegensatz zu den Qualifikationskonflikten gehen die Auslegungskonflikte und Subsumtionskonflikte auf eine unrichtige Abkommensanwendung durch einen der Vertragsstaaten zurück.[1239] Diese Einteilung beruht auf dem Vorschlag zur Änderung des OECD-MK im Rahmen des Partnership-Reports. In diesem Zusammenhang wird die Kategorisierung auch als Gruppierung der Qualifikationskonflikte verstanden.[1240] Die Unterscheidung der Qualifikationskonflikte von den anderen Konfliktarten wird allerdings in zweierlei Hinsicht verdeutlicht: 1) die Ausführungen zum Qualifikationskonflikt rekurrieren auf die Unterschiede im innerstaatlichen Recht als Konfliktursache und 2) im Zuge der Einfügungen in den OECD-MK wird explizit auf eine Abgrenzung des Qualifikationskonfliktes zu den anderen Konflikten aufmerksam gemacht.[1241] Das BMF hat in seinem Anwendungsschreiben auf Personengesellschaften jedoch ein weiteres Verständnis in Bezug auf den Qualifikationskonfliktebegriff zugrunde gelegt und die Einteilung der OECD auf dieses weitere Begriffsverständnis projiziert. Ein wesentlicher Unterschied zur OECD-Einteilung besteht jedoch darin, dass sich einer der Ursachenbereiche nicht in der Gänze auf das innerstaatliche Steuerrecht bezieht, sondern allein auf die Verweisung des Art. 3 Abs. 2 MA. Entsprechend nimmt das BMF folgende Einteilung der Qualifikationskonflikte vor:[1242] a) in- und ausländische Finanzbehörden gehen von einer unterschiedlichen Sachverhaltsbeurteilung aus, b) in- und ausländische Finanzbehörden wenden unterschiedliche Abkommensbestimmungen an, weil sie die Abkommensbestimmungen selbst unterschiedlich auslegen und c) in- und ausländische Finanzbehörden wenden unterschiedliche Abkommensbestimmungen an, weil sie entsprechend Art. 3 Abs. 2 MA Abkommensbegriffe nach ihrem nationalen Recht auslegen.

Aus diesem kurzen Abriss von Systematisierungsversuchen wird die bestehende Diversität ansatzweise deutlich. Diese ist gleichwohl nicht allein auf die unterschiedlichen Ordnungskriterien zurückzuführen, sondern ist vornehmlich auch mit dem vielfältigen Verständnis des Qualifikationskonfliktebe-

---

1239 Vgl. *Vogel*, IStR 2007, 225 (227).

1240 Siehe *Benecke/Schnitger*, RIW 2002, 439; so auch *Gosch*, Internationale Qualifikationskonflikte, in Schaumburg/Piltz, Veräußerungsgewinne im Internationalen Steuerrecht, 103 (105).

1241 Dies ebenfalls erkennend *Vogel*, IStR 2007, 225 (227).

1242 BMF vom 26.09.2014, IV B 5, S 1300/09/10003, BStBl. I 2014, 1258, Tz. 4.1.3.1.

griffs zu erklären. Zudem ist auch ein Unterschied in dem Grad der Feingliedrigkeit der vorgenommenen Differenzierung zu konstatieren.

Tabelle 2: Einteilung Qualifikationskonflikte

Vertreter	Einteilung Qualifikationskonflikte	Abgrenzung zu anderen Konfliktarten	Ordnungskriterium
Vogel ältere Einteilung	• Qualifikationskonflikte bei den Anwendungsvoraussetzungen der Verzichtsnorm • Qualifikationskonflikte im Tatbestand der Verzichtsnorm • Qualifikationskonflikte in der Rechtsfolge der Verzichtsnorm	• Konflikte bei der Einordnung/ Substitution	Auswirkungen
Vogel neuere Einteilung	• Qualifikationskonflikte i.e.S.	• Konflikte bei der Einordnung/ Substitution • Zurechnungskonflikte • Konflikte bei der Auslegung von Abkommensbegriffen ≠ innerstaatliche Begriffe • Konflikte i.V.m. Ermessensausübung • Konflikte aufgrund Unterschieden in der materiellrechtlichen Abgrenzung der Steuertatbestände • Konflikte aufgrund Besteuerung unterschiedlicher Vorgänge	Ursache Abkommensausdrücke = innerstaatliche Ausdrücke
Hannes	• unechte Qualifikationskonflikte • Konflikte, die im Vorfeld der Abkommensanwen-	• nicht ersichtlich	Ursache im Abkommensanwendungsprozess

Vertreter	Einteilung Qualifikationskonflikte	Abgrenzung zu anderen Konfliktarten	Ordnungskriterium
Fortsetzung Hannes	dung auftreten • Einkunftsermittlungskonflikt • Zurechnungskonflikt • Konflikte in der Sachverhaltswürdigung • echte Qualifikationskonflikte im weiteren Sinne • Falsche Anwendung des Definitionsverweises • Falsche Auslegung aus dem Zusammenhang • Falsche Anwendung des Auslegungsrückgriffs • echte Qualifikationskonflikte im engeren Sinne		
Strunk/ Kaminski	• Qualifikationskonflikte aufgrund der Person • Qualifikationskonflikte aufgrund unterschiedlicher Begriffsbestimmungen • Qualifikationskonflikte aufgrund unterschiedlicher Ansässigkeit • Qualifikationskonflikte aufgrund einer unterschiedlichen Einkunftsqualifikation • Qualifikationskonflikte aufgrund unterschiedlicher Einkunftsermittlungsvorschriften	• nicht ersichtlich	Spezifische Anknüpfungspunkte
Schaumburg	• Qualifikationskonflikte aufgrund der Zugrundelegung innerstaatlichen Begriffsverständnisses, • Qualifikationskonflikte aufgrund Verweisung auf innerstaatliches Recht	• Konflikte in der Abkommensinterpretation	Ursache

Vertreter	Einteilung Qualifikationskonflikte	Abgrenzung zu anderen Konfliktarten	Ordnungskriterium
Fortsetzung Schaumburg	gem. Art. 3 Abs. 2 MA • Subjektive Qualifikationskonflikte • Subjektive Zurechnungskonflikte • Objektive Zurechnungskonflikte		
Gündisch	• Modaldivergenzkonflikt • Subjektdivergenzkonflikt • Objektdivergenzkonflikte	• Auslegungskonflikte i.e.S. • Sachverhaltskonflikte • Subsumtionskonflikte	Ursache
OECD	• Qualifikationskonflikte aufgrund Unterschieden im nationalen Recht	• Konflikte in der Sachverhaltsbeurteilung • Konflikte in der Abkommensinterpretation • Konflikte in der Abkommensberechtigung • Konflikte in der Zurechnung	Ursache
BMF	• Qualifikationskonflikte aufgrund Unterschieden in der Sachverhaltsbeurteilung • Qualifikationskonflikte aufgrund Unterschieden in der Auslegung von Abkommensbestimmungen • Qualifikationskonflikte aufgrund unterschiedlicher Auslegung von Abkommensbegriffen gem. Art. 3 Abs. 2 MA	• nicht ersichtlich	Ursache

Quelle: Eigene Darstellung

b. Systematisierungsansatz

(1) Vorüberlegungen

Grundsätzlich charakterisiert sich der Qualifikationskonflikt im Internationalen Steuerrecht nicht allein als ein Phänomen, sondern stellt hier insbesondere ein reales Problem dar. Hieran anknüpfend hat die Systematisierung neben der Ordnungsaufgabe, welche gleichartige Ausprägungen anhand eines Charaktermerkmals zusammenfasst, die Aufgabe zu erfüllen, Anknüpfungspunkte für etwaige Konfliktauflösungsmöglichkeiten bereitzustellen. Obgleich die verschiedenen Einteilungen teilweise als zutreffend, teilweise als nicht allumfassend zu würdigen sind,[1243] hat sich dennoch ein Großteil für die Ableitung von Rechtsfolgen als unbrauchbar erwiesen.[1244] Zumindest hat sich bis heute keine Kategorisierung durchsetzen können.

Einen Konsens über die Strukturierung wird wohl nur unter der Prämisse anzustreben sein, dass hierfür eine Fixierung verschiedener Faktoren erfolgt. Zum einen bedarf es der Festlegung eines maßgeblichen Qualifikationskonfliktebegriffs. Zum anderen ist ein Referenzkriterium zu benennen, an welchem die Strukturierung auszurichten ist. Der Qualifikationskonfliktebegriff wurde für diese Zwecke bereits erarbeitet. Nach dem hier vertretenen Verständnis bestehen Qualifikationskonflikte allein im Falle einer divergierenden Subsumtion von Steuerrechtsverhältnissen unter Verteilungsnormen der Doppelbesteuerungsabkommen. Zum Teil wird diese Art der Qualifikationskonflikte von den bisherigen Systematisierungen erfasst. In diesem Zusammenhang werden sie auch als „objektive Qualifikationskonflikte", „Qualifikationskonflikte infolge unterschiedlicher Einkunftsqualifikation" oder „Qualifikationskonflikte im Metatatbestand der Verzichtsnormen" benannt. In diesen Fällen wird zumeist jedoch gleichzeitig eine Beschränkung auf innerstaatlich induzierte Konflikte vorgenommen, womit die hier definierten Qualifikationskonflikte allein eine Teilmenge der bisherigen Systematik bilden.

Vor dem Hintergrund, einen Anknüpfungspunkt für Lösungsvorschläge bereitzustellen, erscheint es grundsätzlich sinnvoll, die Systematisierung ursachenbezogen vorzunehmen und damit am Kern der Problematik anzusetzen. Demgegenüber würde einer auswirkungsbezogenen Betrachtungsweise die

1243 Vgl. hierzu die Beurteilungen zu den einzelnen Systematisierungen von *Hannes*, Qualifikationskonflikte im Internationalen Steuerrecht, 129 ff.

1244 Vgl. *Piltz*, Qualifikationskonflikte im internationalen Steuerrecht unter besonderer Berücksichtigung von Personengesellschaften, in Fischer, Besteuerung internationaler Konzerne, 21 (22).

Gefahr einer allein symptomatischen Orientierung innewohnen, die erst nach Anwendung der Doppelbesteuerungsabkommen versucht, eine Zielverfehlung in eine Zielerfüllung umzukehren. Setzt man hingegen bei den Ursachen an, besteht die Möglichkeit, ein Korrektiv bereits vor oder während der Abkommensanwendung zur Wirkung zu verhelfen, sowie zur Weiterentwicklung eines möglichst konfliktfreien Doppelbesteuerungsabkommens beizutragen. Somit streiten die argumentativen Überlegungen für eine ursachenorientierte Systematisierung. Der von der OECD bzw. vom BMF vorgenommenen Einteilung ist eine derartige ursachenbezogene Betrachtungsweise grundsätzlich inhärent. Es ist auch zu konstatieren, dass sich die meisten Systematisierungen, die eine ursachenbezogene Einteilung vornehmen, in den drei von der OECD herausgearbeiteten Hauptkategorien wiederfinden lassen. Dennoch mangelt es der Systematisierung an Transparenz und Klarheit in Bezug auf die Differenzierung der einzelnen Kategorien. So gestaltet sich insbesondere die Abgrenzung zwischen Qualifikationskonflikten aufgrund unterschiedlicher Sachverhaltsbeurteilung und Qualifikationskonflikten aufgrund Unterschieden im nationalen Recht oder auch in Bezug auf die Abkommensauslegung mitunter als schwierig. Auch die vom BMF zur Illustration gewählten Beispiele stützen diese These, wie im Folgenden dargestellt wird:

Beispiel Qualifikationskonflikt aufgrund unterschiedlicher Sachverhaltsbeurteilung der in- und ausländischen Finanzbehörden:

Ein Unternehmen eines Staates übt eine Tätigkeit im anderen Staat durch eine dort gelegene Betriebsstätte aus. Der eine Staat betrachtet die Tätigkeit als Hilfstätigkeit, der andere als Haupttätigkeit (vgl. Artikel 5 Absatz 4 MA).

Obzwar die unterschiedliche Sachverhaltsbeurteilung gerade die Ursache für die Wertungsdivergenz bilden soll, wird aus diesem Beispiel nicht ersichtlich, woraus diese originär resultiert. Demnach könnten die Finanzbehörden von unterschiedlichen Tatsachen ausgehen, d.h. die einen legen zugrunde, dass es sich um eine feste Geschäftseinrichtung handelt, durch die die Geschäftstätigkeit des Unternehmens i.S.d. Art. 5 Abs. 1 MA teilweise ausgeübt wird und somit eine Haupttätigkeit ausführt. Die anderen verfügen darüber hinaus über die Information, dass die feste Geschäftseinrichtung gem. Art. 5 Abs. 4 lit. e MA ausschließlich den Hilfstätigkeiten dient. Andererseits könnte die Ursache der unterschiedlichen Beurteilung auch darin bestehen, dass die Parteien das Abkommen unterschiedlich ausgelegt haben und beispielsweise den Begriff „Hilfstätigkeit“ unterschiedlich interpretiert haben. In beiden Fällen würde die tatsächliche Ursache allerdings nicht der unterschiedlichen Sachverhaltsbeurteilung geschuldet sein. Die Kategorie der Sachverhaltsbeurteilung wirkt demnach undifferenziert.

Ähnliche Unklarheiten können auch in Verbindung mit den anderen Ursachenkategorien auftreten.

Anknüpfend an die aufgezeigten Unzulänglichkeiten bedarf es eines Ansatzes, der den in dieser Untersuchung vertretenen Qualifikationskonfliktebegriff passgenauer abzubilden hilft. Der Gedanke einer ursachengestützten Orientierung soll dabei aufgegriffen werden. Allerdings soll zusätzlich in die Überlegung einfließen, auf welcher Stufe des Qualifikationsvorgangs sich die Ursache des Qualifikationskonfliktes finden lässt. Mithin soll eine weiterentwickelte Systematisierung anhand des Prozessablaufs des Qualifikationsvorgangs dargelegt werden. Eine Darstellung mithilfe der prozessualen Betrachtung des Qualifikationsvorgangs erweist sich als zweckmäßig, weil sie in der Lage ist, die wesentlichen Dependenzen zwischen den jeweiligen Systemkategorien aufzuzeigen.

(2) Prozessbasierte Analyse

(a) Prozessstufen und Gefahrenpotenziale

Am Anfang des Qualifikationsvorgangs steht der in einer Rechtsordnung verwirklichte Lebenssachverhalt, welcher in beiden Rechtsordnungen einer Tatsachenermittlung zu unterziehen ist. Dieser Vorgang ist jedoch von dem vorgeschlagenen Bereich der Sachverhaltsbeurteilung zu separieren, weil er diesen noch vorgelagert ist. Der Tatsachenermittlung soll im Qualifikationsvorgang jedoch deshalb ein eigener Stellenwert zuerkannt werden, weil in diesem Bereich aufgrund der grenzüberschreitenden Aktivitäten erhöhte Anforderungen und Schwierigkeiten zu bewältigen sind. So kann es bereits hier zu einer abweichenden Faktenlage kommen, indem die Tatsachen nur unvollständig ermittelt wurden oder der Steuerpflichtige unvollständige Angaben gemacht hat. Im Anschluss kommt es dann zur Sachverhaltseinordnung. In diesem Zusammenhang gilt es, den Lebenssachverhalt zum Steuerrechtsverhältnis zu „stempeln“, indem eine Beurteilung des vorliegenden Sachverhalts im Lichte der innerstaatlichen Rechtsordnung erfolgt, ohne bereits eine steuerrechtliche Würdigung des Sachverhalts in materiellrechtlicher Hinsicht vorzunehmen. Der Sachverhalt wird für diese Zwecke so aufbereitet, dass hieran anknüpfend eine steuerliche Beurteilung anhand der einschlägigen Rechtsvorschriften ermöglicht wird. An diesem Punkt ist jedoch die Schwelle zum innerstaatlichen Recht bereits überschritten, weshalb die Unterscheidung zwischen Konflikten aufgrund unterschiedlicher Sachverhaltsbeurteilung und Unterschieden im innerstaatlichen Recht ungeeignet erscheint.[1245] So kann vor diesem Hintergrund gleichfalls der in mehreren Rechtsordnungen bekannte Rechtstypenvergleich[1246] gewürdigt werden. Im Rahmen der Vornahme des Typenvergleichs sind bereits alle Tatsachen bekannt. In Vorbereitung der Anwendung materiellrechtlicher Steuernormen wird er mit der Wertung des innerstaatlichen Rechts vorgenommen und ist somit zur innerstaatlichen Rechtsebene zu zählen.[1247] So kann die Würdigung des Sachverhalts als Einordnung der Rechtsgebilde und Rechtsverhältnisse in das innerstaatliche Verständnis charakterisiert werden, indem ein Vergleich mit den Eigenarten der im innerstaatlichen Recht möglichen Rechtsgebilde und Rechtsverhältnisse erfolgt.[1248] Auch an dieser Stelle kann es zwischen den Vertragsstaaten zu einer divergierenden Beurteilung kommen, wenn bspw. der eine Staat das Rechtsgebilde als Personengesellschaft und der andere es als Kapitalgesellschaft klassifiziert. Diese Beurteilung muss jedoch sauber davon getrennt werden, ob der jeweilige Staat Personengesellschaften transparent oder intransparent besteuert, da hierin eine steuerrechtliche Würdigung des Sachverhalts bestehen würde. Diese materiellrechtliche Würdigung wird in einem weiteren Schritt vorgenommen, in welchem allerdings für Qualifikationszwecke allein jene Informationen relevant sind, die zur Ausgestaltung der Abkommensaussage notwendig sind.[1249] Da es sich bei den

1245 Demgemäß sind es nicht nur Tatsachen, auf die die DBA Anwendung finden, sondern rechtsgeprägte Sachverhaltselemente, vgl. *Vogel*, IStR 2007, 225 (228).

1246 Zu einer Aufzählung der Rechtsordnungen, die einen Rechtstypenvergleich kennen vgl. *Wehrße*, Grenzüberschreitende Besteuerung von Personengesellschaften im internationalen Vergleich, 91; hierzu auch *Schüller*, Die deutsche Besteuerung grenzüberschreitender Personengesellschaften, 62 m.w.N. Speziell zum Typenvergleich im deutschen Steuerrecht siehe etwa *Pusill-Wachtsmuth*, Der Typenvergleich zur Einordnung ausländischer Gesellschaften in das deutsche System der Einkommensbesteuerung, passim. Der Typenvergleich geht in seinen Grundsätzen zurück auf die sog. „Venezuela-Entscheidung" des Reichsfinanzhofs (RFH vom 12.02.1930, VI A 899/27, RFHE 27, 73).

1247 Eine notwendige Abgrenzung zur Tatsachenaufklärung betont auch *Hochheim*, Der Typenvergleich aus europarechtlicher Sicht, 132.

1248 Zum zweistufigen Prüfverfahren siehe *Schnittker* in Wassermeyer/Richter/Schnittker, Personengesellschaften im Internationalen Steuerrecht, Rz. 4.12 ff.

1249 Selbstverständlich kann die Entscheidung über die Relevanz materiellrechtlicher Würdigung für die Abkommensanwendung nur in Rückkopplung mit dem Abkommen selbst erfolgen. Es wird im Rahmen dieser Untersuchung jedoch vertreten, dass die Abkommensanwendung auf spezifischen materiellrechtlichen Feststellungen der innerstaatlichen Steuerrechts aufbaut und sich z.B. an die Zuordnung der Einkünfte erst die Frage nach der Abkommensberechtigung anschließt.

Doppelbesteuerungsabkommen um einen unvollständigen Rechtskreis handelt, ist diese Handhabung notwendig. So kann der Lebenssachverhalt nicht unmittelbar unter das Abkommen subsumiert werden, da die Abkommen allein die Beschränkung des materiellen Rechts regeln. Sie nehmen hierfür auf das innerstaatlich ausgestaltete Steuerrechtsverhältnis Bezug. Abstrahiert von der Beschränkungswirkung obliegen sämtliche materiellrechtlichen Würdigungen allein der Befugnis des jeweiligen Landesrechts und befinden sich somit außerhalb des Regelungsbereichs der Abkommen. Da innerstaatliches Recht und Abkommensrecht miteinander verwoben sind, nimmt diese innerstaatliche Würdigung auch gleichzeitig Einfluss auf das Abkommensrecht. Auf Abkommensebene erfolgt anhand der landesrechtlich geprägten Informationen die Bestimmung der Einkünfte der Art bzw. des Charakters nach, womit eine Auslegung der Verteilungsartikel und anschließend eine Subsumtion unter diese erfolgen. Hieran orientiert sich im Ergebnis die Schrankenwirkung, die wiederum die Ausübung des innerstaatlichen Rechts bestimmt. Auch dieser Schritt birgt letztendlich die Gefahr in sich, einer unterschiedlichen Wertung der beiden Vertragsstaaten zu unterliegen. So ist der Verkauf von Tonträgern, die auf einer Konzertreise entstanden sind, für den einen Vertragsstaat unter Lizenzeinnahmen und für den anderen unter künstlerische Tätigkeit zu subsumieren.[1250]

Der Qualifikationsvorgang kann zusammenfassend in folgende Prozessstufen unterteilt werden: 1) Tatsachenermittlung, 2) Sachverhaltseinordnung, 3) materiellrechtliche Würdigung und 4) Abkommensauslegung.

1250 Siehe BMF vom 26.09.2014, IV B 5, S 1300/09/10003, BStBl. I 2014, 1258, Tz. 4.1.3.1 lit. b.

Abbildung 2: Qualifikationspyramide

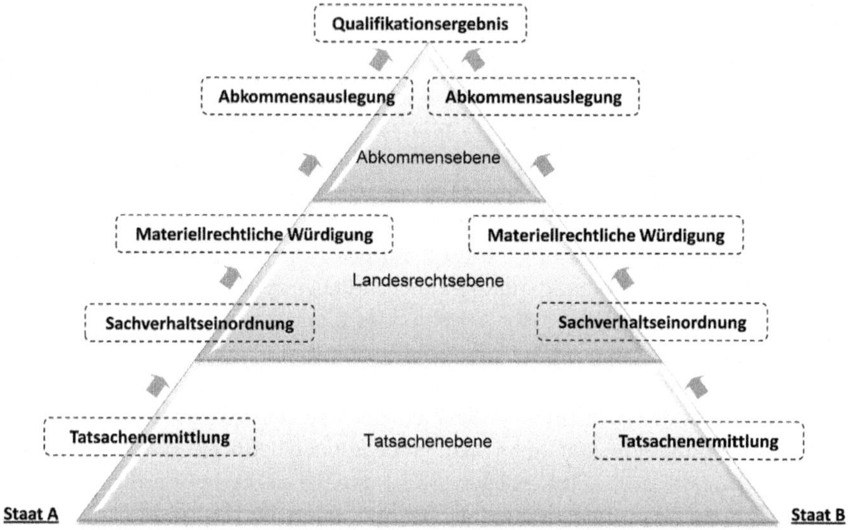

Quelle: Eigene Darstellung

(b) Qualifikationskonflikte auf den einzelnen Prozessstufen

i. Tatsachenermittlung

Beispiel: Eine in Staat A ansässige GmbH unterhält in Staat B eine feste Geschäftseinrichtung, die dort für die GmbH tätig wird.

Der Finanzbehörde in Staat B liegen allein diese Informationen vor, sie geht deshalb von dem Vorliegen einer Betriebsstätte gem. Art. 5 Abs. 1 MA aus, wonach das Ausübungsrecht des Staates B gem. Art. 7 Abs. 1 S. 1 HS 2 MA nicht einzuschränken ist. Aufgrund detaillierterer Feststellungen der Finanzbehörde des Staates A verfügt diese zusätzlich über die Information, dass die feste Geschäftseinrichtung ausschließlich dem Zweck des Wareneinkaufs dient, womit Staat A gem. Art. 5 Abs. 4 lit. d MA das Vorliegen einer Betriebsstätte negiert und folglich gem. Art. 7 Abs. 1 S. 1 HS 1 MA das Ausübungsrecht des Staates A nicht und das Ausübungsrecht des Staates B zur Gänze beschränkt wird.

Der Qualifikationskonflikt aufgrund unterschiedlicher Tatsachenermittlung ist demnach in einer Informationsasymmetrie der beiden Vertragsstaaten begründet. Diese kann wiederum bspw. in unterschiedlichen Angaben des Steuerpflichtigen, in einer Abweichung der Dokumentationsvorschriften oder in differierenden Feststellungen der Finanzbehörden begründet sein.

ii. Sachverhaltseinordnung

Beispiel: Eine in Staat A ansässige Muttergesellschaft gewährt ihrer in Staat B ansässigen Tochtergesellschaft zusätzliches Kapital gegen Einräumung von Genussrechten.

Aus der Sicht des Vertragsstaates B handelt es sich um Fremdkapital, wonach die Zahlungen an die Muttergesellschaft unter den Zinsartikel gem. Art. 11 MA fallen. Für Staat A handelt es sich aufgrund der rechtlichen Ausgestaltung um Eigenkapital, wodurch eine divergierende Zuordnung zum Dividendenartikel gem. Art. 10 MA erfolgt.

Aufgrund der Verschiedenartigkeit der rechtlichen Ausgestaltung von Rechtsbeziehungen und Rechtsgebilden können abweichende Sachverhaltseinordnungen in unterschiedlichen Bereichen auftreten. Neben der im Beispiel dargestellten Einordnung von hybriden Finanzinstrumenten ist auch die Klassifizierung von hybriden Gesellschaften in Kapitalgesellschaft oder Personengesellschaft ein illustratives Beispiel. Auch die Einordnung von Repo-Geschäften als Darlehensverhältnis oder An- und Verkauf von Anteilen sowie Leasingverträge hinsichtlich der Einordnung als Finanzierungs- oder Operating Leasing fallen unter diese Kategorie.

In Abgrenzung zur unterschiedlichen materiellrechtlichen Würdigung wird deutlich, dass die Ursache eines Qualifikationskonflikts in der Sachverhaltseinordnung liegt, wenn der Konflikt ungeachtet einer identischen Ausgestaltung materiellrechtlicher Rechtsnormen auftritt. Selbst wenn bspw. beide Vertragsstaaten besicherte Darlehensverhältnisse gleich behandeln, kann der eine Vertragsstaat das Repo-Geschäft als Darlehensverhältnis und der andere Vertragsstaat als Anteilskauf und -verkauf werten. Die Sachverhaltseinordnung stellt damit die Ausgangslage für die materiellrechtliche Würdigung dar. Beide Prozessschritte sind als Teil der innerstaatlichen Ebene in besonderer Weise miteinander verknüpft. Entsprechend ist die identische Sachverhaltseinordnung noch kein Garant zur Vermeidung von Qualifikationskonflikten, da dennoch die Möglichkeit einer abweichenden materiellrechtlichen Würdigung besteht. Dies soll im Folgenden erörtert werden.

iii. Materiellrechtliche Würdigung

Beispiel:[1251] *Eine Kommanditgesellschaft auf Aktien (KGaA) hat ihren Sitz und ihre Geschäftsleitung in Staat A. Die Gesellschafterstruktur zeichnet sich durch eine 90%-Beteiligung an Komplementären und einer 10%-Beteiligung an Kommanditaktionären aus. Die Gesellschafter sind natürliche Personen und haben ihren Wohnsitz und ihren gewöhnlichen Aufenthalt in Staat A. Die KGaA beteiligt sich zu 20% an einer Kapitalgesellschaft C mit Sitz und Ort der Geschäftsleitung in Staat B. Die Kapitalgesellschaft schüttet eine Dividende an ihre Gesellschafter aus.*

Anhand der vorliegenden Tatsachen ist eine Einordnung der Rechtsgebilde und Rechtsverhältnisse in bekannte Strukturen des jeweiligen innerstaatlichen Rechts vorzunehmen:

Aus Sicht des Staates B ist die KGaA im Rahmen des Typenvergleichs als Kapitalgesellschaft zu würdigen.[1252] Die nach eigenem Recht gegründete Gesellschaft C ist ebenfalls als Kapitalgesellschaft anzusehen. Das Rechtsverhältnis ist als eine Gewinnausschüttung einer Kapitalgesellschaft an eine andere Kapitalgesellschaft einzustufen.

Aus der Sicht des Staates A ist die nach eigenem Recht gegründete KGaA desgleichen als Kapitalgesellschaft zu klassifizieren.[1253] Die Gesellschaft C entspricht nach dem Typenvergleich auch einer Kapitalgesellschaft in Staat A. Das Rechtsverhältnis ist in Übereinstimmung mit der Sichtweise des Staates B ebenfalls als Gewinnausschüttung einer Kapitalgesellschaft an eine andere Kapitalgesellschaft zu werten.

Zu Abgrenzungszwecken ist für diesen Fall darauf hinzuweisen, dass auf der Stufe der Sachverhaltseinordnung noch keine divergierende Wertung zu verzeichnen ist.[1254]

Im Rahmen der materiellrechtlichen Würdigung im Steuerrecht besteht jedoch folgender Unterschied: Während das Steuerrecht des Staates B davon ausgeht, dass eine Dividende an eine Gesellschaft mit einer Beteiligung von 20% erfolgt, wird für Zwecke des Steuerrechts des Staates A eine Aufspaltung der Gewinnausschüttung nach Gesellschaftern vorgenommen und an die

1251 In Anlehnung an *Benecke/Schnitger*, RIW 2002, 439 (440 f.).

1252 Diese Handhabung ist bspw. im österreichischen Recht zu finden, vgl. BMF vom 07.06.2001, B 814/1-IV/4/01, EAS 1849, SWI 2001, 290.

1253 Diese steuerliche Behandlung kann bspw. im deutschen Recht nachvollzogen werden.

1254 Demgegenüber nehmen *Benecke/Schnitger*, RIW 2002, 439 (440), eine Kategorisierung unter Qualifikationskonflikte aufgrund unterschiedlicher Sachverhaltsbeurteilung vor.

Komplementäre eine Direktzurechnung vorgenommen.[1255] Zwar subsumieren beide Vertragsstaaten die Gewinnausschüttung unter den Dividendenartikel gem. Art. 10 Abs. 1 MA. Jedoch wird für Staat B das Quellenbesteuerungsrecht aus dessen Sicht gem. Art. 10 Abs. 2 lit. a MA auf 5% eingeschränkt, während aus der Sicht des Staates A eine Einschränkung gem. Art. 10 Abs. 2 lit. b MA auf 15% legitimiert ist. Somit erfolgt eine divergierende Subsumtion unter unterschiedliche Verteilungsbestimmungen innerhalb desselben Abkommensartikels, wonach auch für einen derartigen Fall ein Qualifikationskonflikt gegeben ist.

Für Divergenzen aufgrund einer unterschiedlichen materiellrechtlichen Würdigung lassen sich zahlreiche Beispiele finden. Ein Hauptaugenmerk liegt dabei auf Fallgestaltungen i.V.m. Personengesellschaften.[1256] Es besteht die Möglichkeit, dass die Personengesellschaften in den verschiedenen Steuerrechtsordnungen einem unterschiedlichen Steuerregime unterlegen sind.[1257] In diesem Zusammenhang sind Divergenzen hinsichtlich einer transparenten oder intransparenten Besteuerung zu verzeichnen.[1258] Mithin werden die Einkünfte unterschiedlichen Steuersubjekten zugerechnet, woraus ebenso Wertungsdivergenzen auf Ebene der Verteilungsartikel entstehen können. Überdies wirkt sich das jeweilige Steuerregime auf die Anerkennung von Rechtsbeziehungen zwischen Gesellschaft und Gesellschafter aus. Ein prominentes Problem stellen in diesem Zusammenhang insbesondere die Sondervergütungen im deutschen Steuerrecht dar,[1259] da diese grundsätzlich als gewerbliche Einkünfte angesehen werden und somit unter Art. 7 MA subsumiert werden. Aus dem Blickwinkel anderer Rechtsordnungen wird diese Art der Vergütung oftmals den spezielleren Abkommensartikeln zugeordnet, je nachdem welche Vergütungsart angesprochen ist – so z.B. Art. 11 MA im Falle von Zinszahlungen aufgrund eines Gesellschafterdarlehens. Auf der Grundlage des Steuerregimes entzünden sich überdies Unterschiede in Bezug auf den Anteil der Personenge-

1255 BFH vom 21.06.1989, X R 14/88, BStBl. II 1989, 881.

1256 Ein Überblick über die verschiedenen Problembereiche der internationalen Personengesellschaften im Abkommensrecht findet sich bei *Wassermeyer*, FR 2010, 537 (537 ff.).

1257 So unterliegen in vielzähligen romanischen und osteuropäischen Staaten Personen- und Kapitalgesellschaften einem einheitlichen Steuerregime. Zudem besteht bspw. in den USA und Frankreich die Möglichkeit, zu einer spezifischen steuerlichen Behandlung zu optieren, vgl. *Viebrock/Loose/Oskamp*, Ubg 2013, 631.

1258 Zu den unterschieldichen Konfliktkonstellationen siehe *Dräger*, StBW 2010, 466 (467 f.).

1259 Die abkommensrechtliche Behandlung von Sondervergütungen darstellend *Franz/Voulon*, BB 2011, 1111 (1111 ff.). Vgl. ferner *Schmidt*, DStR 2013, 1704 (1704 ff.).

sellschaft. Je nach transparenter oder intransparenter Besteuerung wird der Vorgang als Veräußerung von Einzelwirtschaftsgütern oder als Anteilsveräußerung angesehen.

In Anbetracht der nicht definierbaren Möglichkeiten der Ausgestaltung des innerstaatlichen Steuerrechts ist das Qualifikationskonfliktepotenzial auf dieser Prozessstufe als besonders hoch einzustufen.

iv. Abkommensauslegung

Beispiel:[1260] *Ein in Staat A ansässiges Unternehmen vermietet spezielle Maschinen an in Staat B ansässige Unternehmen.*

Hierbei steht infrage, ob Art. 7 MA oder Art. 12 MA einschlägig ist. Grundsätzlich kommt Art. 7 MA für das in Staat A ansässige Unternehmen zur Anwendung, wenn i.S.d. Art. 7 Abs. 4 MA kein „speziellerer" Artikel Anwendung findet. Für diese Zwecke ist der Begriff Lizenzgebühren i.S.d. Art. 12 MA auszulegen. Unter dem Art. 12 Abs. 2 MA der Fassung des OECD-MA 1977, die in vielen bestehenden DBA noch vereinbart ist, wird unter Lizenzgebühren auch die „Benutzung oder das Recht auf Benutzung gewerblicher, kaufmännischer oder wissenschaftlicher Ausrüstungen" verstanden.[1261] Nun könnte der eine Vertragsstaat das DBA dahingehend auslegen, dass gewerbliche Nutzungsüberlassungen beweglicher Wirtschaftsgüter nicht unter die Lizenzgebühren fallen und somit Art. 7 MA anzuwenden ist. Der andere Vertragsstaat ist hingegen der gegenteiligen Auffassung und sieht die Voraussetzungen für das vorliegen von Lizenzgebühren i.S.d. Art. 12 MA gegeben. Somit käme es in diesem Fall zu einer divergierenden Subsumtion unter die Verteilungsartikel aufgrund unterschiedlicher Abkommensauslegung.[1262]

Ein weiteres bekanntes Beispiel betrifft die Frage, ob die Tätigkeit als Künstler i.S.d. Art. 17 MA auch die werkschaffenden Künstler einschließt.[1263]

1260 Siehe zur Problematik der Lizenzgebühren in Bezug auf die gewerbliche Nutzungsüberlassung von beweglichen Wirtschaftsgütern *Haase* in Haase, AStG/DBA, Einl. II Rz.114 ff.

1261 Hierauf hinweisend *Haase*, Internationales und europäisches Steuerrecht4, Rz. 677, FN 264.

1262 Die Auslegung des Begriffs Lizenzgebühren wird als „häufig auftretender Konfliktfall" bezeichnet, vgl. *Jirousek*, Methodische Ansätze zur Konfliktvermeidung bei der Anwendung von Doppelbesteuerungsabkommen, in Lang/Jirousek, Festschrift Loukota, 175 (180).

1263 Vgl. *Benecke/Schnitger*, RIW 2002, 439 (441). In diesem Zusammenhang ist darauf hinzuweisen, dass dieser Problematik im neuen OECD-MA 2014 entgegnet wurde, indem in Art. 17 MA der Begriff „Artists" durch „Entertainers" ersetzt wurde.

Qualifikationskonflikte, deren Ursache in der unterschiedlichen Auslegung der Abkommensvorschriften liegt, sind oftmals auf die Unsicherheit zurückzuführen, ob der Begriff noch aus dem Abkommen auslegbar ist oder ein Rückgriff auf innerstaatliches Verständnis zu erfolgen hat. Wird dieser Rückgriff fälschlicherweise vorgenommen, gründet sich der hieraus resultierende Qualifikationskonflikt ebenfalls auf eine unterschiedliche Abkommensauslegung. Die Unsicherheit ist auch der Tatsache geschuldet, dass die Abkommen nicht sehr detailliert ausformuliert sind. Zudem besteht oftmals ein Dissens darüber, welche der Verteilungsnormen vorrangig anzuwenden ist. So normiert das Abkommen zwar vereinzelt das Verhältnis untereinander, wie es bspw. den spezielleren Verteilungsnormen vor den Unternehmensgewinnen den Vorrang gewährt oder einen Betriebsstättenvorbehalt einräumt, jedoch sind diese Vorrangregeln keineswegs flächendeckend vorhanden und nicht immer wertungswiderspruchsfrei.

(c) Internalisierungseffekt

Divergierende Würdigungen sind – wie gezeigt werden konnte – auf sämtlichen Prozessstufen denkbar. In Ansehung der Tatsache, dass die Stufen aufeinander aufbauen und somit in Beziehung zueinander stehen, können die Konflikte in die nächste Prozessstufe hineingetragen werden und dort ebenfalls Wertungsdivergenzen induzieren (Internalisierungseffekt). Letztendlich tragen sie diesen Effekt auf die Abkommensstufe, wodurch es zur Entstehung von Qualifikationskonflikten kommen kann. Daneben ist jedoch auch ihre Eigenständigkeit hervorzuheben. So sind sämtliche Konflikte, die unabhängig von der Abkommensebene entstehen, als separate Konfliktarten zu würdigen. Mithin können der Tatsachenkonflikt, der Sachverhaltskonflikt und jene auf materiellrechtlicher Landesrechtsebene entstehenden Konflikte zwar derart aufeinander und auf das Abkommen einwirken, dass hieraus Qualifikationskonflikte resultieren, zwingend ist dies indes nicht. Sie besitzen die Wirkkraft, selbstständig auf das Internationale Steuerrecht Einfluss zu nehmen, wie es bspw. in Nicht-DBA-Fällen zum Ausdruck kommt. Jene Qualifikationskonflikte, die durch den Internalisierungseffekt der Konfliktarten auf den abkommensfernen Prozessstufen induziert werden, sollen aus diesem Grund als derivative *Qualifikationskonflikte* benannt werden. Hingegen ist jener Konflikt, der direkt auf der Abkommensebene aufgrund unterschiedlicher Abkommensauslegung entsteht und eigens die divergierende Subsumtion unter die Verteilungsartikel auslöst, als *originärer Qualifikationskonflikt* zu bezeichnen.

Abbildung 3: Internalisierungseffekt

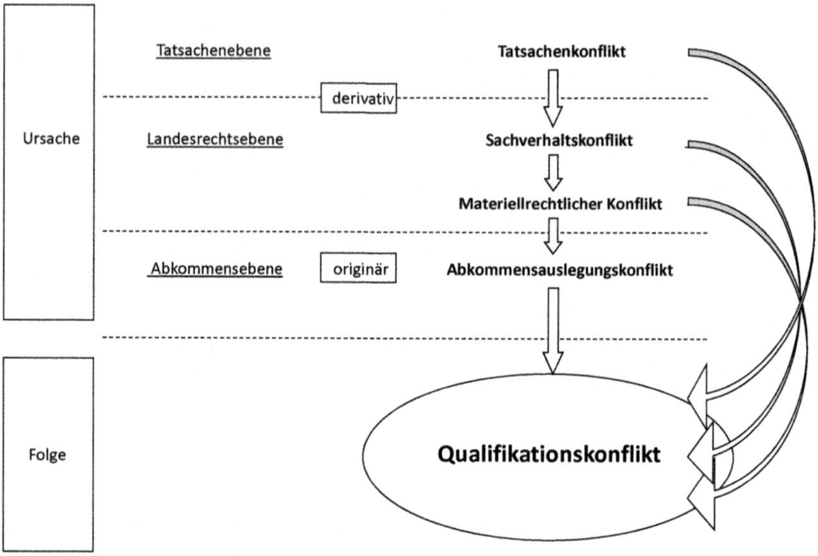

Quelle: Eigene Darstellung

(3) Systematisierungsergebnis

Auf Basis des hier zugrunde gelegten Qualifikationskonfliktebegriffs verdeutlicht die Analyse des Qualifikationsvorgangs im Lichte einer Ursachenforschung, dass sich eine Systematisierung der Qualifikationskonflikte anhand der einzelnen Prozessstufen herausarbeiten lässt. Das Ordnungskriterium spiegelt zwar grundsätzlich die Ursache des Qualifikationskonfliktes wider, orientiert sich jedoch vornehmlich an der jeweiligen Prozessebene. Bei dem so gefundenen Ansatz handelt es sich insofern um eine prozessbezogene Systematisierung. Sie lässt sich in die folgenden Kategorien einteilen:

(1) Qualifikationskonflikte aufgrund unterschiedlicher Tatsachenermittlung
(2) Qualifikationskonflikte aufgrund unterschiedlicher Sachverhaltseinordnung
(3) Qualifikationskonflikte aufgrund unterschiedlicher materiellrechtlicher Würdigung

(4) Qualifikationskonflikte aufgrund unterschiedlicher Abkommensauslegung

Im Ergebnis können damit auf allen Prozessebenen Wertungsdivergenzen bestehen, die im Rahmen des Internalisierungseffekts zur Entstehung von Qualifikationskonflikten führen können. Jene, die direkt auf der Abkommensebene entstehen, sollen hierbei als originäre Qualifikationskonflikte bezeichnet werden. Ihre Ursache liegt in einer abweichenden Auslegung von Abkommensbegriffen oder einem innerstaatlichen Verständnis begründet, welches fälschlich in den Regelungsbereich der Abkommen hineingetragen wurde. Diesen Qualifikationskonflikten stehen die derivativen Qualifikationskonflikte gegenüber, die ihren Ursprung entweder in einer unterschiedlichen Tatsachenermittlung, Sachverhaltseinordnung oder in einer unterschiedlichen materiellrechtlichen Würdigung haben.

4. Wirkung von Qualifikationskonflikten

Die Folgen eines Qualifikationskonflikts artikulieren sich grundsätzlich entweder in einer Ausübungsrechtskumulation, in einem Ausübungsrechtsvakuum oder in einer Ausübungsrechtsrestriktion. Aus den genannten Wirkungstypen sind die Begriffe positiver Qualifikationskonflikt (Ausübungsrechtskumulation) und negativer Qualifikationskonflikt (Ausübungsrechtsvakuum und Ausübungsrechtsrestriktion) zu entwickeln.[1264]

Bei einem positiven Qualifikationskonflikt sieht sich keiner der beiden Vertragsstaaten in der Pflicht, sein Ausübungsrecht zu beschränken.[1265] Vielmehr beanspruchen beide Vertragsstaaten ihr Recht zur Ausübung der innerstaatlichen Besteuerungsansprüche. Entsprechend kommt es zu einer systemwidrigen Aufrechterhaltung der Doppelbesteuerung.[1266] Für die Annahme eines

1264 Von den Begrifflichkeiten der Kumulation und des Vakuums wurde bereits im Zusammenhang mit dem IPR Gebrauch gemacht, vgl. *Kahn*, Gesetzeskollisionen, Ein Beitrag zur Lehre des internationalen Privatrechts, in Ihering, IherJB 1891, 1 (117 ff.).

1265 Anders formulierend jedoch i.E. ähnlich *Vogel* in Vogel/Lehner, DBA, Einl. Rz. 151.

1266 Vgl. *Hannes*, Qualifikationskonflikte im Internationalen Steuerrecht, 35. *Hannes* stellt in diesem Zusammenhang zutreffend heraus, dass Qualifikationskonflikte keine Doppelbesteuerung verursachen, da sie keine Besteuerungsansprüche begründen, sie führen vielmehr dazu, dass die Doppelbesteuerung systemwidrig nicht vermieden wird. Demgegenüber vertritt das BMF, dass auch Qualifikationskonflikte zu einer Doppelbesteuerung führen können, siehe BMF vom 26.09.2014, IV B 5, S 1300/09/10003, BStBl. I 2014, 1258, Tz. 4.1.3.1.

positiven Qualifikationskonfliktes bedarf es grundsätzlich keiner gänzlichen Überschneidung der Besteuerungsansprüche. Es genügt, wenn aus der Subsumtion unter abweichende Verteilungsbestimmungen ein Schnittmengenbereich verbleibt. Mithin ist bspw. in Bezug auf die Einschränkung der Quellenbesteuerung ein positiver Qualifikationskonflikt gegeben, wenn der Quellenstaat eine 15% und der Wohnsitzstaat eine 5% Besteuerung vorsieht, womit die Doppelbesteuerung nur in dieser Höhe vermieden wird. Die Kumulation des Ausübungsrechts ist in diesem Sachverhalt i.H.v. 10% gegeben.

Hingegen sehen sich bei einem negativen Qualifikationskonflikt beide Vertragsstaaten zur Beschränkung ihres Ausübungsrechtes verpflichtet. Die mildere Ausprägung des negativen Qualifikationskonfliktes soll hier als Ausübungsrechtsrestriktion bezeichnet werden. Das Ausübungsrecht der beiden Vertragsstaaten wird dabei nicht in vollumfänglicher Weise beschränkt. Sondern es verbleibt einem der Vertragsstaaten ein eingeschränktes Ausübungsrecht.[1267] In der Folge wird eine Minderbesteuerung hervorgerufen.

Im Zuge des Ausübungsrechtsvakuums besteht hingegen für keinen Vertragsstaat ein Ausübungsrecht. Die unmittelbaren Folgen stehen im Abhängigkeitsverhältnis zur vereinbarten Methode zur Vermeidung der Doppelbesteuerung. Wurde die Freistellungsmethode vereinbart bzw. kommt ein Verteilungsartikel mit abschließender Rechtsfolge zur Anwendung, kommt es als spezielle Form der Minderbesteuerung zu einer Doppelnichtbesteuerung.[1268] Wurde hingegen die Anrechnungsmethode vereinbart, resultieren aus dem Qualifikationskonflikt keine Belastungswirkungen, da der Wohnsitzstaat eine Besteuerung des Welteinkommens vornimmt, ohne darauf entfallende ausländische Steuer anrechnen zu müssen.[1269]. Diesbezüglich besteht im Ergebnis zwar ein Qualifikationskonflikt, Belastungsfolgen ergeben sich indes nicht.

Demgegenüber entsteht ein virtueller Qualifikationskonflikt immer dann, wenn der Konflikt ohne Besteuerungsfolgen bleibt. Dieser Fall tritt ein, wenn trotz unterschiedlicher Begründung, d.h. ungeachtet einer widerstreitenden

---

1267 Dies zeigt sich insbesondere in der Konstellation, wenn der Ansässigkeitsstaat zur Freistellung verpflichtet ist und in Bezug auf den Quellenstaat ein ermäßigtes Quellensteuerrecht i.S.d. Art. 10 Abs. 2 und 11 Abs. 2 MA besteht.

1268 Diese Kategorie wird auch gemeinhin mit dem Ausdruck der sog. weißen Einkünfte beschrieben, siehe statt vieler *Gosch*, Internationale Qualifikationskonflikte, in Schaumburg/Piltz, Veräußerungsgewinne im Internationalen Steuerrecht, 103 (117).

1269 Wird in Bezug auf die Feststellung einer Minderbesteuerung auf den Vergleich der Gesamtsteuerbelastung im Konfliktfall und außerhalb des Konfliktfalles abgestellt, kommt es streng genommen auch im Rahmen der Anrechnungsmethode zu einer Minderbesteuerung, wenn im konfliktfreien Raum der Anrechnungshöchstbetrag die Anrechnung limitiert hätte.

Subsumtion unter die Verteilungsnormen, die gleiche zwischenstaatliche Schrankenwirkung ausgelöst wird.[1270]

Festzuhalten bleibt, dass Qualifikationskonflikte in der Regel zu einer Minderbesteuerung oder zur Aufrechterhaltung der Doppelbesteuerung führen. Überdies ist es in speziellen Fällen möglich, dass der Qualifikationskonflikt aufgrund der Anrechnungsmethode keine Belastungswirkungen nach sich zieht oder aufgrund der gleichen Ausgestaltung der Verteilungsbestimmung keine Besteuerungsfolgen auszumachen sind.

III. Ergebnis aus diesem Kapitel

Mit der Begriffsabgrenzung und der Systematisierung des Qualifikationskonfliktebegriffs konnte im Rahmen des vorstehenden Kapitels eine Grundsteinlegung für den weiteren Fortgang der Untersuchung und im Hinblick auf einen Lösungsansatz erfolgen. Die Analyse macht dabei die Mannigfaltigkeit konfligierender Abkommensanwendung transparent. Diese ist sowohl in Bezug auf die Ausprägungen des Qualifikationskonflikts als auch bezüglich dessen Begriffsverständnisses festzustellen. Im Rahmen des theoretischen Erkenntnisinteresses konnte in Anlehnung an die Begriffsherkunft aus dem IPR der Begriff des Qualifikationskonfliktes als divergierende Subsumtion von Steuerrechtsverhältnissen unter Verteilungsnormen definiert werden. Der Qualifikationskonflikt versteht sich somit als Teilmenge der DBA-Anwendungskonflikte. Auf Basis des Qualifikationsprozesses als Bezugsrahmen wurde eine prozessbasierte Systematisierung der Qualifikationskonflikte vorgenommen, die zu folgender Einteilung der Qualifikationskonfliktgesamtheit führt: 1) Qualifikationskonflikte aufgrund unterschiedlicher Tatsachenermittlung, 2) Qualifikationskonflikte aufgrund unterschiedlicher Sachverhaltseinordnung, 3) Qualifikationskonflikte aufgrund unterschiedlicher materiellrechtlicher Würdigung und 4) Qualifikationskonflikte aufgrund unterschiedlicher Abkommensauslegung. Infolge des Internalisierungseffektes können die verschiedenen Konfliktarten wiederum Konflikte auf anderen Prozessstufen evozieren. Durch die Untersuchung der Wirkung der Qualifikationskonflikte konnte anhand einer nicht vermiedenen Doppelbesteuerung oder einer induzierten Minderbesteuerung noch einmal die Notwendigkeit der Lösung von Qualifikationskonflikten aufgezeigt werden.

1270 *Philipp*, DStZ 1967, 245 (246), benennt diesen Konflikt auch als unechten Qualifikationskonflikt.

E. Lösung der Konflikte de lege lata

I. Übernahme der Lösungsmethodik aus dem Internationalen Privatrecht

Ungeachtet der grundlegenden Unterschiede legt die Entlehnung des Qualifikationskonfliktes aus dem IPR nahe, einen Seitenblick auf die Lösungsansätze in diesem Rechtsgebiet zu werfen und sie für Zwecke des IStR zu würdigen. Im IPR erfolgt dabei eine Einteilung der Ansätze in a) die Qualifikation nach der *lex fori*, b) die Qualifikation nach der *lex causae* sowie c) die autonome Qualifikation.[1271] Es ist zu betonen, dass im IPR für völkerrechtliche Verträge vornehmlich die Auslegung aus dem Vertrag heraus (autonome Qualifikation) vorgesehen ist.[1272] In diesem Zusammenhang wird im Rahmen der Auslegung völkervertraglicher Kollisionsnormen darauf hingewiesen, dass hierdurch das „Einschleichen" von Teleologien und Begriffsverständnissen des innerstaatlichen Rechts vermieden werden soll.[1273] Der Lösungstypus der vertragsautonomen Auslegung kann demnach für die Lösung von Qualifikationskonflikten im Recht der Doppelbesteuerungsabkommen übernommen werden.[1274] Gleich-

---

1271 Vgl. *Vogel*, StuW 1982, 286 (293). Zu den unterschiedlichen Qualifikationsmethoden vgl. *Rauscher*, Internationales Privatrecht4, Rz. 465 ff.; *Kropholler*, Internationales Privatrecht6, 121 ff.; *Becker*, Die Qualifikation der cohabitation légale des belgischen Rechts im deutschen Internationalen Privatrecht, 28 ff., die zusätzlich eine rechtsvergleichende und eine funktionelle Qualifikation unterscheiden. Diese werden allerdings beide von der vertragsautonomen Auslegung, auf die in diesem Kontext abgezielt wird, umfasst, vgl. *Rauscher*, Internationales Privatrecht4, Rz. 470.

1272 Vgl. *Rauscher*, Internationales Privatrecht4, Rz. 113, 470.

1273 Dies soll über eine starke Wortlautorientierung erreicht werden, vgl. *Rauscher*, Internationales Privatrecht4, Rz. 113.

1274 Vgl. *Lang*, Doppelbesteuerungsabkommen und innerstaatliches Recht, 108 ff.; *ders.*, Hybride Finanzierungen im Internationalen Steuerrecht, 25; *ders.*, Die Bedeutung des Musterabkommens und des Kommentars des OECD-Steuerausschusses für die Auslegung von Doppelbesteuerungsabkommen, in Gassner/Lang/Lechner, Aktuelle Entwicklungen im Internationalen Steuerrecht, 11 (33 ff.); *ders.*, Die Besonderheiten der Auslegung des DBA Österreich-USA, in Gassner/Lang/Lechner, Das neue Doppelbesteuerungsabkommen Österreich-USA, 25 (29); *ders.*, Einführung in das Recht der Doppelbesteuerungsabkommen2, 48 f.; *Schuch/Bauer*, Die Überlegungen des OECD-Steuerausschusses zur Lösung von Qualifikationskonflikten, in Gassner/

wohl kann hierin keine „echte" Lösungsvariante gesehen werden. So wurde im Rahmen der Systematisierung der Qualifikationskonflikte deutlich, dass es Konfliktarten gibt, deren Ursache nicht der Abkommensebene zugeordnet werden kann. Eine Auslegung aus dem Abkommen würde somit auch nicht über diese Konflikte hinweghelfen.[1275] Selbst für Konflikte, die in einer unterschiedlichen Abkommensauslegung begründet sind, verhilft die Anweisung zur autonomen Auslegung kaum zu einer Lösungsfindung. Schließlich liegt für die jeweiligen Vertragsstaaten das Kernproblem gerade darin, dass sie Schwierigkeiten haben, den Abkommenstext zum Verständnis zu bringen bzw. unterschiedlicher Ansicht darüber sind, wie das Abkommen zu verstehen ist.[1276] In der Folge kann der Ansatz einer autonomen Abkommensauslegung allein das Bewusstsein der Vertragsstaaten dafür schärfen, das Abkommen innerhalb seines Regelungsbereiches ohne Rückgriff auf das innerstaatliche Recht zu ergründen.[1277] Hingegen darf der Ansatz – wie noch zu zeigen sein wird – nicht dazu verleiten, auch Regelungstatbestände, die dem genuin innerstaatlichen Recht vorbehalten sind, aus dem Abkommenszusammenhang ergründen zu wollen.[1278]

Für die autonome Abkommensauslegung ist damit zusammenfassend festzustellen, dass sie allein auf den Qualifikationsvorgang auf Abkommensebene einwirken kann. Aber auch hier vermag sie spezifische Grundprobleme der Auslegung nicht zu lösen. So lässt sie den Abkommensinterpreten sowohl darüber im Dunkeln, wo die Abkommensebene aufhört und die innerstaatliche Rechtsebene beginnt, als auch darüber, durch welche konkrete Methodik das Abkommen zum Verständnis zu bringen ist. Ihre Existenzberechtigung kann jedoch darin gesehen werden, die Vertragsstaaten zur Reflexion anzuregen, ob

---

Lang/Lechner, Personengesellschaften im Recht der Doppelbesteuerungsabkommen, 27 (39 f.).

1275 Gerade Art. 3 Abs. 2 MA verdeutlicht, dass eine Auslegung aus dem Abkommen nicht für alle Bereiche vorgesehen ist, so i.E. auch *Vogel*, SWI 2000, 103 (111).

1276 Demnach wären Verständigungsverfahren obsolet, wenn sich die Lösung bereits aus der grundsätzlichen Anweisung zur autonomen Abkommensauslegung ergeben würde.

1277 Hiermit ist jedoch nicht der Rückgriff auf innerstaatliches Recht als *ultima ratio* gemeint. Die Schnittstelle zwischen innerstaatlichem Recht und Abkommensrecht befindet sich dort, wo der Regelungsbereich der Abkommen nicht berührt ist, er jedoch aufgrund seiner „Verwebung" mit dem innerstaatlichen Recht zur Ausgestaltung seiner Abkommensaussage auf dieses Bezug nimmt, vgl. Kapitel C.III.3.b.(5).(d).

1278 Dies erfolgt bspw. im Falle der „subjektiven Qualifikationsverkettung", hierzu Kapitel E.II.1.a.(1).(a).

der Regelungsbereich der Abkommen in Bezug auf den Auslegungsgegenstand aussagefähig ist. Ohne den Ansatz einer autonomen Abkommensauslegung wäre die Versuchung eines „Heimwärtsstrebens" in einem stärkeren Maß gegeben. Jedoch ist hierin eher ein abstrakter Grundsatz zu sehen, der dem Art. 3 Abs. 2 MA innewohnt und Qualifikationskonflikte im Ansatz verhindern kann, als eine Methodik zur Lösung von Qualifikationskonflikten.

II. Lösungsmethodik im Internationalen Steuerrecht

Zur Lösung von Konflikten aus der Anwendung von Doppelbesteuerungsabkommen kursieren unterschiedliche Ansätze. Dabei sind insbesondere die Lösungsansätze der OECD in den Fokus zu rücken. Im Rahmen des im Jahr 1999 veröffentlichten Partnership-Reports[1279] präsentiert die OECD Lösungsmuster, die an den verschiedenen Ursachen ausgerichtet sind.[1280] Demnach sind Qualifikationskonflikte, die sich aus den Unterschieden des innerstaatlichen Rechts ergeben, durch eine Bindung an die Qualifikation des Quellenstaats zu lösen. Konflikte, die hingegen auf anderen Ursachen gründen, sind im Falle einer potenziellen Doppelnichtbesteuerung durch einen Wechsel von der Freistellungsmethode zur Anrechnungsmethode zu lösen. Für den Fall einer drohenden Doppelbesteuerung ist indessen vordergründig ein Verständigungsverfahren einzuleiten.

In Verbindung mit anderen Fallkonstellationen ist eine individuelle Vereinbarung von Switch-over- und Subject-to-tax-Klauseln in den jeweiligen DBA vorgesehen. Überdies wird im deutschen Schrifttum bereits seit mehreren Jahrzehnten für die Gesamtheit der Qualifikationskonflikte eine Bindungswirkung des einen Vertragsstaates für die Qualifikation des anderen Vertragsstaates vertreten.

Die hier kurz skizzierten unterschiedlichen Lösungsansätze werden im Folgenden dargestellt, analysiert und im Hinblick auf ihre Eignung zur Lösung von Qualifikationskonflikten diskutiert.

1279 *OECD*, The Application of the OECD Model Tax Convention to Partnerships, Issues in International Taxation No. 6.

1280 Hierzu siehe etwa *Kienberger*, Avoidance of Double (Non-)Taxation and Art. 23 A and B Paragraph 1 OECD MC, in Burgstaller/Haslinger, Conflicts of Qualification in Tax Treaty Law, 309 (311 ff.).

1. Autoritativorientierte Auslegung

Im Zusammenhang mit der Qualifikationskonflikteproblematik werden gleichsam Lösungen offeriert, die dem Abkommen bereits immanent sein sollen. Nach diesem Verständnis lässt sich aus den Abkommen lesen, dass die Wertung eines Vertragsstaates für den anderen Vertragsstaat richtungsweisend ist. Auf der Basis der Orientierung an einer maßgeblichen Rechtsordnung werden Qualifikationskonflikte allgemein oder nur für bestimmte Ursachenbereiche vermieden. Die vielfältigen Auslegungsvarianten werden nachstehend näher untersucht und auf ihre Suffizienz zur Lösung von Qualifikationskonflikten geprüft.

a. Qualifikationsverkettung

Im Zuge der Bemühungen um eine Lösung für Probleme, die insbesondere in Verbindung mit Personengesellschaften im Abkommensrecht entstehen, werden unterschiedliche Auslegungsvarianten vertreten und auf die Lösung des Qualifikationskonfliktes im Allgemeinen projiziert. Diese zielen vornehmlich auf eine Bindungswirkung eines maßgebenden Vertragsstaates und sind gemeinhin unter dem Begriff der „Qualifikationsverkettung"[1281] bekannt.

(1) Bindung der Zurechnungswertung

(a) Bindungswirkung

i. Bindung an den Sitzstaat der Gesellschaft

Im Zuge der Abkommensanwendung entstehen Probleme vor allem dann, wenn die Vertragsstaaten die Einkünfte verschiedenen Rechtsträgern zurechnen.[1282] Visualisierend soll hierbei das Beispiel der Einkünfte eines Unternehmens dienen, welches im Gesellschafterstaat A transparent und im Gesell-

1281 *Debatin*, DStR 1992, Beihefter zu Heft 23, 1 (4); *Gosch*, Internationale Qualifikationskonflikte, in Schaumburg/Piltz, Veräußerungsgewinne im Internationalen Steuerrecht, 103 (110); *Schänzle/Engel* in Mössner, Steuerrecht international tätiger Unternehmen3, Rz. 5.128. Zudem wird auch der Begriff der „Rechtsfolgenverkettung" gebraucht, siehe hierzu bspw. BMF vom 26.09.2014, IV B 5, S 1300/09/10003, BStBl. I 2014, 1258, Tz. 4.1.3.3.1.

1282 Tz. 3-5 zu Art. 1 MA des MK.

schaftsstaat B intransparent besteuert wird.[1283] Im Rahmen der transparenten Besteuerung sei für diesen Fall anzunehmen, dass die Gesellschafter im Staat B eine Betriebsstätte begründen.[1284] Die Unternehmensgewinne sollen annahmegemäß aus Staat A stammen.

Aus der Sichtweise des Staates A betreiben die Gesellschafter damit zwar jeweils ein Unternehmen.[1285] Die Unternehmensgewinne gehören jedoch i.S.d. Art. 7 Abs. 1 S. 1 HS 2 MA der Betriebsstätte an.[1286] Währenddessen würde die Anwendung des Doppelbesteuerungsabkommens aus der Perspektive von Staat B zu dem Subsumtionsergebnis führen, dass die Unternehmensgewinne aufgrund eines Unternehmens, welches im Vertragsstaat B betrieben wird,[1287] nach Art. 7 Abs. 1 S. 1 HS 1 MA der Gesellschaft zuzurechnen sind.[1288] Aufgrund der Subsumtion unter verschiedene Abkommensbestimmungen ist damit ein Qualifikationskonflikt gegeben.[1289]

Diese Zurechnungsproblematik zwischen Gesellschaft und Gesellschafter soll vornehmlich durch eine Anknüpfung an die Zurechnungswertung des

---

1283 Zur anschaulichen Darstellung der hier vorliegenden Fallkostellation, vgl. bspw. *Gündisch*, IStR 2005, 829 (832).

1284 BMF vom 26.09.2014, IV B 5, S 1300/09/10003, BStBl. I 2014, 1258, Tz. 2.2.3; siehe hierzu die ständige Rechtsprechung, z.B. BFH vom 27.02.1991, I R 15/89, BStBl. II 1991 44; vom 16.10.2002, I R 17/01, BStBl. II 2003, 631 m.w.N.; vom 13.02.2008, I R 63/06, BStBl. II 2009, 414. Vgl. ferner auch *Debatin*, BB 1992, 1181 (1183).

1285 BMF vom 26.09.2014, IV B 5, S 1300/09/10003, BStBl. I 2014, 1258, Tz. 2.2.2.

1286 Das Ausübungsrecht ist ausschließlich dort gegeben, wo das Unternehmen „betrieben" wird. Da im Rahmen der Transparenzbesteuerung die Gesellschafter das Unternehmen betreiben, ist auch diesen das Ausübungsrecht zuzuordnen, es sei denn, die Geschäftstätigkeit wird durch eine im anderen Staat belegene Betriebsstätte ausgeübt.

1287 Art. 3 Abs. 1 lit. d MA.

1288 Im Rahmen des Trennungsprinzips wird das Unternehmen von der juristischen Person „betrieben", vgl. *Piltz*, Die Personengesellschaften im internationalen Steuerrecht der Bundesrepublik Deutschland, 177 f. Würden die Unternehmensgewinne aus dem Gesellschaftsstaat B stammen, bestünde eine gleichgelagerte Zurechnungsdivergenz. Da in diesem Zusammenhang jedoch vertretbar ist, dass das Abkommen in Ermangelung eines grenzüberschreitenden Sachverhalts überhaupt nicht zur Anwendung gelangt, vgl. *Krabbe*, IWB 1998, 111 (120); *Gündisch*, IStR 2005, 829 (831), soll in diesem Beispiel der Gesellschafterstaat A als Quellenstaat fungieren.

1289 Zwar erfolgt in beiden Fällen eine Zuordnung zu der abkommensrechtlichen Einkunftskategorie „Unternehmensgewinne", jedoch werden sie innerhalb dieser Einkunftsnorm verschiedenen Zuordnungsbestimmungen unterworfen (Intranormkonflikt). Virulenter und deutlicher wird das Problem, wenn man annimmt, dass ein Staat von einer vermögensverwaltenden PersGes ausgeht, denn dann würde je nach erzielten Einkünften bspw. eine Einordnung als Zinsen erfolgen, während der andere Staat Unternehmensgewinne annimmt.

Sitzstaates der Gesellschaft überwunden werden.[1290] Die Argumentationsgrundlage bildet hierfür die Abkommensberechtigung einer Person und deren Maßgeblichkeit für den anderen Vertragsstaat. So ist eine Person i.S.d. Art. 1 MA abkommensberechtigt, wenn sie in mindestens einen der beiden Vertragsstaaten ansässig ist. Die Ansässigkeit einer Person bestimmt sich grundsätzlich nach Art. 4 MA. Demnach wird „eine in einem Vertragsstaat ansässige Person" als „eine Person, die nach dem Recht dieses Staates dort auf Grund ihres Wohnsitzes, ihres ständigen Aufenthalts, des Ortes ihrer Geschäftsleitung oder eines anderen ähnlichen Merkmals steuerpflichtig ist" angesehen. Aus Art. 4 MA ergibt sich, dass sich die Frage, ob eine Person in diesem Vertragsstaat ansässig ist, auch nur aus der Wertung dieses Staates ableiten lässt.[1291] An diese

1290 Siehe zum „Zuordnungsparadigma" und zu einer systematischen Aufarbeitung der Argumentationslinien *Tippelhofer*, Subjektive Qualifikationskonflikte bei Direktinvestitionen in den USA, 60 ff. Vgl. ferner zur Bindungswirkung *Engel/Hilbert*, FR 2012, 394 (395 f.). Gegen eine dergestaltige „abkommensorientierte" Bindungswirkung sprechen sich die „anwendestaatsorientierten" Vertreter aus: *Frotscher*, Internationales Steuerrecht3, Rz. 337, 352; *Schänzle/Engel* in Mössner, Steuerrecht international tätiger Unternehmen4, Rz. 5.128; *Hansen*, Einkünfte aus Personengesellschaftsbeteiligungen im Recht der DBA, 167; *Krabbe*, IWB 1998, 111 (122); *Niehaves* in Haase, AStG/DBA, Art. 7 MA Rz. 93; *Gosch*, in Gosch/Kroppen/Grotherr, DBA, Art. 13 MA Rz. 63; *Wassermeyer*, IStR 1998, 489 (489 ff.); *ders.*, IStR 1999, 8; *ders.*, Steuerpflicht, Einkünfteerzielung und Abkommensberechtigung, in Kessler/Förster/Watrin, Festschrift Herzig, 897 (907 ff.); anders nunmehr *ders.*, IStR 2011, 85; *Wolff* in Wassermeyer, DBA, Art. 7 DBA-USA Rz. 76; *Lüdicke*, IStR 2011, 91 (95 ff.); *ders.*, Personengesellschaften im Internationalen Steuerrecht, in Dötsch/Herlinghaus/Hüttemann/Lüdicke/Schön, Die Personengesellschaft im Steuerrecht, 95 (126); anders jedoch einstig *ders.* in Herzig/Günkel/Niemann, StbJb 1997/98, 449 (461). Eine „anwendestaatsorientierte" Sichtweise wird auch durch die Finanzverwaltung und den BFH vertreten, siehe BMF vom 26.09.2014, IV B 5, S 1300/09/10003, BStBl. I 2014, 1258, Tz. 4.1.4.1 i.V.m. 4.1.1 sowie BFH vom 25.05.2011, I R 95/10, BFH/NV 2011, 1602.

1291 Die Ansässigkeit ist nach dem OECD-MA mit der Inländerbesteuerung verknüpft und bestimmt sich damit stets aus der Sicht des „Ansässigkeitsstaats", vgl. *Wassermeyer* in Wassermeyer, DBA, Art. 1 MA Rz. 17, Art. 4 MA Rz. 26. Für die Ansässigkeitswertung ist damit stets ein Verweis auf das innerstaatliche Recht des „Ansässigkeitsstaats" gegeben. Dies sollte aufgrund des eindeutigen Wortlauts weitgehend unkritisch sein, vgl. *Becker/Loose*, BB 2011, 1559; *Müller/Wangler*, IStR 2003, 145 (150); *Lüdicke*, IStR 2011, 91 (93); a.A. Diehl, FR 1978, 517 (523); *Tippelhofer*, Subjektive Qualifikationskonflikte bei Direktinvestitionen in den USA, 57, der es als strittig ansieht, ob die Ansässigkeitswertung des Sitzstaates der Gesellschaft durch den Gesellschaftsstaat im Falle einer Transparenzbesteuerung anerkannt wird. Vgl. auch *Schmidt*, IStR 2010, 413 (416), mit Verweis auf das BMF-Schreiben zur Anwendung der Doppelbesteuerungsabkommen auf Personengesellschaften. Demnach können auch nach dem Verständnis der aktualisierten Fassung (BMF vom 26.09.2014, IV B 5, S 1300/09/10003, BStBl. I 2014, 1258, Tz. 2.1.1 und Tz. 4.1.4.1) Personengesellschaften

Wertung ist der andere Vertragsstaat gebunden.[1292] In diesem Zusammenhang wird im Auslegungswege begründet, dass die Anerkennung der Ansässigkeit der Gesellschaft zu einer gleichzeitigen Zurechnung der Unternehmensgewinne zu diesem Unternehmensträger führen soll,[1293] da diese ansässige Person das Unternehmen in diesem Vertragsstaat betreibt[1294].[1295] Die Begründungswege sind vielfältig und sollen im weiteren Verlauf näher untersucht werden.

zwar Personen, jedoch in Ermangelung einer eigenen Steuerpflicht keine ansässigen Personen sein. Dieser Streit ist auf die Abkommensberechtigung von Personengesellschaften zurückzuführen, siehe zu dem Problembereich der Abkommensberechtigung bei Personengesellschaften im internationalen Kontext stellvertretend *Wehrße,* Grenzüberschreitende Besteuerung von Personengesellschaften im internationalen Vergleich, 107 ff.

1292 Aufgrund des Verweises in Art. 4 MA auf die steuerpflichtbegründenden ortsbezogenen Merkmale der innerstaatlichen Rechtsordnung kann allein das Recht des „Ansässigkeitsstaates" für dessen Prüfung maßgeblich sein, vgl. *Wassermeyer* in Wassermeyer, DBA, Art. 4 MA Rz. 26; *Lehner* in Vogel/Lehner, DBA, Art. 4 MA Rz. 2; *Schmidt,* IStR 2010, 413 (416). Auf die Diskussion um die Qualität des „anderen ähnlichen Merkmals" hinweisend *Wehrße,* Grenzüberschreitende Besteuerung von Personengesellschaften im internationalen Vergleich, 97 f. Zu den Abweichungen der Anknüpfungsmerkmale im US-MA siehe *Lehner* in Vogel/Lehner, DBA, Art. 4 MA Rz. 70.

1293 So wird auch von einem „Schluss von der Abkommensberechtigung [...] auf die [...] Einkunftsart" gesprochen, *Prokisch* in Vogel/Lehner, DBA, Art. 1 MA Rz. 38. Vgl. auch *Djanani/Brähler,* StuW 2007, 53 (58); *Brähler/Engelhard,* IStR 2010, 889 (891); *Spengel/Schaden/Wehrße,* StuW 2012, 105 (110); *Becker/Loose,* BB 2011, 1559 (1560 f.); *Tippelhofer,* Subjektive Qualifikationskonflikte bei Direktinvestitionen in den USA, 25 f.; *Wassermeyer,* IStR 2011, 85 (85 f.).

1294 Hierzu *Schlütter,* Die Sondervergütungen eines Mitunternehmers im Außensteuerrecht, JbFStR 1979/80, 152 (165); *Piltz,* Die Personengesellschaft im internationalen Steuerrecht der Bundesrepublik Deutschland, 175; *Riemenschneider,* Abkommensberechtigung von Personengesellschaften und abkommensrechtliche Behandlung der Einkünfte aus Beteiligungen inländischer Gesellschafter an ausländischen Personengesellschaften, 182 f.; *Schmidt,* IStR 1996, 14 (18); *ders.,* IStR 2010, 413 (425); *Lüdicke,* Neue Entwicklungen der Besteuerung von Personengesellschaften im internationalen Steuerrecht, in Herzig/Günkel/Niemann, StbJb 1997/98, 449 (460); *Krabbe,* IWB 1998, 111; *Mittermaier,* Besteuerung von Personengesellschaften im Verhältnis USA-Deutschland, 327; *Möbus,* Ausgewählte Besteuerungsfragen und Gestaltungsmöglichkeiten bei der Beteiligung an einer US-Limited Liability Company, 185; *Weggenmann,* Personengesellschaften im Lichte der Doppelbesteuerungsabkommen, 379 ff.; *Autzen,* Die ausländische Holding-Personengesellschaft, 244; *Liebchen,* Beteiligungen an ausländischen Personengesellschaften: Steuerliche Gewinnermittlung und Einkunftsabgrenzung, 390 f.

1295 Dieser Auslegungsansatz, der die noch heute h.M. widerspiegelt, wurde vornehmlich von *Debatin* entwickelt, siehe *Debatin,* DB 1977, Beilage Nr. 13, 1 (5); *ders.,* BB 1978, 669 (671); *ders.,* FR 1979, 493 (494 ff.); *ders.,* BB 1989, Beilage Nr. 2, 1 (8). Eine ar-

ii. Bindung an den Ansässigkeitsstaat

Neben der Bindung an die Zurechnung des Gesellschaftsstaats wird für Zurechnungszwecke eine Bindung des Quellenstaats an den Ansässigkeitsstaat vertreten. Demnach kommt es für Zwecke der Quellenbesteuerung nicht darauf an, welcher Person die Einkünfte nach den nationalen Rechtswertungen des Quellenstaats zuzurechnen sind. Es soll vielmehr maßgebend sein, welche Person nach den Rechtswertungen des anderen Vertragsstaates die Qualität des Empfängers aufweist sowie dort gleichzeitig als ansässiger Empfänger einzustufen ist.[1296] Dieser Ansatz wurde bereits im Rahmen des Partnership-Reports vorgestellt[1297] und findet sich zudem in Art. 1 Abs. 7 DBA-USA wieder. Darüber hinaus wurde auch eine Übernahme in das Musterabkommen erwogen.[1298] Der Bindungsmechanismus zielt dabei auf die Herstellung einer sach-

---

gumentative Fortentwicklung erlangte der Ansatz durch *Vogel*, StuW 1982, 286 (289 f.) sowie *Riemenschneider*, Abkommensberechtigung von Personengesellschaften und abkommensrechtliche Behandlung der Einkünfte aus Beteiligungen inländischer Gesellschafter an ausländischen Personengesellschaften, 180 ff. Im Schrifttum wird dem Ansatz vielfach gefolgt, vgl. *Knobbe-Keuk*, RIW 1991, 306 (314); *Mittermaier*, Besteuerung von Personengesellschaften im Verhältnis USA-Deutschland, 327; *Weggenmann*, Personengesellschaften im Lichte der Doppelbesteuerungsabkommen, 380; *Müller/Wangler*, IStR 2003, 145 (150 f.); *Möbus*, Ausgewählte Besteuerungsfragen und Gestaltungsmöglichkeiten bei der Beteiligung an einer US-Limited Liability Company, 185; *Toifl*, Personengesellschaften im Recht der Doppelbesteuerungsabkommen, 131 f.; *Djanani/Brähler/Hartmann*, IStR 2004, 481 (483 f.); *Liebchen*, Beteiligungen an ausländischen Personengesellschaften: Steuerliche Gewinnermittlung und Einkunftsabgrenzung, 390 f.; *Fischer/Kleineidam/Warneke*, Internationale Betriebswirtschaftliche Steuerlehre, 376 f.; *Autzen*, Die ausländische Holding-Personengesellschaft, 244; *Schmidt*, IStR 2010, 413 (426). Vgl. zu dem Ansatz im Detail und den verschiedenen Bindungsargumenten *Tippelhofer*, Subjektive Qualifikationskonflikte bei Direktinvestitionen in den USA, 24 ff. Er bezeichnet diese Auslegung als unternehmensorientierten Ansatz. Nach seiner Ansicht wird dieser Ansatz durch die allgemeine Qualifikationsbindung gestützt. Im Rahmen dieser Untersuchung sollen beide Ansätze jedoch getrennt voneinander betrachtet werden, da die Bindung auf einer unterschiedlichen Methodik beruht und ihnen für die Lösung von Qualifikationskonflikten eine differenzierte Wirkung zukommt.

1296 Vgl. *Lang*, IStR 2010, 114 (115), mit Verweis auf die kritische Haltung zu diesem Ansatz von *Wassermeyer*, IStR 1999, 8 (8 f.); *ders.*, in Wassermeyer/Lang/Schuch, Doppelbesteuerung, Art. 4 MA Rz. 26.

1297 *OECD*, The Application of the OECD Model Tax Convention to Partnerships, Issues in International Taxation No. 6, Tz. 33 ff.

1298 Siehe hierzu *Schnitger/Oskamp*, IStR 2014, 385 (387 ff.), mit Verweis auf den zu dieser Zeit aktuellen Entwurf eines neuen OECD-Musterabkommens. In der neuen Fassung des OECD-MA 2014 wurde allerdings von der Aufnahme eines Art. 1 Abs. 2 abgesehen.

gerechten Quellensteuerentlastung. Demnach soll der Abkommensschutz jenen Personen zuteilwerden, die im Ansässigkeitsstaat in Bezug auf die infrage stehenden Einkünfte der unbeschränkten Steuerpflicht unterliegen.[1299]

(b) Suffizienz zur Lösung von Qualifikationskonflikten

Die beiden vorgestellten Bindungsmechanismen zielen im Grundsatz auf die Lösung von Zurechnungskonflikten[1300].[1301] Obzwar dies keineswegs zwangsweise der Fall ist, sind Zurechnungskonflikte zumindest dazu geeignet, im

1299 Vgl. *Schnitger/Oskamp*, IStR 2014, 385 (387). Die Gewährung des Abkommensschutzes für den Ansässigkeitsstaat ist demnach mit dessen Wertung eines ansässigen Einkunftsempfängers verbunden, vgl. hierzu *Lang*, IStR 2010, 114 (115).

1300 Siehe Kapitel D.II.2.c. Vgl. *Wengler*, Beiträge zum Problem der internationalen Doppelbesteuerung, 107; *Widmann*, Zurechnungsänderungen und Umqualifikationen durch das nationale Recht in ihrem Verhältnis zum DBA-Recht, in Vogel, Grundfragen des internationalen Steuerrechts, 253 (253 f.); *Loukota*, Der OECD-Report zur Anwendung des OECD-Musterabkommens auf Personengesellschaften in Gassner/Lang/Lechner, Personengesellschaften im Recht der Doppelbesteuerungsabkommen, 15 (18 f.); *Jirousek*, Methodische Ansätze zur Konfliktvermeidung bei der Anwendung von Doppelbesteuerungsabkommen, in Lang/Jirousek, Festschrift Loukota, 175 (181).

1301 Aufgrund des vielfältigen Verständnisses über den Begriff des Qualifikationskonfliktes wird jener Konflikt, der auf einer unterschiedlichen Wertung in Bezug auf die Steuersubjektfähigkeit des Rechtsgebildes basiert, auch als subjektiver Qualifikationskonflikt bezeichnet, vgl. *Schlütter*, Die Sondervergütungen eines Mitunternehmers im Außensteuerrecht, JbFStR 1979/80, 152 (163); *Müller/Wangler*, IStR 2003, 145 (150); *Gündisch*, Personengesellschaften im DBA-Recht, 50; *Gschwandtner*, Unternehmensgewinne von Personengesellschaften im Abkommensrecht im Spannungsfeld zwischen Art. 7 OECD-MA und § 15 EStG, 81; *Lüdicke*, Personengesellschaften im Internationalen Steuerrecht, in Dötsch/Herlinghaus/Hüttemann/Lüdicke/Schön, Die Personengesellschaft im Steuerrecht, 95 (109 ff.); *Tippelhofer*, Subjektive Qualifikationskonflikte bei Direktinvestitionen in den USA, 3 m.w.N. Diese Sichtweise spiegelt sich auch im Urteil des BFH vom 25.05.2011, I R 95/10, BFH/NV 2011, 1602, wider. Im Grundsatz besteht das Problem jedoch nicht darin, dass der Personengesellschaft die Steuersubjektfähigkeit im abstrakten Sinne versagt wird, sondern sie vielmehr nicht als Steuersubjekt im konkreten Sinne benannt wird. Denn die Übereinstimmung in der Frage, ob ein Rechtsgebilde grundsätzlich die Steuersubjektfähigkeit erlangen kann, lässt keine Schlüsse darüber zu, ob dem Rechtsgebilde die Einkünfte im konkreten Fall zugerechnet werden und es damit für diese Einkünfte als Steuersubjekt angesehen wird. Dies erkennt i.E. auch *Tippelhofer*, wenn er ausführt: „Die Krux des subjektiven Qualifikationskonfliktes wird nicht in der Lösung der subjektiven Qualifikationsfrage, sondern in der Lösung der Zuordnungsfrage gesehen.", *Tippelhofer*, Subjektive Qualifikationskonflikte bei Direktinvestitionen in den USA, 209. Demnach erscheint es nur sachgerecht, den Konflikt nach seiner Kernproblematik zu benennen – somit als Zurechnungskonflikt.

Rahmen des Internalisierungseffektes zu Qualifikationskonflikten zu führen.[1302] Die Zurechnungsmechanismen könnten daher einen Beitrag zur Lösung von Qualifikationskonflikten, die auf einer divergierenden innerstaatlichen Würdigung – im Speziellen auf einer divergierenden Zurechnung – beruhen, leisten. Mithin ist für jene Fälle die offerierte Lösungsmethodik zu erwägen und auf ihre Suffizienz zu untersuchen.

i. Bindung an den Sitzstaat der Gesellschaft

Das Zurechnungsproblem basiert auf einer unterschiedlichen Steuersubjektbestimmung im innerstaatlichen Steuerrecht der Vertragsstaaten. Eine einheitliche Zurechnung ist nur dann zu erwarten, wenn sich die Vertragsstaaten an ein einheitliches Verständnis gebunden fühlen.

Die Bindungswirkung an die Zurechnung des Gesellschaftsstaats soll im Wege der abkommensautonomen Auslegung erreicht werden.[1303] Den Ausgangspunkt der Überlegungen bildet die Tatsache, dass die Zurechnung der Einkünfte eine ansässige Person bedingt. Nun können mehrere Rechtsträger diese Tatbestandsvoraussetzung erfüllen – im gewählten Beispiel sind sowohl die Gesellschaft als auch die Gesellschafter als ansässige Personen i.S.d. Art. 4 MA beidseitig anzuerkennen. Das Abkommen müsste sodann durch die Voraussetzung des „Betreibens" eine Zurechnungsentscheidung treffen.

Zum einen wird argumentiert, dass sich die Zurechnung der Einkünfte dem Abkommenszusammenhang bereits entnehmen lässt.[1304] Die Ansässigkeit

---

1302 Exemplarisch sei auf Bsp. 4 und 6 im Kapitel F.II.2.c.(2).(a) verwiesen.

1303 Vgl. *Tippelhofer*, Subjektive Qualifikationskonflikte bei Direktinvestitionen in den USA, 24; *Prokisch* in Vogel/Lehner, DBA, Art. 1 MA Rz. 34b; *Schmidt/Blöchle*, in Strunk/Kaminski/Köhler, AStG/DBA, Art. 23 A/B MA Rz. 70; *Piltz*, Die Personengesellschaften im internationalen Steuerrecht der Bundesrepublik Deutschland, 175ff.; *Jacobs*, Internationale Unternehmensbesteuerung6, 532 ff., 564 f.; *Weggenmann* in Wassermeyer/Richter/Schnittker, Personengesellschaften im Internationalen Steuerrecht, Rz. 8.45 f.; *Daniels*, Issues in International Partnership Taxation, 156 ff., 163 ff.; *Debatin*, BB 1978, 669 (671); *ders.*, BB 1978, 1608 (1608 ff.); *ders.*, BB 1989, Beilage Nr. 2, 1 (8 f.); *Djanani/Brähler/Hartmann*, IStR 2004, 481 (484); *Spengel/Schaden/Wehrße*, StuW 2012, 105 (110); *Müller/Wangler*, IStR 2003, 145 (150 f.); *Schmidt*, IStR 1996, 14 (17 f.); *ders.*, Wpg 2002, 1232 (1235); *ders.*, IStR 2010, 413 (426); *Vogel*, IStR 1999, 5 (6 f.).

1304 Vgl. *Riemenschneider*, Abkommensberechtigung von Personengesellschaften und abkommensrechtliche Behandlung der Einkünfte aus Beteiligungen inländischer Gesellschafter an ausländischen Personengesellschaften, 184 f. *Liebchen*, Beteiligungen an ausländischen Personengesellschaften, 393, spricht von einer „eigenständigen abkommensrechtlichen Zuordnungsvorschrift". So auch *Leitner*, SWI 2000, 159 (162);

der Gesellschaft soll demnach mit dem Betreiben des Unternehmens einhergehen.[1305] Dieser Argumentation ist entgegenzuhalten, dass sie die Kausalitätsbeziehungen in unsachgerechter Weise umkehrt. So ist die Ansässigkeit zwar eine Voraussetzung für das „Unternehmen eines Vertragsstaates", das „Unternehmen eines Vertragsstaates" ist jedoch nicht die notwendige Folge der Ansässigkeit. Diese Konsequenz ergibt sich erst, wenn zu der Ansässigkeit ein „Betreiben" hinzutritt. Die Formulierung „von einer im Vertragsstaat ansässigen Person betrieben wird" setzt allerdings eine Attribuierung des Unternehmens zu einer ansässigen Person voraus. Eben diese ist der ansässigen Person nicht bereits inhärent. Aus der abkommensautonomen Auslegung ergibt sich damit lediglich, dass für ein „Betreiben" des Unternehmens sowohl die Gesellschaft als auch die Gesellschafter aufgrund ihrer Ansässigkeit in Betracht kommen. Wer das Unternehmen nun tatsächlich „betreibt", ist über die Zurechnung der Einkünfte zu entscheiden. Die Argumentation, jene Auslegungsvariante zu wählen, welche dem Sinn und Zweck der Abkommen am besten entspricht, hilft dabei nicht über die Problematik hinweg.[1306] Schließlich könnte sich im Sinne eines einheitlichen Verständnisses sowohl Staat A an die Sichtweise von Staat B gebunden fühlen als auch umgekehrt – eine Pattsituation wäre die Folge. Viel gewichtiger ist jedoch, dass es einen guten Grund gibt, weshalb sich kein Auslegungsergebnis aus den Abkommen ergeben kann: Die Zurechnung der Einkünfte ist ausschließlich eine Obliegenheit der innerstaatlichen Rechtsordnung.[1307] Der Regelungsgegenstand der Abkommen erstreckt sich gerade nicht auf diesen Bereich.[1308] Demnach umfasst der Auslegungsspielraum keine

---

Toifl, Personengesellschaften im Recht der Doppelbesteuerungsabkommen, 131; *Schmidt/Blöchle*, IStR 2003, 685 (688).

1305 Vgl. *Riemenschneider*, Abkommensberechtigung von Personengesellschaften und abkommensrechtliche Behandlung der Einkünfte aus Beteiligungen inländischer Gesellschafter an ausländischen Personengesellschaften, 182. *Liebchen*, Beteiligungen an ausländischen Personengesellschaften, 393, betont die Folgerichtigkeit dieser Zurechnung. Auch *Wassermeyer*, IStR 2011, 85 (85 f.), stellt im Zusammenhang mit den Sonderregelungen im DBA-Belgien heraus, dass sich die abkommensrechtliche Zuordnung der Unternehmensgewinne nach seiner Ansicht bereits aus den Kriterien „Person" und „Ansässigkeit" ergeben, ohne dass es einer Steuerpflicht der Gesellschaft bedarf.

1306 So aber im Sinne einer Argumentation für die Maßgeblichkeit der Sitzstaatszurechnung *Daniels*, Issues in International Partnership Taxation, 156 (159); *Vogel*, IStR 1999, 5 (7).

1307 „Es handelt sich hierbei um eine unilateral eigenständig zu beantwortende Rechtsfrage", BFH vom 25.05.2011, I R 95/10, BFH/NV 2011, 1602, Tz. 16.

1308 „Denn die Frage, welcher Person bestimmte Einkünfte nach steuerlichen Gesichtspunkten zuzurechnen sind, ist nicht Gegenstand der abkommensrechtlichen Zuord-

Zurechnung von Einkünften. Aus dem Abkommen kann nicht mehr gelesen werden, als in ihm geregelt ist. Folglich scheidet ein abkommensimmanenter Zurechnungsmechanismus grundsätzlich aus.

Eine andere Argumentationslinie will die Maßgeblichkeit der Gesellschaftsstaatszurechnung für den Gesellschafterstaat über die Bindung an dessen Subjektqualifikation erreichen.[1309] Es soll für die Anwendung der Abkommen eine einheitliche Behandlung als Kapitalgesellschaft oder Personengesellschaft erfolgen.[1310] Aufgrund der Anerkennung der Ansässigkeit des Rechtsträgers ist damit ebenfalls die Steuersubjektfähigkeit anzuerkennen. Infolgedessen ist für Zwecke der Abkommensanwendung eine von der innerstaatlichen „Subjektqualifikation" losgelöste „Abkommenssubjektqualifikation" vorzunehmen.[1311] Es soll i.S. dieses Verständnisses eine Kausalität hergestellt werden: Erkennt der Gesellschafterstaat aufgrund der Ansässigkeitswertung die Steuersubjektfähigkeit an, würde er intransparent besteuern und somit der Gesellschaft die Einkünfte zurechnen. Dabei wird jedoch verkannt, dass im hypothetischen Fall der Übernahme der „Subjektqualifikation" des Gesellschaftsstaats für den Gesellschafterstaat zwar die Steuersubjektfähigkeit zu bejahen ist, die angestrebte Zurechnung der Einkünfte ergibt sich hieraus jedoch nicht zwin-

---

nung des Besteuerungssubstrats.", BFH vom 25.05.2011, I R 95/10, BFH/NV 2011, 1602, Tz. 16.

1309 Würde das Ergebnis einer Zurechnung nicht nach den Wertungen des Gesellschaftsstaats hergestellt werden, wäre nach der Argumentation von *Vogel*, StuW 1982, 286 (289 f.); *ders.*, IStR 1999, 5 (7), eine Anerkennung der Ansässigkeit rechtlich sinnbefreit. Dem folgend *Daniels*, Issues in International Partnership Taxation, 158 f.; *Möbus*, GmbHR 2004, 1202 (1205); so auch zu einem früheren Zeitpunkt noch *Lüdicke*, Neue Entwicklungen der Besteuerung von Personengesellschaften im internationalen Steuerrecht, in Herzig/Günkel/Niemann, StbJb 1997/98, 449 (460); entgegen seiner früheren Auffassung dies nun unter bestimmten Aspekten einräumend *Wassermeyer*, IStR 2011, 85 (87). Diese These argumentativ entkräftend *Tippelhofer*, subjektive Qualifikationskonflikte bei Direktinvestitionen in den USA, 174 ff.; *Lüdicke*, IStR 2011, 91 (96 f.).

1310 Vgl. *Diehl*, FR 1978, 517 (522); *Schlütter*, Die Sondervergütungen eines Mitunternehmers im Außensteuerrecht, JbFStR 1979/80, 152 (165); *Piltz*, Die Personengesellschaft im internationalen Steuerrecht der Bundesrepublik Deutschland, 176; *Pott*, Die Kollision unterschiedlicher Formen der Gesellschaftsbesteuerung im internationalen Steuerrecht, 224; *Manke*, Personengesellschaften und DBA, Abkommensberechtigung und Abkommensschutz, in Vogel, Grundfragen des Internationalen Steuerrechts, 195 (201); *Knobbe-Keuk*, RIW 1991, 306 (314). *Jacobs*, Internationale Unternehmensbesteuerung7, 539, spricht von einem „Auslegungskonzept [...], wonach auf der Ebene des Abkommens die Personengesellschaft einheitlich zu behandeln ist."

1311 Vgl. *Schmidt*, IStR 2010, 413 (416).

gend.[1312] Die Bindung der Steuersubjektqualifikation für Anwendung der Abkommen würde aus diesem Grund zu kurz greifen. Es müsste vielmehr eine vom innerstaatlichen Recht losgelöste Sachverhaltsbeurteilung stattfinden, deren Würdigung anschließend jedoch an innerstaatlichen Maßstäben zu messen wäre. Diese fiktive innerstaatliche Würdigung wäre dann allein für Abkommenszwecke relevant. Ein dergestaltiges Vorgehen kann gleichwohl *de lege lata* nicht aus den Abkommen gelesen werden. Die derzeitig im Qualifikationsprozess auf innerstaatlicher Ebene vorgenommene Sachverhaltseinordnung und Würdigung ist der Bezugspunkt, der die Abkommensanwendung beeinflusst. Die Dogmatik verbietet bereits im Ansatz, dass die Abkommen ihre eigene Anwendungsbasis verändern können.[1313] Diese Überlegungen verdeutlichen abermals, dass sich die Zurechnung der Einkünfte nicht über ein Auslegungskonzept erreichen lässt. Schließlich sind sämtliche die Zurechnung beeinflussenden Umstände allein auf innerstaatlicher Ebene zu würdigen und liegen somit außerhalb des Auslegungsspielraums. Es ist in diesem Zusammenhang herauszustellen, dass im Rahmen des Qualifikationsprozesses zuerst auf innerstaatlicher Ebene die Sachverhaltseinordnung sowie die innerstaatliche Würdigung – zu der auch die Zurechnung der Einkünfte gehört – vorgenommen wird und auf dieser Grundlage die Beschränkungswirkung der Abkommen zum Tragen kommt.[1314]

Eine abkommensautonome Zurechnung würde sich zudem von der innerstaatlichen Wertung entkoppeln. Zwar können die unterschiedlichen innerstaatlichen Rechtsordnungen in dieser Weise nicht mehr als Ursache auf das Abkommen einwirken, die Auslegungsvariante erweist sich dennoch nicht als suffizientes Mittel zur verlässlichen Lösung der Konfliktlage. Demnach soll die Wertung der innerstaatlichen Steuersubjektbestimmung durch eine eigene abkommensrechtliche Zurechnung ersetzt werden. Hierdurch werden die unvollständige Ausgestaltung der Abkommen und deren Verwobenheit mit der innerstaatlichen Rechtsordnung gänzlich außer Acht gelassen. Eine derartige

1312 In diesem Zusammenhang sind die Begriffe „Steuersubjekt" und „Steuersubjektfähigkeit" trennscharf zu differenzieren. Demnach sagt die Fähigkeit, als Steuersubjekt anerkannt zu werden noch nichts darüber aus, ob der Rechtsträger im konkreten Fall Steuersubjekt ist; dieses bedingt die Zurechnung der Einkünfte zu diesem Rechtsträger.

1313 Demnach ist die Modifikation der innerstaatlicher Zurechnung auch nicht gewollt, vgl. *Lüdicke*, IStR 2011, 91 (93), mit Verweis auf *OECD*, The Application of the OECD Model Tax Convention to Partnerships, Issues in International Taxation No. 6, Tz. 102.

1314 Vgl. *Wassermeyer* in Wassermeyer, DBA, Art. 1 MA Rz. 27a.

Entkopplung vom innerstaatlichen Recht würde zur Erzeugung von Rechtsfolgen führen, die aufgrund einer divergierenden innerstaatlichen Behandlung zu unabgestimmten Ergebnissen führen könnten.[1315] Dies soll einmal an dem Beispiel demonstriert werden, in dem im umgekehrten Fall der Gesellschafterstaat eine intransparente Besteuerung vornimmt, während der Gesellschaftsstaat transparent besteuert. Die Gesellschafter sollen hierbei keine Betriebsstätte im Gesellschaftsstaat begründen. Nun soll die Ansässigkeitswertung des Sitzstaates maßgeblich für die autonome Zurechnung der Einkünfte sein. Nach dieser Wertung ist aufgrund der Transparenzbesteuerung der Gesellschafter als ansässige Person anzusehen. Für die konkrete Abkommensanwendung bedeutet dies, dass die Unternehmensgewinne gem. Art. 7 Abs. 1 S. 1 HS 1 MA ausschließlich im Gesellschafterstaat A besteuert werden können.[1316] Der Gesellschafterstaat A hat diese Wertung zu übernehmen. Beide Vertragsstaaten nehmen somit eine übereinstimmende Zuordnung der Ausübungsrechte vor. Gleichwohl ist die abkommensautonome Zurechnung nur als Scheinlösung der Problematik zu sehen, da sie ausschließlich auf der Abkommensebene wirkt. Wendet sich der Blick auf die innerstaatliche Ebene, ist festzustellen, dass der Gesellschafterstaat A aufgrund der intransparenten Besteuerung eine Zurechnung der Einkünfte zu der Gesellschaft vornimmt. Obwohl dem Vertragsstaat A damit zwar übereinstimmend das ausschließliche Ausübungsrecht zukommt, besteuert er die Einkünfte aufgrund der abweichenden innerstaatlichen Zurechnung letztendlich nicht – es verbleibt eine Doppelnichtbesteuerung.

Gerade in der Voraussicht, solche Konstellationen unabgestimmter Ergebnisse zu vermeiden, greifen Abkommensrecht und innerstaatliches Recht sinnvoll ineinander. Demnach bestimmt das innerstaatliche Recht das Steuersubjekt und die Abkommen die Zuordnung der Ausübungsrechte zu den jeweiligen Vertragsstaaten und gerade nicht die Zurechnung von Einkünften zu Rechtsträgern.[1317] Dies ergibt sich auch aus dem Zusammenhang des Abkommens,

---

1315 So zeigt auch *Lüdicke*, IStR 2011, 91 (95 ff.), die Inkonsistenzen zur innerstaatlichen Wertung in Bezug auf die generelle „abkommensorientierte" Auslegung auf. Auf dieser Basis erhebt er Zweifel daran, ob ein derartig inkonsistentes Konzept überhaupt die Bindungswirkung rechtzufertigen vermag.

1316 Dies resultiert bspw. aus einer Geschäftsleitungsbetriebsstätte am Ort der Gesellschafter. Diese Fallkonstellation ist tragfähig unabhängig von der Diskussion um sog. *floating income*, vgl. hierzu BFH vom 12.06.2013, I R 47/12, BFHE 242, 107; vom 13.02.2008, I R 63/06, BStBl. II 2009, 414; *Wassermeyer* in Wassermeyer, DBA, Art. 7 MA Rz. 56; in Verbindung mit dem BMF vom 26.09.2014, IV B 5, S 1300/09/10003, BStBl. I 2014, 1258, vgl. *Hruschka*, DStR 2014, 2421 (2425).

1317 Vgl. zur Notwendigkeit der Differenzierung von abkommensrechtlicher Einkünfte-

weshalb die Zurechnung der Einkünfte gem. Art. 3 Abs. 2 MA den innerstaatlichen Rechtsordnungen überantwortet bleibt. Einmal mehr soll verdeutlicht werden, dass Art. 3 Abs. 2 MA die innerstaatliche Rechtsordnung nicht lediglich *ultima ratio* einbezieht, sondern auf die grundlegenden Bestandteile des Steuerrechtsverhältnisses verweist. Dies ist nicht Regelungsgegenstand der Abkommen; sie nehmen jedoch hierauf Bezug.

Die Ablehnung der Argumentation ist in gleicher Weise auf andere Zurechnungsproblematiken zu beziehen. So sind divergierende Zurechnungen keineswegs auf die Unternehmensgewinne beschränkt. Die Zurechnung zu einer ansässigen Person steht hiernach auch dann im Mittelpunkt, wenn die Einkünfte an die ansässige Person „gezahlt" oder von ihr „bezogen" werden.[1318] Nimmt man für den Ausgangssachverhalt an, dass es sich bei den aus Staat A stammenden Einkünften um Lizenzgebühren handelt,[1319] wäre die Frage zu beantworten, ob die Lizenzgebühren an eine ansässige Person gezahlt und damit gem. Art. 12 Abs. 1 MA allein im Staat B besteuert werden können. Aus der Sicht des Staates B ist zweifelsohne von einer derartigen Sachlage auszugehen. Der Term „an eine ansässige Person gezahlt" bedingt jedoch wiederum eine Zurechnungsentscheidung. Entsprechend sind Lizenzgebühren aus der Perspektive von Staat A – trotz Anerkennung der ansässigen Person in Staat B – an die Gesellschafter in Staat A gezahlt. In Ermangelung einer Zahlung an eine ansässige Person im anderen Vertragsstaat kommt Art. 12 MA damit nicht zur Anwendung. Es sind hingegen aus Sicht des Staates A Unternehmensgewinne der Gesellschafter anzunehmen, die gem. Art. 7 Abs. 1 S.1 HS 2 MA der Betriebsstätte in Staat B zuzurechnen sind.

Im Ergebnis lässt sich eine Lösung von Qualifikationskonflikten, die auf Zurechnungskonflikten beruhen, nicht über die Bindung der Zurechnung der Einkünfte an den Sitzstaat der Gesellschaft erreichen.[1320] Die Abkommen ent-

zuordnung und innerstaatlicher Einkünftezurechnung *Weggenmann*, Personengesellschaften im Lichte der Doppelbesteuerungsabkommen, 224; *Tippelhofer*, Subjektive Qualifikationskonflikte bei Direktinvestitionen in den USA, 74.

1318 Vgl. *Schmidt/Blöchle*, IStR 2003, 685 (688); *Schmidt*, IStR 2010, 413 (416).

1319 *OECD*, The Application of the OECD Model Tax Convention to Partnerships, Issues in International Taxation No. 6, Example 16, Tz. 124 ff.

1320 So ist auch mit dem Urteil des BFH vom 25.05.2011, I R 95/10, BFH/NV 2011, 1602, die „subjektive Qualifikationsverkettung" abgelehnt und eine „anwenderstaatsorientierte" Auslegung vertreten worden, vgl. hierzu *Suchanek/Herbst*, Ubg 2011, 779 (779 ff.). In diesem Zusammenhang wird allerdings keine trennscharfe Differenzierung der unterschiedlichen Bindungswirkungen vorgenommen, vgl. hierzu *Tippelhofer*, Subjektive Qualifikationskonflikte bei Direktinvestitionen in den USA, 128 ff.

halten keine Grundlage für einen dergestaltigen Zurechnungsmechanismus.[1321] Da es sich hierbei ausschließlich um einen Regelungstatbestand des innerstaatlichen Rechts handelt, kann die Zurechnung auch nicht aus dem Abkommen gelesen werden. Die Zielsetzung der DBA kann nicht über den Abkommenshorizont hinaus erreicht werden. Demgemäß bleibt die Zurechnung der Einkünfte eine Obliegenheit der innerstaatlichen Rechtsordnung.[1322] Dieses Ergebnis leuchtet insbesondere dann ein, wenn man sich vergegenwärtigt, dass die Abkommen vornehmlich die Vermeidung juristischer Doppelbesteuerung zu erreichen suchen. Mithin ist die Wirkung der DBA von einer juristischen Doppelbesteuerung abhängig. Erfolgt nun eine unterschiedliche Zurechnung der Einkünfte, ist eine wirtschaftliche Doppelbesteuerung gegeben. Der Abkommensmechanismus versagt somit und kann nicht dahingehend uminterpretiert werden, auch wirtschaftliche Doppelbesteuerung vermeiden zu können.

ii. Bindung an den Ansässigkeitsstaat

Über die generelle Eignung der Maßnahmen zur Lösung von Zurechnungskonflikten, die eine Bindungswirkung des Quellenstaats an den Ansässigkeitsstaat vorsehen, mag in diesem Zusammenhang nicht geurteilt werden. Es ist jedoch festzustellen, dass sie zumindest für die hier aufgeworfenen Zurechnungsprobleme, die zu Qualifikationskonflikten führen, kein geeignetes Mittel darstellen. So ist ihre Wirkung auf die Sicherstellung der Quellensteuerentlastung begrenzt. Das Kernproblem in den Beispielsachverhalten besteht allerdings darin, dass die funktionale Einteilung in einen Quellenstaat und einen Ansässigkeitsstaat nicht auszumachen ist. So sieht sich der eine Vertragsstaat sowohl als Ansässigkeitsstaat als auch als Quellenstaat. Würden nun die Ausübungsrechte in seiner Funktion als Quellenstaat begrenzt, hätte dies keinerlei Auswirkungen auf seine Funktion als Ansässigkeitsstaat. Projiziert auf den Ausgangs-

---

1321 Zwar wird zutreffend vorgebracht, dass das Abkommen keine Anhaltspunkte für einen Bindungsmechanismus enthält, so bspw. BFH vom 25.05.2011, I R 95/10, BFH/NV 2011, 1602, Tz. 16 und 17, jedoch kann im Rahmen dieser Argumentation die Bindungswirkung nicht vollumfänglich abgelehnt werden. Eine Ablehnung des Auslegungskonzepts kann, da der Wortlaut des Abkommens einem Bindungsmechanismus auch nicht entgegensteht, vielmehr allein durch systematische oder teleologische Argumente erfolgen.

1322 Damit wäre auch die notwendige Reihenfolge gewahrt, indem zuerst auf die innerstaatliche Zurechnung geschaut und daran anknüpfend die Schutzwirkung der Abkommen beantwortet werden kann, vgl. *Wassermeyer* in Wassermeyer, DBA, Art. 1 MA Rz. 27a; *OECD*, The Application of the OECD Model Tax Convention to Partnerships, Issues in International Taxation No. 6, Tz. 53.

sachverhalt wäre das Ausübungsrecht des Quellenstaats durch die fingierte Zurechnung der Unternehmensgewinne an die Gesellschaft beschränkt. Hierin wäre jedoch nicht das Recht inbegriffen, die anteiligen Unternehmensgewinne der Gesellschaft zu besteuern.[1323] Für die Lösung des Qualifikationskonfliktes wäre somit nichts gewonnen.

Insgesamt ist festzuhalten, dass die vorhandenen Zurechnungsmechanismen insbesondere solche Zurechnungskonflikte unzureichend lösen, die zu Qualifikationskonflikten führen. Diese Tatsache verdeutlicht, dass es bisher keinen grundlegenden Mechanismus gibt, der eine einheitliche Zurechnung herstellt.[1324]

(2) Allgemeine Qualifikationsbindung

(a) Bindungswirkung

Im Rahmen der allgemeinen Verkettung wird die Qualifikation des Sitzstaates eines Wirtschaftsgebildes für die Qualifikation des anderen Vertragsstaates als maßgeblich erachtet.[1325] Die Überlegungen gehen dabei auf den Abkommensmechanismus zurück.[1326] So wird es als vornehmliche Aufgabe der Verteilungsartikel gesehen, die Besteuerungsansprüche im Quellenstaat zu umgrenzen.[1327] Darf der Quellenstaat besteuern, ist der Ansässigkeitsstaat verpflichtet, die Doppelbesteuerung zu vermeiden. Die Verpflichtung zur Doppelbesteuerungsvermeidung durch den Wohnsitzstaat ist damit von dem Ausübungs-

---

1323 Diese Intention spiegelt sich auch in Tz. 6.1 zu Art. 1 MA des MK wider. So auch im Falle, in denen die Einkünfte aus dem Gesellschaftsstaat stammen, vgl. hierzu *Schnitger/Oskamp*, IStR 2014, 385 (391).

1324 In diesem Zusammenhang ist auch den Ausführungen von *Lüdicke*, Personengesellschaften im Internationalen Steuerrecht, in Dötsch/Herlinghaus/Hüttemann/ Lüdicke/Schön, Die Personengesellschaft im Steuerrecht, 95 (126); *ders.*, IStR 2011, 91 (95), beizupflichten. Demnach ließe sich eine Bindung gerade nur dann rechtfertigen, wenn sie zu einem konsistenten und überzeugenden Ergebnis führen würde. Aufgrund der Loslösung von den eigenen Rechtswertungen ist dies jedoch gerade nicht der Fall.

1325 *Jankowiak*, Doppelte Nichtbesteuerung im internationalen Steuerrecht, 132, spricht in diesem Zusammenhang von „allgemeiner Qualifikationsverkettung"; *Tippelhofer*, subjektive Qualifikationskonflikte bei Direktinvestitionen in den USA, 120 f., benennt das Auslegungskonzept als „allgemeine Bindungsthese".

1326 Zu den Überlegungen einer dergestaltigen Bindungswirkung vgl. *Debatin*, FR 1979, 493 (493 ff.); *ders.*, DB 1985, Beilage Nr. 23, 1 (4 f.); *ders.*, DStR 1992, Beihefter zu Heft 23, 1 (3 f.).

1327 Vgl. *Debatin*, DStR 1992, Beihefter zu Heft 23, 1 (2 ff.).

recht des Quellenstaates abhängig.[1328] Diese Bedingung dient als Argumentationsgrundlage, die Qualifikation des einen Vertragsstaates (Quellenstaat) für die Qualifikation des anderen Vertragsstaates (Ansässigkeitsstaat) als maßgeblich zu erklären. Das Ergebnis soll durch eine Auslegung, die sich am Telos der Vermeidung der Doppelbesteuerung bzw. der Doppelnichtbesteuerung orientiert, erreicht werden.[1329]

(b) Suffizienz zur Lösung von Qualifikationskonflikten

Eine derart weitreichende Qualifikationsverkettung führt zwar zum erwünschten Ergebnis der Vermeidung von Qualifikationskonflikten. Gleichwohl lässt sich eine Handhabung in dieser Weise sowohl in systematischer als auch dogmatischer Hinsicht nicht aufrechterhalten.

So ist bereits die Systematik der Doppelbesteuerungsabkommen nicht darauf zu beschränken, dass sie in einem ersten Schritt die Ausübung der Besteuerungsansprüche eines Vertragsstaates normieren, um darauf aufbauend im Falle bestehender Ausübungsrechte die Ausübungsrechte des anderen Vertragsstaates in einem zweiten Schritt einzugrenzen. Eine Analyse der Verteilungsartikel verdeutlicht, dass hier beidseitig eine Zuordnung von Ausübungsrechten stattfindet. Anhand des Nutzenprinzips wird eine Zuordnung basierend auf der engsten wirtschaftlichen Verbindung mit der Einkunftsquelle vorgenommen. Eine Differenzierung von Quellenstaat und Ansässigkeitsstaat erfolgt allein auf Mittelebene. Entsprechend werden die Rechtsfolgen für den Quellenstaat in Bezug auf die Verzichtspflichten bereits in den Verteilungsnormen konkretisiert, während diese für den Ansässigkeitsstaat auf einer zweiten Stufe im Methodenartikel normiert werden. Die grundsätzliche Argumentation der allgemeinen Qualifikationsbindung stützt sich auf die These, dass sich die Verteilungsartikel an den Quellenstaat richten. Wie bereits im Rahmen der Analyse des Abkommensmechanismus gezeigt wurde,[1330] kann dieser Sichtweise nicht zugestimmt werden: Bestimmen die Verteilungsartikel, dass bspw. Einkünfte nur im Ansässigkeitsstaat besteuert werden können, dann ist dies tatsächlich auf die Umgrenzung der Ausübungsrechte im Quellenstaat bezogen. Wird hingegen bestimmt, dass Einkünfte im Quellenstaat besteuert werden können, dann ist hier gerade nicht der Quellenstaat angesprochen, da die Abkommen nicht zur Ausübung ihrer Besteuerungsansprüche legitimieren.

1328 Bei *Debatin*, DStR 1992, Beihefter zu Heft 23, 1 (3 f.), ist in diesem Zusammenhang von einem „Wirkungsverbund" die Rede.

1329 Vgl. *Debatin*, FR 1979, 493 (495).

1330 Kapitel C.III.2.h.

Hierdurch ist vielmehr der Ansässigkeitsstaat angesprochen. Auf dieser Grundlage findet die Umgrenzung des Ausübungsrechts im Ansässigkeitsstaat auf erster Stufe statt. Auf der zweiten Stufe des Methodenartikels ergeben sich hieraus dann die Verzichtspflichten. Nach der Logik der allgemeinen Qualifikationsbindung müsste für die Verteilungsartikel mit offener Rechtsfolge sogar die Sichtweise des Ansässigkeitsstaats maßgeblich sein, weil diese sich an den Ansässigkeitsstaat richten.

Würde es allein um die Umgrenzung der Ausübungsrechte im Quellenstaat gehen, wäre darüber hinaus nicht einsichtig, weshalb verschiedene Artikel normieren, dass gewisse Einkünfte im Ansässigkeitsstaat „besteuert werden können". Hieraus ergibt sich weder für den Quellenstaat eine Rechtsfolge, wie es im Zusammenhang mit der sinngemäßen Formulierung „können nur im Ansässigkeitsstaat besteuert werden" der Fall wäre, noch betrifft es das Ausübungsrecht des Quellenstaates.

Folglich kann nicht davon ausgegangen werden, dass es für den Abkommensmechanismus darauf ankommt, inwiefern eine Besteuerung im Quellenstaat erfolgen kann. Im Zuge der systematischen Betrachtung ist eine grundsätzliche Maßgeblichkeit der Quellenstaatsqualifikation damit für jene des Ansässigkeitsstaats nicht begründbar.

Daneben sind dogmatische Überlegungen anzustellen. Mit der Verkettung der Qualifikation würde man nicht allein eine Bindung an das Auslegungsergebnis, sondern eher eine Bindung an das Subsumtionsergebnis erreichen. Stellt man sich dabei den Qualifikationsvorgang vor, wird deutlich, dass aufgrund der Maßgeblichkeit der Qualifikation eine automatische Maßgeblichkeit von Tatsachenermittlung, Sachverhaltseinordnung, innerstaatlicher Würdigung und Abkommensauslegung impliziert wird. Ein derartiges Ergebnis kann jedoch nicht über die Auslegung der Abkommen erzielt werden, weil sich die Wertungen auf den Prozessstufen der Tatsachenermittlung, Sachverhaltseinordnung und innerstaatlicher Würdigung außerhalb des Auslegungsspielraums bewegen. Diese betreffen schließlich nicht den Regelungsbereich der Abkommen.

Eine allgemeine Qualifikationsverkettung über den Auslegungsweg zu erreichen, kann damit nicht überzeugen. Da das Ergebnis einer allgemeinen Qualifikationsverkettung jedoch vielversprechend erscheint, könnte eine Normierung der Maßgeblichkeit des Qualifikationsergebnisses erwogen werden. Jedoch lässt sich auch hieraus keine zufriedenstellende Lösung ableiten. Eine Anknüpfung an das Qualifikationsergebnis würde den Internalisierungseffekt unberücksichtigt lassen. Werden bspw. Tatsachen unzureichend ermittelt oder das Abkommen unzutreffend ausgelegt, wäre der eine Vertragsstaat gezwungen, objektiv falsche Wertungen des anderen Vertragsstaates zu übernehmen. Eine solche Handhabung kann deshalb bereits aus Sachgerechtigkeitserwägungen nicht überzeugen.

(3) Bindung an den Anwendestaat

(a) Bindungswirkung

Ein weiterer Bindungsmechanismus verknüpft die Rechtsfolgen im Ansässigkeitsstaat mit der Qualifikation im Quellenstaat.[1331] Nach dem Wortlaut des Art. 23 Abs. 1 MA, wonach es heißt: „[...] können diese Einkünfte oder dieses Vermögen nach diesem Abkommen im anderen Vertragsstaat besteuert werden [...]", bestimmt sich die Verpflichtung zur Vermeidung der Doppelbesteuerung im Ansässigkeitsstaat nach einem „Besteuern-Können" im Quellenstaat.[1332] Ob im Quellenstaat besteuert werden kann, soll sich allein nach dem Verständnis des Quellenstaats bestimmen.[1333]

Diese Lesart des Art. 23 Abs. 1 MA ist ausschließlich im Zusammenhang mit Art. 3 Abs. 2 MA zu sehen, wenn ein Rückgriff auf das innerstaatliche Begriffsverständnis der Vertragsstaaten erfolgt.[1334] Demnach wird durch diese Auslegungsvariante auf die Bereinigung von Qualifikationskonflikten aufgrund von Unterschieden im innerstaatlichen Recht der Vertragsstaaten gezielt. In einem derartigen Fall ist im Zusammenhang mit dem Abkommensmechanismus ausschließlich der Quellenstaat als Anwendestaat vorgesehen.[1335] Dieser allein wendet die Verteilungsartikel an und nimmt die Qualifikation aus seiner

1331 Der Qualifikationsvorgang wird danach von den beiden Vertragsstaaten nicht mehr unabhängig voneinander vorgenommen. Auch bindet der Ansässigkeitsstaat seine Qualifikation nicht an jene des Quellenstaats, wie es im Rahmen der allgemeinen Qualifikationsbindung der Fall war. Vielmehr qualifiziert nur noch der Quellenstaat und der Ansässigkeit nimmt diese Qualifikation als Grundlage für die Bestimmung der ihm obliegenden Verpflichtungen.

1332 Vgl. *Strunk/Kaminski* in Strunk/Kaminski/Köhler, DBA, Einl. MA Rz. 71; *Vogel* in Vogel/Lehner, DBA, Art. 3 MA Rz. 112; *Schönfeld/Häck* in Schönfeld/Ditz, DBA, Systematik, Rz. 14.

1333 Vgl. *Schuch/Bauer*, Die Überlegungen des OECD-Steuerausschusses zur Lösung von Qualifikationskonflikten in Gassner/Lang/Lechner, Personengesellschaften im Recht der DBA, 27 (33).

1334 Vgl. *Schönfeld/Häck* in Schönfeld/Ditz, DBA, Systematik, Rz. 14; *Lang*, IWB 2011, 281 (292).

1335 Vgl. *Gosch*, Auslegung von DBA in der deutschen Rechtspraxis, in Lüdicke, Vermeidung der Doppelbesteuerung und ihre Grenzen, 1 (17).

Sicht vor. Art. 23 Abs. 1 MA wird folglich dergestalt interpretiert, dass in ihm ein Verweis auf das innerstaatliche Begriffsverständnis des Quellenstaats zu sehen ist.[1336] Ansetzend an der Ursache der verschiedenen innerstaatlichen Verständnisse wird der Konflikt dadurch beseitigt, dass das Quellenstaatsverständnis im Ergebnis für maßgeblich erklärt wird. Eine Anwendungskongruenz in beiden Vertragsstaaten wird zwangsweise herbeigeführt.[1337] Der Ansässigkeitsstaat ist hingegen allein zur Anwendung des Methodenartikels berechtigt.[1338] Hiernach ermittelt der Ansässigkeitsstaat, ob der Quellenstaat die jeweiligen Einkünfte nach dessen Verständnis „besteuern kann". Nur in einem solchen Fall ist der Ansässigkeitsstaat nach dem Methodenartikel auch zur Vermeidung der Doppelbesteuerung verpflichtet.[1339] Kann umgekehrt der Quellenstaat aus seiner Perspektive nach dem Abkommen nicht besteuern, so besteht für den Ansässigkeitsstaat auch keine Verpflichtung aus dem Methodenartikel.[1340] Der Ansässigkeitsstaat stützt damit die Verpflichtung zur Vermeidung der Doppelbesteuerung auf die Wertung des Quellenstaats.

Dieser methodische Lösungsweg für Qualifikationskonflikte, die auf Unterschieden im innerstaatlichen Recht der Vertragsstaaten basieren, ist in dem im Jahre 1999 veröffentlichten Partnership-Report offeriert worden und fand im Anschluss Eingang in den OECD-MK.[1341] Das Verständnis beruht auf den

---

1336 Vgl. hierzu *Menck*, IStR 1999, 147 (148); *Bendlinger*, SWI 2000, 16 (22).

1337 Vgl. *Wassermeyer* in Wassermeyer, DBA, Art. 3 MA Rz. 78 ff.

1338 So werden nach dem ursprünglichen Verständnis von *Avery Jones* die Verteilungsartikel zur Feststellung der Verpflichtung zur Vermeidung der Doppelbesteuerung i.S.d. Methodenartikels durch den Ansässigkeitsstaat nicht „angewendet" sondern vielmehr „gelesen", vgl. *Avery Jones*, Qualification Conflicts: The Meaning of Application in Article 3 (2) of the OECD Model, in Beisse/Lutter/Närger, Festschrift Beusch, 43 (47 ff.).

1339 Tz. 32.3 zu Art. 23 MA des MK. Aufgrund der Kernthese dieser Auslegungsvariante, dass der Quellenstaat die Verteilungsartikel „anwendet", während der Anässigkeitsstaat diese ausschließlich „liest", bezeichnet *Tippelhofer* diese als „Apply & Read-Bindungsthese", siehe *Tippelhofer*, Subjektive Qualifikationskonflikte bei Direktinvestitionen in den USA, 122. *Tippelhofer* grenzt zudem die „Apply & Read-Bindungsthese" für positive Qualifikationskonflikte von der „Partiellen Bindungsthese" für negative Qualifikationskonflikte ab. Da die Bindungswirkungen für beide Konfliktarten jedoch auf derselben Lesart des Art. 23 Abs. 1 MA basieren, soll keine grundsätzliche Unterscheidung erfolgen, sondern eine systematische Beleuchtung im Rahmen der Suffizienzbetrachtung einbezogen werden.

1340 Vgl. *Vogel*, IStR 2007, 225 (227).

1341 Zu dem Lösungsvorschlag der OECD *Schuch/Bauer*, Die Überlegungen des OECD-Steuerausschusses zur Lösung von Qualifikationskonflikten in Gassner/Lang/Lechner, Personengesellschaften im Recht der DBA, 27 (32 ff.); *Jirousek*, Methodische Ansätze zur Konfliktvermeidung bei der Anwendung von Doppelbe-

im angelsächsischen Schrifttum entwickelten Ansätzen von *Avery Jones* und *Déry/Ward*.[1342]

(b) Suffizienz zur Lösung von Qualifikationskonflikten

Da, wie bereits im Rahmen der allgemeinen Qualifikationsverkettung, eine einheitliche Abkommensanwendung erreicht wird, kann dieser Art der Bindung ebenfalls eine grundsätzliche Eignung zur Lösung von Qualifikationskonflikten attestiert werden. Das übereinstimmende Ergebnis soll über die Auslegung im Lichte von Sinn und Zweck erreicht werden. Die Auslegung des Art. 23 Abs. 1 MA in der Form, dass eine Bindung an die Qualifikation des Quellenstaats erfolgt, steht zumindest dem Abkommenswortlaut nicht entgegen und ist damit nicht *a priori* mit dem Argument abzulehnen, dass sie sich nicht aus dem Abkommenswortlaut ableiten ließe[1343].[1344]

---

steuerungsabkommen, in Lang/Jirousek, Festschrift Loukota, 175 (181 ff.); *Loukota*, SWI 1999, 70 (74 f.); *Benecke/Schnitger*, RIW 2002, 439 (444 ff.).

1342 Vgl. *Avery Jones*, BTR 1984, 14 (48); *ders.*, ET 1996, 118 (141 ff.); *ders.*, Qualification Conflicts: The Meaning of Application in Article 3 (2) of the OECD Model, in Beisse/Lutter/Närger, Festschrift Beusch, 43 (45); *ders.*, ET 1993, 252 (254); *Déry/Ward*, Interpretation of Double Taxation Conventions, Nationalbericht Kanada, in IFA, CDFI 1993, 259 (281 ff.). Beipflichtend *Sasseville*, The Future of the OECD Model Tax Convention, in Gassner/Hemetsberger-Koller/Lang/Sasseville/Vogel, Die Zukunft des internationalen Steuerrechts, 41 (49). Vgl. zu dem Ansatz auch *Hemmelrath*, IStR 1995, 570 (572); *Vogel*, BIFD 1999, 319. Ausführlich zu dem Lösungsansatz *Jankowiak*, Doppelte Nichtbesteuerung im Internationalen Steuerrecht, 132 ff.

1343 So sieht *Gündisch*, Personengesellschaften im DBA-Recht, 335 ff., in der Maßgeblichkeit des Verständnisses eines Vertragsstaates bereits eine dogmatische Verfehlung, weil Art. 23 MA hierüber keine Aussage trifft. Im Zuge der Bindungwirkung würde etwas in die Vorschrift hineininterpretiert, was nicht vorhanden ist, hierzu auch *Günkel/Lieber*, FR 2000, 853 (856). Auch *Gosch*, Auslegung von DBA in der deutschen Rechtspraxis, in Lüdicke, Vermeidung der Doppelbesteuerung und ihre Grenzen, 1 (17), weist darauf hin, dass die Bezugnahme des Methodenartikels auf die Verteilungsartikel der Abkommenssystematik immanent ist und aus ihr deshalb keine Qualifikationsverkettung zu lesen ist. Tatsächlich steht die Auslegung dem Wortlaut des Art. 23 MA jedoch auch nicht entgegen, womit die von der OECD vorgeschlagene Interpretation vor dem Hintergrund einer bestmöglichen Vermeidung von Doppelbesteuerung und Doppelnichtbesteuerung zumindest im Bereich der möglichen Auslegungsvarianten liegt. Eine Qualifikationsverkettung ist demnach keineswegs zwingend, jedoch im Lichte des Sinn und Zwecks zu erwägen.

1344 Vgl. *Schönfeld/Häck* in Schönfeld/Ditz, DBA, Systematik, Rz. 14. Den methodischen Ansatz befürwortend *Loukota*, SWI 1999, 70 (75 f.); *Krabbe*, IStR 2000, 196 (200); *Vogel* in Vogel/Lehner, DBA, Art. 23 MA Rz. 37; *ders.*, IStR 2003, 523 (528 ff.); *Wolff*, IStR 2004 542 (549); *Reimer*, IStR 2008, 551; ablehnend hingegen *Wassermeyer* in Wassermeyer, DBA, Art. 1 MA Rz. 28g, Art. 23A MA Rz. 46; *Lang*, Qualifikationskonflikte

Dennoch wurden vielfach Bedenken an jener Lesart des Art. 23 Abs. 1 MA geäußert.[1345] So basiert der Grundgedanke des Lösungsansatzes auf der Festlegung der Maßgeblichkeit des Quellenstaatsverständnisses. Das Erfordernis in Art. 23 MA des „Besteuern-Könnens" durch den Quellenstaat soll demnach nicht dahingehend zu lesen sein, dass die Einkünfte im Quellenstaat aus der Perspektive des Ansässigkeitsstaats dort besteuert werden können.[1346] Demgegenüber besteht der Regelungszweck des Art. 23 MA in der Beschränkung des Ausübungsrechtes des Ansässigkeitsstaats, womit aufgrund der Rechtsfolgenwirkung für den Ansässigkeitsstaat auch dessen Sichtweise eine gewisse Bedeutung zuzuerkennen ist.[1347] Der Normwortlaut streitet im Lichte der Vermeidung von Doppelbesteuerung und Doppelnichtbesteuerung damit in gleichem Maße für die Maßgeblichkeit des Quellenstaatsverständnisses wie für die Maßgeblichkeit des Verständnisses des Ansässigkeitsstaates.[1348]

---

im Recht der Doppelbesteuerungsabkommen, in Kirchhof/Lehner/Raupach/Rodi, Festschrift Vogel, 907 (916 ff.); *Gosch*, Auslegung von DBA in der deutschen Rechtspraxis, in Lüdicke, Vermeidung der Doppelbesteuerung und ihre Grenzen, 1 (17). Auch der BFH vom 25.05.2011, I R 95/10, BFH/NV 2011, 1602, verneint einen derartigen Bindungsmechanismus und damit die Überantwortung der Beurteilung eines „Besteuern-Können" allein an den Quellenstaat. Vielmehr vertritt er ein anwenderstaatsorientiertes Verständnis. Im Rahmen des Urteils des BFH bleibt jedoch unklar, welche Bindungswirkung abgelehnt wird. Der BFH rekurriert vornehmlich auf die Bindung des Ansässigkeitsstaats an die Bestimmung des Steuersubjekts durch den Quellenstaat. Eine dergestaltige Bindung ist jedoch eher Teil der allgemeinen Qualifikationsbindung und steht weniger im Fokus der designierten OECD-Lösung, vgl. hierzu grundlegend und ausführlich *Tippelhofer*, Subjektive Qualifikationskonflikte bei Direktinvestitionen in den USA, 128 ff.

1345 Zu den im Folgenden erörterten Kernpunkten vgl. auch *Strunk/Kaminski* in Strunk/Kaminski/Köhler, DBA, Einl. MA Rz. 72; *Schuch/Bauer*, Die Überlegungen des OECD-Steuerausschusses zur Lösung von Qualifikationskonflikten in Gassner/Lang/Lechner, Personengesellschaften im Recht der DBA, 27 (35 ff.); *Lang*, Qualifikationskonflikte im Recht der Doppelbesteuerungsabkommen, in Kirchhof/Lehner/Raupach/Rodi, Festschrift Vogel, 907 (915 ff.); *ders.*, Einführung in das Recht der Doppelbesteuerungsabkommen2, Rz. 145 ff. m.w.N.; *Gosch*, Internationale Qualifikationskonflikte, in Schaumburg/Piltz, Veräußerungsgewinne im Internationalen Steuerrecht, 103 (109 ff.).

1346 Vgl. *Vogel* in Vogel/Lehner, DBA, Art. 3 MA Rz. 113. So soll aus dem Abkommen nicht abzuleiten sein, dass nur weil der Ansässigkeitsstaat eine andere Beurteilung nach innerstaatlichem Recht vornimmt, auch der Quellenstaat dieses zurgunde zu legen hat, vgl. *Loukota*, SWI 1999, 70 (74).

1347 Vgl. *Strunk/Kaminski* in Strunk/Kaminski/Köhler, DBA, Einl. MA Rz. 72.

1348 Vgl. hierzu bereits die Argumentation im Rahmen der allgemeinen Qualifikationsverkettung, siehe Kapitel E.II.1.a.(2).(b).

In systematischer Hinsicht sind weitere Kritikpunkte zu erheben. Die Bindung soll sich aus der Auslegung des Terms in Art. 23 MA „wenn sie im anderen Vertragsstaat besteuert werden können" ergeben. Mithin stellt sich die Frage, woraus sich eine Bindung für jene Fälle ergibt, bei denen durch die Verteilungsnormen einem der Vertragsstaaten bereits ein ausschließliches Ausübungsrecht[1349] zugeordnet wurde.[1350] Da in einem solchen Fall die Anwendung des Art. 23 MA nicht mehr erforderlich ist, würde es für die Auslegung im o.g. Sinne an einer Rechtsgrundlage fehlen.[1351] Aus systematischen Gründen ist eine Qualifikationsbindung nach Art. 23 MA für derartige Konstellationen bereits im Grundsatz zu untersagen.[1352] Eine systematische Alternative könnte hierbei jedoch in dem Denkansatz zu sehen sein, den *Tippelhofer* als „partielle Bindungsthese" bezeichnet. Auch wenn er diesen bei der Auslegungsmethode von *Avery Jones* und *Déry/Ward* in den Fällen einer drohenden Doppelnichtbesteuerung zu erkennen scheint, ebnet dieser Ansatz den methodischen Weg zumindest für solche Fallkonstellationen, in denen aus Sicht des Quellenstaats eine abschließende Zuordnungsentscheidung getroffen wurde und aus der Perspektive des Ansässigkeitsstaats der Quellenstaat „besteuern kann". Dann nämlich könnte argumentiert werden, dass auch der Ansässigkeitsstaat die Verteilungsartikel „anwendet" und es daraufhin nach seinem Dafürhalten infolge eines „Besteuern-Könnens" zu einer Einschlägigkeit des Art. 23 MA kommt. Erst auf dieser Stufe wird die Verpflichtung oder Nichtverpflichtung an die Quellenstaatswertung gebunden. Dessen ungeachtet wäre jedoch auch für jene Fälle kein systematischer Weg eröffnet, bei denen die Vertragsstaaten

1349 Zu den Verteilungsnormen mit abschließender Rechtsfolge siehe *Vogel* in Vogel/Lehner, DBA, Vor Art. 6-22 MA Rz. 4.

1350 Die OECD will die Lösung über den Methodenartikel auch bei abschließenden Verteilungsnormen angewendet wissen, siehe *OECD*, The Application of the OECD Model Tax Convention to Partnerships, Issues in International Taxation No. 6, Tz. 110; Tz. 32.7 zu Art. 23 MA des MK, kritisch hierzu *Schuch/Bauer*, Die Überlegungen des OECD-Steuerausschusses zur Lösung von Qualifikationskonflikten in Gassner/Lang/Lechner, Personengesellschaften im Recht der DBA, 27 (36); *Lang*, Qualifikationskonflikte im Recht der Doppelbesteuerungsabkommen, in Kirchhof/Lehner/Raupach/Rodi, Festschrift Vogel, 907 (919).

1351 Vgl. *Strunk/Kaminski* in Strunk/Kaminski/Köhler, DBA-Kommentar, Einl. MA Rz. 72.

1352 BFH vom 25.05.2011, I R 95/10, BFH/NV 2011, 1602, Tz. 18. Auch *Schönfeld/Häck* in Schönfeld/Ditz, DBA, Systematik Rz. 14, nehmen diese Fallkonstellationen von der Bindungswirkung des Methodenartikels aus. *Vogel* in Vogel/Lehner, DBA, Art. 3 MA Rz. 115, sieht ebenfalls die Konflikteproblematik für Verteilungsnormen mit abschließender Rechtsfolge. In diesem Sinne auch *Rosenthal*, IStR 2007, 610 (611); *Knobbe-Keuk*, RIW 1991, 306 (310).

nach ihrer Sichtweise unter verschiedene Verteilungsnormen mit abschließender Zuordnungsentscheidung subsumieren würden.

Überdies wird unter Praktikabilitätserwägungen kritisch gesehen, dass der Bindung an den Quellenstaat die Notwendigkeit innewohnt, die rechtliche Beurteilung des Quellenstaats zu ergründen.[1353] Schließlich werden die Intention und die Vorteilhaftigkeit der Freistellungsmethode eigens durch die OECD damit begründet, dass es gerade keiner Kenntnis über die Quellenstaatswertung bedarf.[1354] Hierin zeigt sich ein Widerspruch des Interpretationsansatzes zu der Grundidee der Freistellungsmethode.[1355]

Eine weitere wesentliche Nachteiligkeit besteht darin, dass Staaten mit weitreichenden Besteuerungsansprüchen Vorteile genießen,[1356] wodurch die Ausgewogenheit der Abkommen leidet.[1357] Hieran anknüpfend wird ebenso die Gefahr, dass der Quellenstaat eine Ausnutzung durch Ausdehnung des Steuersubstrats anstreben könnte, für bedenklich erachtet.[1358]

Über die bereits erörterten Kritikpunkte[1359] hinaus lassen sich weitere methodische Schwächen identifizieren, die sich auf die Auslegung des Methodenartikels beziehen. Demnach ist Art. 23 MA gem. Art. 31 WÜRV nach seinem Wortlaut in Übereinstimmung mit Systematik und Telos des Abkommens auszulegen. Obgleich sich die dargelegte Bindungswirkung innerhalb der

1353 Vgl. *Strunk/Kaminski* in Strunk/Kaminski/Köhler, DBA, Einl. MA Rz. 72; *Gosch*, Internationale Qualifikationskonflikte, in Schaumburg/Piltz, Veräußerungsgewinne im Internationalen Steuerrecht, 103 (115).

1354 Tz. 34 zu Art. 23 MA des MK.

1355 Vgl. hierzu *Lang*, Qualifikationskonflikte im Recht der Doppelbesteuerungsabkommen, in Kirchhof/Lehner/Raupach/Rodi, Festschrift Vogel, 907 (917).

1356 Vgl. Vogel, SWI 2000, 103 (112).

1357 Vgl. *Schuch/Bauer*, Die Überlegungen des OECD-Steuerausschusses zur Lösung von Qualifikationskonflikten, in Gassner/Lang/Lechner, Personengesellschaften im Recht der DBA, 27 (37). *Vogel* in Vogel/Lehner, DBA, Art. 3 MA Rz. 114, bringt ebenfalls diesen Punkt an, misst aber der Vermeidung der Doppelbesteuerung ein höheres Gewicht bei.

1358 Vgl. *Schuch/Bauer*, Die Überlegungen des OECD-Steuerausschusses zur Lösung von Qualifikationskonflikten, in Gassner/Lang/Lechner, Personengesellschaften im Recht der Doppelbesteuerungsabkommen, 27 (38); *Wassermeyer* in Wassermeyer, DBA, Art. 3 MA Rz. 80a; *Benecke/Schnitger*, RIW 2002, 439 (447). Eine Anerkennung der Ausweitungstatbestände könnte durch den anderen Vertragsstaat über Auslegung des Vertrages nach Treu und Glauben versagt werden, vgl. *Vogel* in Vogel/Lehner, DBA, Art. 3 MA Rz. 114a.

1359 Darüber hinaus werden weitere Kritikpunkte angebracht, siehe bspw. *Gosch*, Internationale Qualifikationskonflikte, in Schaumburg/Piltz, Veräußerungsgewinne im Internationalen Steuerrecht, 103 (114). Diese werden von *Vogel* in Vogel/Lehner, DBA, Art. 3 MA Rz. 114, jedoch teilweise durch Gegenargumente entkräftet.

Wortlautgrenzen bewegt, ist die Vereinbarkeit mit Systematik und Telos des Abkommens kritisch zu beleuchten. Das Auslegungsergebnis gründet sich allein auf den Teilsatz „[...] und können diese Einkünfte [...] nach diesem Abkommen im anderen Vertragsstaat besteuert werden". Die sich hieraus ergebende Bindungswirkung für den Ansässigkeitsstaat lässt sich jedoch allein innerhalb des Methodenartikels schlüssig begründen. Stellt man den Methodenartikel in den Vorschriften- und Gesamtzusammenhang des Abkommens, wird deutlich, dass kein systematischer Einklang besteht. Die Analyse der Verteilungsartikel sowie die Unterscheidung in Verteilungsartikel und Methodenartikel verdeutlichen aufgrund ihrer Zuordnung der Ausübungsrechte einen beidseitigen Abkommensmechanismus. Die Anknüpfung der Verpflichtung des Ansässigkeitsstaates zur Vermeidung der Doppelbesteuerung an ein „Besteuern-Können" aus der Perspektive des Quellenstaats würde aufgrund eines bilateralen Mechanismus zu der Schlussfolgerung drängen, dass die Verpflichtung des Quellenstaats zur Vermeidung der Doppelbesteuerung in gleicher Weise an ein „Besteuern-Können" aus der Perspektive des Ansässigkeitsstaates zu knüpfen ist. Schließlich impliziert die Verpflichtung der Vertragsstaaten in den abschließenden Verteilungsartikeln auch ein „Besteuern-Können" im anderen Vertragsstaat. Ungeachtet dessen, dass sich aufgrund einer zweiseitigen Bindung keine Konfliktsituationen lösen ließen, müsste in der Bindungswirkung der Verteilungsartikel eine logische Konsequenz aus der Bindungswirkung im Methodenartikel gesehen werden. Wie bereits ausgeführt sind die Rechtsfolgenwirkungen in den abschließenden Verteilungsartikeln als gleichwertig mit jenen des Methodenartikels anzusehen. Der beidseitige Abkommensmechanismus steht demnach einer einseitigen Bindungswirkung allein im Methodenartikel entgegen. Es überzeugt nicht, dass allein für Zwecke des Art. 23 MA der Quellenstaat als Anwendestaat i.S.d. Art. 3 Abs. 2 MA zu würdigen ist.

Die Auslegung wird zudem dadurch begründet, dass sie im Lichte des Sinn und Zwecks bestmöglich die Doppelbesteuerung und Doppelnichtbesteuerung vermeidet.[1360] In diesem Zusammenhang sei noch einmal auf die Debatte bzgl. des Telos verwiesen.[1361] Hierbei wurde deutlich, dass die Vermeidung der Doppelbesteuerung und der Doppelnichtbesteuerung als Auslegungsmaxime nicht überzeugen können. Im Rahmen der neu entwickelten Maxime wurde die korrespondierende Zuordnung von Ausübungsrechten in den Vordergrund gestellt. Legt man nun die Zielsetzung der korrespondierenden Zuordnung

1360 Vgl. *Loukota*, SWI 1999, 70 (75 f.); *Krabbe*, IStR 2000, 196 (200).
1361 Vgl. Kapitel C.III.3.b.(4).(c).

von Ausübungsrechten zugrunde, ist das Auslegungsverständnis einer Bindungswirkung neu zu überdenken. Die Bindung erfolgt zwar im Sinne der Korrespondenz, eine Zuordnung von Ausübungsrechten verlangt jedoch einen beidseitigen Mechanismus. Eine Bindung an die Qualifikation des Quellenstaates basiert indes auf einem einseitigen Verständnis, welches allein die Ausübungsrechte des Quellenstaats in den Fokus rückt. Dies wiederum steht nicht im Einklang mit dem Wortlaut, da mitunter dem Ansässigkeitsstaat ebenfalls Ausübungsrechte zugewiesen werden (bspw. Art. 10 Abs. 1 und 11 Abs. 1 MA).

Das wohl schlagkräftigste Argument bezieht sich auf die Behauptung, dass sich aus dem Methodenartikel ein Verweis auf das innerstaatliche Recht der Vertragsstaaten lesen ließe. Diese Deutung könnte wiederum nur überzeugen, wenn sie sich innerhalb des Auslegungsspielraums befinden würde. In Übereinstimmung mit der bisher vertretenen Auffassung ist der Verweis in Art. 3 Abs. 2 MA auf das innerstaatliche Recht des Anwendestaats als Ausdruck eines unvollkommenen Regelungskreises und als Bestätigung einer abkommensautonomen Auslegung anzusehen.[1362] Demnach ergeben sich auf innerstaatlicher Ebene die für die Abkommensanwendung notwendige Sachverhaltseinordnung sowie die innerstaatliche Würdigung. Diese sind gerade nicht Regelungsgegenstand der Abkommen. In der Konsequenz kann das Abkommen auch nicht bestimmen, dass in Bezug auf diese Komponenten das Recht eines Vertragsstaates maßgeblich ist. Eine derartige Auslegung verbietet sich auch in diesem Zusammenhang in Ermangelung eines Auslegungsspielraums.

Im Ergebnis ließe sich die Bindung des Ansässigkeitsstaates an die Qualifikation des Quellenstaates kaum im Auslegungswege begründen.

Der Auslegungsansatz sieht sich insgesamt einer breitgefächerten Kritik gegenüber. Isoliert von der dargelegten Begründungsschwäche und den unterschiedlichen Bedenken ist darüber hinaus der methodische Ansatz dieses Bindungsmechanismus im Hinblick auf die Fähigkeit zur Lösung von Qualifikationskonflikten zu würdigen. Eine ganz wesentliche Insuffizienz des Ansatzes gründet sich dabei auf dessen kasuistische Ausgestaltung. So wirkt der Bindungsmechanismus allein in denjenigen Fällen, die auf Unterschieden in den innerstaatlichen Rechtsordnungen basieren. Andere Ursachenbereiche werden insofern unberücksichtigt gelassen. In diesen Zusammenhang ist auch die Problematik kritisch zu sehen, dass sich ein Qualifikationskonflikt aus der Synthese unterschiedlicher Ursachen ergeben kann. So ist denkbar, dass ein Qualifikationskonflikt sowohl durch unterschiedliche innerstaatliche Würdi-

1362 Siehe Kapitel C.III.3.b.(5).(d).

gung als auch durch eine divergierende Abkommensauslegung zustande kommt. In diesem Fall ist fraglich, ob und wie eine Bindungswirkung stattfinden soll. Überdies ist zu konstatieren, dass selbst für Qualifikationskonflikte, deren Ursache auf Divergenzen in der innerstaatlichen Rechtsordnung zurückzuführen ist, der Bindungsmechanismus keinen verlässlichen Lösungsansatz bereitzustellen vermag. So bedingt diese Auslegungsvariante eine funktionale Einteilung in einen Quellenstaat und einen Ansässigkeitsstaat.[1363] Im Rahmen bestimmter Fallkonstellationen besteht die Schwierigkeit und das Konfliktpotenzial jedoch gerade in der Bestimmung der Qualität des Quellen- oder Ansässigkeitsstaats.[1364] Sind Quellenstaat und Ansässigkeitsstaat nicht eindeutig zu identifizieren, kann durch den Verkettungsmechanismus auch nicht entschieden werden, wer an wessen Qualifikation gebunden ist. Somit lässt sich durch diese Auslegungsvariante keine Lösung herbeiführen.

Festzuhalten bleibt, dass der Lösungsvorschlag der OECD in mehrfacher Hinsicht nicht überzeugen kann: 1) Die Begründung einer derartigen Bindung über den Auslegungsweg erscheint fragil. 2) Die Systematik, dass der Anwendungsprozess des Ansässigkeitsstaats allein auf den Methodenartikel beschränkt ist, ist schwerlich mit dem beidseitigen Abkommensmechanismus vereinbar. 3) Die Methodik weist im Hinblick auf eine generelle Lösung von Qualifikationskonflikten diverse Schwächen auf, wobei insbesondere die Tatsache, dass allein Qualifikationskonflikte aufgrund von Unterschieden im innerstaatlichen Recht für diesen Lösungsweg zu öffnen sind, herauszustellen ist. Darüber hinaus sind auch generelle Zweifel an dem Mechanismus einer Bindung der Rechtsfolgen des Ansässigkeitsstaates an die Qualifikation des Quellenstaates zu erheben, weil hierfür stets eine verlässliche Einteilung der Vertragsstaaten in einen Quellenstaat und einen Ansässigkeitsstaat die Voraussetzung bildet.

Die vielfach geäußerte Kritik und die Bedenken sowie eine ablehnende Haltung durch die Rechtsprechung[1365] stützen diese Einschätzung. Sie werfen ein Schlaglicht auf die mangelnde Akzeptanz des Lösungsansatzes, auch wenn

1363 Eine anschauliche Darstellung dieser Grundsatzproblematik findet sich bei *Tippelhofer*, Subjektive Qualifikationskonflikte bei Direktinvestitionen, 144 ff.

1364 Zu diesem Kritikpunkt mit Beispiel *Gündisch*, IStR 2005, 829 (830).

1365 BFH vom 25.05.2011, I R 95/10, BFH/NV 2011, 1602. *Tippelhofer*, Subjektive Qualifikationskonflikte bei Direktinvestitionen in den USA, 128, weist in diesem Zusammenhang zutreffend darauf hin, dass in dem Urteil zwar eine ablehnende Haltung gegenüber der Qualifikationsverkettung zum Ausdruck kommt, jedoch eine Vermischung der Ansätze von *Avery Jones* und *Déry/Ward* mit dem Ansatz von *Debatin* stattfindet.

die Mehrheit der Mitgliedstaaten anfänglich einer dergestaltigen Lösung offen gegenüber stand.[1366] Die Hoffnung einer Lösung von Qualifikationskonflikten wurde über die Jahre zerschlagen.[1367] Im Ergebnis ist die Bindung der Rechtsfolgen des Ansässigkeitsstaates an die Qualifikation des Quellenstaates zur Vermeidung und Bereinigung von Qualifikationskonflikten nicht geeignet.

b. Quellenstaatsorientierte Auslegung

(1) Argumentationslinie

Wassermeyer[1368] und *Meretzki*[1369] wollen im Rahmen ihres Auslegungsansatzes ebenfalls die Perspektive eines Vertragsstaates für den anderen als maßgebend erklären. *Wassermeyer* nimmt eine quellenstaatsbezogene Betrachtungsweise vor, indem er durch eine „reduzierten Prüfungsbindung" die Verteilungsartikel unter der Prämisse beleuchtet, ob der Quellenstaat aus seiner Sicht zu dem Ergebnis eines „Besteuern-Könnens" gelangen konnte.[1370] In ähnlicher Weise stellt *Meretzki* auf die Quellenstaatssichtweise ab. Im Gegensatz zu der Qualifikationsverkettung versucht er dieses Ergebnis jedoch nicht mithilfe einer Bindungswirkung zu erreichen. Hierfür ermangele es nach seiner Auffassung bereits an der notwendigen Rechtsgrundlage. Ein identisches Ergebnis intendiert er, über die Maßgeblichkeit der innerstaatlichen Rechtsordnung des Quellenstaats herzustellen. Demnach steht im Mittelpunkt des Methodenartikels die Frage, ob der Quellenstaat im Rahmen der Verteilungsartikel „besteuern kann". Da sich die Verteilungsartikel an beide Vertragsstaaten richten, legt auch der Ansässigkeitsstaat diese aus und wendet sie an. Besteht jedoch die Notwendigkeit, aufgrund der Unvollkommenheit der Abkommen gem. Art. 3 Abs. 2 MA auf die innerstaatliche Rechtsordnung zurückgreifen zu müssen, kann allein das Landesrecht des Quellenstaats das maßgebliche sein. Schließlich geht es im Rahmen des Methodenartikels nicht um die Beantwortung der Frage, „ob der Ansässigkeitsstaat in einer spiegelbildlichen Situation (als Quellenstaat) ein Besteuerungsrecht hätte".

1366 Die Grundaussagen des *Partnership-Reports* wurden zum damaligen Zeitpunkt von 26 der 29 Mitgliedstaaten befürwortet, hierzu *Loukota*, Der OECD-Report zur Anwendung des OECD-Musterabkommens auf Personengesellschaften, in Gassner/Lang/Lechner, Personengesellschaften im Recht der DBA, 15 (20 f.).

1367 Die Beilegung der Diskussion in Bezug auf die Lösung von Qualifikationskonflikten kann damit nicht erfolgen, wie es von *Avery Jones*, BIFD 2001, 220, gefordert wurde.

1368 *Wassermeyer*, IStR 2011, 85 (90).

1369 *Meretzki*, IStR 2011, 213 (213 ff.).

1370 Hierzu BFH vom 25.05.2011, I R 95/10, BFH/NV 2011, 1602, Tz. 21.

(2) Suffizienz zur Lösung von Qualifikationskonflikten

Auch dieser Lösungsansatz im Wege der Auslegung würde Qualifikationskonflikte, dessen Ursache im innerstaatlichen Recht der Vertragsstaaten zu finden ist, methodisch zu vermeiden helfen. Die Methodik basiert zwar auf einer anderen Anknüpfung, jedoch ist ihr dieselbe Stoßrichtung immanent. Aufgrund der Festlegung der Maßgeblichkeit einer innerstaatlichen Rechtsordnung im Auslegungswege muss sich der Ansatz gleichwohl dieselben Kritikpunkte entgegenhalten lassen, die bereits im Zuge der Qualifikationsverkettung ausführlich dargelegt wurden.[1371] In diesem Kontext bedarf es stets der Besinnung auf den Abkommensmechanismus. Demnach legitimieren die Verteilungsartikel nicht zur Ausübung von Besteuerungsansprüchen, sondern sie beschränken lediglich die Ausübungsrechte. Aus diesem Grund ist unter systematischen Gesichtspunkten in Bezug auf ein „Besteuern-Können" im Quellenstaat auch nicht die Sichtweise des Quellenstaats zugrunde zu legen, da sich die Verteilungsartikel gar nicht an den Quellenstaat richten.

2. Rückfall- , Switch-over- , Subject-to-tax und Remittance-base-Klauseln

a. Wirkungsmechanismus

Einen weiteren Methodenbereich zur Vermeidung von Qualifikationskonflikten bilden die Rückfall-[1372], Switch-over-, Subject-to-tax- und Remittance-base-Klauseln. Ihre Ausgestaltungsmöglichkeiten sind vielfältig: Sie können auf bilateralem Wege individuell vereinbart, im Musterabkommen vorgesehen, den Abkommen bereits immanent sein sowie auf unilateraler Ebene kodifiziert werden.

Eine Rückfallklausel ist etwa in Art. 23 A Abs. 4 MA für Qualifikationskonflikte, die auf Meinungsverschiedenheiten beruhen,[1373] integriert. Außerdem ist

---

1371 I.E. ebenfalls ablehnend BFH vom 25.05.2011, I R 95/10, BFH/NV 2011, 1602, Tz. 21.

1372 Der Begriff „Rückfallklausel" wird uneinheitlich verwendet. So werden teilweise auch Subject-to-tax-Klauseln mit „Rückfallklausel" in eins gesetzt, siehe BMF vom 20.06.2013, IV B 2, S 1300/09/10006, BStBl. I 2013, 980, Tz. 1. Auf eine umstrittene Kongruenz der Begrifflichkeiten hinweisend *Valová/Bodenloher/Koch*, IStR 2002, 405. Dabei soll in der hier verwendeten Bedeutung allein auf die Wirkung eines Zurückfallens des Ausübungsrechts an den Vertragsstaat abgestellt werden.

1373 Zu diesen „Meinungsverschiedenheiten" gehören Konflikte aufgrund unterschiedlicher Sachverhaltsbeurteilung und aufgrund unterschiedlicher Abkommensausle-

nach dem Verständnis der Qualifikationsverkettung in Art. 23 MA eine Rückfallklausel für Qualifikationskonflikte aufgrund von Unterschieden in der innerstaatlichen Rechtsordnung enthalten. Auf unilateraler Ebene findet sich eine entsprechende Regelung in § 50d Abs. 9 EStG.

Der grundsätzliche Mechanismus der Rückfallklausel knüpft an die Anwendung des Abkommens durch den Quellenstaat. Gelangt dieser zu dem Anwendungsergebnis, dass er die Einkünfte nicht oder nur eingeschränkt besteuern darf, so entfällt für den Ansässigkeitsstaat in der Folge die Verpflichtung zur Freistellung. Damit fällt das hypothetisch durch die Freistellungsverpflichtung „genommene" Ausübungsrecht an den Ansässigkeitsstaat zurück.[1374] Der Automatismus zielt in diesem Zusammenhang auf negative Qualifikationskonflikte. So werden aufgrund des Dependenzverhältnisses zu der Quellenstaatsanwendung im Ergebnis eine doppelte Nichtbesteuerung bzw. eine Minderbesteuerung im Allgemeinen vermieden. Die Rechtsfolge besteht für den Ansässigkeitsstaat allein in der Nichtanwendung von Art. 23 Abs. 1 MA. Jene Rechtsfolge erscheint dahingehend lückenhaft, dass keine Aussage über eine „Ersatzrechtsfolge" getroffen wird.[1375] Dieser Mangel tritt insbesondere für die Fälle, in denen der Quellenstaat nach seiner Wertung gem. Art. 10 Abs. 2 und 11 Abs. 2 MA eingeschränkt besteuern darf, in Erscheinung. Mithin wird die Rückfallklausel so verstanden, dass ein Übergang zur Anrechnungsmethode nach Art. 23 A Abs. 2 MA erfolgen soll. Aus dem Methodenwechsel von der Freistellungs- zur Anrechnungsmethode leitet sich demgemäß der Topos Switch-over-Klausel ab.

Darüber hinaus sind Switch-over-Klauseln auch zur individuellen Vereinbarung in den Abkommen vorgesehen,[1376] die unabhängig von der Konfliktursache neben den negativen auch den positiven Qualifikationskonflikten entgegenwirken.[1377] So ist im Fall von positiven Qualifikationskonflikten vorgesehen, eine Doppelbesteuerung durch Anrechnung der ausländischen Steuern zu

gung. Zudem gehören hierzu auch Konflikte, die aus einer falschen Anwendung der eigenen innerstaatlichen Rechtsordnung durch den Quellenstaat resultieren, vgl. *Vogel,* in Vogel/Lehner, DBA, Art. 3 MA Rz. 113; Art. 23 MA Rz. 246; *ders.,* IStR 2007, 225 (227).

1374 Vgl. *Jirousek,* Methodische Ansätze zur Konfliktvermeidung bei der Anwendung von Doppelbesteuerungsabkommen, in Lang/Jirousek, Festschrift Loukota, 175 (191).

1375 Vgl. *Wassermeyer* in Wassermeyer, DBA, Art. 23 A MA Rz. 143.

1376 Zu den neueren abkommensrechtlichen Switch-over-Klauseln siehe *Viebrock/Loose/Oskamp,* Ubg 2013, 631 (631 ff.); *Haase/Dorn,* IStR 2011, 791 (791 ff.).

1377 BMF vom 26.09.2014, IV B 5, S 1300/09/10003, BStBl. I 2014, 1258, Tz. 4.1.3.2.

vermeiden. Hierzu soll es jedoch erst nach der vergeblichen Durchführung eines Verständigungsverfahrens kommen.[1378]

Von den bereits erörterten Rückfall- bzw. Switch-over-Klauseln, die ihre Wirkung gegenüber systemimmanenten Qualifikationskonflikten entfalten sollen, sind für Zwecke der vorliegenden Untersuchung gleichwohl solche Maßnahmen abzugrenzen, die einer ungerechtfertigten Inanspruchnahme von Abkommensvorteilen entgegenwirken. Auch hierfür werden Switch-over-Klauseln instrumentalisiert. Überdies wird sich sog. Subject-to-tax- und Remittance-base-Klauseln bedient. Diese knüpfen die Verpflichtung zur Beschränkung des Ausübungsrechtes an den tatsächlichen Vorgang der Besteuerung oder Überweisung bzw. den Bezug der Einkünfte im anderen Vertragsstaat. Der Gegenstand derartiger Regelungen besteht dabei nicht in der vordergründigen Lösung systemimmanenter Qualifikationskonflikte. Aus diesem Grund sind diese Maßnahmen keiner näheren Untersuchung zu unterziehen.[1379]

b. Suffizienz zur Lösung von Qualifikationskonflikten

Der Nachteil der Freistellungsmethode kann darin gesehen, dass sie die Gefahr einer Doppelnichtbesteuerung in sich trägt. Aus diesem Grund ist die Anrechnungsmethode als die bessere Alternative zu erachten. Diese geht jedoch gleichzeitig mit der Notwendigkeit von Kenntnissen über das ausländische Steuerrecht einher. Die Rückfall- bzw. Switch-over-Klauseln genießen in diesem Zusammenhang den Vorteil, dass sie die Vorzüge der Freistellungsmethode mit denen der Anrechnungsmethode im Falle unerwünschter Ergebnisse übereinbringen. Ein abkommenspolitischer Richtungswechsel ist demgegenüber nicht vonnöten.

Die Nachteiligkeit der Regelungen besteht im Hinblick auf Praktikabilitätserwägungen sicherlich darin, dass der eine Vertragsstaat über das Wissen verfügen muss, wie der andere Vertragsstaat das Abkommen anwendet. Die Informationsasymmetrien müssen hierfür überwunden werden.

Der Hauptkritikpunkt betrifft jedoch den Anknüpfungspunkt des Regelungsmechanismus. Demnach besteht die Stoßrichtung der Klauseln darin, die unerwünschte Wirkung von Qualifikationskonflikten zu nivellieren. Es ist somit ins Licht zu heben, dass die Regelungen nicht zur eigentlichen Lösung

1378 BMF vom 26.09.2014, IV B 5, S 1300/09/10003, BStBl. I 2014, 1258, Tz. 4.1.3.2.

1379 Zur kritischen Auseinandersetzung der Subject-to-tax-Klauseln im Lichte des neuen BMF-Schreibens vom 26.09.2014, IV B 5, S 1300/09/10003, BStBl. I 2014, 1258, siehe *Lüdicke*, IStR 2013, 721 (721 ff.); *Schönfeld*, IStR 2013, 757 (757 ff.); *Gebhardt/Reppel*, IStR 2013, 760 (760 ff.).

von Qualifikationskonflikten verhelfen, denn diese bestehen nach wie vor. Allein die negativen Folgen werden dadurch behoben. Der Problemkern bleibt hingegen unberührt.

Mit der Anknüpfung an die Wirkungsebene geht zudem das Problem einher, dass die undifferenzierte Kompensation der Konfliktfolgen zu einem ebenso unsachgemäßen Ergebnis führen kann. So wird bspw. bei Qualifikationskonflikten, die ihre Ursache in einer unzutreffenden Tatsachenermittlung oder Abkommensauslegung seitens des Quellenstaats haben, die Verpflichtung des Ansässigkeitsstaates an die irrige Abkommensanwendung des Quellenstaats angepasst. In der Konsequenz kommt es zu ungerechtfertigten Wirkungsverschiebungen. Ob in diesen Maßnahmen ein Mittel erster Wahl zu sehen ist, darf damit bezweifelt werden. Zumal Switch-over-Klauseln, die eine Doppelbesteuerung ausgleichen, Anreize für den Quellenstaat setzen, das Abkommen so anzuwenden, dass ihm das Ausübungsrecht zufällt. Eine derartige Gefahr ist hingegen bei der Vermeidung einer doppelten Nichtbesteuerung nicht gegeben. Die Beschränkung auf Switch-over-Klauseln, deren Gegenstand allein die Vermeidung der Doppelnichtbesteuerung umfasst, würde wiederum nur einen einseitigen Kompensationseffekt nach sich ziehen. In welchem Licht man die vorstehenden Regelungen auch betrachten mag, in ihnen sollte allein die Funktion von Absicherungsmaßnahmen erblickt werden, die nach Versagung sämtlicher Mechanismen zumindest die schädlichen Wirkungen von Qualifikationskonflikten bereinigen helfen.

Ähnliches gilt für die oben beschriebenen Maßnahmen, die auf eine ungerechtfertigte Inanspruchnahme von Abkommensvorteilen zielen. Auch sie knüpfen an der Wirkungsebene an. Bei den Subject-to-tax- und den Remittance-base-Klauseln ist dabei die Vermeidung doppelter Nichtbesteuerung vordergründig. Die Tatsache, dass die Klauseln die Verpflichtung zur Freistellung an die tatsächliche Besteuerung im innerstaatlichen Recht knüpfen, verdeutlicht, dass keine explizite Ausrichtung an der Qualifikationskonflikteproblematik stattfindet. Für diese Zwecke kann ihr sogar eine überschießende Wirkung bescheinigt werden. Schließlich besteht das Anliegen zur Lösung von Qualifikationskonflikten in einer Wiederherstellung eines funktionsfähigen Abkommensmechanismus. Diesem wohnt dabei auch die Vermeidung virtueller Doppelbesteuerung inne. Durch die Bedingung einer tatsächlichen Besteuerung wird die Vermeidung einer virtuellen Doppelbesteuerung jedoch gerade konterkariert. Eine Eignung für die Qualifikationskonflikteproblematik kann den Subject-to-tax- und Remittance-base-Klauseln damit allenfalls indirekt bescheinigt werden.

Insgesamt können die untersuchten Maßnahmen als sinnvolles Mittel zur Vermeidung doppelter Nichtbesteuerung gesehen werden. Diesen unerwünschten Effekt vermögen sie auch entsprechend in Verbindung mit negativen Qualifikationskonflikten auszugleichen. Als zielgenaues Instrument zur Lösung von Qualifikationskonflikten können sie jedoch insbesondere aufgrund ihrer Ausrichtung an der Wirkungsebene nicht gelten.

3. Diplomatische Streitbeilegungsmechanismen

a. Verständigungsverfahren

(1) Allgemein

Das Verständigungsverfahren ist im Recht der Doppelbesteuerungsabkommen ein zwischenstaatliches Instrument, welches der Überwindung von Auslegungs- und Anwendungsschwierigkeiten dient.[1380] Den Mittelpunkt des Interesses bildet eine übereinstimmende Abkommensanwendung[1381] zur Überwindung abkommenswidriger Doppelbesteuerung und Doppelnichtbesteuerung.[1382] Zu diesem Zweck sind die zuständigen Behörden angehalten zusammenzuwirken, um die bestehende Konfliktsituation im Einvernehmen zu lösen.[1383] In seiner Charakteristik handelt es sich bei dem Verständigungsverfahren im Grundsatz um ein verfahrensrechtliches Mittel auf bilateraler Ebene, welches vordergründig materielles Recht in Form der Doppelbesteuerungsabkommen verwirklichen soll.[1384]

Die Rechtsgrundlage des bilateralen Verständigungsverfahrens bilden die dem Art. 25 MA nachgebildeten Abkommensvorschriften.[1385] Diese normieren

1380 In Tz. 1 zu Art. 25 MA des MK ist niedergelegt, dass die Beseitigung von Schwierigkeiten, die sich aus der DBA-Anwendung im weitesten Sinne ergeben, im Vordergrund steht. Vgl. auch *Flüchter*, in Schönfeld/Ditz, DBA, Art. 25 MA Rz. 1.

1381 BMF vom 13.07.2006, IV B 6 , S 1300 - 340/06, BStBl. I 2006, 461, Tz. 1.1.1.

1382 Vgl. *Carl/Klos*, RIW 1995, 493; *Loukota*, SWI 1999, 70 (72).

1383 Vgl. *Flüchter*, in Schönfeld/Ditz, DBA, Art. 25 MA Rz. 1; *Gloria*, Das steuerliche Verständigungsverfahren und das Recht auf diplomatischen Schutz, 162; *Jacobs*, Internationale Unternehmensbesteuerung7, 897.

1384 Vgl. *Lehner*, Möglichkeiten zur Verbesserung des Verständigungsverfahrens auf der Grundlage des EWG-Vertrages, 61; *ders.*, in Vogel/Lehner, DBA, Art. 25 MA Rz. 1; *Lüthi* in Gosch/Kroppen/Grotherr, DBA, Art. 25 MA Rz. 1.

1385 Vgl. *Jacobs*, Internationale Unternehmensbesteuerung7, 897; *Engler/Elbert* in Vögele/Borstell/Engler, Verrechnungspreise, Rz. 231. Siehe auch BMF vom 13.07.2006, IV B 6, S 1300 - 340/06, BStBl. I 2006, 461, Tz. 1.1.2.

die unterschiedlichen Verfahrensarten, denen jeweils eine andere Zielrichtung zugrundeliegt.[1386] Dabei wird berücksichtigt, dass im Zuge der Abkommensanwendung sowohl Konflikte zwischen dem Steuerpflichtigen und der Verwaltungsbehörde eines Vertragsstaates als auch zwischen den Verwaltungsbehörden der Vertragsstaaten bestehen können.[1387] Die Schwierigkeiten erstgenannter Art sollen durch das sog. Verständigungsverfahren i.e.S. (Art. 25 Abs. 1 und 2 MA) gelöst werden.[1388] Initiiert durch den Steuerpflichtigen zielt das antragsgebundene Verfahren auf die Herstellung einer abkommenskonformen Besteuerung in Einzelfällen. Demgegenüber sind die zwischenbehördlichen Schwierigkeiten über die Konsultationsverfahren i.S.d. Art. 25 Abs. 3 MA zu lösen.[1389] Diese Verfahrensart ist zusätzlich in ein konkretes Konsultationsverfahren[1390] (Art. 25 Abs. 3 S. 1 MA) sowie ein abstraktes Konsultationsverfahren[1391] (Art. 25 Abs. 3 S. 2 MA) zu unterteilen.[1392] Dabei zielen die konkreten Konsultationsverfahren auf die Ausräumung fallbezogener oder allgemeiner Schwierigkeiten im Rahmen der Abkommenshandhabung.[1393] Währenddessen intendieren die abstrakten Konsultationsverfahren, Abkommenslücken zu schließen.[1394]

1386 Vgl. *Eilers* in Wassermeyer, DBA, Art. 25 MA Rz. 4 ff.; *Flüchter*, in Schönfeld/Ditz, DBA, Art. 25 MA Rz. 2; *ders.*, IStR 2012, 694 ff.; *Lehner* in Vogel/Lehner, DBA, Art. 25 MA Rz. 3 f., 20 ff.; *ders.*, Streitbeilegung im Internationalen Steuerrecht, in Kirchhof/Nieskens, Festschrift Reiß, 665 (667 f.); *Schaumburg*, Internationales Steuerrecht3, Rz. 16.89 ff.; *Engler/Elbert* in Vögele/Borstell/Engler, Verrechnungspreise3, Rz. 231.

1387 Vgl. *Eilers* in Wassermeyer, DBA, Art. 25 MA Rz. 1.

1388 Vgl. *Eilers* in Wassermeyer, DBA, Art. 25 MA Rz. 4, 25 ff.; *Flüchter*, in Schönfeld/Ditz, DBA, Art. 25 Rz. 2 ff.; *ders.*, IStR 2012, 694 (694 f.); *Lehner* in Vogel/Lehner, DBA, Art. 25 MA Rz. 21 ff.; *ders.*, Streitbeilegung im Internationalen Steuerrecht, in Kirchhof/Nieskens, Festschrift Reiß, 665 (667 f.); *Schaumburg*, Internationales Steuerrecht3, Rz. 16.94 ff.; *Engler/Elbert* in Vögele/Borstell/Engler, Verrechnungspreise3, Rz. 231, 247 ff.

1389 Vgl. *Eilers* in Wassermeyer, DBA, Art. 25 MA Rz. 5, 60 ff.; *Flüchter*, in Schönfeld/Ditz, DBA, Art. 25 Rz. 2 ff.; *ders.*, IStR 2012, 694 (695 f.); *Lehner* in Vogel/Lehner, DBA, Art. 25 MA Rz. 21 ff.; *ders.*, Streitbeilegung im Internationalen Steuerrecht, in Kirchhof/Nieskens, Festschrift Reiß, 665 (667 f.); *Schaumburg*, Internationales Steuerrecht3, Rz. 16.108 f.; *Engler/Elbert* in Vögele/Borstell/Engler, Verrechnungspreise3, Rz. 231, 270 ff.

1390 Diese werden auch als *interpretative agreements* bezeichnet, vgl. *Vogel/Prokisch*, Interpretation of Double Taxation Conventions, Generalbericht, in IFA, CDFI 1993, 19 (37).

1391 Diese werden auch als *legislative agreements* bezeichnet, vgl. *Vogel/Prokisch*, Interpretation of Double Taxation Conventions, Generalbericht, in IFA, CDFI 1993, 19 (37).

1392 BMF vom 13.07.2006, IV B 6 , S 1300 - 340/06, BStBl. I 2006, 461, Tz. 1.2.1; *Reith*, Internationales Steuerrecht, Rz. 4.1048.

1393 Vgl. *Lehner* in Vogel/Lehner, DBA, Art. 25 MA Rz. 109, 200 f.; *Eilers* in Wassermeyer, DBA, Art. 25 MA Rz. 5; *Lüthi* in Gosch/Kroppen/Grotherr, DBA, Art. 25 MA Rz. 94;

Mittlerweile ist eine umfassende Inanspruchnahme von Verständigungsverfahren seitens der Steuerpflichtigen zu verzeichnen.[1395] Allein für das Jahr 2013 gibt die OECD in ihrem aktuellen Report mehr als 1900 neue sowie mehr als 4500 zu diesem Zeitpunkt anhängige Verständigungsverfahren an.[1396]

(2) Suffizienz zur Lösung von Qualifikationskonflikten

Die direkte zwischenstaatliche Verständigung hat den Vorteil, dass konkrete Problembereiche zwischen den Disputparteien angesprochen werden können und auf diplomatischem Wege eine Annäherungslösung gefunden wird. Aufgrund der Einvernehmlichkeit der Vertragsparteien wird das Verständigungsverfahren auch als probates Mittel zur Streiterledigung erachtet,[1397] da hier im Gegensatz zu den Gerichten die Möglichkeit zu wahrer Entscheidungsharmonie eingeräumt wird und nicht allein ein unilaterales Streben danach gegeben ist.[1398] Nach dem Verständnis der OECD[1399] ist das Verständigungsverfahren im Falle von Qualifikationskonflikten, die ihre Ursache in einer unterschiedlichen Sachverhaltsermittlung oder einer unterschiedlichen Abkommensauslegung haben, anzuwenden.[1400]

Becker in Haase, AStG/DBA, Art. 25 MA Rz. 42; *Vogel/Prokisch*, Interpretation of Double Taxation Conventions, Generalbericht, in IFA, CDFI 1993, 19 (37).

1394 Vgl. *Lehner* in Vogel/Lehner, DBA, Art. 25 MA Rz. 109, 200 f.; *Eilers* in Wassermeyer, DBA, Art. 25 MA Rz. 5; *Lüthi* in Gosch/Kroppen/Grotherr, DBA, Art. 25 MA Rz. 94; *Becker* in Haase, AStG/DBA, Art. 25 MA Rz. 42; *Vogel/Prokisch*, Interpretation of Double Taxation Conventions, Generalbericht, in IFA, CDFI 1993, 19 (37).

1395 Vgl. *Eigelshoven/Wolff*, Verständigungsverfahren – praktische Erfahrungen und ungelöste Problem, in Lüdicke, Praxis und Zukunft des deutschen Internationalen Steuerrechts, 129.

1396 *OECD*, Mutual Agreement Procedure Statistics for 2013, erhältlich im Internet: http://www.oecd.org/ctp/dispute/map-statistics-2013.htm (besucht am 24.03.2015). Zu statistischen Angaben in Bezug auf Bestand und Neuzugänge von Verständigungsverfahren in den Top 5 Staaten für die Jahre 2006 bis 2010/2011 vgl. ferner *Flüchter*, in Schönfeld/Ditz, DBA, Art. 25 MA Rz. 27; *ders.*, IStR 2012, 694 (699).

1397 *Eigelshoven/Wolff*, Verständigungsverfahren – praktische Erfahrungen und ungelöste Problem, in Lüdicke, Praxis und Zukunft des deutschen Internationalen Steuerrechts, 129 (146), sprechen von einem wirksamen Instrument zur Beseitigung der Doppelbesteuerung; auch *Bernhardt*, Podiumsdiskussion, in Lüdicke, Praxis und Zukunft des deutschen Internationalen Steuerrechts, 147 (148), spricht davon, dass eine grundsätzliche Zufriedenheit in Bezug auf das Instrument des Verständigungsverfahrens herrscht; a.A. *Reith*, Internationales Steuerrecht, Rz. 4.1058.

1398 Vgl. *Lehner* in Vogel/Lehner, DBA, Art. 25 MA Rz. 2; *ders.*, IStR 2011, 733 (739).

1399 Vgl. bspw. Tz. 32.5 zu Art. 23 MA des MK.

1400 Vgl. *Loukota*, SWI 1999, 70 (72); *Schuch/Bauer*, Die Überlegungen des OECD-Steuerausschusses zur Lösung von Qualifikationskonflikten, in Gassner/Lang/Lechner,

Die Funktionsfähigkeit des Verfahrensmechanismus ist insbesondere im Falle der Doppelbesteuerung gegeben, weil sich in derartigen Konstellationen der Steuerpflichtige aufgrund einer abkommenswidrigen Besteuerung in seinen Rechten verletzt fühlt und einen Antrag auf Verständigungsverfahren stellt. Hingegen ist im Falle von Doppelnichtbesteuerungssituationen keine Initiative des Steuerpflichtigen zu erwarten.[1401] Eine Einleitung des Verständigungsverfahrens muss entsprechend von Amts wegen erfolgen.[1402] Alternativ kann die Doppelnichtbesteuerung gem. Art. 23 Abs. 4 MA vermieden werden.[1403]

Als positiv ist zu werten, dass kontinuierliche Anstrengungen unternommen werden, den Streitbeilegungsprozess zu verbessern.[1404] In Form von „Best Practices" hat die OECD mit dem *Manual on Effective Mutual Agreement Procedures* (kurz: „MEMAP") [1405] Handlungsempfehlungen veröffentlicht, die an-

---

Personengesellschaften im Recht der Doppelbesteuerungsabkommen, 27 (40); *Jirousek*, Methodische Ansätze zur Konfliktvermeidung bei der Anwendung von Doppelbesteuerungsabkommen, in Lang/Jirousek, Festschrift Loukota, 175 (185 ff.); *Brähler*, Deutsche Direktinvestitionen in den USA, 223 ff.

1401 Auf eine mangelnde Anreizwirkung ebenfalls hinweisend *Schuch/Bauer*, Die Überlegungen des OECD-Steuerausschusses zur Lösung von Qualifikationskonflikten, in Gassner/Lang/Lechner, Personengesellschaften im Recht der Doppelbesteuerungsabkommen, 27 (40); *Brähler*, Deutsche Direktinvestitionen in den USA, 225.

1402 Vgl. *Jirousek*, Methodische Ansätze zur Konfliktvermeidung bei der Anwendung von Doppelbesteuerungsabkommen, in Lang/Jirousek, Festschrift Loukota, 175 (188); *Loukota*, SWI 1999, 70 (78).

1403 Vgl. *Schuch/Bauer*, Die Überlegungen des OECD-Steuerausschusses zur Lösung von Qualifikationskonflikten, in Gassner/Lang/Lechner, Personengesellschaften im Recht der Doppelbesteuerungsabkommen, 27 (40 f.). So zielt auch diese Abkommensvorschrift auf die Vermeidung von Qualifikationskonflikten aufgrund unterschiedlicher Sachverhaltsermittlung oder Abkommensauslegung, vgl. Tz. 56.1 zu Art. 23 MA des MK.

1404 Vgl. *Owens*, IStR 2007, 472 (472 ff.); *Eigelshoven/Wolff*, Verständigungsverfahren – praktische Erfahrungen und ungelöste Problem, in Lüdicke, Praxis und Zukunft des deutschen Internationalen Steuerrechts, 129 (130 f.); *Flüchter*, IStR 2012, 694 (696 f.); *Lehner*, in Vogel/Lehner, DBA, Art. 25 MA Rz. 10. Siehe in diesem Zusammenhang auch die Berichte der *OECD* vom 27.07.2004, Improving the Process for Resolving International Tax Disputes, erhältlich im Internet: http://www.oecd.org/tax/treaties/33629447.pdf (besucht am 24.03.2015), sowie vom 01.02.2006, Proposals for Improving Mechanisms for the Resolution of Tax Treaty Disputes, Februar 2006 erhältlich im Internet: http://www.oecd.org/ctp/dispute/36054823.pdf (besucht am 24.03.2015), vgl. hierzu *Engler/Elbert* in Vögele/Borstell/Engler, Verrechnungspreise3, Rz. 294.

1405 *OECD*, Manual on Effective Mutual Agreement Procedures, erhältlich im Internet: http://www.oecd.org/ctp/38061910.pdf (besucht am 24.03.2015); vgl. diesbezüglich

hand von Leitlinien eine zielgerichtete Durchführung der Verständigungsverfahren erreichen sollen.[1406] Ferner signalisiert auch das BMF mit seiner Überarbeitung des Merkblatts zu den Verständigungs- und Schiedsverfahren[1407] Entwicklungsanstrengungen. Dieses enthält vornehmlich Verfahrenshinweise und Informationen über Verwaltungsabläufe für den Antragsteller.[1408]

Die abstrakte Eignung des Verständigungsverfahrens zur Lösung von Qualifikationskonflikten mit einem spezifischen Ursachenprofil wird jedoch durch konkrete Ausgestaltungsgegebenheiten relativiert.

Die Schwäche der Verfahren spezifiziert sich vornehmlich in ihrem in vielerlei Hinsicht unverbindlichem Charakter. So besteht eine konkrete Verhandlungspflicht erst nach einer Eingangsprüfung auf Eröffnung des Verfahrens.[1409] Als sog. *pactum de negotiando* erwächst hieraus lediglich ein Gebot zur ernsthaften und ergebnisorientierten Verständigung.[1410] Jedoch begründet dieser Grundsatz keine Einigungspflicht[1411] bzw. keine Pflicht, die abkommenswidrige Besteuerung zu beseitigen (*pactum de contrahendo*).[1412] Damit besteht die konkrete Gefahr in einem ergebnislosen Ausgang.[1413] Zudem ist die unzu-

---

Flüchter, IStR 2012, 694 (697); *Jacobs*, Internationale Unternehmensbesteuerung7, 897; *Owens*, IStR 2007, 472 (473); *Lehner*, in Vogel/Lehner, DBA, Art. 25 MA Rz. 10.

1406 Vgl. *Eigelshoven/Wolff*, Verständigungsverfahren – praktische Erfahrungen und ungelöste Problem, in Lüdicke, Praxis und Zukunft des deutschen Internationalen Steuerrechts, 129 (130).

1407 BMF vom 13.07.2006, IV B 6, S 1300 - 340/06, BStBl. I 2006, 461.

1408 Vgl. *Flüchter*, IStR 2012, 694 (695).

1409 Es besteht somit grundsätzlich kein Rechtsanspruch auf Durchführung eines Verständigungsverfahrens, hierzu BFH vom 26.05.1982, I R 16/78, BStBl. II 1982, 583; *Eigelshoven/Wolff*, Verständigungsverfahren – praktische Erfahrungen und ungelöste Problem, in Lüdicke, Praxis und Zukunft des deutschen Internationalen Steuerrechts, 129 (136); *Reith*, Internationales Steuerrecht, Rz. 4.1058. Zu den etwaigen Möglichkeiten der Klage auf Einleitung eines Verständigungsverfahrens gem. Art. 25 Abs. 2 MA siehe die Ausführungen bei *Leising*, IStR 2002, 114 (114 ff.).

1410 Vgl. *Kerath*, Maßstäbe zur Auslegung und Anwendung von Doppelbesteuerungsabkommen unter besonderer Berücksichtigung des Verständigungsverfahrens, 226; *Mülhausen*, Verständigungsverfahren im deutschen internationalen Steuerrecht, 30; *Gloria*, Das steuerliche Verständigungsverfahren und das Recht auf diplomatischen Schutz, 163, 165; *Beyerlin*, ZaöRV 1976, 407. Siehe hierzu auch Tz. 37 zu Art. 25 MA des MK.

1411 Vgl. statt vieler *Lehner* in Vogel/Lehner, DBA, Art. 25 MA Rz. 89 m.w.N. Dies kommt auch in Tz. 37 zu Art. 25 MA des MK zum Ausdruck.

1412 Vgl. *Gloria*, Das steuerliche Verständigungsverfahren und das Recht auf diplomatischen Schutz, 165.

1413 Vgl. *Mülhausen*, Verständigungsverfahren im deutschen internationalen Steuerrecht, 86; *Jacobs*, Internationale Unternehmensbesteuerung7, 897; *Herlinghaus*, IStR 2010, 125 (125 ff.).

reichende Bindungswirkung der Verfahrensergebnisse zu kritisieren.[1414] So binden die Verständigungsverfahren i.e.S. nicht einmal über den Einzelfall hinaus. Mangels Veröffentlichung des Verständigungsverfahrens bleibt ihnen eine faktische Präzedenzwirkung grundsätzlich verwehrt.[1415] Die Konsultationsvereinbarungen finden hingegen Eingang in ein BMF-Schreiben und werden im BStBl. I veröffentlicht.[1416] Die Finanzverwaltung vertritt die Ansicht, dass eine Bindungswirkung für die innerstaatlichen Gerichte auf der Grundlage des Zustimmungsgesetzes besteht.[1417] Demnach wird angenommen, dass die innerstaatliche Wirkung der DBA und die ihnen enthaltene Norm des Art. 25 Abs. 3 MA eine derartige Bindung induziert. Die Geltungskraft der Ermächtigung zum Abschluss von Konsultationsvereinbarungen soll sich gleichermaßen auf die Konsultationsvereinbarung erstrecken.[1418] Entgegen dieser Auffassung kann gerade im Hinblick auf die unspezifische Ausgestaltung des Art. 25 Abs. 3 MA nicht davon ausgegangen werden, dass die Legislative die Konsultationsergebnisse bereits überblicken konnte.[1419] Eine derartige Ermächtigung müsste indes nach Inhalt, Zweck und Ausmaß ausdrücklich normiert sein.[1420] Andernfalls bestünde eine Unvereinbarkeit mit dem Prinzip der Gewaltentei-

1414 Vgl. zur Bindungswirkung *Hummel*, IStR 2011, 397 (397 ff.); *Lehner*, in Vogel/Lehner, DBA, Art. 25 MA Rz. 154.

1415 Vgl. *Lehner* in Vogel/Lehner, DBA, Art. 25 MA Rz. 115.

1416 Vgl. *Eilers* in Wassermeyer, DBA, Art. 25 MA Rz. 63.

1417 BMF vom 13.04.2010, IV B 3, S 1301/10/10003, BStBl. I 2010, 353; *Pohl*, RIW 2012, 677 (680); *Schröder*, IStR 2009, 48 (50). Für die Maßgeblichkeit der auslegenden Konsultationsvereinbarung im innerstaatlichen Recht spricht sich bspw. *Gloria*, Das steuerliche Verständigungsverfahren und das Recht auf diplomatischen Schutz, 191 f., aus; eine Bindungswirkung für das österreichische Recht bejahend *Loukota*, SWI 2000, 299. Gegen eine derartige weitreichende Bindungswirkung: *Lehner* in Vogel/Lehner, DBA, Art. 25 MA Rz. 154; *Eilers* in Wassermeyer, DBA, Art. 25 MA Rz. 61; *Vogel/Prokisch*, Interpretation of Double Taxation Conventions, Generalbericht, in IFA, CDFI 1993, 19 (37); *Mülhausen*, Das Verständigungsverfahren im deutschen internationalen Steuerrecht, 204 ff.; *Lehner*, IStR 2011, 733; *Heger*, SWI 2011, 95 (95 f.); *Portner*, IStR 2008, 584 (586); *Gosch*, Über das Nichtanwenden höchstrichterlicher Rechtsprechung – aufgezeigt am Beispiel der Spruchpraxis des I. Senats des BFH, in Mellinghoff/Schön/Viskorf, Festschrift Spindler, 379 (420 f.); *Schaumburg*, Internationales Steuerrecht3, Rz. 16.109. Zu einer ausführlichen Darstellung des Meinungsstands siehe *Ismer*, IStR 2009, 366 (367) sowie *Drüen*, IWB 2011, 360 (362).

1418 Zu einer derartigen antizpierten Zustimmung siehe *Hummel*, IStR 2011, 397 (399).

1419 Vgl. *Hummel*, IStR 2011, 397 (399), der zutreffend darauf hinweist, dass selbst der OECD-MK in Tz. 54 zu Art. 25 MA von einer Bindung der Verwaltungsbehörden ausgeht.

1420 Art. 80 Abs. 1 S. 2 GG.

lung.[1421] Allein mit der Normierung des Konsultationsverfahrens kann damit nicht davon ausgegangen werden, dass der Gesetzgeber die Rechtsetzungsbefugnis an die Exekutive abgegeben hat. Ohne die Erfüllung verfassungsrechtlicher Vorgaben bleiben die Auslegungsvereinbarungen ihrer Natur nach Verwaltungsvorschriften,[1422] denen es nicht obliegt, positives Recht innerstaatlich verbindlich zu ändern.[1423] Zur Überwindung dieser Schwäche wurde auf der Grundlage eines Vorschlags im Schrifttum[1424] mit dem JStG 2010[1425] § 2 Abs. 2 AO n.F. eingeführt. Dieser beinhaltet eine Verordnungsermächtigung an die Exekutive zur Umsetzung von Konsultationsvereinbarungen.[1426] Wie bereits angedeutet[1427] stehen diese Rechtsverordnungen in der Normenhierarchie im Rang unter den Gesetzen im formellen Sinn.[1428] Der Exekutive kann damit allein Rechtsetzungsbefugnis innerhalb des Regelungsprogramms der Abkommen eingeräumt werden.[1429] Die angestrebte gerichtliche Bindungswirkung kann für darüber hinausgehende Änderung der Abkommen hingegen nicht erreicht werden.[1430]

Ein wesentlicher Malus des Verständigungsverfahrens liegt zudem in dessen Schwerfälligkeit begründet.[1431] Die durchschnittliche Dauer eines Verständigungsverfahrens ist maßgeblich zu lang.[1432] Das Instrument zur Streitbeile-

---

1421 BVerfG vom 10.10.1972, 2 BvL 51/69, BVerfGE 34, 52 (60); *Ossenbühl* in Isensee/Kirchhof, Handbuch des Staatsrechts, Bd. V3, § 103 Rz. 20.

1422 Vgl. *Lehner* in Vogel/Lehner, DBA, Art. 25 MA Rz. 166.

1423 Vgl. *Hummel*, IStR 2011, 397 (398); *Drüen* in Tipke/Kruse, AO/FGO, § 2 AO Rz. 43. Zur innerstaatlichen Unverbindlichkeit BFH vom 10.07.1996, I R 4/96, BStBl. II 1997, 15; vom 02.09.2009, I R 111/08, BStBl. II 2010, 387; vom 02.09.2009, I R 90/08, BStBl. II 2010, 394; vom 11.11.2009, I R 15/09, BStBl. II 2010, 602; vom 12.10.2011, I R 15/11, BStBl. II 2012, 548.

1424 Siehe *Ismer*, IStR 2009, 366 (370 f.).

1425 Jahressteuergesetz 2010 (JStG 2010) vom 08.12.2010, BGBl. I 2010, 1768 (1792).

1426 Vgl. *Schönfeld/Häck* in Schönfeld/Ditz, DBA, Systematik Rz. 100.

1427 Siehe Kapitel C.III.3.b.(3).(c).i.05.

1428 Vgl. *Schönfeld/Häck* in Schönfeld/Ditz, DBA, Systematik Rz. 100.

1429 Vgl. *Hummel*, IStR 2011, 397 (402 f.).

1430 Zu den Zweifeln an der Bindungswirkung siehe *Gosch*, Über das Nichtanwenden höchstrichterlicher Rechtsprechung – aufgezeigt am Beispiel der Spruchpraxis des I. Senats des BFH, in Mellinghoff/Schön/Viskorf, Festschrift Spindler, 379 (420 f.); *Schönfeld/Häck* in Schönfeld/Ditz, DBA, Systematik Rz. 100; *Eilers* in Wassermeyer, DBA, Art. 25 MA Rz. 60 ff.; *Hummel*, IStR 2011, 397 (397 ff.); *Lehner*, IStR 2011, 733 (733 ff.); *Drüen*, IWB 2011, 360 (360 ff.); *Micker*, IWB 2011, 61 (67); *Nacke*, DB 2010, 1142 (1149).

1431 Vgl. *Bödefeld/Kuntschik*, IStR 2009; 449; *Eilers* in Wassermeyer, DBA, Art. 25 MA Rz. 19; *Jacobs*, Internationale Unternehmensbesteuerung7, 897.

1432 Die durchschnittliche Verhandlungsdauer beträgt acht Jahre, vgl. *Albert*, DBA-

gung verliert folglich an Effizienz und Wirkkraft im Hinblick auf seine reale Konfliktlösungskompetenz.

Den Verhandlungen wohnt zudem das Prinzip der Gegenseitigkeit[1433] inne. Jede Verhandlungspartei versucht naturgemäß so wenig Zugeständnisse wie möglich zu machen. Entsprechend wird das Individualinteresse des Einzelnen dem Allgemeininteresse untergeordnet.[1434] Zur Stärkung der Verhandlungsbasis werden in der Praxis ganze Bündel an Fallkonstellationen verhandelt.[1435] Die jeweiligen Eingeständnisse werden somit je nach Priorisierung gegeneinander abgewogen. Diese Handhabung führt jedoch dazu, dass in Bezug auf die jeweiligen Einzelanfragen keine grundsätzliche Lösung herbeigeführt wird. Das Verhandlungsergebnis knüpft nicht an die Beseitigung der Problemursache, womit das Ergebnis keine eigene Überzeugungskraft besitzt und hieraus entsprechend für spätere ähnlich gelagerte Konstellationen kein Lerneffekt resultiert. Überdies führt eine solche Verhandlungshaltung zu Inkonsistenzen in der eingenommenen Verhandlungsposition. Aufgrund des Maximierungsgedankens in Bezug auf die eigenen Ausübungsrechte wird die Verhandlungspartei trotz derselben Konfliktlage in einem Grundfall genau den gegenteiligen Standpunkt einnehmen wie im spiegelverkehrten Fall. Diese kontradiktorischen Verhandlungspositionen in Abhängigkeit von der jeweiligen Verhandlungsseite stehen einer anzustrebenden stabilen sowie objektiven Lösungsfindung diametral gegenüber.

Eine weitere Problematik der Verständigungsverfahren besteht in deren Wechselwirkung zu den innerstaatlichen Rechtsbehelfen. Zwar sind die Steuerpflichtigen von der Pflicht zur Ausschöpfung innerstaatlicher Rechtsbehelfe, der sog. *local remedies rule*[1436], befreit und können sogar vor Anstrengung natio-

---

Verständigungsverfahren, 27 ff.; *Reith*, Internationales Steuerrecht, Rn. 4.1059.

1433 Nach diesem Prinzip ist die Bereitschaft zur Aufgabe einer Sache mit der simultanen Eintauschung einer anderen Sache verbunden. Entsprechend soll eine Leistung stets mit der Erwartung bzw. dem Verlangen nach einer Gegenleistung verbunden sein, vgl. hierzu *Bachmayr*, StuW 1964, 885.

1434 Vgl. *Bachmayr*, StuW 1964, 885.

1435 Zu nennen sei hier nur die Gepflogenheiten der Behörden, Einzelfälle zu sammeln und in sog. *package deals* mit der jeweils anderen Behörde zu verhandeln bzw. zu „verrechnen", vgl. *Züger*, Schiedsverfahren für Doppelbesteuerungsabkommen, 28.

1436 I.S.d. *rule of the exhaustion of local remedies* sind nach Völkergewohnheitsrecht bei internationalen Streitfällen sämtliche zur Verfügung stehenden Rechtsbehelfe des schädigenden Staates auszuschöpfen, bevor dem Geschädigten Wiedergutmachungsansprüche eingeräumt werden, vgl. *Reinisch* in Tietje, Internationales Wirtschaftsrecht, §18 Rz. 4, 7; *Mülhausen*, Das Verständigungsverfahren im deutschen internationalen Steuerrecht, 125; *Lehner* in Vogel/Lehner, DBA, Art. 25 MA Rz. 34; *Eilers* in Wassermeyer, DBA, Art. 25 MA Rz. 34; *Lüthi* in Gosch/Kroppen/Grotherr,

nalrechtlicher Rechtsbehelfe das Verständigungsverfahren beantragen,[1437] jedoch wird der Steuerpflichtige aufgrund der Gefahr eines ergebnislosen Verständigungsverfahrens auch innerstaatliche Rechtsbehelfe in Erwägung ziehen.[1438] Ergeht während des Verständigungsverfahrens ein Urteil eines nationalen Gerichts, besitzt das Verständigungsergebnis gegenüber dem Gerichtsurteil keine Durchbrechungswirkung.[1439] Wird das Verständigungsverfahren hingegen vor einem innerstaatlichen Urteil beendet, steht die Verständigungslösung unter dem Vorbehalt der Zustimmung durch den Steuerpflichtigen.[1440] Da es sich bei den Verhandlungsergebnissen um Kompromisslösungen handelt, ist es denkbar, dass dem Anliegen der Steuerpflichtigen nicht voll entsprochen wird. Über das innerstaatliche Recht bliebe ihm hingegen noch die Möglichkeit, seinen Rechtsanspruch geltend zu machen. Er müsste dann jedoch auf die Gefahr hin, dass ein in Relation zum Verständigungsergebnis ungünstigeres Urteil gefällt wird, das Verhandlungsergebnis ablehnen, um das innerstaatliche Rechtsbehelfsverfahren fortzuführen.[1441] Die Wechselwirkungen zwischen den abkommensrechtlichen und innerstaatlichen Verfahren bergen damit viele Unsicherheiten in sich.

Im Allgemeinen geht von den Verständigungsverfahren für Zwecke der Qualifikationskonflikte keine vollumfängliche Lösungskompetenz aus. So ist im Zusammenhang mit Qualifikationskonflikten, deren Ursache in der unter-

---

DBA, Art. 25 MA Rz. 44.

1437 Nach Art. 25 Abs. 1 MA heißt es: „unbeschadet der nach dem innerstaatlichen Recht dieser Staaten vorgesehenen Rechtsmittel." Somit können die abkommensrechtlichen Verständigungsverfahren von den innerstaatlichen Rechtsbehelfen im Grundsatz unabhängig in Anspruch genommen werden, siehe Tz. 7 S. 4 und Tz. 34 S. 1 zu Art. 25 MA des MK. Vgl. ferner *Gloria,* Das steuerliche Verständigungsverfahren und das Recht auf diplomatischen Schutz, 205 ff.

1438 Diese Vorgehensweise ist zumindest zu empfehlen, vgl. *Flüchter* in Schönfeld/Ditz, DBA, Art. 25 MA Rz. 70; *Lehner* in Vogel/Lehner, DBA, Art. 25 MA Rz. 93; *Schmitz* in Strunk/Kaminski/Köhler, AStG/DBA, Art. 25 MA Rz. 20.

1439 Tz. 76 S. 3 lit. a zu Art. 25 MA des MK; BMF vom 13.07.2006, IV B 6 , S 1300 - 340/06, BStBl. I 2006, 461, Tz. 2.1.5. Hierzu auch *Flüchter* in Schönfeld/Ditz, DBA, Art. 25 MA Rz. 71.

1440 BMF vom 13.07.2006, IV B 6 , S 1300 - 340/06, BStBl. I 2006, 461, Tz. 3.4 S. 2 und Tz. 4.2, vgl. *Lehner* in Vogel/Lehner, DBA, Art. 25 MA Rz. 101; *Krabbe,* IStR 2002, 548 (549).

1441 Zu dieser Grundproblematik siehe *Flüchter* in Schönfeld/Ditz, DBA, Art. 25 MA Rz. 73, der darauf hinweist, dass nach dem Verständnis der OECD die Zustimmung bis zum Vorliegen eines innerstaatlichen Verfahrensergebnisses hinausgeschoben werden kann (Tz. 42 S. 2 zu Art. 25 MA des MK). Hierzu siehe auch *Lüthi* in Gosch/Kroppen/Grotherr, DBA, Art. 25 MA Rz. 75; *Schmitz* in Strunk/Kaminski/Köhler, AStG/DBA, Art. 25 MA Rz. 46.

schiedlichen innerstaatlichen Rechtsordnung zu suchen ist, keine Einigung im Verhandlungswege darüber denkbar, welches innerstaatliche Recht zur Anwendung gelangt.[1442] Dies ist auch vor dem Hintergrund zu sehen, dass die Vereinbarungen ihrer Natur nach innerstaatliches Recht nicht „überschreiben" könnten. Zudem intendiert das Verständigungsverfahren allein eine Abkommensanwendung, die auf objektiv falschen Prämissen beruht, auszuräumen. Das hat jedoch zur Folge, dass in Bezug auf die Einleitung eines Verständigungsverfahrens nach den Ursachenkategorien zu differenzieren ist. Die Grundproblematik liegt jedoch darin, dass eine Ursachenidentifizierung nicht immer zweifelsfrei auszumachen ist.[1443]

Im Ergebnis kommt dem Verständigungsverfahren eine abstrakte Tauglichkeit zur Lösung von Qualifikationskonflikten zu. Innerhalb der konkreten Ausgestaltung besteht jedoch Verbesserungsbedarf, um eine Effizienzsteigerung des Verfahrens erzielen zu können. Hiervon ist insbesondere die Dauer der Verständigungsverfahren betroffen. Auch der mangelnde Einigungszwang und die fehlende Bindungswirkung der Gerichte an die Verhandlungslösungen schwächen die Position der Verständigungsverfahren. Ganz grundlegende Schwierigkeiten sind jedoch in Bezug auf die Ursacheneingrenzung gegeben. Es sind vor allem Konflikte, die auf unterschiedlichen innerstaatlichem Recht basieren, vom Anwendungsspektrum der Verständigungsverfahren ausgenommen. Eine Identifikation der Ursachen lässt sich jedoch nicht in allen Fällen trennscharf vornehmen.

b. Schiedsverfahren

(1) Allgemein

Unter Berücksichtigung der gewichtigen Problemfelder des Verständigungsverfahrens wurden seitens der OECD Anstrengungen zu deren Überwindung unternommen,[1444] welche im Rahmen des Updates 2008 in der Ergänzung des

---

1442 *Gosch*, Podiumsdiskussion, in Lüdicke, Praxis und Zukunft des deutschen Internationalen Steuerrechts, 147 (152).

1443 Vgl. *Schuch/Bauer*, Die Überlegungen des OECD-Steuerausschusses zur Lösung von Qualifikationskonflikten, in Gassner/Lang/Lechner, Personengesellschaften im Recht der Doppelbesteuerungsabkommen, 27 (42); *Brähler*, Deutsche Direktinvestitionen in den USA, 226. Zu dieser Problematik im Allgemeinen siehe *Benecke/Schnitger*, RIW 2002, 439 (439 ff.).

1444 Vgl. Tz. 37 zu Art. 25 MA des MK. Vgl. auch *Engler/Elbert* in Vögele/Borstell/Engler, Verrechnungspreise3, Rz. 294; *Nientimp/Tomson*, IStR 2009, 615.

Art. 25 MA um eine Schiedsklausel (Art. 25 Abs. 5 MA) mündeten.[1445] Das Schiedsverfahren ist dabei kein eigenständiges Verfahren.[1446] Wesensmäßig ist es eher als eine Erweiterung des Verständigungsverfahrens zu charakterisieren.[1447] Die Stoßrichtung der Streitbeilegung zwischen zwei Vertragsparteien über Auslegungs- und Anwendungsschwierigkeiten der DBA bleibt dabei erhalten. Der maßgebliche Unterschied und die grundlegende Weiterentwicklung bestehen in der verbindlichen Streitentscheidung durch einen unabhängigen Spruchkörper.[1448] Die Initiierung des Schiedsverfahrens im Anschluss an ein Verständigungsverfahren ist dabei an zwei elementare Prämissen geknüpft: 1) Die Voraussetzungen zur Einleitung des Verständigungsverfahrens i.e.S. müssen erfüllt sein und 2) das Verständigungsverfahren muss innerhalb eines Zweijahreszeitraums nach seiner Eröffnung (teilweise) ergebnislos geblieben sein[1449].[1450]

Trotz der unmittelbaren Verbundenheit ist das Schiedsverfahren in seiner Rechtssystematik von dem Verständigungsverfahren i.e.S. abzugrenzen. Im Gegensatz zum Verständigungsverfahren, bei dem Kompromiss- und Billigkeitslösungen denkbar sind, muss das Schiedsgericht im Rahmen des Schiedsverfahrens seine Entscheidungen auf der Grundlage des maßgeblichen Abkommens und innerhalb des Auslegungsspielraums treffen.[1451] Im Hinblick auf den Entscheidungsbereich sind zwei Arten zu differenzieren:[1452] 1) Nach dem

1445 Vgl. *Owens,* IStR 2007, 472; *Lehner,* in Vogel/Lehner, DBA, Art. 25 MA Rz. 8 f.; *Engler/Elbert* in Vögele/Borstell/Engler, Verrechnungspreise3, Rz. 294 f.; *Nientimp/Tomson,* IStR 2009, 615. Dies erfolgte i.V.m. *OECD,* Improving the Resolution of Tax Treaty Disputes, Februar 2007, erhältlich im Internet: http://www.oecd.org/ctp/dispute/38055311.pdf (besucht am 24.03.2015).

1446 Vgl. Tz. 64 zu Art. 25 MA des MK.

1447 Vgl. *Eilers* in Wassermeyer, DBA, Art. 25 MA Rz. 72.

1448 Vgl. *Engler/Elbert* in Vögele/Borstell/Engler, Verrechnungspreise3, Rz. 292; *Nientimp/Tomson,* IStR 2009, 615 (616). Bei dem unabhängigen Spruchkörper handelt es sich um einen oder mehrere Schiedsrichter, vgl. *Lehner,* in Vogel/Lehner, DBA, Art. 25 MA Rz. 202.

1449 Ergebnislos bedeutet in diesem Zusammenhang, dass keine vollständige abkommenswidrige Besteuerung vermieden werden konnte, vgl. *Lehner,* in Vogel/Lehner, DBA, Art. 25 MA Rz. 209, 215.

1450 Vgl. *Albert,* Schiedsverfahren im Internationalen Steuerrecht, 10 f.; *Eilers* spricht zudem davon, dass die Buchstaben a) und b) des Art. 25 Abs. 5 MA nicht explizit die tatsächliche Einleitung des Verständigungsverfahrens i.e.S. einfordern, vgl. *Eilers* in Wassermeyer, DBA, Art. 25 MA Rz. 75. Dem widersprechend *Lehner,* in Vogel/Lehner, DBA, Art. 25 MA Rz. 209 ff.

1451 Vgl. *Mössner,* RIW 1983, 360 (362). Es werden somit keine Billigkeitsentscheidungen getroffen, vgl. *Lehner* in Vogel/Lehner, DBA, Art. 25 MA Rz. 230.

1452 Vgl. Tz. 2 f. zur Musterverständigungsvereinbarung, Anhang zu Art. 25 MA des

sog. *independent opinion approach* kann das Schiedsgericht im Rahmen des Auslegungsspielraums eine unabhängige Rechtsauffassung vertreten. 2) Im Zuge des sog. *final offer approach*[1453] stehen dem Schiedsgericht hingegen nur die Angebote der zuständigen Behörden zur Wahl.

(2) Suffizienz zur Lösung von Qualifikationskonflikten

Als Ergänzung des Verständigungsverfahrens ist das Schiedsverfahren geeignet, gewichtige Schwächen des Verständigungsverfahrens i.e.S. zu überwinden. So sind sowohl der Einigungszwang als auch die Verbindlichkeitswirkung als positive Merkmale des Schiedsverfahrens herauszustellen. Darüber hinaus resultiert aus der Pflicht, eine Einigung zu erwirken, eine indirekte Rückkopplung auf das Verständigungsverfahren in Form eines Einigungsdrucks. Zudem führt eine obligatorische Einleitung des Schiedsverfahrens nach zweijähriger Ergebnislosigkeit des Verständigungsverfahrens zu einer wesentlichen Verfahrensbeschleunigung.[1454]

Gleichwohl sind gegenüber dem Schiedsverfahren auch Kritikpunkte zu erheben. So wird die Ausgestaltung der Anwendungsmodalitäten den Vertragsstaaten überantwortet.[1455] Es ist vorgesehen, dass die Vertragsstaaten hierüber eine Verständigungsvereinbarung treffen.[1456] Obgleich der OECD-MK im Anhang der Kommentierung zu Art. 25 MA eine Mustervereinbarung enthält,[1457] führen die Unsicherheiten über den konkreten Verfahrensablauf und die mangelnde Erfahrung zur Zurückhaltung der Vertragsstaaten gegenüber dem Schiedsverfahren.[1458]

MK, hierzu *Lehner* in Vogel/Lehner, DBA, Art. 25 MA Rz. 231; *Liebchen* in Schönfeld/Ditz, DBA, Art. 25 MA Rz. 261 f.; *Nientimp/Tomson*, IStR 2009, 615 (618).

1453 Alternativ wird in diesem Zusammenhang auch von *baseball arbitration* gesprochen, vgl. *Liebchen* in Schönfeld/Ditz, DBA, Art. 25 MA Rz. 262. Prominentes Beispiel für die Vereinbarung eines dergestaltigen Ansatzes ist das DBA-USA.

1454 Vgl. *Eilers* in Wassermeyer, DBA, Art. 25 MA Rz. 5a.

1455 Art. 25 Abs. 5 S. 4 MA, z.B. Besetzung des Schiedsgerichts, die Rechtsstellung der Schiedsrichter, Form- und Veröffentlichungsvorschriften des ergangenen Schiedsspruches sowie dessen Anfechtung, vgl. *Lehner* in Vogel/Lehner, DBA, Art. 25 MA Rz. 224.

1456 Die OECD verweist darauf, dass die Vertragsstaaten in einem Protokoll oder durch Austausch diplomatischer Noten eine Durchführungsvereinbarung treffen können, vgl. Tz. 85 zu Art. 25 MA des MK.

1457 Vgl. *Becker*, Internationale Zusammenarbeit – Konsultation und Verständigung, in Achatz, Markus, Internationales Steuerrecht, 167 (182 ff.).

1458 Hierin kulminiert eine nicht intendierte Folge intentionalen Handelns. Schließlich sollte mit der freien Ausgestaltung der Modalitäten ursprünglich dem Wunsch der

Nicht erfasst von der Erweiterung durch das Schiedsverfahren sind Konsultationsverfahren nach Art. 25 Abs. 3 MA.[1459] Diesbezüglich verbleibt somit die Gefahr der Ergebnislosigkeit.[1460] Die Vertragsstaaten sind gleichwohl im Rahmen der Vertragsgestaltung frei darin, das Schiedsverfahren auch auf das Konsultationsverfahren auszuweiten.[1461]

Zu berücksichtigen ist weiterhin, dass es sich um eine sehr „junge" Klausel im OECD-MA handelt. Demnach hat das obligatorische Schiedsverfahren erst in vereinzelten Doppelbesteuerungsabkommen tatsächlich die Möglichkeit, seine Wirkung zu entfalten.[1462] In diesem Zusammenhang ist jedoch auch zu berücksichtigen, dass ein theoretischer Eingang in das Doppelbesteuerungsabkommen nicht für alle Staaten denkbar ist.[1463] So sind insbesondere für solche Staaten, die einen vorherigen Verzicht auf einen Rechtsbehelf vorsehen, verfassungsrechtliche Zweifel zu erheben.[1464] Grundsätzlich ist auch zu hinterfragen, ob die Vertragsstaaten im Rahmen von Neuverhandlungen dazu bereit sind, die Schiedsklauseln in ihre Doppelbesteuerungsabkommen aufzunehmen. Schließlich geht die Übertragung des Entscheidungsrechts auf ein Schiedsgericht mit einem erheblichen Souveränitätsverlust einher.[1465]

Zu bedenken bleibt ebenfalls, dass innerstaatliche Gerichtsentscheidungen gegenüber den Schiedsverfahren eine Sperrwirkung auslösen.[1466]

Das Schiedsverfahren ist im Allgemeinen imstande, die Verständigungsverfahren zu verbessern. Jedoch sind auch sie nicht frei von Kritik und bedürfen somit fortschreitender Entwicklungsanstrengungen.

Vertragsstaaten auf individuelle Gestaltung entsprochen werden, vgl. *Bödefeld/Kuntschik*, IStR 2009, 449 (450). So sprechen auch *Engler/Elbert* in Vögele/Borstell/Engler, Verrechnungspreise3, Rz. 292, davon, dass das Verfahren in den Abkommen nicht befriedigend geregelt ist.

1459 Vgl. *Eilers* in Wassermeyer, DBA, Art. 25 MA Rz. 76.

1460 Vgl. *Lehner* in Vogel/Lehner, DBA, Art. 25 MA Rz. 212.

1461 Vgl. *Menck* in Gosch/Kroppen/Grotherr, DBA, Art. 25 MA Rz. 105.

1462 Zu einer Übersicht, in welchen deutschen DBA eine Schiedsklausel vorhanden ist, siehe *Lehner* in Vogel/Lehner, DBA, Art. 25 MA Rz. 250. Zu diesen Staaten gehören bspw. USA, Kanada, Schweden, Frankreich und Österreich, vgl. *Engler/Elbert* in Vögele/Borstell/Engler, Verrechnungspreise3, Rz. 292. Zu der Regelung des DBA-USA im Detail siehe *Schönfeld*, Ubg 2008, 544 (544 ff.). In jüngerer Zeit wurde die Klausel überdies in den DBA mit Großbritannien, der Schweiz und Liechtenstein aufgenommen, vgl. hierzu ausführlich *Bödefeld/Kuntschik*, IStR 2012, 137 (137 ff.).

1463 Tz. 65 zu Art. 25 MA des MK, vgl. *Engler/Elbert* in Vögele/Borstell/Engler, Verrechnungspreise3, Rz. 295.

1464 Vgl. *Ismer*, BIFD 2003, 18; *Lehner* in Vogel/Lehner, DBA, Art. 25 MA Rz. 238.

1465 Vgl. *Lehner* in Vogel/Lehner, DBA, Art. 25 MA Rz. 238.

1466 Art. 25 Abs. 5 S. 2 MA, vgl. *Liebchen* in Schönfeld/Ditz, DBA, Art. 25 MA Rz. 249.

c. Weitere Streitbeilegungsverfahren

Der Vollständigkeit halber und zu Abgrenzungszwecken sind noch weitere Schlichtungsverfahren zu erwähnen, die in Ermangelung der praktischen Relevanz in Bezug auf den Untersuchungsgegenstand keine nähere Betrachtung erfahren sollen.[1467]

So ist die EU-Schiedskonvention[1468] zu nennen.[1469] Hierbei handelt es sich um einen multilateralen Vertrag.[1470] Das Übereinkommen zielt jedoch ausschließlich auf Streitigkeiten in Bezug auf Gewinnberichtigungen zwischen verbundenen Unternehmen.[1471] Das Verhältnis zwischen DBA-Schiedsverfahren und Schiedsübereinkommen ist in der Weise zu beurteilen, dass sich der Steuerpflichtige grundsätzlich auf die für ihn günstigere Regelung berufen können.[1472]

1467 Ferner sollen Streitbeilungssysteme der WTO sowie Investitionsstreitbeilegung außerhalb der Betrachtung bleiben, da diesen in Hinblick auf DBA-Streitigkeiten eine geringe Relevanz beizumessen ist, vgl. hierzu *Flüchter* in Schönfeld/Ditz, DBA, Art. 25 MA Rz. 22 f.

1468 Übereinkommen über die Beseitigung der Doppelbesteuerung im Fall von Gewinnberichtigungen zwischen verbundenen Unternehmen vom 23.07.1990 (90/436/EWG), Abl. EG L 225/10 vom 20.08.1990, zuletzt geändert durch Beschluss des Rats über den Beitritt Bulgariens und Rumäniens vom 23.06.2008 (2008/492/EG), Abl. EU L 174/1 vom 03.07.2008; Gesetz zu dem Übereinkommen vom 23. Juli 1990 über die Beseitigung der Doppelbesteuerung im Falle von Gewinnberichtigungen zwischen verbundenen Unternehmen vom 26.08.1993, BGBl. II 1993, 1308. Die Rechtsgrundlage für Verständigungsverfahren findet sich hier in Art. 6 der Konvention.

1469 Ausführlich zu der EU-Schiedskonvention *Lehner* in Vogel/Lehner, DBA, Art. 25 MA Rz. 300 ff.; *Bödefeld/Kuntschik*, IStR 2009, 268; siehe auch *Flüchter* in Schönfeld/Ditz, DBA, Art. 25 MA Rz. 20; *Borstell* in Vögele/Borstell/Engler, Verrechnungspreise3, Rz. 150; *Engler/Elbert* in Vögele/Borstell/Engler, Verrechnungspreise3, Rz. 98 ff.; *Vögele/Forster*, IStR 2006, 537 (537 ff.).

1470 Vgl. *Lehner* in Vogel/Lehner, DBA, Art. 25 MA Rz. 6.

1471 Vgl. *Flüchter*, IStR 2012, 694 (696); *ders.* in Schönfeld/Ditz, DBA, Art. 25 MA Rz. 20; *Lehner* in Vogel/Lehner, DBA, Art. 25 MA Rz. 302; *Jacobs*, Internationale Unternehmensbesteuerung7, 898. Beispiele finden sich bei *Becker*, IStR 2007, 592 (594 f.). Zu den EU-Schiedsverfahren besteht zudem ein Verhaltenskodex (Überarbeiteter Verhaltenskodex zur wirksamen Durchführung des Übereinkommens über die Beseitigung der Doppelbesteuerung im Falle von Gewinnberichtigungen zwischen verbundenen Unternehmen, Abl. EU C 322/1 vom 30.12.2009), vgl. hierzu *Bödelfeld/Kuntschik*, IStR 2010, 474 (474 ff.).

1472 Vgl. *Bödefeld/Kuntschik*, IStR 2009, 268; zum Verhältnis siehe auch *Flüchter* in Schönfeld/Ditz, DBA, Art. 25 MA Rz. 20. Es besteht jedoch die Möglichkeit, dass eine Vereinbarung zur vordergründigen Inanspruchnahme des Schiedsverfahrens nach der EU-Schiedskonvention getroffen wird, wie es in der deutschen Verhandlungsgrundlage für DBA gem. Art. 24 Abs. 5 S. 1 lit. d vorgesehen ist, vgl. *Lehner* in Vogel/

Im Zusammenhang mit Verrechnungspreisschwierigkeiten sind zudem die *Advance Pricing Agreements* (kurz: APAs) ein wichtiges Streitbeilegungsinstrument, die in Form einer Vorabverständigungsvereinbarung Konflikten präventiv entgegenwirken.[1473]

Darüber hinaus besteht die Europäische Konvention zur friedlichen Beilegung von Streitigkeiten[1474]. In diesem Zusammenhang fällt dem IGH die Entscheidungskompetenz anheim.[1475] So sieht bspw. das DBA mit Schweden gem. Art. 41 Abs. 5 eine derartige Handhabung nach einem ergebnislosen Verständigungsverfahren vor.[1476]

Überdies sind Mediationen[1477] oder das Ersuchen des Steuerausschusses zur Anfertigung eines Gutachtens zu besonders schwierigen Auslegungsproblematiken[1478] denkbar.[1479]

4. Internationaler Informationsaustausch

a. Allgemein

Die Vertragsstaaten behalten sich im Zuge des Welteinkommensprinzips größtenteils vor, im Ausland verwirklichte Sachverhalte der Besteuerung zu unterwerfen. Hingegen ist die hoheitliche Befugnis zur Informationsbeschaffung auf

Lehner, DBA, Art. 25 MA Rz. 306. Neben den verfahrensrechtlichen Regelungen über das Schlichtungsverfahren enthält die Konvention auch materiellrechtliche Regelungen über die Gewinnberichtigung, zu dem Konkurrenzverhältnis in Bezug auf DBA vgl. *Kempf/Gelsdorf*, IStR 2012, 329 (329 ff.).

1473 Im Detail *Engler/Elbert* in Vögele/Borstell/Engler, Verrechnungspreise3, Rz. 391 ff.; *Lehner* in Vogel/Lehner, DBA, Art. 25 MA Rz. 316. Zur Darstellung des APA-Verfahrens siehe auch *Kramer*, IStR 2007, 174 (174 ff.).

1474 European Convention for the Peaceful Settlement of Disputes (Europäisches Übereinkommen zur friedlichen Beilegung von Streitigkeiten) vom 29.04.1957, UNTS Vol. 320, 243; Gesetz zu dem Europäischen Übereinkommen vom 29. April 1957 zur friedlichen Beilegung von Streitigkeiten vom 02.03.1961, BGBl. II 1961, 81. Zu den Vertragsstaaten zählen Belgien, Dänemark, Deutschland, Italien, Liechtenstein, Luxemburg, Malta, Niederlande, Norwegen, Österreich, Schweden, Schweiz, Vereinigtes Königreich, vgl. *Flüchter* in Schönfeld/Ditz, DBA, Art. 25 MA Rz. 21.

1475 Vgl. *Lehner* in Vogel/Lehner, DBA, Art. 25 MA Rz. 267.

1476 Vgl. *Guttentag/Misback*, BIFD 1986, 350 (350 ff.); *Lehner* in Vogel/Lehner, DBA, Art. 25 MA Rz. 267.

1477 Tz. 67 zu Art. 25 MA des MK. Zu Mediationen bei Verrechnungspreiskonflikten siehe *Baumhoff/Puls*, IStR 2010, 802 (802 ff.).

1478 Tz. 86 zu Art. 25 MA des MK.

1479 Vgl. *Lehner* in Vogel/Lehner, DBA, Art. 25 MA Rz. 359.

das innerstaatliche Rechtsgebiet beschränkt, woraus ein Spannungsverhältnis zwischen materieller Universalität und formeller Territorialität resultiert.[1480] Mithin ist ein effektiver Informationsaustausch zwischen den einzelnen Staaten geboten, um den Grundsatz der materiellen Universalität zur Durchsetzung zu verhelfen.[1481] Vor diesem Hintergrund sind die Staaten dazu angehalten, das Vorhandensein, den Zugang und den Austausch von Informationen zu garantieren.[1482]

Die wesentlichen Rechtsgrundlagen[1483] für eine Zusammenarbeit der Verwaltungsbehörden in Form der Amtshilfe bilden hierbei auf bilateraler Ebene die dem Vorbild des Art. 26 MA entsprechenden Regelungen in den jeweiligen Doppelbesteuerungsabkommen[1484] sowie die dem OECD-Musterabkommen über den steuerlichen Informationsaustausch (Tax Information Exchange Agreement - TIEA) nachgebildeten speziellen Amtshilfeverträge.[1485] Zudem besteht auf multilateraler Ebene die OECD-/Europaratskonvention. Die Konvention in der Form des Ergänzungsprotokolls hat Deutschland am 03.11.2011 unterzeichnet.[1486] Auf der Ebene des Unionsrechts regelt die Amtshilferichtlinie[1487] den Informationsaustausch. Eine Umsetzung in nationales Recht erfolgte

1480 Als „Divergenz zwischen materieller Universalität und formeller Territorialität" bezeichnend *Seer/Gabert*, StuW 2010, 3 (4); *Seer*, IWB 2009, 951.

1481 Vgl. *Czakert* in Schönfeld/Ditz, DBA, Art. 26 MA Rz. 2; *ders.*, Entwicklungen im internationalen steuerlichen Informationsaustausch, in Lüdicke/Mössner/Hummel, Festschrift Frotscher, 5 (6).

1482 Siehe zu den einzelnen Punkten *Czakert* in Schönfeld/Ditz, DBA, Art. 26 MA Rz. 15-17.

1483 Zu den Rechtsgrundlagen im Detail siehe *Seer/Gabert*, StuW 2010, 3 (4 ff.).

1484 Art. 26 MA wird in seiner heutigen Fassung auch als große Auskunftsklausel bezeichnet, da sie neben Auskünften zur Durchführung des Abkommens auch solche zur Durchführung des nationalen Steuerrechts umfasst, hierzu *Seer/Gabert*, StuW 2010, 3 (7) m.w.N. Zu den äquivalenten Regelungen in der deutschen Verhandlungsgrundlage für Doppelbesteuerungsabkommen siehe *Czakert*, ISR 2013, 177 (177 ff.).

1485 Die Vorschrift des Art. 26 MA spiegelt zusammen mit dem „Model Agreement on Exchange of Information on Tax Matters" (*OECD*, Model Agreement on Exchange of Information on Tax Matters, erhältlich im Internet: http://www.oecd.org/ctp/harmful/2082215.pdf (besucht am 24.03.2015)) den OECD-Standard für einen effektiven und transparenten Informationsaustausch wider, vgl. *Czakert* in Schönfeld/Ditz, DBA, Art. 26 MA Rz. 14; *Seer/Gabert*, StuW, 3 (7).

1486 Vgl. *Czakert*, IStR 2010, 567; *ders.* in Schönfeld/Ditz, DBA, Art. 26 MA Rz. 2; *ders.*, Entwicklungen im internationalen steuerlichen Informationsaustausch, in Lüdicke/Mössner/Hummel, Festschrift Frotscher, 5 (6).

1487 Richtlinie 77/799/EWG des Rates vom 19.12.1977 über die Amtshilfe zwischen den zuständigen Behörden der Mitgliedstaaten im Bereich der direkten Steuern und der

in Deutschland mit dem EGAHiG.[1488] Mit Wirkung vom 01.01.2013 wurde eine Revision der Amtshilferichtlinie[1489] vorgenommen. Die nationale Umsetzung und Ersetzung des EGAHiG wurde ebenfalls mit Wirkung zum 01.01.2013 durch das EUAHiG[1490] erreicht. Unilateral wird die zwischenstaatliche Amtshilfe durch § 117 AO normiert.

Für den Informationsaustausch stehen grundsätzlich drei Auskunftsarten zur Verfügung:[1491] 1) die Ersuchensauskunft, 2) die automatische Auskunft und 3) die Spontanauskunft. Die Ersuchensauskunft stellt dabei die klassische Ausprägung des Informationsaustausches dar.[1492] Hierdurch kann die ersuchende Behörde im Rahmen der Einzelfallprüfung eine Sachverhaltsaufklärung und Informationsweitergabe durch die ersuchte Behörde erwirken.[1493] Das Aufklärungsinstrument steht aus den Gründen der Verwaltungsökonomie jedoch unter dem Vorbehalt der Subsidiarität bzw. Erforderlichkeit, wonach erst die eigenen Aufklärungsmaßnahmen ausgeschöpft sein müssen.[1494] Die Spontanauskunft zielt im Rahmen der Einzelfallprüfung demgegenüber auf die Über-

---

Steuern auf Versicherungsprämien, Abl. EG L 336/15 vom 27.12.1977, zuletzt geändert durch Art. 28 ÄndRL 2011/16/EU vom 15.02.2011, Abl. EU L 64/1 vom 11.03.2011.

1488 Gesetz zur Durchführung der EG-Richtlinie über die gegenseitige Amtshilfe im Bereich der direkten Steuern und der Mehrwertsteuer (EG-Amtshilfe-Gesetz) vom 19.12.1985, BGBl. I 1985, 2436 (2441), zuletzt geändert durch Art. 17 des Gesetzes vom 20.12.2007, BGBl. I 2007, 3150.

1489 Richtlinie 2011/16/EU des Rates vom 15.02.2011 über die Zusammenarbeit der Verwaltungsbehörden im Bereich der Besteuerung und Aufhebung der RL 77/799/EWG, Abl. EU L 64/1 vom 11.03.2011, zuletzt geändert durch Art. 1 ÄndRL 2014/107/EU vom 09. 12. 2014, Abl. EU L 359/1 vom 16.12.2014.

1490 Gesetz über die Durchführung der gegenseitigen Amtshilfe in Steuersachen zwischen den Mitgliedstaaten der Europäischen Union (EU-Amtshilfegesetz - EUAHiG) vom 26.06.2013, BGBl. I 2013, 1809.

1491 Ausführlich zu den jeweiligen Formen des Informationsaustausches *Czakert*, Entwicklungen im internationalen steuerlichen Informationsaustausch, in Lüdicke/Mössner/Hummel, Festschrift Frotscher, 5 (24 ff.); *Seer/Gabert*, StuW 2010, 3 (12 ff.).

1492 Vgl. *Czakert* in Schönfeld/Ditz, DBA, Art. 26 MA Rz. 3.

1493 Vgl. *Seer/Gabert*, StuW 2010, 3 (13).

1494 Vgl. *Seer*, IWB 2009, 951 (959). Die Zahl der aus Deutschland stammenden Ersuchensauskünften liegt im dreistelligen Bereich, vgl. *Czakert*, Exchange of Information and Cross-Border Cooperation between Tax Authorities, Nationalbericht Deutschland, in IFA, CDFI 2013b, 319 (324); *ders.*, Entwicklungen im internationalen steuerlichen Informationsaustausch, in Lüdicke/Mössner/Hummel, Festschrift Frotscher, 5 (13). Dabei ist in Deutschland seit der voranschreitenden Internationalisierung kein signifikanter Anstieg zu verzeichnen, was insbesondere auf die erweiterte Mitwirkungspflicht i.S.d. § 90 Abs. 2 AO zurückgeführt wird, vgl. *Seer/Gabert*, StuW 2010, 3 (13).

mittlung steuerlich relevanter Informationen ohne ein explizites Auskunftsersuchen.[1495] Die ehemalige EG-Amtshilferichtlinie sah diesbezüglich ausschließlich einen Fallgruppenkatalog vor.[1496] Mit der revidierten Amtshilferichtlinie wurde die Spontanauskunft allerdings für sämtliche relevanten Informationen geöffnet.[1497] Abseits von der Einzelfallprüfung besteht die automatische Auskunft darin, einen regelmäßigen Informationsaustausch zwischen den Finanzbehörden in den Grenzen eines abstrakt formulierten Fallkatalogs zu gewährleisten.[1498] Diese Form des Informationsaustausches ist insbesondere als Kontrollmechanismus der Finanzbehörden zu erachten, auf dessen Grundlage ein automatischer Abgleich mit den vom Steuerpflichtigen zur Verfügung gestellten bzw. selbst ermittelten Informationen erfolgen kann.[1499] Die neue EUAmtshilfeRL hat im Bereich des automatischen Informationsaustausches ebenfalls zu grundlegenden Neuerungen geführt. Entsprechend ist nun für spezifische Einkunftskategorien ein verpflichtender automatischer Informationsaustausch vorgesehen.[1500] Darüber hinaus lassen neuere Entwicklungen Tendenzen zur Herausbildung eines allgemeingültigen Standards für einen automatischen Informationsaustausch über die Unionsgrenzen hinaus erkennen.[1501] Neben den drei genannten Formen der Amtshilfe werden noch Simultanprüfungen, die Anwesenheit von ausländischen Prüfern im jeweils anderen Staat und der

1495 Dies wird auch als „internationale Kontrollmitteilung" bezeichnet, vgl. *Brock*, Der zwischenstaatliche Auskunftsverkehr innerhalb der Europäischen Union auf der Grundlage des EG-Amtshilfe-Gesetzes bei den direkten und indirekten Steuern, 106.

1496 Vgl. *Seer/Gabert*, StuW 2010, 3 (13).

1497 Art. 9 Abs. 2 der Richtlinie 2011/16/EU des Rates vom 15.02.2011 über die Zusammenarbeit der Verwaltungsbehörden im Bereich der Besteuerung und Aufhebung der RL 77/799/EWG, ABl. EU L 64/1 vom 11.03.2011, zuletzt geändert durch Art. 1 ÄndRL 2014/107/EU vom 09. 12. 2014, ABl. EU L 359/1 vom 16.12.2014.

1498 Vgl. *Seer*, IWB 2009, 951 (959).

1499 Vgl. *Seer*, IWB 2009, 951 (960); *Seer/Gabert*, StuW 2010, 3 (14).

1500 Art. 8 Richtlinie 2011/16/EU des Rates vom 15.02.2011 über die Zusammenarbeit der Verwaltungsbehörden im Bereich der Besteuerung und Aufhebung der RL 77/799/EWG, ABl. EU L 64/1 vom 11.03.2011, zuletzt geändert durch Art. 1 ÄndRL 2014/107/EU vom 09. 12. 2014, ABl. EU L 359/1 vom 16.12.2014.

1501 Dabei sei auf die gemeinsame Erklärung von Deutschland, Frankreich, Großbritannien, Italien, Spanien und den USA vom 08.02.2012 hingewiesen (Model intergovernmental agreement to improve tax compliance and to implement FATCA, Agreement Between the [Government of the] United States of America and [the Government of] [FATCA Partner] to Improve International Tax Compliance and to Implement FATCA, erhältlich im Internet: https://www.treasury.gov/press-center/press-releases/Documents/reciprocal.pdf (besucht am: 24.03.2015)), vgl. hierzu und zu den aktuellen Entwicklungen des internationalen Informationsaustausches, *Czakert*, IStR 2013, 596 (596 ff.).

branchenweite Informationsaustausch genannt.[1502] Im Rahmen der gleichzeitigen Prüfungen sollen zeitlich und inhaltlich abgestimmte Prüfungen in den jeweiligen Vertragsstaaten stattfinden, die einen direkten Austausch der erhaltenen Informationen beinhalten.[1503] Dabei soll eine zwischenstaatliche Koordination der beteiligten Prüfstellen in Bezug auf die relevanten Prüffelder erfolgen.[1504] Demgegenüber ist im Zuge der gemeinsamen Prüfung bei der inländischen Außenprüfung ein ausländischer Prüfer zugegen.[1505] Hoheitliche Maßnahmen, wie das Einsehen von Dokumenten oder das Stellen von Fragen gegenüber den Steuerpflichtigen, müssen jedoch grundsätzlich vom jeweiligen nationalen Recht legitimiert werden.[1506] Auch in Bezug auf gemeinsame Prüfungen sind aktuelle Entwicklungen hervorzuheben. So wurden im Rahmen des sog. *Joint Audit Report*[1507] Empfehlungen zur Durchführungen dergestaltiger Prüfungen ausgesprochen. Zwischen der deutschen und niederländischen Finanzverwaltung ist daraufhin ein Pilotprojekt angestoßen worden, welches unter Zugrundelegung der Leitlinien des *Joint Audit Reports* eine Erprobung gemeinsamer Betriebsprüfungen durchführt.[1508]

b. Suffizienz zur Lösung von Qualifikationskonflikten

Der internationale Informationsaustausch eignet sich seiner Natur nach insbesondere zur Lösung von Qualifikationskonflikten, deren Ursache in der unterschiedlichen Tatsachenermittlung begründet ist. Dabei erlauben es die drei vorgestellten Auskunftsinstrumente, die konkreten Risiken durch die Ersuchens- sowie die Spontanauskünfte und die abstrakten Risiken mittels der

1502 Tz. 9.1 zu Art. 26 MA des MK. Vgl. hierzu *Czakert* in Schönfeld/Ditz, DBA, Art. 26 MA Rz. 48.

1503 Vgl. *Jirousek*, SWI 1998, 205 (205 ff.); *Jirousek*, Methodische Ansätze zur Konfliktvermeidung bei der Anwendung von Doppelbesteuerungsabkommen, in Lang/Jirousek, Festschrift Loukota, 175 (185).

1504 Vgl. *Jirousek*, SWI 1998, 205 (205 ff.); *Jirousek*, Methodische Ansätze zur Konfliktvermeidung bei der Anwendung von Doppelbesteuerungsabkommen, in Lang/Jirousek, Festschrift Loukota, 175 (185).

1505 Tz. 9.1 zu Art. 26 MA des MK.

1506 Vgl. *Czakert* in Schönfeld/Ditz, DBA, Art. 26 MA Rz. 48; *ders.*, IStR 2013, 596 (602).

1507 *OECD*, Sixth meeting of the OECD Forum on Tax Administration, Joint Audit Report, September 2010, http://www.oecd.org/tax/taxadministration/45988932.pdf (besucht am 24.03.2015).

1508 Vgl. hierzu *Czakert*, IStR 2013, 596 (602 f.).

automatischen Auskünfte zu minimieren.[1509] Durch ihr Zusammenwirken entsteht ein durchaus profundes Informationssystem.[1510]

Dennoch werden dem theoretisch adäquat ausgestalteten Regelungsrahmen Effizienzschwächen in der Umsetzung attestiert.[1511] Hierzu zählen exemplarisch Sprachbarrieren, Mangel an verbindlichen Fristen, fehlende Standardisierung des Ersuchensprozesses und hohe Bürokratie. Die Anforderungen und Bedürfnisse an den Informationsaustausch in einer globalisierten Wirtschaft wurden gleichwohl erkannt und mit der neuen EUAmtshilfeRL implementiert. So sieht die revidierte Richtlinie bspw. Regelungen in Bezug auf Sprache[1512], Fristen[1513], Standardformblätter[1514] und elektronische Informationsübermittlung mithilfe des CCN-Netzes[1515] vor. Die Änderungen passen sich insbesondere dem OECD-Standard an und forcieren eine verstärkte Zusammenarbeit der Steuerverwaltungen auf dem Gebiet der direkten Steuern.[1516]

Neben etwaigen Ineffizienzen besteht jedoch hinsichtlich der aktiven Informationsweitergabe[1517] durch die ausländische Finanzbehörde ein ganz grundsätzliches Problem. So bedingt diese das Bewusstsein des Finanzbeamten, dass es sich um eine für den anderen Vertragsstaat steuerlich relevante Information handelt. Zu Recht wird diesbezüglich angemerkt, dass es von Seiten des Finanzbeamten eines „beachtlichen grenzüberschreitenden Denkens" bedarf.[1518] Überdies wird eine Uneinheitlichkeit der Beweislast innerhalb der innerstaatlichen Verfahrensordnungen kritisiert.[1519] Für die nationalen Finanzbehörden besteht demnach eine umso höhere Notwendigkeit von Ersuchensauskünften, je weniger Beweislast dem Steuerpflichtigen überantwortet bleibt. In diesem Zusammenhang können sich erweiterte Mitwirkungspflichti-

---

1509 Vgl. *Seer*, IWB 2009, 951 (960).

1510 *Seer/Gabert*, StuW 2010, 3 (15), bezeichnen die Auskunftsarten in ihrem Zusammenspiel als „ein geeignetes Informationssystem, um die Ziele des Auskunftsverkehrs zu erreichen".

1511 Die im Folgenden genannten Mängel geben den Befund von *Seer/Gabert*, StuW 2010, 3 (21 f.), wieder.

1512 Art. 21 Abs. 4 EUAmsthilfeRL.

1513 Art. 7 und Art. 10 EUAmsthilfeRL.

1514 Art. 20 EUAmsthilfeRL.

1515 Art. 21 Abs. 1 EUAmsthilfeRL.

1516 Vgl. *Czakert*, Entwicklungen im internationalen steuerlichen Informationsaustausch, in Lüdicke/Mössner/Hummel, Festschrift Frotscher, 5 (10).

1517 So ist im Gegensatz zur Ersuchensauskunft, bei welcher die Finanzbehörde nur auf Anfrage tätig wird, im Rahmen der Spontanauskunft eine aktive Informationsweitergabe seitens der Finanzbehörde vonnöten.

1518 Vgl. *Seer*, IWB 2009, 951 (959); *Seer/Gabert*, StuW 2010, 3 (13).

1519 Vgl. *Seer/Gabert*, StuW 2010, 3 (16 f).

gen des Steuerpflichtigen, wie sie durch § 90 Abs. 2 AO kodifiziert sind, als nutzbringend erweisen.[1520] Die neben den drei Auskunftsarten bestehenden gemeinsamen und gleichzeitigen Betriebsprüfungen stellen ebenso geeignete Mittel zur Tatsachenermittlung dar. Hierdurch können Qualifikationskonflikte bereits *ex ovo* vermieden werden.[1521] Die Vorteilhaftigkeit besteht dabei nicht allein in der Erleichterung der objektiven Informationsbeschaffung, sondern auch in der Abstimmungsmöglichkeit über die subjektive Informationsbewertung. Da beide Parteien den Sachverhalt zeitgleich vor Augen haben, können Divergenzen bezüglich einzelner Punkte leichter identifiziert und demnach im Rahmen direkter Kommunikation einvernehmlich gelöst werden. Der Nachteil besteht jedoch gerade in Bezug auf die subjektive Informationsbewertung in der Notwendigkeit eines beidseitigen Einigungswillens.[1522] Gehen die Parteien dahingehend nicht konform, kann ein Qualifikationskonflikt aufgrund unterschiedlicher Tatsachenermittlung auch nicht durch eine gleichzeitige oder gemeinsame Betriebsprüfung vermieden werden. In diesem Zusammenhang kann eine verbindliche Einigung im Rahmen der Betriebsprüfung durch Antragstellung des Steuerpflichtigen als Verständigungsverfahren geführt werden.[1523] Diese Vorgehensweise kann jedoch deshalb nicht vollumfänglich überzeugen, weil dem Verständigungsverfahren selbst wesentliche Kritikpunkte in Bezug auf dessen Qualität zur Lösung von Qualifikationskonflikten entgegenzubringen sind.[1524]

Die bestehenden Rechtsgrundlagen in Bezug auf den grenzüberschreitenden Informationsaustausch sind zur Lösung von Qualifikationskonflikten aufgrund einer divergierenden Tatsachenermittlung als durchaus ansprechend und verhältnismäßig zu werten. Zwar ist der Prozess des internationalen Informationsaustausches hinsichtlich seiner Standardisierung und Elektronifizierung noch ausbaufähig. Der Stellenwert eines funktionsfähigen und transparenten Informationssystems wurde gleichwohl erkannt.[1525] Demnach werden

1520 In Bezug auf § 90 Abs. 2 AO ist auf Zweifel an der Unionsrechtskonformität der Regelung hinzuweisen. Aufgrund des Prinzips der formellen Territorialität ist eine erweiterte Mitwirkungspflicht im Rahmen der Verhältnismäßigkeit durchaus zu rechtfertigen, zur Diskussion und dem Schluss der Unionsrechtskonformiät, vgl. *Seer/Gabert*, StuW 2010, 3 (18).

1521 So i.E. für die Simultanbetriebsprüfungen auch *Jirousek*, Methodische Ansätze zur Konfliktvermeidung bei der Anwendung von Doppelbesteuerungsabkommen, in Lang/Jirousek, Festschrift Loukota, 175 (185).

1522 So auch *Czakert*, IStR 2013, 596 (602).

1523 Vgl. *Czakert*, IStR 2013, 596 (602).

1524 Siehe Kapitel F.II.3.a.(2).

1525 Diesbezüglich wird von *Seer*, IWB 2009, 951 (963), das Bild verwendet, dass der der

gegenwärtig verstärkt Anstrengungen unternommen, die Zusammenarbeit auf dem Gebiet der direkten Steuern zu intensivieren. Dies betrifft vornehmlich die gemeinsame und gleichzeitige Betriebsprüfung. Aber auch hier bedarf es eines grundsätzlichen Einigungswillens der Parteien über die bestehenden Tatsachen. Die insgesamt positive Entwicklung darf gleichwohl nicht an den Unionsgrenzen enden. Durch FATCA[1526] sind zumindest im Bereich der automatischen Auskünfte auch unionsübergreifende Tendenzen zu verzeichnen. Davon abstrahiert sind jedoch weitere Überlegungen und Fortentwicklungen notwendig, um den Tatsachermittlungsprozess zu einem nahezu lückenlosen Informationssystems auszubauen.

5. Weitere Einzelmaßnahmen und ihre Suffizienz zur Lösung von Qualifikationskonflikten

Der Gesetzgeber bemüht sich ferner, Qualifikationskonflikte zu vermeiden, indem er im Rahmen sog. DBA-Auslegungsgesetze das Verständnis über eine DBA-Norm unilateral kodifiziert.[1527] Im deutschen Steuerrecht findet sich eine derartige Regelung in § 50d Abs. 10 EStG.[1528]

Eine Eignung zur Vermeidung von Qualifikationskonflikten könnte sich aufgrund der Determinierung des maßgeblichen Verständnisses in Bezug auf Konflikte, deren Ursache in der unterschiedlichen Auslegung liegt, ergeben. Allerdings ist in Ansehung der allein unilateralen Wirkung eine erhöhte Divergenzgefahr und damit einhergehend erhöhtes Konfliktpotenzial zu konstatieren. Mithin wären von einer divergierenden Wertung nicht nur vordergründig die Bereiche des innerstaatlichen Steuerrechts, dessen sich die Abkommen zur Ausgestaltung ihrer Abkommensaussage aufgrund ihres unvollständigen Charakters bedienen, betroffen. Vielmehr wäre durch die Auslegungsbestimmungen eine Ausdehnung auf sämtliche Bereiche der Abkommensauslegung, die ursprünglich einer autonomen Handhabung folgen, zu erwarten.

---

internationale Auskunftsvekehr aus seinem Dornröschenschlaf erwacht sei.

1526 In diesem Zusammenhang sei auf die gemeinsame Erklärung von Deutschland, Frankreich, Großbritannien, Italien, Spanien und den USA vom 08.02.2012 zu verweisen (Model intergovernmental agreement to improve tax compliance and to implement FATCA, Agreement Between the [Government of the] United States of America and [the Government of] [FATCA Partner] to Improve International Tax Compliance and to Implement FATCA, erhältlich im Internet: https://www.treasury.gov/press-center/press-releases/Documents/reciprocal.pdf (besucht am: 24.03.2015)).

1527 Siehe hierzu *Schönfeld/Häck* in Schönfeld/Ditz, DBA, Systematik Rz. 20.

1528 In diesem Zusammenhang siehe *Lehner*, IStR 2012, 389 (396).

Weitere Formen des Treaty Overriding, wie sie bspw. in § 50d Abs. 8, 9 und 11 EStG zu finden sind, zielen vornehmlich auf die Vermeidung ungerechtfertigter Steuervorteile und vermögen damit allein negativen Qualifikationskonflikten entgegenzuwirken.[1529]

Tabelle 3: Suffizienz der Lösungen de lege lata

Lösungen de lege lata	Tatsachen-ermittlung	Sachverhaltseinordnung/ Materiellrechtliche Würdigung	Abkommens-auslegung
Autoritativorientierte Auslegung			
Bindung der Zurechnungswertung		bedingt	
Allgemeine Qualifikationsbindung	ungeeignet	ungeeignet	ungeeignet
Bindung an den Anwendestaat		ungeeignet	
Quellenstaatsorientierte Auslegung		ungeeignet	
Rückfall-/Switch-over-/ Subject-to-tax-/ Remittance-base-Klauseln	negative QK	negative QK	negative QK
Diplomatische Streitbeilegungsmechanismen			
Verständigungsverfahren	bedingt		bedingt
Schiedsverfahren	bedingt		bedingt

1529 Vgl. hierzu *Gillamariam/Binding*, DStR 2013, 1153 (1156); *Schönfeld/Häck* in Schönfeld/ Ditz, DBA, Systematik, Rz. 21; *Lehner*, IStR 2012, 389 (392 ff.).

Lösungen de lege lata	Tatsachen-ermittlung	Sachverhaltseinordnung/ Materiellrechtliche Würdigung	Abkommens-auslegung
Internationaler Informationsaustausch	bedingt		
Weitere Einzelmaßnahmen			
DBA-Auslegungsgesetze		ungeeignet	ungeeignet
Treaty Overriding	negative QK	negative QK	negative QK

Quelle: Eigene Darstellung

III. Ergebnis aus diesem Kapitel

Die Untersuchungen haben gezeigt, dass die bisher angedachten Instrumente zur Lösung von Qualifikationskonflikten nicht oder nicht vollumfänglich zur Lösung von Qualifikationskonflikten verhelfen. In Bezug auf die autoritativorientierte Auslegung sind die größten Kritikpunkte dahingehend zu erheben, dass sich die Lösungsversuche nicht innerhalb des Auslegungsspielraums bewegen und unter systematischen Gesichtspunkten nicht im Einklang mit dem Abkommensmechanismus stehen. Weitere Mittel, wie die Rückfall- bzw. Switch-Over-Klauseln, zielen allein auf die Vermeidung von Doppelnichtbesteuerung und lassen demnach positive Qualifikationskonflikte außen vor. Weiterhin sind diplomatische Streitbeilegungsmechanismen und internationaler Informationsaustausch nur bedingt zur Lösung von Qualifikationskonflikten geeignet. Einerseits kranken sie an Ausgestaltungsschwächen und damit einhergehenden Ineffizienzen. Andererseits vermögen sie keinen Einfluss auf Qualifikationskonflikte nehmen, deren Ursache auf innerstaatlicher Rechtsebene begründet ist. Insgesamt lässt sich hieraus der Bedarf an einem Lösungskonzept ableiten, der den Qualifikationskonflikten vollumfänglich entgegenwirkt.

F. Lösung der Konflikte de lege ferenda

Die bisherige Untersuchung hat gezeigt, dass *de lege lata* kein probates Mittel zur Lösung von Qualifikationskonflikten zur Verfügung steht. Dieser Befund wird zum Anlass genommen, ein taugliches Lösungskonzept zu entwickeln. Zu diesem Zweck werden zuvorderst Referenzmaßstäbe festgelegt, an denen sich das Lösungskonzept orientieren soll. Daran anknüpfend werden verschiedene Lösungswege untersucht, ihre Suffizienz zur Lösung von Qualifikationskonflikten verifiziert und die gewonnene Methodik auf andere Anwendungskonflikte projiziert.

I. Referenzmaßstäbe

Zu Referenzzwecken sollen idealtypische Maßstäbe herausgearbeitet werden, die bei der Entwicklung eines Lösungskonzepts von Qualifikationskonflikten nutzbringend erscheinen. Die Anforderungen an das Lösungskonzept werden durch diese Vorgehensweise grob umrissen. Die Maßstäbe haben dabei vordergründig der Zielsetzung der Lösung von Qualifikationskonflikten zu dienen.

1. Hauptbedingung - kongruente Abkommensanwendung

Die Hauptbedingung, die an das Lösungskonzept gesetzt wird, besteht in diesem Zusammenhang in einer kongruenten Abkommensanwendung. Orientiert sich die Lösungsmethodik an einem funktionalen Abkommensmechanismus, wird damit einhergehend der Qualifikationskonflikteproblematik entgegengewirkt. In Anbetracht der Tatsache, dass Qualifikationskonflikte aufgrund divergierender Wertungen entstehen, besteht die Bedingung eines Lösungsansatzes in der Herstellung übereinstimmender Wertungen.

2. Nebenbedingungen

Als Nebenbedingungen sind darüber hinaus die Ganzheitlichkeit, die Durchsetzbarkeit sowie die Systemidentität und Systemkonformität des Lösungskonzepts zu nennen.

a. Ganzheitlichkeit

Die Anforderung der Ganzheitlichkeit soll gewährleisten, dass der Lösungsansatz ein weites Wirkspektrum abdeckt und nicht allein punktuell oder partiell wirkt. In diesem Sinne soll der Kritik in Bezug auf die bisherigen Lösungsmechanismen entsprochen werden, allein an spezifische Ursachen- oder Wirkungsklassen anzuknüpfen. So besteht das Kernproblem einer Anknüpfung an Ursachengruppen darin, dass die Anwendung des jeweiligen Lösungsinstruments die Identifizierung der Ursache bedingt. Gerade im Hinblick auf den Internalisierungseffekt sind Konfliktursachen jedoch nicht immer zweifelsfrei bestimmbar. Ferner wurde diesbezüglich die Frage aufgeworfen, worin sich die Folge der Anwendung eines falschen Instrumentariums aufgrund falscher Ursachenidentifikation konkretisiert.[1530] Auch die Nivellierung der Konfliktfolgen und damit eine Anknüpfung an die Wirkungsgruppen einer abkommenswidrigen Aufrechterhaltung der Doppelbesteuerung sowie die Herbeiführung einer Doppelnichtbesteuerung werden als ungeeignet angesehen. Hierdurch wird nicht die Grundproblematik der jeweiligen Konflikte gelöst, sondern allein die Symptomatik kuriert. Die negativen Folgen der Qualifikationskonflikte sind damit zwar behoben, jedoch führt auch hier vornehmlich der Internalisierungseffekt dazu, dass die artifiziell erzeugte Wirkung zum Teil nicht der als sachgerecht empfundenen Zuordnung der Ausübungsrechte entspricht und somit auch den Gerechtigkeitsvorstellungen entgegensteht. Infolgedessen sollten Switch-over-Klauseln oder der generelle Wechsel zur Anrechnungsmethode im Falle der Doppelnichtbesteuerung sowie Billigkeitsmaßnahmen im Rahmen der Doppelbesteuerung lediglich als Methoden *ultima ratio* erwogen werden, die die schädlichen Wirkungen der Qualifikationskonflikte erst nach Versagung sämtlicher Mechanismen als letztes Mittel abwenden.

b. Durchsetzbarkeit

Ein Konzept erscheint nur dann sinnvoll, wenn ihm seitens der Vertragsstaaten bzw. seitens der beteiligten Akteure Akzeptanz entgegengebracht wird. Aus

1530 Vgl. *Benecke/Schnitger*, RIW 2002, 439 (439 ff.).

diesem Grund sollte der Lösungsansatz souveränitätsschonend ausgestaltet sein. Der Stellenwert dieser Bedingung wird insbesondere im Rahmen der Diskussion um ein internationales Steuergericht deutlich.[1531] Schließlich wird die Übertragung der Entscheidungskompetenz auf einen unabhängigen Spruchkörper gerade aus Souveränitätsaspekten[1532] seit Anbeginn abgelehnt.[1533]

Überdies werden die Vertragsstaaten ein Lösungskonzept nur dann akzeptieren, wenn es konsistente Entscheidungen liefert. Die Ausgewogenheit und die Fairness eines Konzepts bestehen darin, in vergleichbaren Situationen zu vergleichbaren Ergebnissen zu führen. Damit konsistente und willkürfrei zustande gekommene Ergebnisse zu erzielen sind, müssen Vorgaben oder Leitlinien herausgearbeitet und implementiert werden.

Ferner besteht die Grundproblematik tiefverwurzelter Interessengegensätze zwischen den beteiligten Akteuren. Das gilt einerseits für die Vertragsstaaten untereinander, die nach dem Erhalt ihrer Ausübungsrechte streben. Andererseits betrifft dies auch die Akteure innerhalb der Vertragsstaaten. So stehen sich die Grundpositionen von Steuerpflichtigen, Finanzverwaltung und Gerichten teilweise diametral gegenüber. Um eine Durchsetzbarkeit des Konzepts zu erreichen, müssen die Interessengegensätze überwunden werden.

c. Systemidentität und Systemkonformität

Ein wichtiges Kriterium besteht zudem darin, dass die Lösung auf den bestehenden Doppelbesteuerungsabkommen aufzubauen ist. Die Doppelbesteuerungsabkommen sind in ihrer Grundsystematik als wirksames Mittel zur Vermeidung von Doppelbesteuerung und Doppelnichtbesteuerung anzusehen. Demgemäß sollen sie auch die Grundlage der Überlegungen bilden. Auch von Abänderungen innerhalb der DBA soll grundsätzlich abgesehen werden. Das umfangreiche DBA-Netz würde andernfalls die Neuverhandlung sämtlicher

1531 Ein Vorschlag findet sich bspw. in der Untersuchung von *Altman*, Dispute Resolution under Tax Treaties, passim. Siehe auch *Lehner* in Vogel/Lehner, DBA, Art. 25 MA Rz. 7 und 360, der auf die Vorschläge der *ICC*, Resolution of International Tax Conflicts, ICC Doc. No. 180/240; ET 1984, 337; BB 1987, 595, sowie auf jene von *Spitaler*, StuW 1950, 803 (803 ff.); *Bühler*, Prinzipien des Internationalen Steuerrechts, 42; *Azzi*, BIFD 1998, 344 (347), zur Errichtung eines Weltsteuergerichts verweist.

1532 Vgl. zum Kompetenzverlust im Fall eines Internationalen Steuergerichtshof siehe *Gerken/Märkt/Schick*, Internationaler Steuerwettbewerb, 240.

1533 Dies ebenso andeutend *Keerl*, Internationale Verrechnungspreise in der globalisierten Wirtschaft, 309.

DBA in einem Generationenprojekt münden lassen.[1534] Eine befriedigende Lösung könnte aufgrund eines derart langwierigen Prozesses nicht vertreten werden. Ferner könnte die Aufnahme weiterer Regelungen in die DBA in einer Unübersichtlichkeit und Überladung kulminieren und somit Folgeprobleme nach sich ziehen.

Zudem soll die Konzeption systemkonform ausgestaltet werden. Die Vorteilhaftigkeit einer Systemkonformität liegt naturgemäß darin, dass die Doppelbesteuerungsabkommen grundsätzlich auf einer Rechtskonformität basieren, weshalb sich diese Eigenschaft auf systemkonforme Lösungen automatisch überträgt. Folglich wird zugleich dem Gerechtigkeitsmaßstab entsprochen, an denen sich Steuernormen zu messen haben. Hieraus resultiert wiederum eine positive Rückkopplung auf die Akzeptanz und die Durchsetzbarkeit des Ansatzes.

Mithin sind Konzepte wie die Qualifikationsverkettung zwar einerseits positiv zu bewerten, da sie durch Beschreiten des Auslegungswegs die Systemidentität bewahren. Andererseits führt ihre Systeminkonformität dazu, dass es an einem Berechtigungsargument fehlt und somit in Ermangelung einer Rechtsbasis die Akzeptanz gegenüber dem Lösungskonzept versagt wird.

II. Lösungsmodell

Zur Entwicklung eines ganzheitlichen, durchsetzbaren, systemidentischen sowie systemkonformen Lösungskonzepts, welches zu einer kongruenten Abkommensanwendung führt, ist es erforderlich, die Qualifikationskonfliktproblematik in ihrer Gesamtheit zu erfassen. Einen geeigneten Anknüpfungspunkt bietet hierfür die prozessbasierte Systematisierung. In diesem Zusammenhang wurden bereits die Ursachen auf den einzelnen Prozessstufen identifiziert. Die Konflikte sollen folglich in ihrem Ursprung vermieden werden. Die Ursachen der Qualifikationskonflikte auf den verschiedenen Prozessstufen zeichnen jedoch ein derart heterogenes Bild, dass je nach Prozessebene andere Instrumente zu wählen sind. Aufgrund des Internalisierungseffektes gestaltet es sich allerdings als schwierig, die Ursachenebene zu identifizieren und gezielt am Konfliktursprung zu regulieren. Damit bestehen die Möglichkeiten der Konfliktvermeidung darin, den Prozess in seiner Gesamtheit 1) gegenseitig abzu-

1534 So auch *Loukota*, Der OECD-Report zur Anwendung des OECD-Musterabkommens auf Personengesellschaften, in Gassner/Lang/Lechner, Personengesellschaften im Recht der DBA, 15 (24).

stimmen, 2) zu optimieren oder 3) neu zu gestalten. Alle drei Varianten werden im Folgenden untersucht. Zu diesem Zweck soll der Qualifikationsprozess dergestalt angepasst werden, dass er den Referenzmaßstäben gerecht wird.

1. Prozessabstimmung

Der direkteste Weg zur Beseitigung der Konfliktursache besteht in einem Vergleich der Wertungen der beiden Vertragsstaaten auf den einzelnen Prozessstufen und deren gegenseitigen Abstimmung. Der Vorteil gegenüber einer Anknüpfung am Qualifikationsergebnis liegt darin, dass hierdurch insbesondere Unregelmäßigkeiten auf der Tatsachen- und Abkommensebene aufgedeckt werden können. Ist die Ursache in einer unvollständigen Tatsachenermittlung oder in einer unzutreffenden Abkommensauslegung zu suchen und kann der jeweilige Vertragsstaat dies glaubhaft machen, ist es aufgrund der Überzeugungskraft für den anderen Vertragsstaat einsichtiger, der Wertung des jeweiligen Vertragsstaates zu folgen, als allein das Qualifikationsergebnis zu übernehmen. Die Wahrscheinlichkeit einer Einigung steigt damit und verkürzt somit den Abstimmungsprozess.

Wird hingegen deutlich, dass die Ursache in einer divergierenden Sachverhaltseinordnung oder innerstaatlichen Würdigung liegt, ist die Herbeiführung eines Einigungswillens schwieriger zu erreichen. Während sich auf Ebene der Sachverhaltseinordnung ggf. noch Argumente für eine andere Einschätzung finden ließen, wäre die innerstaatliche Würdigung gänzlich der souveränen Ausgestaltung der Vertragsstaaten unterlegen. Im Falle der Konfliktursache auf der Ebene der Sachverhaltseinordnung und materiellrechtlichen Würdigung hilft die Prozessabstimmung folglich in Ermangelung eines Einigungsbereiches nicht weiter.[1535]

Allein bei Ursachen auf den Prozessstufen der Tatsachenermittlung und Abkommensauslegung kann die Prozessabstimmung damit ein geeignetes Mittel zur Vermeidung des Qualifikationskonfliktes darstellen.

2. Prozessoptimierung

Im Rahmen der Prozessoptimierung wird der Ablauf des Qualifikationsvorgangs auf den einzelnen Prozessstufen verbessert, um hierdurch die Verhinde-

1535 Dieser Befund wurde aus denselben Gründen bereits beim Verständigungsverfahren festgestellt, siehe Kapitel E.II.3.a.(2).

rung des Internalisierungseffektes zu erreichen. Zu diesem Zweck sollen einerseits mittels präventiver Maßnahmen die Vorgänge auf den einzelnen Prozessstufen effizienter gestaltet werden. Andererseits sind anhand der stufenspezifischen Problemmuster Kontroll- und Regulierungsmechanismen auf den jeweiligen Prozessebenen zu implementieren, die die Entstehung von Qualifikationskonflikten bereits im Ansatz vermeiden helfen.

a. Tatsachenermittlung

Grundsätzlich müssen Informationstransparenz und Informationssymmetrie als Grundlage zur Vermeidung von Qualifikationskonflikten verstanden werden. Schließlich bildet die Tatsachenermittlung die tragende Säule einer übereinstimmenden Qualifikation.

Als Präventionsmaßnahme zur Vermeidung von Qualifikationskonflikten ist zur Effizienzsteigerung innerhalb des Tatsachenermittlungsprozesses eine Automatisierung, Standardisierung und Elektronifizierung des Informationsaustausches anzustreben. Zwar sind im Rahmen des aktiven Informationsaustausches bereits Spontanauskünfte vorgesehen. Diese bedingen jedoch im Zuge eines grenzüberschreitenden Denkens die Einschätzung des Verwaltungsbeamten über den Stellenwert der Information. Um derartige Ermessensentscheidungen nicht auf den Tatsachenermittlungsprozess durchwirken zu lassen, besteht die Überlegung darin, die Tatsachen in Form standardisierter Formulare elektronisch für den anderen Vertragsstaat zu hinterlegen. Dabei ist jedoch gleichzeitig auf die Wahrung des Steuergeheimnisses zu achten.

Daneben ist die Relevanz von Ersuchensauskünften zu reduzieren, indem eine Beweislastverteilung auf den Steuerpflichtigen vorgenommen wird.

Der Regulierungs- bzw. Kontrollmechanismus hat in der Weise zu funktionieren, dass bei Anwendung eines DBA die Tatsachen mit den hinterlegten Tatsachen abzugleichen sind, sobald sie zur Verfügung stehen. Bestehen Unstimmigkeiten, ist darüber Einigung zu ersuchen. Können die Divergenzen nicht überwunden werden oder ist ein Informationsmangel zu verzeichnen, sind gemeinsame oder gleichzeitige Prüfungen in die Wege zu leiten. In diesem Zusammenhang sollte ein Einigungszwang vorgesehen werden. Dieser würde reflexartig auch einen Einigungsdruck auf vorangehende Einigungsanstrengungen bewirken.

b. Sachverhaltseinordnung

(1) Vorüberlegungen

Die Schwierigkeit, eine einheitliche Sachverhaltseinordnung zu erreichen, ist nicht allein dadurch gegeben, dass die Vertragsstaaten aufgrund ihrer innerstaatlichen Rechtsordnung verschiedene Rechtsinstitute kennen, sondern insbesondere dadurch, dass Rechtsverhältnisse aufgrund der Vertragsfreiheit sehr unterschiedlich ausgestaltet sein können. Die Tatsachen werden im Zuge der Sachverhaltseinordnung bereits auf das innerstaatliche Recht abgestimmt, womit einerseits ein innerstaatlicher Einfluss gegeben ist. So kommt bspw. zum Tragen, ob das innerstaatliche Steuerrecht eher an einer juristischen oder wirtschaftlichen Betrachtungsweise ausgerichtet ist. Andererseits kann die Sachverhaltsbeurteilung auch als Weichenstellung für die innerstaatliche Würdigung angesehen werden. Liegt die Ursache des Qualifikationskonflikts allein in der unterschiedlichen Sachverhaltsbeurteilung, ist für Zwecke der Regulierung an dieser Weichenfunktion anzusetzen.

(2) Vermeidung von Qualifikationskonflikten unterschiedlicher Sachverhaltseinordnung

Die Sachverhaltseinordnung ist bereits durch innerstaatliche Spezifika eingefärbt und weicht damit tendenziell zwischen den verschiedenen Vertragsstaaten ab. Die Möglichkeit der Vereinheitlichung der Wertung auf dieser Prozessstufe besteht entweder in einer Ausrichtung an neutralen, von innerstaatlichen Wertungen losgelösten Kriterien oder in der Festlegung der maßgeblichen Sachverhaltseinordnung eines Vertragsstaates.

Als geeignetes objektives Kriterium zur Sachverhaltseinordnung würde sich eine wirtschaftliche Betrachtungsweise anbieten. Nehmen beide Vertragsstaaten die Sachverhaltseinordnung nach dem wirtschaftlichen Gehalt vor, ist deshalb eine höhere Übereinstimmungswahrscheinlichkeit gegeben, weil das Spektrum möglicher Varianten auf ein festgelegtes Bezugskriterium beschränkt wird. Der Nachteil einer solchen Handhabung besteht allerdings darin, dass grundsätzlich beide Vertragsstaaten ihre tatsächliche Beurteilung an anderen Kriterien ausrichten könnten. Nimmt man bspw. an, dass beide Vertragsstaaten eine juristische Sichtweise vertreten, wäre das Qualifikationsergebnis nicht mehr auf den innerstaatlichen Besteuerungsvorgang abgestimmt, womit hierdurch nicht intendierte Folgen entstehen können.

Eine weitere Möglichkeit besteht in der Festlegung einer maßgeblichen Wertung eines Vertragsstaates. Da sich auch die divergierende materiellrechtliche Würdigung auf innerstaatliche Spezifika gründet, erscheint es für Zwecke der Bestimmung einer maßgeblichen vertragsstaatlichen Wertung sinnvoll, diesen Regulierungsmechanismus generell auf innerstaatlicher Ebene zu implementieren. Aus diesem Grund soll der Regulierungsmechanismus im Zusammenhang mit der materiellrechtlichen Würdigung vorgestellt werden.

c. Materiellrechtliche Würdigung

(1) Vorüberlegungen

Qualifikationskonflikte, die in einer unterschiedlichen materiellrechtlichen Würdigung begründet sind, sind überproportional häufig vertreten. Das Konfliktpotenzial liegt dabei in der Natur souveräner Ausgestaltung steuerrechtlicher Normen durch den jeweiligen Steuergesetzgeber. Dabei herrscht eine schier unüberschaubare Diversität. Nimmt diese Diversität auf den Qualifikationsprozess Einfluss, ist die Gefahr einer divergierenden Qualifikation als besonders hoch einzustufen. Ein Lösungsansatz, der dieses Problem zu vermeiden sucht, hat dabei ansetzend an der Entstehungsursache auf innerstaatlicher Ebene zu erfolgen. Eine generelle Ausblendung der innerstaatlichen Würdigung würde die Abkommen unanwendbar machen, da sie als unvollkommener Regelungskreis eben auf diese angewiesen sind. Dabei handelt es sich um die notwendigen Regelungstatbestände, die die Abkommen für ihre Funktionalität benötigen, weil eben jene nicht durch sie geregelt werden.[1536]

Die Unentbehrlichkeit des innerstaatlichen Rechts für den Wirkungsmechanismus der Abkommen führt zu weiteren Überlegungen, wie eine korrespondierende Wertung auf dieser Ebene erreicht werden kann. Ein hypothetisch richtiger, jedoch realitätsferner Ansatz, bestünde in der Vereinheitlichung sämtlicher Steuerrechtsordnungen.[1537] Da ein derartiger Harmonisierungsansatz dem Referenzmaßstab der Durchsetzbarkeit entgegensteht, soll er nicht weiter verfolgt werden. Es bleibt zu konstatieren, dass es trotz divergierender

---

1536 Somit hilft auch eine abkommensautonome Auslegung nicht über diesbezügliche Konflikte hinweg, da das Abkommen darüber überhaupt keine Aussagen trifft. Hierüber besteht ein grundsätzlicher Irrglaube, vgl. statt vieler *Schuch/Bauer*, Die Überlegungen des OECD-Steuerausschusses zur Lösung von Qualifikationskonflikten in Gassner/Lang/Lechner, Personengesellschaften im Recht der DBA, 27 (39 f.).

1537 Vgl. *Wehrße*, Grenzüberschreitende Besteuerung von Personengesellschaften im internationalen Vergleich, 230 m.w.N.

innerstaatlicher Steuerrechtsordnungen ein harmonisches Abkommensanwendungsergebnis zu erreichen gilt.

Die Überlegungen sollen dahin gehen, dass die Diversität der innerstaatlichen Rechtsordnungen nur in Bezug auf ein erforderliches Minimum auf die Abkommensanwendung durchwirkt. Im Rahmen der Untersuchung gilt es, die maßgeblichen Komponenten materiellrechtlicher Würdigung für den Qualifikationsvorgang zu identifizieren. Hieran anknüpfend werden Ansätze entwickelt, die zu einer einheitlichen Würdigung der materiellrechtlichen Komponenten durch die beiden Vertragsstaaten führen und im Ergebnis die Entstehung des Qualifikationskonfliktes auf der innerstaatlichen Ebene vermeiden.

(2) Identifizierung der maßgeblichen Komponenten

(a) Fallbezogene Analyse

Anhand eines induktiven Ansatzes sind durch eine fallbezogene Analyse von Qualifikationskonflikten, deren Ursache auf der Ebene der materiellrechtlichen Würdigung zu finden ist, jene Anknüpfungspunkte zu identifizieren und abzuleiten, die zu einer konfligierenden Qualifikation führen und aufgrund der unvollständigen Ausgestaltung der Abkommen unentbehrlich für den Qualifikationsvorgang sind.

Fall 1: Immobilienleasing über die Grenze

Eine juristische Person B in Staat B schließt mit der juristischen Person A in Staat A einen Leasingvertrag über Grundbesitz ab, welcher in Staat B belegen ist. Nach dem innerstaatlichen Recht der beteiligten Länder gilt die jeweilige juristische Person aufgrund der Vertragsausgestaltung als wirtschaftlicher Eigentümer, worauf sich auch die Beurteilung des Vertragsverhältnisses gründet.[1538]

Abbildung 4: Fall 1 Immobilienleasing über die Grenze

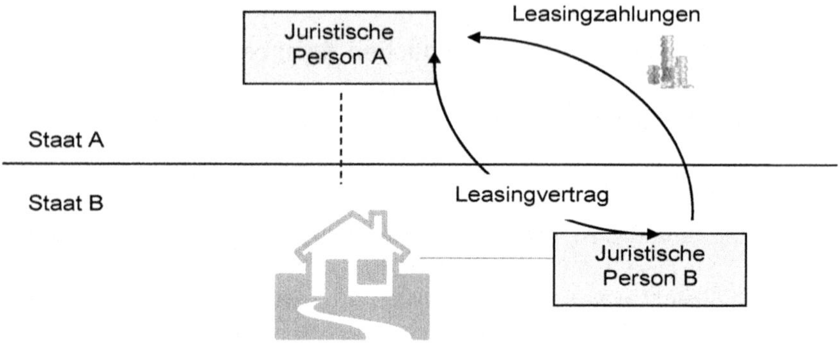

Quelle: Eigene Darstellung

Aus der Sichtweise der jeweiligen Staaten ergeben sich folgende Wertungen:

Staat A

Innerstaatliche Ebene:

Der Grundbesitz wird A zugerechnet. Die Zahlung an A ist als Zahlung im Rahmen eines Operate-Leasings anzusehen. Die Leasingraten entsprechen demnach einem Mietzins. A unterliegt in Staat A mit seinem Welteinkommen der unbeschränkten Steuerpflicht.

Abkommensanwendung:

In Anlehnung an die Sachverhaltseinordnung und die innerstaatliche Würdigung als Operate-Leasing erfolgt eine Einordnung der Einkünfte des A als solche aus Grundbesitz gem. Art. 6 MA. Diese können i.S.d. Art. 6 Abs. 1 MA in

1538 Vgl. *Jacobs*, Internationale Unternehmensbesteuerung7, 1310.

Staat B besteuert werden. Gem. Art. 23 MA ist Staat A verpflichtet, die Doppelbesteuerung durch Freistellung zu vermeiden.

Staat B

Innerstaatliche Ebene:

Der Grundbesitz wird B zugerechnet. Die Zahlung an A ist als Zahlung im Rahmen eines Finanzierungsleasings anzusehen. Anteilig entfallen die Leasingraten in einen Zins- und einen Tilgungsanteil. A ist mit dem Zinsanteil in Staat B beschränkt steuerpflichtig. Zudem wird ein etwaiger Veräußerungsgewinn realisiert, mit dem A ebenfalls in Staat B der beschränkten Steuerpflicht unterliegt.

Abkommensanwendung:

Anknüpfend an die Sachverhaltseinordnung als Finanzierungsleasing und der darauf basierenden innerstaatlichen Würdigung ist abkommensrechtlich eine Einordnung des Zinsanteils gem. Art. 11 MA vorzunehmen. Demgemäß darf Staat A gem. Art. 11 Abs. 1 MA besteuern. Staat B darf gem. Art. 11 Abs. 2 MA ebenfalls besteuern. Nach Art. 23 MA ist Staat A zur Vermeidung einer eventuellen Doppelbesteuerung durch Anrechnung der Quellensteuern von Staat A verpflichtet. In Bezug auf den Veräußerungsgewinn des A darf Staat B gem. Art. 13 Abs. 1 MA besteuern. Staat A ist gem. Art. 23 MA verpflichtet, die Doppelbesteuerung durch Freistellung zu vermeiden.

Ergebnis

Aus der Einordnung der Einkünfte in Art. 6 MA aus Sicht des Staates A und in Art. 11 MA sowie 13 MA resultiert ein Qualifikationskonflikt. Die Ursache ist auf innerstaatlicher Ebene zu suchen. Die Unterschiede bestehen in einer divergierenden Sachverhaltseinordnung. Während der eine Vertragsstaat ein Finanzierungsleasinggeschäft annimmt, besteht aus der Sicht des anderen Vertragsstaates ein Operate-Leasing-Geschäft. Diese abweichende Beurteilung geht mit einer unterschiedlichen innerstaatlichen Würdigung einher. Übereinstimmung herrscht in Bezug auf das Steuersubjekt. Sowohl Staat A als auch Staat B unterwirft A der unbeschränkten bzw. beschränkten Steuerpflicht. Die wesentliche Divergenz besteht einerseits in der Einkunftsquelle, indem von Staat A das Grundstück und von Staat B Kapitalvermögen besteuert wird. Ferner besteht jedoch auch eine Identität in Bezug auf die Einkunftsquelle Grundstück. Diesbezüglich ist wiederum ein Unterschied in den Vorgängen zu konstatieren, indem von Staat A eine Vermietung und von Staat B eine Veräußerung des Grundstücks angenommen wird.

Tabelle 4: Zusammenfassung Fall 1

	Staat A	Staat B
Landesrechts-ebene	Mietzins	Zinszahlung/Veräußerungsgewinn
Steuersubjekt	A	A
Einkunftsquelle	Grundstück	Kapitalvermögen/Grundstück
Vorgang	Vermietung	Zinszahlung/Veräußerung
Abkommensebene	Art. 6, Staat B darf besteuern, Staat A Freistellung	Art. 11 Abs. 1, Staat A darf besteuern, Art. 11 Abs. 2, Staat B Quellensteuer, Staat A Anrechnung, Art. 13 Abs. 1 Staat B darf besteuern, Staat A Freistellung

Quelle: Eigene Darstellung

Fall 2: Finanzierungsstrukturen

Ein Mutterunternehmen X in Staat A verkauft an ihr Tochterunternehmen Y in Staat B Anteile an Unternehmen Z in Staat B für 100 Einheiten. Y erwirbt eine Put-Option, wonach sie die Anteile an Z in fünf Jahren für 125 Einheiten an X zurückverkaufen kann.[1539]

Abbildung 5: Fall 2 Finanzierungsstrukturen

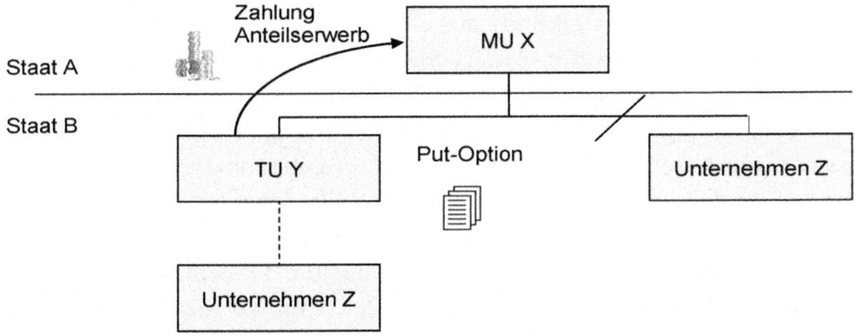

Quelle: Eigene Darstellung

Aus der Sichtweise des jeweiligen Staates ergeben sich folgende Wertungen:

Staat A

Innerstaatliche Ebene:
Aufgrund der Vertragsgestaltung ist aus Sicht von Staat A ein Anteilsverkauf gegeben, welcher der unbeschränkten Steuerpflicht der MU X in Staat A unterliegt.

Abkommensanwendung:
Es erfolgt eine Einordnung der Einkünfte der MU X als Gewinne aus der Veräußerung von Vermögen gem. Art. 13 Abs. 5 MA, womit allein Staat A besteuern darf und Staat B zur Freistellung verpflichtet ist.

Staat B

Innerstaatliche Ebene:
Aus Sicht des Staates B besteht ein besichertes Darlehensverhältnis. Demnach sind Y Zinseinkünfte zuzurechnen, die der unbeschränkten Steuerpflicht der Y in Staat B unterliegen.

1539 Zu dem Beispiel in inverser Variante vgl. *Jacobs*, Internationale Unternehmensbesteuerung7, 1312.

Abkommensanwendung:
Es erfolgt eine Einordnung der Zinsen gem. Art. 11 MA. Demgemäß darf Staat B gem. Art. 11 Abs. 1 MA besteuern. Staat A darf gem. Art. 11 Abs. 2 MA ebenfalls besteuern. Nach Art. 23 MA ist Staat B zur Vermeidung einer eventuellen Doppelbesteuerung durch Anrechnung der Quellensteuern von Staat A verpflichtet.

Ergebnis
Aus der Einordnung der Einkünfte aus Sicht des Staates A in Art. 13 Abs. 5 MA und aus Sicht des Staates B in Art. 11 MA resultiert ein Qualifikationskonflikt. Die Ursache ist auf innerstaatlicher Ebene zu suchen. Die Unterschiede bestehen in einer divergierenden Sachverhaltseinordnung. Während der eine Vertragsstaat eine Anteilsveräußerung annimmt, besteht aus der Sicht des anderen Vertragsstaates ein besichertes Darlehensgeschäft. Diese abweichende Beurteilung geht mit einer unterschiedlichen innerstaatlichen Würdigung einher. Übereinstimmung herrscht weder in Bezug auf das Steuersubjekt noch in Bezug auf die Einkunftsquelle und den Vorgang. Während für Staat A die X eine Veräußerung der Beteiligung Z vornimmt, ist für Staat B die Put-Option entscheidend, wohingegen der Anteilskauf/-verkauf in Ermangelung eines wirtschaftlichen Gehalts nicht gewürdigt wird.

Tabelle 5: Zusammenfassung Fall 2

	Staat A	Staat B
Landesrechtsebene	Anteilsverkauf	Besichertes Darlehensverhältnis
Steuersubjekt	X	Y
Einkunftsquelle	Beteiligung Z	Kapitalvermögen
Vorgang	Veräußerung	Zinszahlung
Abkommensebene	Art. 13 Abs. 5, nur Staat A darf besteuern	Art. 11 Abs. 1, Staat B darf besteuern, Staat A Quellensteuer, Staat B Anrechnung

Quelle: Eigene Darstellung

Fall 3: Beteiligungsveräußerung

Die natürliche Person Y veräußert ihre Beteiligung am Unternehmen X, welche in Staat B domiziliert und dort eine feste Geschäftseinrichtung unterhält, an die natürliche Person Z. Y und Z sind jeweils in Staat A ansässig. Während Staat B Unternehmen X intransparent besteuert, besteuert Staat A Unternehmen X transparent.[1540] Annahmegemäß sind unbewegliche Wirtschaftsgüter des Unternehmens X in Staat B belegen.

Abbildung 6: Fall 3 Beteiligungsveräußerung

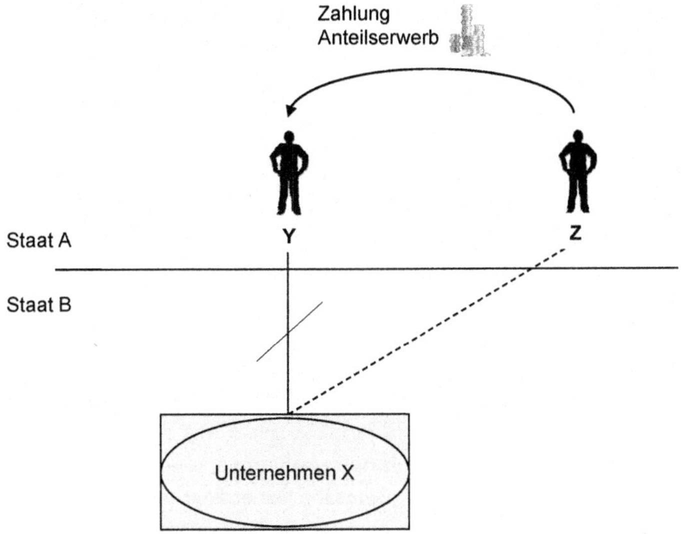

Quelle: Eigene Darstellung

Aus der Sichtweise der jeweiligen Staaten ergeben sich folgende Wertungen:

Staat A

Innerstaatliche Ebene:

Staat A sieht Unternehmen X nicht als Steuersubjekt. Aufgrund des Transparenzprinzips wird nicht der Veräußerungsgewinn aus der Beteiligung an Unternehmen X besteuert, sondern der Veräußerungsgewinn aus den (anteiligen)

1540 Ein gleichgelagertes Beispiel findet sich in Tz. 32.7 zu Art. 23 MA des MK.

Einzelwirtschaftgütern des Unternehmens X (asset deal). Y unterliegt in Staat A der unbeschränkten Steuerpflicht.

Abkommensanwendung:
Es erfolgt eine Einordnung der Einkünfte aus der Veräußerung der Einzelwirtschaftsgüter gem. Art. 13 Abs. 1/2 MA, womit Staat B besteuern darf und Staat A gem. Art. 23 MA zur Freistellung verpflichtet ist.

Staat B
Innerstaatliche Ebene:
Staat B sieht Unternehmen X ebenfalls als Personengesellschaft an, besteuert annahmegemäß jedoch grundsätzlich alle Gesellschaften intransparent. Damit wird aufgrund des Trennungsprinzips der Veräußerungsgewinn aus der Beteiligung an Unternehmen X besteuert (share deal). Mit diesen Einkünften unterliegt Y in Staat B der beschränkten Steuerpflicht.

Abkommensanwendung:
Es erfolgt eine Einordnung der Einkünfte aus der Veräußerung der Beteiligung gem. Art. 13 Abs. 5 MA, womit nur Staat A besteuern darf und Staat B entsprechend zur Freistellung verpflichtet ist.

Ergebnis
Aus der Einordnung der Einkünfte aus Sicht des Staates A in Art. 13 Abs. 1/2 MA und aus Sicht des Staates B in Art. 13 Abs. 5 MA resultiert ein Qualifikationskonflikt. Die Ursache ist auf innerstaatlicher Ebene zu suchen. Die Unterschiede bestehen in einer divergierenden innerstaatlichen Würdigung. Während der eine Vertragsstaat Personengesellschaften transparent besteuert, besteuert der andere Vertragsstaat Personengesellschaften intransparent. Übereinstimmung herrscht sowohl in Bezug auf das Steuersubjekt (Y) als auch in Bezug auf den steuerlichen Vorgang (Veräußerung). Die maßgebliche Abweichung besteht jedoch bei der Einkunftsquelle. Während Staat A auf die Beteiligung an X abstellt, zielt Staat B auf die Einzelwirtschaftsgüter.

Tabelle 6: Zusammenfassung Fall 3

	Staat A	Staat B
Landesrechtsebene	Veräußerung Einzelwirtschaftsgüter (asset deal)	Veräußerung Anteil (share deal)
Steuersubjekt	Y	Y
Einkunftsquelle	Einzelwirtschaftsgüter	Beteiligung
Vorgang	Veräußerung	Veräußerung
Abkommensebene	Art. 13 Abs. 1 und 2, Staat B darf besteuern, Staat A Freistellung	Art. 13 Abs. 5, nur Staat A darf besteuern

Quelle: Eigene Darstellung

Fall 4: Lizenzgebühren

Unternehmen X erhält Lizenzeinkünfte von dem im Staat A ansässigen Einzelunternehmer A. Unternehmen X ist eine in Staat B domizilierende Personengesellschaft, die dort eine feste Geschäftseinrichtung unterhält. Gesellschafter des Unternehmens X sind Y, welcher in Staat A ansässig ist, und Z, welcher in Staat B ansässig ist. Während Staat B das Unternehmen X als Steuersubjekt behandelt, besteuert Staat A das Unternehmen X transparent.[1541]

1541 Zu diesem Beispiel siehe Example 16, *OECD,* The Application of the OECD Model Tax Convention to Partnerships, Issues in International Taxation No. 6, Tz. 124 ff.

Abbildung 7: Fall 4 Lizenzgebühren

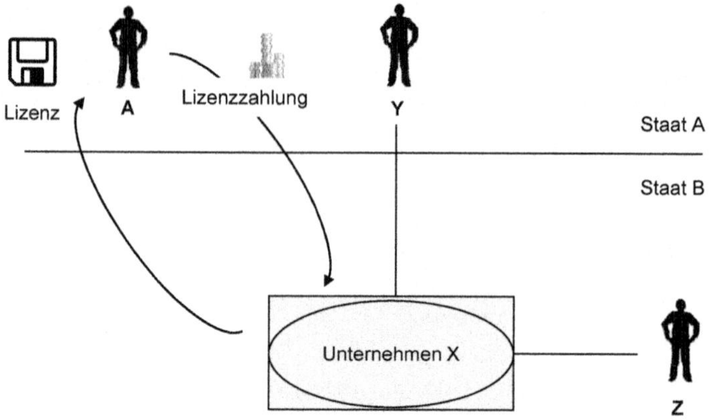

Quelle: Eigene Darstellung

Aus der Sichtweise der jeweiligen Staaten ergeben sich folgende Wertungen:

Staat A

Innerstaatliche Ebene:

Aus Sicht von Staat A ist das Unternehmen X transparent zu besteuern. Der Gewinnanteil des Y wird als gewerbliche Einkünfte der unbeschränkten Steuerpflicht des Y unterworfen.

Abkommensanwendung:

Es erfolgt eine Einordnung der Einkünfte des Y als Unternehmensgewinne gem. Art. 7 MA. Da annahmegemäß keine Betriebsstätte begründet wird, darf gem. Art. 7 Abs. 1 S. 1 HS 1 MA ausschließlich Staat A die Unternehmensgewinne, die auf Y entfallen, besteuern. Staat B ist hingegen zur Freistellung verpflichtet.

Staat B

Innerstaatliche Ebene:

Aus Sicht des Staates B ist das Unternehmen X intransparent zu besteuern. Aufgrund der unbeschränkten Steuerpflicht des Unternehmens X in Staat B sind die Einkünfte als solche aus Gewerbebetrieb zu besteuern.

Abkommensanwendung:
Es erfolgt eine Einordnung der Lizenzzahlung gem. Art. 12 MA (i.V.m. Art. 7 Abs. 4 MA). Demgemäß darf nur Staat B gem. Art. 12 Abs. 1 MA besteuern. Staat A ist somit zur Freistellung der Einkünfte verpflichtet.

Ergebnis
Aus der Einordnung der Einkünfte aus Sicht des Staates A in Art. 7 MA und aus Sicht des Staates B in Art. 12 MA resultiert ein Qualifikationskonflikt. Die Ursache ist auf innerstaatlicher Ebene zu suchen. Dabei können sowohl eine unterschiedliche Sachverhaltseinordnung, indem Staat A von einer Personengesellschaft und Staat B von einer Kapitalgesellschaft ausgeht, während beide jedoch ein gleich ausgestaltetes innerstaatliches Recht besitzen, ursächlich für die Divergenz sein. Daneben könnten jedoch auch beide von demselben Sachverhalt einer Personengesellschaft ausgehen, während Staat A auf der Grundlage seines innerstaatlichen Rechts Personengesellschaften transparent und Staat B Personengesellschaft intransparent besteuert. Aus dieser abweichenden Würdigung als intransparent bzw. transparent resultieren Unterschiede im Steuersubjekt, in der Einkunftsquelle und im steuerlichen Vorgang.

Tabelle 7: Zusammenfassung Fall 4

	Staat A	Staat B
Landesrechtsebene	Gewerbliche Einkünfte	Gewerbliche Einkünfte
Steuersubjekt	Z	X
Einkunftsquelle	Gewerbebetrieb/Gesellschaftsanteil	Lizenz
Vorgang	Geschäftstätigkeit PersGes	Lizenzzahlung
Abkommensebene	Art. 7, nur Staat A darf besteuern	Art. 12, nur Staat B darf besteuern

Quelle: Eigene Darstellung

Fall 5: Gesellschafterdarlehen

Das in Staat B domizilierende Unternehmen X erhält von seinem Gesellschafter Y (ansässig in Staat A) ein Darlehen und zahlt diesbezüglich Zinsen an seinen Gesellschafter. Das Unternehmen X übt seine Geschäftstätigkeit durch eine feste Geschäftseinrichtung in Staat B aus. Während Staat B das Unternehmen X als Steuersubjekt behandelt, besteuert Staat A das Unternehmen X transparent.

Abbildung 8: Fall 5 Gesellschafterdarlehen

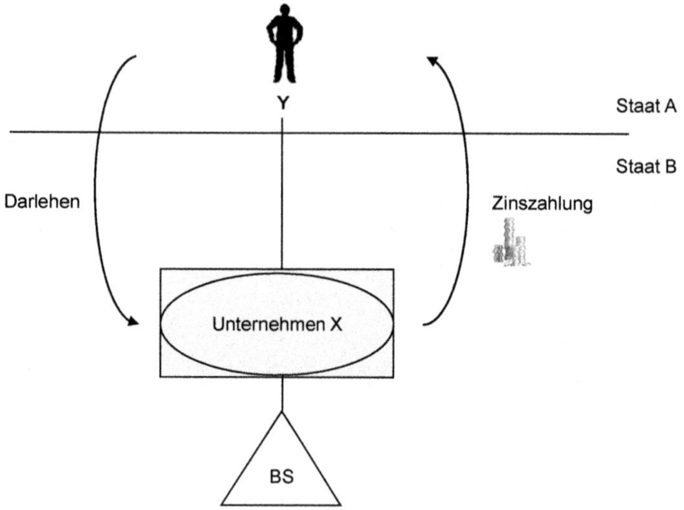

Quelle: Eigene Darstellung

Aus der Sichtweise der jeweiligen Staaten ergeben sich folgende Wertungen:

Staat A

Innerstaatliche Ebene:

Aus Sicht von Staat A ist das Unternehmen X transparent zu besteuern. Wie es bspw. in Deutschland der Fall ist, werden diese Einkünfte aus dem Gesellschafterdarlehen als Sonderbetriebseinnahmen angesehen und als gewerbliche Einkünfte der unbeschränkten Steuerpflicht des Y unterworfen.

Abkommensanwendung:
Es erfolgt eine Einordnung der Einkünfte des Y als Unternehmensgewinne gem. Art. 7 MA. Da annahmegemäß eine Betriebsstätte am Sitz der Personengesellschaft begründet wird, darf gem. Art. 7 Abs. 1 S. 1 HS 2 MA Staat B die Unternehmensgewinne besteuern, wohingegen Staat A zur Freistellung gem. Art. 23 MA verpflichtet ist.

Staat B
Innerstaatliche Ebene:
Aus Sicht des Staates B ist das Unternehmen X intransparent zu besteuern. Demnach wird der Darlehensvertrag zwischen dem Unternehmen X und Y steuerlich anerkannt. Mit den Zinseinkünften unterliegt Y der beschränkten Steuerpflicht in Staat B. Unternehmen X kann die Zinsaufwendungen geltend machen.

Abkommensanwendung:
Es erfolgt eine Einordnung der Zinszahlung gem. Art. 11 MA. Demgemäß darf Staat A gem. Art. 11 Abs. 1 MA besteuern. Staat B darf gem. Art. 11 Abs. 2 MA ebenfalls Quellensteuern erheben. Staat A ist diesbezüglich zur Anrechnung gem. Art. 23 A Abs. 2 MA verpflichtet.

Ergebnis
Aus der Einordnung der Einkünfte aus Sicht des Staates A in Art. 7 MA und aus Sicht des Staates B in Art. 11 MA resultiert ein Qualifikationskonflikt. Die Ursache ist auf innerstaatlicher Ebene zu suchen. Dabei können sowohl eine unterschiedliche Sachverhaltseinordnung, indem Staat A von einer Personengesellschaft und Staat B von einer Kapitalgesellschaft ausgeht, während beide jedoch ein gleich ausgestaltetes innerstaatliches Recht besitzen, ursächlich für die Divergenz sein. Daneben könnten jedoch auch beide von demselben Sachverhalt einer Personengesellschaft ausgehen, während Staat A auf der Grundlage seines innerstaatlichen Rechts Personengesellschaften transparent und nach dem Sonderbetriebsvermögenskonzept und Staat B Personengesellschaft intransparent besteuert. Aus dieser abweichenden Würdigung als intransparent bzw. transparent resultieren Unterschiede in der Einkunftsquelle und im steuerlichen Vorgang. Als Steuersubjekt wird hingegen aus Sicht beider Staaten der Gesellschafter Y angesehen.

Tabelle 8: Zusammenfassung Fall 5

	Staat A	Staat B
Landesrechtsebene	Gewerbliche Einkünfte	Kapitaleinkünfte
Steuersubjekt	Y	Y
Einkunftsquelle	Gewerbebetrieb	Darlehen
Vorgang	Geschäftstätigkeit	Zinszahlung
Abkommensebene	Art. 7 Abs. 1 HS 2, Staat B darf besteuern, Staat A Freistellung	Art. 11 Abs. 1, Staat A darf besteuern, Art. 11 Abs. 2, Staat B Quellensteuer, Staat A Anrechnung

Quelle: Eigene Darstellung

Fall 6: Unternehmensgewinne

Ein in Staat B domizilierendes Unternehmen X bezieht in Periode 1 Unternehmensgewinne aus Staat A. Unternehmen X übt seine Geschäftstätigkeit durch eine feste Geschäftseinrichtung in Staat B aus. In Periode 2 erfolgt eine Auszahlung an ihren in Staat A ansässigen Gesellschafter Y. Während Staat B das Unternehmen X als Steuersubjekt behandelt, besteuert Staat A das Unternehmen X transparent.

Abbildung 9: Fall 6 Unternehmensgewinne

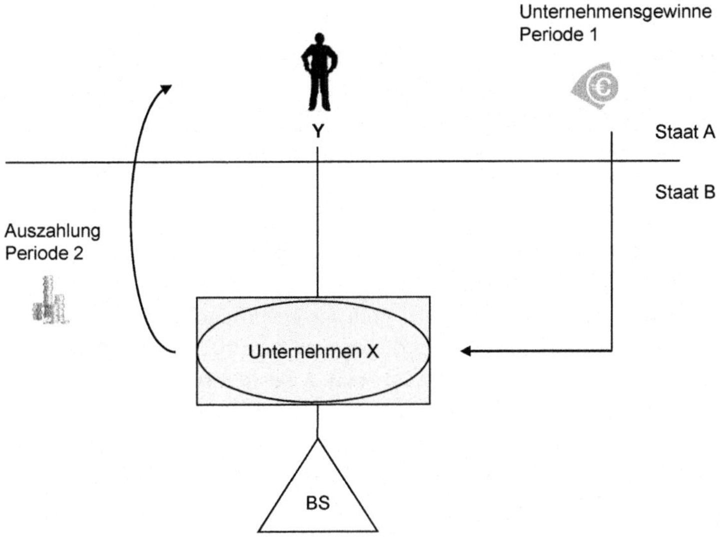

Quelle: Eigene Darstellung

Aus der Sichtweise der jeweiligen Staaten ergeben sich folgende Wertungen:

Staat A

Innerstaatliche Ebene:

Aus Sicht des Staates A ist das Unternehmen X transparent zu besteuern. In Periode 1 werden die Einkünfte aus dem Gesellschaftsanteil an dem Unternehmen X als gewerbliche Einkünfte der unbeschränkten Steuerpflicht des Y unterworfen. In Periode 2 wird die Auszahlung des Gewinnanteils als Entnahme angesehen, die als Einkunftsverwendung steuerfrei ist.

Abkommensanwendung:

Es erfolgt eine Einordnung der Einkünfte des Y als Unternehmensgewinne gem. Art. 7 MA. Da annahmegemäß eine Betriebsstätte am Sitz der Personengesellschaft begründet wird, darf gem. Art. 7 Abs. 1 S. 1 HS 2 MA Staat B die Unternehmensgewinne besteuern, wohingegen Staat A zur Freistellung gem. Art. 23 MA verpflichtet ist.

Staat B

Innerstaatliche Ebene:

Aus Sicht des Staates B ist das Unternehmen X intransparent zu besteuern. Aufgrund des Trennungsprinzips werden die Gewinne des Unternehmens X in Periode 1 der unbeschränkten Steuerpflicht in Staat B unterworfen. Erst mit der Auszahlung des Gewinnanteils als Dividende in Periode 2 unterliegt Y mit den Kapitaleinkünften der beschränkten Steuerpflicht in Staat B.

Abkommensanwendung:

Es erfolgt in Periode 1 eine Einordnung der Unternehmensgewinne gem. Art. 7 MA. Demgemäß darf nur Staat B gem. Art. 7 Abs. 1 S. 1 HS 1 MA besteuern. Staat A ist diesbezüglich zur Freistellung verpflichtet. Die Dividendenzahlung in Periode 2 ist abkommensrechtlich unter Art. 10 MA zu subsumieren. Demnach darf i.S.d. Art. 10 Abs. 1 MA Staat A besteuern. Staat B darf gem. Art. 10 Abs. 2 MA ebenfalls eine Quellensteuer erheben. Staat A ist diesbezüglich gem. Art. 23 MA zur Anrechnung verpflichtet.

Ergebnis

Aus der Einordnung der Einkünfte aus Sicht des Staates A in Art. 7 Abs. 1 S. 1 HS 2 MA und aus Sicht des Staates B in Art. 7 Abs. 1 S. 1 HS 1 MA bzw. Art. 10 MA resultiert ein Qualifikationskonflikt. Die Ursache ist auf innerstaatlicher Ebene zu suchen. Dabei können sowohl eine unterschiedliche Sachverhaltseinordnung, indem Staat A von einer Personengesellschaft und Staat B von einer Kapitalgesellschaft ausgeht, während beide jedoch ein gleich ausgestaltetes innerstaatliches Recht besitzen, ursächlich für die Divergenz sein. Daneben könnten jedoch auch beide von demselben Sachverhalt einer Personengesellschaft ausgehen, während Staat A auf der Grundlage seines innerstaatlichen Rechts Personengesellschaften transparent und Staat B Personengesellschaft intransparent besteuert. Aus dieser abweichenden Würdigung als intransparent bzw. transparent zu besteuerndes Objekt resultieren Unterschiede im Steuersubjekt, in der Einkunftsquelle und im steuerlichen Vorgang.

Tabelle 9: Zusammenfassung Fall 6 (Gewinne des Unternehmens)

	Staat A	Staat B
Landesrechtsebene	Gewerbliche Einkünfte	Gewerbliche Einkünfte
Steuersubjekt	Y	Unternehmen X
Einkunftsquelle	Gesellschaftsanteil	Gewerbebetrieb
Vorgang	Geschäftstätigkeit PersGes	Geschäftstätigkeit KapGes
Abkommensebene	Art. 7 Abs. 1 S. 1 HS 2, Staat B darf besteuern, Staat A Freistellung	Art. 7 Abs. 1 S. 1 HS 1, nur Staat B darf besteuern

Quelle: Eigene Darstellung

Tabelle 10: Zusammenfassung Fall 6 (Auszahlung)

	Staat A	Staat B
Landesrechtsebene	Gewerbliche Einkünfte/ Entnahme	Dividende
Steuersubjekt	Y	Y
Einkunftsquelle	Gesellschaftsanteil	Beteiligung Unternehmen X
Vorgang	Geschäftstätigkeit PersGes	Dividendenzahlung
Abkommensebene	Art. 7	Art. 10 Abs. 1, Staat A darf besteuern, Art. 10 Abs. 2, Staat B Quellensteuer, Staat A Anrechnung

Quelle: Eigene Darstellung

Fall 7: Atypisch stille Gesellschaft

Die natürliche Person X unterhält in Staat B ein Handelsgewerbe. An diesem beteiligt sich die in Staat A ansässige natürliche Person Y atypisch still. In Periode 1 bezieht das Unternehmen des X Unternehmensgewinne aus Staat A. In Periode 2 erfolgt eine Zahlung an Y. Während Staat A die atypisch stille Gesellschaft als Personengesellschaft anerkennt, negiert Staat B diese steuerlich.[1542]

Abbildung 10: Fall 7 Atypisch stille Gesellschaft

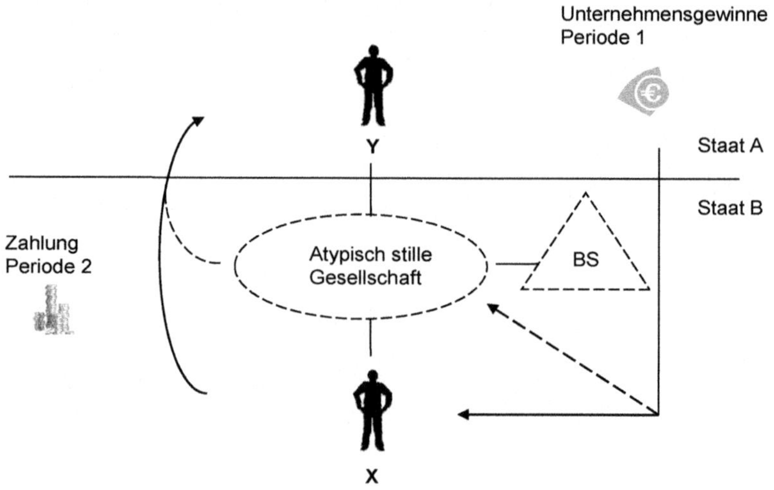

Quelle: Eigene Darstellung

Aus der Sichtweise der jeweiligen Staaten ergeben sich folgende Wertungen:

Staat A

Innerstaatliche Ebene:

Aus Sicht des Staates A ist eine atypisch stille Gesellschaft in Staat B gegeben. Für Staat A besteht demnach eine Mitunternehmerschaft. In Periode 1 unterliegen die Einkünfte aus dem Gesellschaftsanteil aufgrund des Transparenzprinzips als gewerbliche Einkünfte der unbeschränkten Steuerpflicht des Y. In Periode 2 wird die Auszahlung des Gewinnanteils als Entnahme angesehen, die als Einkunftsverwendung steuerfrei ist.

1542 Zu diesem Fall siehe auch *Gündisch*, IStR 2005, 829 (831 ff.).

Abkommensanwendung:
Es erfolgt eine Einordnung der Einkünfte des Y als Unternehmensgewinne gem. Art. 7 MA. Da annahmegemäß eine Betriebsstätte am Sitz der atypisch stillen Gesellschaft begründet wird, darf gem. Art. 7 Abs. 1 S. 1 HS 2 MA Staat B die Unternehmensgewinne besteuern, wohingegen Staat A zur Freistellung gem. Art. 23 MA verpflichtet ist.

Staat B
Innerstaatliche Ebene:
Aus Sicht des Staates B wird die atypisch stille Gesellschaft negiert. Zwischen X und Y besteht lediglich eine schuldrechtliche Beziehung. In Periode 1 unterliegen die gewerblichen Einkünfte des X aus dem Handelsgewerbe der unbeschränkten Steuerpflicht in Staat B. Erst mit der Auszahlung an den Y besteht in Bezug auf diese Einkünfte aus Kapitalvermögen eine beschränkte Steuerpflicht des Y in Staat B.

Abkommensanwendung:
In Periode 1 erfolgt eine Einordnung der Unternehmensgewinne gem. Art. 7 MA. Demgemäß darf nur Staat B gem. Art. 7 Abs. 1 S. 1 HS 1 MA besteuern. Staat A ist diesbezüglich zur Freistellung verpflichtet. Die Zahlung aus Kapitalvermögen in Periode 2 ist abkommensrechtlich unter Art. 11 MA zu subsumieren. Demnach darf i.S.d. Art. 11 Abs. 1 MA Staat A besteuern. Staat B darf gem. Art. 11 Abs. 2 MA ebenfalls eine Quellensteuer erheben. Staat A ist diesbezüglich gem. Art. 23 MA zur Anrechnung verpflichtet.

Ergebnis
Aus der Einordnung der Einkünfte aus Sicht des Staates A in Art. 7 Abs. 1 S. 1 HS 2 MA und aus Sicht des Staates B in Art. 7 Abs. 1 S. 1 HS 1 MA bzw. Art. 11 MA resultiert ein Qualifikationskonflikt. Die Ursache ist auf innerstaatlicher Ebene zu suchen. Da im Rahmen der innerstaatlichen Würdigung der eine Staat eine Mitunternehmerschaft anerkennt, während der andere Staat diese negiert, werden unterschiedliche Vorgänge besteuert. So wird aus der Sicht des Staates A die Einkünfteerzielung der Gesellschaft bei Y besteuert, wohingegen nach der Ansicht des Staates B die Einkünfteverwendung der Gesellschaft bei Y besteuert wird. Aus dieser abweichenden Würdigung resultieren Unterschiede im Steuersubjekt, in der Einkunftsquelle und im steuerlichen Vorgang.

Tabelle 11: Zusammenfassung Fall 7 (Gewinne der atypisch stillen Gesellschaft)

	Staat A	Staat B
Landesrechtsebene	Gewerbliche Gewinne Mitunternehmerschaft	Gewerbliche Gewinne Handelsgewerbe
Steuersubjekt	Y	X
Einkunftsquelle	Gesellschaftsanteil/Gewerbebetrieb des Y	Gewerbebetrieb des X
Vorgang	Geschäftstätigkeit	Geschäftstätigkeit
Abkommensebene	Art. 7 Abs. 1 S. 1 HS 2, Staat B darf besteuern, Staat A Freistellung	Art. 7 Abs. 1 S. 1 HS 2, nur Staat B darf besteuern

Quelle: Eigene Darstellung

Tabelle 12: Zusammenfassung Fall 7 (Auszahlung)

	Staat A	Staat B
Landesrechtsebene	Gewerbliche Einkünfte/Entnahme	Schuldrechtliche Beziehung, Zinszahlung
Steuersubjekt	Y	Y
Einkunftsquelle	Gesellschaftsanteil/ Gewerbebetrieb	Kapitalvermögen
Vorgang	Geschäftstätigkeit	Zinszahlung
Abkommensebene	Art. 7	Art. 11 Abs. 1, Staat A darf besteuern, Art. 11 Abs. 2, Staat B Quellensteuer, Staat A Anrechnung

Quelle: Eigene Darstellung

(b) Maßgebliche Komponenten

Die Untersuchung zeigt, dass 1) Differenzen in der Bestimmung des Steuersubjekts, 2) die Zugrundelegung unterschiedlicher steuerlicher Vorgänge und 3) die Anknüpfung an unterschiedliche Einkunftsquellen ein auslösendes Moment für den Qualifikationskonflikt darstellen.

Diese drei Komponenten bedürfen einer klarstellenden und abgrenzenden Würdigung. In Bezug auf die Bestimmung des Steuersubjekts ist eine grundsätzliche Abgrenzung zur Bestimmung der Steuersubjektfähigkeit vorzunehmen. So wird im Rahmen der Steuersubjektfähigkeit allein darüber entschieden, ob es sich bei einem Rechtsgebilde um ein eigenständiges Steuersubjekt handeln könnte oder nicht (abstrakte Sicht). Eine übereinstimmende Wertung würde gleichwohl nicht zwangsweise in einer übereinstimmenden Zuordnung der Einkünfte kulminieren. Die Festlegung der Steuersubjektfähigkeit würde für Zwecke der Lösung von Qualifikationskonflikten folglich zu kurz greifen. Die Konzentration auf die sog. „Steuersubjektqualifikation" verstellt den Blick für den Problemkern. So ist zu pointieren, dass es das Nebeneinander von Steuersubjekten ist, woraus der Qualifikationskonflikt resultiert. Entsprechend ist für eine korrespondierende Wertung allein die Festlegung des maßgeblichen Steuersubjekts erforderlich (konkrete Sicht), da diese in Bezug auf den jeweiligen Sachverhalt die Zurechnung der Einkünfte impliziert.[1543]

Von der Problematik der Steuersubjektbestimmung ist wiederum die Bestimmung des Steuerobjekts abzugrenzen. Allerdings ist hier eine sehr differenzierte Sichtweise geboten. So kann sich in beiden Vertragsstaaten das Steuerobjekt in dem Veräußerungsgewinn eines Mitunternehmeranteils spezifizieren, tatsächlich wird in dem einem Staat jedoch der Veräußerungsgewinn der Beteiligung und im anderen Staat der Veräußerungsgewinn der Einzelwirtschaftsgüter besteuert. Das Steuerobjekt stellt demnach keinen geeigneten Anknüpfungspunkt zur Beschreibung der unterschiedlichen Würdigung dar. Das Anknüpfungskriterium muss im Gegenteil den Kern der Differenzierung erfassen. Geeignet erscheint dabei, auf die Einkunftsquelle abzustellen, aus der sich das jeweilige Steuerobjekt generiert. Um auch diesbezüglich eine eindeutige Rechtsanwendung vornehmen zu können, ist darüber hinaus der steuerliche Vorgang zu benennen. Schließlich ist bspw. im Zusammenhang mit der Einkunftsquelle Grundstück noch keine Entscheidung darüber getroffen, ob dieses

1543 I.E. auch *Tippelhofer*, wenn er ausführt: „Die Krux des subjektiven Qualifikationskonfliktes wird nicht in der Lösung der subjektiven Qualifikationsfrage, sondern in der Lösung der Zuordnungsfrage gesehen.", *Tippelhofer*, Subjektive Qualifikationskonflikte bei Direktinvestitionen in den USA, 209.

vermietet oder veräußert wird. Demnach ist auch bezüglich des steuerlichen Vorgangs eine Einheitlichkeit herzustellen.

(3) Vermeidung von Qualifikationskonflikten unterschiedlicher materiellrechtlicher Würdigung

Nachdem jene Komponenten der materiellrechtlichen Würdigung identifiziert sind, die unweigerlich auf den Qualifikationsvorgang einwirken und damit die Diversität des innerstaatlichen Rechts auf das erforderliche Minimum beschränkt wurde, ist in einem weiteren Schritt ein Lösungsansatz zu finden, der eine übereinstimmende Wertung bezüglich dieser Komponenten herbeiführt. Die konsensuelle Wirkung wird sich damit einhergehend auf die gesamte innerstaatliche Ebene übertragen.

Gerade in Bezug auf die Bestimmung des Steuersubjektes ist es für die Anwendung der Doppelbesteuerungsabkommen von erhöhter Bedeutung, eine Einheitlichkeit herzustellen. So ist das Vorliegen einer Doppelbesteuerung zwar keine Voraussetzung für die Abkommensanwendung, jedoch sind die Abkommen vornehmlich auf die Vermeidung juristischer Doppelbesteuerung ausgerichtet. Differieren nun die Steuersubjekte, ist hingegen eine wirtschaftliche Doppelbesteuerung gegeben. Der Funktionsmechanismus ist allerdings gerade nicht dafür ausgelegt, eine derartige Doppelbesteuerung zu vermeiden. Der Umstand einer wirtschaftlichen Doppelbesteuerung führt vielmehr dazu, dass die Anwendung der Abkommen im Falle von Qualifikationskonflikten in einer Doppelnichtbesteuerung gipfeln kann. Durch die Festlegung einer Rechtsordnung, die das Steuersubjekt maßgeblich bestimmt, wird die Basis für eine potenzielle juristische Doppelbesteuerung wiederhergestellt und damit der Grundstein für einen funktionsfähigen Abkommensmechanismus gelegt. Auch in Bezug auf die Einkunftsquelle ist festzustellen, dass die grundlegenden Verteilungsprinzipien auf der engsten wirtschaftlichen Verbindung des Vertragsstaates zur Einkunftsquelle basieren und die grundlegende Intention der Abkommen an einer sachgerechten Zuordnung von Einkunftsquellen ausgerichtet ist. Folglich ist der Tatsache Nachdruck zu verleihen, dass der Abkommensmechanismus sowohl vornehmlich auf einer juristischen Doppelbesteuerung als auch auf der Zuordnung von Einkunftsquellen fußt. Darüber hinaus ist ebenfalls notwendig, dass beide Vertragsstaaten von der Besteuerung desselben steuerlichen Vorgangs ausgehen. Die Funktionsfähigkeit der Abkommen setzt im Ergebnis eine einheitliche Wertung in Bezug auf diese drei Komponenten voraus.

Eine Möglichkeit der übereinstimmenden Wertung besteht darin, eine der beiden materiellrechtlichen Würdigungen als maßgeblich festzulegen. Mit dieser Maßgeblichkeitsbestimmung werden gleichzeitig unterschiedliche Wertungen bei der Sachverhaltseinordnung ausgeglichen, die sich unweigerlich auf die materiellrechtliche Würdigung ausgewirkt haben. Da sich die Ursache des Qualifikationskonfliktes auf der innerstaatlichen Ebene befindet, ist der Funktionsmechanismus auch auf dieser Ebene zu implementieren. Das Anliegen des Mechanismus besteht jedoch nicht darin, direkt über das Steuersubjekt, die Einkunftsquelle oder den steuerlichen Vorgang zu entscheiden. Vielmehr steht im Mittelpunkt, welches materielle Recht für diese Entscheidung zur Anwendung kommt. Aus diesem Grund liegt die Überlegung nahe, Vorschriften nach dem Vorbild der Kollisionsnormen im IPR einzuführen. Diese bestimmen dann jeweils das maßgeblich anzuwendende Recht.

En detail ist eine Einheitlichkeit des Steuersubjekts zu generieren. Gleichzeitig impliziert diese Wertung die Zurechnung der Einkünfte. Damit besteht bspw. eine Eindeutigkeit darüber, von wem ein Unternehmen betrieben wird, an wen die Dividende gezahlt wird oder vom wem die Zinsen vereinnahmt werden. Die Bestimmung soll sich auf der Grundlage des Staates des unbeschränkt steuerpflichtigen Einkunftsempfängers ergeben. Die maßgebliche Einkunftsquelle und der maßgebliche steuerliche Vorgang sind nach dem Recht desselben Staates zu bestimmen, wie das Steuersubjekt. Die Einkunftsquelle und der steuerliche Vorgang bilden die Basis für eine eindeutige Determination der jeweiligen Verteilungsnorm.

Die Schwierigkeit in Bezug auf den unbeschränkt steuerpflichtigen Einkunftsempfänger besteht jedoch darin, sowohl eine konsistente als auch eine eindeutige Bestimmung vorzunehmen. Insbesondere im Falle der unterschiedlichen Beurteilung der Steuersubjekteigenschaft treten Probleme auf. So könnte der eine Staat aufgrund einer transparenten Besteuerung einer Gesellschaft in seinem Land davon ausgehen, dass der andere Staat des unbeschränkt steuerpflichtigen Einkunftsempfängers zur Bestimmung befugt ist. Dieser sieht jedoch aufgrund einer intransparenten Besteuerung diese als Steuersubjekt an. Allerdings soll Steuersubjekt nur jene Person sein können, die in ihrem Staat als unbeschränkt steuerpflichtig angesehen wird. Damit werden in diesem Zusammenhang ein Gleichlauf in Bezug auf die Ansässigkeitswertung hergestellt und Inkonsistenzen in der Abkommensanwendung vermieden. Die Befugnis zur Bestimmung soll sich in diesen Fällen nach jenem Staat richten, der auf einen unbeschränkt steuerpflichtigen Einkunftsempfänger abstellt. Ferner besteht das Problem darin, dass aus der Sicht der verschiedenen Vertragsstaaten mehrere Personen als unbeschränkt steuerpflichtige Einkunftsempfänger angesehen werden könnten. Die Bestimmung des maßgeblich anzuwendenden Rechts muss sich daher an einem eindeutigen Anknüpfungspunkt orientieren. Ein eindeutiger Anknüpfungspunkt könnte dabei im Sitzstaat der Gesellschaft erblickt werden. Geht man jedoch über den Zwei-Staaten-Fall hinaus, ist bei Vorliegen hybrider Rechtsträger in mehreren Staaten keine Eindeutigkeit durch eine Sitzstaatanknüpfung gegeben. Im Gesellschaftsgefüge soll deshalb auf die Wertung desjenigen Vertragsstaates abgestellt werden, dessen unbeschränkt steuerpflichtiger Einkunftsempfänger sich auf der höchsten Beteiligungsebene befindet. Um eine Parallelität sich bedingender Vorgänge zu erreichen, ist es zudem notwendig, die Wertungen und Maßgeblichkeitsentscheidungen auf der Einkünfteerzielungsebene stets auf die Einkünfteverwendungsebene durchwirken zu lassen.

Probleme der eindeutigen Bestimmung der Komponenten ergeben sich auch gerade dann, wenn die Staaten unterschiedliche Betrachtungsweisen zugrunde legen oder differierender Meinung über die Anerkennung von steuerlichen Rechtsgebilden sind. Auch hier sind eindeutige Anknüpfungspunkte zu wählen. Die unterschiedlichen Betrachtungsweisen sollen daher durch eine Präferenz für die wirtschaftliche Betrachtungsweise überwunden werden. Die Unterschiede in der Würdigung von steuerlichen Rechtsgebilden sind zugunsten einer Anerkennung aufzulösen.

Zu diesem Zweck wird nach dem Vorbild der Kollisionsnormen folgende innerstaatliche Kodifizierung vorgeschlagen:

Die Bestimmung des Steuersubjekts, der Einkunftsquelle und des steuerlichen Vorgangs obliegt dem Recht des Staates des Einkunftsempfängers, der hier aufgrund Wohnsitz, gewöhnlichen Aufenthalt, Ort der Geschäftsleitung oder eines ähnlichen Merkmals der unbeschränkten Steuerpflicht unterliegt. Sieht sich kein oder mehr als ein Staat zur Bestimmung berechtigt, weil der eine Staat ein steuerliches Rechtsgebilde anerkennt, während der andere es negiert, ist die Bestimmung unter der Prämisse der Anerkennung des Rechtsgebildes vorzunehmen. Sieht sich kein oder mehr als ein Staat zur Bestimmung berechtigt, weil unterschiedliche Betrachtungsweisen zugrunde gelegt werden, so ist der wirtschaftlichen Betrachtungsweise der Vorzug einzuräumen. Wird die Steuersubjekteigenschaft in den beteiligten Staaten unterschiedlich beurteilt, ist abweichend von Satz 1 derjenige Staat zur Bestimmung befugt, dessen Recht einen unbeschränkt steuerpflichtigen Einkunftsempfänger benennt. Trifft dies auf mehr als einen Staat zu, so richtet sich die Bestimmung nach dem Recht jenes Staates, dessen unbeschränkt steuerpflichtiger Einkunftsempfänger sich auf der höheren Beteiligungs-

ebene befindet. Die Bestimmung auf der Einkünfteerzielungsebene ist stets maßgeblich für die Einkünfteverwendungsebene.

Alternativ können die Kollisionsnormen auch über multilaterale Verträge implementiert werden, um entgegen der ggf. langwierigen Gesetzgebungsverfahren eine schnellere Etablierung zu erreichen.

Die Bestimmung des Steuersubjekts, der Einkunftsquelle und des steuerlichen Vorgangs sind zusammenfassend jene Komponenten der innerstaatlichen Würdigung, die sich einerseits nicht aus dem Abkommen selbst ergeben können, andererseits jedoch unentbehrlich für den Qualifikationsvorgang sind. Gleichzeitig sind sie aber auch ausreichend, um den Qualifikationsvorgang durchzuführen. Demgemäß wird für Zwecke der Qualifikation allein dieses Tripel an Informationen aus dem innerstaatlichen Recht extrahiert. Darüber hinausgehende Würdigungen des innerstaatlichen Rechts sind bewusst auszusparen, um eine Festlegung allein auf die drei designierten Komponenten zu beschränken. Eine vollumfängliche Übernahme der innerstaatlichen Würdigung eines Vertragsstaates hätte den Nachteil, dass 1) kompliziertes innerstaatliches Recht übermittelt und verständlich gemacht werden müsste und 2) die jeweilige Einkünfteeinordnung in die innerstaatliche Rechtsordnung bereits die Zuordnung zu den Verteilungsnormen vorbestimmen würde. Die Festlegung der Maßgeblichkeit des Steuersubjekts, der Einkunftsquelle und des steuerlichen Vorgangs mithilfe von Kollisionsnormen wird im Rahmen dieser Untersuchung letztendlich als notwendiger aber auch ausreichender Schritt zur Vermeidung von Qualifikationskonflikten, deren Ursache auf innerstaatlicher Ebene begründet ist, erachtet.

d. Abkommensauslegung

(1) Vorüberlegungen

Qualifikationskonflikte, die aufgrund einer unterschiedlichen Abkommensauslegung entstehen, sind insbesondere auf die wenig erschöpfende Ausgestaltung der Doppelbesteuerungsabkommen zurückzuführen. Aus diesem Grund ranken sich unzählige Meinungsverschiedenheiten um die Auslegung von Doppelbesteuerungsabkommen. Insbesondere der Dissens über die Auslegungsgrundsätze, die Rolle des innerstaatlichen Rechts i.S.d. Art. 3 Abs. 2 MA sowie die Wirkungsweite von Auslegungsmaterialien wie den OECD-MK und den Verständigungsverfahren ist dabei hervorzuheben. In Bezug auf diese Bereiche bedarf es jedoch eines einheitlichen Verständnisses, um eine geeignete

Grundlage für möglichst übereinstimmende Auslegungsergebnisse zu schaffen. In die Überlegungen ist die Tatsache einzubeziehen, dass zwischen den beteiligten Akteuren tiefverwurzelte Interessengegensätze bestehen. Dies gilt sowohl einerseits für die Akteure innerhalb eines Vertragsstaates, wie Steuerpflichtige, Verwaltung und Gerichte, als auch andererseits zwischen den jeweiligen Vertragsstaaten, die auf die Wahrung von Ausübungsrechten zielen. Daran anknüpfend werden im Folgenden Ansätze entwickelt, die über die Unsicherheiten in der Abkommensauslegung und den bestehenden Interessengegensätzen hinweghelfen sollen. Zu diesem Zweck werden zu Beginn Maßnahmen vorgestellt, die präventiv eine divergierende Abkommensauslegung vermeiden sollen. Im Anschluss ist ein geeigneter Regulierungs- bzw. Kontrollmechanismus zu finden, der die verbleibende divergierende Abkommensauslegung übereinbringt.

(2) Maßnahmen zur Verbesserung einer übereinstimmenden Abkommensauslegung

(a) Auslegungsgrundsätze als Basis der Auslegungshomogenität

Die Auslegungsgrundsätze bilden die maßgebliche Richtschnur im Auslegungsprozess. Mithin besteht die Notwendigkeit darin, eine einheitliche Basis zu schaffen. Dies betrifft die maßgebliche Rechtsgrundlage der Auslegungsgrundsätze, die einzelnen Bestandteile sowie deren Beziehung zueinander. Wie bereits herausgearbeitet wurde, sind die völkerrechtlichen Auslegungsgrundsätze als maßgebliche Rechtsgrundlage zu wählen. Hieraus ergeben sich vordergründig die Auslegungsmaßstäbe Wortlaut, Zusammenhang und Zweck. Inhaltlich ist das Hauptaugenmerk auf den Zweck zu legen. Folgt man in diesem Sinne der Vorstellung, dass sich der Zweck in der korrespondierenden Zuordnung von Ausübungsrechten konkretisiert, schwingt das Erfordernis eines übereinstimmenden Auslegungsergebnisses bereits im Auslegungsprozess mit. Das Verhältnis der Auslegungsmaßstäbe untereinander ist als sich ergänzendes Konglomerat zu verstehen. Die objektiven Maßstäbe verhelfen in ihrer Synthese dazu, das Wissen über den objektivierten Willen des Abkommens zu erlangen. Gerade dieses objektive Verständnis trägt wesentlich zu einer übereinstimmenden Auslegung bei und verhilft, Disharmonien bereits in ihren Ansätzen zu entgegnen.[1544]

1544 Vgl. *Gosch*, IStR 2014, 698 (699).

(b) Emanzipation vom innerstaatlichen Verständnis

Die Abkommen sind vom Grundsatz her aus sich selbst heraus auszulegen. Eine abkommensautonome Auslegung wird entsprechend als Schlüsselinstrument einer Qualifikationskonfliktvermeidung gesehen. Aufgrund der Tatsache, dass die Abkommen als unvollständige Rechtsordnungen ausgestaltet sind, ist zur Formulierung der Abkommensaussage jedoch gem. Art. 3 Abs. 2 MA zwangsläufig auf innerstaatliches Recht zu rekurrieren. In diesem Zusammenhang können dann Wertungsdivergenzen entstehen, die sich auch nicht durch eine abkommensautonome Auslegung überwinden lassen. Eben dieser Problembereich wurde bei Qualifikationskonflikten aufgrund einer unterschiedlichen materiellrechtlichen Würdigung diskutiert. Er ist jedoch strikt von Konflikten aufgrund unterschiedlicher Abkommensauslegung zu trennen. Allein auf dieser Ebene greift die abkommensautonome Auslegung Platz. Oftmals erfolgt hingegen bei Verständnisschwierigkeiten ein „Heimwärtsstreben" und es wird auf die Bedeutung im innerstaatlichen Recht abgestellt. Dieser Rückgriff wird damit ebenfalls auf der Basis des Art. 3 Abs. 2 MA begründet.

In diesem Zusammenhang ist jedoch hervorzuheben, dass das Hineintragen eines innerstaatlichen Begriffsverständnisses in die Ergründung der Abkommensaussage zu einem tendenziell divergierenden Auslegungsergebnis führt. Es ist nicht einsichtig, weshalb die Abkommen auf das innerstaatliche Recht zurückgreifen sollten, um die Abkommensanwendbarkeit zu wahren, wenn sich hieraus mit großer Wahrscheinlichkeit ein Qualifikationskonflikt ergibt, der in einer Dysfunktionalität des Abkommensmechanismus resultiert. Der oft als *ultima ratio* in Erwägung gezogene Rückgriff auf innerstaatliches Recht wandelt sich damit von einem vermeintlichen „Rettungsanker" zum schier unausweichlichen Scheitern des Abkommens.

Aus dieser Überlegung wird die Notwendigkeit einer weitestgehenden Emanzipation vom innerstaatlichen Rechtsverständnis deutlich. Gerade vor dem Hintergrund des Abkommenszwecks einer korrespondierenden Zuordnung von Ausübungsrechten ist die Bedeutung des Art. 3 Abs. 2 MA in einem neuen Licht zu betrachten. Mithin ist das innerstaatliche Recht zur Bestimmung jener Komponenten befugt, die originär und ausschließlich auch nur im innerstaatlichen Recht geregelt werden. Das Abkommen wiederum bedient sich aufgrund seiner Unvollkommenheit dieser Komponenten, um seine Abkommensaussage zu formulieren. Die Normdisposition selbst wird hingegen allein durch die Abkommen bestimmt.

Letztendlich ist für eine übereinstimmende Abkommensauslegung eine Besinnung auf den wahren Aussagegehalt des Art. 3 Abs. 2 MA geboten – Ein

Befund, der sich bereits im Rahmen der ausführlichen Analyse des Art. 3 Abs. 2 MA ergab.

(c) Typusbegriffe und Subsidiaritätsregeln

Tatsächlich ist die Ausgestaltungstiefe der Abkommen auf das Notwendigste beschränkt. Infolgedessen verbleiben weite Auslegungsspielräume. Eines der Hauptproblematiken im Rahmen der Abkommensauslegung bezieht sich dabei auf das Verständnis über die jeweiligen Einkunftskategorien. Eine Verschärfung der Einordnungsschwierigkeiten ist zudem insbesondere im Zusammenhang mit der Ausgestaltungsfreiheit von Verträgen und der zunehmenden Generierung neuer Finanzprodukte oder der Kombination von Finanzprodukten zu sehen. Die Vertragsstaaten würden dementsprechend gut daran tun, wenn sie das Verständnis über die Einkunftskategorien im Sinne von Konkretisierungsbemühungen erhellen würden. Durch diese Maßnahme würde überdies die Gefahr des Hineintragens innerstaatlichen Verständnisses in den Auslegungsprozess zurückgedrängt werden. Abstrahierend von der Vertragsausgestaltung wäre dabei empfehlenswert, die Typusbegriffe ausgerichtet an einer wirtschaftlichen Betrachtungsweise auszugestalten, um so den tatsächlichen wirtschaftlichen Gehalt zu filtern. In Einklang mit der geforderten Systemkonformität soll der Abkommenstext hiervon unberührt bleiben. Eine bessere Verortung wird vielmehr im Musterkommentar gesehen.

Die Grundidee basiert dabei auf der Etablierung von Typusbegriffen, die für den Abkommensanwender eine Orientierungshilfe in Form von Schlüsselkriterien bieten sollen. Exemplarisch wird die Ausformung eines Typusbegriffes einmal anhand der Einkunftskategorie „Dividenden" ansatzweise dargestellt. Dabei könnten für die „Dividenden" folgende Schlüsselkriterien als maßgeblich erachtet werden: i) stammen aus Bereitstellung von Eigenkapital, ii) Zurücktreten von Rückzahlungsansprüchen, iii) Risikobeteiligung, iv) Erfolgsabhängigkeit, v) von einer Person generiert, die im Ansässigkeitsstaat eine juristische Person darstellt, etc.

Darüber hinaus kommt auch der Bestimmung des Verhältnisses zwischen den einzelnen Einkunftskategorien und den unterschiedlichen Verteilungsbestimmungen ein maßgeblicher Stellenwert zu. Es wird diesbezüglich – ebenfalls durch Verankerung im Musterkommentar – die Aufnahme von Subsidiaritätsregelungen vorgeschlagen.

(d) Überwindung der Interessengegensätze

Die grundlegenden Interessengegensätze der beteiligten Akteure nehmen Einfluss auf den Auslegungsprozess, da die Grundhaltung des jeweiligen Auslegenden maßgeblich determiniert, wie der Text zu verstehen ist. Hieraus resultiert eine subjektive Einfärbung des Auslegungsergebnisses, indem aus mehreren Auslegungsvarianten diejenige gewählt wird, die für den Auslegenden am vorteilhaftesten erscheint. Eine Relativierung dieser Interessengegensätze soll im Wesentlichen mithilfe der im Rahmen dieser Untersuchung erfolgten Neuausrichtung des Abkommenstelos erreicht werden. Aufgrund der hierdurch erfolgten Auslegung des Abkommenstextes im Lichte der korrespondierenden Zuordnung von Ausübungsrechten wird der Auslegende quasi zur harmonisierten Auslegung ermahnt. Vor diesem Hintergrund wird auch dem Dissens über die Rolle des Musterkommentars und der Verständigungsvereinbarungen im Auslegungsprozess teilweise entgegengewirkt. Sehen sich bspw. Gerichte nicht an diese Materialien gebunden, sind sie zumindest im Rahmen der völkerrechtlichen Auslegungsgrundsätze verpflichtet, diese in den Auslegungsprozess Eingang finden zu lassen. Aufgrund des Telos einer korrespondierenden Zuordnung von Ausübungsrechten besteht im Ergebnis eine faktische Bindung an solche Materialien, in denen Anhaltspunkte einer übereinstimmenden Haltung der beiden Vertragsstaaten zum Ausdruck kommen.

(3) Regulierungs- und Kontrollmechanismus

Die Auslegungsergebnisse sind ebenfalls miteinander zu vergleichen. Die verbleibenden Divergenzen der Abkommensauslegung sollen dann über ein Verständigungsverfahren gelöst werden. Gleichwohl sind auch bezüglich des Verständigungsverfahrens weiterführende Überlegungen anzustellen, aus denen sich eine Steigerung der Verfahrenseffizienz ergibt. In diesem Zusammenhang sind vornehmlich die Interessengegensätze der verhandelnden Vertragsstaaten zu überwinden.

Die Verhandlungsparteien werden bei Einzelfallverständigungen im Zuge der Nutzenmaximierung grundsätzlich versuchen, jene Position einzunehmen, die die größtmögliche Wahrung ihrer Ausübungsrechte verspricht. Aufgrund der Symmetrie der Abkommen hat die Nutzenmaximierung zur Folge, dass sie somit eine andere Grundposition einnehmen als bei einer spiegelverkehrten Sachlage. Der einzelne Vertragsstaat nimmt damit je nach seiner Position als Quellenstaat oder als Ansässigkeitsstaat widersprüchliche Verhandlungshaltungen ein.

Werden hingegen *package deals* vereinbart oder finden häufige Verhandlungen zwischen denselben Akteuren statt, wird die Verhandlung des Einzelfalls aufgrund des Prinzips der Reziprozität nicht mehr im Lichte einer objektiv richtigen Lösungsfindung geführt, sondern allein im Sinne subjektiver Interessen. Zur objektiv „richtigen" Lösungsfindung sollte der Lösungsansatz unabhängig von der Qualität der Vertragsstaaten als Ansässigkeitsstaat oder Quellenstaat in den jeweiligen Fallkombinationen symmetrische Ergebnisse liefern, sofern nicht bereits die Abkommen selbst eine Differenzierung vorsehen. Erst dann kann von einem konsistenten und durchgängig durchsetzbaren Ergebnis gesprochen werden.

Zur Überwindung der Interessengegensätze ist eine Verbindlichkeit über den Einzelfall hinaus herzustellen. Mithin verhandeln die Vertragsparteien in dem Bewusstsein, dass sie die Vereinbarung nicht nur für, sondern im inversen Fall auch gegen sich gelten lassen müssen. Damit ist es wichtig, die Verhandlungen unter dem Gesichtspunkt der Ergründung des objektiven Parteiwillens zu führen und nicht unter dem Gesichtspunkt des umfangreichsten Ausübungsrechtes. Die Veröffentlichung von Verständigungsergebnissen über die Abkommensauslegung würde folglich zu einer proaktiven Verhinderung von gleichgelagerten Problematiken in der Zukunft beitragen.[1545] Wie bereits dargelegt würden diese Materialien gemäß der Auslegung im Lichte einer korrespondierenden Zuordnung von Ausübungsrechten eine faktische Bindungswirkung besitzen. Ferner wäre damit der Weg für die Herausbildung eines internationalen Verständnisses in Bezug auf Auslegungsschwierigkeiten geebnet und entsprechend für die Herausbildung einer internationalen Steuersprache. Darüber hinaus besteht mit Blick auf die Verständigungsvereinbarungen jedoch ein wesentliches Problem darin, dass es in Ermangelung eines Einigungszwangs nicht zwangsläufig zu einer Übereinkunft kommen muss. Eine Abhilfe sollte dabei mithilfe des Schiedsverfahrens geschaffen werden, dem ein Einigungszwang innewohnt. Da die Neuregelung jedoch erst im Rahmen von Revisionen in die Abkommen Eingang finden muss, ist dem Ansatz aufgrund der Langwierigkeit dieses Prozesses eine Nachteiligkeit entgegenzuhalten. Zudem besteht gegenüber dem Schiedsverfahren die Gefahr, dass unter Souveränitätsgesichtspunkten nicht alle DBA-Staaten zur Aufnahme der Schiedsklausel bereit sein werden. Alternativ wird vorgeschlagen, im Einklang mit den Maßstäben der Durchsetzbarkeit und der Systemidentität einen Verhaltenskodex in

1545 *OECD*, Manual on Effective Mutual Agreement Procedures, Februar 2007, erhältlich im Internet: http://www.oecd.org/ctp/38061910.pdf (besucht am 24.03.2015), 10 (Best Practice No. 1).

Abbildung 11: Prozessoptimierungsmodell

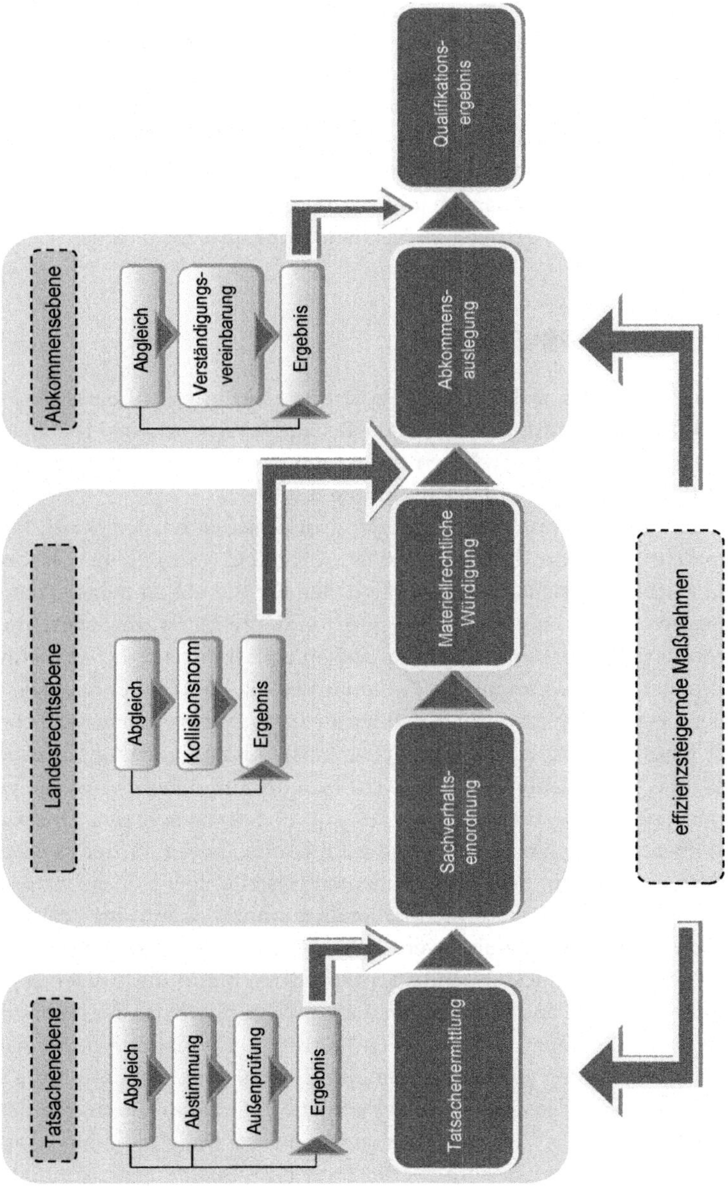

Quelle: Eigene Darstellung

Bezug auf die Verständigungsvereinbarungen in Form eines multilateralen Völkerrechtsvertrags auszuarbeiten. Da es allein der Unterzeichnung der einzelnen Vertragsstaaten bedarf, ist ein schnellerer Verfahrensablauf zu erwarten, als es in Bezug auf Abkommensrevisionen der Fall wäre. Im Rahmen des Verhaltenskodex würden die Vertragsstaaten zu einer Einigung angehalten. Es bestünde demnach ein faktischer Einigungszwang im Zuge der Selbstverpflichtung. Überdies wäre der Durchsetzbarkeit Rechnung getragen, indem in Übereinstimmung mit dem Gedanken der Souveränitätsschonung stets die Vertragsstaaten Entscheidungsträger im Verständigungsprozess blieben.

3. Prozessneugestaltung

Ein weiterer Vorschlag zielt i.S. einer Prozessneugestaltung auf eine weitestgehende Entprägung vom innerstaatlichen Recht. Dabei wird ein Mechanismus entwickelt, der der grundsätzlichen Informationsasymmetrie über das Vorliegen eines Qualifikationskonfliktes Rechnung trägt.

Die Sachverhaltseinordnung, die sich grundsätzlich an den Spezifika der innerstaatlichen Rechtsordnung orientiert, soll dabei von Beginn an abkommensspezifisch ausgerichtet sein. Anhand der für die abkommensrechtlichen Einkunftsarten entwickelten Typusbegriffe wird die Sachverhaltseinordnung vorgenommen. Diese ist in der Konsequenz an einer wirtschaftlichen Sichtweise ausgerichtet. Die Bestimmung des Steuersubjekts, der Einkunftsquelle und des steuerlichen Vorgangs erfolgt wiederum nach innerstaatlichem Recht, jedoch auf Basis der abkommensrechtlichen Sachverhaltseinordnung und nicht auf Basis einer innerstaatlichen Sachverhaltseinordnung. Parallel ist die generelle innerstaatliche Bestimmung der Besteuerung vorzunehmen. Diesbezüglich sind ebenfalls das Steuersubjekt, die Einkunftsquelle und der steuerliche Vorgang zu extrahieren. Beide Komponentenfeststellungen sind im Anschluss miteinander zu vergleichen. Besteht Übereinstimmung, kann der Prozess auf Abkommensebene weitergeführt werden. Bestehen hingegen Diskrepanzen, ist aufgrund der Gefahr eines Qualifikationskonfliktes hierin die Anweisung zur Abstimmung mit dem anderen Vertragsstaat zu sehen. Meldet der andere Vertragsstaat keine Diskrepanzen, ist dessen Wertung im Hinblick auf die materiellrechtliche Würdigung zu übernehmen. Im Ergebnis setzt sich somit die vom innerstaatlichen Recht losgelöste wirtschaftliche Sichtweise durch, die bereits auf die Bedürfnisse der Abkommen abgestimmt ist. Die Abkommensanwendung wird in der Folge wesentlich erleichtert und Qualifikationskonflikte im Ursprung verhindert. Berichtet der andere Vertragsstaat jedoch ebenfalls über

Abweichungen, muss an dieser Stelle wiederum die Festlegung einer maßgeblichen Sichtweise durch die Anwendung von Kollisionsnormen erfolgen.

Als Beispiel soll ein Leasing-Fall eines beweglichen Wirtschaftsgutes dienen, der in Staat A als Operate-Leasing und in Staat B als Finanzierungsleasing beurteilt wird. Aus Sicht des Staates B wird die Tatsachenermittlung vorgenommen. Die Sachverhaltseinordnung erfolgt anschließend im Rahmen des Referenzprozesses auf Landesrechtsebene als Operate-Leasing. Im Zuge des Abkommensspezifischen Prozesses (ASP) lässt sich – annahmegemäß aufgrund der wirtschaftlichen Ausrichtung der Einkunftskategorien – eine Sachverhaltseinordnung als Finanzierungsleasing vornehmen. Aus dem Abgleich der Komponenten Steuersubjekt, steuerlicher Vorgang und Einkunftsquelle ergibt sich, dass Diskrepanzen im steuerlichen Vorgang und der Einkunftsquelle vorhanden sind. Demnach besteht aus Sicht des Referenzprozesses der steuerliche Vorgang in der Vermietung des Wirtschaftsgutes und die Einkunftsquelle in dem Wirtschaftsgut, während aus Sicht des Abkommensspezifischen Prozesses der steuerliche Vorgang in der Zinszahlung bzw. der Veräußerung des Wirtschaftsgutes und die Einkunftsquelle im Kapitalvermögen bzw. in Bezug auf die Veräußerung in dem Wirtschaftsgut zu sehen ist. Da keine Übereinstimmung im Zuge des Komponentenvergleichs zu verzeichnen ist, wird das Ergebnis des Komponentenvergleichs bei Staat B angefragt. Da auch dieser auf Landesrechtsebene eine Einordnung als Finanzierungsleasing vornimmt, stimmen die Komponenten in Staat B überein. Staat A übernimmt dementsprechend die wesentlichen Komponenten, womit letztendlich eine übereinstimmende Abkommensanwendung erfolgt.

Der Mechanismus bedarf grundsätzlich einer idealtypischen Ausgestaltung der Einkunftskategorien nach der wirtschaftlichen Betrachtungsweise. Vor der Ausführung dieses Zwischenschritts erscheint die Anwendung hypothetisch und kann damit ohne Annahmenunterstellung nicht auf Beispielsachverhalte Anwendung finden. Aus diesem Grund konzentriert sich die Verifikation auf das Lösungsmodell der Prozessoptimierung. Diesbezüglich ist ebenfalls herauszustellen, dass das Modell der Prozessneugestaltung in der Lage wäre, dass Prozessoptimierungsmodell sinnvoll zu ergänzen oder fortzuentwickeln. Die Notwendigkeit der Integration von Regulierungsmechanismen bspw. auf der Tatsachenebene würde gleichfalls bestehen bleiben.

Abbildung 12: Prozessneugestaltungsmodell

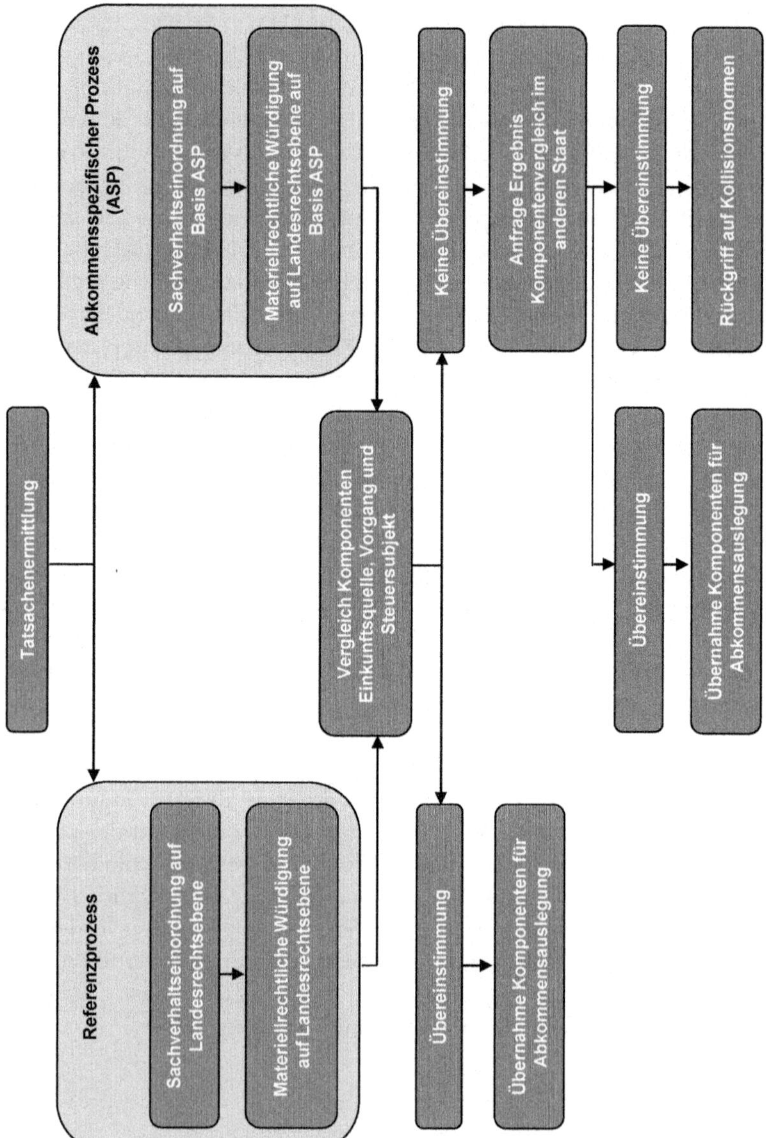

Quelle: Eigene Darstellung

III. Verifikation

Aufgrund der Unzulänglichkeiten des Prozessabstimmungsmodells auf Landesrechtsebene und des vagen Prozessneugestaltungsmodells, welches erst einer Ausgestaltung von Typusbegriffen nach der wirtschaftlichen Betrachtungsweise auf Abkommensebene voraussetzt, soll vornehmlich das Prozessoptimierungsmodell das Lösungsmodell bilden und folgend anhand ausgewählter mannigfaltiger Beispielsachverhalte auf seine Tauglichkeit getestet werden. Insofern wird das Lösungsmodell auf die Sachverhalte projiziert.

In Bezug auf Qualifikationskonflikte, deren Ursache in der Sachverhaltseinordnung oder in der materiellrechtlichen Würdigung liegt, wird sich der bereits vorgestellten Fälle 1-7 bedient:[1546]

Fall 1: Immobilienleasing über die Grenze

- Anwendung Prozessoptimierungsmodell:
  - Tatsachenermittlung: Leasingvertrag über Grundstück zwischen A und B, Abgleich ergibt Übereinstimmung
  - Sachverhaltseinordnung: A vs. B wirtschaftlicher Eigentümer, somit Operate-Leasing vs. Finance-Leasing
  - Materiellrechtliche Würdigung: Mietzins vs. Zinszahlung/Veräußerungsgewinn
  - Kollisionsnorm: Empfänger unbeschränkt steuerpflichtig = A, Vertragsstaat A bestimmt Einkunftsquelle: Grundstück, Vorgang: Vermietung und Steuersubjekt: A, Staat B übernimmt diese Wertungen.
- Ergebnis: Beide nehmen eine Qualifikation nach Art. 6 MA vor, wonach ausschließlich Staat B die Vermietungseinkünfte besteuern darf. Staat A ist damit zur Freistellung der Vermietungseinkünfte verpflichtet. Innerstaatlich ist ebenfalls der Vorgang als Vermietung einzustufen und nicht als Finanzierung/Vermietung, womit A das Grundstück zuzurechnen ist und er auch die Abschreibungen etc. hieraus gelten machen kann. A unterliegt im Staat B demnach der beschränkten Steuerpflicht mit den Vermietungseinkünften. B kann keine Abschreibungen etc., jedoch aber den Mietzins als Betriebsausgaben geltend machen.

1546 Die einzelnen Fälle wurden in Kapitel F.II.2.c.(2).(a) vorgestellt.

Fall 2: Finanzierungsstrukturen

- Anwendung Prozessoptimierungsmodell:
  - Tatsachenermittlung: Veräußerung Beteiligung Z durch MU X an TU Y mit Put-Option. Abgleich ergibt Übereinstimmung
  - Sachverhaltseinordnung: Anteilsverkauf vs. besichertes Darlehensgeschäft,
  - Materiellrechtliche Würdigung: Veräußerung vs. Finanzierung
  - Kollisionsnorm: Einkunftsempfänger unbeschränkt steuerpflichtig aus Sicht Staat A = MU X, Einkunftsempfänger unbeschränkt steuerpflichtig aus Sicht Staat B = TU Y, wenn mehr als ein Staat sich aufgrund unterschiedlicher Betrachtungsweisen zur Bestimmung befugt ansieht, dann wirtschaftlicher Betrachtungsweise der Vorzug einzuräumen, demnach Staat B = TU Y, Vertragsstaat B bestimmt Einkunftsquelle: Kapitalvermögen, Vorgang: Finanzierung und Steuersubjekt: Y, Staat A übernimmt diese Wertungen

- Ergebnis: Beide nehmen eine Qualifikation nach Art. 11 MA vor, wonach Staat B die Zinsen besteuern darf und Staat A ein Quellenbesteuerungsrecht hat. Staat B ist damit zur Anrechnung der Quellensteuern und verpflichtet. Innerstaatlich ist ebenfalls der Vorgang als Finanzierung einzustufen, die/der Anteilsveräußerung/-rückkauf bleibt aufgrund der wirtschaftlichen Betrachtungsweise unberücksichtigt. Staat A besteuert die Kapitaleinkünfte mit einer Quellensteuer, wenn dies bei Einkünfte aus Kapitalvermögen in diesem Staat so vorgesehen. Die MU X ist berechtigt, 5 Einheiten pro Jahr als Zinsaufwand geltend zu machen.

Fall 3: Beteiligungsveräußerung

- Anwendung Prozessoptimierungsmodell:
  - Tatsachenermittlung: Veräußerung Beteiligung X durch Y an Z. Abgleich ergibt Übereinstimmung
  - Sachverhaltseinordnung: Verkauf Gesellschaftsanteil Personengesellschaft
  - Materiellrechtliche Würdigung: Veräußerung Anteil (share deal) vs. Veräußerung Einzelwirtschaftsgüter (asset deal)
  - Kollisionsnorm: Einkunftsempfänger unbeschränkt = Y, Vertragsstaat A bestimmt Einkunftsquelle: Beteiligung an X, Vorgang: Veräußerung und Steuersubjekt: Y, Staat B übernimmt diese Wertungen

- Ergebnis: Beide nehmen eine Qualifikation nach Art. 13 Abs. 5 MA vor, wonach Staat A den Veräußerungsgewinn besteuern darf und Staat B zur Freistellung verpflichtet ist. Innerstaatlich ist ebenfalls die Veräußerung einer Beteiligung (share deal) anzunehmen. So unterliegt diese in Staat A der unbeschränkten Steuerpflicht und in Staat B der beschränkten Steuerpflicht (Staat B muss jedoch freistellen).

Fall 4: Lizenzgebühren

- Anwendung Prozessoptimierungsmodell:
  - Tatsachenermittlung: Lizenzzahlung von A an Unternehmen X. Abgleich ergibt Übereinstimmung.
  - Sachverhaltseinordnung: Lizenzzahlung an Personengesellschaft oder Lizenzzahlung an Personengesellschaft vs. Kapitalgesellschaft
  - Materiellrechtliche Würdigung: Gewerbliche Einkünfte des Y aus Gesellschaftsanteil an Unternehmen X vs. Gewerbliche Einkünfte des Unternehmen X
  - Kollisionsnorm: Einkunftsempfänger unbeschränkt steuerpflichtig aus Sicht Staat A = Y, Einkunftsempfänger unbeschränkt Steuerpflichtig aus Sicht Staat B = Unternehmen X. Wird die Steuersubjekteigenschaft in den beteiligten Staaten unterschiedlich beurteilt (hier: Staat A erkennt keine Steuersubjekteigenschaft des Unternehmens X an, während Staat B die Steuersubjekteigenschaft anerkennt), ist derjenige Staat zur Bestimmung befugt, dessen Recht einen unbeschränkt steuerpflichtigen Einkunftsempfänger benennt. Da dies auf beide zutrifft, richtet sich die Bestimmung nach dem Recht jenes Staates, dessen unbeschränkt steuerpflichtiger Einkunftsempfänger sich auf der höheren Beteiligungsebene befindet. Da Y Gesellschafter des Unternehmens X ist, steht Y auf einer höheren Beteiligungsstufe, demnach ist Staat A zur Bestimmung Einkunftsquelle: Gesellschaftsanteil, Vorgang: Geschäftstätigkeit der PersGes und Steuersubjekt: Y befugt, Staat B übernimmt diese Wertungen

- Ergebnis: Damit ist innerstaatlich für beide Staaten eine transparente Besteuerung in Bezug auf die Lizenzzahlungen anzunehmen und somit für Staat B die Besteuerung als gewerbliche Einkünfte in Form der beschränkten Steuerpflicht des Y. Abkommensrechtlich nehmen beide eine Qualifikation nach Art. 7 Abs. 1 S. 1 HS 1 MA vor, wonach nur Staat A den Unternehmensgewinn besteuern darf und Staat B zur Freistellung verpflichtet ist.

Fall 5: Gesellschafterdarlehen

- Anwendung Prozessoptimierungsmodell:
  - Tatsachenermittlung: Zinszahlung an Y aus Darlehensverhältnis zwischen Y und Unternehmen X. Abgleich ergibt Übereinstimmung
  - Sachverhaltseinordnung: Zinszahlung an Personengesellschaft oder Zinszahlung an Personengesellschaft vs. Kapitalgesellschaft
  - Materiellrechtliche Würdigung: Gewerbliche Einkünfte des Y aus Sonderbetriebseinnahmen vs. Zinszahlungen an Y
  - Kollisionsnorm: Einkunftsempfänger unbeschränkt Steuerpflichtig = Y, demnach ist Staat A zur Bestimmung Einkunftsquelle: Gesellschaftsanteil, Vorgang: Geschäftstätigkeit der PersGes und Steuersubjekt: Y befugt, Staat B übernimmt diese Wertungen

- Ergebnis: Damit ist innerstaatlich für beide Staaten eine transparente Besteuerung mit Sonderbetriebsvermögenskonzept in Bezug auf die Zinszahlungen anzunehmen und somit für Staat B die Besteuerung als gewerbliche Einkünfte in Form der beschränkten Steuerpflicht des Y. Unternehmen X kann somit auch die Zinsaufwendungen nicht geltend machen. Abkommensrechtlich nehmen beide eine Qualifikation nach Art. 7 Abs. 1 S. 1 HS 2 MA vor, wonach Staat B den Unternehmensgewinn besteuern darf und Staat B zur Freistellung gem. Art. 23 A Abs. 1 MA verpflichtet ist.

Fall 6: Unternehmensgewinne

- Anwendung Prozessoptimierungsmodell:
  - Tatsachenermittlung: Einkunftserzielung Unternehmen X in Periode 1 und Einkunftsverwendung in Periode 2. Abgleich ergibt Übereinstimmung
  - Sachverhaltseinordnung: Gewinn einer Personengesellschaft oder Gewinn einer Personengesellschaft vs. einer Kapitalgesellschaft in Periode 1, sowie Auszahlung Gewinnanteil einer Personengesellschaft an Gesellschafter oder Auszahlung Gewinnanteil einer Personengesellschaft vs. einer Kapitalgesellschaft an Gesellschafter in Periode 2

  - Materiellrechtliche Würdigung: Gewerbliche Einkünfte des Y vs. Gewerbliche Einkünfte des Unternehmens X in Periode 1, sowie Entnahme vs. Dividende an Y in Periode 2
  - Kollisionsnorm: Einkunftserzielung: Einkunftsempfänger unbeschränkt steuerpflichtig aus Sicht Staat A = Y, Einkunftsempfänger unbeschränkt steuerpflichtig aus Sicht Staat B = Unternehmen X. Wird die Steuersubjekteigenschaft in den beteiligten Staaten unterschiedlich beurteilt (hier: Staat A erkennt keine Steuersubjekteigenschaft des Unternehmens X an, während Staat B die Steuersubjekteigenschaft anerkennt), ist derjenige Staat zur Bestimmung befugt, dessen Recht einen unbeschränkt steuerpflichtigen Einkunftsempfänger benennt. Da dies auf beide zutrifft, richtet sich die Bestimmung nach dem Recht jenes Staates, dessen unbeschränkt steuerpflichtiger Einkunftsempfänger sich auf der höheren Beteiligungsebene befindet. Da Y Gesellschafter des Unternehmens X ist, steht Y auf einer höheren Beteiligungsstufe, demnach ist Staat A zur Bestimmung Einkunftsquelle: Gesellschaftsanteil, Vorgang: Geschäftstätigkeit der PersGes und Steuersubjekt: Y befugt, Staat B übernimmt diese Wertungen. Einkunftsverwendung: Die Bestimmung auf der Einkünfteerzielungsebene ist stets maßgeblich für die Einkünfteverwendungsebene. Somit ist auch hier Staat A zur Bestimmung Einkunftsquelle: Gesellschaftsanteil, Vorgang: Geschäftstätigkeit der PersGes und Steuersubjekt: Y befugt, Staat B übernimmt diese Wertungen.

- Ergebnis: Damit ist innerstaatlich für beide Staaten eine transparente Besteuerung in Bezug auf die Gewinne des Unternehmens X anzunehmen und somit für Staat B die Besteuerung als gewerbliche Einkünfte in Form der beschränkten Steuerpflicht des Y. Abkommensrechtlich nehmen beide eine Qualifikation nach Art. 7 Abs. 1 S. 1 HS 2 MA vor, wonach Staat B den Unternehmensgewinn besteuern darf und Staat A zur Freistellung gem. Art. 23 A Abs. 1 MA verpflichtet ist. Die Einkunftsverwendung ist als Entnahme steuerfrei, die Einkunftserzielung wurde bereits besteuert. Abkommensrechtlich erfolgt wiederum eine Einordnung als Unternehmensgewinne, die gem. Art. 7 Abs. 1 S. 1 HS 2 in Staat B besteuert werden können und Staat A zur Freistellung verpflichtet wäre. Durch diese Vorgehensweise wird veranschaulicht, dass aufgrund der Koppelung der zusammengehörigen Prozesse auf Einkommenserzielungs- und Einkommensverwendungsseite ein Auseinandertriften verhindert und eine konsistente Besteuerung i.S.d. 2-Stufen-Modells hergestellt wird. Wichtig erscheint dabei, die äquivalenten Prozesse einander gegenüberzustellen und nicht Prozesse der Einkommenserzielung mit solchen der Einkommensverwendung vergleichen zu wollen.

Fall 7: Atypisch stille Gesellschaft

- Anwendung Prozessoptimierungsmodell:
    - Tatsachenermittlung: Y beteiligt sich am Handelsgewerbe des Y, er ist am Gewinn und Verlust sowie an den stillen Reserven beteiligt, Einkunftserzielung des Handelsgewerbes in Periode 1 und Einkunftsverwendung in Periode 2, Abgleich ergibt Übereinstimmung
    - Sachverhaltseinordnung: Gewinne atypisch stille Gesellschaft in Periode 1, sowie Auszahlung atypisch stille Beteiligung in Periode 2
    - Materiellrechtliche Würdigung: Gewerbliche Einkünfte aufgrund atypisch stiller Beteiligung des Y vs. Gewerbliche Einkünfte des Handelsgewerbes des X in Periode 1, sowie Entnahme vs. Darlehenszahlung an Y in Periode 2
    - Kollisionsnorm: Einkünfteerzielung: Einkunftsempfänger unbeschränkt steuerpflichtig aus Sicht Staat A = Y, Einkunftsempfänger unbeschränkt steuerpflichtig aus Sicht Staat B = Unternehmen X, wenn mehr als ein Staat sich aufgrund unterschiedlicher Anerkennung steuerliches Rechtsgebilde (hier: Staat A erkennt atypisch stille Gesellschaft als Mitunternehmerschaft an, während Staat B die Mitunternehmerschaft negiert) zur Bestimmung befugt ansieht, dann ist Bestimmung unter der Prämisse der Anerkennung des Rechtsgebildes vorzunehmen. Demnach ergibt sich für Periode 1: Steuersubjekt Y, Einkunftsquelle: Gesellschaftsanteil Mitunternehmerschaft, Vorgang: Geschäftstätigkeit. Staat B übernimmt diese Wertungen. Einkunftsverwendung: Maßgeblich ist Bestimmung Einkünfteerzielung, somit unter der Prämisse der Anerkennung des Rechtsgebildes. Es ist demgemäß von einer Auszahlung aus dem Gesellschaftsanteil auszugehen, Steuersubjekt: Y, Einkunftsquelle: Gesellschaftsanteil und steuerlicher Vorgang: Geschäftstätigkeit. Diese Wertung hat Staat B für sein innerstaatliches Recht zu übernehmen.

- Ergebnis: Damit ist innerstaatlich für beide Staaten eine transparente Besteuerung in Bezug auf die Gewinne der atypisch stillen Gesellschaft vorzunehmen anzunehmen und somit für Staat B die Besteuerung als gewerbliche Einkünfte in Form der beschränkten Steuerpflicht des Y. Abkommensrechtlich nehmen beide eine Qualifikation nach Art. 7 Abs. 1 S. 1 HS 2 MA vor, wonach Staat B den Unternehmensgewinn besteuern darf und Staat B zur Freistellung gem. Art. 23 A Abs. 1 MA verpflichtet ist. Die Einkünfteverwendung ist als Entnahme steuerfrei, die Einkunftserzielung wurde bereits besteuert. Abkommensrechtlich erfolgt wiederum eine Einordnung als Unternehmensgewinne, die gem. Art. 7 Abs. 1 S. 1 HS 2 MA in Staat B besteuert werden können und Staat A zur Freistellung verpflichtet wäre. Durch diese Vorgehensweise wird veranschaulicht, dass aufgrund der Koppelung der zusammengehörigen Prozesse auf Einkünfteerzielungs- und Einkünfteverwendungsseite ein Auseinandertriften verhindert und konsistente Besteuerung i.S.d. 2-Stufen-Modells hergestellt wird. Wichtig erscheint dabei die äquivalenten Prozesse einander gegenüberzustellen und nicht Prozesse der Einkommenserzielung mit solchen der Einkommensverwendung vergleichen zu wollen.

Darüber hinaus soll die Eignung des Prozessoptimierungsmodells auch auf Konflikte anderer Prozessstufen überprüft werden:[1547]

Fall 8:

Ein in Staat A ansässiges Unternehmen vermietet spezielle Maschinen an in Staat B ansässige Unternehmen.

- Anwendung Prozessoptimierungsmodell:
    - Tatsachenabgleich: Übereinstimmung
    - Abgleich Sachverhaltseinordnung/materiellrechtliche Würdigung: Übereinstimmung
    - Abgleich Abkommensebene: Unternehmensgewinne vs. Lizenzgebühren, Effizienz steigernde Maßnahmen könnten im Rahmen Typusbegriffimplementierung Frage klären, ob Vermietung beweglicher Wirtschaftsgüter unter Lizenzgebühren fällt. Falls nicht bedarf es im nächsten Schritt der darüber Abstimmung, besteht danach weiterhin Uneinigkeit, Verständigungsverfahren, im Rahmen der Auslegungsgrenzen des Abkommenswortlauts spricht eine ob-

1547 Siehe zu diesen Fällen bereits Kapitel D.II.3.b.(2).(b).i und iv.

jektivierte Betrachtungsweise für die Subsumtion unter die Einkunftskategorie der Lizenzgebühren, das Ergebnis der Verständigung wird veröffentlicht.

- Ergebnis: Beide Staaten nehmen eine Einordnung in die Einkunftskategorie der Lizenzgebühren vor. Aufgrund der Veröffentlichung des Ergebnisses liegt bei einem gleichgelagerten Fall bereits ein Präzedenzfall vor, an dem sich orientiert wird. Somit entwickelt sich eine internationale Steuersprache, die über die Unsicherheiten in der Abkommensauslegung hinwegzuhelfen vermag.

Fall 9:

Eine in Staat A ansässige GmbH unterhält in Staat B eine feste Geschäftseinrichtung, die dort für die GmbH tätig wird.

- Anwendung Prozessoptimierungsmodell:
  - Tatsachenabgleich: Divergenz, Staat A erhält Information über ausschließlichen Zweck des Wareneinkaufs der festen Geschäftseinrichtung. Die Suffizienz steigernden Maßnahmen, wie die Beweislastverteilung auf den Steuerpflichtigen könnten dazu führen, dass der Steuerpflichtige die Information auch bereits Staat A zur Verfügung gestellt hat. Da die Informationsdiskrepanz auf einem Informationsmangel basiert, wird Staat B im Rahmen der Abstimmung die Information aus Staat A übernehmen. Würden hingegen entgegenstehende Informationen vorliegen, bestünde die Notwendigkeit der gemeinsamen oder gleichzeitigen Prüfung
  - Abgleich anderer Prozessstufen ergibt Übereinstimmung
- Ergebnis: Beide Vertragsstaaten sehen keine Betriebsstätte als gegeben an und subsumieren somit die Einkünfte unter identische Einkunftskategorien.

IV. Reflexion

Die vorstehende Verifikation hat anschaulich demonstrieren können, dass eine grundsätzliche Tauglichkeit des Modells zur Lösung von Qualifikationskonflikten besteht. Das Ziel des Modells scheint damit erreicht. Neben dem Maßstab der Zielerreichung besitzt die Modellausgestaltung einen ebenso hohen Stellenwert, weshalb zu Beginn der Entwicklung des Lösungskonzepts Referenzmaßstäbe aufgestellt wurden. Im Rahmen der Reflexion soll der Modellansatz im Lichte der Referenzmaßstäbe gewürdigt werden.

Die Hauptbedingung besteht in einer korrespondierenden Abkommensanwendung. Diesem Maßstab wird dadurch Rechnung getragen, dass auf den einzelnen Prozessebenen effizienzsteigernde Maßnahmen zu einem Abbau der Informationsasymmetrie führen und somit insbesondere auf Tatsachenebene und Abkommensebene die Voraussetzungen für die „richtige" und damit übereinstimmende Wertung geschaffen werden. Flankierend stellt die Integration von Regulierungs- bzw. Kontrollmechanismen auf den einzelnen Prozessebenen eine übereinstimmende Wertung sicher. Die Qualifikationskonflikte werden so sachgerecht an ihrem Ursprung vermieden, womit divergierende Wertungen im Ansatz unterbunden und im Rahmen des Internalisierungseffektes keinen negativen Einfluss auf den weiteren Qualifikationsprozess nehmen können.

Ferner wurden Nebenbedingungen aufgestellt, an denen sich das Modell messen lassen muss. So ist eine Prüfung auf Ganzheitlichkeit vorzunehmen. Dabei ist zu konstatieren, dass das Modell sämtliche Qualifikationskonflikte umfasst. Zu diesem Zweck wurde ein ganzheitlich wirkendes Modell entwickelt, welches auf der Basis des gesamten Qualifikationsprozesses den Anforderungen der mannigfaltigen Konfliktpotenziale gerecht wird. Darüber hinaus ist die Durchsetzbarkeit zu würdigen. Indem die Vertragsstaaten Herr über den Abkommensanwendungsprozess bleiben und bspw. Entscheidungskompetenzen nicht an unabhängige Spruchkörper überantwortet wird, ist durchaus von einer souveränitätsschonenden Ausgestaltung auszugehen. Zudem liefert der Ansatz konsistente Ergebnisse, da mit dem Modell konkrete Leitlinien für den Qualifikationsprozess vorgegeben werden. Die Interessengegensätze sollen durch ein Umdenken in Bezug auf das Abkommenstelos sowie durch die Anreizwirkung der Verbindlichkeit von Verständigungsvereinbarungen über den Einzelfall hinaus überwunden werden. Schlussendlich sind auch eine Systemidentität und -konformität gegeben. Demgemäß wird zur Ausgestaltung des Modellvorhabens keine Änderung an den Doppelbesteuerungsabkommen vorgenommen. Etwaige Änderungen betreffen allein den Musterkommentar, innerstaatliches Recht sowie einen Abschluss multilateraler Verträge. Sämtliche Maßnahmen liegen zudem innerhalb der gegebenen Abkommensrestriktionen und münden somit in einer systemkonformen Ausgestaltung.

Resümierend ist damit eine Ausrichtung des Modells an den vorgegebenen Referenzmaßstäben zu bestätigen.

V. Rückschluss

In Anbetracht der Tatsache, dass Qualifikationskonflikte lediglich einen Ausschnitt aus der Gesamtheit konfligierender Abkommensanwendung repräsentieren, stellt sich die Frage, inwiefern der Modellansatz zur Lösung von Qualifikationskonflikten auf die Lösung von Abkommensanwendungskonflikten übertragbar ist.

In diesem Zusammenhang ist zuvorderst herauszustellen, dass das entwickelte Lösungskonzept an den Ursachen einer unterschiedlichen Wertung in Bezug auf Tatsachenermittlung, Sachverhaltseinordnung, materiellrechtlicher Würdigung und Abkommensauslegung ansetzt. Ohne eine induktive Untersuchung vorzunehmen – da dies außerhalb des Untersuchungsgegenstandes liegt – kann doch grundsätzlich davon ausgegangen werden, dass jenes Ursachenspektrum auch den meisten Anwendungskonflikten zugrunde liegt. Damit geht die Effizienzsteigerung des Qualifikationsprozesses auch gleichzeitig mit dem grundsätzlichen Abbau von Abkommensanwendungskonflikten einher. Ferner vermag das Modell sogar Konflikte im Rahmen internationaler Sachverhalte, bei denen kein Doppelbesteuerungsabkommen zur Anwendung gelangt, zu lösen. Aufgrund der Anknüpfung an Problembereiche, die auf Unterschiede im innerstaatlichen Recht zurückzuführen sind und die gleichfalls auf innerstaatlicher Ebene gelöst wurden, sind auch Nicht-DBA-Fälle vom positiven Effekt des Lösungsmodells betroffen. Dies zeigt sich insbesondere am Beispiel der Zurechnungskonflikte. Wird zur Bestimmung des Steuersubjekts eine Eindeutigkeitsentscheidung mithilfe der innerstaatlichen Kollisionsnormen getroffen, wird simultan den Zurechnungskonflikten die Grundlage entzogen. Auf dieser Basis wird gleichfalls deutlich, weshalb der Lösungsansatz auf jene Ebene einwirken sollte, auf der die Ursache entspringt. Würde man schließlich die Konflikte aus der unterschiedlichen innerstaatlichen Wertung auf der Ebene der Doppelbesteuerungsabkommen lösen wollen, wie es bspw. im Rahmen der Qualifikationsverkettung versucht wurde, mündet dies in einer Unvollkommenheit des Lösungsansatzes. Demnach wäre nicht einzusehen und auch nicht sachgerecht, weshalb Zurechnungskonflikte im DBA-Fall einer Lösung zugeführt werden können, während Zurechnungskonflikte im Nicht-DBA-Fall trotz identischer Ursache ungelöst bleiben. Aufgrund der Tatsache, dass eine übereinstimmende Wertung hergestellt wird, kann der Ansatz auch für Missbrauchsvermeidungszwecke fruchtbar gemacht werden und einen substantiierten Beitrag im Zusammenhang mit der Debatte über *Base Erosion and Profit Shifting* leisten.

Vor diesem Hintergrund ist als positiv zu werten, dass das Lösungsmodell auf andere Konflikte im Internationalen Steuerrecht, denen ein identisches Ursachenprofil wie den Qualifikationskonflikten zugrunde liegt, übertragbar ist.

VI. Ergebnis aus diesem Kapitel

Die Untersuchungen in diesem Kapitel haben ein Lösungsmodell für Qualifikationskonflikte hervorgebracht, welches auf dem Ansatz der Prozessoptimierung basiert. Dieses knüpft an die unterschiedlichen Ursachenbereiche, ohne jedoch vorauszusetzen, die Ursache des Konfliktes tatsächlich identifizieren zu müssen. Durch Anknüpfung an die Ursachenebene wird dem originären Abkommensmechanismus wieder zur Funktionsfähigkeit verholfen. Hingegen würde beim Ansatz an die Wirkungsebene die unerwünschte Doppelbesteuerung oder Minderbesteuerung artifiziell hergestellt, ohne die als sachgerecht empfundene Zuordnung der Ausübungsrechte zu berücksichtigen. Die Konzeption des Modells orientiert sich dabei an idealtypischen Maßstäben. In diesem Zusammenhang ist es geeignet, als Hauptbedingung die übereinstimmende Abkommensanwendung zu erreichen. Darüber hinaus trägt es auch den Nebenbedingungen der Ganzheitlichkeit, Durchsetzbarkeit, Systemidentität und -konformität Rechnung. Im Zuge der Prozessoptimierung bringt der Ansatz effizienzsteigernde Maßnahmen und Kontroll- sowie Regulierungsmechanismen überein. Die Ergebnisse sollen dabei auf den einzelnen Prozessebenen zwischen den Vertragsparteien abgeglichen werden. Hervorzuheben sind dabei Maßnahmen, die auf der Tatsachenebene Informationsasymmetrien überwinden helfen, auf Landesrechtsebene ein maßgebliches innerstaatliches Recht zur Bestimmung relevanter Komponenten festlegen und auf Abkommensebene Unsicherheiten bei der Auslegung und Interessengegensätze zwischen den beteiligten Akteuren abzubauen imstande sind. Darüber hinaus kann dem Prozessoptimierungsmodell die Fähigkeit unterstellt werden, auch einen Lösungsansatz für andere Konflikte der Abkommensanwendung und Nicht-DBA-Fälle darzustellen.

G. Thesenförmige Zusammenfassung der Ergebnisse

(1) Das Verständnis über den Begriff des Qualifikationskonflikts ist sehr uneinheitlich und vielschichtig. Im Rahmen einer schemenhaften Orientierung sind die Qualifikationskonflikte dem Bereich der Probleme bei der Anwendung von DBA zuzuordnen, weshalb es das Recht der DBA zu ergründen gilt.

(2) Die Dysfunktionalität des Abkommensmechanismus lässt die Ursprungsprobleme der Doppelbesteuerung und Minderbesteuerung wiederaufleben. Die durch Qualifikationskonflikte induzierten Folgen stehen sowohl rechtlich dem Leistungsfähigkeitsprinzip und der Systemkonsistenz als auch aus wirtschaftlicher Perspektive der Neutralität in Bezug auf Investitionsentscheidungen und den Wettbewerb sowie der Effizienz der Allokation knapper Ressourcen entgegen.

(3) Um den Anforderungen der Gerechtigkeit und Systemgeschlossenheit zu entsprechen, bedarf es eines Systems, welches Qualifikationskonflikte bestmöglich vermeidet.

(4) Die grundlegenden Unstimmigkeiten in den Kernbereichen der Abkommensanwendung und -auslegung bergen die Gefahr in sich, die Doppelbesteuerungsabkommen bereits vor ihrer eigentlichen Anwendung einer Fehleranfälligkeit auszusetzen.

(5) Die fundamentalen Meinungsstreitigkeiten reichen von den eigentlichen Zielsetzungen der Abkommen über die Einbettung in das innerstaatliche Rechtssystem bis hin zu den maßgeblichen Auslegungsgrundsätzen und der Rolle des innerstaatlichen Rechts im Auslegungsprozess.

(6) Es ist erforderlich, die Doppelbesteuerungsabkommen als Systemkomplex zu verstehen. Der Abkommensmechanismus besteht nach diesen Vorstellungen aus folgenden Elementen: Funktionsebene, Mittelebene, Methodenebene, Prinzipienebene, Wirkungsebene sowie Zweck- und Metazweckebene.

(7) Die Funktionsweise des Mechanismus bedingt die Abgestimmtheit seiner Elemente. Nur eine übereinstimmende Anwendung durch die

beiden Vertragsstaaten führt zu einem funktionsfähigen Abkommensmechanismus.

(8) Die Dysfunktionalität des Abkommensmechanismus ist auf unterschiedliche Problemherde zurückzuführen. Die Stellung der Qualifikationskonflikte ist in diesem Zusammenhang zu ergründen.

(9) In Anlehnung an die Begriffsherkunft aus dem IPR ist der Begriff des Qualifikationskonfliktes als divergierende Subsumtion von Steuerrechtsverhältnissen unter Verteilungsnormen zu definieren.

(10) Der Qualifikationskonflikt versteht sich mithin als Teilmenge der DBA-Anwendungskonflikte. Angesichts seiner vielschichtigen Typusmerkmale kann er zu Untersuchungszwecken auch als Repräsentanzkonflikt erwählt werden.

(11) Auf Basis des Qualifikationsprozesses als Bezugsrahmen kann eine prozessbasierte Systematisierung der Qualifikationskonflikte vorgenommen werden, die zu folgender Einteilung der Qualifikationskonfliktgesamtheit führt: 1) Qualifikationskonflikte aufgrund unterschiedlicher Tatsachenermittlung, 2) Qualifikationskonflikte aufgrund unterschiedlicher Sachverhaltseinordnung, 3) Qualifikationskonflikte aufgrund unterschiedlicher materiellrechtlicher Würdigung und 4) Qualifikationskonflikte aufgrund unterschiedlicher Abkommensauslegung.

(12) Aufgrund des Internalisierungseffektes können die verschiedenen Konfliktarten wiederum Konflikte auf anderen Prozessstufen evozieren.

(13) Die bisher angedachten Instrumente verhelfen nicht oder nicht vollumfänglich zur Lösung von Qualifikationskonflikten.

(14) Die Lösungsversuche der autoritativorientierten Auslegung bewegen sich nicht innerhalb des Auslegungsspielraums und stehen unter systematischen Gesichtspunkten nicht im Einklang mit dem Abkommensmechanismus.

(15) Weitere Mittel wie die Rückfall- bzw. Switch-over-Klauseln zielen allein auf die Vermeidung der Doppelnichtbesteuerung und lassen demnach positive Qualifikationskonflikte außen vor. Diplomatische Streitbeilegungsmechanismen und internationaler Informationsaustausch sind nur bedingt zur Lösung von Qualifikationskonflikten geeignet. Einerseits kranken sie an Ausgestaltungsschwächen und damit einhergehenden Ineffizienzen. Andererseits vermögen sie keinen Einfluss auf Qualifikationskonflikte nehmen, deren Ursache auf innerstaatlicher Rechtsebene begründet ist.

(16) Das entwickelte Lösungsmodell für Qualifikationskonflikte basiert auf dem Ansatz der Prozessoptimierung. Dieses knüpft an die unterschiedlichen Ursachenbereiche ohne die Notwendigkeit, die Ursache des Konfliktes tatsächlich identifizieren zu müssen.

(17) Durch Anknüpfung an die Ursachenebene wird dem originären Abkommensmechanismus wieder zur Funktionsfähigkeit verholfen. Hingegen würde bei der Anknüpfung an die Wirkungsebene die unerwünschte Doppelbesteuerung oder Minderbesteuerung artifiziell hergestellt, ohne die als sachgerecht empfundene Zuordnung der Ausübungsrechte zu berücksichtigen.

(18) Die Konzeption des Modells orientiert sich an idealtypischen Maßstäben. In diesem Zusammenhang ist es geeignet, die Hauptbedingung der übereinstimmenden Abkommensanwendung zu erreichen. Darüber hinaus trägt es auch den Nebenbedingungen der Ganzheitlichkeit, Durchsetzbarkeit, Systemidentität und -konformität Rechnung.

(19) Im Zuge der Prozessoptimierung bringt der Ansatz effizienzsteigernde Maßnahmen und Kontroll- sowie Regulierungsmechanismen überein. Die Ergebnisse sollen dabei auf den einzelnen Prozessebenen zwischen den Vertragsparteien abgeglichen werden.

(20) Auf der Tatsachenebene werden Informationsasymmetrien überwunden, indem eine Abstimmung und ein Abgleich der Tatsachen zwischen den Vertragsstaaten erfolgt. Dabei wird sich u.a. der Instrumente der gemeinsamen und gleichzeitigen Außenprüfung bedient.

(21) Auf Landesrechtsebene besteht die Problematik, dass die innerstaatlichen Rechtssysteme unterschiedlich ausgestaltet sind und Einfluss auf die unvollkommen ausgestalteten Abkommen nehmen. Aus diesem Grund wird ein maßgebliches innerstaatliches Recht zur Bestimmung der relevanten Komponenten Steuersubjekt, Einkunftsquelle und steuerlicher Vorgang festgelegt.

(22) Auf Abkommensebene sollen Unsicherheiten bei der Auslegung und Interessengegensätze zwischen den beteiligten Akteuren abgebaut werden. Dabei gilt es insbesondere im Rahmen der Auslegung darum, ein Umdenken in Bezug auf den Abkommenstelos zu erwirken, indem hier auf eine korrespondierende Zuordnung der Ausübungsrechte abgestellt wird und somit die Funktionsfähigkeit des Abkommensmechanismus in den Fokus gerückt wird. Zudem wird im Zuge einer Emanzipation von innerstaatlichen Begriffsverständnissen daran appelliert, Art. 3 Abs. 2

MA als Schnittstellenregelung zwischen dem Abkommensgegenstand und originär innerstaatlichen Regelungsbereichen zu verstehen.

(23) Darüber hinaus vermag das Prozessoptimierungsmodell auch einen Lösungsansatz für andere Konflikte der Abkommensanwendung und Nicht-DBA-Fälle darzustellen.

Literaturverzeichnis

Aigner, Hans-Jürgen/Züger, Mario, Die Lösung des OECD-Steuerausschusses für Qualifikationskonflikte bei Personengesellschaften, in Gassner, Wolfgang/Lang, Michael/Lechner, Eduard (Hrsg.), Personengesellschaften im Recht der Doppelbesteuerungsabkommen, Die Auswirkungen des OECD-Reports auf die Abkommenspraxis, Linde, Wien 2000, 52-67.

Albert, Markus, DBA-Verständigungsverfahren – Problem und Verbesserungsvorschläge, IFSt-Schrift Nr. 457, Veröffentlichungen des Instituts „Finanzen und Steuern" e.V., Bonn 2009.

Albert, Markus, Schiedsverfahren im Internationalen Steuerrecht, IFSt-Schrift Nr. 462, Veröffentlichungen des Instituts „Finanzen und Steuern" e.V., Bonn 2010.

Altmann, Zvi Daniel, Dispute Resolution under Tax Treaties, IBFD Publications, Amsterdam 2005.

Amrhein-Hofmann, Christine, Monismus und Dualismus in den Völkerrechtslehren, Duncker & Humblot, Berlin 2003.

Anger, Christiane/Wagemann, Thorsten, Zweifelsfragen bei der Auslegung von Doppelbesteuerungsabkommen, Praktische Hinweise unter Berücksichtigung der Rechtsprechung des BFH, Internationales Steuerrecht 2014, 611-616.

Anweiler, Jochen, Die Auslegungsmethoden des Gerichtshofs der Europäischen Gemeinschaften, Peter Lang, Frankfurt am Main u.a. 1997.

Arendt, Wolfgang, Zum Qualifikationsproblem im deutschen Internationalen Steuerrecht, Steuer und Wirtschaft 1959, Sp. 381-396.

Arnauld, Andreas von, Völkerrecht, 2. Auflage, C.F. Müller, Heidelberg u.a. 2014.

Ault, Hugh J., The Role of the OECD Commentaries in the Interpretation of Tax Treaties, in Alpert, Herbert H./Raad, Cornelis van (Hrsg.), Essays on International Taxation, To Sydney I. Roberts, Kluwer, Deventer/Boston 1993, 61-68.

Autzen, Thomas, Die ausländische Holding-Personengesellschaft, Ertragsteuerliche Behandlung und zielorientierte Gestaltung, Erich Schmidt Verlag, Berlin 2006.

Avery Jones , John F. et al., The Interpretation of Tax Treaties with Particular Reference to Article 3 (2) of the OECD-Model - I, British Tax Review, 1984, 14-54.

Avery Jones, John F. et al., The Interpretation of Tax Treaties with Particular Reference to Article 3 (2) of the OECD-Model - II, British Tax Review 1984, 90-108.

Avery Jones, John F., Article 3 (2) of the OECD Model Convention and the Commentary to It: Treaty Interpretation, European Taxation 1993, 252-257.

Avery Jones, John F., Interpretation of Double Taxation Conventions, Nationalbericht Großbritannien, in IFA (Hrsg.), Cahiers de Droit Fiscal International 1993, Volume 78a, IFA, Rotterdam 1993, 597-614.

Avery Jones, John F., Qualification Conflicts, The Meaning of Application in Article 3 (2) of the OECD Model, in Beisse, Heinrich/Lutter, Marcus/Närger, Heribald (Hrsg.), Festschrift für Karl Beusch zum 68. Geburtstag, De Gruyter, Berlin/New York 1993, 43-62.

Avery Jones, John F. et al., Credit and Exemption under Tax Treaties in Cases of Differing Income Characterization, European Taxation 1996, 118-146.

Avery Jones, John F., The 'One True Meaning' of a Tax Treaty, Bulletin for International Fiscal Documentation 2001, 220-224.

Avery Jones, John F., The Effect of Changes in the OECD Commentaries after a Treaty is Concluded, Bulletin for International Fiscal Documentation 2002, 102-109.

Avery Jones, John F., The interaction between tax treaty provisions and domestic law, in Maisto, Guglielmo, Tax Treaties and Domestic Law, IBFD Publications, Amsterdam 2006, 123-158.

Azzi, John, Tackling Tax Treaty Tension, Time to Think about an International Tax Court, Bulletin for International Fiscal Documentation 1998, 344-357.

Bach, Stefan, Die Perspektiven des Leistungsfähigkeitsprinzips im gegenwärtigen Steuerrecht, Steuer und Wirtschaft 1991, 116-135.

Bachmayr, Karl E., Rechtsanspruch auf Schutz gegen internationale Doppelbesteuerung, Steuern und Wirtschaft 1964, 885-896.

Baldus, Christian, Regelhafte Vertragsauslegung nach Parteirollen im klassischen römischen Recht und in der modernen Völkerrechtswissenschaft: zur Rezeptionsfähigkeit römischen Rechtsdenkens, Peter Lang, Frankfurt am Main u.a. 1998.

Bamberger, Heinz G./Roth, Herbert (Hrsg.), BGB, Beck'scher Online-Kommentar, Stand: 01.02.2015, C.H. Beck, München 2015.

Bar, Christian von/Mankowski, Peter, Internationales Privatrecht, Band 1, Allgemeine Lehren, 2. Auflage, C.H. Beck, München 2003.

Bareis, Peter, Gebietet das Grundgesetz bei der Ehegattenbesteuerung die Mißachtung ökonomischer Wirkungen? – Analyse eines Rechtsgutachtens Klaus Vogels, Steuer und Wirtschaft 2000, 81-90.

Bartin, Etienne, De l'impossibilité d'arriver à la suppression definitive des conflits de lois, Journal du droit international privé et de la jurisprudence compare (Clunet) 1897, 225-255, 466-495, 720-738.

Baumhoff, Hubertus/Puls, Michael, Mediation bei Verrechnungspreiskonflikten als alternativer Streitbeilegungsansatz?, Internationales Steuerrecht 2010, 802-806.

Bayer, Wilhelm F., Auslegung und Ergänzung international vereinheitlichter Normen durch staatliche Gerichte, Rabels Zeitschrift für ausländisches und internationales Privatrecht 1955, 603-642.

Beaucamp, Guy/Treder, Lutz, Methoden und Technik der Rechtsanwendung, 2. Auflage, C.F. Müller, Heidelberg u.a. 2011.

Beck, Diana/Moser, Till, Die Anrechnungsmethode in der konzeptionellen Kritik – Steuersystematische und verfassungsrechtliche Bedenken im inländischen Verlustfall, Steuer und Wirtschaft 2014, 258-272.

Becker, Dierck/Loose, Thomas, Besteuerung des Gewinnanteils aus intransparent besteuerten ausländischen Gesellschaften beim inländischen Gesellschafter, Betriebs-Berater 2011, 1559-1566.

Becker, Florian, Völkerrechtliche Verträge und parlamentarische Gesetzgebungskompetenz, Neue Zeitschrift für Verwaltungsrecht 2005, 289-291.

Becker, Katharina, Seminar J: Verfahren zur Lösung von DBA-Konflikten, Internationales Steuerrecht 2007, 592-595.

Becker, Katharina, Internationale Zusammenarbeit – Konsultation und Verständigung, in Achatz, Markus (Hrsg.), Internationales Steuerrecht, Veröffentlichungen der Deutschen Steuerjuristischen Gesellschaft e.V., Band 36, Otto Schmidt, Köln 2013, 167-190.

Becker, Peter, Die Qualifikation der cohabitation légale des belgischen Rechts im deutschen Internationalen Privatrecht, Zugleich ein Beitrag zur Qualifikation heterosexueller registrierter Partnerschaften und homo-/heterosexueller Nicht-Paarbeziehungen, Wolfgang Metzner Verlag, Frankfurt am Main 2011.

Becker, Hans P., Investition und Finanzierung, Grundlagen der betrieblichen Finanzwirtschaft, 6. Auflage, Springer Gabler, Wiesbaden 2013.

Beiser, Reinhold, Das Leistungsfähigkeitsprinzip – Irrweg oder Richtschnur?, Österreichische Steuerzeitung 2000, 413-423.

Bendlinger, Stefan, Personengesellschaften im Recht der Doppelbesteuerungsabkommen, Steuer und Wirtschaft International 2000, 16-24.

Benecke, Andreas/Schnitger, Arne, Lösung von Qualifikationskonflikten im internationalen Steuerrecht – der „abgeleitete" Qualifikationskonflikt, Recht der Internationalen Wirtschaft 2002, 439-448.

Benz, Sebastian/Kroon, Olaf, Die Vermeidung einer Nicht- oder Niedrigbesteuerung nach dem DBA-Niederlande, Internationales Steuerrecht 2012, 910-916.

Bernhardt, Hans-Henning, u.a., Podiumsdiskussion zum Beitrag von Eigelshoven, Axel/Wolff, Ulrike, Verständigungsverfahren – Praktische Erfahrungen und ungelöste Probleme, in Lüdicke, Jürgen (Hrsg.), Praxis und Zukunft des deutschen Internationalen Steuerrechts, Forum der Internationalen Besteuerung, Band 40, Otto Schmidt, Köln 2012, 147-160.

Bernhardt, Rudolf, Die Auslegung völkerrechtlicher Verträge insbesondere in der Rechtsprechung internationaler Gerichte, Carl Heymanns Verlag, Köln/Berlin 1963.

Bernhardt, Rudolf, Bundesverfassungsgericht und völkerrechtliche Verträge, in Starck, Christian (Hrsg.), Bundesverfassungsgericht und Grundgesetz, Festgabe aus Anlass des 25-jährigen Bestehens des Bundesverfassungsgerichts, Band 2: Verfassungsauslegung, Mohr, Tübingen 1976, 154-186.

Bernhardt, Rudolf, § 174, in Isensee, Josef/Kirchhof, Paul (Hrsg.), Handbuch des Staatsrechts, Bd. VII, Normativität und Schutz der Verfassung, Internationale Beziehungen, C.F. Müller, Heidelberg 1992.

Bernhardt, Rudolf, Interpretation in International Law, in Bernhardt, Rudolf, Encyclopedia of public international law, Band II, North-Holland, Amsterdam u.a. 1995, 1416-1426.

Bernhardt, Rudolf, Evolutive Treaty Interpretation, Especially of the European Convention of Human Rights, in Delbrück, Jost/Hofmann, Rainer (Hrsg.), German Yearbook of International Law, 42, 1999, Duncker & Humblot, Berlin 2000, 11-25.

Beyerlin, Ulrich, Pactum de contrahendo und pactum de negotiando im Völkerrecht?, Zeitschrift für ausländisches öffentliches Recht und Völkerrecht 1976, 407-473.

Birk, Dieter, Das Leistungsfähigkeitsprinzip als Maßstab der Steuernormen, ein Beitrag zu den Grundfragen des Verhältnisses Steuerrecht und Verfassungsrecht, Deubner, Köln 1983.

Birk, Dieter, Das Leistungsfähigkeitsprinzip in der Unternehmenssteuerreform, Steuer und Wirtschaft 2000, 328-336.

Birk, Dieter/Desens, Marc/Tappe, Henning, Steuerrecht, 17. Auflage, C.F. Müller, Heidelberg u.a. 2014.

Black, Henry C., A Law Dictionary, Nachdruck der 2nd Edition 1910, The Lawbook Exchange, Clark, New Jersey 2008.

Bleckmann, Albert, Begriff und Kriterien der innerstaatlichen Anwendbarkeit völkerrechtlicher Verträge, Duncker & Humblot, Berlin 1970.

Bleckmann, Albert, Grundgesetz und Völkerrecht, Duncker & Humblot, Berlin 1975.

Bleckmann, Albert, Die Völkerrechtsfreundlichkeit der deutschen Rechtsordnung, Die öffentliche Verwaltung 1979, 309-318.

Bleckmann, Albert, Völkerrecht, Nomos, Baden-Baden 2001.

Blumenwitz, Dieter, Die Ostverträge im Lichte des internationalen Vertragsrechts – insbesondere der Wiener Vertragsrechtskonvention, Kulturstiftung der Deutschen Vertriebenen, Bonn 1982.

Blumenwitz, Dieter, Die Auslegung völkerrechtlicher Verträge unter besonderer Berücksichtigung von Doppelbesteuerungsabkommen, in Becker, Jürgen (Hrsg.), Wanderer zwischen Musik, Politik und Recht, Festschrift für Reinhold Kreile zu seinem 65. Geburtstag, Nomos, Baden-Baden 1994, 73-87.

Blumenwitz, Dieter, Die Auslegung völkerrechtlicher Verträge, in Vogel, Klaus (Hrsg.), Doppelbesteuerungsabkommen und nationales Recht, Beiträge von Dieter Blumenwitz, Franz Wassermeyer, Rudolf Geiger, Siegfried Widmann, Reinhardt Pöllath, mit Diskussionsbeiträgen eines Münchener Symposiums und einer Einführung von Jörg M. Mössner, Münchener Schriften zum Internationalen Steuerrecht, Heft 18, C.H. Beck, München 1995, 5-27.

Böckenförde, Ernst-Wolfgang, Gesetz und gesetzgebende Gewalt, von den Anfängen der deutschen Staatsrechtslehre bis zur Höhe des staatsrechtlichen Positivismus, 2. Auflage, Duncker & Humblot, Berlin 1981.

Bödefeld, Axel/Kuntschik, Nina, Verständigungs- und Schiedsverfahren nach dem EU-Schiedsverfahren – Theorie und Praxis, Internationales Steuerrecht 2009, 268-273.

Bödefeld, Axel/Kuntschik, Nina, Schiedsverfahren nach DBA, Internationales Steuerrecht 2009, 449-454.

Bödefeld, Axel/Kuntschik, Nina, Der Überarbeitete Verhaltenskodex zur Anwendung des EU-Schiedsübereinkommen, Internationales Steuerrecht 2010, 474-478.

Bödefeld, Axel/Kuntschik, Nina, Schiedsverfahren nach den DBA mit Großbritannien, der Schweiz und Liechtenstein, Internationales Steuerrecht 2012, 137-140.

Boecken, Winfried, BGB – Allgemeiner Teil, Kohlhammer, Stuttgart 2007.

Boehmer, Gerhard, Der völkerrechtliche Vertrag im deutschen Recht, Carl Heymanns Verlag, Köln/Berlin 1965.

Brähler, Gernot, Deutsche Direktinvestitionen in den USA, der Einfluss der check-the-box-regulations auf die Wahl der steuerlich optimalen Alternative, Kovač Hamburg 2002.

Brähler, Gernot/Engelhard, Christoph, Steuerplanung bei deutschen Direktinvestitionen in den USA, Internationales Steuerrecht 2010, 889-896.

Brähler, Gernot, Internationales Steuerrecht, Grundlagen für Studium und Steuerberaterprüfung, 8. Auflage, Springer Gabler Wiesbaden 2014.

Brechmann, Winfried, Die richtlinienkonforme Auslegung: zugleich ein Beitrag zur Dogmatik der EG-Richtlinie, C.H. Beck, München 1994.

Bredimas, Anna E., Methods of Interpretation and Community Law, North-Holland, Amsterdam u.a. 1978.

Brock, Rüdiger, Der zwischenstaatliche Auskunftsverkehr innerhalb der Europäischen Union auf der Grundlage des EG-Amtshilfe-Gesetzes bei den direkten und indirekten Steuern, Peter Lang, Frankfurt am Main u.a. 1999.

Brombach-Krüger, Monika, Treaty Override aus europarechtlicher und verfassungsrechtlicher Sicht, Die Unternehmensbesteuerung 2008, 324-330.

Bron, Jan F., Das Treaty Override im deutschen Steuerrecht vor dem Hintergrund aktueller Entwicklungen, Internationales Steuerrecht 2007, 431-436.

Brownlie, Ian, Principles of Public International Law, 4. Auflage, Clarendon Press, Oxford 1990.

Bruggen, Edwin van der, Unless the Vienna Convention otherwise requires: Notes on the Relationship between Article 3 (2) of the OECD Model Tax Convnetion and Articles 31 and 32 of the Vienna Convention on the Law of Treaties, European Taxation 2003, 142-156.

Brunsbach, Stefan/Endres, Dieter/Lüdicke, Jürgen/Schnitger, Arne, Deutsche Abkommenspolitik – Trends und Entwicklungen 2011/2012, IFSt-Schrift Nr. 480, Veröffentlichungen des Instituts „Finanzen und Steuern" e.V., Berlin/Köln 2012.

Brunschot, Frank van, The Judiciary and the OECD Model Tax Convention and its Commentaries, Bulletin for International Fiscal Documentation 2005, 5-10.

Bucher, Eugen, Das subjektive Recht als Normsetzungsbefugnis, Mohr (Siebeck), Tübingen 1965.

Bühler, Ottmar, Prinzipien des Internationalen Steuerrechts, ein systematischer Versuch, Internationales Steuerdokumentationsbüro, Amsterdam 1964.

Burmester, Gabriele, Die Anrechnungsmethode im deutschen Steuerrecht, in Gassner, Wolfgang/Lang, Michael/Lechner, Eduard (Hrsg.), Die Methoden zur Vermeidung der Doppelbesteuerung, Anrechnungs- und Befreiungsmethode, Linde, Wien 1995, 241-268.

Burmester, Gabriele, Zur Systematik internationaler Minderbesteuerung und ihrer Vermeidung, in Burmester, Gabriele/Endres, Dieter (Hrsg.), Außensteuerrecht, Doppelbesteuerungsabkommen und EU-Recht im Spannungsverhältnis, Festschrift für Helmut Debatin zum 70. Geburtstag, C.H. Beck, München 1997, 55-80.

Bydlinski, Franz, Juristische Methodenlehre und Rechtsbegriff, 2. Auflage, Springer, Wien/New York 1991.

Canaris, Claus-Wilhelm, Die Bedeutung allgemeiner Auslegungs- und Rechtsfortbildungskriterien, JuristenZeitung 1987, 543-553.

Canaris, Claus-Wilhelm, Die richtlinienkonforme Auslegung und Rechtsfortbildung im System der juristischen Methodenlehre, in Koziol, Helmut/Rummel, Peter (Hrsg.), Im Dienste der Gerechtigkeit, Festschrift für Franz Bydlinski, Springer, Wien/New York 2002, 47-104.

Carl, Dieter/Klos, Joachim, Das völkerrechtliche Verständigungsverfahren der DBA, Recht der Internationalen Wirtschaft 1995, 493-499.

Cherry, Colin, Kommunikationsforschung – eine neue Wissenschaft, 2. Auflage, S. Fischer, Frankfurt am Main 1967.

Clausen, Uwe, Die Auslegung von Doppelbesteuerungsabkommen unter Berufung auf die Zweifelsfallregelung, Der Betrieb 2001, 2515-2520.

Corten, Olivier/Klein, Pierre, The Vienna Conventions on the Law of Treaties, A Commentary, Volume 1, Oxford University Press, Oxford 2011.

Czakert, Ernst, Seminar I: Der internationale Informationsaustausch bei der Festsetzung und Beitreibung von Steuern, Internationales Steuerrecht 2010, 567-570.

Czakert, Ernst, Seminar D: Artikel 3 Abs. 2 OECD-MA und die Anwendung des innerstaatlichen Rechts, Internationales Steuerrecht 2012, 703-706.

Czakert, Ernst, Exchange of Information and Cross-Border Cooperation between Tax Authorities, Nationalbericht Deutschland, in IFA (Hrsg.), Cahiers de Droit Fiscal International 2013, Volume 98b, IFA, Rotterdam 2013, 319-338.

Czakert, Ernst, Die Regelungen zur Amtshilfe in der deutschen Verhandlungsgrundlage für Doppelbesteuerungsabkommen, Internationale Steuer-Rundschau 2013, 177-181.

Czakert, Ernst, Entwicklungen im internationalen steuerlichen Informationsaustausch, in Lüdicke, Jürgen/Mössner, Jörg M./Hummel, Lars (Hrsg.), Das Steuerrecht der Unternehmen, Festschrift für Gerrit Frotscher zum 70. Geburtstag, 5-36, Haufe, Freiburg/München 2013.

Czakert, Ernst, Generalthema 2 und Seminar D: Der internationale Informationsaustausch und die grenzüberschreitende Kooperation der Steuerverwaltungen, Internationales Steuerrecht 2013, 596-603.

Dahm, Georg, Die völkerrechtliche Verbindlichkeit von Empfehlungen internationaler Organisationen, Die öffentliche Verwaltung 1959, 361-367.

Dahm, Georg/Delbrück, Jost/Wolfrum, Rüdiger, Völkerrecht, 2. Auflage, De Gruyter, Berlin 2002.

Daillier, Patrick/Pellet, Alain, Droit International Public, 7. Auflage, Librairie Général de Droit et de jurisprudence, Paris 2002.

Daniels, Ton H., Issues in International Partnership Taxation, with special reference to the United States, Germany and the Netherlands, Kluwer, Deventer/Boston 1991.

Debatin, Helmut, Auslegungsmaximen zum internationalen Steuerrecht, Außenwirtschaftsdienst des Betriebs-Beraters 1969, 477-486.

Debatin, Helmut, Außensteuerrechtliche und internationalrechtliche Behandlung von Rechtsträgern und daran bestehenden Beteiligungen, Der Betrieb 1977, Beilage 13, 1-8.

Debatin, Helmut, Inländische Beteiligungen an Mitunternehmerschaften im Ausland, Betriebs-Berater 1978, 669-674.

Debatin, Helmut, Inländische Beteiligungen an ausländischen Mitunternehmerschaften, Betriebs-Berater 1978, 1608-1610.

Debatin, Helmut, Qualifikationsprobleme im Doppelbesteuerungsrecht, Finanz-Rundschau 1979, 493-499.

Debatin, Helmut, Handbuch der Vereinten Nationen für Verhandlungen über Doppelbesteuerungsabkommen zwischen Industriestaaten und Entwicklungsländern, Der Betrieb 1980, Beilage Nr. 15, 1-20.

Debatin, Helmut, Zur Auslegung von Doppelbesteuerungsabkommen in Fischer, Lutz (Hrsg.), Unternehmung und Steuer, Festschrift zur Vollendung des 80. Lebensjahres von Peter Scherpf, Gabler, Wiesbaden 1983, 305-317.

Debatin, Helmut, System und Auslegung der Doppelbesteuerungsabkommen, Der Betrieb 1985, Beilage Nr. 23, 1-8.

Debatin, Helmut, Entwicklungstendenzen im Internationalen Steuerrecht und nationalen Außensteuerrecht im Lichte der neueren höchstrichterlichen Rechtsprechung, Deutsche Steuer-Zeitung 1987, 211-217.

Debatin, Helmut, Zum Grundverständnis der Doppelbesteuerungsabkommen, Recht der Internationalen Wirtschaft 1988, 727-729.

Debatin, Helmut, Subjektiver Schutz unter Doppelbesteuerungsabkommen, Betriebs-Berater 1989, Beilage Nr. 2, 1-10.

Debatin, Helmut, Doppelbesteuerungsabkommen und innerstaatliches Recht, Beihefter zu Heft 23, Deutsches Steuerrecht 1992, 1-8.

Debatin, Helmut, Zur Behandlung von Beteiligungen an Personengesellschaften unter den Doppelbesteuerungsabkommen im Lichte der neueren Rechtsprechung des Bundesfinanzhofs, Betriebs-Berater 1992, 1181-1188.

Degenhart, Christoph, Staatsrecht I, Staatsorganisationsrecht, Mit Bezügen zum Europarecht, 30. Auflage, C.F. Müller, Heidelberg u.a. 2014.

Déry, Jean M./Ward, David A., Interpretation of Double Taxation Conventions, Nationalbericht Kanada, in IFA (Hrsg.), Cahiers de Droit Fiscal International 1993, Volume 78a, IFA, Rotterdam 1993, 259-293.

Deutsch, Erwin, Qualifikation und Rechtsanwendung im intertemporalen Recht – dargestellt an Haftungs- und Schadensrecht des Einigungsvertrages, Praxis des Internationalen Privat- und Verfahrensrechts 1992, 284-290.

Diehl, Wolfram, Qualifikationskonflikte im Außensteuerrecht, Finanz-Rundschau 1978, 517-526.

Dilling, Johannes/Munte, Oliver, Das Internationale Privatrecht, 2. Auflage, Alpmann und Schmidt, Münster 2006.

Ditz, Xaver/Bärsch, Sven-Eric/Qulitzsch, Carsten, Betriebsstätteneinkünfte und Gewinnabgrenzung zwischen verbundenen Unternehmen nach der deutschen Verhandlungsgrundlage für Doppelbesteuerunsgabkommen, Internationale Steuer-Rundschau 2013, 156-164.

Ditz, Xaver/Schönfeld, Jens, Deutsche Verhandlungsgrundlage für Doppelbesteuerungsabkommen, Eine erste kritische Analyse, Der Betrieb 2013, 1437-1444.

Djanani, Christiana/Brähler, Gernot, Internationale Steuerplanung durch Ausnutzung von Qualifikationskonflikten – dargestellt am Verhältnis Deutschland-USA, Steuer und Wirtschaft 2007, 53-63.

Djanani, Christiana/Brähler, Gernot/Hartmann, Thomas, Die Finanzverwaltung und die autonome Abkommensauslegung – zugleich Besprechung des BMF-Schreibens vom 19.3.2004, Internationales Steuerrecht 2004, 481-485.

Doehring, Karl, Völkerrecht, ein Lehrbuch, 2. Auflage, C.F. Müller, Heidelberg 2004.

Dölker, Angelika, Die Besteuerung von Personengesellschaften im internationalen Vergleich, Eul Verlag, Lohmar/Köln 2012.

Dorn, Herbert, Das Recht der internationalen Doppelbesteuerung, Vierteljahresschrift für Steuer- und Finanzrecht 1927, 189-249.

Dörner, Heinrich, Qualifikationen im IPR - ein Buch mit sieben Siegeln?, Zeitschrift für Standesamtswesen 1988, 345-352.

Dörr, Oliver/Schmalenbach, Kirsten, Vienna Convention on the Law of Treaties, A Commentary, Springer, Berlin/Heidelberg 2012.

Dräger, Jürgen, Personengesellschaften im Recht der Doppelbesteuerungsabkommen, Steuerberater Woche 2010, 466-469.

Drüen, Klaus-Dieter, Bindungswirkung von Rechtsverordnungen zur Umsetzung von Konsultationsvereinbarungen. Ermächtigungen für DBA-Konsultationen, Internationale Wirtschaftsbriefe 2011, 360-368.

Eckardt, Melanie Nadine, Die Entwicklung des Individualschutzes im internationalen Investitionsschutzrecht, Nomos, Baden-Baden 2014.

Edwardes-Ker, Michael, Tax Treaty Interpretation, Alfa Print, London 1995.

Eigelshoven, Axel/Wolff, Ulrike, Verständigungsverfahren – praktische Erfahrungen und ungelöste Problem, in Lüdicke, Jürgen (Hrsg.), Praxis und Zukunft des deutschen Internationalen Steuerrechts, Forum der Internationalen Besteuerung, Band 40, Otto Schmidt, Köln 2012, 129-146.

Ellis, Maarten J., The Influence of the OECD Commentaries on Treaty Interpretation – Response to Prof. Dr. Klaus Vogel, Bulletin for International Fiscal Documentation 2000, 617-618

Ellis, Maarten J., The Role of the Commentaries on the OECD Model in the Tax Treaty Interpretation Process – Response to David Ward, Bulletin for International Taxation 2006, 103-104.

Engel, Benjamin M., Steueroptimale Strukturierung von Auslandsinvestitionen deutscher mittelständischer Unternehmen, Eul Verlag, Lohmar/Köln 2013.

Engel, Benjamin M./Hilbert, Lukas, Besteuerung des Gewinnanteils des inländischen Gesellschafters einer ausländischen Personengesellschaft, Finanz-Rundschau 2012, 394-402.

Engel, Christoph, Völkerrecht als Tatbestandsmerkmal deutscher Normen, Duncker & Humblot, Berlin 1989.

Engelen, Fanciscus Antonius, Interpretation of Tax Treaties under International Law, A Study of Articles 31, 32 and 33 of the Vienna Convention on the Law of Treaties and their Application to Tax Treaties, IBFD Publications, Amsterdam 2004.

Engelen, Franciscus Antonius, Some Observations on the Legal Status of the Commentaries on the OECD Model, Bulletin for International Taxation 2006, 105-109.

Engisch, Karl (Begr.), Einführung in das juristische Denken, bearbeitet von Würtenberger, Thomas, 11. Auflage, Kohlahammer, Stuttgart 2010.

Engler, Gerhard/Elbert, Dirk, Steuerliche Systematik der Prüfung und Dokumentation, Verfahren, in Vögele, Alexander/Borstell, Thomas/Engler, Gerhard (Hrsg.), Verrechnungspreise, 3. Auflage, C.H. Beck, München 2011.

Englisch, Joachim, Dividendenbesteuerung, Europa- und verfassungsrechtliche Vorgaben im Vergleich der Körperschaftsteuersysteme Deutschlands und Spaniens, Otto Schmidt, Köln 2005.

Ermschel, Ulrich/Möbius, Christian/Wengert, Holger, Investition und Finanzierung, 3. Auflage, Springer Gabler, Berlin/Heidelberg 2013.

Escher, Felix, Die Methoden zur Ausschaltung der Doppelbesteuerung, Haupt Verlag, Bern/Stuttgart 1974.

Fassbender, Bardo, Der offene Bundesstaat, Studien zur auswärtigen Gewalt und zur Völkerrechtssubjektivität bundesstaatlicher Teilstaaten in Europa, Mohr Siebeck, Tübingen 2007.

Fastenrath, Ulrich, Kompetenzverteilung im Bereich der auswärtigen Gewalt, C.H. Beck, München 1986.

Fastenrath, Ulrich Lücken im Völkerrecht, zu Rechtscharakter, Quellen, Systemzusammenhang, Methodenlehre und Funktionen des Völkerrechts, Duncker & Humblot, Berlin, 1991.

Feldgen, René, Die Anwendung der DBA auf Personengesellschaften, Internationale Wirtschaftsbriefe 2010, 232-240.

Ferid, Murad, Internationales Privatrecht, 3. Auflage, Wolfgang Metzner Verlag, Frankfurt am Main 1986.

Fikentscher, Wolfgang, Methoden des Rechts in vergleichender Darstellung, Band 3, Mitteleuropäischer Rechtskreis, Mohr, Tübingen 1976.

Fikentscher, Methoden des Rechts in vergleichender Darstellung, Band 2, Anglo-amerikanischer Rechtskreis, Mohr, Tübingen 1975.

Fikentscher, Wolfgang, Was bedeutet „self executing"? – Überlegungen zur Rechtsnatur des GATT im Blick auf einen GATT-Immaterialgüterschutz, in, Baur, Jürgen F. (Hrsg.), Festschrift für Ernst Steindorff zum 70. Geburtstag am 13. März 1990, De Gruyter, Berlin/New York 1990, 1175-1191.

Fikentscher, Wolfgang, Recht und wirtschaftliche Freiheit, Band 2, Transnationales Marktrecht, Mohr (Siebeck), Tübingen 1993.

Fischer, Lutz/Kleineidam, Hans-Jochen/Warneke, Perygrin, Internationale Betriebswirtschaftliche Steuerlehre, Erich Schmidt Verlag, Berlin 2005.

Flick, Hans, Das Erfordernis der Subjektidentität bei Doppelbesteuerungsnormen, Steuer und Wirtschaft 1960, 329-350.

Flick, Hans, Die Qualifikation der typischen stillen Gesellschaft im deutsch-schweizerischen Doppelbesteuerungsabkommen, Deutsches Steuerrecht 1968, 687-692.

Flick, Hans, Zur Auslegung von Normen des internationalen Steuerrechts, in Felix, Günther (Hrsg.), Von der Auslegung und Anwendung der Steuergesetze: [aus Anlass des 60. Geburtstages von Armin Spitaler], Stuttgart 1958, 151-171.

Flüchter, Karsten, Seminar C: Verständigungsverfahren und die Beilegung grenzüberschreitender Streitigkeiten, Internationales Steuerrecht 2012, 694-703.

Franz, Einiko B./Voulon, Marcel, Abkommensrechtliche Behandlung von Sondervergütungen – Status Quo und Perspektiven, Betriebs-Berater 2011, 1111-1119.

Frotscher, Gerrit, Abkommensrechtliche Behandlung von Lizenzzahlungen als Sondervergütungen nach Inkrafttreten des § 50d Abs. 10 EStG, Internationales Steuerrecht 2009, 866-868.

Frotscher, Gerrit, Internationales Steuerrecht, 3. Auflage, C.H. Beck, München 2009.

Frotscher, Gerrit, Treaty Override ohne Grenzen?, in Piltz, Detlev J./Günkel, Manfred/Niemann, Ursula (Hrsg.), Steuerberater-Jahrbuch 2009/2010, zugleich Bericht über den 61. Fachkongress der Steuerberater, Köln, 6. und 7. Oktober 2009, Otto Schmidt, Köln 2010, 151-178.

Frotscher, Gerrit, Zur Zulässigkeit des „Treaty Override", in Spindler, Wolfgang/Tipke, Klaus/Rödder, Thomas (Hrsg.), Steuerzentrierte Rechtsberatung, Festschrift für Harald Schaumburg zum 65. Geburtstag, Otto Schmidt, Köln 2010, 687-714.

Funke, Andreas, Umsetzungsrecht, zum Verhältnis von internationaler Sekundärrechtsetzung und deutscher Gesetzgebungsgewalt, Mohr Siebeck, Tübingen 2010.

Gandenberger, Otto, Der Einfluß der Einkommen- und Körperschaftsteuer auf die internationalen Wirtschaftsströme, in Vogel, Klaus (Hrsg.), Grundfragen des Internationalen Steuerrechts, Veröffentlichungen der Deutschen Steuerjuristischen Gesellschaft e.V., Band 8, Otto Schmidt, Köln 1985, 33-48.

Gandenberger, Otto, Kapitalexportneutralität versus Kapitalimportneutralität, allokative Überlegungen zu einer Grundfrage der internationalen Besteuerung, Forschungsinstitut für Wirtschaftspolitik, Forschungsinstitut für Wirtschaftspolitik, Mainz 1983.

Gänswein, Olivier, Der Grundsatz unionsrechtskonformer Auslegung nationalen Rechts: Erscheinungsformen und dogmatische Grundlage eines Rechtsprinzips des Unionsrechts, Peter Lang, Frankfurt am Main u.a. 2009.

Gebhardt, Ronald, Grundlegendes zum Phänomen Tax Treaty Overriding im deutschen Internationalen Steuerrecht, Die Unternehmensbesteuerung 2012, 585-597.

Gebhardt, Ronald, Deutsches Tax Treaty Overriding: Steuersystematische und -ökonomische Implikationen, Springer Gabler, Wiesbaden 2013.

Gebhardt, Ronald/Reppel, Maximilian, Die neuen Subject-to-tax-Klauseln in deutschen DBA – Praxisfälle und Zweifelsfragen im Kontext des BMF-Schreibens vom 20.6.2013. Internationales Steuerrecht 2013, 760-765.

Geiger, Rudolf, Veränderung von Doppelbesteuerungsabkommen ohne Änderung des Vertragsgesetzes?, in Vogel, Klaus (Hrsg.), Doppelbesteuerungsabkommen und nationales Recht, Beiträge von Dieter Blumenwitz, Franz Wassermeyer, Rudolf Geiger, Siegfried Widmann, Reinhardt Pöllath, mit Diskussionsbeiträgen eines Münchener Symposiums und einer Einführung von Jörg M. Mössner, C.H. Beck, München 1995, 37-46.

Geiger, Rudolf, Grundgesetz und Völkerrecht mit Europarecht, Die Bezüge des Staatsrechts zum Völkerrecht und Europarecht, 6. Auflage, C.H. Beck, München 2013.

Gerken, Lüder/Märkt, Jörg/Schick, Gerhard, Internationaler Steuerwettbewerb, Mohr Siebeck, Tübingen 2000.

Geuenich, Marcus, Qualifikationskonflikte im OECD-Musterabkommen und deutschen Doppelbesteuerungsabkommen am Beispiel einer atypisch stillen Gesellschaft, Duncker & Humblot, Berlin 2005.

Giegerich, Thomas, Der "offene Verfassungsstaat" des Grundgesetzes nach 60 Jahren, Anspruch und Wirklichkeit einer großen Errungenschaft, Duncker & Humblot, Berlin 2010.

Gillamariam, David/Binding, Jens, Base Erosion and Profit Shifting („BEPS") – Bericht der OECD zur Aushöhlung steuerlicher Bemessungsgrundlagen und Gewinnverlagerungen, Deutsches Steuerrecht 2013, 1153-1158.

Glaser, Markus, Internationale Verwaltungsbeziehungen, Mohr Siebeck, Tübingen 2010.

Glasersfeld, Ernst von, Wissen, Sprache und Wirklichkeit, Arbeiten zum radikalen Konstruktivismus, Vieweg, Braunschweig 1987.

Gloria, Christian, Das steuerliche Verständigungsverfahren und das Recht auf diplomatischen Schutz: zugleich ein Beitrag zur Lehre von der Auslegung der Doppelbesteuerungsabkommen, Duncker & Humblot, Berlin 1988.

Gloria, Christian, Die Doppelbesteuerungsabkommen der Bundesrepublik Deutschland und die Bedeutung der Lex-Fori-Klausel für ihre Auslegung. Ein Plädoyer für die Auslegung der DBA nach den Regeln der WVK, Recht der Internationalen Wirtschaft 1986, 970-978.

Gosch, Dietmar, Internationale Qualifikationskonflikte, in Schaumburg, Harald/Piltz, Detlev J. (Hrsg.), Veräußerungsgewinne im Internationalen Steuerrecht, Forum der Internationalen Besteuerung, Band 27, Otto Schmidt, Köln 2004, 103-120.

Gosch, Dietmar, Über das Treaty Overriding: Bestandsaufnahme – Verfassungsrecht – Europarecht, Internationales Steuerrecht 2008, 413-421.

Gosch, Dietmar, Podiumsdiskussion zu den Beitrag von Wichmann, Michael, Entwicklungstendenzen der Doppelbesteuerungsabkommen - Auswirkungen der neueren Revisionen der OECD-Musterabkommens, in Lüdicke, Jürgen (Hrsg.), Wo steht das deutsche Internationale Steuerrecht?, Forum der Internationalen Besteuerung, Band 35, Otto Schmidt, Köln 2009, 121-136.

Gosch; Dietmar, Über das Nichtanwenden höchstrichterlicher Rechtsprechung – aufgezeigt am Beispiel der Spruchpraxis des I. Senats des BFH, in Mellinghoff, Rudolf/Schön, Wolfgang/Viskorf, Hermann-Ulrich (Hrsg.), Steuerrecht im Rechtsstaat, Festschrift für Wolfgang Spindler zum 65. Geburtstag, Otto Schmidt, Köln 2011, 379-428.

Gosch, Dietmar, u.a., Podiumsdiskussion zum Beitrag von Eigelshoven, Axel/Wolff, Ulrike, Verständigungsverfahren – Praktische Erfahrungen und ungelöste Probleme, in Lüdicke, Jürgen (Hrsg.), Praxis und Zukunft des deutschen Internationalen Steuerrechts, Forum der Internationalen Besteuerung, Band 40, Otto Schmidt, Köln 2012, 147-160.

Gosch, Dietmar, Über die Auslegung von Doppelbesteuerungsabkommen, Internationale Steuer-Rundschau 2013, 87-95.

Gosch, Dietmar, Auslegung von DBA in der deutschen Rechtspraxis, in Lüdicke, Jürgen (Hrsg.), Vermeidung der Doppelbesteuerung und ihre Grenzen, Forum der Internationalen Besteuerung, Band 42, Otto Schmidt, Köln 2013, 1-24.

Gosch, Dietmar, Missbrauchsabwehr im Internationalen Steuerrecht, in Achatz, Markus (Hrsg.), Internationales Steuerrecht: 37. Jahrestagung der Deutschen Steuerjuristischen Gesellschaft e.V., Linz 10. Und 11. September 2012, Deutsche Steuerjuristische Gesellschaft, Band 36, Otto Schmidt, Köln 2013, 201-232.

Gosch, Dietmar, Seminar D „Judges' Seminar": Abkommensrecht vor Gericht – Stichworte zu zehn gängigen Streitpunkten, Internationales Steuerrecht 2014, 698-704.

Gosch, Dietmar/Kroppen, Heinz-Klaus/Grotherr, Sigfired (Hrsg.), DBA-Kommentar, Doppelbesteuerungsabkommen auf dem Gebiet der Steuern vom Einkommen und vom Vermögen, auf dem Gebiet der Erbschaftsteuer, Loseblatt, 25. Ergänzungslieferung, Stand: Januar 2015, NWB, Herne/Berlin 2015.

Groeben, Hans von der/Thiesing, Jochen/Ehlermann, Claus-Dieter (Hrsg.), Kommentar zum EU-/EG-Vertrag, 5. Auflage, Nomos, Baden-Baden 1997.

Groeben, Hans von der/Schwarze, Jürgen (Hrsg.), Kommentar zum EU-/EG-Vertrag, Vertrag über die Europäische Union und Vertrag über die Gründung der Europäischen Gemeinschaft, 6. Auflage, Nomos, Baden-Baden 2003.

Grotherr, Siegfried/Herfort, Claus/Strunk, Günter, Internationales Steuerrecht, 3. Auflage, Erich Fleischer Verlag, Achim 2010.

Gruber, Urs Peter, Methoden des internationalen Einheitsrechts, Mohr Siebeck, Tübingen 2004.

Grundmann, Stephan M., Die Auslegung des Gemeinschaftsrechts durch den Europäischen Gerichtshof: zugleich eine rechtsvergleichende Studie zur Auslegung im Völkerrecht und im Gemeinschaftsrecht, Hartung-Gorre Verlag, Konstanz 1997.

Gschwandtner, Karsten, Unternehmensgewinne von Personengesellschaften im Abkommensrecht im Spannungsfeld zwischen Art. 7 OECD-MA und § 15 EStG, Peter Lang, Frankfurt am Main u.a. 2007.

Gündisch, Stephan G., Personengesellschaften im DBA – Recht: eine Analyse des OECD-Partnership-Reports, C.H. Beck, München 2004.

Gündisch, Stephan G., Analoge Abkommensanwendung zur Überwindung von Qualifikationskonflikten, Internationales Steuerrecht 2005, 829-835.

Günkel, Manfred/Lieber, Bettina, Abkommensrechtliche Qualifikation von Sondervergütungen, Finanz-Rundschau 2000, 853-858.

Guttentag, Joseph H./Misback, Ann E., Resolving Tax Treaty Issues: A Novel Solution, Bulletin for International Fiscal Documentation 1986, 350-357.

Haas, Wolfgang, Reformbedarf im deutschen internationalen Steuerrecht, Internationales Steuerrecht 2011, 353-361.

Haase, Florian (Hrsg.), Außensteuergesetz/Doppelbesteuerungsabkommen, Heidelberger Kommentar, 2. Auflage, C.F. Müller, Heidelberg u.a. 2012.

Haase, Florian, Internationales und Europäisches Steuerrecht, 4. Auflage, C.F. Müller, Heidelberg u.a. 2014.

Haase, Florian/Dorn, Katrin, Rätsel um den Anwendungsbereich der jüngeren Switch-over-Regelungen, Internationales Steuerrecht 2011, 791-797.

Hahn, Hartmut, Zur Auslegung von Doppelbesteuerungsabkommen: Der Grundsatz der Entscheidungsharmonie im Crash-Test, in Gocke, Rudolf/Gosch, Dietmar/Lang, Michael (Hrsg.), Körperschaftsteuer, Internationales Steuerrecht, Doppelbesteuerung, Festschrift für Franz Wassermeyer zum 65. Geburtstag, C.H. Beck, München 2005, 631-645.

Hahn, Hartmut, Gedanken zum Grundsatz der sog. Entscheidungstheorie, Internationales Steuerrecht 2012, 941-949.

Hahn, Hugo J./Weber, Albrecht, Die OECD, Organisation für wirtschaftliche Zusammenarbeit und Entwicklung, Nomos, Baden-Baden 1976.

Hannes, Berthold, Qualifikationskonflikte im Internationalen Steuerrecht, S + W Steuer- und Wirtschaftsverlag, Hamburg 1992.

Hansen, Christian, Einkünfte aus Personengesellschaftsbeteiligungen im Recht der Doppelbesteuerungsabkommen, Nomos, Baden-Baden 2009.

Heger, Karin, Das Verhältnis von Abkommensrecht und nationalem Steuerrecht, Steuer und Wirtschaft International 2011, 95-104.

Hemmelrath, Alexander, Besonderheiten bei der Beteiligung von Steuerinländern an Personengesellschaften in DBA-Staaten, Internationales Steuerrecht 1995, 570-574.

Hemmelrath, Alexander/Kepper, Philipp, Die Bedeutung des „Authorized OECD Approach" (AOA) für die deutsche Abkommenspraxis, Internationales Steuerrecht 2013, 37-42.

Henneke, Hans-Günter, Öffentliches Finanzwesen, Finanzverfassung: eine systematische Darstellung, 2. Auflage, C.F. Müller, Heidelberg 2000.

Herdegen, Matthias, Europarecht, 14. Auflage, C.H. Beck, München 2012.

Herdegen, Matthias, Völkerrecht, 13. Auflage, C.H. Beck, München 2014.

Herlinghaus, Andreas, Gedanken zum abkommensrechtlichen Schiedsverfahren nach Art. 25 Abs. 5 OECD-MA, Internationales Steuerrecht 2010, 125-130.

Herzberg, Rolf D., Die ratio legis als Schlüssel zum Gesetzesverständnis? – Eine Skizze und Kritik der überkommenen Auslegungsmethodik, Juristische Schulung 2005, 1-8.

Herzfeld, Edgar, Probleme des internationalen Steuerrechts unter besonderer Berücksichtigung des Territorialitätsproblems und des Qualifikationsproblems, Vierteljahresschrift für Steuer- und Finanzrecht, 6. Jahrgang, Carl Heymanns Verlag, Berlin 1932, 423-495.

Hilf, Meinhard, Die Auslegung mehrsprachiger Verträge: eine Untersuchung zum Völkerrecht und zum Staatsrecht der Bundesrepublik Deutschland, Springer, Berlin u.a. 1973

Hochheim, Stephanie M.-C., Der Typenvergleich aus europarechtlicher Sicht, Peter Lang, Frankfurt am Main u.a. 2009.

Höhn, Nicole/Höring, Johannes, Das Steuerrecht international agierender Unternehmen, Grenzüberschreitende Steuerplanung, Gabler, Wiesbaden 2010.

Höpfner, Clemens, Zur Praxis der Gesetzesauslegung in der Justiz, Die Öffentliche Verwaltung 2006, 820-824.

Höpfner, Clemens, Die systemkonforme Auslegung: zur Auflösung einfachgesetzlicher, verfassungsrechtlicher und europarechtlicher Widersprüche im Recht, Mohr Siebeck, Tübingen 2008.

Hoffmann, Bernd von/Thorn, Karsten, Internationales Privatrecht, einschließlich der Grundzüge des internationalen Zivilverfahrensrechts, 9. Auflage, C.H. Beck, München 2007.

Hofmann, Tobias, Der Grundsatz der völkerrechtsfreundlichen Auslegung, Juristische Ausbildung 2013, 326-333.

Holthaus, Jörg, Systemwechsel in der Abkommenspolitik – tatsächliche Besteuerung im Quellenstaat Voraussetzung für Freistellungen nach den neuen DBA, Internationales Steuerrecht 2012, 537-540.

Homburg, Stefan, Allgemeine Steuerlehre, 7. Auflage, Vahlen, München 2015.

Hruschka, Franz, Das neue BMF-Schreiben zur Anwendung von DBA auf Personengesellschaften, Deutsches Steuerrecht 2014, 2421-2427.

Hübschmann, Walter/Hepp, Ernst/Spitaler, Armin (Begr.), Abgabenordnung, Finanzgerichtsordnung, Kommentar, Loseblatt, 232. Ergänzungslieferung, Stand: Mai 2015, Otto Schmidt, Köln 2015.

Hummel, Lars, Zur innerstaatlichen Bindungswirkung von auf Doppelbesteuerungsabkommen beruhenden Konsultationsvereinbarungen – Betrachtungen anlässlich der Ergänzung von § 2 AO durch das Jahressteuergesetz 2010, Internationales Steuerrecht 2011, 397-403.

Hundt, Florenz, UN-Musterabkommen zur Vermeidung der Doppelbesteuerung zwischen Industriestaaten und Entwicklungsländern, Recht der Internationalen Wirtschaft/Außenwirtschaftsdienst des Betriebs-Beraters 1981, 306-327.

Hyde, Charles C., International Law: chiefly as interpreted and applied by the United States, Volume 2, 2nd Edition, Little, Brown and Company, Boston 1947.

Ipsen, Knut, Völkerrecht, 3. Auflage, C.H. Beck, München 1990.

Ipsen, Knut, Völkerrecht, 5. Auflage, C.H. Beck, München 2004.

Ismer, Roland, Compulsory Waiver of Domestic Remedies before Arbitration under a Tax Treaty – A German Perspective, Bulletin for International Fiscal Documentation 2003, 18-23.

Ismer, Roland, DBA-Konkretisierung durch die Exekutive? – Zur Bindungswirkung von Verständigungsvereinbarungen nach Art. 25 Abs. 3 Satz 1 OECD-MA, Internationales Steuerrecht 2009, 366-371.

Jacobs, Otto H., Internationale Unternehmensbesteuerung, Deutsche Investitionen im Ausland, Ausländische Investitionen im Inland, 7. Auflage, C.H. Beck, München 2011.

Jankowiak, Ingo, Doppelte Nichtbesteuerung im Internationalen Steuerrecht, Nomos, Baden-Baden 2009.

Jansen, Lothar/Weidmann, Matthias, Treaty Overriding und Verfassungsrecht, Internationales Steuerrecht 2010, 596-605.

Jarass, Hans D./Pieroth, Bodo (Hrsg.), Grundgesetz für die Bundesrepublik Deutschland, Kommentar, 13. Auflage, C.H. Beck, München 2014.

Jennings, Robert/Watts, Arthur, Oppenheim's International Law, Vol. I/Parts 2-4, 9th Edition, Longman, Harlow 1992.

Jirousek, Heinz, International koordinierte Betriebsprüfung von grenzüberschreitend tätigen Unternehmen, Steuer und Wirtschaft International 1998, 205-210.

Jirousek, Heinz, Methodische Ansätze zur Konfliktvermeidung bei der Anwendung von Doppelbesteuerungsabkommen, in Lang, Michael/Jirousek, Heinz (Hrsg.), Praxis des Internationalen Steuerrechts, Festschrift für Helmut Loukota zum 65. Geburtstag, Linde, Wien 2005, 175-194.

Junker, Abbo, Internationales Privatrecht, C.H. Beck, München 1998.

Kahl, Wolfgang/Waldhoff, Christian/Walter, Christian (Hrsg.), Bonner Kommentar zum Grundgesetz, Loseblatt, 171. Ergänzungslieferung, Stand: April 2015, C.F. Müller, Heidelberg u.a. 2014.

Kahle, Holger, Steuergestaltung bei international tätigen Personengesellschaften, Steuer und Wirtschaft 2005, 61-70

Kahle, Holger/Wildermuth, Marcel, BEPS und aggressive Steuerplanung: Ein Diskussionsbeitrag, Die Unternehmensbesteuerung 2013, 405-417.

Kahn, Franz, Gesetzeskollisionen, Ein Beitrag zur Lehre des internationalen Privatrechts, in Ihering, Rudolf von (Hrsg.), Iherings Jahrbücher für die Dogmatik des heutigen römischen und deutschen Privatrechts, Band 30, 1891, 1-143.

Kaminski, Bert/Strunk, Günther, Steuern in der internationalen Unternehmenspraxis, Grundlagen, Auswirkungen, Beispiele, Gabler, Wiesbaden 2006.

Karl, Wolfram, Vertrag und spätere Praxis im Völkerrecht: zum Einfluß der Praxis auf Inhalt und Bestand völkerrechtlicher Verträge, Springer, Berlin 1983.

Katz, Stanley I., Interpretation of Double Taxation Conventions, Generalbericht, in IFA (Hrsg.), Cahiers de Droit Fiscal International 1993, Volume 78a, IFA, Rotterdam 1993, 615-660.

Keerl, Markus, Internationale Verrechnungspreise in der globalisierten Wirtschaft, Die Bestimmung von Transferpreisen und das Verständigungsverfahren, Universitätsverlag Göttingen, Göttingen 2008.

Kegel, Gerhard/Schurig, Klaus, Internationales Privatrecht, 8. Auflage, C.H. Beck, München 2000.

Kegel, Gerhard/Schurig, Klaus, Internationales Privatrecht, 9. Auflage, C.H. Beck, München 2004.

Keller, Max/Siehr, Kurt, Allgemeine Lehren des Internationalen Privatrechts, Schulthess, Zürich 1986.

Kelsen, Hans, Das Problem der Souveränität und Theorie des Völkerrechts: Beitrag zu einer reinen Rechtslehre, Mohr, Tübingen 1920.

Kempf, Andreas/Bandl, Michael, Hat Treaty Override in Deutschland eine Zukunft?, Der Betrieb 2007, 1377-1381.

Kempf, Andreas/Gelsdorf, Frederik, Die EU-Schiedsverfahrenskonvention im Konkurrenzverhältnis zu Doppelbesteuerungsabkommen, Internationales Steuerrecht 2012, 329-335.

Kerath, Andreas, Maßstäbe zur Auslegung und Anwendung von Doppelbesteuerungsabkommen unter besonderer Berücksichtigung des Verständigungsverfahrens, Lit-Verlag, Münster/Hamburg 1995.

Kessler, Wolfgang/Eicke, Rolf, Hinter dem Horizont – Das neue US-Musterabkommen und die Zukunft der US-Steuerpolitik, Internationales Steuerrecht 2007, 159-162.

Kessler, Wolfgang/Kröner, Michael/Köhler, Stefan (Hrsg.), Konzernsteuerrecht, National – International, 2. Auflage, C.H. Beck, München 2008.

Kienberger, Stephan, Avoidance of Double (Non-)Taxation and Art. 23 A and B Paragraph 1 OECD MC, in Burgstaller, Eva/Haslinger, Katharina (Hrsg.), Conflicts of Qualification in Tax Treaty Law, Linde, Wien 2007.

Kirchhof, Paul, Die Widerspruchsfreiheit im Steuerrecht als Verfassungspflicht, Steuer und Wirtschaft 2000, 316-327.

Klebau, Bodo, Einzelprobleme bei der Auslegung von Doppelbesteuerungsabkommen, Recht der Internationalen Wirtschaft 1985, 125-134.

Kluge, Volker, Die Auslegung von Doppelbesteuerungsabkommen, Recht der Internationalen Wirtschaft/Außenwirtschaftsdienst des Betriebs-Beraters 1975, 90-96.

Kluge, Volker, Die Anerkennung ausländischer Gesellschaften im deutschen Steuerrecht, Deutsches Steuerrecht 1976, 365-369.

Kluge, Volker, Das Internationale Steuerrecht, Gemeinschaftsrecht, Außensteuerrecht, Abkommensrecht, 4. Auflage, C.H. Beck, München 2000.

Knobbe-Keuk, Brigitte, „Qualifikationskonflikte" im internationalen Steuerrecht der Personengesellschaften, Recht der Internationalen Wirtschaft 1991, 306-316.

Köbler, Gerhard, Etymologisches Rechtswörterbuch, Mohr, Tübingen 1995.

Köck, Heribert F., Vertragsinterpretation und Vertragsrechtskonvention, zur Bedeutung der Art. 31 und 32 der Wiener Vertragsrechtskonvention 1969, Duncker & Humblot, Berlin 1976.

Köck, Heribert F., Die „implied powers" der Europäischen Gemeinschaften als Anwendungsfeld der „implies powers" internationaler Organisationen überhaupt, in Böckenstiegel, Karl-Heinz/Folz, Hans-Ernst/Mössner, Jörg M./Zemanek, Karl (Hrsg.), Völkerrecht, Recht der internationalen Organisationen, Weltwirtschaft, Festschrift für Ignaz Seidl-Hohenveldern, Carl Heymanns Verlag, Köln/Berlin 1988, 279-300.

Köhler, Thomas, Doppelbesteuerungsabkommen gestern, heute, morgen – wenn der Fiskus zweimal klingelt, in Strunk, Günther/Wassermeyer, Franz/Kaminski, Bert (Hrsg.), Unternehmensteuerrecht und Internationales Steuerrecht, Gedächtnisschrift für Dirk Krüger, 3-18, Stollfuß, Bonn/Berlin 2006.

Körner, Andreas, Der Zinsartikel in der deutschen Verhandlungsgrundlage für Doppelbesteuerungsabkommen, Ausgewählte Problemkreise, Internationale Steuer-Rundschau 2013, 165-167.

Kofler, Georg W., Doppelbesteuerungsabkommen und Europäisches Gemeinschaftsrecht, Linde, Wien 2007.

Köhler, Helmut, BGB, Allgemeiner Teil, 33. Auflage, C.H. Beck, München 2009.

Kopec, Agnieszka/Mroz, Katarzyna, Steuersubjektqualifikation ausländischer Rechtsträger im internationalen Vergleich, Die Unternehmensbesteuerung 2014, 164-170.

Kopf, Romuald, Die Bedeutung von Verständigungsvereinbarungen für die Auslegung von Doppelbesteuerungsabkommen, in Lang, Michael/Jirousek, Heinz (Hrsg.), Praxis des Internationalen Steuerrechts, Festschrift für Helmut Loukota zum 65. Geburtstag, C.H. Beck, München 2005, 253-264.

Krabbe, Helmut, Steuerliche Behandlung der Personengesellschaften nach den Doppelbesteuerungsabkommen, Internationale Wirtschaftsbriefe 1998, 111-130.

Krabbe, Helmut, OECD-Musterabkommen 2000, Internationales Steuerrecht 2000, 196-201.

Krabbe, Helmut, UN-Musterabkommen 2000, Internationales Steuerrecht, 618-620.

Krabbe, Helmut, Seminar C: Verständigungsverfahren, Internationales Steuerrecht 2002, 548-551.

Kraft, Gerhard, Die missbräuchliche Inanspruchnahme von Doppelbesteuerungsabkommen: zur Problematik des "Treaty shopping" unter Berücksichtigung der Rechtslage in der Bundesrepublik Deutschland, in der Schweiz und in den Vereinigten Staaten, C.F. Müller, Heidelberg 1991.

Kraft, Cornelia, Steuergerechtigkeit und Gewinnermittlung, Eine vergleichende Analyse des deutschen und US-amerikanischen Steuerrechts, Gabler, Wiesbaden 1991.

Kraft, Cornelia/Kraft, Gerhard, Grundlagen der Unternehmensbesteuerung, die wichtigsten Steuerarten und ihr Zusammenwirken, 4. Auflage, Springer Gabler, Wiesbaden 2014.

Kramer, Jörg-Dietrich, APA – Vorabverständigungsverfahren und Vorabzusagen über Verrechnungspreise, Internationales Steuerrecht 2007, 174-177.

Krause, Michael, Internationale Doppelbesteuerung, Ursachen und Lösungen, IFSt-Schrift Nr. 405, Veröffentlichungen des Instituts „Finanzen und Steuern" e.V., Bonn 2003.

Krebs, Klaus, Internationales Privatrecht, 2. Auflage, C.F. Müller, Heidelberg 2015.

Kropholler, Jan, Internationales Einheitsrecht: allgemeine Lehren, Mohr (Siebeck), Tübingen 1975.

Kropholler, Jan, Internationales Privatrecht, einschließlich der Grundbegriffe des Internationalen Zivilverfahrensrechts, 6. Auflage, Mohr Siebeck, Tübingen 2006.

Lampert, Steffen, Doppelbesteuerungsrecht und Lastengleichheit: Qualifikations- und Zurechnungskonflikte bei der Besteuerung von Personengesellschaften, Nomos, Baden-Baden 2010.

Lampert, Steffen, Die dynamische Auslegung von Doppelbesteuerungsabkommen unter besonderer Beachtung des Kommentars zum OECD-Musterabkommen, Internationales Steuerrecht 2012, 513-518.

Lang, Joachim, Grundsätzliches zur Interpretation völkerrechtlicher Abkommen im Steuerrecht, dargestellt an dem Beispiel der Frage, ob der Diplomat einer ausländischen Mission beschränkt einkommensteuerpflichtig ist, Steuer und Wirtschaft 1975, 285-293.

Lang, Joachim, Unternehmensbesteuerung im internationalen Wettbewerb, Steuer und Wirtschaft 2011, 144-158.

Lang, Joachim, Das Anliegen der Kölner Schule: Prinzipientreue des Steuerrechts, Steuer und Wirtschaft 2013, 53-60.

Lang, Michael, Hybride Finanzierungen im Internationalen Steuerrecht, Rechtsgrundlagen der Doppelbesteuerungsabkommen zur Beurteilung von Mischformen zwischen Eigen- und Fremdkapital, Wirtschaftsverlag Orac, Wien 1991.

Lang, Michael, Doppelbesteuerungsabkommen und innerstaatliches Recht, die Einordnung von Doppelbesteuerungsabkommen in die österreichische Rechtsordnung, Wirtschaftsverlag Orac, Wien 1992.

Lang, Michael, Interpretation of Double Taxation Conventions, Nationalbericht Österreich, in IFA (Hrsg.), Cahiers de Droit Fiscal International 1993, Volume 78a, IFA, Rotterdam 1993, 197-220.

Lang, Michael, Die Bedeutung des Musterabkommens und des Kommentars des OECD-Steuerausschusses für die Auslegung von Doppelbesteuerungsabkommen in Gassner, Wolfgang/Lang, Michael/Lechner, Eduard (Hrsg.), Aktuelle Entwicklungen im Internationalen Steuerrecht, Linde, Wien 1994, 11-41.

Lang, Michael, Diskussionsbeitrag, in Vogel, Klaus (Hrsg.), Doppelbesteuerungsabkommen und nationales Recht, Beiträge von Dieter Blumenwitz, Franz Wassermeyer, Rudolf Geiger, Siegfried Widmann, Reinhardt Pöllath, mit Diskussionsbeiträgen eines Münchener Symposiums und einer Einführung von Jörg M. Mössner, Münchener Schriften zum Internationalen Steuerrecht, Heft 18, C.H. Beck, München 1995, 61-99.

Lang, Michael, Haben die Änderungen der OECD-Kommentare für die Auslegung älterer DBA Bedeutung?, Steuer und Wirtschaft International 1995, 412-416.

Lang, Michael, Die Bedeutung der 1995 erfolgten Änderungen des OECD-Musterabkommens und des Kommentars des OECD-Steuerausschusses für die Doppelbesteuerungsabkommen, in Lang, Michael/Loukota, Helmut/Lüthi, Daniel (Hrsg.), Die Weiterentwicklung des OECD-Musterabkommens, Linde, Wien 1996, 25-52.

Lang, Michael, Grundsatzerkenntnis des VwGH zur DBA-Auslegung, Steuer und Wirtschaft International 1996, 427-430.

Lang, Michael, Later Commentaries of OECD Committee on Fiscal Affairs not to affect the Interpretation of Previously Concluded Tax Treaties, Intertax 1997, 7-9.

Lang, Michael, Die Bedeutung des originär innerstaatlichen Rechts für die Auslegung von Doppelbesteuerungsabkommen (Art. 3 Abs. 2 OECD-Musterabkommen), in Burmester, Gabriele/Endres, Dieter (Hrsg.), Außensteuerrecht, Doppelbesteuerungsabkommen und EU-Recht im Spannungsverhältnis, Festschrift für Helmut Debatin zum 70. Geburtstag, C.H. Beck, München 1997, 283-304.

Lang, Michael, Die Besonderheiten der Auslegung des DBA Österreich - USA, in Gassner, Wolfgang/Lang, Michael/Lechner, Eduard (Hrsg.), Das neue Doppelbesteuerungsabkommen Österreich - USA, Abkommenspraxis im Spannungsfeld zwischen OECD- und US-Musterabkommen, Linde, Wien 1997, 25-46.

Lang, Michael, Die Auslegung von Doppelbesteuerungsabkommen in der Rechtsprechung des Bundesfinanzhofs in Lang, Michael/Mössner, Jörg M./Waldburger, Robert (Hrsg.), Die Auslegung von Doppelbesteuerungsabkommen in der Rechtsprechung der Höchstgerichte Deutschlands, der Schweiz und Österreichs, Linde, Wien 1998, 19-50.

Lang, Michael, Qualifikationskonflikte im Recht der Doppelbesteuerungsabkommen, in Kirchhof, Paul/Lehner, Moris/Raupach, Arndt/Rodi, Michael (Hrsg.), Staaten und Steuern, Festschrift für Klaus Vogel zum 70. Geburtstag, C.F. Müller, Heidelberg 2000, 907-924.

Lang, Michael, Seminar B, Teil 2: Das OECD-Musterabkommen – 2001 und darüber hinaus: Welche Bedeutung haben die nach Abschluss eines Doppelbesteuerungsabkommens erfolgten Änderungen des OECD-Kommentars? Internationales Steuerrecht 2001, 536-539.

Lang, Michael, Die Vermeidung der Doppelbesteuerung und der doppelten Nichtbesteuerung als DBA-Auslegungsmaxime, Internationales Steuerrecht 2002, 609-612.

Lang, Michael, Einführung in das Recht der Doppelbesteuerungsabkommen, 2. Auflage, Linde, Wien 2002.

Lang, Double Non-Taxation, Generalbericht, in IFA (Hrsg.), Cahiers de Droit Fiscal International 2004, Volume 89a, IFA, Rotterdam 2004, 21-72.

Lang, Michael, Wer hat das Sagen im Steuerrecht? Die Bedeutung des OECD-Steuerausschusses und seiner Working Parties, Österreichische Steuerzeitung 2006, 203-210.

Lang, Michael, DBA und Personengesellschaften – Grundfragen der Abkommensauslegung, Internationales Steuerrecht 2007, 606-609.

Lang, Michael, Qualifikations- und Zurechnungskonflikte im DBA-Recht, Internationales Steuerrecht 2010, 114-118.

Lang, Michael, Die Auslegung von Doppelbesteuerungsabkommen als Problem der Planungssicherheit bei grenzüberschreitenden Sachverhalten, in Grotherr, Siegfried (Hrsg.), Handbuch der internationalen Steuerplanung, 3. Auflage, NWB, Herne 2011, 1865-1882.

Lang, Michael, Art. 3 Abs. 2 OECD-MA und die Auslegung von Doppelbesteuerungsabkommen, Internationale Wirtschaftsbriefe 2011, 281-294.

Lang, Michael, Auslegung von Doppelbesteuerungsabkommen und authentische Vertragssprachen, Internationales Steuerrecht 2011, 403-410.

Lang, Michael/Brugger, Florian, The Role of the OECD Commentary in Tax Treaty Interpretation, Australian Tax Forum 2008, 95-108.

Langbein, Volker, Doppelbesteuerungsabkommen im Spannungsfeld zwischen nationalem Recht und Völkerrecht, Recht der Internationalen Wirtschaft 1984, 531-538.

Larenz, Karl, Methodenlehre der Rechtswissenschaft, Enzyklopädie der Rechts- und Staatswissenschaft, Abteilung Rechtswissenschaft, 6. Auflage, Springer, Berlin u.a. 1991.

Larenz, Karl/Canaris, Claus-Wilhelm, Methodenlehre der Rechtswissenschaft, 3. Auflage, Springer, Berlin u.a. 1995.

Lehner, Moris, Möglichkeiten zur Verbesserung des Verständigungsverfahrens auf der Grundlage des EWG-Vertrages, dargestellt anhand eines Richtlinienvorschlages der EWG-Kommission zur Vermeidung der Doppelbesteuerung im Fall der Gewinnberichtigung zwischen verbundenen Unternehmen, C.H. Beck, München 1982.

Lehner, Moris, Streitbeilegung im Internationalen Steuerrecht, in Kirchhof, Paul/Nieskens, Hans (Hrsg.), Festschrift für Wolfram Reiß zum 65. Geburtstag, Otto Schmidt, Köln 2008, S. 665-678.

Lehner, Moris, DBA-Politik der Bundesregierung, Finanz-Rundschau 2011, 1087-1091

Lehner, Moris, Die Umsetzung von abkommensrechtlichen Konsultationsvereinbarungen zur Vermeidung von Doppelbesteuerung und Doppelnichtbesteuerung durch Rechtsverordnungen, Internationales Steuerrecht 2011, 733-739.

Lehner, Moris, Treaty Override im Anwendungsbereich des § 50d EStG, Internationales Steuerrecht 2012, 389-404.

Leible, Stefan/Domröse, Ronny, in Riesenhuber, Karl (Hrsg.), Europäische Methodenlehre: Handbuch für Ausbildung und Praxis, 3. Auflage, De Gruyter, Berlin 2014, 250-284.

Leipold, Dieter, BGB I, Einführung und Allgemeiner Teil, 7. Auflage, Mohr Siebeck, Tübingen 2013.

Leising, Jürgen, Die Klage auf Einleitung eines Verständigungsverfahrens nach Art. 25 Abs. 2 OECD-MA, Internationales Steuerrecht 2002, 114-119.

Leisner-Egensperger, Anna, DBA-Auslegung unter Rückgriff auf nationales Recht, Internationales Steuerrecht 2014, 10-16.
Leitner, Reinhard, Die stille Gesellschaft im Recht der Doppelbesteuerungsabkommen, Steuer und Wirtschaft International 2000, 159-163.
Lendewig, Christian, Einordnungskonflikte als Instrument der internationalen Steuerplanung?, Ein Entscheidungsmodell zur Gestaltung deutscher Direktinvestitionen in den USA, Kovač, Hamburg 2014.
Lentz, Alexander, Vermeidung einer Minderbesteuerung von Unternehmenseinkünften, Maßnahmen nach dem Doppelbesteuerungsabkommen Deutschland – USA, Kovač, Hamburg 2006.
Liebchen, Daniel, Beteiligungen an ausländischen Personengesellschaften: Steuerliche Gewinnermittlung und Einkunftsabgrenzung, Erich Schmidt Verlag, Berlin 2008.
Linderfalk, Ulf, On the Interpretation of Treaties: The Modern International Law as Expressed in the 1969 Vienna Convention on the Law of Treaties, Springer, Dordrecht u.a. 2007.
Lipp, Marisa, Die stille Gesellschaft im nationalen und internationalen Kontext, Eine Analyse unter steuergestalterischen Aspekten, Eul Verlag, Lohmar/Köln 2014.
Locher, Peter, Zur „negativen Wirkung" von Doppelbesteuerungsabkommen, in Jenny, Guido/Kälin, Walter (Hrsg.), Schweizerische Rechtsordnung in ihren internationalen Bezügen, Festgabe zum schweizerischen Juristentag 1988, Sonderband 124 der Zeitschrift des Bernischen Juristenvereins, Stämpfli, Bern 1988, 365-395.
Looschelders, Dirk, Internationales Privatrecht, Art. 5-46 EGBGB, Springer, Berlin u.a. 2004.
Looschelders, Dirk/Roth, Wolfgang, Juristische Methodik im Prozess der Rechtsanwendung, zugleich ein Beitrag zu den verfassungsrechtlichen Grundlagen von Gesetzesauslegung und Rechtsfortbildung, Duncker & Humblot, Berlin 1996.
Lorenzmeier, Stefan, Völkerrecht, 2. Auflage, Springer, Berlin/Heidelberg 2012.
Lornsen, Birgitt, Unilaterale Maßnahmen der Bundesrepublik Deutschland zur Ausschaltung der internationalen Doppelbesteuerung bei der Einkommen- und Körperschaftsteuer, Peter Lang, Frankfurt am Main u.a. 1987.
Loukota, Helmut, Zur Besteuerung der neuen OECD-Verrechnungspreisgrundsätze für die österreichische Besteuerungspraxis, Steuer und Wirtschaft International 1997, 339-348.
Loukota, Helmut, Lösung internationaler Qualifikationskonflikte, Steuer und Wirtschaft International 1999, 70-78.
Loukota, Helmut, Das internationale Verständigungsverfahren als Instrument der DBA-Auslegung, Steuer und Wirtschaft International 2000, 299-307.
Loukota, Helmut, Der OECD-Report zur Anwendung des OECD-Musterabkommens auf Personengesellschaften, in Gassner, Wolfgang/Lang, Michael/Lechner, Eduard (Hrsg.), Personengesellschaften im Recht der Doppelbesteuerungsabkommen, Linde, Wien 2000, 15-26.
Loukota, Helmut, Internationales Steuerrecht, Einführung, 2. Auflage, WUV Universitätsverlag, Wien 2002.
Lüderitz, Alexander, Internationales Privatrecht, 2. Auflage, Wolfgang Metzner Verlag, Neuwied u.a. 1992.

Lüdicke, Jürgen, Neue Entwicklungen der Besteuerung von Personengesellschaften im internationalen Steuerrecht, in Herzig, Norbert/Günkel, Manfred/Niemann, Ursula (Hrsg.), Steuerberater-Jahrbuch 1997/98, zugleich Bericht über den 49. Fachkongreß der Steuerberater, Köln, 21. und 22. Oktober 1997, Otto Schmidt, Köln 1998, 449-492.

Lüdicke, Jürgen, Überlegungen zur deutschen DBA-Politik, Nomos, Baden-Baden 2008.

Lüdicke, Jürgen, Personengesellschaften im Internationalen Steuerrecht, in Dötsch, Franz/Herlinghaus, Andreas/Hüttemann, Rainer/Lüdicke, Jürgen/Schön, Wolfgang (Hrsg.), Die Personengesellschaft im Steuerrecht, Gedächtnissymposion für Brigitte Knobbe-Keuk, Otto Schmidt, Köln 2011, 95-138.

Lüdicke, Jürgen, Beteiligung an ausländischen intransparent besteuerten Personengesellschaften, Internationales Steuerrecht 2011, 91-98.

Lüdicke, Jürgen, DBA-Politik der Bundesregierung, Finanz-Rundschau 2011, 1077-1082.

Lüdicke, Jürgen, Anmerkungen zur deutschen Verhandlungsgrundlage für Doppelbesteuerungsabkommen, Internationales Steuerrecht 2013, Beihefter zu Heft 10, 25-46.

Lüdicke, Jürgen, Subject-to-tax-Klauseln nach den DBA – Bemerkungen zum BMF-Schreiben vom 20.6.2013, Internationales Steuerrecht 2013, 721-731.

Lühn, Tim, Keine abweichende DBA-Besteuerung von Abfindungszahlungen durch Verständigungsvereinbarungen, Anmerkung zum Urteil FG Köln vom 13.08.2008, Betriebs-Berater 2009, 201-203

Maiterth, Ralf, Der Einfluss der Besteuerung auf die internationale Wettbewerbsfähigkeit von Unternehmen, Steuer und Wirtschaft 2005, 47-60.

Makarov, Alexander N., Theorie und Praxis der Qualifikation, in Caemmerer, Ernst von/Nikisch, Arthur/Zweigert, Konrad (Hrsg.), Vom deutschen zum europäischen Recht, Festschrift Dölle, Band II Internationales Recht, Mohr Siebeck, Tübingen 1963, 149-177.

Mangoldt, Herrmann von/Klein, Friedrich/Starck, Christian (Hrsg.), Kommentar zum Grundgesetz, Band 2, 6. Auflage, Vahlen, München 2010.

Manke, Klaus, Personengesellschaften und DBA, Abkommensberechtigung und Abkommensschutz, in Vogel, Klaus, Grundfragen des Internationalen Steuerrechts, Herausgegeben im Auftrag der Deutschen Steuerjuristischen Gesellschaft e.V., Otto Schmidt, Köln 1985, 195-213.

Matteotti, René, Interpretation of Tax Treaties and Domestic General Anti-Avoidance Rules – A Sceptical Look at the 2003 Update tot he OECD Commentary, Intertax 2005, 336-350.

Maunz, Theodor/Dürig, Günter (Begr.), Kommentar zum Grundgesetz, bearbeitet von Herzog, Roman/Scholz, Rupert/Herdegen, Matthias/Klein, Hans H. u.a., Loseblatt, 73. Ergänzungslieferung, C.H. Beck, München, Stand: Dezember 2014.

McNair, Baron Arnold D., The Law of Treaties, Clarendon Press, Oxford 1961.

Melin, Patrick, Gesetzesauslegung in den USA und in Deutschland, historische Entwicklung, moderne Methodendiskussion und die Auswirkungen von Divergenzen für das internationale Einheitskaufrecht (CISG), Mohr Siebeck, Tübingen 2005.

Menck, Thomas, OECD-Bericht zur Personengesellschaft und zum Qualifikationskonflikt, ein Überblick, Internationales Steuerrecht 1999, 147-149.

Menck, Thomas, Unternehmen im internationalen Steuerrecht in Mössner, Jörg M. u.a. (Hrsg.), Steuerrecht international tätiger Unternehmen, 4. Auflage, Otto Schmidt, Köln 2012, Rz. 1.1-1.94.

Meretzki, Ayk, Zur Anwendung des Methodenartikels: Die Frage nach der Perspektive und dem maßgeblichen Recht, Internationales Steuerrecht 2011, 213-219.

Meyer, Heiko, Die Vermeidung internationaler Doppel- und Minderbesteuerung auf der Grundlage des Ursprungsprinzips, Dissertation, Wirtschafts- und Sozialwissenschaftliche Fakultät, Universität Göttingen 1970.

Meyer-Sparenberg, Wolfgang, Staatsvertragliche Kollisionsnormen, Duncker & Humblot, Berlin 1990.

Micker, Lars, Änderungen des Internationalen Steuerrechts, Internationale Wirtschaftsbriefe 2011, 61-67.

Mistelis, Loukas A., Charakterisierungen und Qualifikation im Internationalen Privatrecht, zur Lehre einer parteispezifischen Qualifikation im Kollisionsrecht der privaten Wirtschaft, Mohr Siebeck, Tübingen 1999.

Mitschke, Wolfgang, Das Treaty Override zur Verhinderung einer Keinmalbesteuerung aus Sicht der Finanzverwaltung, Deutsches Steuerrecht 2011, 2221-2229.

Mittermaier, Johannes E., Besteuerung von Personengesellschaften im Verhältnis USA-Deutschland, Physica-Verlag, Heidelberg 1999.

Möbus, Susanne, Ausgewählte Besteuerungsfragen und Gestaltungsmöglichkeiten bei der Beteiligung an einer US-Limited Liability Company, Nomos, Hamburg 2001.

Möbus, Susanne, Finanzverwaltung versus OECD bei der Behandlung ausländischer Personengesellschaften?, GmbH-Rundschau 2004, 1202-1206.

Mössner, Jörg M., Internationale Streitbeilegung und internationales Steuerrecht, Recht der Internationalen Wirtschaft 1983, 360-364.

Mössner, Jörg M., Die Methoden zur Vermeidung der Doppelbesteuerung – Vorzüge, Nachteile, aktuelle Probleme, in Vogel, Klaus (Hrsg.), Grundfragen des Internationalen Steuerrechts, Veröffentlichungen der Deutschen Steuerjuristischen Gesellschaft e.V., Band 8, Otto Schmidt, Köln 1985, 135-169.

Mössner, Jörg M., Zur Auslegung von Doppelbesteuerungsabkommen, in Böckstiegel, Karl-Heinz/Folz, Hans-Ernst/Mössner, Jörg M./Zemanek, Karl (Hrsg.), Völkerrecht, Recht der Internationalen Organisationen, Weltwirtschaftsrecht, Festschrift für Ignaz Seidl-Hohenveldern, Köln, Berlin, Bonn, München 1988, 403-426.

Mössner, Jörg M., Beschränkungen des Verlustausgleichs und Verlustabzugs, in Wassermeyer, Franz (Hrsg.), Grundfragen der Unternehmensbesteuerung, Veröffentlichungen der Deutschen Steuerjuristischen Gesellschaft e.V., Band 17, Otto Schmidt, Köln 1994, 231-257.

Mössner, Jörg M., Die Auslegung von Doppelbesteuerungsabkommen in der Rechtsprechung des Bundesfinanzhofs, in Lang, Michael/Mössner, Jörg M./Waldburger, Robert (Hrsg.), Die Auslegung von Doppelbesteuerungsabkommen in der Rechtsprechung der Höchstgerichte Deutschlands, der Schweiz und Österreichs, Linde, Wien 1998, S. 19-50.

Mössner, Jörg M., Unternehmen im internationalen Steuerrecht, in Mössner, Jörg M. u.a. (Hrsg.), Steuerrecht international tätiger Unternehmen, 4. Auflage, Otto Schmidt, Köln 2012, Rz. 1.95-1.198.

Mössner, Jörg M., Doppelbesteuerung und deren Beseitigung, in Mössner, Jörg M. u.a. (Hrsg.), Steuerrecht international tätiger Unternehmen, 4. Auflage, Otto Schmidt, Köln 2012, Rz. 2.1-2.518.

Mülhausen, Dieter, Das Verständigungsverfahren im deutschen internationalen Steuerrecht, Duncker & Humblot, Berlin 1976.

Müller, Friedrich/Christensen, Ralph, Juristische Methodik, Band I, Grundlegung für die Arbeitsmethoden der Rechtspraxis, 11. Auflage, Duncker & Humblot, Berlin 2013.

Müller, Marion/Wangler, Clemens, Qualifikationskonflikte bei der Beteiligung inländischer Investoren an ausländischen Personengesellschaften, Internationales Steuerrecht 2003, 145-154.

Müller-Gatermann, Gert, Aktuelle deutsche Abkommenspolitik, Finanz-Rundschau 2012, 1032-1037.

Müller-Gatermann, Gert, Aktuelle deutsche Abkommenspolitik, in Baumhoff, Hubertus/Schönfeld, Jens (Hrsg.), Doppelbesteuerungsabkommen – Nationale und internationale Entwicklungen, Forum der Internationalen Besteuerung, Band 41, Otto Schmidt, Köln 2012, 1-14.

Münch, Ingo von/Kunig, Philip (Hrsg.), Grundgesetz-Kommentar, Band 1 und Band 2, 6. Auflage, C.H. Beck, München 2012.

Musgrave, Richard A., Criteria for Foreign Tax Credit, in Baker, Russell et al. (Hrsg.), Taxation and Operations Abroad, Tax Institute Symposium, Princeton 1960, 83-93.

Musgrave, Peggy B., United States Taxation of Foreign Investment Income, Issues and Arguments, Harvard Law School, Cambridge 1969.

Musgrave, Peggy B./Musgrave, Richard A., Public Finance in Theory and Practice, 5th Edition, Mc Graw Hill, New York 1989.

Musil, Andreas, Spielräume des deutschen Gesetzgebers bei der Verhütung grenzüberschreitender Steuerumgehung, Recht der Internationalen Wirtschaft 2006, 287-294.

Musil, Andreas, § 50d Abs. 3 EStG – eine unendliche Geschichte, Finanz-Rundschau 2012, 149-153.

Nacke, Alois Th., Das Jahressteuergesetz 2010, Der Betrieb 2010, 1142-1150.

Neuhaus, Paul H., Die Grundbegriffe des internationalen Privatrechts, 2. Auflage Mohr, Tübingen 1976.

Nieland, Michael T., Doppelbesteuerungsabkommen als Problem innerstaatlicher Rechtsetzung, Dargestellt am Beispiel der Verfahrensregelungen über die Entlastung von deutschen Abzugsteuern, Peter Lang, Frankfurt am Main u.a. 1989.

Nientimp, Axel/Tomson, Susanne, Das verbindliche Schiedsverfahren nach dem neuen OECD-MA, Internationales Steuerrecht 2009, 615-619.

Oettingen von, Anna, Effet utile und individuelle Rechte im Recht der Europäischen Union, Nomos, Baden-Baden, 2010.

Ossenbühl, Fritz, Staatsfunktionen, §§ 100-105, in Isensee, Josef/Kirchhof, Paul (Hrsg.), Handbuch des Staatsrechts, Bd. V, Rechtsquellen, Organisation, Finanzen, 3. Auflage, C.F. Müller, Heidelberg 2007.

Owens, Jeffrey, Die Vorschläge der OECD zur Verbesserung des Verfahrens zur Beilegung von Streitigkeiten im Zusammenhang mit DBA, Internationales Steuerrecht 2007, 472-474.

Pahlke, Armin/Koenig, Ulrich (Hrsg.), Abgabenordnung, Kommentar, 2. Auflage, C.H. Beck, München 2009.

Palandt, Otto (Begr.), Kommentar zum Bürgerlichen Gesetzbuch, bearbeitet von Bassenge, Peter/Brudermüller, Gerd/Diederichsen, Uwe u.a., 74. Auflage, C.H. Beck, München 2015.

Partsch, Karl J., Die Anwendung des Völkerrechts im innerstaatlichen Recht, Überprüfung der Transformationslehre, Berichte der Deutschen Gesellschaft für Völkerrecht, Heft 6, C.F. Müller, Karlsruhe 1964.

Payandeh, Mehrdad, Völkerrechtsfreundlichkeit als Verfassungsprinzip, Ein Beitrag des Grundgesetzes zur Einheit von Völkerrecht und nationalem Recht in Häberle, Peter (Hrsg.), Jahrbuch des öffentlichen Rechts der Gegenwart, Band 57, Mohr Siebeck, Tübingen 2009, 465-502.

Peters, Anne, Völkerrecht, Allgemeiner Teil, Schulthess, Zürich u.a. 2006.

Philipp, Alfred, Probleme der Doppelbesteuerung auf Grund der Verschiedenheit der Steuersysteme der Vertragstaaten und der Verschiedenheit von Vertragstypen, Deutsche Steuer-Zeitung 1967, 245-250.

Pijl, Hans, The OECD Commentary as a Source of International Law and the Role of the Judiciary, European Taxation 46 2006, 216-224.

Piltz, Detlev J., Die Personengesellschaft im internationalen Steuerrecht der Bundesrepublik Deutschland, Verlagsgesellschaft Recht und Wirtschaft, Heidelberg 1981.

Piltz, Detlev J., Qualifikationskonflikte im internationalen Steuerrecht unter besonderer Berücksichtigung von Personengesellschaften, in Fischer, Lutz (Hrsg.), Besteuerung internationaler Konzerne, Forum der Internationalen Besteuerung, Band 3, Otto Schmidt, Köln 1993, 21-47.

Plansky, Patrick, Die Gewinnzurechnung zu Betriebsstätten im Recht der Doppelbesteuerungsabkommen, Linde, Wien 2010.

Pohl, Carsten, Die Auslegung von Doppelbesteuerungsabkommen in der jüngeren Rechtsprechung des BFH, Recht der Internationalen Wirtschaft 2012, 677-683.

Pöllath, Reinhard, Die Auslegung völkerrechtlicher Verträge aus der Sicht der Steuerpraxis, in Vogel, Klaus, Doppelbesteuerungsabkommen und nationales Recht, Beiträge von Dieter Blumenwitz, Franz Wassermeyer, Rudolf Geiger, Siegfried Widmann, Reinhard Pöllath (Hrsg.), mit Diskussionsbeiträgen eines Münchener Symposions und einer Einführung von Jörg M. Mössner, Münchener Schriften zum Internationalen Steuerrecht, Heft 18, C.H. Beck, München 1995, 28-36.

Portner, Rosemarie, Besteuerung von Abfindungen auf der Grundlage der DBA mit Belgien und den Niederlanden, Internationales Steuerrecht 2008, 584-587.

Poser und Gross-Naedlitz, Arwed von, Der Qualifikationskonflikt bei Doppelbesteuerungsabkommen, Dissertation, Juristische Fakultät, Universität München 1972.

Potacs, Michael, Effet utile als Auslegungsgrundsatz, Europarecht 2009, 465-487.

Pott, Hans-Michael, Die Kollision unterschiedlicher Formen der Gesellschaftsbesteuerung im internationalen Steuerrecht, das subjektive Qualifikationsproblem im abkommensfreien Raum unter Geltung eines Doppelbesteuerungsabkommens, Otto Schmidt, Köln 1982.

Proelß, Alexander, Der Grundsatz der völkerrechtsfreundlichen Auslegung im Lichte der Rechtsprechung des BVerfG in Rensen, Hartmut/Brink, Stefan (Hrsg.), Linien der Rechtsprechung des Bundesverfassungsgerichts – erörtert von den wissenschaftlichen Mitarbeitern, De Gruyter, Berlin u.a. 2009, 553-584.

Proelß, Alexander, Bundesverfassungsgericht und überstaatliche Gerichtsbarkeit: prozedurale und prozessuale Mechanismen zur Vermeidung und Lösung von Jurisdiktionskonflikten, Mohr Siebeck, Tübingen 2014.

Prokisch, Rainer, Fragen der Auslegung von Doppelbesteuerungsabkommen, Steuer und Wirtschaft International 1994, 52-59.

Prokisch, Rainer, Does it Make Sense if We Speak of an "International Tax Language"?, in Vogel, Klaus (Hrsg.), Interpretation of Tax Law and Treaties and Transfer Pricing in Japan and Germany, Kluwer Law International, Den Haag 1998, 103-110.

Pusill-Wachtsmuth, Kirsten, Der Typenvergleich zur Einordnung ausländischer Gesellschaften in das deutsche System der Einkommensbesteuerung, zudem konkrete Einordnung der Gesellschaftsformen der Staaten Ungarn, Polen und Slowenien, Peter Lang, Frankfurt am Main u.a. 2003.

Raad, van Cornelius, Interpretation and Application of Tax Treaties by Tax Courts, European Taxation 1996, 3-7.

Raape, Leo, Internationales Privatrecht, 5. Auflage, Vahlen, Berlin/Frankfurt am Main 1961.

Rabel, Ernst, Das Problem der Qualifikation, Rabels Zeitschrift für ausländisches und internationales Privatrecht 1931, 241-288.

Rauscher, Thomas, Internationales Privatrecht, Mit internationalem und europäischem Verfahrensrecht, 4. Auflage, C.F. Müller, Heidelberg u.a. 2012.

Reimer, Ekkehart, Interpretation of Tax Treaties, European Taxation 1999, 458-474.

Reimer, Ekkehart, Seminar F: Die sog. Entscheidungsharmonie als Maßstab für die Auslegung von Doppelbesteuerungsabkommen, Internationales Steuerrecht 2008, 551-555.

Reith, Thomas, Internationales Steuerrecht, Handbuch zum Doppelbesteuerungs- und Außensteuerrecht und zu Gestaltungen grenzüberschreitender Investitionen, Vahlen, München 2004.

Remacle, Olivier/Nonnenkamp, Samantha, Economic Double Taxation as an Obstacle to Cross-Border Investments, in Rust, Alexander (Hrsg.), Double Taxation within the European Union, Kluwer Law International, Alphen aan den Rijn 2011, 17-50.

Ress, Georg, Wechselwirkungen zwischen Völkerrecht und Verfassung bei der Auslegung völkerrechtlicher Verträge in Ress, Georg/Schreuer, Christoph (Hrsg.), Wechselwirkungen zwischen Völkerrecht und Verfassung bei der Auslegung völkerrechtlicher Verträge: mit Diskussion, C.F. Müller, Heidelberg 1982, 7-60.

Ress, Georg, Die Bedeutung der nachfolgenden Praxis für die Vertragsinterpretation nach der Wiener Vertragsrechtskonvention (WVRK) in Bieber, Roland/Ress, Georg (Hrsg.), Die Dynamik des Europäischen Gemeinschaftsrechts, die Auslegung des Europäischen Gemeinschaftsrechts im Lichte nachfolgender Praxis der Mitgliedstaaten und der EG-Organe – The Dynamics of EC-Law, Nomos, Baden-Baden 1987, 49-79.

Rest, Alfred, Interpretation von Rechtsbegriffen in internationalen Verträgen, Verschiedene Lösungsmöglichkeiten, Dissertation, Rechtswissenschaftliche Fakultät, Universität Köln 1971.

Riemenschneider, Sven Abkommensberechtigung von Personengesellschaften und abkommensrechtliche Behandlung der Einkünfte aus Beteiligungen inländischer Gesellschafter an ausländischen Personengesellschaften, Peter Lang, Frankfurt am Main u.a. 1995.

Ritter, Wolfgang, Steuerbeziehungen mit der Dritten Welt, Deutsche Steuer-Zeitung 1979, 419-429.

Rochow, Stephan, Alterseinkünfte im internationalen Kontext unter Berücksichtigung der deutschen DBA-Politik, Internationale Steuer-Rundschau 2013, 181-186.

Roderburg, Georg/Rode, Oliver, Die Missbrauchsabwehrregelungen in der deutschen Verhandlungsgrundlage für Doppelbesteuerungsabkommen und der Sonderfall Liechtenstein, Internationale Steuer-Rundschau 2013, 149-155.

Röben, Volker, Außenverfassungsrecht, eine Untersuchung zur auswärtigen Gewalt des offenen Staates, Mohr Siebeck, Tübingen 2007.

Rose, Gerd, Was heißt und zu welchem Ende studiert man Steuerwissenschaften?, Deutsche Steuer-Zeitung 1976, 174-177.

Rose, Gerd, Internationales Steuerrecht, Doppelbesteuerung, Internationale Minderbesteuerung, Unternehmensaktivitäten im Ausland, 6. Auflage, Erich Schmidt Verlag, Berlin 2004.

Rosendorff, Richard/Henggeler, Josef (Hrsg.), Das Internationale Steuerrecht des Erdballs nebst sämtlichen Abkommen zur Vermeidung der Doppelbesteuerung, Abteilung 1: Europa, Band 1, Loseblatt, Verlag für Recht und Gesellschaft, Zürich/Leipzig 1936.

Rosenne, Shabtai, The Law of Treaties, A Guide to the Legislative History of the Vienna Convention, A.W. Sijthoff, Leiden 1970.

Rosenthal, Michael, Die steuerliche Beurteilung von Auslandssachverhalten im Spannungsfeld zwischen Abkommensrecht und Europarecht, Internationales Steuerrecht 2007, 610-615.

Roser, Frank, Ansatzpunkte und Fehlvorstellungen zur Dynamisierung steuerlicher Bestimmungen – unter besonderer Berücksichtigung der DBA, Die Unternehmensbesteuerung 2013, 37-45.

Rudolf, Walter, Völkerrecht und deutsches Recht, Theoretische und dogmatische Untersuchungen über die Anwendung völkerrechtlicher Normen in der Bundesrepublik Deutschland, Mohr Siebeck, Tübingen 1967.

Rüthers, Bernd/Fischer, Christian/Birk, Axel, Rechtstheorie, mit juristischer Methodenlehre, 7. Auflage, C.H. Beck, München 2013.

Rust, Alexander, Germany, in Maisto, Guglielmo (Hrsg.), Tax Treaties and Domestic Law, IBFD Publications, Amsterdam 2006, 233-243.

Rust, Alexander, Double Taxation, in Rust, Alexander (Hrsg.), Double Taxation within the European Union, Kluwer Law International, Alphen aan den Rijn 2011, 1-15.

Rust, Alexander, Internationale Doppelte Nichtbesteuerung, in Lüdicke, Jürgen (Hrsg.), Vermeidung der Doppelbesteuerung und ihre Grenzen, Forum der Internationalen Besteuerung, Band 42, Otto Schmidt, Köln 2013, 37-50.

Sachs, Michael, Grundgesetz, Kommentar, 7. Auflage, C.H. Beck, München 2014.

Säcker, Franz J./Rixecker, Roland (Hrsg.), Münchener Kommentar zum Bürgerlichen Gesetzbuch, Band 10 Internationales Privatrecht, Rom I-VO, Rom II-VO, IPR, Art. 1-24 EGBGB, 5. Auflage, C.H. Beck, München 2010.

Säcker, Franz J./Rixecker, Roland (Hrsg.), Münchener Kommentar zum Bürgerlichen Gesetzbuch, Band 1 Allgemeiner Teil §§ 1 – 240, ProstG, AGG, 6. Auflage, C.H. Beck, München 2012.

Sandkühler, Hans J., Enzyklopädie Philosophie, Band 1 A – N, Felix Meiner Verlag, Hamburg 1999.

Sasseville, Jacques, The Future of the OECD Model Convention, in Gassner, Wolfgang/ Hemetsberger-Koller, Hildegard/Lang, Michael/Sasseville, Jacques/Vogel, Klaus (Hrsg.), Die Zukunft des Internationalen Steuerrechts, 100 Jahre Doppelbesteuerungsabkommen Österreich - Deutschland, Linde, Wien 1999, 41-58.

Sauer, Heiko, Staatsrecht III, Auswärtige Gewalt, Bezüge des Grundgesetzes zu Völker- und Europarecht, 2. Auflage, C.H. Beck, München 2013.

Savigny, Friedrich C. von, System des heutigen römischen Rechts, Band 1, Veit, Berlin 1840.

Savigny, Friedrich C. von, System des heutigen römischen Rechts, Band 8, Veit, Berlin 1849.

Schänzle, Thomas/Engel, Benjamin, Beteiligung an ausländischen Personengesellschaften, in Mössner, Manfred u.a. (Hrsg.), Steuerrecht international tätiger Unternehmen, 3. Auflage, Otto Schmidt, Köln 2005, Rz. 5.1-5.268.

Schaumburg, Harald, Das Leistungsfähigkeitsprinzip im internationalen Steuerrecht, in Lang, Joachim (Hrsg.), Die Steurrechtsordnung in der Diskussion, Festschrift für Klaus Tipke zum 70. Geburtstag, Otto Schmidt, Köln 1995, 125-152.

Schaumburg, Harald, Internationales Steuerrecht, Außensteuerrecht, Doppelbesteuerungsrecht, 3. Auflage, Otto Schmidt, Köln 2011.

Schaumburg, Heide/Schaumburg, Harald, Steuergerechtigkeit in der Zeit, Steuer und Wirtschaft 2013, 61-71.

Scheffler, Wolfram, Besteuerung der grenzüberschreitenden Unternehmenstätigkeit, 2. Auflage, Vahlen, München 2002.

Scheffler, Wolfram, Internationale betriebswirtschaftliche Steuerlehre, 3. Auflage, Vahlen, München 2011.

Scherer, Thomas B., Doppelbesteuerung und Europäisches Gemeinschaftsrecht, Auswirkungen des Gemeinschaftsrechts auf die Anwendung der Doppelbesteuerungsabkommen und des Aussensteuerrechts, C.H. Beck, München 1995.

Schlütter, Egon, Die Sondervergütungen eines Mitunternehmers im Außensteuerrecht, in Deutsches Anwaltsinstitut e.V. (Hrsg.), Jahrbuch der Fachanwälte für Steuerrecht, 1979/80, NWB, Herne/Berlin 1979, 152-172.

Schmidt, Christian, Anwendung der Doppelbesteuerungsabkommen (DBA) auf Personengesellschaften, Eine Analyse des BMF-Schreibens v. 16.4.2010, IV B 2 - S 1300//09/10003, BStBl. I 2010, 354, Internationales Steuerrecht 2010, 413-432.

Schmidt, Christian, Zur DBA-Anwendung und inländischen Steuerpflicht bei im Sitzstaat rechtsfähigen ausländischen Personengesellschaften, Zugleich eine kritische Auseinandersetzung mit den Verlautbarungen verschiedener Landesfinanzbehörden zur Qualifizierung tschechischer bzw. slowakischer Kommanditgesellschaften und deren Ausschüttungen, Internationales Steuerrecht 1996, 14-23.

Schmidt, Christian, Personengesellschaften im internationalen Steuerrecht nach dem OECD-Bericht "The Application of the OECD Model Tax Convention to Partnerships" und den Änderungen im OECD-MA und im OECD-Kommentar im Jahre 2000, Internationales Steuerrecht 2001, 489-497.

Schmidt, Christian, Personengesellschaften im Abkommensrecht (Teil 2), Die Wirtschaftsprüfung 2002, 1232-1242.

Schmidt, Christian, Sondervergütungen im Abkommensrecht, Der neue § 50d Abs. 10 EStG: Ein neuer Versuch – Ein neuer Irrtum?, Deutsches Steuerrecht 2013, 1704-1711.

Schmidt, Christian/Blöchle, Daniel, Anrechnungs- oder Freistellungsmethode bei (bloßen) Immobilieneinkünften aus Personengesellschaften, wenn die Zielländer dem Intransparenzprinzip folgen, Internationales Steuerrecht 2003, 685-692.

Schneider, Christoph, Doppelbesteuerungsrechtliche Qualifikationskonflikte im Kontext einer deutschen Betriebsaufspaltung mit französischem Gesellschafter; Nomos, Baden-Baden 2012.

Schneider, Dieter, Investition, Finanzierung und Besteuerung, 7. Auflage, Gabler, Wiesbaden 1992.

Schneider, Dieter, Steuerlast und Steuerwirkung, Einführung in die steuerliche Betriebswirtschaftslehre, Oldenbourg, München 2002.

Schnitger, Arne, Die normative Bedeutung des Partnership-Reports, in Urtz, Christoph/ Züger, Mario (Hrsg.), Personengesellschaften im Internationalen Steuerrecht, Linde, Wien 2001, 275-297.

Schnitger, Arne, Die Einbeziehung des OECD-Kommentars in der Rechtsprechung des BFH, Internationales Steuerrecht 2002, 407-410.

Schnitger, Arne/Oskamp, Michael, Empfehlungen der OECD zur Neutralisierung von „Hybrid Mismatches" auf Abkommensebene, Internationales Steuerrecht 2014, 385-394.

Schnittker, Helder, Steuersubjektqualifikation ausländischer hybrider Rechtsgebilde, Steuer und Wirtschaft 2004, 39-50.

Schnittker, Helder, Steuerliche Qualifikation ausländischer Rechtsgebilde, in Wassermeyer, Franz/Richter, Stefan/Schnittker/Helder, Personengesellschaften im Internationalen Steuerrecht, Rz. 4.1-4.52.

Schollendorf, Kai, Die Auslegung völkerrechtlicher Verträge in der Spruchpraxis des Appellate Body der Welthandelsorganisation (WTO), Duncker & Humblot, Berlin 2005.

Schön, Wolfgang, International Tax Coordination for a Second-best World (Part I), World Tax Journal 2009, 67-114.

Schönfeld, Jens, Das neue Verständigungs- und Schiedsverfahren nach Art. 25 DBA-USA, Die Unternehmensbesteuerung 2008, 544-548.

Schönfeld, Jens, Welche praktischen Probleme löst das BMF-Schreiben zu Subject-to-tax-Klauseln und welche nicht? – dargestellt anhand von Fallbeispielen, Internationales Steuerrecht 2013, 757-760.

Schönfeld, Jens/Ditz, Xaver (Hrsg.), Doppelbesteuerungsabkommen, Kommentar, Otto Schmidt, Köln 2013.

Schönfeld, Jens/Häck, Nils, Der Methodenartikel in der deutschen Verhandlungsgrundlage für Doppelbesteuerungsabkommen, Internationale Steuer-Rundschau 2013, 168-177.

Schotten, Günther/Schmellenkamp, Cornelia, Das Internationale Privatrecht in der notariellen Praxis, 2. Auflage, C.H. Beck, München 2007.

Schreuer, Christoph, Wechselwirkungen zwischen Völkerrecht und Verfassung bei der Auslegung völkerrechtlicher Verträge, in Ress, Georg/Schreuer, Christoph (Hrsg.), Wechselwirkungen zwischen Völkerrecht und Verfassung bei der Auslegung völkerrechtlicher Verträge, Berichte der Deutschen Gesellschaft für Völkerrecht, Heft 23, C.F. Müller, Heidelberg 1982, 61-92.

Schröder, Holger, Die auslegende Konsultationsvereinbarung am Beispiel des Besteuerungsrechtes für Abfindungszahlungen, Internationales Steuerrecht 2009, 48-51.

Schuch, Josef/Bauer, Josef, Die Überlegungen des OECD-Steuerausschusses zur Lösung von Qualifikationskonflikten, in Gassner, Wolfgang/Lang, Michael/Lechner, Eduard (Hrsg.), Personengesellschaften im Recht der Doppelbesteuerungsabkommen, Die Auswirkungen des OECD-Reports auf die Abkommenspraxis, Linde, Wien 2000, 27-45

Schüller, Eva C., Die deutsche Besteuerung grenzüberschreitender Personengesellschaften, Der In- und Outbound-Fall innerhalb der EU, Springer Gabler, Wiesbaden 2014.

Schwaiger, Manfred/Meyer, Anton, Theorien und Methoden der Betriebswirtschaft, Handbuch für Wissenschaftler und Studierende, Vahlen, München 2009.

Schweitzer, Michael, Staatsrecht III, Staatsrecht, Völkerrecht, Europarecht, 10. Auflage, C.F. Müller, Heidelberg u.a. 2010.

Seer, Roman, Grenzen der Zulässigkeit eines treaty overridings am Beispiel der Switch-over-Klausel des § 20 AStG, Internationales Steuerrecht 1997, 481-486.

Seer Roman, Ausbau des grenzüberschreitenden Informationsaustauschs, Internationale Wirtschaftsbriefe 2009, 951-964.

Seer, Roman/Gabert, Isabel, Der internationale Auskunftsverkehr in Steuersachen, Steuer und Wirtschaft 2010, 3-23.

Seibold, Sabine, Steuerliche Betriebswirtschaftslehre in nationaler und transnationaler Sicht, Erich Schmidt Verlag, Bielefeld 2002.

Seidl-Hohenveldern, Ignaz, Völkerrecht, 6. Auflage, Carl Heymanns Verlag, Köln/Berlin 1987.

Seidl-Hohenveldern, Ignaz/Stein, Torsten, Völkerrecht, 10. Auflage, Carl Heymanns Verlag, Köln/Berlin 2000

Seyr, Sibylle, Der effet utile in der Rechtsprechung des EuGH, Duncker & Humblot, Berlin 2008.

Shannon, Harry, Die Doppelbesteuerungsabkommen der USA, Abkommenspolitik und geltendes Abkommensrecht, C.H. Beck, München 1987.

Sibille, Paul, The Interpretation of the Double Taxation Conventions, Nationalbericht Belgien, in IFA (Hrsg.), Cahiers de Droit Fiscal International 1960, Volume 42, IFA, Rotterdam 1960, 206-216.

Sigge, Susanne, Besteuerung hybrider Finanzierungsinstrumente im internationalen Kontext, Gabler, Wiesbaden 2011.

Sinclair, Ian M., The Vienna Convention on the Law of Treaties, Second Edition, Manchester University Press, Manchester 1984.

Smith, Adam, An Inquiry into the Nature and Causes of the Wealth of Nations, 5. Auflage, 1790, Collector's Edition, Management Laboratory Press, Hamburg 2008.

Soergel, Hans-Theodor (Begr.), Bürgerliches Gesetzbuch mit Einführungsgesetz und Nebengesetzen, Kommentar, Band 10, Einführungsgesetz, 12 Auflage, Kohlhammer, Stuttgart 1996.

Spengel, Christoph/Schaden, Michael/Wehrße, Martin, Grenzüberschreitende Besteuerung von Personengesellschaften im OECD-MA, Problembereiche und Lösungsansätze, Steuer und Wirtschaft 2012, 105-118.

Spitaler, Armin, Empfiehlt sich die Errichtung eines Internationalen Steuergerichtshofes zur Entscheidung zwischenstaatlicher Konflikte?, Steuer und Wirtschaft 1950, 803-812.

Spitaler, Armin, The interpretation of the double taxation conventions, Nationalbericht Deutschland, in IFA (Hrsg.), Cahiers de Droit Fiscal International 1960, Volume 42, IFA, Rotterdam 1960, 165-174.

Spitaler, Armin, Das Doppelbesteuerungsproblem bei den direkten Steuern, 2. Auflage, Abdruck der 1. Auflage von 1936, Otto Schmidt, Köln 1967.

Stein, Torsten, Die Rolle der späteren Praxis als Auslegungselement des Internationalen Gerichtshofes, des Europäischen Gerischtshofes für Menschenrechte und des Gerichtshofes der Europäischen Gemeinschaften, in Bieber, Roland/Ress, Georg (Hrsg.), Die Dynamik des Europäischen Gemeinschaftsrechts, Nomos, Baden-Baden 1987, 113-135.

Stein, Torsten, Völkerrecht und nationales Recht im Widerstreit?, Internationales Steuerrecht 2006, 505-509.

Stein, Torsten/Buttlar, Christian von, Völkerrecht, 13. Auflage, Vahlen, München 2012.

Stemler, Patrick, Die Behandlung von Sondervergütungen bei Personengesellschaften nach dem Recht der Doppelbesteuerungsabkommen, Peter Lang, Frankfurt am Main u.a. 2013.

Stern, Klaus, Das Staatsrecht der Bundesrepublik Deutschland, Band 1, Grundbegriffe und Grundlagen des Staatsrechts, Strukturprinzipien der Verfassung., 2. Auflage, C.H. Beck, München 1984.

Stöcklein, Yvonne, Die betriebswirtschaftliche Steuerlehre als eigenständige Wissenschaft, Eine Analyse der Entwicklungslinien, Paradigmata und Denkschulen, Diplomica Verlag, Hamburg 2013.

Strobl, Jakob, Zur Auslegung von Doppelbesteuerungsabkommen unter besonderer Berücksichtigung ausländischer Rechtsordnungen, in Knobbe-Keuk, Brigitte/Klein, Franz/Moxter, Adolf (Hrsg.), Handelsrecht und Steuerrecht, Festschrift für Georg Döllerer, IDW, Düsseldorf 1988, 635-659.

Strunk, Günther/Kaminski, Bert/Köhler, Stefan (Hrsg.), Außensteuergesetz/Doppelbesteuerungsabkommen, Kommentar, Loseblatt, 40. Ergänzungslieferung, Stand: Dezember 2014, Stollfuß, Bonn 2014.

Suchanek, Markus/Herbst, Christian, Status quo zur Behandlung intransparent besteuerter ausländischer Personengesellschaften, Auswertung aktueller Rechtsprechung, Die Unternehmensbesteuerung 2011, 779-787.

Surrey, Stanley S., United Nations Model Convention for Tax Treaties between Developed and Developing Countries, a Description and Analysis, IBFD Publications, Amsterdam 1980.

Talmon, Stefan, Die Grenzen der Anwendung des Völkerrechts im deutschen Recht, JuristenZeitung 2013, 12-21.

Tietje, Christian (Hrsg.), Internationales Wirtschaftsrecht, De Gruyter, Berlin 2009.

Tipke, Klaus, Verständigungsverfahren: Rechtsanspruch auf Beseitigung der Folgen einer Doppelbesteuerung oder bloßer Rechtsreflex?, Außenwirtschaftsdienst des Betriebs-Beraters 1972, 589-593.

Tipke, Klaus, Steuergerechtigkeit in Theorie und Praxis, vom politischen Schlagwort zum Rechtsbegriff und zur praktischen Anwendung, Otto Schmidt, Köln 1981.

Tipke, Klaus, Die Steuerrechtsordnung, Band 1, 2. Auflage, Otto Schmidt, Köln 2000.

Tipke, Klaus, Die Steuerrechtsordnung, Band 3, 2. Auflage, Otto Schmidt, Köln 2012.

Tipke, Klaus/Kruse, Heinrich W. (Hrsg.), Abgabenordnung, Finanzgerichtsordnung, Kommentar, Loseblatt, 139. Ergänzungslieferung, Stand: März 2015, Otto Schmidt, Köln 2015.

Tipke, Klaus/Lang, Joachim (Hrsg.), Steuerrecht, 20. Auflage, Otto Schmidt, Köln 2010.

Tipke, Klaus/Lang, Joachim (Hrsg.), Steuerrecht, 21. Auflage, Otto Schmidt, Köln 2012.

Tippelhofer, Michael, Subjektive Qualifikationskonflikte bei Direktinvestitionen in den USA, Eul Verlag, Lohmar/Köln 2013.

Toifl, Gerald, Personengesellschaften im Recht der Doppelbesteuerungsabkommen, Linde, Wien 2003.

Tomuschat, Christian, Zur Rechtswirkung der von der Europäischen Gemeinschaft abgeschlossenen Verträge in der Gemeinschaftsrechtsordnung in Lüke, Gerhard/Ress, Georg/Will, Michael R. (Hrsg.), Rechtsvergleichung, Europarecht und Staatenintegration, Gedächtnisschrift für Léontin-Jean Constantinesco, Carl Heymanns Verlag, Köln/Berlin 1983, 801-822.

Tomuschat, Christian, § 172, in Isensee, Josef/Kirchhof, Paul (Hrsg.), Handbuch des Staatsrechts, Bd. VII, Normativität und Schutz der Verfassung, Internationale Beziehungen, C.F. Müller, Heidelberg 1992.

Triepel, Heinrich, Völkerrecht und Landesrecht, C.L. Hirschfeld, Leipzig 1899.

Valová, Denisa/Bodenloher, Christian/Koch, Dirk, Die Rückfallklausel in Doppelbesteuerungsabkommen, Internationales Steuerrecht 2002, 405-407.

Valta, Matthias, Die deutsche Verhandlungsgrundlage für Doppelbesteuerungsabkommen und Entwicklungsländer, Internationale Steuer-Rundschau 2013, 186-190.

Van Gerven, Walter Vergelijkende aantekeningen bij het Benelux en EEG vestigingsrecht met bijzondere nadruk op de voorschriften in verband met de openbare orde, de openbare veiligheid en de volksgezondheid, Sociaal Economische Wetgeving 1965, 195-212.

Verdross, Alfred, Die bona fides als Grundlage des Völkerrechts, in Constantopoulos, Dimitri S./Wehberg, Hans (Hrsg.), Gegenwartsprobleme des internationalen Rechts der Rechtsphilosophie, Festschrift für Rudolf Laun zu seinem 70. Geburtstag, Girardet, Hamburg 1953, 29-33.

Verdross, Alfred/Simma, Bruno (Hrsg.), Universelles Völkerrecht, Theorie und Praxis, Duncker & Humblot, Berlin 1976.

Verdross, Alfred/Simma, Bruno (Hrsg.), Universelles Völkerrecht, Theorie und Praxis, 3. Auflage, Duncker & Humblot, Berlin 1984.

Vetter, Tobias, Die normative Bedeutung der OECD-Verrechnungspreisrichtlinien, in Lahodny-Karner, Andrea/Schuch, Josef/Toifl, Gerald/Urtz, Christoph/Vetter, Tobias (Hrsg.), Die neuen Verrechnungspreisrichtlinien der OECD, Schriftenreihe zum Internationalen Steuerrecht, Band IV, Linde, Wien 1996, 9-30.

Viebrock, Björn/Loose, Thomas/Oskamp, Michael, Anwendbarkeit der neueren abkommensrechtlichen Switch-over-Klauseln bei intransparent besteuerten ausländischen Personengesellschaften, Die Unternehmensbesteuerung 2013, 631-635.

Viehweg, Theodor, Rechtsphilosophie als Grundlagenforschung, in Archiv für Rechts- und Sozialphilosophie 1961, 519-538.

Vitzthum, Wolfgang Graf, Völkerrecht, 5. Auflage, De Gruyter, Berlin/New York 2010.

Vögele, Alexander/Forster, Florence, Das EU-Schiedsübereinkommen, Internationales Steuerrecht 2006, 537-540.

Vogel, Klaus, Qualifikationsfragen im Internationalen Verwaltungsrecht, in Archiv des öffentlichen Rechts, Band 84, 1959, 54-73.

Vogel, Klaus, Die Verfassungsentscheidung des Grundgesetzes für eine internationale Zusammenarbeit, Ein Diskussionsbeitrag zu einer Frage der Staatstheorie sowie des geltenden deutschen Staatsrechts, Mohr Siebeck, Tübingen 1964.

Vogel, Klaus, Theorie und Praxis im Internationalen Steuerrecht, Deutsches Steuerrecht 1968, 427-434.

Vogel, Klaus, Doppelbesteuerungsabkommen und ihre Auslegung (I), Steuer und Wirtschaft 1982, 111-124.

Vogel, Klaus, Doppelbesteuerungsabkommen und ihre Auslegung (II), Steuer und Wirtschaft 1982, 286-301.

Vogel, Klaus, Abkommensvergleich als Methode der Auslegung von Doppelbesteuerungsabkommen, in Curtius-Hartung, Rudolf/Niemann, Ursula/Rose, Gerd (Hrsg.), Steuerberater-Jahrbuch 1983/84, zugleich Bericht über den 35. Fachkongreß der Steuerberater des Bundesgebietes, Köln, 7. bis 9. November 1983, Otto Schmidt, Köln 1984, 373-392.

Vogel, Klaus, Die Besteuerung von Auslandseinkünften – Prinzipien und Praxis, in Vogel, Klaus (Hrsg.), Grundfragen des Internationalen Steuerrechts, Veröffentlichungen der Deutschen Steuerjuristischen Gesellschaft e.V., Band 8, Otto Schmidt, Köln 1985, 3-31.

Vogel, Klaus, Über „Besteuerungsrechte" und über das Leistungsfähigkeitsprinzip im Internationalen Steuerrecht, in Kirchhof, Paul/Offerhaus, Klaus/Schöberle, Horst (Hrsg.), Steuerrecht, Verfassungsrecht, Finanzpolitik, Festschrift für Franz Klein, Otto Schmidt, Köln 1994, 361-376.

Vogel, Klaus, Internationales Steuerrecht, Deutsche Steuer-Zeitung 1997, 269-281.

Vogel, Klaus, Zur Abkommensberechtigung ausländischer Personengesellschaften, Internationales Steuerrecht 1999, 5-8.

Vogel, Klaus, Tax Treaty News, Bulletin for International Fiscal Documentation 1999, 319-320.

Vogel, Klaus, The Influence of the OECD Commentaries on Treaty Interpretation, Bulletin for International Fiscal Documentation 2000, 612-618.

Vogel, Klaus, Probleme der Auslegung von Doppelbesteuerungsabkommen, Steuer und Wirtschaft International 2000, 103-112.

Vogel, Klaus, Der Kommentar der OECD zum Doppelbesteuerungs-Musterabkommen, in Classen, Claus D./Dittmann, Armin/Fechner, Frank/Gassner, Ulrich M./Kilian, Michael (Hrsg.), „In einem vereinten Europa dem Frieden der Welt zu dienen ...", Liber amicorum Thomas Oppermann, Duncker & Humblot, Berlin 2001, 477-488.

Vogel, Klaus, Transnationale Auslegung von Doppelbesteuerungsabkommen, Internationales Steuerrecht 2003, 523-529.

Vogel, Klaus, Auslegung von Doppelbesteuerungsabkommen, in Haarmann, Wilhelm (Hrsg.), Auslegung und Anwendung von Doppelbesteuerungsabkommen, Forum der Internationalen Besteuerung, Band 26, Otto Schmidt, Köln 2004, 1-21.

Vogel, Klaus, Soft Law und Doppelbesteuerungsabkommen, in Lang, Michael/Schuch, Josef/Staringer, Claus (Hrsg.), Soft Law in der Praxis: Corporate Governance Codes, internationale Bilanzierungsregeln, Richtlinien und Rechtsauskünfte der Finanzverwaltung, Code of Conduct der EU, Kommentare der OECD – Beiträge anlässlich eines Symposiums zu Ehren Wolfgang Gassners, Linde, Wien 2005, 145-148.

Vogel, Klaus, Neue Gesetzgebung zur DBA-Freistellung, Internationales Steuerrecht 2007, 225-228.

Vogel, Klaus/Prokisch, Rainer G., Interpretation of Double Taxation Conventions, Generalbericht, in IFA (Hrsg.), Cahiers de Droit Fiscal International 1993, Volume 78a, IFA, Rotterdam 1993, 19-53.

Vogel, Klaus/Lehner, Moris (Hrsg.), Doppelbesteuerungsabkommen, 6. Auflage, C.H. Beck, München 2014.

Vranes, Erich, Lex Superior, Lex Specialis, Lex Posterior – Zur Rechtsnatur der „Konfliktlösungsregeln", Zeitschrift für ausländisches öffentliches Recht und Völkerrecht 2005, 391-405.

Waldhoff, Christian/Hey, Johanna, Finanzautonomie und Finanzverflechtung in gestuften Rechtsordnungen, in Pieroth, Bodo (Red.), Bundesstaat und Europäische Union zwischen Konflikt und Kooperation, Berichte und Diskussionen auf der Tagung der Vereinigung der Deutschen Staatsrechtslehrer in Rostock vom 4. bis 7. Oktober 2006, Veröffentlichungen der Vereinigung der Deutschen Staatsrechtslehrer, Band 66, De Gruyter, Berlin 2007, 216-360.

Walz, Christian, Das Ziel der Auslegung und die Rangfolge der Auslegungskriterien, Zeitschrift für das Juristische Studium 2010, 482-490.

Ward, David A. et al., The Interpretation of Income Tax Treaties with Particular Reference to the Commentaries on the OECD Model, IBFD Publications, Amsterdam 2005.

Ward, David A., The Role of the OECD Model in the Tax Treaty Interpretation Process, Bulletin for International Taxation 2006, 97-102.

Ward, David A., Use of foreign court decisions in interpreting tax treaties, in Maisto, Guglielmo (Hrsg.), Courts and Tax Treaty Law, IBFD Publications, Amsterdam 2007, 161-187.

Wassermeyer, Franz, Die Auslegung von Doppelbesteuerungsabkommen durch den Bundesfinanzhof, Steuer und Wirtschaft 1990, 404-412.

Wassermeyer, Franz, Die Auslegung völkerrechtlicher Verträge – Haltung des BFH – in Vogel, Klaus (Hrsg.), Doppelbesteuerungsabkommen und nationales Recht, Beiträge von Dieter Blumenwitz, Franz Wassermeyer, Rudolf Geiger, Siegfried Widmann, Reinhardt Pöllath, mit Diskussionsbeiträgen eines Münchener Symposiums und einer Einführung von Jörg M. Mössner, Münchener Schriften zum Internationalen Steuerrecht, Heft 18, C.H. Beck, München 1995, 19-27.

Wassermeyer, Franz, Merkwürdigkeiten bei der Auslegung von DBA durch die Finanzverwaltung, Internationales Steuerrecht 1995, 49-51.

Wassermeyer, Franz, Die Vermeidung der Doppelbesteuerung im Europäischen Binnenmarkt, in Lehner, Moris (Hrsg.), Steuerrecht im Europäischen Binnenmarkt – Einfluß des EG-Rechts auf die nationalen Steuerrechtsordnungen, Deutsche Steuerjuristische Gesellschaft, Band 19, Otto Schmidt, Köln 1996, 151-165.

Wassermeyer, Franz, Die Beurteilung der Abkommensberechtigung ausländischer Personengesellschaften durch Deutschland als dem Nichtansässigkeitsstaat der Personengesellschaft, Internationales Steuerrecht 1998, 489-494.

Wassermeyer, Franz, Duplik zu Vogel, Klaus, Internationales Steuerrecht 1999, 8-9.

Wassermeyer, Franz, Dealing-at-arm's-length Prinzip, in Piltz, Detlev J./Schaumburg, Harald (Hrsg.), Internationale Betriebsstättenbesteuerung, Forum der Internationalen Besteuerung, Band 20, Otto Schmidt, Köln 2001, 25-42.

Wassermeyer, Franz, Qualifikationskonflikte, in Wassermeyer, Franz/Richter, Stefan/ Schnittker, Helder (Hrsg.), Personengesellschaften im Internationalen Steuerrecht, Otto Schmidt, Köln 2010, 211-233.

Wassermeyer, Franz, Steuerpflicht, Einkünfteerzielung und Abkommensberechtigung, in Kessler, Wolfgang/Förster, Guido/Watrin, Christoph (Hrsg.), Unternehmensbesteuerung, Festschrift für Norbert Herzig zum 65. Geburtstag, C.H. Beck, München 2010, 897-913.

Wassermeyer, Franz/Lang, Michael/Schuch, Josef (Hrsg.), Doppelbesteuerung, OECD-Musterabkommen, DBA Österreich-Deutschland, Kommentar, 2. Auflage, Linde, Wien 2010.

Wassermeyer, Franz, Grundfragen internationaler Personengesellschaften im Abkommensrecht, Finanz-Rundschau 2010, 537-541.

Wassermeyer, Franz, Die abkommensrechtliche Behandlung von Einkünften einer in einem Vertragsstaat ansässigen Personengesellschaft, Internationales Steuerrecht 2011, 85-90.

Wassermeyer, Franz (Hrsg.), Doppelbesteuerung, Kommentar zu allen deutschen Doppelbesteuerungsabkommen, Loseblatt, 129. Ergänzungslieferung, Stand: Januar 2015, C.H. Beck, München 2015.

Waters, Mike, The relevance of the OECD Commentaries in the interpretation of Tax Treaties, in Lang, Michael/Jirousek, Heinz (Hrsg.), Praxis des Internationalen Steuerrechts, Festschrift für Helmut Loukota zum 65. Geburtstag, Linde, Wien 2005, 671-690.

Wattel, Peter J./Marres, Otto, The legal status of the OECD Commentary and Static or Ambulatory Interpretation of Tax Treaties, European Taxation 2003, 222-235.

Weber, Helmut, Die Theorie der Qualifikation, Franz Kahn, Etienne Bartin und die Entwicklung ihrer Lehre bis zur universalen Anerkennung der Qualifikation als allgemeines Problem des internationalen Privatrechts (1890 - 1945), Mohr, Tübingen 1986.

Weber-Fas, Rudolf, Prinzipien der Abkommensinterpretation im zwischenstaatlichen Steuerrecht, Recht der Internationalen Wirtschaft 1982, 803-808.

Weber-Fas, Rudolf, Staatsverträge im Internationalen Steuerrecht, Zur Rechtsnatur, Geschichte und Funktion der deutschen Doppelbesteuerungsabkommen, Mohr, Tübingen 1982.

Weggenmann, Hans R., Personengesellschaften im Lichte der Doppelbesteuerungsabkommen, Einordnungskonflikte unter besonderer Berücksichtigung des OECD-Partnership-Reports 1999, Stollfuß Verlag, Nürnberg 2002.

Weggenmann, Hans R., Gewerbliche Personengesellschaften, in Wassermeyer, Franz/Richter, Stefan/Schnittker, Helder (Hrsg.), Personengesellschaften im Internationalen Steuerrecht, Otto Schmidt, Köln 2010, Rz. 8.1-8.105.

Wehrße, Martin, Grenzüberschreitende Besteuerung von Personengesellschaften im internationalen Vergleich, Eul Verlag, Lohmar/Köln 2011.

Wengler, Wilhelm, Beiträge zum Problem der internationalen Doppelbesteuerung, Die Begriffsbildung im internationalen Steuerrecht, De Gruyter, Berlin/Leipzig 1935.

Wessels, Johannes/Beulke, Werner/Satzger, Helmut (Hrsg.), Strafrecht, Allgemeiner Teil, Die Straftat und ihr Aufbau, 44. Auflage, C.F. Müller, Heidelberg u.a. 2014.

Wichmann, Michael, Entwicklungstendenzen der Doppelbesteuerungsabkommen, in Lüdicke, Jürgen (Hrsg.), Wo steht das deutsche Internationale Steuerrecht, Forum der Internationalen Besteuerung, Band 35, Otto Schmidt, Köln 2009, 103-120.

Wichmann, Michael, Anmerkungen zur deutschen Abkommenspolitik, Finanz-Rundschau 2011, 1082-1086.

Wicke, Peter, Personengesellschaften im Recht der deutschen Doppelbesteuerungsabkommen, Eul Verlag, Lohmar/Köln 2003.

Widmann, Siegfried, Zurechnungsänderungen und Umqualifikationen durch das nationale Recht in ihrem Verhältnis zum DBA-Recht, in Vogel, Klaus (Hrsg.), Grundfragen des Internationalen Steuerrechts, Deutsche Steuerjuristische Gesellschaft e.V., Band 8, Otto Schmidt, Köln 1985, 253-258.

Widmer, Max, Probleme des internationalen Steuerrechts, in Hörstmann, Franz/ Niemann, Ursula/Rose, Gerd (Hrsg.), Steuerberater-Jahrbuch 1976/77, zugleich Bericht über den 28. Fachkongreß der Steuerberater der Bundesrepublik Deutschland, Köln, 25. bis 27. Oktober 1976, Otto Schmidt, Köln, 395-425.

Wöhe, Günter, Betriebswirtschaftliche Steuerlehre Bd. I, 1. Halbband, 6. Auflage, Vahlen, München 1988.

Wolff, Hans J./Bachof, Otto/Stober, Rolf/Kluth, Winfried, Verwaltungsrecht I, 12. Auflage, C.H. Beck, München 2007.

Wolff, Ulrich, Generalthema I: Doppelte Nicht-Besteuerung, Internationales Steuerrecht 2004, 542-549.

Wouters, Jan/Vidal, Maarten, Non-Tax Treaties: Domestic Courts and Treaty Interpretation, in Maisto, Guglielmo (Hrsg.), Courts and Tax Treaty Law, IBFD Publications, Amsterdam 2007, 3-23.

Zagaris, Bruce, The United Nations' Role in International Tax Cooperation, Tax Notes International 2005, 337-340.

Zimmermann, Horst/Henke, Klaus-Dirk/Broer, Michael, Finanzwissenschaft, eine Einführung in die Lehre von der öffentlichen Finanzwirtschaft, 11. Auflage, Vahlen, München 2012.

Zippelius, Reinhold, Juristische Methodenlehre, 11. Auflage, C.H. Beck, München 2012.

Züger, Mario Schiedsverfahren für Doppelbesteuerungsabkommen, Möglichkeiten zur Verbesserung des Rechtsschutzes im Internationalen Steuerrecht, Linde, Wien 2001.

Rechtsprechungsverzeichnis

Entscheidungen des Internationalen Gerichtshofs

IGH vom 26.11.1957, *Passage-Streit*, ICJ Reports 1957, 125.
IGH vom 21.06.1971, *Namibia-Gutachten*, ICJ Reports 1971, 16.

Entscheidungen des Ständigen Internationalen Gerichtshofs

StIGH vom 21.10.1925, *Mossul*, PCIJ Series B, No. 12, 5.
StIGH vom 07.09.1927, *Lotus*, PCIJ Series A, No. 10, 4.
StIGH vom 12.07.1929, *Brazilian Loans*, PCIJ Series A, No. 21, 93.

Entscheidungen des Europäischen Gerichtshofs

EuGH vom 10.04.1984, C-14/83, *von Colson und Kamann*, Slg. 1984, I-1891.
EuGH vom 04.02.1988, C-157/86, *Murphy*, Slg. 1988, I-673.
EuGH vom 12.05.1998, C-336/96, *Gilly*, Slg. 1998, I-2793.
EuGH vom 01.04.2004, C-1/02, *Borgemann*, Slg. 2004, I-3219.
EuGH vom 07.09.2004, C-319/02, *Manninen*, Slg. 2004, I-7477.
EuGH vom 13.12.2005, C-446/03, *Marks & Spencer*, Slg. 2005, I-10837.
EuGH vom 04.07.2006, C-212/04, *Adeneler*, Slg. 2006, I-6057.
EuGH vom 14.11.2006, C-513/04, *Kerkhaert und Morres*, Slg. 2006, I-10967.
EuGH vom 06.03.2007, C-292/04, *Meilicke*, Slg. 2007, I-1835.

Entscheidungen des Bundesverfassungsgerichts

BVerfG vom 23.10.1951, 2 BvG 1/51, BVerfGE 1, 14.
BVerfG vom 21.05.1952, 2 BvH 2/52, BVerfGE 1, 299.
BVerfG vom 30.07.1952, 1 BvF 1/52, BVerfGE 1, 396.
BVerfG vom 04.05.1955, 1 BvF 1/55, BVerfGE 4, 157.
BVerfG vom 09.11.1955, 1 BvL 13/52, 1 BvL 21/52, BVerfGE 4, 331.
BVerfG vom 21.03.1957, 1 BvR 65/54, BVerfGE 6, 290.
BVerfG vom 26.03.1957, 2 BvG 1/55, BVerfGE 6, 309.
BVerfG vom 12.11.1958, 2 BvL 4/56; 2 BvL 26/56; 2 BvL 40/56; 2 BvL 1/57; 2 BvL 7/57, BVerfGE 8, 274.
BVerfG vom 15.12.1959, 1 BvL 10/55, BVerfGE 10, 234.
BVerfG vom 17.05.1960, 2 BvL 11/59; 2 BvL 11/60, BVerfGE 11, 126.
BVerfG vom 30.06.1964, 1 BvR 93/64, BVerfGE 18, 112.
BVerfG vom 09.12.1970, 1 BvL 7/66, BVerfGE 29, 348.
BVerfG vom 09.06.1971, 2 BvR 225/69, BVerfGE 31, 145.
BVerfG vom 05.07.1972, 2 BvL 6/66; 2 BvL 28/69; 2 BvL 3/70; 2 BvL 11/70; 2 BvL 12/70, BVerfGE 33, 265.
BVerfG vom 10.10.1972, 2 BvL 51/69, BVerfGE 34, 52.
BVerfG vom 19.06.1973, 1 BvL 39/69; 1 BvL 14/72, BVerfGE 35, 263.

BVerfG vom 05.11.1974, 2 BvL 6/71, BVerfGE 38, 154.
BVerfG vom 13.12.1977, 2 BvM 1/76, BVerfGE 46, 342.
BVerfG vom 09.05.1978, 2 BvR 952/75, BVerfGE 48, 246.
BVerfG vom 11.06.1980, 1 PBvU 1/79, BVerfGE 54, 277.
BVerfG vom 23.06.1981, 2 BvR 1107/77, 2 BvR 1124/77, 2 BvR 195/79, BVerfGE 58, 1.
BVerfG vom 16.12.1981, 1 BvR 898/79; 1 BvR 1132/79; 1 BvR 1150/79; 1 BvR 1333/79; 1 BvR 1181/79; 1 BvR 83/80; 1 BvR 416/80; 1 BvR 1117/79; 1 BvR 603/80, BVerfGE 59, 128.
BVerfG vom 16.02.1983, 2 BvE 1/83; 2 BvE 2/83; 2 BvE 3/83; 2 BvE 4/83, BVerfGE 62, 1.
BVerfG vom 26.03.1987, 2 BvR 589/79; 2 BvR 750/81; 2 BvR 284/85, BVerfGE 74, 358.
BVerfG vom 31.03.1987, 2 BvM 2/86, BVerfGE 75, 1.
BVerfG vom 09.11.1988, 1 BvR 243/86, BVerfGE 79, 106.
BVerfG vom 29.05.1990, 1 BvL 20/84, 1 BvL 26/84, 1 BvL 4/86, BVerfGE 82, 60.
BVerfG vom 27.06.1991, 2 BvR 1493/89, BVerfGE 84, 239.
BVerfG vom 12.07.1994, 2 BvE 3/92, 2 BvE 5/93, 2 BvE 7/93, 2 BvE 8/93, BVerfGE 90, 286.
BVerfG vom 12.12.2000, 2 BvR 1290/99, NJW 2001, 1848.
BVerfG vom 22.11.2001, 2 BvE 6/99, BVerfGE 104, 151.
BVerfG vom 20.03.2002, 2 BvR 794/95, BVerfGE 105, 135.
BVerfG vom 30.03.2004, 2 BvR 1520/01, 2 BvR 1521/01, BVerfGE 110, 226.
BVerfG vom 14.10.2004, 2 BvR 1481/04, BVerfGE 111, 307.
BVerfG vom 16.03.2005, 2 BvL 7/00, BVerfGE 112, 268.
BVerfG vom 21.06.2006, 2 BvL 2/99, BVerfGE 116, 164.
BVerfG vom 19.09.2006, 2 BvR 2115/01, 2 BvR 2132/01, 2 BvR 348/03, NJW 2007, 499.
BVerfG vom 09.07.2007, 2 BvF 1/04, BVerfGE 119, 96.
BVerfG vom 09.12.2008, 2 BvL 1/07, 2 BvL 2/07, 2 BvL 1/08, 2 BvL 2/08, BVerfGE 122, 210.
BVerfG vom 08.07.2010, 2 BvR 2485/07; 2 BvR 2513/07; 2 BvR 2548/07, NJW 2011, 207.

Entscheidungen des Bundesfinanzhofs

BFH vom 01.03.1963, VI 119/61 U, BStBl. III 1963, 212.
BFH vom 05.02.1965, VI 334/63 U, BStBl. III 1965, 352.
BFH vom 05.02.1965, VI 338/63, BStBl. III 1965, 258.
BFH vom 24.10.1969, III R 101/66, BStBl. II 1970, 275.
BFH vom 15.01.1971, III R 125/69, BStBl. II 1971, 379.
BFH vom 27.01.1972, I R 73/70, BStBl. II 1972, 459.
BFH vom 28.06.1972, I R 35/70, BStBl. II 1972, 784.
BFH vom 15.06.1973, III R 118/70, BStBl. II 1973, 810.
BFH vom 14.02.1975, VI R 210/72, BStBl. II 1975, 497.
BFH vom 24.04.1975, I R 204/73, BStBl. II 1975, 604.
BFH vom 12.04.1978 I R 136/77, BStBl. II 1978, 494.
BFH vom 20.02.1979, VII R 16/78, BStBl. II 1979, 268.
BFH vom 12.03.1980, I R 186/76, BStBl. 1980 II, 531.
BFH vom 26.05.1982, I R 16/78, BStBl. II 1982, 583.
BFH vom 09.10.1985, I R 128/80, BStBl. II 1988, 810.
BFH vom 22.10.1986, I R 261/82, BStBl. II 1987, 171.
BFH vom 22.10.1986, I R 128/83, BStBl. II 1987, 253.
BFH vom 27.01.1988, I R 241/83, BStBl. II 1988, 574.
BFH vom 14. 12. 1988, I R 148/87, BStBl. II 1989, 319.

BFH vom 01.02.1989, I R 74/86, BStBl. II 1990, 4.
BFH vom 14.03.1989, I R 20/87, BStBl. II 1989, 649.
BFH vom 21.06.1989, X R 14/88, BStBl. II 1989, 881.
BFH vom 13.12.1989, I R 39/87, BStBl. II 1990, 379.
BFH vom 11.04.1990, I R 63/88, BFH/NV, 1990, 705.
BFH vom 05.07.1990, I B 17/90, BFH/NV 1991, 146.
BFH vom 17.10.1990, I R 182/87, BStBl. II 1991, 136.
BFH vom 27.02.1991, I R 15/89, BStBl. II 1991 444.
BFH vom 26.03.1991, IX R 162/85, BStBl. 1991 II, 704.
BFH vom 26.02.1992, I R 85/91, BStBl. II 1992, 937.
BFH vom 29.07.1992, II R 39/89, BStBl. II 1993, 63.
BFH vom 19.05.1993, I R 83/92, BFH/NV 1994, 11.
BFH vom 10.11.1993, I R 53/91, BStBl. II 1994, 218.
BFH vom 13.07.1994, I R 120/93, BStBl. II 1995, 129.
BFH vom 14.09.1994, I R 116/93, BStBl. II 1995, 238.
BFH vom 08.03.1995, II R 10/92, BFHE 177, 132.
BFH vom 17.05.1995, I B 183/94, BStBl. II 1995, 781.
BFH vom 20.12.1995, I R 57/94, BStBl. II 1996, 261.
BFH vom 10.07.1996, I R 4/96, BStBl. II 1997, 15.
BFH vom 10.07.1996, I R 83/95, BStBl. II 1997, 341.
BFH vom 21.08.1996, I R 80/95, BStBl. II 1997, 134.
BFH vom 08.04.1997, I R 51/96, BStBl. II 1997, 679.
BFH vom 09.04.1997, I R 178/94, BStBl. II 1997, 657.
BFH vom 21.05.1997, I R 79/96, BStBl. II 1998, 113.
BFH vom 10.12.1997, II R 25/94, BStBl. II 1998, 114.
BFH vom 08.07.1998, I R 57/97, BStBl. II 1998, 672.
BFH vom 16.12.1998, I R 40/97, BStBl. II 1999, 207.
BFH vom 24.03.1999, I R 114/97, BStBl. II 2000, 399.
BFH vom 21.04.1999, I R 99/97, BStBl. II 1999, 694.
BFH vom 17.11.1999, I R 7/99, BStBl. II 2000, 605.
BFH vom 19.01.2000, I R 117/97, BFH/NV 2000, 824.
BFH vom 19.01.2000, I R 94/97, BStBl. II 2001, 222.
BFH vom 29.11.2000, I R 84/99, HFR 2001, 1053.
BFH vom 18.07.2001, I R 26/01, BStBl. II 2002, 410.
BFH vom 10.12.2001, I B 94/01, BFH/NV 2002, 479.
BFH vom 20.03.2002, I R 38/00, BFHE 198, 514.
BFH vom 16.10.2002, I R 17/01, BStBl. II 2003, 631.
BFH vom 18.12.2002, I R 96/01, BFH/NV 2003, 1152.
BFH vom 17.12.2003 I R 14/02, BStBl. II 2004, 260.
BFH vom 25.02.2004, I R 44/03, BStBl. II 2004, 740.
BFH vom 15.09.2004, I R 67/03, BStBl. II 2010, 155.
BFH vom 28.06.2006, I R 92/05, BStBl. II 2007, 100.
BFH vom 09.08.2006, II R 59/05, BStBl. II 2009, 758.
BFH vom 25.10.2006, I R 18/04, BFH/NV 2007, 875.
BFH vom 25.10.2006, I R 81/04, BStBl. II 2010, 778.
BFH vom 17.10.2007, I R 5/06, BStBl. II 2009, 356.
BFH vom 17.10.2007, I R 96/06, BStBl. II 2008, 953.

BFH vom 13.02.2008, I R 63/06, BStBl. II 2009, 414.
BFH vom 05.03.2008, I R 54/07, 55/07, BFH/NV 2008, 1487.
BFH vom 17.07.2008, I R 84/04, BStBl. II 2009, 630.
BFH vom 02.09.2009, I R 111/08, BStBl. II 2010, 387.
BFH vom 02.09.2009, I R 90/08, BStBl. II 2010, 394.
BFH vom 11.11.2009, I R 84/08, BStBl. II 2010, 390.
BFH vom 11.11.2009, I R 15/09, BStBl. II 2010, 602.
BFH vom 28.04.2010, I R 81/09, BFHE 229, 252.
BFH vom 19.05.2010, I R 75/09, BStBl. II 2011, 208.
BFH vom 09.06.2010, I R 94/09, BStBl. II 2011, 860.
BFH vom 26.08.2010, I R 53/09, BFH/NV 2011, 135.
BFH vom 08.09.2010, I R 6/09, BStBl. II 2013, 186.
BFH vom 08.12.2010, I R 92/09, BStBl. II 2011, 488.
BFH vom 09.12.2010, I R 49/09, BStBl. II 2011, 482.
BFH vom 09.02.2011, I R 54/10, 55/10, BStBl. II 2012, 106.
BFH vom 14.03.2011, I R 23/10, BFHE 233, 385.
BFH vom 25.05.2011, I R 95/10, BFH/NV 2011, 1602.
BFH vom 22.06.2011, I R 103/10, BStBl. II 2012, 115.
BFH vom 24.08.2011, I R 46/10, BFHE 234, 339.
BFH vom 12.10.2011, I R 15/11, BStBl. II 2012, 548.
BFH vom 27.10.2011, I R 26/11, BStBl. II 2012, 457.
BFH vom 10.01.2012, I R 66/09, BFHE 236, 304.
BFH vom 12.06.2013, I R 109-111/10, BStBl. II 2013, 1024.
BFH vom 12.06.2013, I R 47/12, BFHE 242, 107.
BFH vom 26.06.2013, I R 48/12, BStBl. II 2014, 367.
BFH vom 26.06.2013, I R 48/12, BStBl. II 2014, 367.
BFH vom 16.01.2014, I R 30/12, BFHE 244, 354.

Entscheidungen des Reichsfinanzhofs

RFH vom 12.02.1930, VI A 899/27, RFHE 27, 73.
RFH vom 29.02.1940, III 206/39, RStBl 1940, 532.

Entscheidungen des Bundesgrichtshofs

BGH vom 23.05.1951, II ZR 71/50, BGHZ 2, 176.
BFH vom 08.07.1953, II ZR 148/52, BGHZ 10, 149.
BGH vom 24.05.1955, I ZR 164/53, BGHZ 17, 309.
BGH vom 19.06.1956, I ZR 104/54, NJW 1956, 1553.
BGH vom 23.10.1980, IVa ZR 28/80, BGHZ 78, 263.
BGH vom 26.05.1986, II ZR 260/85, NJW 1986, 2834.

Entscheidungen des Reichsgerichts

RG vom 18.06.1927, I 372/26, RGZ 117, 284.
RG vom 17.10.1933, II 108/33, RGZ 142, 36.

Entscheidungen der Finanzgerichte

FG Köln vom 17.12.1985, V K 243/85, EFG 1986, 189.
FG Niedersachsen vom 14.05.1991, VI 676/89, RIW 1991, 963.
FG Köln vom 30.01.2008, 4 V 3366/07, EFG 2008, 593.
FG Nürnberg vom 14.02.2008, IV 191/05, EFG 2008, 1332.
FG Köln vom 13.08.2008, 4 K 3363/07, EFG 2008, 1775.

Entscheidungen ausländischer Gerichte

Federal Court, Trial Division (Kanada) vom 28.03.1991, *Utah Mines Ltd. versus The Queen*, 1991 DTC 5245.
Federal Court of Appeal (Kanada) vom 05.11.1993, *Quing Gang K. Li versus The Queen*, 1994 DTC 6059.
United States Court of Appeals, Ninth Circuit (USA) vom 02.04.1962, *Donroy Ltd. versus United States*, 301 F. 2d 200.
United States Court of Appeals, Second Circuit (USA) vom 22.10.1975, *United States versus A.L. Burbank & Co., Ltd.*, 525 F. 2d 9.
United States Supreme Court (USA) vom 17. April 1991, *Eastern Airlines Inc. versus Floyd*, 111 S.Ct. 1489.
Queen's Bench Division and the Court of Appeal (England und Wales) vom 07.11.1968, *Corocraft Ltd. versus Pan American Airways Inc.*, WLR 1968 II 1273.
House of Lords (England) vom 10.07.1980, *Fothergill versus Monarch Airlines Ltd.*, 2 All E.R. 696.
Court of Appeal , Chancery Division (UK) vom 09.02.1990, *Inland Revenue Commissioners versus Commerzbank AG*, 1990 STC, 285.
India High Court of Andhra Pradesh (Indien) vom 17.06.1983, *Commissioner of Income-Tax versus Visakhapatnam Port Trust*, 144 ITR 146.
BGer, II. Zivilabteilung (Schweiz) vom 22.12.1997, BGE 124 III 90.
BGer, I. öffentlichrechtliche Abteilung (Schweiz) vom 04.02.1992, BGE 118 Ia 112.
BGer, II. öffentlichrechtliche Abteilung (Schweiz) vom 08.02.1980, BGE 106 Ib 182.

Verzeichnis der Verwaltungsanweisungen

BMF-Schreiben

BMF vom 13.07.2006, IV B 6, S 1300 - 340/06, BStBl. I 2006, 461.
BMF vom 13.04.2010, IV B 3, S 1301/10/10003, BStBl. I 2010, 353.
BMF vom 17.04.2013, IV B 2, S 1301/10/10022-32, BStBl. I 2010, 354.
BMF vom 20.06.2013, IV B 2, S 1300/09/10006, BStBl. I 2013, 980.
BMF vom 26.09.2014, IV B 5, S 1300/09/10003, BStBl. I 2014, 1258.
BMF vom 19.01.2015, IV B 2, S 1301/07/10017-06, BStBl. I 2015, 128.

Anweisungen ausländischer Finanzverwaltungen

BMF vom 07.06.2001, B 814/1-IV/4/01, EAS 1849, SWI 2001, 290.

Verzeichnis der sonstigen Quellen

Quellen auf nationaler Ebene

I. Gesetze

Gesetz über internationale Vereinbarungen auf dem Gebiete des Zollwesens vom 17.12.1951, BGBl. II 1952, 1.

Gesetz zu dem Europäischen Übereinkommen vom 29. April 1957 zur friedlichen Beilegung von Streitigkeiten vom 02.03.1961, BGBl. II 1961, 81.

Gesetz zu dem Wiener Übereinkommen vom 23.Mai 1969 über das Recht der Verträge vom 03.08.1985, BGBl. II 1985, 926.

Gesetz zu dem Übereinkommen vom 23. Juli 1990 über die Beseitigung der Doppelbesteuerung im Falle von Gewinnberichtigungen zwischen verbundenen Unternehmen vom 26.08.1993, BGBl. II 1993, 1308.

Zustimmung zu dem Übereinkommen zur Errichtung der Welthandelsorganisation vom 30.08.1994, BGBl. II 1994, 1438.

Gesetz zur Durchführung der EG-Richtlinie über die gegenseitige Amtshilfe im Bereich der direkten Steuern und der Mehrwertsteuer (EG-Amtshilfe-Gesetz) vom 19.12.1985, BGBl. I 1985, 2436 (2441), zuletzt geändert durch Art. 17 des Gesetzes vom 20.12.2007, BGBl. I 2007, 3150.

Jahressteuergesetz 2010 (JStG 2010) vom 08.12.2010, BGBl. I 2010, 1768.

Gesetz über die Durchführung der gegenseitigen Amtshilfe in Steuersachen zwischen den Mitgliedstaaten der Europäischen Union (EU-Amtshilfegesetz - EUAHiG) vom 26.06.2013, BGBl. I 2013, 1809.

II. Bekanntmachungen

Bekanntmachung über das Inkrafttreten des Wiener Übereinkommens über das Recht der Verträge vom 26.10.1987, BGBl. II 1987, 757.

Bekanntmachung über das Inkrafttreten des Übereinkommens zur Errichtung der Welthandelsorganisation vom 18.05.1995, BGBl. II 1995, 456

III. Gesetzesmaterialien

Entwurf eines Jahressteuergesetzes 2010 (JStG 2010) vom 21.06.2010, BT-Drucks. 17/2249.

Bericht und Antrag des Finanzausschusses (7. Ausschuß) zu dem von den Fraktionen der SPD, FDP eingebrachten Entwurf einer Abgabenordnung vom 07.11.1975, BT-Drucks. 7/4292.

Erklärung über die Anerkennung der obligatorischen Zuständigkeit des Internationalen Gerichtshofs nach Artikel 36 Abs. 2 des Statuts des Internationalen Gerichtshofs vom 05.05.2008, BT-Drucks. 16/9218.

Entwurf eines Jahressteuergesetzes 2007 (JStG 2007) vom 25.09.2006, BT-Drucks. 16/2712.

Quellen auf Ebene der Europäischen Union

Übereinkommen über die Beseitigung der Doppelbesteuerung im Fall von Gewinnberichtigungen zwischen verbundenen Unternehmen vom 23.07.1990 (90/436/EWG), Abl. EG L 225/10 vom 20.08.1990, zuletzt geändert durch Beschluss des Rats über den Beitritt

Bulgariens und Rumäniens vom 23.06.2008 (2008/492/EG), Abl. EU L 174/1 vom 03.07.2008.
Überarbeiteter Verhaltenskodex zur wirksamen Durchführung des Übereinkommens über die Beseitigung der Doppelbesteuerung im Falle von Gewinnberichtigungen zwischen verbundenen Unternehmen, Abl. EU C 322/1 vom 30.12.2009.
Richtlinie 77/799/EWG des Rates vom 19.12.1977 über die Amtshilfe zwischen den zuständigen Behörden der Mitgliedstaaten im Bereich der direkten Steuern und der Steuern auf Versicherungsprämien, Abl. EG L 336/15 vom 27.12.1977, zuletzt geändert durch Art. 28 ÄndRL 2011/16/EU vom 15.02.2011, Abl. EU L 64/1 vom 11.03.2011.
Richtlinie 2011/16/EU des Rates vom 15.02.2011 über die Zusammenarbeit der Verwaltungsbehörden im Bereich der Besteuerung und Aufhebung der RL 77/799/EWG, Abl. EU L 64/1 vom 11.03.2011, zuletzt geändert durch Art. 1 ÄndRL 2014/107/EU vom 09. 12. 2014, Abl. EU L 359/1 vom 16.12.2014.

Quellen auf Ebene des Völkerrechts

I. Völkerrechtliche Verträge

European Convention for the Peaceful Settlement of Disputes (Europäisches Übereinkommen zur friedlichen Beilegung von Streitigkeiten) vom 29.04.1957, UNTS Vol. 320, 243.
Vienna Convention on the Law of Treaties (Wiener Übereinkommen über das Recht der Verträge) vom 23.05.1969, UNTS Vol. 1155, 331.
General Agreement on Tariffs and Trade (GATT) vom 30.10.1947 in der Fassung der sog. Uruguay-Verhandlungsrunde vom 15.04.1994, UNTS Vol. 1867, 187.

II. Musterverträge

Model intergovernmental agreement to improve tax compliance and to implement FATCA, Agreement Between the [Government of the] United States of America and [the Government of] [FATCA Partner] to Improve International Tax Compliance and to Implement FATCA, erhältlich im Internet: https://www.treasury.gov/press-center/press-releases/Documents/reciprocal.pdf (besucht am: 24.03.2015)

III. Sonstige Materialien der UN

UN, Official Records of the United Nations Conference on the Law of Treaties (first and second sessions), Documents of the conference (A/CONF.39/11/Add.2), New York 1971, erhältlich im Internet:
http://legal.un.org/diplomaticconferences/lawoftreaties-1969/vol/english/confdocs.pdf (besucht am 24.03.2015).
UN, Yearbook of the International Law Commission, 1966, Vol. II, Documentens of the second part of the seventeeth session and of the eighteenth session including the reports of the Commission to the General Assembly, Document A/6309/Rev.I: Reports of the International Law Commission on the second part of its seventeeth session and on its eighteenth session, New York 1967, 169-364, erhältlich im Internet:
http://legal.un.org/ilc/publications/yearbooks/Ybkvolumes%28e%29/ILC_1966_v2_e.pdf (besucht am 24.03.2015).

Quellen auf Ebene der Doppelbesteuerungsabkommen

I. Abkommensmuster und Musterkommentare

OECD Model Tax Convention on Income and on Capital 2010 (OECD-Musterabkommen 2010 zur Vermeidung der Doppelbesteuerung auf dem Gebiet der Steuern vom Einkommen und vom Vermögen), Stand: 22.07.2010, erhältlich im Internet: http://www.oecd.org/ctp/treaties/2014-model-tax-convention-articles.pdf (besucht am: 24.03.2015).

OECD Commentary to Model Tax Convention on Income and Capital 2010 (Kommentar zum OECD-Musterabkommen 2010), Stand: 22.07.2010, erhältlich im Internet: http://www.oecd.org/tax/treaties/2014-update-model-tax-concention.pdf (besucht am: 24.03.2015).

OECD Model Tax Convention on Income and on Capital 2014 (OECD-Musterabkommen 2014 zur Vermeidung der Doppelbesteuerung auf dem Gebiet der Steuern vom Einkommen und vom Vermögen), Stand: 15.07.2014, erhältlich im Internet: http://www.oecd.org/ctp/treaties/2014-model-tax-convention-articles.pdf (besucht am: 24.03.2015).

OECD Commentary to Model Tax Convention on Income and Capital 2014 (Kommentar zum OECD-Musterabkommen 2014), Stand: 15.07.2014, Änderungen erhältlich im Internet: http://www.oecd.org/tax/treaties/2014-update-model-tax-concention.pdf (besucht am: 24.03.2015).

OECD Model Agreement on Exchange of Information on Tax Matters, erhältlich im Internet: http://www.oecd.org/ctp/harmful/2082215.pdf (besucht am 24.03.2015).

United States Model Income Tax Convention, Stand: 15.11.2006, erhältlich im Internet: http://www.treasury.gov/press-center/press-releases/Documents/hp16801.pdf (besucht am 24.03.2015).

United States Model Technical Explanation Accompanying the United States Model Income Tax Convention, Stand: 15.11.2006, erhältlich im Internet: http://www.treasury.gov/press-center/press-releases/Documents/hp16802.pdf (besucht am 24.03.2015).

United Nations Model Double Taxation Convention between Developed and Developing Countries including Commentaries on the Articles, Stand: 2011, erhältlich im Internet: http://www.un.org/esa/ffd/documents/UN_Model_2011_Update.pdf (besucht am 24.03.2015).

II. Doppelbesteuerungsabkommen

Abkommen zwischen der Bundesrepublik Deutschland und den Vereinigten Staaten von Amerika zur Vermeidung der Doppelbesteuerung und zur Verhinderung der Steuerverkürzung auf dem Gebiet der Steuern vom Einkommen und vom Vermögen und einiger anderer Steuern (DBA-USA) vom 29.08.1989, BGBl. II 1991, 355, unter Berücksichtigung des Änderungsprotokolls vom 01.06.2006, BGBl. II 2006, 1184, in der Fassung der Bekanntmachung vom 04.06.2008, BGBl. II 2008, 611.

Abkommen zwischen der Bundesrepublik Deutschland und dem Königreich Schweden zur Vermeidung der Doppelbesteuerung bei den Steuern vom Einkommen und vom Vermögen sowie bei den Erbschaft- und Schenkungsteuern und zur Leistung gegenseitigen Beistands bei den Steuern (DBA-Schweden) vom 14.07.1992, BGBl. II 1994, 687.

Abkommen zwischen der Republik Österreich und der Hellenischen Republik zur Vermeidung der Doppelbesteuerung auf dem Gebiete der Steuern vom Einkommen und vom Vermögen samt Protokoll (DBA Griechenland-Österreich) vom18.07.2007, BGBl. III 16/09.

The Convention between the Government of the United Kingdom of Great Britain and Northern Ireland and the Government of the United States of America for the Avoidance of Double Taxation and the Prevention of Fiscal Evasion with Respect to Taxes on Income (UK-US Treaty) vom 16.04.1945, Treaty Series No. 26, Cmd. 6902.

III. Sonstige OECD-Materialien

OECD, The Application of the OECD Model Tax Convention to Partnerships, Issues in International Taxation No. 6, Paris 1999.

OECD, Convention on the Organisation for Economic Co-operation and Development, Paris 1960, erhältlich im Internet:
http://www.oecd.org/general/conventionontheorganisationforeconomicco-operationanddevelopment.htm (besucht am 24.03.2015).

OECD, Mutual Agreement Procedure Statistics for 2013, erhältlich im Internet: http://www.oecd.org/ctp/dispute/map-statistics-2013.htm (besucht am 24.03.2015).

OECD, Improving the Process for Resolving International Tax Disputes, Juli 2004, erhältlich im Internet: http://www.oecd.org/tax/treaties/33629447.pdf (besucht am 24.03.2015).

OECD, Proposals for Improving Mechanisms for the Resolution of Tax Treaty Disputes, Februar 2006 erhältlich im Internet: http://www.oecd.org/ctp/dispute/36054823.pdf (besucht am 24.03.2015).

OECD, Manual on Effective Mutual Agreement Procedures, Februar 2007, erhältlich im Internet: http://www.oecd.org/ctp/38061910.pdf (besucht am 24.03.2015).

OECD, Improving the Resolution of Tax Treaty Disputes, Februar 2007, erhältlich im Internet: http://www.oecd.org/ctp/dispute/38055311.pdf (besucht am 24.03.2015).

OECD, Sixth meeting of the OECD Forum on Tax Administration, Joint Audit Report, September 2010, http://www.oecd.org/tax/taxadministration/45988932.pdf (besucht am 24.03.2015).

OECD, Rules of Procedure of the Organisation, Oktober 2013, erhältlich im Internet: http://www.oecd.org/legal/Rules%20of%20Procedure%20OECD%20Oct%202013.pdf (besucht am 24.03.2015).

Printed by Printforce, the Netherlands